WESTEND

Heiner Flassbeck

Grundlagen einer relevanten Ökonomik

Unter Mitarbeit von
Friederike Spiecker,
Patrick Kaczmarczyk und
Alexander Mosca Spatz

WESTEND

Mehr über unsere Autoren und Bücher:
www.westendverlag.de

Die Deutsche Nationalbibliothek verzeichnet diese Publikation
in der Deutschen Nationalbibliografie; detaillierte bibliografische
Daten sind im Internet über http://dnb.d-nb.de abrufbar.

MIX
Papier | Fördert gute Waldnutzung
FSC® C014889
FSC www.fsc.org

ISBN: 978-3-86489-414-5
2. Auflage 2024

Umschlaggestaltung: Buchgut, Berlin
Satz: Publikations Atelier, Weiterstadt
Druck und Bindung: Friedrich Pustet GmbH & Co. KG, Gutenbergstr. 8,
93051 Regensburg
Printed in Germany

INHALT

Vorwort

Dieses Buch ist im wahrsten Sinne des Wortes ein Lebenswerk, das Werk meines Lebens. Seit mehr als fünfzig Jahren beschäftige ich mich praktisch jeden Tag mit den großen Fragen der Makroökonomik und habe dabei nicht nur zeitlich einen weiten Weg zurückgelegt. Auch geistig war der Weg ungewöhnlich lang und beschwerlich, weil ich in einigen Fällen Jahrzehnte gebraucht habe, um mich von der Geisteswelt zu emanzipieren, die von der Ökonomik in den vergangenen zweihundert Jahren aufgebaut worden ist.

Ich habe allerdings das große Glück gehabt, dass mich keine meiner beruflichen Stationen von meinem Weg abgebracht oder auch nur dabei aufgehalten hat. Im Gegenteil, ich durfte, wo ich auch arbeitete, immer wieder etwas Neues lernen.

Erstaunlicherweise wusste ich von Anfang an genau, dass ich mich mit nahezu allen makroökonomischen Bereichen auseinandersetzen muss, um das große Ganze zu verstehen, zu kritisieren und weiterzuentwickeln. Also habe ich nie länger an einer Station haltgemacht, sondern bin weitergezogen in der festen Überzeugung, eine umfassende Antwort zu finden.

Die ökonomische Lehre ist wie ein gewaltiges Labyrinth mit nahezu unendlich vielen Wegen, die ins Nichts führen. Das macht es so mühsam. Wer schnell einmal hindurch will, um das ganze Gebilde wieder in Ruhe von außen betrachten und beurteilen zu können, hat keine Chance. Nur wer die Geduld aufbringt, eine Sackgasse nach der anderen abzuarbeiten, kommt durch und vermag am Ende eine neue Schneise zu schlagen, die den Nachfolgenden die Möglichkeit gibt, schneller ans Ziel zu kommen.

Zu danken habe ich meinen geistigen Gegenübern. Ohne die intellektuelle Auseinandersetzung mit ihnen hätte ich in etlichen Sackgassen länger zugebracht und wäre vielleicht niemals bis zum Ende durchgedrungen. Insbesondere die harten Diskussionen im Stab des Sachverständigenrates, im Deutschen Institut für Wirtschaftsforschung und bei der Gemeinschaftsdiagnose der Wirtschaftsforschungsinstitute haben meine Ansichten vermutlich stärker geformt als die bloße Lektüre der herrschenden Lehre. Meine Arbeit bei der UNCTAD hat mir gezeigt, wie global das Unverständnis in ökonomischen Fragen ist und wie sehr es der wirtschaftlichen Entwicklung von Milliarden von Menschen im Wege steht; meine politische Arbeit hat mir die Augen dafür geöffnet, wie sehr die Politik der Sklave der ökonomischen Lehrmeinungen ist.

Dieses Buch wäre ohne tatkräftige Hilfe nicht möglich gewesen. **Friederike Spiecker** hat so viele und so bedeutende Beiträge geleistet, dass ich gar nicht versuche, sie einzeln aufzulisten.

Patrick Kaczmarczyk ist vor etwa zehn Jahren zu uns gestoßen, weil er einen zu klaren Verstand hat, um den Verstrickungen der herrschenden Lehre folgen zu können und zu wollen. Patrick hat sich vor allem um das Handelskapitel verdient gemacht. Allein hätte ich es nicht geschafft, mich durch den Dschungel der Handelstheorien zu quälen und am Ende die richtige Schneise zu schlagen.

Alexander Mosca Spatz ist der Jüngste im Bunde. Auch er hat schon während seines Studiums verstanden, dass die Neoklassik kein Angebot macht, das man als vernunftbegabter Mensch, der wissenschaftlich arbeiten will, annehmen kann. Alexander hat einige wertvolle Beiträge zu Schumpeters Entwicklungstheorie, zur modernen Literatur, zur Besteuerung und zur Rente beigesteuert.

Dea Ketrin Dubovci hat die Lohnentwicklung in Deutschland vor und während der Großen Depression ermittelt. Jan Frederik Moos hat Korrektur gelesen und die Literaturliste erstellt. Jasmin Zitter hat die Grafiken umgesetzt und Philipp Müller hat das Lektorat übernommen. Allen habe ich zu danken für eine effiziente und vertrauensvolle Zusammenarbeit.

Ganz besonders zu danken habe ich dem Westend Verlag, der mich schon im Vorfeld der Entstehung dieses Buches großzügig unterstützt und damit viele entscheidende Vorarbeiten möglich gemacht hat.

Schließlich kann ein solches Buch nur zustande kommen, wenn auch das private Umfeld die Bedingungen schafft, unter denen man in der Lage ist, unbeschwert die vielfältigen Herausforderungen zu meistern, die der vollkommene Bruch mit herkömmlichen Denkmustern über Jahrzehnte mit sich bringt. Meiner Familie gebührt daher der allergrößte Dank.

Alle Fehler und Irrtümer gehen selbstverständlich zu meinen Lasten. Was mich allerdings nicht sehr belastet. Selbst wenn an der ein oder anderen Stelle ein Urteil zu hart oder eine Kritik zu streng ausfällt – darauf kommt es nicht an. Was allein zählt ist die Zusammenschau der Kritik und die unbestreitbare Tatsache, dass die Gleichgewichtsanalyse von Märkten daran scheitert, die dynamische Entwicklung von Volkswirtschaften zu beschreiben und zu erklären. Ich will die Ökonomen dazu anregen, die viel zu einseitige Methodik des Marktgleichgewichts über Bord zu werfen und sich endlich der Dynamik zu verschreiben. Geht die Reise in eine solche Richtung, will ich mich gerne belehren lassen, was man noch besser machen und weiterentwickeln sollte, als es mir in meinem Lebenswerk gelungen ist.

Einleitung

Schaut man auf mehr als zweihundert Jahre Ökonomik zurück, muss man einen einfachen Sachverhalt konstatieren: Die Ökonomen haben es sich zu leicht gemacht! Das Zusammenspiel von Wirtschaft und Gesellschaft auf der nationalen und auf der internationalen Ebene sowie in seinem zeitlichen Ablauf ist weit komplexer als es die herrschende Lehre wahrhaben will. Man hat versucht, die Komplexität mit einfachen Modellen auf leicht verständliche Zusammenhänge zu reduzieren, aber dieser Versuch ist vollständig gescheitert.

Die weit überwiegende Mehrzahl der Ökonomen, die sich darum bemühten und bemühen, das komplexe Zusammenspiel von Wirtschaft und Gesellschaft in einem prinzipiell marktwirtschaftlichen System zu ergründen, haben sich stets auf die Frage konzentriert, auf welche Weise der Markt oder ein System von Märkten aus sich heraus und in Reaktion auf äußere Einwirkungen dabei helfen kann, wirtschaftliche und gesellschaftliche Probleme zu lösen.

Das ist zu wenig. Die Wirtschaftswissenschaften sind darauf aus Marktlösungen zu suchen; nur wenige Ökonomen haben stattdessen gefragt, wie sich die wirtschaftlichen Abläufe in die Gesellschaft einfügen und ob und auf welche Weise Märkte dabei eine Rolle spielen. So ist die Aufteilung der »Welt« in verschiedene Märkte typisch für die herrschende Lehre. Praktisch jedes Modell und jedes Lehrbuch der Ökonomik analysiert Geld- und Kapitalmärkte, die national und international verbunden sind mit den Güter- und Arbeitsmärkten. Jeder dieser Märkte, so die herkömmliche Ansicht, weist seine eigenen Angebots- und Nachfragebedingungen auf, interagiert aber mit allen anderen und reagiert auf Schocks, die von außerhalb des Marktsystems kommen.

Dieser Ansatz führt fundamental in die Irre. Die Frage, ob und wie ein Markt funktioniert und mit anderen Märkten interagiert, ersetzt die eigentlich relevante Frage, welche Abläufe in der sozialen und wirtschaftlichen Wirklichkeit beobachtet werden und wie man sie – unter Einschluss der Märkte oder ohne typische Marktmerkmale zu verwenden – erklären kann.

Weil die Suche nach Marktlösungen das Forschungsinteresse der Ökonomen beherrscht, neigen sie dazu, die wirkliche Welt durch Modelle zu ersetzen, in denen Angebot und Nachfrage sowie die ihnen entsprechenden Preise alle wichtigen Probleme lösen. Das Gleichgewicht zwischen Angebot und Nachfrage gerät darin zum absolut dominierenden methodischen Instrument. Nur solche Vorgänge, die sich mit der Methodik eines Marktgleichgewichts abbilden lassen, können überhaupt wissenschaftlich erfasst werden.

Das führt dazu, dass die Ökonomen nahezu alle Bereiche des gesellschaftlichen Miteinanders unter Zuhilfenahme »geeigneter« Annahmen so modellieren, dass sie in ihre Methodik passen. Ob die Annahmen sich noch ausreichend nahe an der Wirklichkeit bewegen, um gehaltvolle Aussagen aus ihnen ableiten zu können, ist für den »Erfolg« der Forschung nicht entscheidend. Schwache empirische Bestätigungen lassen sich auch für Modelle finden, die nachgerade nichts mit den realen Abläufen zu tun haben, solange man »geeignete« ökonometrische Methoden einsetzt. Findet man im Umfeld der Gleichgewichtslehre durchweg nur schwache empirische Belege, legitimiert das jedes Ergebnis, weil man den Mangel an stärkerer Evidenz einfach der »Komplexität« des Forschungsobjekts zuschreiben kann.

Wir gehen einen völlig anderen Weg, indem wir ohne jede Vorprägung durch »Märkte« fragen, ob es für die Phänomene, die empirisch eindeutig zu beobachten sind, angemessene Erklärungen gibt. Auch Märkte werden selbstverständlich in diese Erklärungsversuche einbezogen, sie sind aber nicht das Leitmotiv und stehen nicht im Mittelpunkt unseres Erkenntnisinteresses. Beispielsweise repräsentieren Preise äußerst wichtige Signale für Konsumenten und Unternehmen, wenn man sie aus dem engen Korsett des perfekt funktionierenden Marktes herauslöst. Maßgeblich für die Robustheit und Plausibilität aller Erklärungen ist letztlich ihre widerspruchsfreie Einbindung in grundlegende makroökonomische Zusammenhänge. Kapitel 1 gibt einen Eindruck davon, wie man sich empirisch abgesichert den relevanten Erklärungen für die letzten hundert Jahre nähern kann.

Wir werden in diesem Buch auf den Versuch einer dogmengeschichtlichen Einordnung des jeweils relevanten Paradigmas weitestgehend verzichten. Der Schwerpunkt liegt auf dem Verständnis der Sachzusammenhänge, auch wenn es selbstverständlich ohne einige entscheidende Namen und Quellen nicht geht. Tonnen von Primär- und Sekundärliteratur können jedoch im wahrsten Sinne des Wortes belasten und davon abschrecken, sich in die Sachzusammenhänge selbst hineinzudenken. Die Versuchung ist sowieso groß, das eigene Denken hintanzustellen: Man glaubt, nichts mehr beitragen zu können, weil schon so viele Leute mit großem Namen Wichtiges geäußert haben. Wir wollen jedenfalls unsere Leser nicht damit ermüden, von uns als Sackgassen erkannte Wege in der wirtschaftswissenschaftlichen Literatur genau nachzuverfolgen.

Dennoch werden wir in Kapitel 2 einen schnellen Gang durch zweihundert Jahre wirtschaftswissenschaftlicher Literatur beschreiten, bevor wir in den Kapiteln 3 bis 7 die neuen Ansätze im Detail vorstellen.

Herausgekommen ist das erste Buch, bei dem Ökonomen, die keineswegs Feinde der Marktwirtschaft sind, die herrschenden ökonomischen Doktrinen, die versuchen, die Marktwirtschaft mit allen Mitteln zu verteidigen und ihre gesellschaftliche Dominanz intellektuell zu begründen, vom ersten bis zum letzten Schritt einer Vernunft- und Realitätsprüfung unterzogen haben – mit ernüchternden Ergebnissen.

Viele werden gegen diese vorwiegend ökonomische Sicht der Dinge einwenden, dass ein Buch, das sich der Makroökonomie widmet, auch die Frage beantworten muss, wie der Mensch mit den natürlichen Ressourcen umgehen soll, die ihm der Planet zur Verfügung stellt. Diese Frage ist äußerst wichtig, aber in diesem Zusammenhang nicht zielführend. Kapitel 8 wird darlegen, dass es sich bei Klima- und Umweltpolitik um strukturpolitische Herausforderungen handelt, die parallel zu den makroökonomischen Aufgaben angegangen werden müssen. Klima und Umwelt so umfassend zu schützen, wie es notwendig ist, gelingt in demokratischen Systemen nur dann, wenn man parallel wirtschaftlich erfolgreich ist. Wirtschaftlicher Erfolg bei gleichzeitigem raschem Strukturwandel zugunsten der natürlichen Ressourcen funktioniert jedoch nicht, wenn die makroökonomischen Weichen falsch gestellt sind. Insofern ist das Wissen um die relevanten wirtschaftlichen Zusammenhänge nachgerade die Voraussetzung für erfolgreiche Umweltpolitik.

KAPITEL 1

EINHUNDERT JAHRE ÖKONOMISCHER IRRUNGEN UND WIRRUNGEN

Bevor eine neue und relevante Vorstellung von der Dynamik einer gemischten Wirtschaft mit großen marktwirtschaftlichen Elementen dargelegt wird, gilt es die jüngere Vergangenheit der globalen Wirtschaft in Form zentraler empirischer Resultate Revue passieren zu lassen und dazu grundlegende Fragen zu stellen. Die wirtschaftliche und gesellschaftliche Entwicklung ist keineswegs stetig verlaufen. Vielmehr ist die Wirtschaftsgeschichte der vergangenen hundert Jahre mit wenigen Ausnahmen eine Geschichte von Krisen und Turbulenzen, die das gesellschaftliche System häufig an die Grenzen des Beherrschbaren geführt haben. Ohne Zweifel hat ein unzureichendes Verständnis wirtschaftlicher Abläufe in erheblichem Maße dazu beigetragen.

Die von uns betrachtete Periode beginnt mit der Großen Depression gegen Ende der 1920er- und Beginn der 1930er-Jahre. Diese Krise war ein gewaltiger Einschnitt. Allerdings liegt nicht im gleichen Maße wie heutzutage empirisches Material vor, das für eine gesamtwirtschaftliche Einordnung geeignet ist. Immerhin kann man gut zeigen, dass die Ursachen der größten Wirtschaftskrise der letzten zweihundert Jahre bis zum gegenwärtigen Zeitpunkt nicht wirklich verstanden worden sind.

Weit besser ist die Datenbasis für die Periode nach dem Zweiten Weltkrieg, weil die Einführung des gesamtwirtschaftlichen Denkens auch im Bereich der Statistik große Fortschritte erlaubt hat. Dabei fällt auf, dass bereits eine einfache empirische Gesamtbetrachtung viele Fragen aufwirft, auf die die herrschende Lehre keine überzeugenden Antworten gibt.

Obwohl dieses Kapitel noch keine tiefgehenden Erklärungen anbietet, lässt sich unschwer zeigen, dass ohne die Kenntnis der wichtigen makroökonomischen Verläufe das entscheidende Ereignis der Nachkriegszeit, die neoliberale Konterrevolution der 1970er-Jahre und ihr Scheitern, nicht zu verstehen ist. Wie konnte es passieren, dass sich die intellektuelle Ausrichtung der Mehrzahl der Ökonomen schon zwei Jahrzehnte nach dem Ende des Zweiten Weltkriegs wieder vom gesamtwirtschaftlichen Denken abwandte und uralten Lehren weichen musste, die ohne Zweifel einen intellektuellen Rückschritt bedeuteten?

1.1 Die Große Depression

Die Große Depression der Jahre 1929 bis 1933 erschütterte nicht nur die Weltwirtschaft, sondern auch die herrschende ökonomische Lehre nachhaltig. Doch selbst diese Erschütterung reichte nicht aus, um die Wirtschaftswissenschaft dauerhaft auf einen erfolgreichen Weg zu führen. Nach einer nur etwa drei Dekaden dauernden Episode, in der alternative Lehren wenigstens zu Gehör kamen, ist seit den 1970er-Jahren genau die Ökonomik weltweit wieder dominant, die für die ungeheuerlichen Fehlleistungen des Faches in der Großen Depression verantwortlich gewesen war.

Am 24. Oktober 1929, dem berühmten »Schwarzen Donnerstag«, begann die Große Depression mit einem Börsencrash. Sie dauerte fast vier Jahre und wird zu Recht als einer der großen, wenn nicht als der größte Einschnitt im Wirtschaftsleben der Nationen angesehen. Ihre unmittelbaren und mittelbaren politischen Konsequenzen waren enorm.

Auch für die Ökonomik brachte sie zunächst eine Zäsur. Viele theoretische Vorstellungen, die man z. T. seit Beginn des 19. Jahrhunderts als unumstößlich angesehen hatte, wurden im Gefolge dieses Ereignisses immerhin temporär in Frage gestellt. Der Glaube an eine aus sich heraus vorhandene Stabilität der Wirtschaft war schwer erschüttert.

Abbildung 1.1 zeigt die Wachstumsrate der USA für fast einhundert Jahre. Die Wucht der Großen Depression wird darin zwar nicht vollständig deutlich, weil die Reihe erst

Abb. 1.1 **Wirtschaftsentwicklung[1] in den USA** **1930 bis 2023**

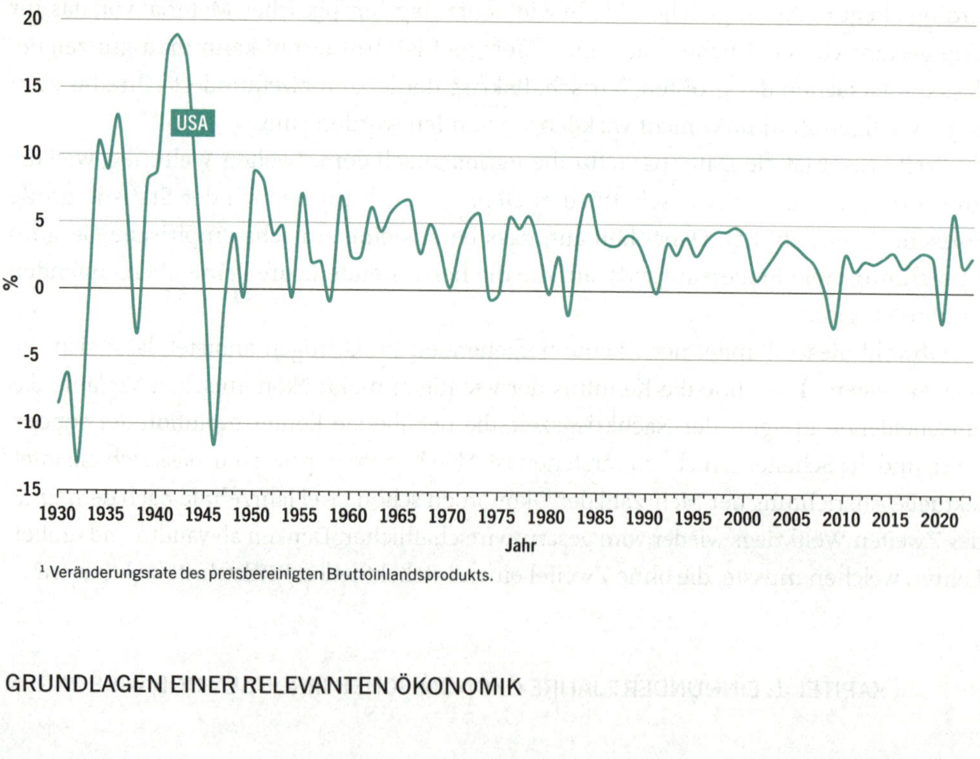

[1] Veränderungsrate des preisbereinigten Bruttoinlandsprodukts.

mit Daten ab 1930 beginnt. Aber der enorme Rückgang des preisbereinigten Bruttoinlandsprodukts (BIP) in den Jahren 1930, 1931 und 1932 ist klar zu erkennen. Offensichtlich wird auch, dass außer dem Einbruch um 1945, der dem enormen Kriegsboom folgte und nur recht kurz war, kein späteres Ereignis dieser Krise gleichkam.

Im Gefolge der Krise sprang die Arbeitslosigkeit in den USA von nahe null im Jahr 1930 auf 25 Prozent zu Beginn des Jahres 1933 (Abbildung 1.2). Das war ein unerhörter Wert, der unvorstellbar viele Menschen in Armut stürzte und selbst das stabile amerikanische System zum Wanken brachte. Hätte es nicht Franklin Delano Roosevelt gegeben, der sich ab 1933 als Präsident der USA gegen den ökonomischen Mainstream stellte und quasi im Alleingang eine antizyklische Politik, den New Deal, durchsetzte, wären die Folgen noch weitaus schlimmer gewesen.

Erst nach dem Anlaufen der Kriegswirtschaft ab dem Jahr 1938 ging die Arbeitslosigkeit auch in den USA wieder deutlich zurück und erreichte, nach einem Rückschlag in den Jahren 1937 und 1938, erneut einen Wert nahe null mitten im Zweiten Weltkrieg, als die US-Wirtschaft wegen der Aufrüstung enorme Wachstumsraten verzeichnete.

Abb. 1.2 **Arbeitslosenquote[1] in den USA** **1929 bis 1942**

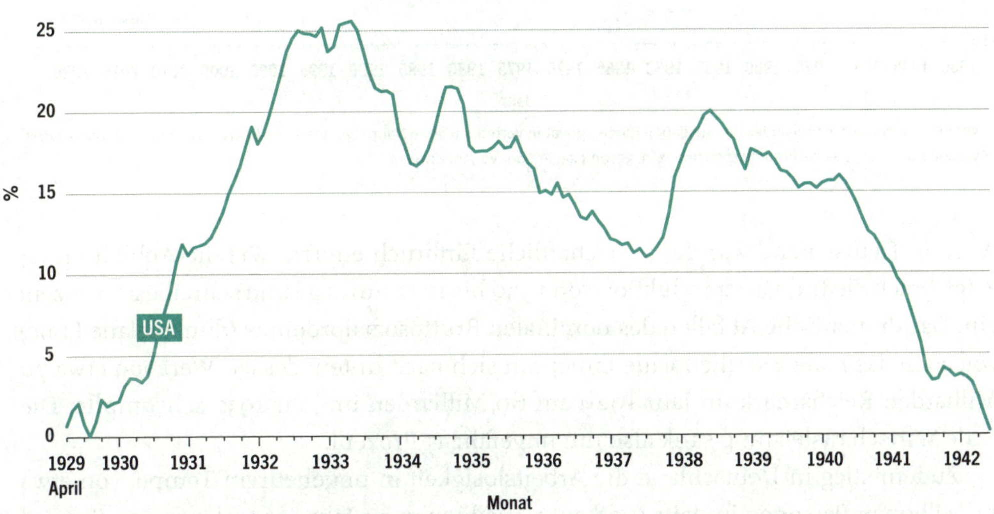

[1] Arbeitslose in % der Erwerbspersonen, saisonbereinigt.

Daten für die Inflationsrate der USA liegen ebenfalls zurück bis 1929 vor. Es handelt sich dabei um die Steigerungsrate des Preisindex für den Individualkonsum, der keine Ausgaben für Lebensmittel und Energie enthält und daher weniger schwankt als der umfassendere Verbraucherpreisindex, dessen Daten nicht so weit in die Vergangenheit reichen. Dieser kann als Kernrate bezeichnet werden, die eng mit der Inflationsrate des Verbraucherpreisindex korreliert (Abbildung 1.3). Auch hier ist der extrem tiefe Schnitt der großen Krise nicht zu übersehen: Im Jahr 1931 sank die Kernrate in den USA um mehr als 10 Prozent.

Abb. 1.3 **Inflationsrate in den USA** **1930 bis 2023**

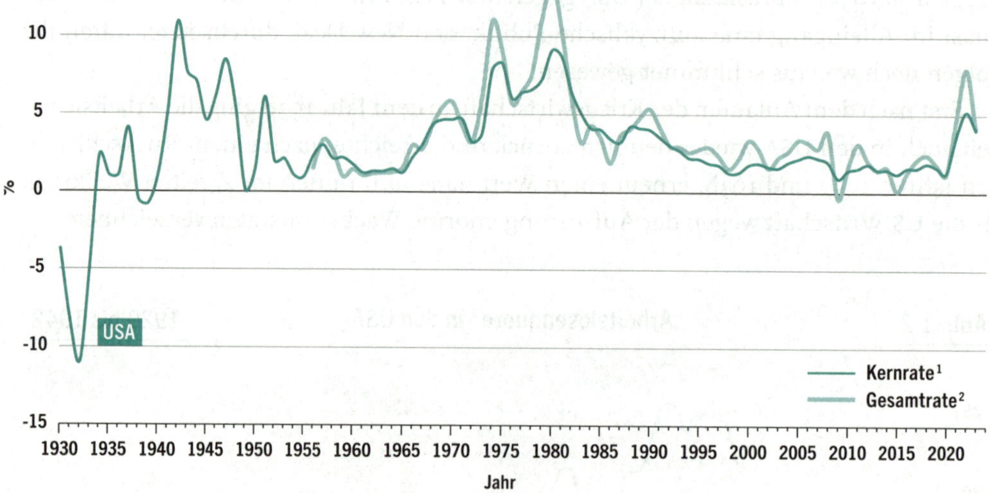

[1] Veränderungsrate des Preisindex der Ausgaben für den privaten Verbrauch ohne Nahrungsmittel und Energie gegenüber Vorjahreswert.
[2] Veränderungsrate des Verbraucherpreisindex insgesamt gegenüber Vorjahreswert.

Auch in Deutschland war der wirtschaftliche Einbruch enorm. Wie die Abbildung 1.4 zeigt, brach die Industrieproduktion von 1929 bis 1932 um sage und schreibe 40 Prozent ein. Das dramatische Abfallen des nominalen Bruttosozialprodukts (dunkelblaue Linie) zog auch das reale BSP (hellblaue Linie) mit sich nach unten, dessen Wert von etwa 70 Milliarden Reichsmark im Jahr 1929 auf 60 Milliarden im Jahr 1932 schrumpfte. Die reale Wirtschaftsleistung sank also um ungefähr 15 Prozent.

Zudem stieg in Deutschland die Arbeitslosigkeit in ungeheurem Tempo, von etwa 1,5 Millionen Personen im Jahr 1928 auf 5,5 Millionen im Jahr 1932 oder fast 30 Prozent der Erwerbstätigen (Abbildung 1.5). Einem politischen Umsturz war damit Tür und Tor geöffnet.

Im Zuge der Großen Depression ging man politisch und ökonomisch neue Wege. Dem Vorbild der USA folgend, engagierte sich in vielen Ländern der Staat in einem bis dahin nicht gekannten Ausmaß mit öffentlichen Investitionen, um die Arbeitslosigkeit

Abb. 1.4 **Bruttosozialprodukt und Industrieproduktion in Deutschland** **1925 bis 1939**

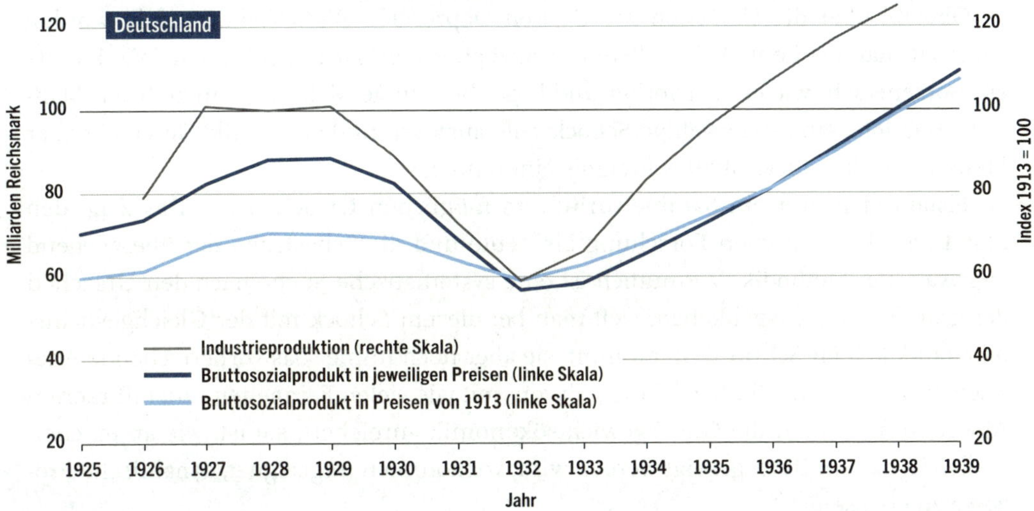

Abb. 1.5 **Arbeitslose[1] in Deutschland** **1921 bis 1938**

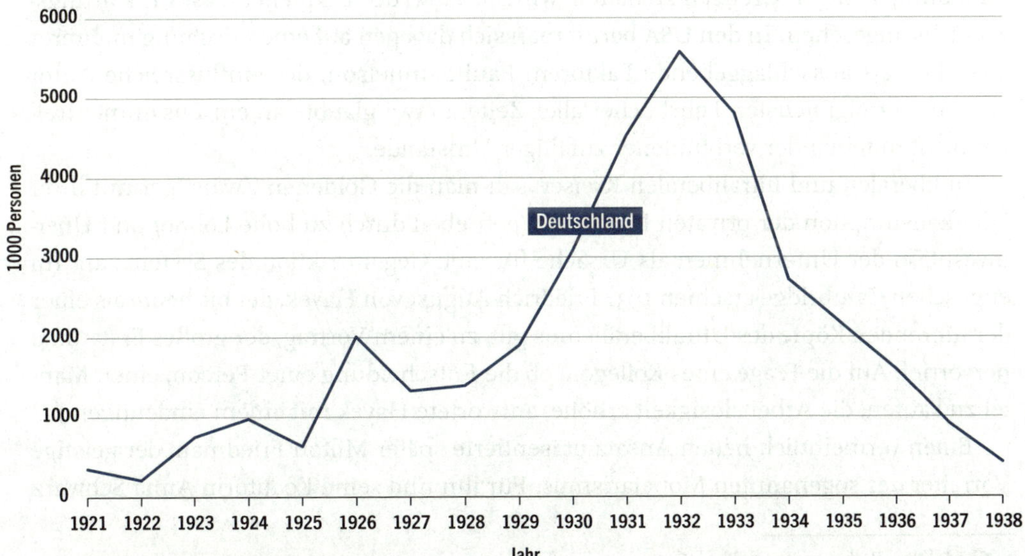

[1] Jahresdurchschnittliche Zahl der Arbeitslosen.

zu reduzieren. Eine wirkliche Kehrtwende in der Politik, die dem Staat größere Bedeutung bei der Stabilisierung der Wirtschaft verlieh, gab es jedoch vor allem in Europa nicht vor dem Ende des Zweiten Weltkriegs.

Obwohl über die Ursachen der Großen Depression Bibliotheken gefüllt worden sind, hat man bis heute keine allgemein akzeptierte Erklärung gefunden. Wie konnte ein Börsencrash, wie er sich vorher und hinterher einige Male auch im globalen Maßstab ereignete, eine so gewaltige Schockwelle auslösen und sich in die Geschichte der Menschheit als schicksalhaftes Ereignis einbrennen?

Bislang liegt nur ein Sammelsurium an möglichen Ursachen vor. Das zeigt den Stand der ökonomischen Forschung bis heute und die Schwächen der überwiegend angewandten Methodik. Vermutlich ist eine systematische Suche nach den Ursachen der großen Krise ausgeblieben, weil man bei diesem Schock mit der Gleichgewichtsökonomik keinen Schritt weiterkommt, sie aber noch immer das vorherrschende Analyseinstrument darstellt. Unabhängig davon, mit wie vielen Feinheiten und raffinierten Abwandlungen man die Gleichgewichtsökonomik anreichert, sie ist, wie an etlichen Stellen in diesem Buch gezeigt werden wird, vollkommen ungeeignet, dynamische Prozesse zu erfassen.

Die Mehrzahl der Ökonomen suchte die Ursachen genau dort, wo sie erwarteten, Fehler konstatieren zu können, nämlich beim Staat. In Deutschland konzentrierte man sich im Nachhinein vorwiegend auf das Versagen der Finanzpolitik, also auf die vom damaligen Finanzminister Brüning zu verantwortende Austeritätspolitik. Der Versuch der Finanzpolitik, inmitten einer zusammenbrechenden Wirtschaft die eigene Verschuldung in engen Grenzen zu halten, wird als einer der Eckpfeiler dieses Erklärungsversuchs angesehen. In den USA beruft man sich dagegen auf eine Mischung mehrerer Ursachen als ausschlaggebende Faktoren. Paul Samuelson, der einflussreiche Autor eines der erfolgreichsten Lehrbücher aller Zeiten, etwa glaubte an ein Zusammentreffen nicht miteinander verbundener zufälliger Umstände.

In liberalen und ultraliberalen Kreisen sah man die Goldenen Zwanziger mit ihrer Überkonsumption der privaten Haushalte (getrieben durch zu hohe Löhne) und Überinvestition der Unternehmen als Ursache für eine Gegenreaktion des Systems an. Im englischen Cambridge erschien 1931 Friedrich August von Hayek, der bis heute als einer der führenden Köpfe des Ultraliberalismus gilt, zu einem Vortrag, der großes Erstaunen hervorrief. Auf die Frage eines Kollegen, ob die Entscheidung einer Person, einen Mantel zu kaufen, die Arbeitslosigkeit erhöhe, antwortete Hayek mit einem eindeutigen Ja.[1]

Einen vermeintlich neuen Ansatz präsentierte später Milton Friedman, der geistige Vorreiter des sogenannten Monetarismus. Für ihn und seine Koautorin Anna Schwarz

---

1 Skidelsky, R. (1994 [1983]): 456.

war eine systematisch ungeeignete Geldpolitik, die sinkende Geldmengenaggregate zugelassen hatte, der entscheidende Auslöser der Weltwirtschaftskrise gewesen. In ihrem voluminösen Werk *A Monetary History of the United States*[2] identifizieren sie das Versagen der Geldpolitik als zentrale Ursache. Es bleibt in dieser Analyse jedoch ungeklärt, ob die zweifellos sinkenden Geldmengenaggregate die Folge oder die Ursache des Wirtschaftseinbruchs waren.

In der wohl bekanntesten Arbeit zum Thema, dem Buch *The World in Depression, 1929–1939*[3] von Charles P. Kindleberger findet man eine Reihe von Ursachen eher politischer Art, aber keine Erklärung eines systematischen Politikversagens aufgrund einer ungeeigneten Theorie.

Das ist seltsam. Ausgerechnet für die gewaltige Krise, die, wie wir ausführlich zeigen werden, eine wirkliche Neuerung im ökonomischen Denken auslöste, finden sich außer einer prozyklischen Fiskalpolitik und einiger schwer zu interpretierender geldpolitischer Fehlentwicklungen keine großen systemischen Irrtümer, die erklären können, wie die halbe Welt in Arbeitslosigkeit und Elend gestürzt wurde – ist das möglich?

Zwar wird im Zusammenhang mit der Weltwirtschaftskrise immer wieder die Deflation (also der Rückgang des allgemeinen Preisniveaus) erwähnt, die den Einbruch der Wirtschaft begleitete. Es gibt aber nur wenige Quellen, die explizit auf eine Lohndeflation verweisen. Fallende Löhne wurden von den allermeisten Ökonomen als Reaktion auf die steigende Arbeitslosigkeit angesehen und insoweit als die zu erwartende und das System stabilisierende Marktreaktion begrüßt. Hier liegt der entscheidende Fehler.

Die Datenlage zur damaligen Lohnentwicklung ist lückenhaft, aber es lässt sich zeigen, dass die Rezession in allen großen Ländern mit massiven Lohnsenkungen einherging. Für die USA gibt es eine Statistik der Stundenlöhne für die Bauarbeiter, die in den frühen 1920er-Jahren beginnt. Danach sind im Zuge der Großen Depression die Löhne von etwa 0,40 US-Dollar pro Stunde im Jahr 1929 auf etwa 0,32 Dollar im Jahr 1933 gefallen, also um 20 Prozent. Die Löhne der gelernten Bauarbeiter fielen von 1,38 Dollar im Jahr 1930 äußerst rapide auf teilweise 0,94 Dollar im Jahr 1932, was eine Reduktion um 32 Prozent bedeutet (Abbildung 1.6).

Für Großbritannien (UK) finden sich ebenfalls klare Hinweise auf fallende Nominallöhne, dargestellt in Abbildung 1.7. Hier gibt es sogar einen Index der durchschnittlichen wöchentlichen Löhne, der von einem Wert von etwa 100 im Jahr 1927 auf deutlich unter 95 im Jahr 1933 zurückgeht.

---

2 Friedman, M., & Schwartz, A. J. (2008 [1963]).

3 Kindleberger, C. P. (2013 [1973]).

Abb. 1.6 **Stundenlohn gelernter Bauarbeiter in den USA** **1922 bis 1939**

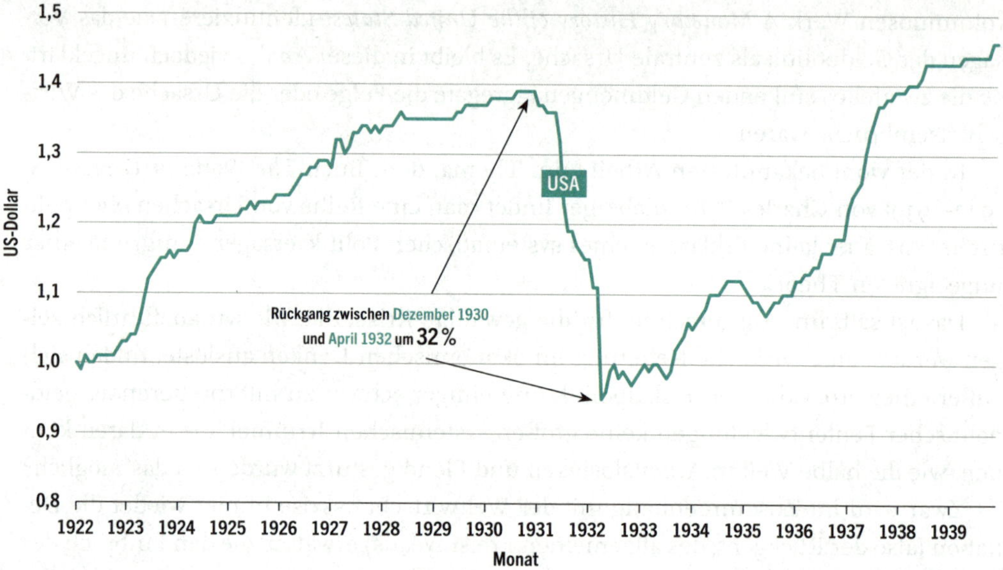

Abb. 1.7 **Wöchentlicher Nominallohn[1] in UK** **1925 bis 1939**

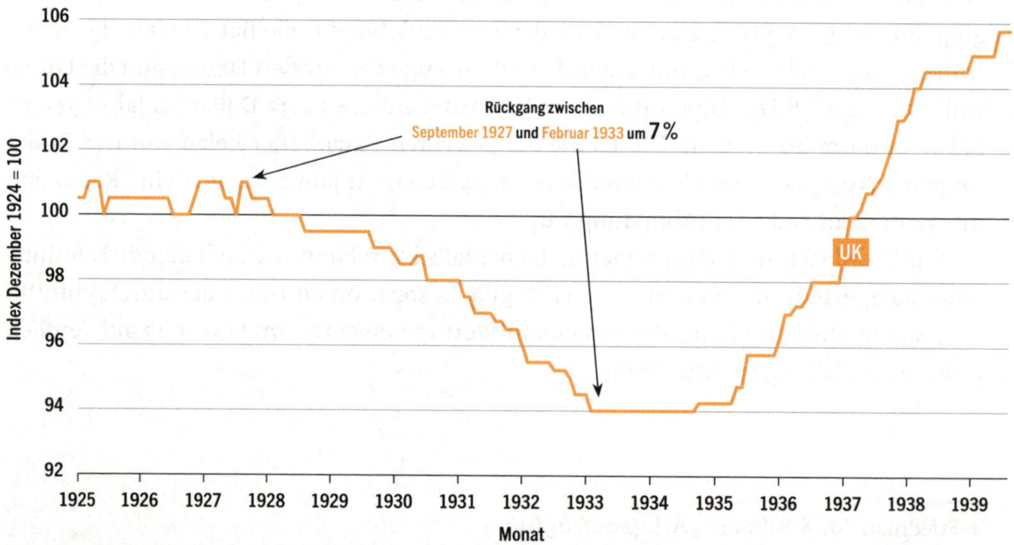

[1] Gesamtwirtschaftlicher Durchschnitt, saisonbereinigt.

Auch für Frankreich liegen Daten vor, die, wie die Abbildung 1.8 zeigt, klar auf absolut fallende Nominallöhne ab dem Jahr 1930 hindeuten; für die Berufsgruppe der Bergarbeiter sank der durchschnittliche Tageslohn bis 1935 um 16 Prozent.

Für Deutschland ist die Datenlage schwierig, weil das Statistische Reichsamt damals zwar große Mengen an Daten sammelte, aber nicht versuchte, diese systematisch zusammenzuführen. Wir haben aus dem Puzzle der Einzeldaten Reihen für die Lohnentwicklung von sechs Berufsgruppen zusammengestellt, die den Zeitraum von 1924 bis 1934 umfassen (Abbildung 1.9).

Hier liegt der Rückgang der Löhne von 1929 bis 1934 in der Größenordnung von über 30 Prozent. Der durchschnittliche Arbeitnehmer war mit einer Situation konfrontiert, in der der Druck auf die Löhne enorm stieg, weil die Arbeitslosigkeit in kürzester Zeit massiv zunahm. Vermutlich waren auch die Gewerkschaften bereit, sich auf Kürzungen der Löhne einzulassen, weil nach allgemeinem Verständnis im Übrigen praktisch keine wirtschaftspolitischen Instrumente bereitstanden, um den Anstieg der Arbeitslosigkeit zu stoppen.

Für die Unternehmen lag der Schritt nahe, bei fallender Nachfrage zunächst Arbeitskräfte zu entlassen und dann zusätzlich zu versuchen, bei den verbleibenden Mitarbeitern Lohnsenkungen durchzusetzen. Aus der Sicht jedes einzelnen Unternehmens war das ein Weg, seine Lage zu stabilisieren. Die Unternehmen hatten von Arbeitnehmerseite nicht viel Widerstand zu erwarten, weil kaum abgesicherte Arbeiter den Gang in die Arbeitslosigkeit fürchteten. Eine staatliche Arbeitslosenversicherung gab es erst seit 1927. Diese geriet aufgrund der im Zuge der Weltwirtschaftskrise rasant ansteigenden Arbeitslosenzahlen schnell unter finanziellen Druck, so dass 1932 nicht einmal ein Drittel der Arbeitslosen Unterstützung von der Versicherung erhielt.[4] Folglich waren die Arbeitskräfte bereit, Lohnzugeständnisse zu machen. An dieser Schwäche der Arbeitnehmerseite in einer konjunkturell kritischen Phase hat sich bis heute im Prinzip nichts geändert, auch wenn es eine weit bessere staatlich organisierte Versicherung gegen Arbeitslosigkeit gibt.

Ob ein solcher mikroökonomischer Kampf gegen die Existenzbedrohung der Unternehmen makroökonomische Konsequenzen nach sich zieht, interessiert weder die Arbeitgeber noch die Arbeitnehmer. Selbst für die große Mehrzahl der Volkswirte reicht angesichts der Vorstellung eines funktionierenden Arbeitsmarkts die mikroökonomische Logik vollständig aus. Sinkende Löhne als Reaktion auf steigende Arbeitslosigkeit sind im Marktmodell selbstverständlich und ohne weiteres stabilisierend, weil man davon ausgeht, dass die Unternehmen die Lohnsenkungen zum Anlass nehmen, ihre Produktion in Richtung höherer Arbeitsintensität umzubauen. Dazu mehr in Kapitel 4.

Man unterstellt also, dass die Einkommen der Arbeitnehmer in der Summe (die sogenannte Lohnsumme) konstant bleiben, weil die Lohnsenkung pro Kopf durch die

4 Scriba, A. (2007).

Abb. 1.8 Durchschnittlicher Tageslohn französischer Bergarbeiter 1925 bis 1939

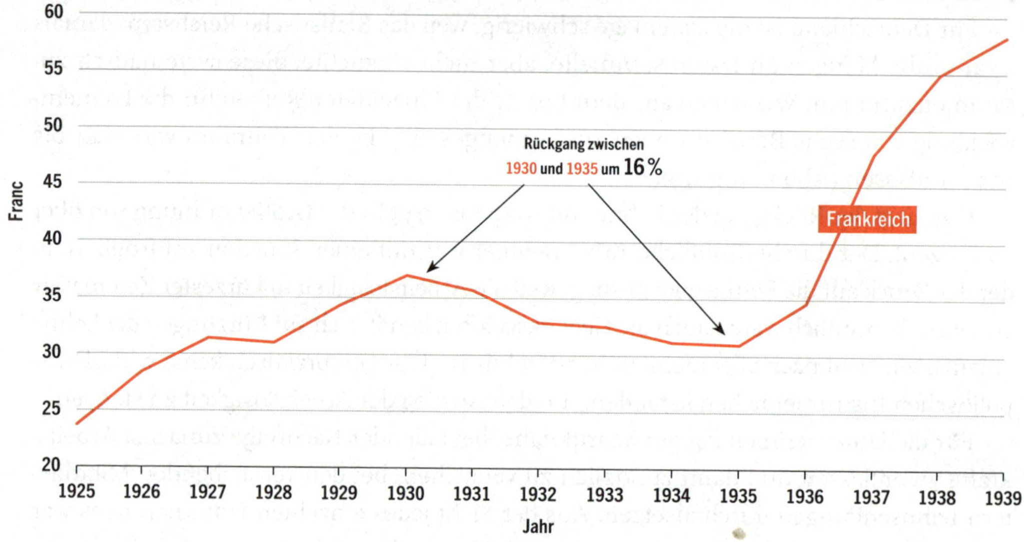

Abb. 1.9 Tarifstundenlöhne in Deutschland 1924 bis 1934

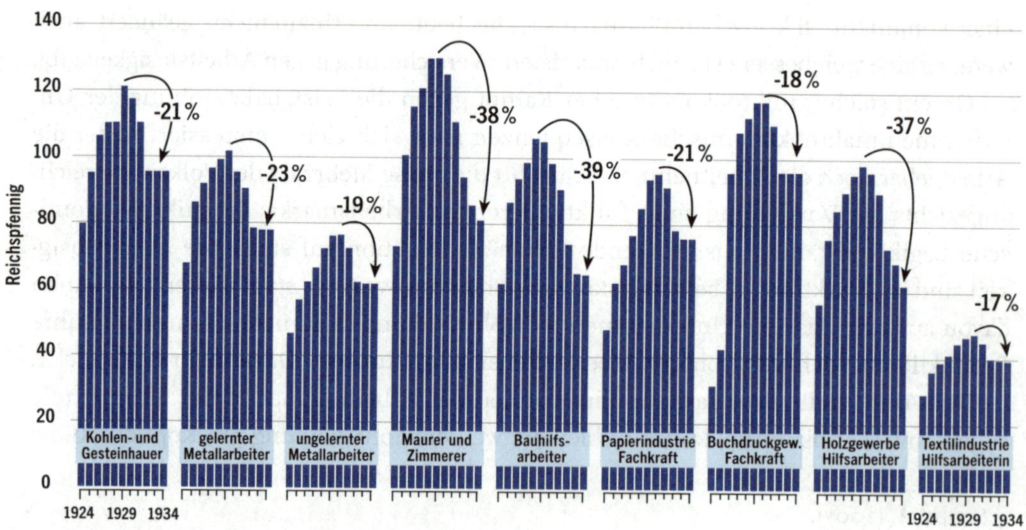

Zunahme der Beschäftigung genau ausgeglichen wird. Wenn in Reaktion auf die ursprüngliche Krise in den USA oder in Deutschland die Löhne um etwa 30 Prozent gefallen waren, dann müsste die Beschäftigung zur gleichen Zeit um 30 Prozent gestiegen sein, um einen negativen Nachfrageeffekt von Seiten der Arbeitnehmer zu verhindern.

Allerdings stieg, wie die Empirie eindeutig zeigt, die Arbeitslosigkeit von 1929 bis 1933 durchgängig stark an. Das schließt einen Beschäftigungsaufbau aus und macht den Lohnrückgang und den Beschäftigungsrückgang zu zeitgleichen Erscheinungen. Folglich ist der Schluss zwingend, dass die Nachfrage in den betroffenen Volkswirtschaften auch deswegen fiel, weil es in Reaktion auf die Krise zu absolut sinkenden Löhnen kam.

Das heißt, dass der Arbeitsmarkt gerade nicht so funktionierte, wie es von der herrschenden neoklassischen Lehre erwartet wird. Die Bedeutung dieser Einsicht kann gar nicht überschätzt werden. Ohne einen »Arbeitsmarkt«, der bei Lohnsenkungen die Beschäftigungslage verbessert, ist das theoretische Gebäude der Neoklassik akut vom Einsturz bedroht. Die gesamte heute praktisch verwendete Ökonomik steht dann auf tönernen Füßen und bedarf einer grundlegenden Revision. Sie kann in diesem Fall nicht mehr als Basis für wirtschaftspolitische Empfehlungen dienen. Genau das wird dieses Buch zeigen.

Einen weiteren Hinweis zur Beantwortung der Frage nach der Funktionsweise des »Arbeitsmarktes« erhält man, wenn man eine der größten ökonomischen Krisen der vergangenen Jahre genauer anschaut. In Griechenland wurde von den Gläubigerstaaten achtzig Jahre nach der Großen Depression in den Jahren ab 2010 auf der Basis der neoklassischen Theorie zum ersten Mal in der modernen Geschichte in einem entwickelten Land eine massive Lohnsenkung durchgesetzt.

Griechenland ist deswegen so interessant, weil sich der eigentliche tiefe Absturz der Wirtschaft und der dramatische Anstieg der Arbeitslosigkeit ab dem Jahr 2010 ereigneten, einem Zeitpunkt also, als die Regierung in Athen längst unter strenger Kontrolle der Troika aus Europäischer Zentralbank (EZB), EU-Kommission und Internationalem Währungsfonds (IWF) stand, deren Mission im April des Jahren begonnen hatte. Danach hätten keine gravierenden wirtschaftspolitischen Fehler mehr passieren dürfen – doch der Troika fehlte die geeignete Theorie.[5]

Auch in Griechenland konzentriert sich im Nachhinein die Suche nach den Ursachen für den Absturz der Wirtschaft und den Anstieg der Arbeitslosigkeit auf die klassischen Politikbereiche, insbesondere die Fiskalpolitik, weil es aufgrund des Euros keine eigenständige Geldpolitik gab. Allerdings waren die langfristigen Zinsen für Griechenland mehr als für andere Länder vom Kapitalmarkt in die Höhe getrieben worden, was die EZB damals – in einer Verkennung ihres ökonomischen Mandats – zugelassen hatte.

---

5 Für eine Diskussion siehe Flassbeck, H., & Lapavitsas, C. (2015) und Flassbeck, H., & Bibow, J. (2018).

Hohe langfristige Zinsen und eine restriktive Fiskalpolitik können aber nicht erklären, warum der reale private Verbrauch im Verlauf dieser Krise um über 20 Prozent einbrach. Es wäre auch aus Sicht der Institutionen, die die Troika bildeten, absurd gewesen, vorsätzlich eine Politik zu fahren, die zu einem so starken Einbruch der Gesamtnachfrage führen und extreme Arbeitslosigkeit nach sich ziehen sollte. Es muss folglich noch einen anderen Faktor gegeben haben, den die Troika zwar bewusst einsetzte, dessen reale Auswirkungen ihr aber nicht vorab klar gewesen waren.

Dabei handelte es sich nach allem, was wir heute wissen können, um die von der Troika mit Gewalt durchgesetzte Lohnsenkung. Tatsächlich sanken in Griechenland ab 2009 die Löhne in realer und in nominaler Rechnung (Abbildung 1.10). Der Rückgang beschleunigte sich in den Folgejahren unter dem Druck der Troika. Insgesamt sank der Reallohn, berechnet als Differenz zwischen Nominallohn- und Verbraucherpreisanstieg, von über 13 Euro im Jahr 2009 auf unter 10 Euro im Jahr 2018 und damit um 26 Prozent.

Dem entsprach fast genau der Rückgang des realen privaten Verbrauchs um etwa ein Viertel zwischen 2009 und 2018, wie Abbildung 1.11 zeigt.

Die Arbeitslosenquote stieg in Griechenland im Gefolge dieser Politik und parallel zu dem enormen Rückgang der Reallöhne steil auf ein vorher nicht gekanntes Niveau von fast 30 Prozent an (Abbildung 1.12) und blieb auch in den Folgejahren trotz eines leichten Rückgangs mit mehr als 15 Prozent äußerst hoch.

Auch in Spanien lässt sich ein ähnliches Muster beobachten (Abbildung 1.13). Die Reallöhne (deflationiert mit dem Verbraucherpreisindex) fielen von 2009 bis 2012 um 6 Prozent und der private Verbrauch fiel nochmals (nachdem er schon von 2008 auf 2009 gefallen war) zwischen 2010 und 2013 um 9 Prozent.

Das Zusammenfallen von Reallohnrückgang und Nachfragerückgang ist, wie oben schon beschrieben, für die herrschende neoklassische Lehre ein unerklärliches Phänomen. Diese Abweichung der Wirklichkeit von der erwarteten Entwicklung hat zumindest den IWF stark irritiert. In einem Statement zu den »Fortschritten« des spanischen Anpassungsprogramms kam man dort schon im Jahr 2013 zu der Erkenntnis, dass sinkende Löhne die Beschäftigung verringern, weil die Kaufkraft der privaten Haushalte sinkt. Wörtlich sagte der IWF:

> A mechanism should be explored to bring forward the employment gains from structural reforms. This would augment ongoing efforts to help guide Spain's economy to a better outcome and could comprise two elements: (1) employers committing to significant employment increases in return for unions agreeing to significant further wage moderation and (2) some fiscal incentives in the form of immediate cuts in social security contributions offset by indirect revenue increases in the medium term. A significant increase in employment and reduction in inflation will be critical so that household

Abb. 1.10 **Nominal- und Reallohn in Griechenland** **1999 bis 2023**

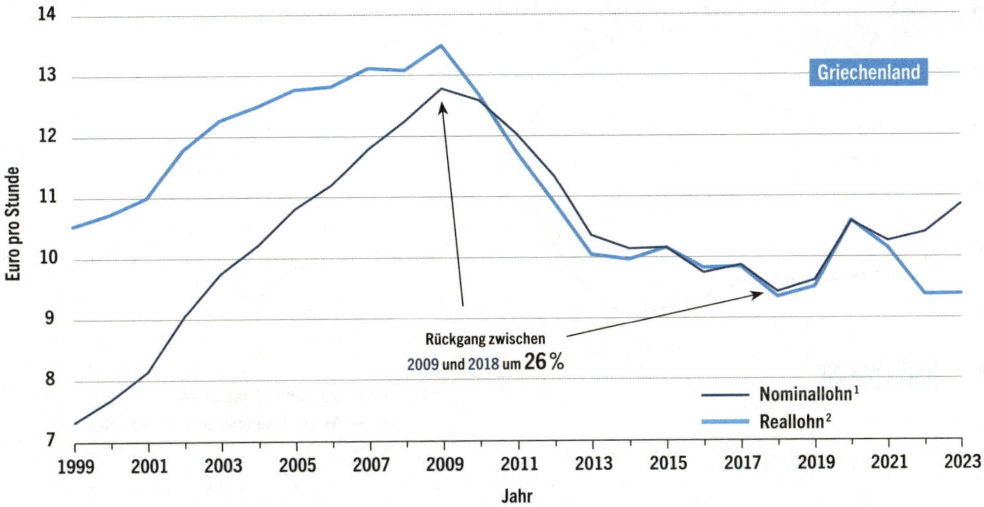

[1] Arbeitnehmerentgelt pro geleistete Arbeitsstunde.

[2] Nominallohn deflationiert mit dem Preisindex des privaten Verbrauchs in Preisen von 2015.

Abb. 1.11 **Privater Verbrauch und Reallohn in Griechenland** **1999 bis 2023**

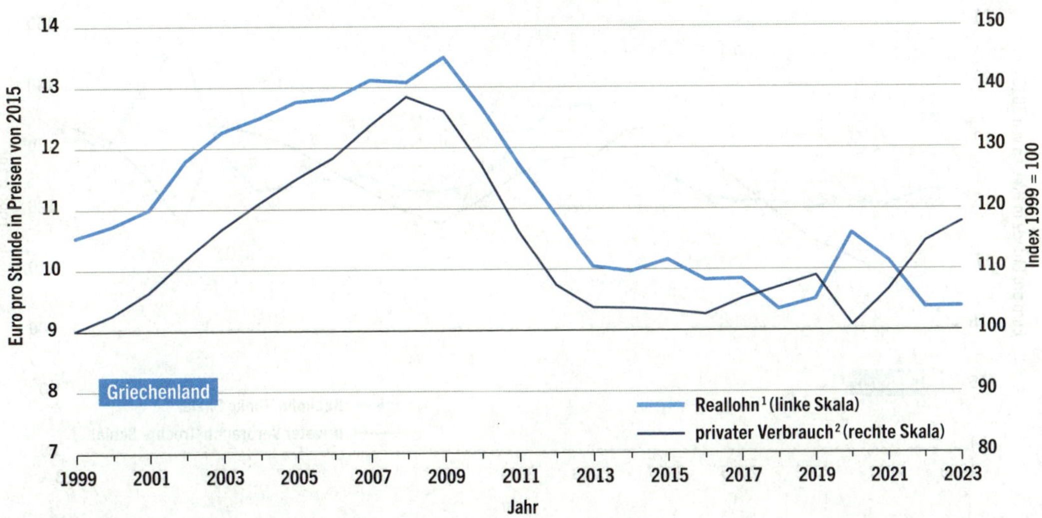

[1] Arbeitnehmerentgelt pro geleistete Arbeitsstunde deflationiert mit dem Preisindex des privaten Verbrauchs.

[2] Preisbereinigt.

Abb. 1.12 **Reallohn und Arbeitslosigkeit in Griechenland** 1999 bis 2023

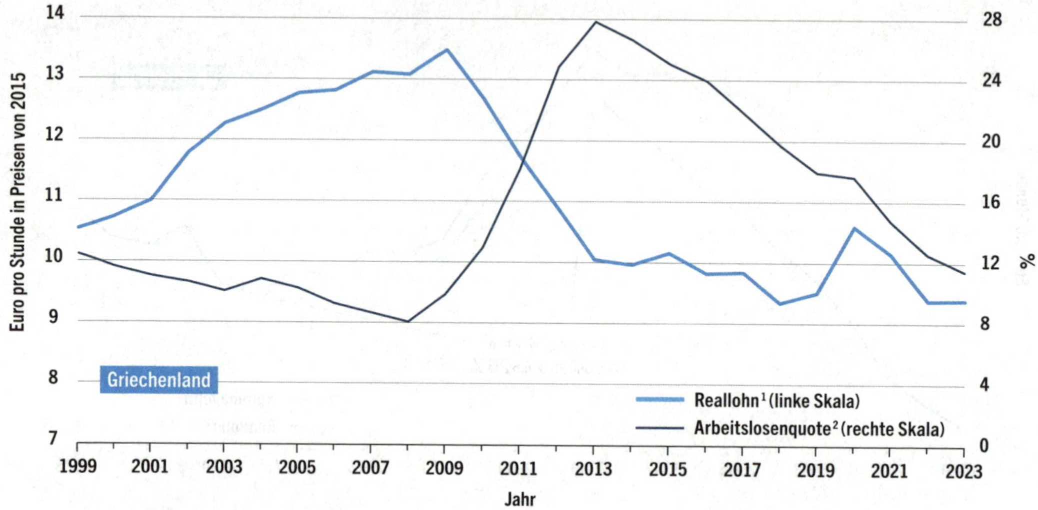

[1] Arbeitnehmerentgelt je geleistete Arbeitsstunde deflationiert mit dem Preisindex des privaten Verbrauchs.
[2] Arbeitslose in % der Erwerbspersonen.

Abb. 1.13 **Privater Verbrauch und Reallohn in Spanien** 1999 bis 2023

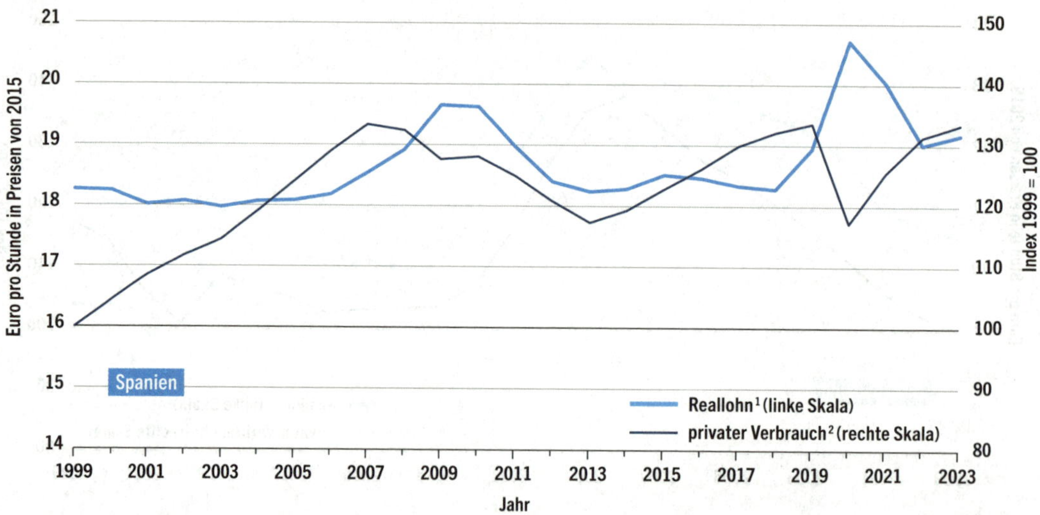

[1] Arbeitnehmerentgelt je geleistete Arbeitsstunde deflationiert mit dem Preisindex des privaten Verbrauchs.
[2] Preisbereinigt.

purchasing power in the aggregate does not suffer. The challenges for all involved are enormous, and it will be crucial to avoid that the approach is watered down or needed structural reforms delayed.[6]

Dass der IWF eine Verpflichtung der Unternehmen verlangt, um die fallende Kaufkraft der privaten Haushalte zu verhindern, ist die Bankrotterklärung der herrschenden Lehre. Wer soll in einer Marktwirtschaft die Unternehmen dazu zwingen, je nach Lohnsenkung so viele Neueinstellungen vorzunehmen, dass die Lohnsumme in jedem Unternehmen unverändert bleibt? Das ist absurd.

Mit der Entscheidung des Europäischen Rates und der Troika, im Zuge »struktureller Reformen« von den Krisenländern Lohnsenkungen zu verlangen, damit sie ihre Wettbewerbsfähigkeit wiedergewinnen, haben die entscheidenden Institutionen die Weichen auf Arbeitsplatzvernichtung gestellt. In Spanien gab es nach einem ersten Schub an Arbeitslosigkeit im Gefolge der Rezession von 2008/2009 und dem Beginn der restriktiven Finanzpolitik einen zweiten Schub von etwa 18 auf 26 Prozent bei der Arbeitslosenquote (Abbildung 1.14), der genau mit dem Lohnkürzungsprogramm zusammenfällt.

Abb. 1.14 **Reallohn und Arbeitslosigkeit in Spanien** **1999 bis 2023**

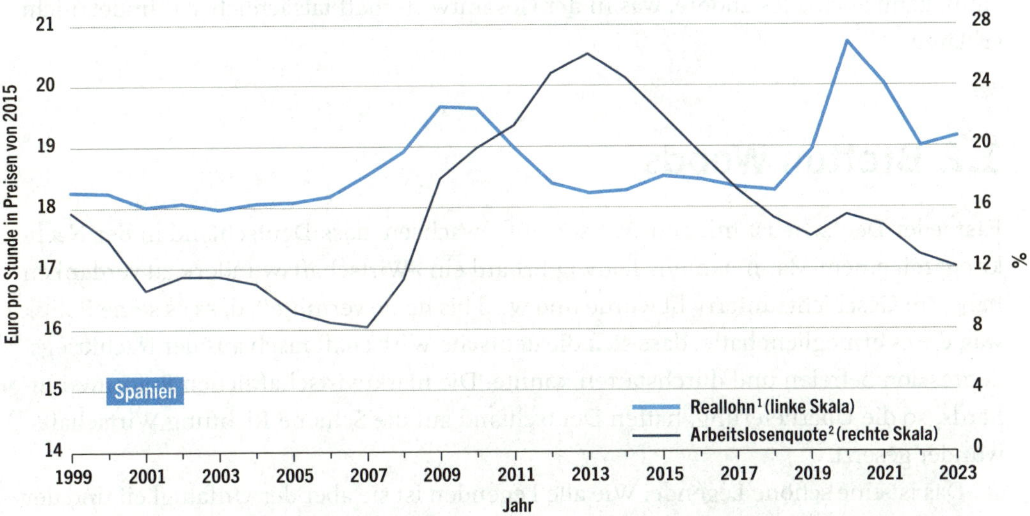

[1] Arbeitnehmerentgelt je geleistete Arbeitsstunde deflationiert mit dem Preisindex des privaten Verbrauchs.

[2] Arbeitslose in % der Erwerbspersonen.

6 IWF (2013).

Es ist offensichtlich, dass der außenwirtschaftlich motivierte Kurs der Lohnsenkung (man wollte eine sogenannte interne Abwertung erreichen) in Ländern wie Spanien und Griechenland mit einem Anteil der Binnenwirtschaft am Bruttoinlandsprodukt in der Größenordnung von 75 Prozent zu einem Einbruch der Binnennachfrage führte, der potenzielle Erfolge bei der Verbesserung der internationalen Wettbewerbsfähigkeit weit in den Schatten stellte.

Weil eine Lohnsenkung unmittelbar die Nachfrage der privaten Haushalte vermindert und damit die Auslastung der vorhandenen Kapazitäten der Unternehmen senkt, kommt der neoklassische Mechanismus, der auf eine Substitution von Kapital durch Arbeit (siehe Kapitel 4) wegen der Veränderung der Faktorpreisrelationen setzt, überhaupt nicht zum Zuge. Die von den Unternehmen gezahlten Löhne pro Beschäftigten sinken zwar, aber das wird nicht durch Mehreinstellungen, wie die Neoklassik verspricht, so kompensiert, dass die Lohnsumme wenigstens konstant bliebe. Vielmehr führt die fallende Binnennachfrage unmittelbar zu Entlassungen und steigender Arbeitslosigkeit.

Damit ist auch die Große Depression erklärt. Weil in ihrem Zuge die Machtverhältnisse am Arbeitsmarkt eine Lohnsenkung ermöglicht hatten, wurden Dauer und Tiefe der Krise massiv verstärkt. Offensichtlich wirken Lohnsenkungen nicht anders als Kürzungen der Ausgaben anderer Sektoren, wie denen des Staates, unmittelbar krisenverschärfend. Schon hiermit ist die neoklassische Theorie aus den Angeln gehoben. Wer die Wirkung einer Lohnsenkung nicht in Übereinstimmung mit der Empirie erklären kann, kann auch alles andere, was in der Gesamtwirtschaft tatsächlich stattfindet, nicht erklären.

1.2 Bretton Woods

Fast jeder Deutsche ist mit dem Wissen aufgewachsen, dass Deutschland in der Nachkriegszeit einem Mann namens Ludwig Erhard ein »Wirtschaftswunder« zu verdanken habe. Im Geschichtsunterricht wurde und wird bis heute vermittelt, dass es seine Politik war, die es ermöglicht hatte, dass sich die deutsche Wirtschaft rasch aus der Nachkriegsdepression befreien und durchstarten konnte. Die marktwirtschaftlichen Reformen Erhards, so die Überlieferung, hätten Deutschland auf die Schiene Richtung Wirtschaftswunder gesetzt.

Das ist eine schöne Legende. Wie alle Legenden ist sie aber der Unfähigkeit und der Unwilligkeit der Menschen geschuldet, eine komplexe Wirklichkeit wirklich verstehen zu wollen. Nichts von dem, was Deutschland vorweisen kann, war außergewöhnlich, wenn man Deutschland mit anderen Ländern unmittelbar nach dem Zweiten Weltkrieg vergleicht.

Stellt man die Wachstumsraten Deutschlands denen ähnlich großer Länder gegenüber, also Frankreichs, Italiens, Großbritanniens, aber auch Japans in den ersten zwanzig Jahren nach dem Krieg, bleibt zwar etwas, das man durchaus als Wirtschaftswunder bezeichnen kann. Die Hypothese von einer besonderen deutschen Leistung durch besondere deutsche Politik initiiert von besonderen deutschen Politikern fällt dabei jedoch wie ein Kartenhaus in sich zusammen. In den Überblicken 1 bis 3 sind die im Folgenden diskutierten Größen Wachstum, Arbeitslosigkeit und Inflation, also die drei grundlegenden Indikatoren einer Volkswirtschaft, in sechs Industrieländern jeweils für die Zeitabschnitte von 1950 bis 1970, von 1970 bis 1990 und von 1990 bis 2023 dargestellt. Der Vergleich der drei Perioden zeigt für jede der Kennzahlen eine deutliche Veränderung, von der die gezeigten Länder mehr oder weniger ähnlich betroffen sind.

Im Vergleich zu den meisten europäischen Ländern war Deutschland beim Wachstum nur ein paar Jahre lang herausragend. Schon 1958 holte Italien, das auch zu Beginn der 1950er-Jahre kräftig gewachsen war, Deutschland ein und verzeichnete in den Folgejahren durchweg bessere Ergebnisse als das »Wirtschaftswunderland«. Dass es trotzdem Ende der 1960er-Jahre einen Zustrom von Arbeitnehmern von Italien nach Deutschland gab, lag vor allem an dem damals sehr unterschiedlichen Lohnniveau und den regionalen Problemen. Frankreich war in den 1950er-Jahren weniger kräftig gestartet, wuchs aber ab den frühen 1960er-Jahren stabiler und schneller als der vom Krieg weit stärker zerstörte Nachbar Deutschland.

Noch weniger beeindruckend ist das deutsche Wirtschaftswunder, wenn man es mit dem Aufholprozess des anderen großen Verlierers des Zweiten Weltkriegs, mit dem Japans, vergleicht. Japan wuchs nicht nur in den 1950er-Jahren annähernd so stark wie die Bundesrepublik, sondern ließ die deutsche Aufholjagd in den 1960er-Jahren wie einen Spaziergang aussehen. Damit überbot die damals größte asiatische Volkswirtschaft bei weitem die Leistung aller europäischen Wettbewerber und schickte sich an, rasch zur zweitgrößten der Erde aufzusteigen.

Für die USA lassen sich die Überbewertung des US-Dollars und die technologische Spitzenposition anführen, um das relativ schwache Wachstum zu erklären. Wer Technologie nicht kopieren kann, sondern selbst neu erfinden muss, fällt leicht zurück gegenüber denjenigen, die Spitzentechnologien einfach kopieren. Weit erstaunlicher ist die Schwäche Großbritanniens. Bis zum Ende des vergangenen Jahrhunderts, genau bis zu den einschneidenden Reformen der »Eisernen Lady« Margaret Thatcher in den 1980er-Jahren, war das Land der »Modellfall« für gescheiterte Versuche, Staatswirtschaft und Gewerkschaftsmacht mit Marktwirtschaft in Einklang zu bringen.

Betrachtet man die durchschnittlichen Raten (Überblick 1), war Japan in den ersten zwanzig Jahren nach dem Zweiten Weltkrieg absolut führend. Mit einer durchschnittlichen Wachstumsrate von über 8 Prozent in der ersten Periode und sogar mehr als

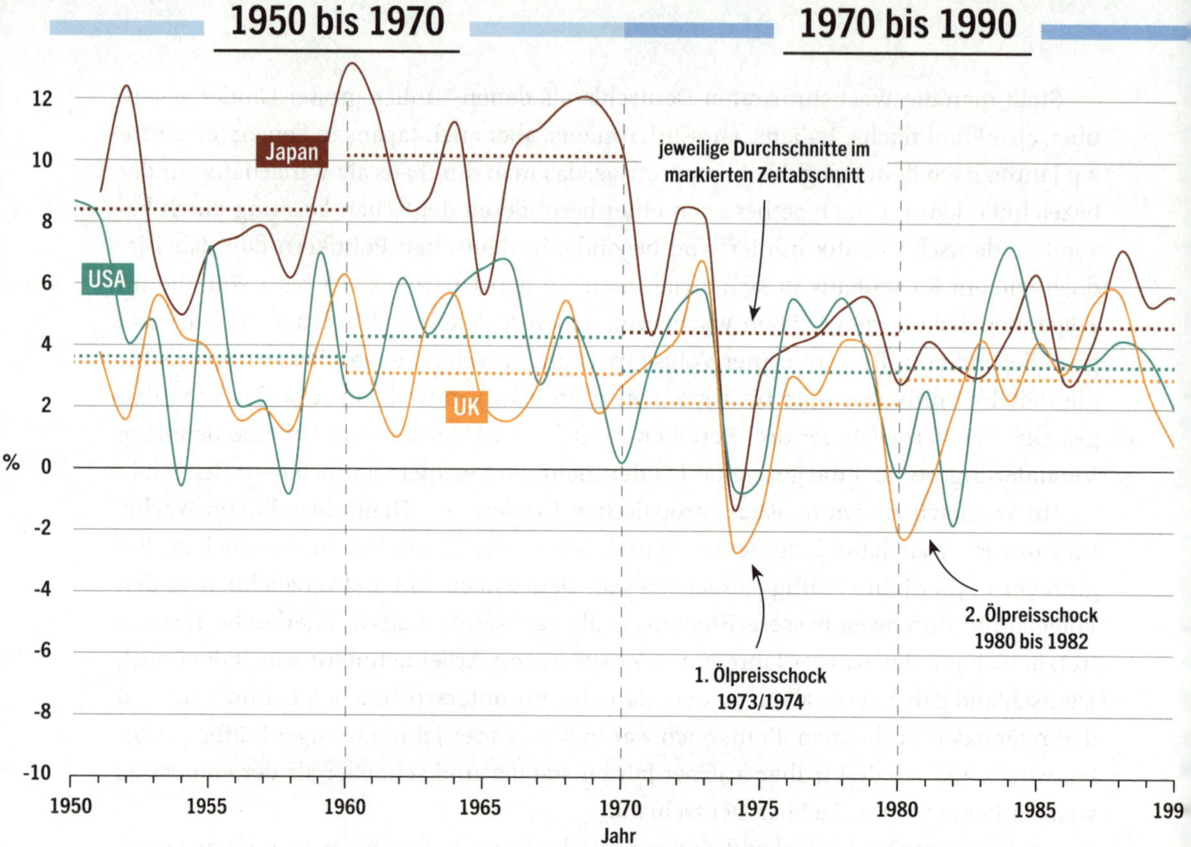
1950 bis 1970
1970 bis 1990
Japan
USA
UK
jeweilige Durchschnitte im markierten Zeitabschnitt
1. Ölpreisschock 1973/1974
2. Ölpreisschock 1980 bis 1982
%
Jahr

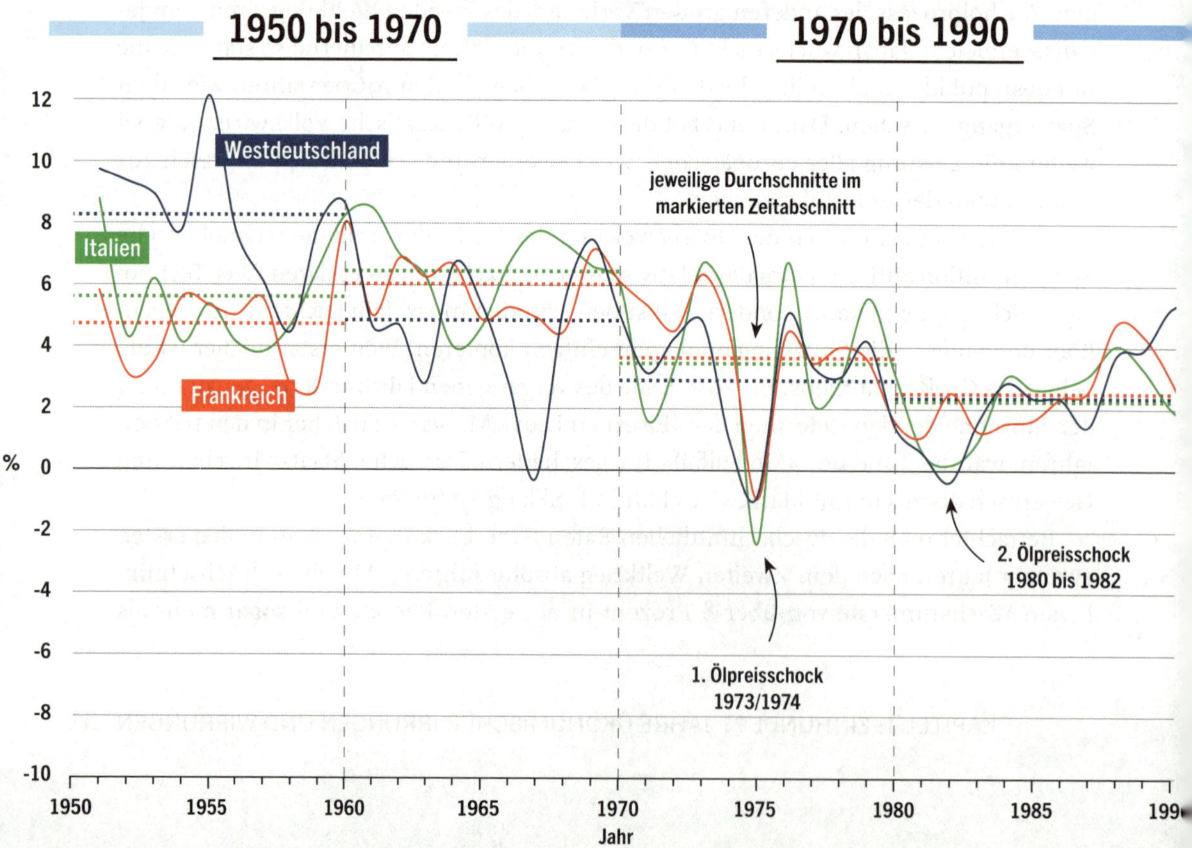
1950 bis 1970
1970 bis 1990
Westdeutschland
Italien
Frankreich
jeweilige Durchschnitte im markierten Zeitabschnitt
1. Ölpreisschock 1973/1974
2. Ölpreisschock 1980 bis 1982
%
Jahr

WACHSTUMSRATEN

1990 bis 2023

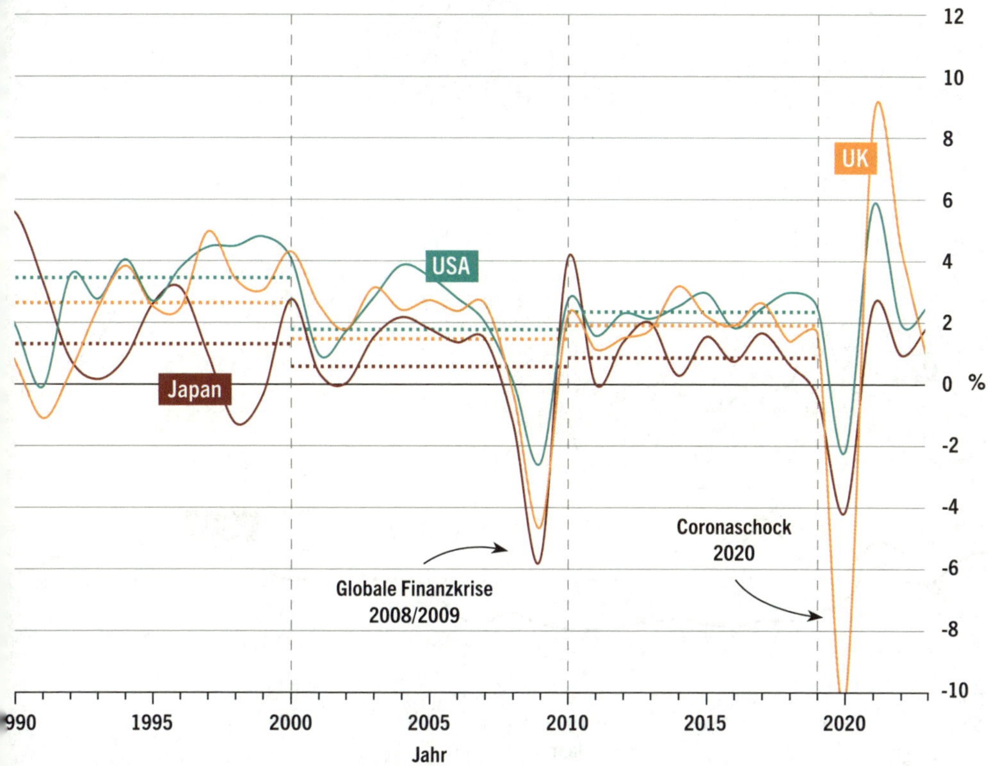

1990 bis 2023

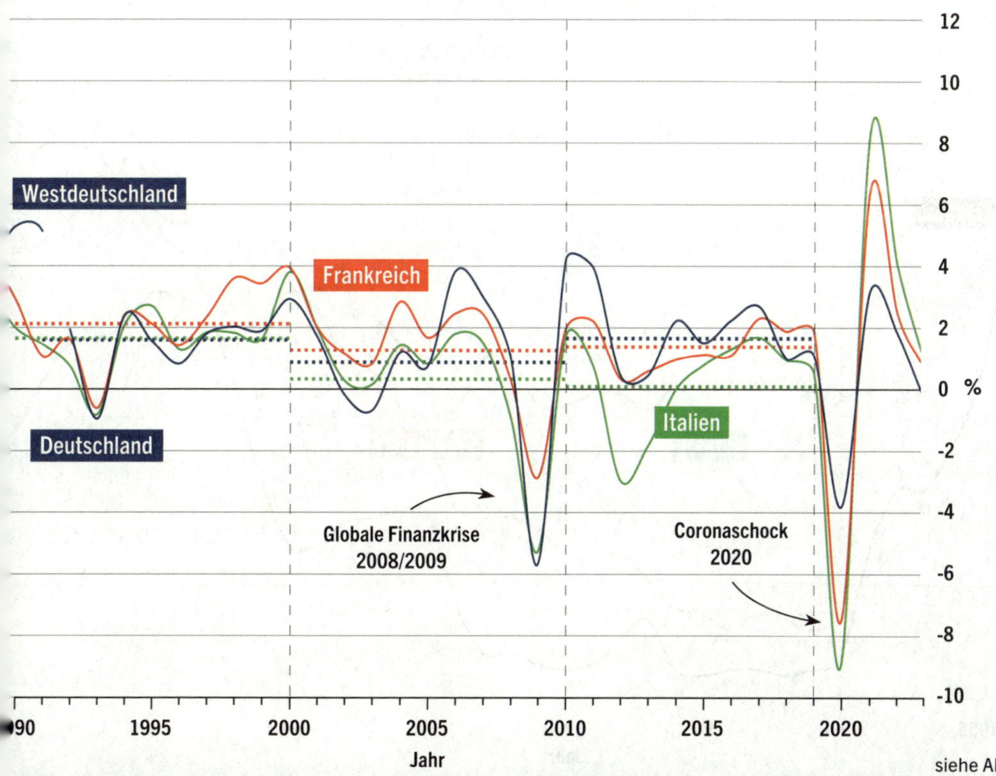

Details und Quellen siehe Abbildungsverzeichnis.

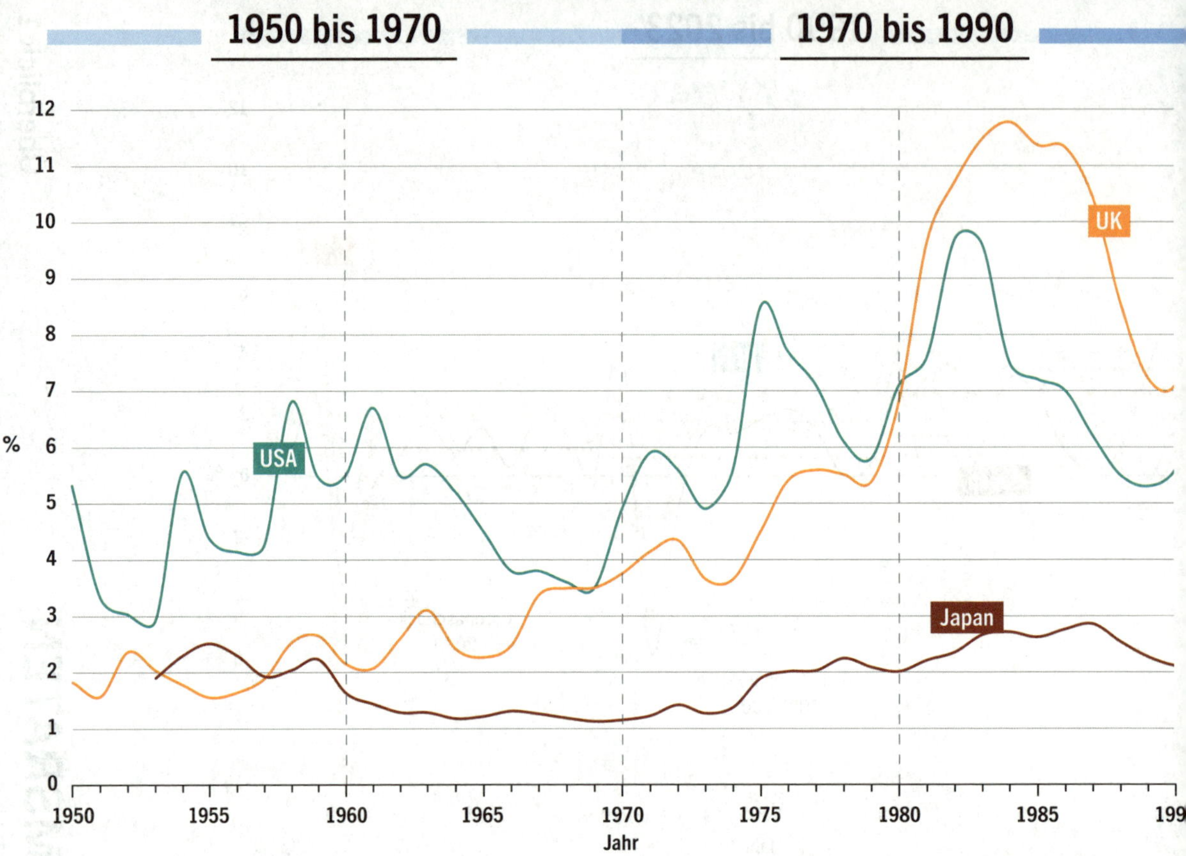
1950 bis 1970
1970 bis 1990
USA
UK
Japan
%
0
1
2
3
4
5
6
7
8
9
10
11
12
1950
1955
1960
1965
1970
1975
1980
1985
Jahr

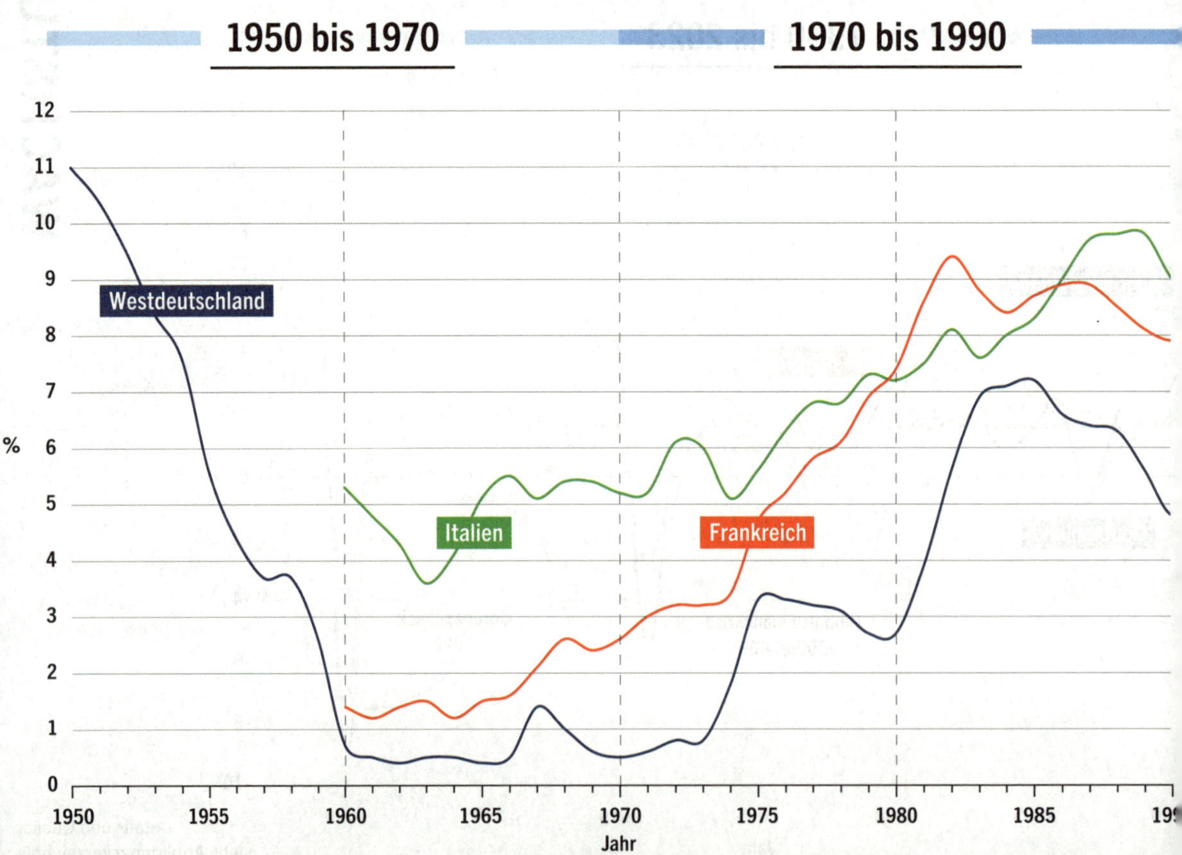
1950 bis 1970
1970 bis 1990
Westdeutschland
Italien
Frankreich
%
0
1
2
3
4
5
6
7
8
9
10
11
12
1950
1955
1960
1965
1970
1975
1980
1985
Jahr

ARBEITSLOSENQUOTEN

1990 bis 2023

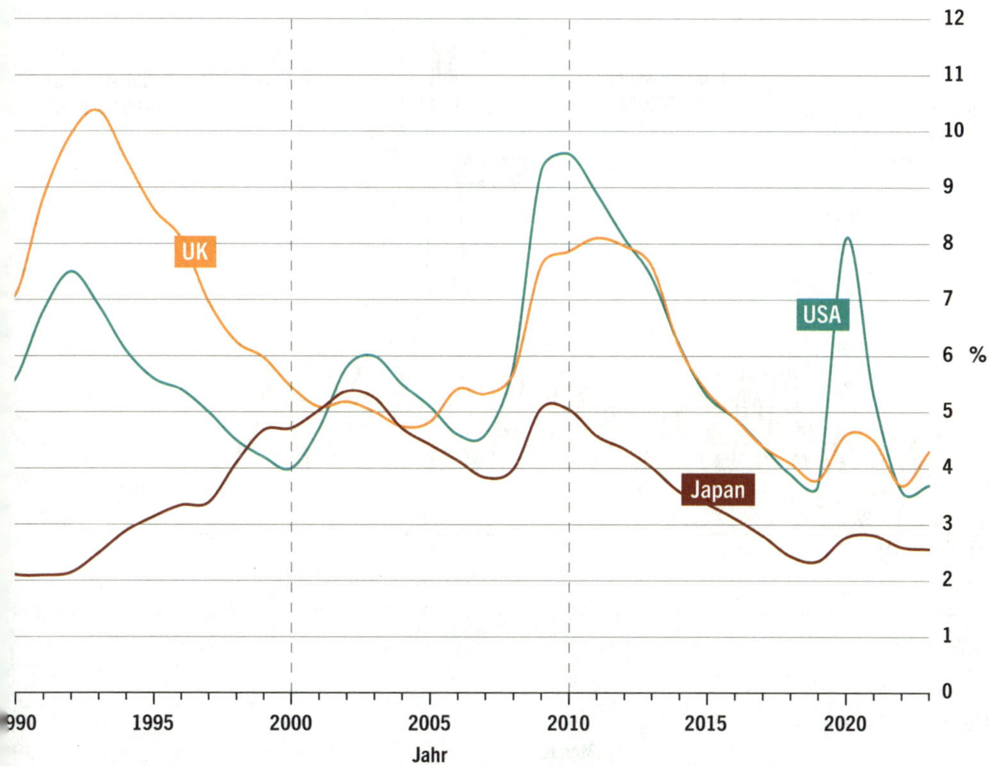

1990 bis 2023

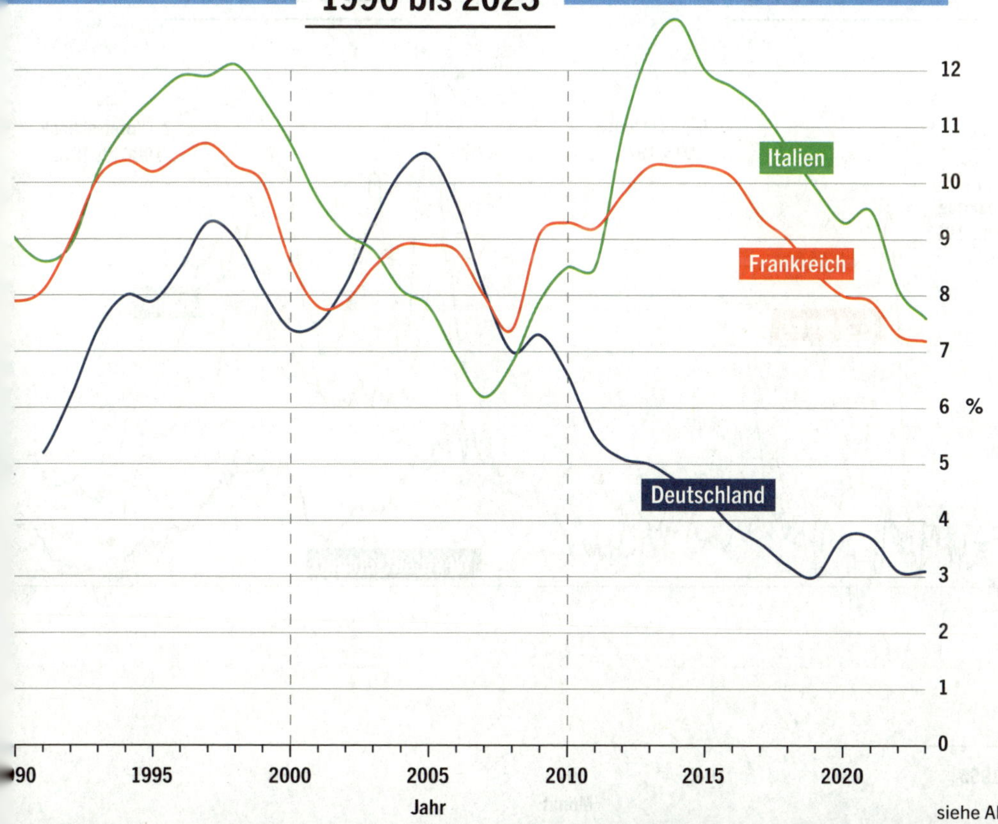

Details und Quellen siehe Abbildungsverzeichnis.

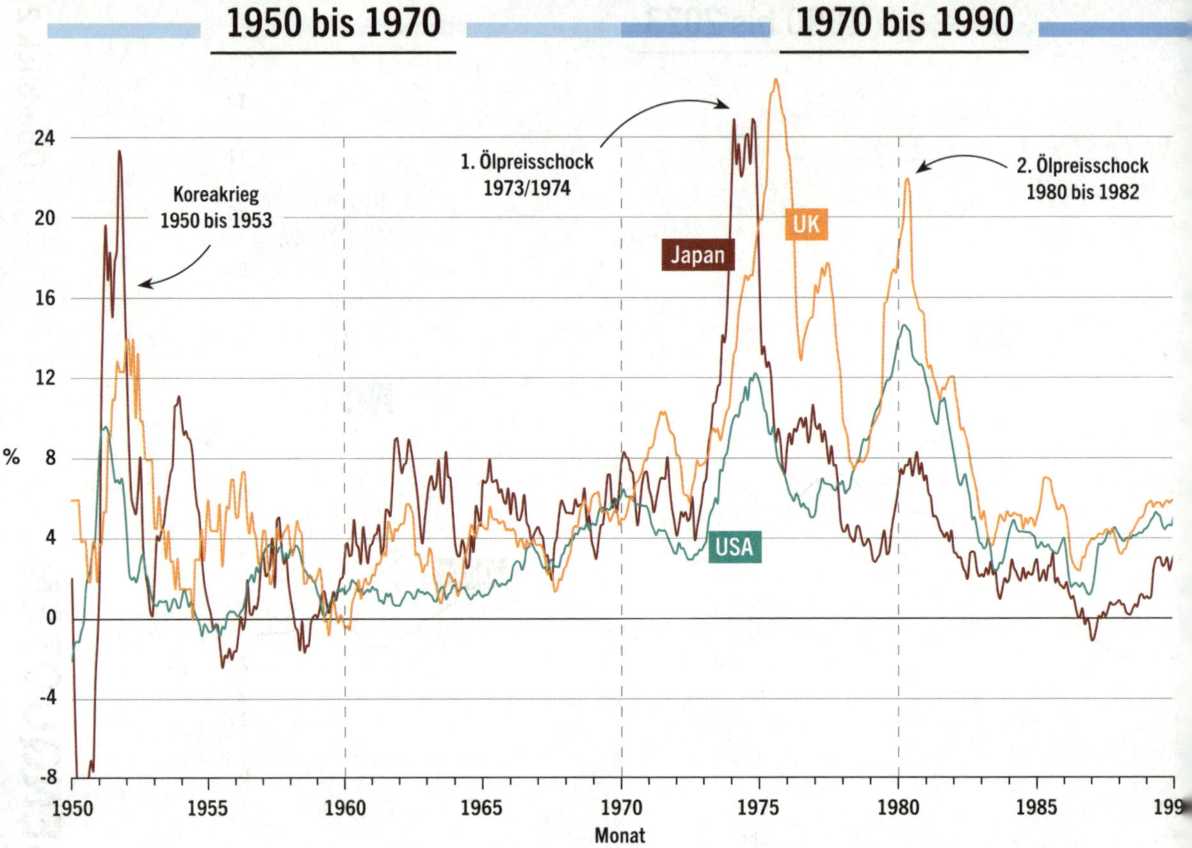

1950 bis 1970
1970 bis 1990
1. Ölpreisschock
1973/1974
2. Ölpreisschock
1980 bis 1982
Koreakrieg
1950 bis 1953
Japan
UK
USA
%
24
20
16
12
8
4
0
-4
-8
1950
1955
1960
1965
1970
1975
1980
1985
Monat

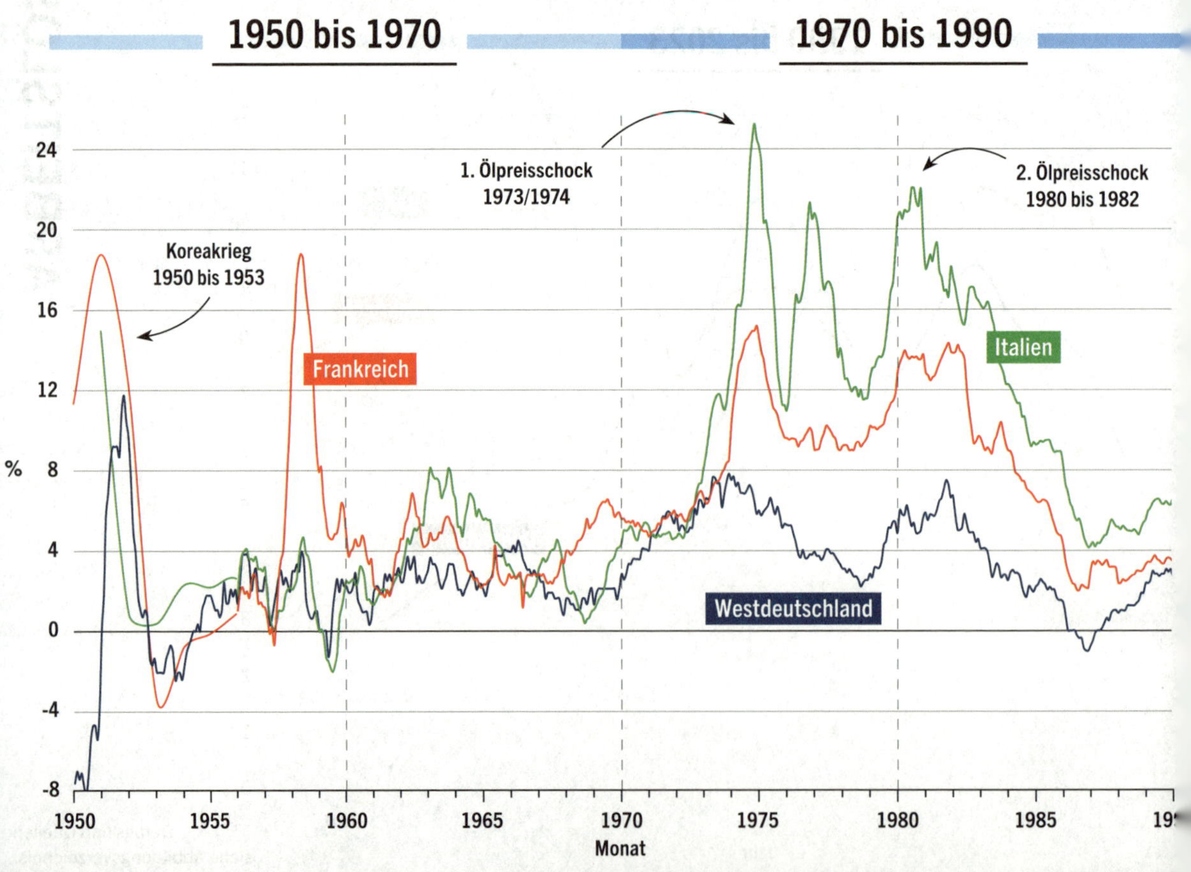

1950 bis 1970
1970 bis 1990
1. Ölpreisschock
1973/1974
2. Ölpreisschock
1980 bis 1982
Koreakrieg
1950 bis 1953
Frankreich
Italien
Westdeutschland
%
24
20
16
12
8
4
0
-4
-8
1950
1955
1960
1965
1970
1975
1980
1985
Monat

INFLATIONSRATEN

1990 bis 2024

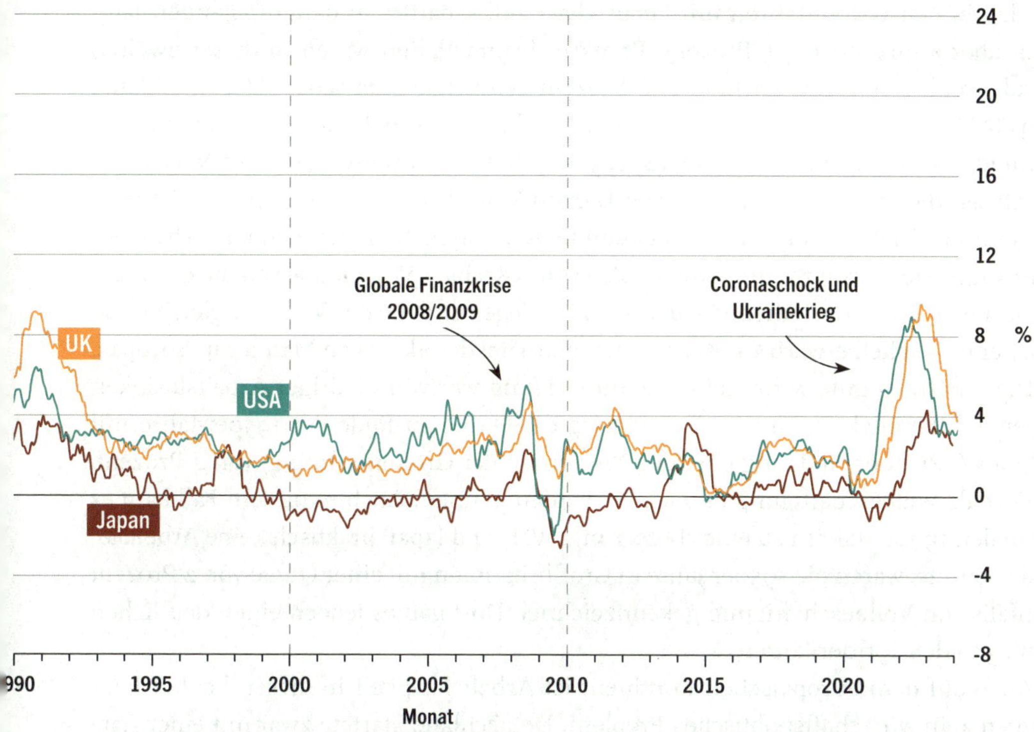

1990 bis 2024

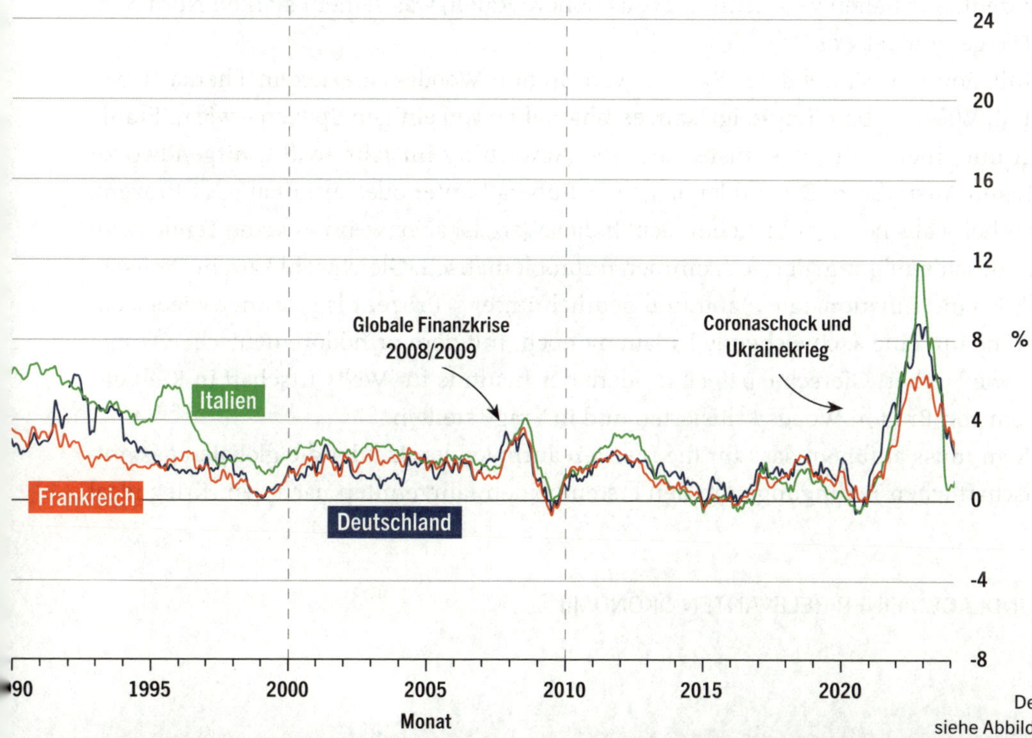

Details und Quellen siehe Abbildungsverzeichnis.

10 Prozent in den 1960er-Jahren stellte es alle anderen weit in den Schatten. Deutschland lag in den 1950er-Jahren mit Japan gleichauf, schaffte im darauffolgenden Jahrzehnt aber »nur« noch 4,5 Prozent. Frankreich und Italien waren in dieser zweiten Dekade mit knapp 6 und leicht über 6 Prozent deutlich dynamischer als Deutschland. Die USA erreichten in den 1960er-Jahren immerhin etwas mehr als 4 Prozent pro Jahr, während Großbritannien ab Mitte der 1950er-Jahre ein durchschnittliches Wachstum von etwas über 3 Prozent aufwies. Die Dynamik der britischen Wirtschaft reichte in der gesamten Zeit des Aufholens unter den Bedingungen des herrschenden weltweiten Währungssystems von Bretton Woods, also von 1950 bis 1972, niemals an die der anderen großen Volkswirtschaften, die der übrigen Sieger und die der Verlierer gleichermaßen, heran; folglich erwarb Großbritannien den Titel des »kranken Mannes in Europa«.

Die durchweg gute wirtschaftliche Entwicklung war von niedriger Arbeitslosigkeit begleitet (Überblick 2). Nur in den USA lag die Quote zu Ende der 1950er-Jahre mit mehr als 6 Prozent eindeutig über den Werten (in der Größenordnung) von 4 Prozent, die dort als Vollbeschäftigung bezeichnet werden können. Auch in diesem Fall kam es erst in den 1970er-Jahren zu einer Besserung. Während Japan praktisch keine Arbeitslosigkeit kannte, waren die 1950er-Jahre in Großbritannien mit einer Quote von 2 Prozent ebenfalls von Vollbeschäftigung gekennzeichnet. Dort gab es jedoch einen deutlichen Anstieg in den 1960er-Jahren.

Auch auf dem europäischen Kontinent ist Arbeitslosigkeit in diesen beiden Jahrzehnten kein wirtschaftspolitisches Problem. Deutschland startete zwar mit einer Rate von über 10 Prozent im Jahr 1950, aber die boomende Wirtschaft brachte einen raschen Abbau der Zahl der Arbeitslosen mit sich, so dass schon 1960 mit einer Quote von unter einem Prozent Vollbeschäftigung herrschte. Frankreich bewegte sich um die 2 Prozent, nur Italien verzeichnete etwas höhere Raten, was seinem starken Nord-Süd-Gefälle geschuldet war.

Inflation war während des Systems von Bretton Woods nahezu kein Thema (Überblick 3). Wie die Abbildung zeigt, kam es, abgesehen von einigen Spitzen – wie in Frankreich mit einer Währungsumstellung und Abwertung im Jahr 1958 – nirgendwo zu größeren Ausreißern. Die Zahlen liegen fast überall unter oder maximal bei 5 Prozent. Das scheint aus heutiger Sicht ein recht hoher Wert, ist aber, wenn es keine Tendenz zu einer Beschleunigung gibt, vollkommen unproblematisch. Gleichwohl kam in Deutschland, wo die Inflationsrate stabil und deutlich unter 5 Prozent lag, immer wieder ein Geraune um eine »schleichende Inflation« hoch, mit dem orthodoxe deutsche Ökonomen wie Herbert Giersch (später Präsident der Instituts für Weltwirtschaft in Kiel) das System von Bretton Woods kritisierten und in Frage stellten.

Man muss anfügen, dass für die meisten aufholenden Länder die globalen gesamtwirtschaftlichen Bedingungen in den ersten beiden Jahrzehnten nach dem Krieg ideal waren. Das in Bretton Woods entstandene neue Welt-Währungs- und Handelssystem schuf sowohl hervorragende währungs- als auch handelspolitische Bedingungen, um aus einer Position der Schwäche heraus gegenüber der dominanten Macht USA aufholen zu können, weil es die amerikanische Volkswirtschaft und die amerikanische Wirtschaftspolitik zu dominanten Größen für fast alle Länder der westlichen Welt machte.

Der US-Dollar war zur Leitwährung erkoren worden, und das führte dazu, dass die amerikanische Zentralbank (das Federal Reserve System, auch Fed) für zwanzig Jahre im Alleingang die Geldpolitik und damit die globalen Investitionsbedingungen festlegte. Das war der entscheidende Punkt: Weil die amerikanische Wirtschaft all die Sonderfaktoren nicht aufwies, von denen die anderen profitieren konnten, musste die Geldpolitik dort für eine massive Anregung sorgen. Folglich war das globale Zinsniveau (wie in Abschnitt 1.13 in aller Ausführlichkeit gezeigt wird) extrem niedrig und damit der globalen Investitionstätigkeit äußerst zuträglich.

Weil zudem die Währungsrelationen mit so wichtigen Ländern wie Deutschland und Japan gegenüber dem US-Dollar fixiert wurden und die Währungen dieser Länder über viele Jahre unterbewertet waren, also unter dem Wert lagen, der die Wettbewerbsfähigkeit der Volkswirtschaften angemessen widergespiegelt hätte, konnten auch die Verlierer des Krieges den großen amerikanischen Absatzmarkt erobern und ihre Position als Global Player aufbauen.

Das heißt, es war nicht in erster Linie die Rückkehr Deutschlands zu marktwirtschaftlichen Verhältnissen nach dem Krieg, die das Wirtschaftswunder auch nur in Ansätzen erklären könnte, sondern ein globaler Aufbruch, der durch extrem expansive amerikanische Geldpolitik und fixe Wechselkurse besonders gute monetäre Bedingungen erzeugte. Dass die direkten Hilfen aus den USA, wie der viel gerühmte Marshall-Plan ebenfalls eine Rolle beim Wiederaufbau der Bundesrepublik spielten, muss man nicht bestreiten, wenngleich ihre quantitative Bedeutung wahrscheinlich weit überschätzt wird.

Die Einführung des Systems von Bretton Woods fiel nicht nur zeitlich zusammen mit der Revolution im ökonomischen Denken, die John Maynard Keynes angestoßen hatte, sondern es war Keynes selbst, der Bretton Woods entscheidend prägte. Deutschland war bei der Konferenz gar nicht vertreten und den deutschsprachigen Ökonomen fehlte der Zugang zu den großen Kontroversen, die sich aus der Großen Depression ergeben hatten. In der Tat war die keynesianische Revolution nicht nur wegen Keynes selbst in hohem Maße eine angelsächsische Revolution.

Die intellektuellen Kontroversen um die Erklärung der Großen Depression der 1930er-Jahre fanden wegen des Dritten Reiches und des Zweiten Weltkriegs im deutschsprachigen Raum nicht statt. In den angelsächsischen Ländern dagegen prägte diese Frage – wie nie eine andere Frage zuvor und danach – zwei Jahrzehnte lang die ökonomische Auseinandersetzung. Dort war das Paradigma des jederzeit funktionierenden Marktsystems derart erschüttert, dass niemand Ökonomik betreiben konnte, ohne sich mit der potenziellen Instabilität des Marktsystems auseinanderzusetzen. In Deutschland und Österreich fielen diese zwei Jahrzehnte kritischer ökonomischer Forschung aus.

Hierzulande war man in den 1950er-Jahren zufrieden damit, dass es nach dem großen Zusammenbruch aufwärts ging. Schon zu Beginn der Dekade, als man weder Bretton Woods noch den Keynesianismus in Deutschland wirklich aufgegriffen oder verstanden hatte, stimmte man in den herrschenden ökonomischen Kreisen überein, dass Keynes' Theorie nur eine Krisenlehre war, die für den Nicht-Krisen-Alltag nicht taugte.

Es ist bemerkenswert, dass schon in *Zins, Kredit und Produktion*, dem 1952 posthum erschienenen einzigen Buch des deutschen Ökonomen Wilhelm Lautenbach, der vier Jahre zuvor verstorben war und manchmal als »der deutsche Keynes« bezeichnet wird, die Ablenkungsmanöver seiner Kollegen in vollem Gange waren. Wilhelm Röpke, einer der immer noch als bedeutend angesehenen Ordoliberalen, schrieb im Vorwort zu dem Buch, er hätte gerne gewusst, ob Lautenbach (den er offensichtlich persönlich kannte) sich der »außerordentlichen Bedingtheit« der keynesianischen Lehre, ihrer »engen Grenzen« und »der schweren Gefahren ihres Missbrauchs« bewusst gewesen sei. Schließlich habe sich die »einzigartige Situation der Großen Depression, von der Lautenbach und Keynes ausgegangen waren, völlig umgekehrt [...]«.[7]

Die Theorie von Keynes und Lautenbach ist jedoch, wie in Kapitel 2 in aller Ausführlichkeit zu zeigen sein wird, in keiner Weise »außerordentlich bedingt«. Ihre in vieler Hinsicht unbestreitbaren Erkenntnisse sind allerdings bis heute nicht in die herrschende liberal-neoklassische Ökonomik vorgedrungen. Genau deswegen hat man die Dynamik einer Marktwirtschaft nicht im Ansatz verstanden.

Aus der Vorkriegsgeschichte war für Deutschland scheinbar nur die große Inflation ab Beginn der 1920er-Jahre interessant. Aus dem Ende der Großen Depression zur Mitte der 1930er-Jahre wollte aus verständlichen Gründen einfach niemand eine Heldengeschichte im Sinne eines »New Deal« wie in den USA basteln. Der Fokus auf Inflation war auch deswegen gut geeignet, weil es nach dem Zweiten Weltkrieg ebenfalls ein kurzes Aufflackern der Inflation gegeben hatte, das aber (als Heldengeschichte) von Ludwig Erhard mit den Mitteln der Marktwirtschaft und tapferen Notenbankern rasch ausgetreten worden war.

Auch das von Keynes aufgebrachte Transferproblem, um nur ein weiteres wichtiges Beispiel zu nennen, das für Deutschland eigentlich überragende Bedeutung hatte, weil

7 Röpke, W., in Lautenbach, W. (1952): XII.

es im Gefolge der Reparationszahlungen des Ersten Weltkriegs entstanden war, ist hierzulande praktisch nicht rezipiert worden.[8] Genau dieses Problem hat allerdings sowohl während der Wiedervereinigung als auch in der Krise der Europäischen Wirtschafts- und Währungsunion (EWU) eine große Rolle gespielt.[9] Die Tatsache, dass die große Mehrheit der deutschen Ökonomen damit nichts anfangen kann, war für Europa und insbesondere für die EWU mit enormen Kosten verbunden.

Box 1: Keynes und Bretton Woods

Als sich der britische Ökonom John Maynard Keynes zu Beginn der 1940er-Jahre des vergangenen Jahrhunderts auf den Weg nach New Hampshire in den USA machte, um an der Konferenz der Vereinten Nationen teilzunehmen, die so entscheidend für das Schicksal der gesamten Menschheit werden sollte, hatte er eine Reihe von Erkenntnissen zur Hand, die ihn von fast allen seinen Kollegen unterschied. Er wusste z. B. mit Sicherheit, dass es einen sinnvollen und für alle Völker nutzbringenden Handel nur geben kann, wenn es gelingt, der Weltwirtschaft ein monetäres System zur Seite zu stellen, das zu einem Ausgleich der Wettbewerbsunterschiede, der absoluten Vor- und Nachteile, die durch unterschiedliche Inflationsraten ausgelöst werden, führt. Keynes sagte dazu im britischen Oberhaus im Mai 1944 im Zuge der schon laufenden Bretton-Woods-Verhandlungen:

> To begin with, there is a logical reason for dealing with the monetary proposals first. It is extraordinarily difficult to frame any proposals about tariffs if countries are free to alter the value of their currencies without agreement and at short notice. Tariffs and currency depreciations are in many cases alternatives. Without currency agreements you have no firm ground on which to discuss tariffs. In the same way plans for diminishing the fluctuation of international prices have no domestic meaning to the countries concerned until we have some firm ground in the value of money. Therefore, whilst the other schemes are not essential as prior proposals to the monetary scheme, it may well be argued, I think, that a monetary scheme gives a firm foundation on which the others can be built. It is very difficult while you have monetary chaos to have order of any kind in other directions.[10]

Keynes wusste einerseits, dass man dem Markt die Festlegung der Währungsrelationen auf keinen Fall überlassen darf, andererseits aber – wegen der einschlägigen Erfahrungen mit dem Goldstandard –, dass ein System fester Wechselkurse oder einer Weltwährung ebenfalls nicht geeignet sind, weil man nicht erwarten kann, dass sich alle Länder an die einmal gegebenen Versprechen halten. International kann die Einhaltung von Regeln nicht eingeklagt und auch politisch nicht durchgesetzt werden. Keynes wusste auch, dass Länder dazu neigen, sich wie Unternehmen zu verhalten und sich

8 Flassbeck, H. (2019).
9 Flassbeck, H. (1995).
10 Keynes, J. M. (1980 [1944]): 5.

auf merkantilistische Weise durch Lohnsenkung Vorteile zu verschaffen, obwohl das im globalen Kontext sinnlos ist.

Für Keynes war es offensichtlich, dass nur ein Währungssystem, das flexibel genug ist, um große Ungleichgewichte im Handel der Nationen zu verhindern, und gleichzeitig fix genug, um die Spekulation auszuschalten und den Ländern sowie den Unternehmen Planungssicherheit hinsichtlich des Geldwertes zu geben, den oben genannten Ansprüchen genügen würde. Feste, aber anpassungsfähige Wechselkurse mussten das Ziel sein und genau dieses Ziel wurde in Bretton Woods erreicht.

Keynes ahnte vermutlich auch, dass ein solches Währungssystem der fatalen Neigung vieler Nationen, Krisen und steigender Arbeitslosigkeit mit Lohnsenkungen zu begegnen, einen Riegel vorschieben kann, weil deren Hoffnung, auf diesem Wege den Handelspartnern Marktanteile und Arbeitsplätze abzujagen, wenigstens auf längere Sicht nicht von Erfolg gekrönt sein wird. Das ist, wie wir in Kapitel 7 zeigen werden, von allergrößter Bedeutung.

1.3 Angebotsschocks und die neoklassische Konterrevolution

Das Ende des Währungssystems von Bretton Woods Anfang der 1970er-Jahre wurde überlagert von den Folgen des ersten Ölpreisschocks. Zur Mitte der Dekade stiegen sowohl die Arbeitslosenquoten als auch die Inflationsraten in der gesamten industrialisierten Welt. Diese Kombination von hoher Inflation und gleichzeitig steigender Arbeitslosigkeit stellte die Wirtschaftspolitik vor eine schier unlösbare Aufgabe. Eine einfache Anregung der Wirtschaft durch mehr staatliche Ausgaben erwies sich in dieser Konstellation als schwierig, weil die Gefahr bestand, damit die Inflation noch weiter anzufachen. Die alte Vermutung der Neoliberalen und Neoklassiker, der Staat sei mit der Aufgabe der gesamtwirtschaftlichen Steuerung systematisch überfordert, erhielt in ungeahntem Maße neue Nahrung.

Im Durchschnitt der 1970er-Jahre sind noch nicht die großen Umbrüche zu erkennen, die in diesem Jahrzehnt anstanden. Japan wuchs durchweg kräftig und auch die USA erreichten im Durchschnitt 3 Prozent (Überblick 1), ungeachtet der großen Einbrüche im Zusammenhang mit den beiden Ölpreisexplosionen. In Europa zeigten sich Frankreich und Italien relativ erfolgreich in Sachen Wachstum, obwohl sie von den inflationären Folgen der Ölpreisschocks viel stärker als Deutschland betroffen waren.

Arbeitslosigkeit wurde zum ersten Mal seit dem Zweiten Weltkrieg zu einem großen Thema (Überblick 2). Während man durch die 1970er-Jahre noch mit einem blauen Auge gekommen war, erreichte nach der zweiten Rezession im Gefolge eines Ölpreisschocks, eklatanter Inflationsgefahren und extrem restriktiver Geldpolitik die Arbeitslosenrate in den USA über 9 Prozent und in Großbritannien nahezu 12 Prozent. Auch in Deutschland und Frankreich ging es in den 1980er-Jahren mit der Arbeitslosigkeit stetig nach oben; zu Ende dieses Jahrzehnts schrammte Italien sogar an der Zehn-Prozent-Linie entlang.

Die Entwicklung der Verbraucherpreise zeigt, dass nun völlig neue Bedingungen für die Wirtschaftspolitik herrschten (Überblick 3). Selbst in Japan stieg die Inflationsrate kurzzeitig auf über 20 Prozent an und in Großbritannien erreichte sie fast 25 Prozent. In den USA löste eine Rate von deutlich mehr als 10 Prozent den schärfsten geldpolitischen Kurs aller großen Industrieländer aus, der unter dem Namen des damaligen Vorsitzenden der Fed, Paul Volcker, berühmt wurde. Innerhalb der Europäischen Union reagierte auch die Deutsche Bundesbank mit großer Härte, obwohl die deutsche Inflation im Vergleich zu der der anderen Länder mit einem Höchstwert von 7 Prozent durchaus moderat war. Italien lag nahe bei 20 Prozent und sogar leicht darüber; Frankreich gelang es immerhin, unter 15 Prozent zu bleiben.

Der erste Ölpreisschock im Jahr 1973 und der zweite im Jahr 1979 markierten den Anfang vom Ende des Keynesianismus in der Wissenschaft wie in der Politik. Hatte man sich bis dahin vor allem mit Nachfrageproblemen beschäftigt, tauchte mit dem plötzlichen starken Anstieg der Ölpreise die Frage auf, wie das marktwirtschaftliche System auf eine schockartige Veränderung reagiert, die von der Angebotsseite kommt. Eine derart massive und ruckartige Verteuerung der Vorleistungen hatte es in der bisherigen Geschichte der modernen Industriegesellschaften noch nicht gegeben. Zwar waren immer wieder einmal Missernten aufgetreten, hier aber ging es um einen globalen Effekt bei dem Grundstoff, an den sich die Welt wie an keinen zweiten als Schmiermittel des Wachstums gewöhnt hatte.

Bisher hatten sich die Auseinandersetzungen der Ökonomen vor allem um die Phillips-Kurve (siehe Box 6) gedreht, also um die Frage, in welcher Beziehung die beiden Ziele der Preisstabilität und der Vollbeschäftigung zueinanderstehen. Musste die Wirtschaftspolitik, so der Kern des Streits, immer wieder den richtigen Punkt wählen zwischen einem hohen Beschäftigungsstand und einer Beschleunigung der Inflation oder konnte man das System so stabilisieren, dass es in der Lage war, beide Ziele gleichzeitig in befriedigender Weise zu erreichen?

Nun aber drohte parallel zu einer Inflationsbeschleunigung eine rezessive Wirtschaftsentwicklung und steigende Arbeitslosigkeit, die sogenannte Stagflation (also Inflation bei Stagnation). Das warf alle Modelle, die man kannte, über den Haufen. Dieses Phänomen stieß die Tür auf für eine sehr alte Theorie, die darauf beharrt, Inflation sei immer ein rein monetäres Phänomen, das den Einsatz der Geldpolitik erfordere, bei Inflation also in restriktiver Richtung. Der Monetarismus, wie jene Theorie seit den 1930er-Jahren genannt wurde, sollte nach 1970 zur dominierenden Lehre der nächsten dreißig Jahre in Europa und in vielen Ländern der Welt werden.

Paradox ist, dass die Preissteigerungen, die im Zusammenhang mit den Ölpreisschocks auftraten, offensichtlich kein rein monetäres Phänomen waren. Die Schocks selbst bestanden in den abrupt steigenden Preisen für Öl. Doch was sich daraufhin bei den restlichen Preisen, namentlich denen für den Faktor Arbeit, den Löhnen also, abspielte und als »Inflation« diagnostiziert wurde, hatte weitgehende Folgen für die Realwirtschaft. Die harsche Politik, mit der die Zentralbanken auf die Preisveränderungen reagierten, führte zum ersten Mal seit dem Ende des Zweiten Weltkriegs zu einem erheblichen Ausmaß an Arbeitslosigkeit. Dieses sollte viele Jahre prägend für die Wirtschaftspolitik bleiben, vor allem in Europa.

Wenn der Preis eines importierten Vorprodukts stark steigt, verschlechtern sich die Terms of Trade (grob das Verhältnis der Export- zu den Importpreisen, siehe Abschnitt 3.3.2) – verschlechtern in dem Sinne, dass das exportierende Land relativ weniger Einnahmen pro exportierter Gütereinheit im Vergleich zu den Ausgaben für eine importierte Gütereinheit erhält als zuvor. Das bringt ceteris paribus einen Realeinkommensverlust für die gesamte Volkswirtschaft mit sich. Denn die Preissteigerung beim Vorprodukt wird von den Unternehmen im Regelfall weitergegeben (überwälzt), jedenfalls dann, wenn sich das importierte Vorprodukt nicht oder nur in geringem Umfang durch im Inland produzierte Güter ersetzen lässt. Das ist regelmäßig bei Rohstoffen der Fall, die ungleich auf dem Globus verteilt sind. Marktmechanismen in Verbindung mit technischem Fortschritt, die es ermöglichen, verteuerte Importgüter zu ersetzen, wirken tendenziell mittel- bis langfristig. Kurzfristig ist daher ein Realeinkommensverlust unvermeidlich. Wie schnell sich die Preissteigerung beim Vorprodukt bis zu den Endprodukten durcharbeitet, hängt von der Intensität des Wettbewerbs zwischen den Unternehmen ab: Je härter die Konkurrenz, desto *schneller* kommt es zu Preissteigerungen. Das liegt daran, dass in einem starken Wettbewerbsumfeld alle Anbieter ihre Preise von vornherein knapp kalkulieren müssen, also wenig Spielraum beim Stückgewinn besteht, um die Kostensteigerung abzufangen und nicht auf den Stückpreis durchschlagen zu lassen. Da Erdöl damals wie heute ein extrem wichtiges Vorprodukt für viele Bereiche der Wirtschaft ist, waren die Endproduktpreise auf breiter Front von den Ölpreisschocks betroffen. Die Preissteigerungsrate stieg allenthalben an.

Machen die Endproduktpreise einen Sprung nach oben, während sich an der realen Produktion nichts weiter ändert, nimmt offensichtlich das Realeinkommen der Masse der Bevölkerung ab. Die Volkswirtschaft muss wohl oder übel einen Teil ihrer realen Wirtschaftsleistung an die Länder abtreten, denen es gelungen ist, sich zu einem Ölkartell zusammenzuschließen, das Angebot an Öl kurzzeitig einzuschränken und – zusammen mit spekulativen Kräften – den Preis nach oben zu treiben. Zumindest kurzfristig können sich die Kunden dieser »zwangsweisen« Umverteilung zugunsten der

Produzenten kaum entziehen, solange Öl absolut notwendig für die Aufrechterhaltung der normalen Lebens- und Produktionsweise ist.[11]

Wenn die Nachfrage der Konsumenten nach den speziell teurer werdenden Gütern wenig elastisch auf die gestiegenen Preise reagiert (bei einer Preissteigerung von 10 Prozent sinkt z. B. die nachgefragte Menge nur um 5 Prozent oder geht überhaupt nicht zurück), ist der negative Einkommenseffekt der spezifischen Preissteigerung größer als bei einer elastischen Reaktion. Die Ölrechnung, die man zu zahlen hat, wird bei steigenden Preisen umso höher, je weniger man (kurzfristig) in der Lage ist, Öl einzusparen, etwa weil man nicht rasch auf eine andere Heizungsmethode oder vom Ölpreis unabhängige Mobilitätslösung umstellen kann. Entsprechend weniger bleibt dann vom Gesamteinkommen für die Nachfrage nach anderen Gütern übrig.

Die Konsumenten in den Industrieländern zahlten also für etwa die gleiche Menge Öl jetzt deutlich mehr als zuvor. Folglich musste man damit rechnen, dass die dortigen Verbraucher weniger für andere (auch für im Inland produzierte) Güter, die normalerweise auf ihrer Einkaufsliste standen, ausgeben würden. Das ist – für sich genommen – ein negativer Nachfrageeffekt, der unmittelbar von dem Angebotsschock ausgelöst wird.

Bei einer globalen Analyse der Auswirkungen des Preisschocks muss man allerdings gegenrechnen, dass die Produzenten von Öl nun genau die gleiche Menge an Mehreinnahmen verzeichneten, die den Verbrauchern in den konsumierenden Ländern fehlten. Der Ölpreisanstieg war schließlich nichts anderes als eine globale Umverteilung von den Konsumenten zu den Produzenten von Öl.

Hätten die Ölproduzenten (durch Zufall) die gleichen Wünsche wie die Konsumenten in den Industrieländern gehabt und dort genau die gleichen Güter gekauft, die von den Konsumenten aufgrund des gesunkenen Realeinkommens nicht mehr nachgefragt werden konnten, wäre weder bei der Produktion von Gütern und Dienstleistungen noch bei den Arbeitsplätzen in den Industrieländern irgendetwas passiert; die Ölproduzenten wären nur reicher an Gütern geworden, die anderen ärmer als zuvor. Hätten sie dagegen ihre Zusatzeinnahmen in gleicher Höhe ausgegeben, allerdings für andere Produkte und in anderen Ländern, wäre es für die Welt insgesamt zu einem gravierenden Strukturwandel gekommen, aber nicht zu gewaltigen negativen makroökonomischen Effekten, wie sie tatsächlich beobachtet wurden.

Das klingt alles ziemlich undramatisch und genau das ist es auch. Dramatisch wurden die Auswirkungen der Ölpreisschocks nur infolge vielfältiger Fehleinschätzungen der Masse der – ebenso neoliberalen wie keynesianisch inspirierten – Ökonomen. Zunächst wurde im Lichte der neoklassischen Produktionstheorie mit gewaltigen Verzerrungen der Produktion gerechnet, weil eine wichtige Vorleistung, die man nicht schnell

11 Flassbeck et al. (1992).

ersetzen konnte, nun plötzlich in geringeren Mengen zur Verfügung stand und wesentlich mehr kostete. Von Rationierungsszenarien war die Rede. Doch es gab keine wirkliche dramatische physische Knappheit von Öl, der Rohstoff war nur teurer als zuvor, und die Firmen, die Öl verbrauchten, wälzten das in den Preisen weiter.

Angesichts zunehmender Leistungsbilanzüberschüsse der Ölproduzenten zog allerdings zunehmend die Gefahr eines globalen Nachfrageausfalls herauf. Die Überschüsse zeigten schließlich, dass das oben genannte Strukturwandel-Szenario nicht eintrat, weil die Ölproduzenten wesentlich weniger Güter unmittelbar nachfragten, als es die westlichen Konsumenten getan hatten. Die vom Angebotsschock Begünstigten sparten im Verhältnis mehr. Neoklassiker hätten folglich darauf setzen müssen, dass die Zinsen weltweit sinken, weil – in ihrer Sichtweise – mehr Kapital zur Verfügung stand. Sinkende Zinsen hätten dann wiederum die Unternehmen dazu anregen können, mehr zu investieren, so dass ein staatliches Eingreifen nicht nötig gewesen wäre.

Viele Keynesianer forderten angesichts des globalen Nachfrageausfalls, mit expansiver Fiskalpolitik, also mit höheren staatlichen Defiziten, einen Anstieg der Arbeitslosigkeit zu verhindern. Man übersah allerdings, dass sich die geldpolitischen Rahmenbedingungen grundlegend geändert hatten. Die weitgehend unabhängig agierenden Notenbanken waren nicht ohne Weiteres bereit, die aus ihrer Sicht unabdingbare Inflationsbekämpfung für den Fall einer expansiven Fiskalpolitik zurückzustellen. Sie befürchteten eine durch die Preissteigerung bei dem wichtigen Importgut Öl induzierte Inflationsbeschleunigung in den Konsumentenländern. Die war keineswegs selbstverständlich, weil eine *einmalige* Erhöhung des Ölpreises, wie sie damals stattgefunden hatte, für sich genommen auch nur einen einmaligen Niveaueffekt auf die Preise auslöst. Die Inflationsrate steigt danach keineswegs automatisch, wenn nicht weitere Faktoren hinzutreten (siehe Kapitel 5).

An der Inflationsfront bestand also eigentlich kein Grund zur Panik. Dann aber traten nach dem ersten Ölpreisschock im Herbst 1973 im Jahr 1974 weltweit die Gewerkschaften auf den Plan (man muss sehr genau zwischen dem ersten und dem zweiten Ölpreisschock unterscheiden; hier geht es zunächst um den ersten). Die Gewerkschaften hatten bereits zu Beginn der 1970er-Jahre fast überall steigende Lohnquoten durchgesetzt, und die Unternehmen versuchten, die höheren Löhne auf die Preise abzuwälzen. Eine latente Inflationsgefahr war folglich schon gegeben, *bevor* die Ölpreise stiegen.

Hinzu kam, dass es in vielen Ländern eine automatische Anpassung der Nominallöhne an die tatsächliche Inflationsrate gab: Stieg die Inflationsrate, stieg automatisch, ohne weitere Verhandlungen, der Nominallohn. Die Indexierung der Löhne an die Inflation war üblicherweise rückwärtsgewandt (sogenannte *backward looking indexation*), was heißt, dass die Inflationsrate der Vorperiode zum Maßstab der Nominallohnerhöhung in der Gegenwart gemacht wurde.

Das ist bei einem negativen Angebotsschock problematisch, weil damit aus einer *einmaligen* Preiserhöhung (wie dem Ölpreisschock) eine dauerhafte Erhöhung der Inflationsrate wird. Letzteres bedeutet aber keineswegs automatisch eine längerfristige, sondern lediglich eine *kurzzeitige* Inflationsbeschleunigung. Denn die Lohnpolitik schließt bei der rückwärtsgewandten Indexierung nach einem Preisschock wie beim Öl zwar höher ab (z. B. bei 7 Prozent statt wie zuvor bei 4 Prozent), bleibt aber dann bei der höheren Rate und steigert sie nicht weiter automatisch. Diese Lohnregel bringt also die Inflations*rate* auf ein höheres Niveau (7 Prozent minus die durchschnittliche Produktivitätsentwicklung anstelle der 4 Prozent abzüglich Produktivitätsentwicklung). Dieses neue Niveau bleibt dann aber *konstant*.

In Deutschland gab es zwar keine explizite Lohnindexierung, doch die Gewerkschaften – und vorneweg der öffentliche Dienst mit seinem Gewerkschaftsführer Heinz Kluncker – waren wild entschlossen, sich den Realeinkommensverlust durch die (eigentlich einmalige) höhere Preissteigerungsrate aufgrund des Ölpreisschocks wieder zurückzuholen. So ertrotzten die Gewerkschaften für den öffentlichen Dienst eine Tariferhöhung von 11 Prozent im Jahre 1974. Insgesamt stiegen 1974 die Tariflöhne in Deutschland um 12 Prozent, nachdem sie in den Jahren der absoluten Vollbeschäftigungsjahr 1970 und 1971 schon einmal um über 13 Prozent gestiegen waren (Abbildung 1.15).

Abb. 1.15 **Tariflohnsteigerungen[1] in (West-)Deutschland[2]** **1950 bis 2023**

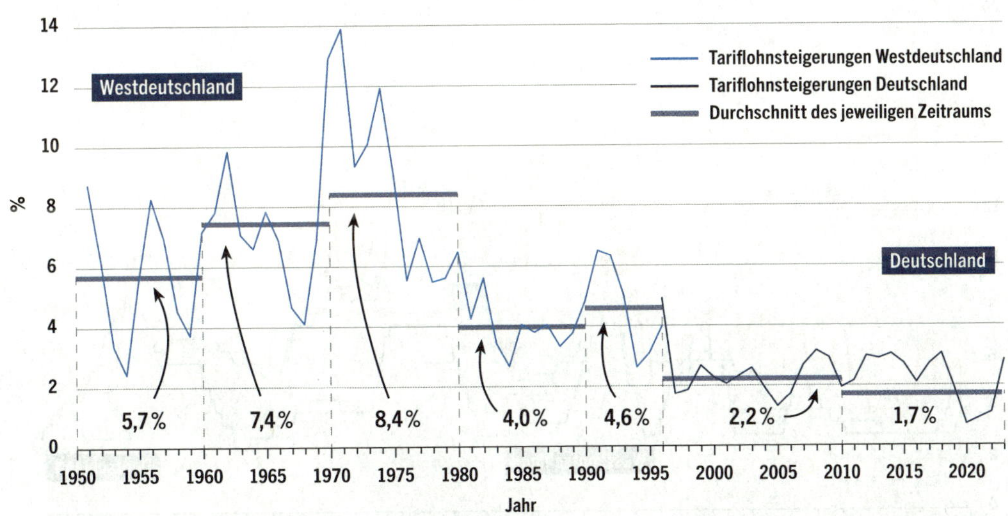

[1] Jahresrate der tariflichen Stundenlöhne ohne Sonderzahlungen.

[2] Bis 1996 gewerbliche Wirtschaft und Gebietskörperschaften Westdeutschlands; ab 1996 Produzierendes Gewerbe Deutschlands.

Allerdings lagen in vielen anderen Staaten die Lohnabschlüsse noch deutlich darüber, so dass Deutschland selbst in dieser Situation und mit einer Inflationsrate von 7,5 Prozent im Jahr 1974 zu den stabilen Ländern gehörte, was auch impliziert, dass es nicht einmal in jener Lage von Seiten der Löhne an internationaler Wettbewerbsfähigkeit verlor, sondern hinzugewann.

Dennoch erwies sich das Vorgehen der Gewerkschaften als problematisch, weil das einmal an die Ölproduzenten verlorene Realeinkommen nicht einfach zurückgeholt werden konnte. Für die Unternehmen, denen die heimischen Arbeitnehmer auf dem Weg eines drastischen Lohnzuwachses die gesamte Belastung zuschieben wollten, war es bei der nominal nun stark steigenden Nachfrage ein Leichtes, die Lohnerhöhungen zu einem erheblichen Teil in den Preisen weiterzugeben.

Damit aber war die rote Linie für die Geldpolitik in Deutschland überschritten, die sich angesichts der unmittelbaren Effekte der Ölpreissteigerung schon in hoher Alarmbereitschaft befand. Die kurzfristigen Zinsen wurden im Laufe des Jahres 1973 schrittweise auf 7 Prozent angehoben (nachdem es kurz zuvor, allerdings bei extrem hohen Wachstumsraten, bereits ein historisches Hoch bei den Zinsen gegeben hatte) und sie wurden über ein Jahr lang auf diesem extrem restriktiven Niveau gehalten (Abbildung 1.16). Die Investitionstätigkeit brach ein. Erst im Laufe des Jahres 1974 wurde der Diskontsatz wieder auf Werte unter 6 Prozent abgesenkt.

Abb. 1.16 **Leitzins in (West-)Deutschland, UK und den USA** **1960 bis 1995**

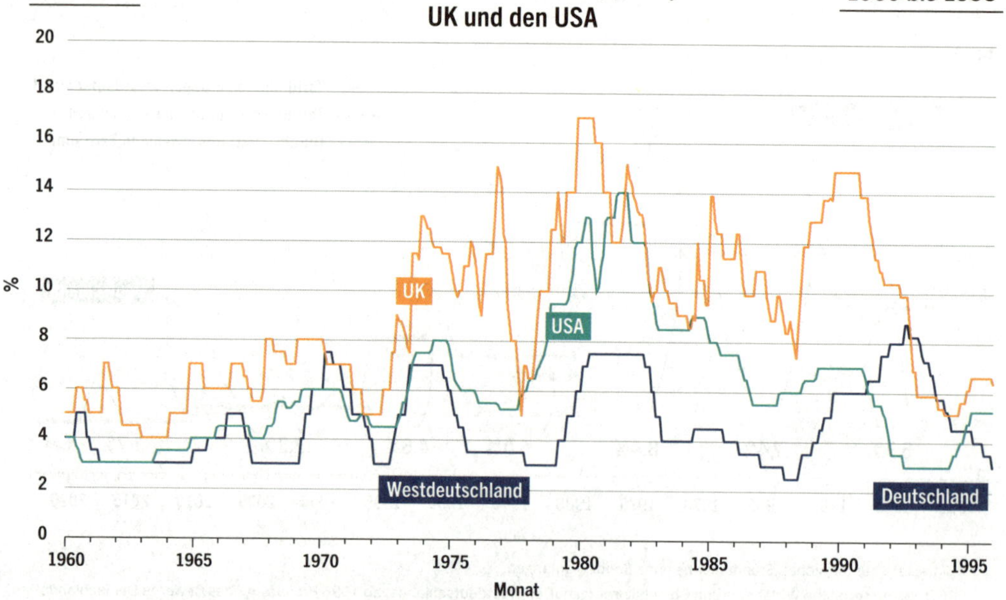

Auch in den anderen Industrieländern reagierten die Notenbanken mit massiver Restriktionspolitik (Abbildungen 1.16 und 1.17). Während die amerikanische Notenbank in den 1970er-Jahren noch ähnlich handelte wie die deutsche, erhöhte die Geldpolitik insbesondere in Großbritannien und Frankreich die Zinsen weit stärker, weil auch die Inflationsbeschleunigung in diesen Ländern viel größer war. Nach dem zweiten Ölpreisschock fiel die Restriktionspolitik dort noch deutlich schärfer aus, obwohl in einigen Ländern die Lohnpolitik aufgrund der gestiegenen Arbeitslosigkeit weit weniger aggressiv vorging (siehe auch Abbildung 1.19).

Abb. 1.17 **Leitzins in (West-)Deutschland, Frankreich und Italien** **1960 bis 1995**

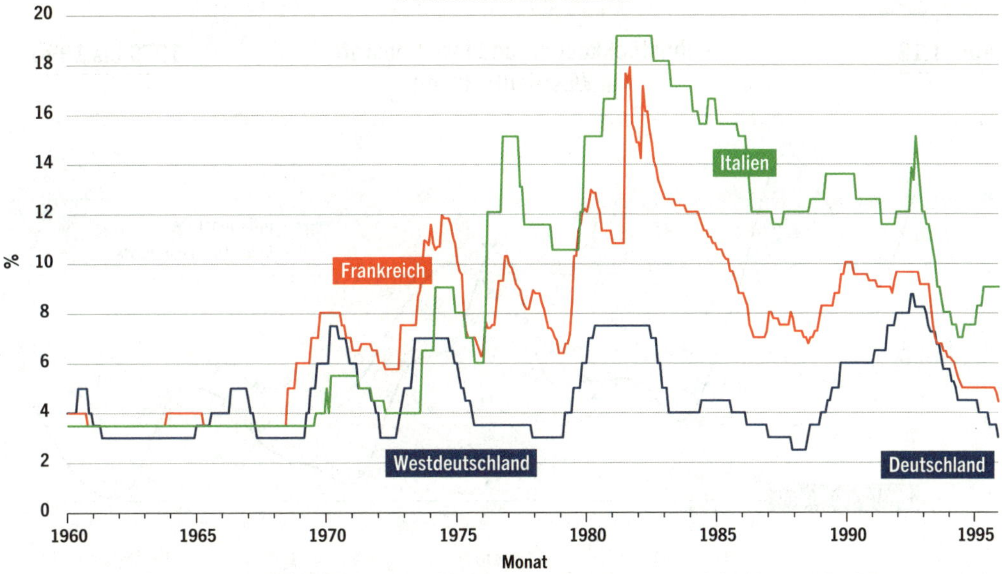

In Folge kam es zu einer Rezession und einem enormen Anstieg der Arbeitslosigkeit, weil trotz des globalen Nachfrageausfalls weltweit die Zinsen – auch die langfristigen Zinsen – Höchststände erreichten. Es gab einen Anstieg der Ersparnisse in der Welt und gleichzeitig stiegen die Zinsen stark an, was nach neoklassischer Lesart des Kapitalmarkts bzw. des langfristigen Zinssatzes als Gleichgewichtspreis zwischen Kapitalangebot und Kapitalnachfrage eigentlich unmöglich hätte sein müssen. Die Investitionstätigkeit ging weltweit in die Knie.

Die negativen gesamtwirtschaftlichen Effekte des Angebotsschocks, der mit dem ersten Ölpreisschock einherging, lassen sich daher allesamt auf negative Nachfrageschocks zurückführen. Es war eben nicht der Angebotsschock als solcher, der Rezession und Arbeitslosigkeit erzeugte, sondern die Sekundär- und Tertiärwirkungen, die von dem Verteilungskonflikt ausgingen, der auf den Anstieg des Preisniveaus folgte. Vor allem der Anstieg der Zinsen in einer potenziell rezessiven Situation (wegen des Nachfrageausfalls aufgrund einer hohen Sparquote der Ölproduzenten) war der Auslöser für einen Investitions- und Arbeitsplatzeinbruch.

Entscheidend für die Beurteilung dessen, was wirtschaftspolitisch nach dem ersten Ölpreisschock und vor dem zweiten geschah, ist die Entwicklung der Lohnstückkosten. Die Nominallöhne stiegen im Zuge des Versuchs der Gewerkschaften, die ölbedingten Reallohnverluste auszugleichen, in ungeahnte Höhen. Die Lohnstückkosten machten diese Bewegung mit und stiegen 1974 um über 9 Prozent. Abbildung 1.18 zeigt den Zusammenhang zwischen der Preisentwicklung und der Entwicklung der Lohnstückkosten für Deutschland.

Abb. 1.18 **Lohnstückkosten- und Inflationsrate[1] in Westdeutschland** **1970 bis 1990**

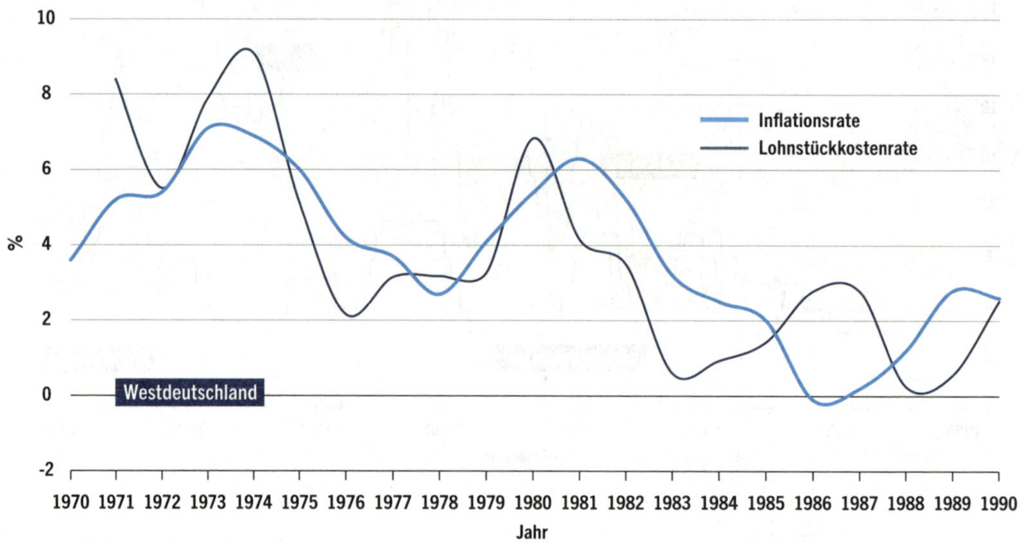

[1] Veränderungsrate gegenüber Vorjahr.

Doch das Lohnstückkostenwachstum (mehr dazu in Abschnitt 2.9) beruhigte sich in Deutschland rasch, der Zuwachs sank von 5 Prozent im Jahr 1975 auf nur noch 2,2 Prozent 1976, als die Konjunktur wieder anzog. Auch die Geldpolitik reagierte bald und reduzierte den Diskontsatz im Verlauf des Jahres 1975 auf 3,5 Prozent und schließlich im Dezember 1977 auf 3 Prozent (siehe Abbildung 1.16).

Das eigentliche Drama begann danach. Die Deutsche Bundesbank – offenbar traumatisiert von den Ereignissen im Zuge des ersten Ölpreisschocks – vermutete allenthalben eine neue Inflationsbeschleunigung, die sie glaubte, mit allen Mitteln bekämpfen zu müssen. Insbesondere machte die Bundesbank die Tatsache nervös, dass die sozialliberale Regierung immer wieder Anstalten unternahm, um via Deficit Spending, also höhere staatliche Kreditaufnahme, das Wachstum anzukurbeln. Das Zukunftsinvestitionsprogramm vom Frühjahr 1977 war höchst umstritten. Viele Beobachter sahen es als ungeeignet an, die »strukturellen Probleme am deutschen Arbeitsmarkt«, die damals schon in aller Munde waren, beseitigen zu helfen.

Als fatal galt auch, dass Bundeskanzler Helmut Schmidt bei internationalen Treffen die Position akzeptierte, dass Länder mit geringer Inflation und Leistungsbilanzüberschüssen wie Deutschland (der Überschuss war allerdings recht klein im Vergleich zu den 2010er-Jahren) sich stärker als andere in Sachen Anregung der Konjunktur engagieren müssten. Als Schmidt sich 1978 im Rahmen der gerade entstehenden G7 (der Gruppe der Sieben, damals noch G5) bereit erklärte, die deutsche Konjunktur anzuregen, um bei der Lösung internationaler Probleme zu helfen, war bei vielen konservativen Politikern und Notenbankern das Tabu gebrochen, dass man sich in wirtschaftspolitischen Fragen niemals internationalem Druck beugen dürfe.

Die Abbildung 1.19 zeigt, dass Deutschland im internationalen Vergleich eine äußerst geringe Inflationsgefahr aufwies. Frankreich, Italien und Spanien bewegten sich hingegen in anderen Sphären. Selbst Japan (hier nicht gezeigt) lag weit über den deutschen Werten.

Abb. 1.19 **Lohnstückkostenrate[1] in verschiedenen Industrieländern** **1970 bis 1990**

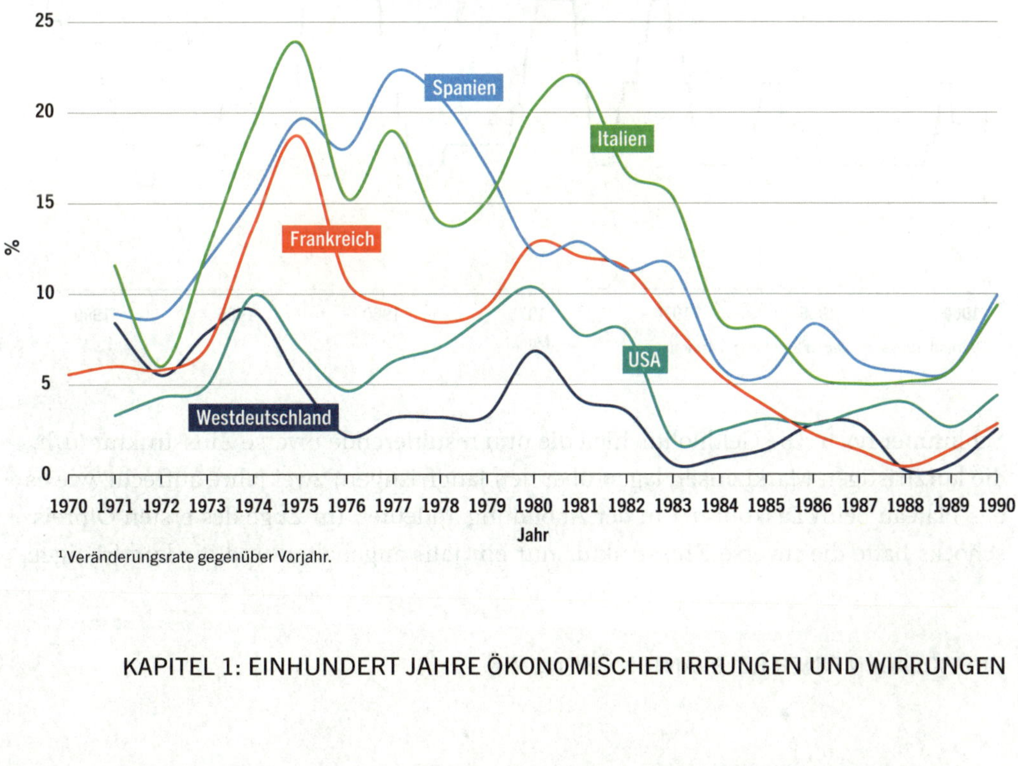

[1] Veränderungsrate gegenüber Vorjahr.

Die Deutsche Bundesbank schritt dennoch energisch ein und begann einen raschen Zinserhöhungsprozess. Zwar war seit Anfang 1979 der Ölpreis wieder im Steigen begriffen, aber der Anstieg der Lohnstückkosten in Deutschland lag für das Jahr 1979 im Durchschnitt bei lediglich 3,2 Prozent. Dennoch wurde der Diskontsatz von der Bundesbank im Laufe des Jahres 1979 bis Anfang 1980 auf den damaligen Rekordwert von 7,5 Prozent heraufgeschleust.

In Abbildung 1.20 sind der Diskontsatz und die langfristigen Zinssätze (dunkel- und hellblaue Linien) der Preisentwicklung (in Gelb) zwischen 1960 und 1991 gegenübergestellt. Wie ungerechtfertigt das Ausmaß des Restriktionskurses der Bundesbank nach dem zweiten Ölpreisschock war, wird an der Entwicklung der Lebenshaltungskosten in den 1980er-Jahren sichtbar: Obwohl die Preissteigerungsrate 1980 nur auf etwas über 6 Prozent gestiegen war, reagierte die Geldpolitik so scharf wie in den 1970er-Jahren, als die Inflationsrate bei etwa 8 Prozent gelegen hatte. Sie trieb damit die Zinsen am kurzen Ende des Marktes (hier nicht gezeigt) massiv in die Höhe.

Abb. 1.20 **Inflationsrate und Zinsen in Westdeutschland** **1960 bis 1991**

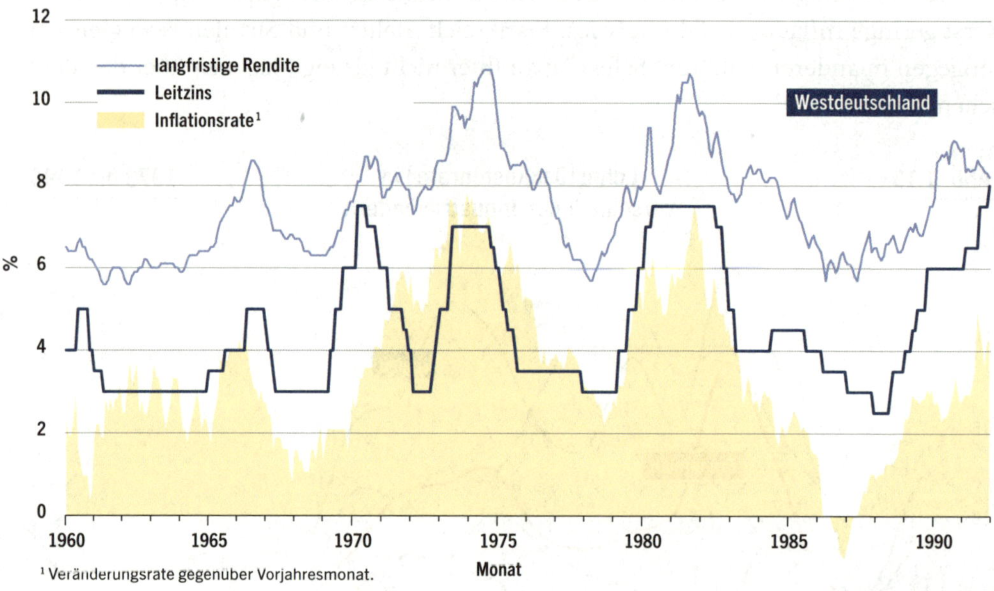

¹ Veränderungsrate gegenüber Vorjahresmonat.

Schlimmer noch: Die Geldpolitik hielt die nun resultierende inverse Zinsstruktur (d. h., die kurzfristigen Marktzinsen lagen über den langfristigen) zwei Jahre aufrecht, wie es das Plateau beim Diskontsatz in der Abbildung andeutet. Im Zuge des ersten Ölpreisschocks hatte die inverse Zinsstruktur nur ein Jahr angehalten und die kurzfristigen

Zinsen hatten zu fallen begonnen, *bevor* die langfristigen wieder allmählich sanken, d. h., die Geldpolitik hatte aktiv auf Expansion umgeschaltet; in den 1980er-Jahren setzte die Zinswende nach unten am kurzen Ende fast *gleichzeitig* mit der am langen Ende ein, was die Dauer der inversen Zinsstruktur verlängerte. Mit anderen Worten: Die Geldpolitik löste viel zu spät und viel zu zögerlich die monetäre Bremse.

Das war das endgültige Ende des Wirtschaftswunders – die deutsche Wirtschaft geriet erneut in eine schwere Rezession. Die Arbeitslosenquote, die sich gerade auf Werte etwas unter 3 Prozent zu erholen begonnen hatte, stieg auf den bis dahin (politisch) nicht für möglich gehaltenen Wert von über 7 Prozent der Erwerbspersonen.

Paradoxerweise hatte die Institution das Ende des Wirtschaftswunders herbeigeführt, die in Deutschland mehr als jede andere bewundert und geachtet wurde: die Deutsche Bundesbank. Aber nicht, weil es objektiv gute Gründe für einen solchen Kurs gegeben hätte – Deutschland war im internationalen Vergleich in Sachen Inflation immer noch klar der Musterknabe –, sondern weil die Bundesbank glaubte, sie müsse nun ein für alle Mal ein Exempel statuieren.

Geopfert wurde durch diese Politik die Investitionstätigkeit der Unternehmen. Vergleicht man anhand von Abbildung 1.21 die Phasenlänge und die Intensität der Perioden mit hohen Zinsen von 1960 bis 1990, wird klar, welch einem ungeheuren Schock die Wirtschaft nach dem Ende des Bretton-Woods-Systems ausgesetzt war. Die Unternehmen mussten Mitte der 1980er- mit deutlich geringeren Preissteigerungsraten kalku-

Abb. 1.21 **Investitionen und Leitzins in Westdeutschland** **1960 bis 1990**

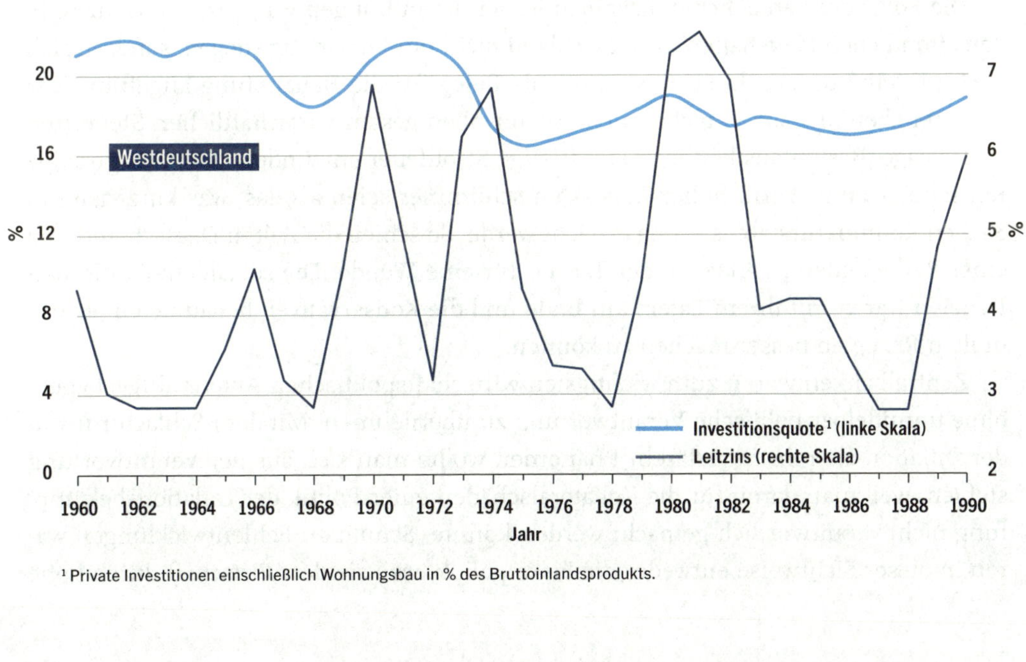

[1] Private Investitionen einschließlich Wohnungsbau in % des Bruttoinlandsprodukts.

lieren als etwa in den 1960er-Jahren, was die effektive Zinsbelastung stark erhöhte. Die Quote der privaten Investitionen sank mit jeder Restriktionsphase weiter und erholte sich erst Ende der 1980er-Jahre und dann im Zuge der deutschen Vereinigung leicht.

Nimmt man noch hinzu, dass die D-Mark in den meisten Phasen aufwertete, was die Exportwirtschaft und damit die Investitionstätigkeit weiter schwächte, lässt sich ohne weiteres nachvollziehen, wie die Angebotstheoretiker und Neoklassiker mit Leichtigkeit die These verkaufen konnten, die deutsche Wirtschaft sei in dem sozialdemokratischen Jahrzehnt so fundamental geschädigt worden, dass nur eine Radikalkur helfen könne, sie wieder auf Wirtschaftswunderkurs zu bringen. Das geschah dann auch nach der politischen Wende von 1982, in der Helmut Kohl die Politik endgültig auf den angebotspolitischen Kurs einschwor.

Entscheidend für die politische und intellektuelle Niederlage des keynesianischen Konzepts war, dass nur wenige Ökonomen den Dogmatismus in der Position der Deutschen Bundesbank zur Kenntnis nahmen und bereit waren, ihm offen entgegenzutreten. Es ist sinnlos, defizitfinanzierte Konjunkturprogramme zu einem Zeitpunkt zu fordern, zu dem die Zentralbank auf einen eindeutigen und harten Restriktionskurs einschwenkt. Das Zukunftsinvestitionsprogramm von 1977, das durchaus mit positiven Effekten gestartet war, vermochte in den Jahren 1979 und 1980 die Konjunktur nicht mehr zu stabilisieren, weil die Bundesbank die Wirtschaft längst mit Gewalt in eine Rezession steuerte. Expansive Fiskalpolitik kann immer nur erfolgreich sein, wenn sie von der Geldpolitik unterstützt wird. Aber für viele Keynesianer existierte letztere allenfalls am Rande oder man vertrat gar die Position, dass sie keine bedeutende Rolle spiele.

Die Folge der vergeblichen fiskalpolitischen Bemühungen war, dass die Defizite in den öffentlichen Haushalten in Deutschland nicht nur kurzfristig stiegen, sondern sich auch mittelfristig erhöhten. Das wurde als Beleg für die Behauptung angeführt, der Staat sei eben prinzipiell nicht zu einer sinnvollen gesamtwirtschaftlichen Steuerung in der Lage. Bestenfalls könne er kurzfristige Strohfeuer entzünden, deren langfristige Konsequenzen in Form hoher Zinslasten schlimmer seien als das, was kurzfristig in Sachen Konjunkturstabilisierung erreicht werde. So schien die Zeit in Deutschland und einer Reihe anderer Länder in der Tat reif für eine Wende: Die sozialdemokratischen Parteien waren mit ihrem Latein am Ende und die Konservativen behaupteten, es mit uralten Rezepten besser machen zu können.

Zentralbanken waren zum wichtigsten wirtschaftspolitischen Akteur aufgestiegen, ohne unmittelbar politische Verantwortung zu übernehmen. Mit dem Schlachtruf von der Inflation als rein monetärem Phänomen wollte man sich aus der Verantwortung stehlen, weil man damit für die Kollateralschäden einer Politik der Inflationsbekämpfung nicht verantwortlich gemacht werden konnte. Schuld an Fehlentwicklungen waren in dieser Sichtweise entweder die Fiskalpolitik, weil sie der Wirtschaft durch hohe eigene Schulden das Kapital zum Investieren nahm, oder die Gewerkschaften, weil sie mit niedrigeren Lohnabschlüssen dafür hätten sorgen können, dass unabhängig vom Wachstum der Wirtschaft alle Arbeitswilligen Arbeit finden.

1.4 Die Angebotspolitik der 1980er-Jahre und ihre Nachfragewirkungen

Die 1980er-Jahre waren die Hochzeit der Angebotspolitik. In den USA war es Ronald Reagan (Präsident seit 1981), in Großbritannien Margaret Thatcher (Premierministerin seit 1979) und in Deutschland Helmut Kohl (Bundeskanzler seit 1982), die, freilich alle auf ihre eigene Art, dafür sorgten, dass die »linke Nachfragepolitik« von der »rechten Angebotspolitik« ein für alle Mal verdrängt wurde – und tatsächlich, die konservativen Regierungschefs hatten Erfolge vorzuweisen. Unmittelbar nach dem Ende des zweiten Ölpreisschocks und dem Aufschwung, der weltweit 1982 einsetzte, zogen die USA der Weltwirtschaft davon, und in ihrem Schlepptau konnten sogar einige Europäer reüssieren. Großbritannien erlebte einen beachtlichen Aufschwung, der Thatcher trotz ihres auch in konservativen Kreisen nicht unumstrittenen Dogmatismus zur britischen Regierungschefin (unabhängig vom Geschlecht) mit der längsten Amtszeit in Großbritannien im 20. Jahrhundert machte.

Dagegen scheiterte in Kontinentaleuropa der französische Präsident François Mitterand (gewählt im Jahr 1981) mit seinem Versuch, eine Renaissance des Keynesianismus einzuläuten. Die Regierung versuchte die Nachfrage anzukurbeln, und zwar in einer außenwirtschaftlichen Konstellation, in der Frankreich eindeutig Nachteile in der internationalen Wettbewerbsfähigkeit aufwies und Deutschland nichts tat, um seine Wirtschaft zu beleben. Das führte zu rasch steigenden Leistungsbilanzdefiziten und einem Abwertungsdruck auf den französischen Franc. Die Regierung sah sich gezwungen, das Experiment aufzugeben, da sie eine deutliche Abwertung des Franc gegenüber der D-Mark mit Blick auf die europäische Währungszusammenarbeit vermeiden wollte.

Deutschland sprang im Unterschied dazu mit einer starken Abwertung der D-Mark gegenüber dem Dollar auf den fahrenden Zug der USA auf. Obwohl die USA sowohl Deutschland als auch Japan nach der Mitte der 1980er-Jahre im sogenannten Plaza-Abkommen zwangen, ihre Währungen aufzuwerten, hielten die positiven Effekte der internationalen Konjunktur Kohl und seine Regierung bis zu den massiven keynesianischen Effekten der deutschen Wiedervereinigung über Wasser.

Die konservative Erfolgsgeschichte ist allerdings ein Zerrbild. Schaut man die wirtschaftliche Entwicklung und die sie bestimmenden Kräfte etwas genauer an, erkennt man, dass die Angebotspolitik niemals wie propagiert umgesetzt wurde. Im Gegenteil, vieles von dem, was die Konservativen als Erfolg feierten, war eindeutig nachfragegetrieben. Vom Tiefpunkt der Konjunktur an erlebten die USA und Großbritannien tatsächlich einen exzeptionellen Boom. In den USA lag die reale Wachstumsrate 1983 bei 4,6 Prozent und 1984 bei sage und schreibe 7,3 Prozent. Großbritannien erzielte 3,7 Prozent im Jahr 1983 und expandierte nach einer temporären Schwäche drei Jahre in Folge um über 4 Prozent jährlich.

Die deutsche Entwicklung war im Vergleich dazu schwach; erst ab 1988 konnte die Bundesrepublik den beiden anderen Angebotshochburgen folgen und sie schließlich im Zuge des Vereinigungsbooms bei den Wachstumsraten sogar überbieten.

Was waren die Gründe für den Boom? War es wirklich die Wende in der Wirtschaftspolitik? War es das sparsame Haushaltsgebaren des Staates, das die privaten Investitionen boomen ließ, weil es nun endlich genug Platz für einen von den unternehmerischen Kräften getriebenen Aufschwung gab und dem Kapitalmarkt weniger Mittel von Seiten der öffentlichen Hand entzogen wurden? Waren es die angebotsseitigen Reformen, die den Unternehmen neuen Schwung verliehen? Waren es Reformen am Arbeitsmarkt, die dafür sorgten, dass die Löhne flexibel auf die Marktkräfte reagieren konnten?

Nicht recht zum Bild des von angebotsseitigen Reformen getriebenen Wachstums passt der empirische Befund, dass es in den USA und in Großbritannien vor allem ein Boom beim privaten Konsum war, der die Wirtschaft ankurbelte. Ab 1982 zogen in beiden Ländern die Konsumausgaben der privaten Haushalte mit großer Dynamik an, während in Deutschland nur eine allmähliche Aufwärtsentwicklung einsetzte.

In den USA und in Großbritannien war das zu Beginn tatsächlich getragen von starken realen Lohnsteigerungen, die sich in enormen Konsumzuwachsraten niederschlugen. Erst gegen Ende des Jahrzehnts sank dann in beiden Ländern auch die Sparquote der privaten Haushalte, also die Relation von Ersparnissen zum gesamten Einkommen, deutlich, so dass auch von dieser Seite der Konsumboom unterstützt wurde.

Deutschland hinkte beim Wachstum und beim Konsum weit hinterher. Erst am Ende der 1980er-Jahre hatte es in Sachen Wachstum ein wenig aufgeholt. Dennoch ging das Jahrzehnt als ein erfolgreiches in die Geschichte ein. Der Grund dafür ist denkbar einfach: Die D-Mark wertete von Anfang der 1980er-Jahre bis 1986 in einer unglaublichen Weise gegenüber dem US-Dollar ab. Ihr Kurs fiel von 1,80 auf fast 3,00 Mark je Dollar, wenn man Jahresdurchschnitte zugrunde legt. Das führte zu einer Explosion der deutschen Exporte und dem ersten wirklich großen Leistungsbilanzüberschuss in der deutschen Geschichte. Dieser wurde dann auch prompt Gegenstand der oben erwähnten internationalen Verhandlungen, bei denen dafür gesorgt wurde, dass sich die Währungsverhältnisse wieder normalisierten. Unter großem politischem Druck fiel der Wechselkurs des Dollars nach 1986 auf 1,60 (D-Mark je US-Dollar) im Jahre 1990.

Auch für Deutschland war es entsprechend nicht die Angebotspolitik, die wirkliche Erfolge brachte, sondern ein Nachfrageschub aus dem Ausland, ausgelöst durch die enorme Aufwertung des US-Dollars und die keynesianische Politik, mit der Präsident Reagan ohne Rücksicht auf die amerikanische Staatsverschuldung wirtschaftspolitische Erfolge feierte.

Betrachtet man die statistischen Zahlen, gelang es nur in Großbritannien, die Staatsverschuldung temporär zu reduzieren, weil, wie in Kapitel 3 gezeigt wird, die private Sparquote drastisch sank und der Staat seine Defizite in Überschüsse verwandeln konnte. In den USA geschah ab 1980 genau das Gegenteil (Abbildung 1.22). Die laufende Staatsverschuldung stieg in der Rezession stark an und das Verhältnis von Neuverschuldung zu Bruttoinlandsprodukt blieb bis zum Jahr 1986 hoch, nämlich bei fast 6 Prozent. Präsident Reagan, der erste und wichtigste Angebotspolitiker, betrieb über Steuersenkungen und die Ausweitung der (vor allem militärischen) Staatsausgaben eine extrem expansive *Nachfrage*politik.

Abb. 1.22 **Staatsschulden und Staatsdefizite in den USA und UK** **1950 bis 2023**

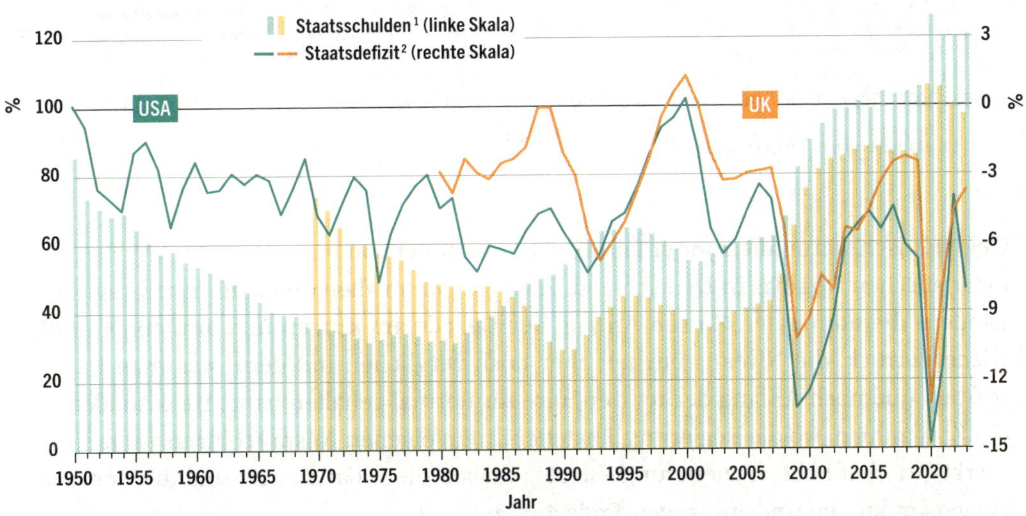

[1] Konsolidierte Staatsschulden in % des nominalen Bruttoinlandsprodukts.
[2] Werte < 0: Defizit der öffentlichen Hand in % des nominalen Bruttoinlandsprodukts; Werte > 0: Überschuss.

Deutschland setzte in den 1980er-Jahren vor allem auf den Export als Konjunkturlokomotive. Abbildung 1.23 zeigt, dass sich die Leistungsbilanz, die 1980 zum ersten Mal nach fünfzehn Jahren ein Defizit aufwies, zwischen 1982 und 1986 stark aktivierte, was dem wechselkursbedingten Exportanstieg und der amerikanischen Nachfrageexpansion zuzuschreiben war. Aber auch nach der Abwertung des US-Dollar blieb der deutsche Leistungsbilanzüberschuss hoch, weil inzwischen die Überbewertung der Währungen der großen europäischen Länder relativ zur D-Mark die des Dollars abgelöst hatte.

Abb. 1.23 **Westdeutscher Leistungsbilanzsaldo und Wechselkurs US-Dollar zu D-Mark** **1960 bis 1991**

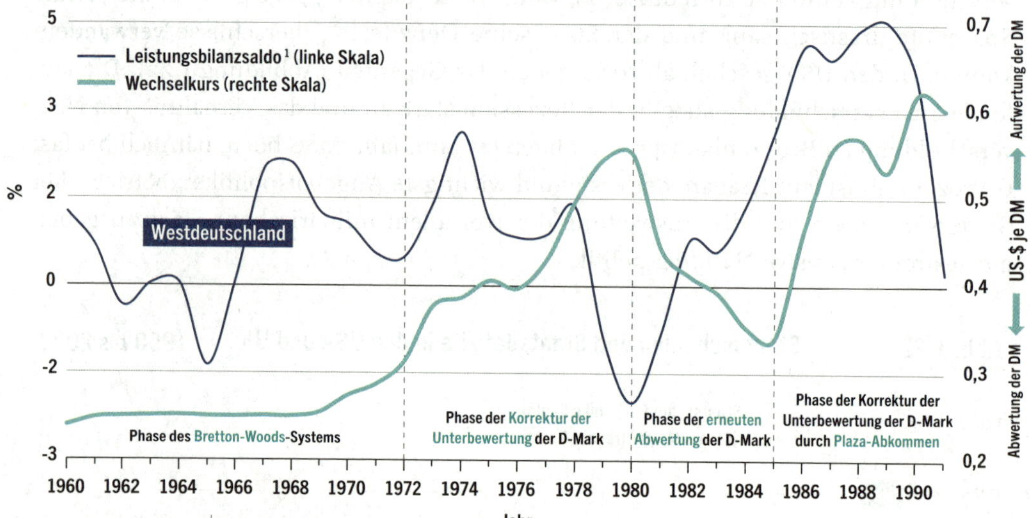

[1] In % des nominalen Bruttoinlandsprodukts.

Geldpolitisch waren die 1980er-Jahre gekennzeichnet von einer Verfestigung des monetaristischen Dogmas in Deutschland. Zwar gingen in allen drei konservativ regierten Ländern die nominalen Zinsen Anfang der Dekade am kurzen und am langen Ende wieder zurück, die Niveaus blieben aber hoch verglichen mit dem, was man in den 1960er- und noch Anfang der 1970er-Jahre für normal gehalten hatte. Insbesondere in Großbritannien, wo die Regierung Thatcher ihrem eigenen Anspruch nach auf radikale marktwirtschaftliche »Erneuerung« setzte, blieben die Inflationsrate und die Nominalzinsen am kurzen und am langen Ende äußerst hoch.

Allerdings, genau das zeigt Großbritannien, sind die nominalen Niveaus als solche bei unterschiedlicher Inflationierung der Volkswirtschaften nicht sehr aussagekräftig, wenn man sie nicht mit der Inflationsrate »normiert« und mit der Wachstumsdynamik vergleicht. In Abbildung 1.24 sind die sogenannten Realzinsen aufgezeichnet, also die Nominalzinsen abzüglich der jeweiligen Inflationsrate. Es zeigt sich, dass nach dem Beginn der neoliberalen Revolution die so berechneten Realzinsen mit etwa 5 Prozent in allen drei Ländern im Vergleich zu den 1970er-Jahren sehr hoch waren und auch während des gesamten Jahrzehnts auf diesem Niveau verharrten. Insbesondere für die USA vollzog sich zu Beginn des Jahrzehnts offenbar eine Zeitenwende in Sachen Geldpolitik und Zinsen.

Abb. 1.24 **Langfristiger Realzins[1] in Westdeutschland, UK und den USA** 1960 bis 1991

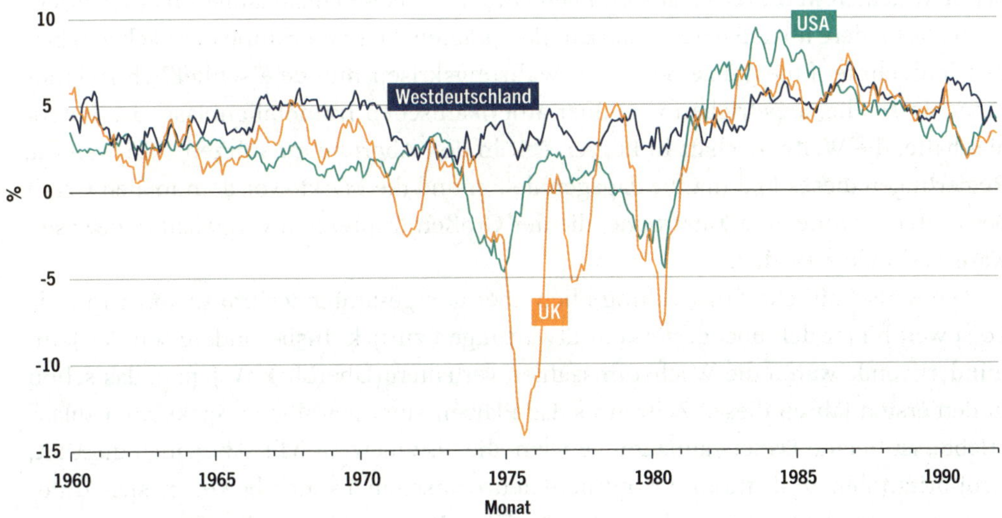

[1] Rendite 10-jähriger Staatsanleihen abzüglich Veränderungsrate des Verbraucherpreisindex.

Noch deutlicher wird das, wenn man von Beginn der 1970er-Jahre an explizit die Realzinsen mit den realen Wachstumsraten vergleicht. Es ist offensichtlich, dass in vielen Ländern mit dem Beginn der 1980er-Jahre ein Regimewechsel stattfand von einer Welt mit niedrigen zu einer Welt mit hohen Zinsen, jeweils im Verhältnis zu den Wachstumsraten.

Insbesondere für die USA, die als große nahezu geschlossene Volkswirtschaft auf die Herstellung günstiger monetärer Bedingungen angewiesen ist, brachte das Ende von Bretton Woods eine dramatische Wende. Lagen in den 1970er-Jahren (für die 1950er- und 1960er-Jahre gilt das in noch stärkerem Maße) die Zinsen – ob real oder nominal ist hier egal, man muss nur beim Wachstum den gleichen Maßstab wählen, also ebenfalls real oder nominal – regelmäßig unterhalb der Wachstumsrate, beginnt mit den 1980er-Jahren eine Phase, in der die Geldpolitik quasi permanent restriktiv wirkt. Darauf kommen wir in Abschnitt 1.13 zurück.

1.5 Die neue globalisierte Wirtschaft

Mit dem Fall der Berliner Mauer und der Auflösung der Sowjetunion begann eine neue Phase in den globalen wirtschaftlichen Beziehungen. Ohne Systemgrenzen, so glaubten viele, setze bald eine neue marktwirtschaftliche Dynamik ein, die den Transformationsländern einen raschen Umstieg erlauben und der Weltwirtschaft einen zusätzlichen Schub verleihen werde. Doch alte und neue Probleme ließen nicht lange auf sich warten.

Insbesondere liberalisierte Finanzmärkte prägten die Entwicklung der nächsten beiden Jahrzehnte. Eine ganze Serie von Währungskrisen mündete schließlich in einer Finanzkrise, die, angetrieben von einer amerikanischen Immobilienblase, das Potenzial hatte, die Weltwirtschaft in kurzer Zeit in den Abgrund zu stürzen. Nur weil die Regierungen dieses Mal massiv dagegenhielten und die Märkte vor dem totalen Crash bewahrten, konnte eine Katstrophe, die der Großen Depression vergleichbar gewesen wäre, verhindert werden.

Die wirtschaftliche Entwicklung blieb über den gesamten Zeitraum von 1990 bis 2023 weit hinter den hochgesteckten Erwartungen zurück. Insbesondere seit der Jahrhundertwende waren die Wachstumszahlen verhalten (Überblick 1). Japan, das schon in den ersten Jahren dieses Zeitraums das Platzen einer gewaltigen Spekulationsblase erlebte, ist in eine Dauerstagnation gefallen, die bis zuletzt anhält. Aber auch die USA, Großbritannien und die drei kontinentaleuropäischen Länder bewegen sich unter großen Schwankungen auf oder unter der Zwei-Prozent-Linie, selbst wenn man den Coronaschock und seine Folgen nicht berücksichtigt.

In Sachen Arbeitslosigkeit steht diese Zeit in den großen Industrieländern zunächst im Schatten der Finanzkrise von 2008/2009 (Überblick 2). Allerdings gelang es den USA und Großbritannien die Jahre danach für eine Vollbeschäftigungspolitik zu nutzen und die Arbeitslosigkeit stark zu reduzieren. Anders in der EWU: Hier haben die Turbulenzen der Eurokrise, die in Griechenland ihren Anfang nahmen, auch zu massiven Schwierigkeiten der anderen großen Staaten Südeuropas geführt. In Frankreich und insbesondere in Italien stieg die Arbeitslosigkeit bis weit in die 2010er-Jahre hinein deutlich an, weil die Länder versuchten, mit eigener fiskalischer Restriktionspolitik zu verhindern, dass sie in die europäische Krise hineingezogen werden. Nur Deutschland konnte die Tatsache nutzen, dass es innerhalb der Union extrem wettbewerbsfähig war, und baute seine Leistungsbilanzüberschüsse noch weiter aus, um die Arbeitslosigkeit zu reduzieren.

Inflation war in der gesamten Zeit und in allen betrachteten Ländern kein entscheidendes Thema (Überblick 3). Erst der Coronaschock und die Folgen des Ukrainekriegs brachten eine kurzfristige Beschleunigung der Preissteigerungen und eine Reaktion der Notenbanken. Doch dazu mehr in den Abschnitten 1.11 und 1.12.

1.6 Die Währungskrise von 1992

Als die 1980er-Jahre zu Ende gingen, waren die meisten sachkundigen Beobachter in einer Reihe von Ländern in Europa und der westlichen Welt davon überzeugt, dass die Flexibilität der Wechselkurse zu erheblichen Problemen führen werde. Die massive Aufwertung des US-Dollars und die Tatsache, dass diese Aufwertung in einer konzertierten Aktion der großen Industrieländer korrigiert werden musste (im oben erwähnten Plaza-Abkommen vom September 1985), hatten doch Zweifel an der Fähigkeit der Märkte geweckt, den »richtigen« Wechselkurs zu finden.

Zudem erkannte man international an, dass die deutschen Gewerkschaften mit ihrer moderaten Reaktion auf den zweiten Ölpreisschock einen weit besseren Weg als Frankreich und Italien gefunden hatten, um Stabilität der Preise mit hoher Wachstumsdynamik zu verbinden. Daher wurde in einigen Ländern ernsthaft erwogen, dem Ende der 1970er-Jahre (von Helmut Schmidt und Valerie Giscard d'Estaing) ins Leben gerufenen Europäischen Währungssystem (EWS) beizutreten und von der Stabilität Deutschlands, das unwidersprochen der Anker in diesem System war, zu profitieren.

Nachdem das EWS zunächst vor allem kleineren Ländern wie Österreich oder den Niederlanden eine Anbindung an die D-Mark gestattet hatte, erlebte es Ende der 1980er-Jahre eine gewaltige Ausweitung. Frankreich versuchte eine Stabilisierung seines Wechselkurses zur D-Mark ab 1988, und auch Italien trat zu dieser Zeit ein. Im Jahr 1990 wurde sogar Großbritannien Mitglied des EWS. Doch damit geriet das scheinbar stabile System ins Wanken und rutschte in eine tiefe Krise, die es nicht unbeschädigt überstand. Hätte man die Geschehnisse im Detail analysiert und ernsthaft versucht, den Kern der Krise zu verstehen, wäre die Geschichte Europas sicher anders verlaufen.

Die Krise von 1992 ist von großer Bedeutung, weil sie in aller Klarheit zeigt, warum solche Währungssysteme quasi über Nacht scheitern können, wenn man nicht die richtigen politischen Vorkehrungen trifft. Es wäre ohne weiteres möglich gewesen, aus der Krise von 1992 genau die Lehren zu ziehen, die dann der Politik zu Beginn der EWU im Jahr 1999 den richtigen Weg hätten weisen können.

Die drei großen Länder, die sich entschlossen hatten, gegenüber Deutschland einen festen Wechselkurs zu halten, wiesen nach 1987 durchaus beachtliche Wachstumsraten auf. Der wichtigste Grund dafür war die nochmalige Lockerung der Geldpolitik nach dem großen Börsencrash des Jahres 1987. Insbesondere Großbritannien erlebte trotz der »Eisernen Lady« Thatcher und ihrer ultraorthodoxen sowie gegen die Gewerkschaften gerichteten Wirtschaftspolitik einen nur paradox zu nennenden Boom. Dieser Boom war vom privaten Konsum getrieben und letzterer schöpfte tatsächlich, wie oben schon erwähnt, seine Kraft aus einer extremen Steigerung der Nominallöhne: Zwischen

1985 und 1989 nahm der nominale Stundenlohn um 34 Prozent zu, also im Schnitt jährlich um 7,5 Prozent.

Das konnte nicht ohne Folgen für die Preisentwicklung bleiben – und in der Tat legten die Verbraucherpreise so stark zu, dass der reale Stundenlohn aus Verbrauchersicht in diesen Jahren mit nur 2,5 Prozent jährlich wesentlich unspektakulärer wuchs als der nominale. Trotzdem stieg der private Verbrauch im gleichen Zeitraum real um insgesamt sagenhafte 25 Prozent, also etwa 5,8 Prozent jährlich. Das war das Ergebnis einer deutlichen Absenkung der privaten Sparquote.

Nicht nur die Preise aus Konsumentensicht stiegen kräftig, auch die gesamte Preisentwicklung in Großbritannien, gemessen am Deflator des Bruttoinlandsprodukts, verlief rasant und erreichte bis 1990 fast 8 Prozent, was die Geldpolitik zu einer härteren Gangart veranlasste. Aber die kurzfristigen Nominalzinsen lagen dort in den beiden inflationsstärksten Jahren 1989 und 1990 im Vergleich zu Deutschland bei weitem nicht um den Faktor höher, der dem Abstand der Inflationsraten beider Länder entsprochen hätte. Die britischen kurzfristigen Realzinsen waren 1990 sogar absolut niedriger als die deutschen. Mit anderen Worten: Die Deutsche Bundesbank verfolgte einen wesentlich restriktiveren Kurs mit ihrer Geldpolitik als die Bank of England.

Für den lohngetriebenen Konsumboom musste Großbritannien allerdings einen hohen Preis zahlen, weil die beiden großen Handelspartner, Deutschland und Frankreich, eine viel gemäßigtere Lohnpolitik fuhren, so dass das Land, nun als Mitglied des EWS, massiv an internationaler Wettbewerbsfähigkeit einbüßte.

Italien hatte ähnliche Probleme. Seine Inflationsraten waren zwölf Jahre lang im zweistelligen Bereich gewesen (stellenweise sogar über 20 Prozent), bis das Land 1985 erstmals wieder eine Preissteigerungsrate von knapp unter 10 Prozent realisieren konnte. Dieser Wert – so erfolgreich die Inflationsbekämpfung aus Sicht der italienischen Geldpolitik auch aussah – lag immer noch deutlich über dem deutschen, der Mitte der 1980er-Jahre um 2 Prozent schwankte. Italien blieb, in erster Linie wegen der konsequenten Inflationsindexierung, der Scala mobile, hinter dem zurück, was von einem Land verlangt werden musste, das einen festen Wechselkurs zur D-Mark halten wollte. Nur Frankreich nahm die Stabilisierung seines Wechselkurses zur D-Mark wirklich ernst und folgte mit seinen Lohnstückkosten und der Inflation eng dem deutschen Modell.

Die Diskrepanz zwischen der britischen und italienischen Entwicklung der Lohnstückkosten einerseits und der deutschen und französischen andererseits lässt sich anhand von Abbildung 1.25 ohne weiteres erkennen. Großbritannien und Italien verloren innerhalb kurzer Zeit um die 20 Prozent an Wettbewerbsfähigkeit, sprich, ihre Währungen werteten real um diesen Prozentsatz auf. Dass das innerhalb des EWS nicht gut gehen konnte, liegt auf der Hand.

Abb. 1.25 **Lohnstückkosten in vier großen westeuropäischen Volkswirtschaften** 1985 bis 1995

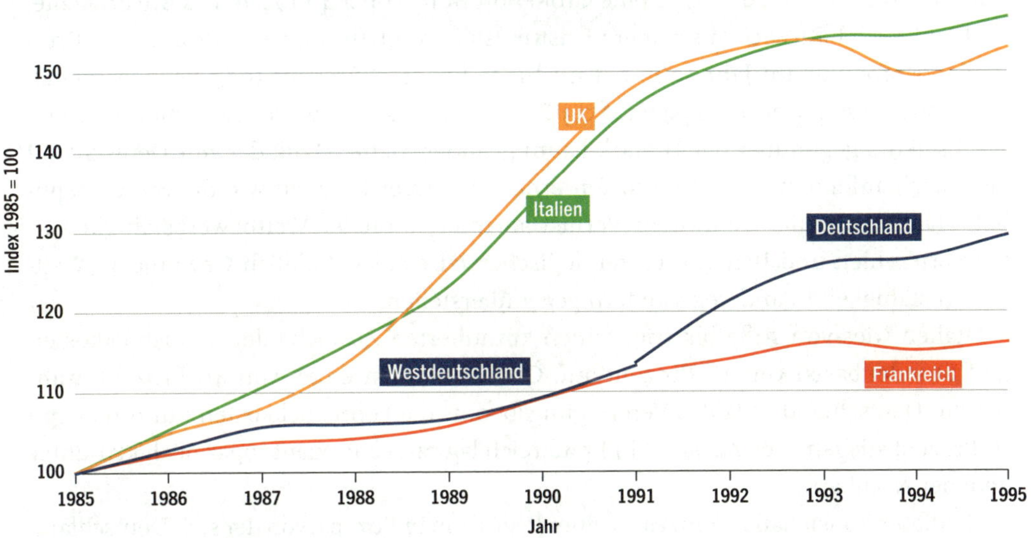

Die Parallelität des Auseinanderlaufens der Lohnstückkosten innerhalb des EWS im dargestellten Zeitraum und innerhalb der EWU zwischen 1999 und 2010 ist frappierend. Umso erstaunlicher war es, dass viele Ökonomen die Spannungen im Eurosystem statt auf den Lohnstückkosten- und Preiszusammenhang auf die unterschiedliche wirtschaftliche Ausgangsposition der Mitgliedsländer zurückführten.

Aus dem Scheitern des EWS hätte jedoch man lernen können, dass es nicht die Unterschiede im Wohlstand, in den Steuer- und Sozialversicherungssystemen oder in der Höhe der Staatsschulden einzelner Länder sind, die eine gemeinsame Währung oder – als Vorstufe dazu – die Fixierung von Wechselkursen schnell scheitern lassen, sondern die Diskrepanzen in der Lohnstückkosten- und Preisentwicklung.

Denn die Wohlstandsdifferenzen zwischen den vier großen Ländern Deutschland, Frankreich, Großbritannien und Italien waren in den 1980er-Jahren nicht bedeutender, sondern eher geringer als die zwischen den späteren Krisenstaaten der EWU und Deutschland. Trotz dieses weitaus größeren Gleichklangs scheiterte die Wechselkursfixierung an den außenwirtschaftlichen Folgen der Inflationsdifferenzen.

Großbritannien wies 1987 bereits ein Leistungsbilanzdefizit von 1,5 Prozent des Bruttoinlandsprodukts auf, das sich im nächsten Jahr auf fast 4 Prozent erhöhte – für damalige Verhältnisse ein hoher Wert. Dagegen war Italiens Leistungsbilanz dank kontinuierlicher Abwertungen bis 1987 fast ausgeglichen. Erst ab dem Zeitpunkt, ab dem das Land Abwertungen seiner Währung zu vermeiden versuchte, baute es allmählich ein Leistungsbilanzdefizit auf, das 1992 eine Größenordnung von 2,4 Prozent des BIP erreichte.

Frankreich hatte sich aus seinem Leistungsbilanzdefizit von fast 4 Prozent des Bruttoinlandsprodukts im Jahr 1982 auf nur noch knapp 2 Prozent 1987 hochgearbeitet. Es konnte diesen Wert bis 1992 auf 0,3 Prozent verbessern, obwohl es seitdem seinen Wechselkurs gegenüber der D-Mark kaum geändert hatte. Dank der mit Deutschland fast gleichlaufenden Lohnstückkosten errang Frankreich genau wie die Bundesrepublik Handelsvorteile: Denn dem Verlust an internationaler Wettbewerbsfähigkeit in Großbritannien und Italien mussten logischerweise spiegelbildlich Gewinne an Wettbewerbsfähigkeit in anderen Ländern gegenüberstehen.

Italien wies von 1987 bis 1992 einen kumulierten Zuwachs der Lohnstückkosten (auf Stundenbasis) von 36 Prozent auf, Großbritannien einen von 40 Prozent, während in Deutschland trotz des Vereinigungsbooms die Lohnstückkosten nur um knapp 16 Prozent stiegen. Der Zuwachs in Frankreich lag mit 10 Prozent sogar noch klar unter dem der Nachbarn.

In dieser Konstellation kam es zu einer Rezession in Europa, von der sich Deutschland zunächst weitgehend abkoppeln konnte, weil der Vereinigungsboom einen ungeheuren Nachfrageschub – ausgelöst durch defizitfinanzierte staatliche Hilfe für Ostdeutschland – mit sich brachte. Der Preisschub, den dieser Nachfrageboom in Deutschland kurzfristig auslöste, bewegte die Deutsche Bundesbank schließlich 1992 dazu, eine restriktive Zinspolitik ohne Rücksicht auf die EWS-Partner durchzusetzen. Ihre Geldpolitik bremste einerseits die deutsche Konjunktur, zwang andererseits aber auch die Nachbarn trotz einer wesentlich schlechteren Ausgangslage auf Restriktion umzuschalten. 1992 wurde zum kritischen Jahr, weil nun die drei großen EWS-Partnerländer händeringend nach einer neuen Perspektive für ihre schwache Wirtschaft suchten.

Italien und Frankreich wollten sich nicht in Sachen Zinsen und Geldpolitik von Deutschland abkoppeln, weil ihnen die gerade erst begonnene Wechselkursstabilisierung wichtiger schien. Das führte dazu, dass beide Länder trotz großer Rezessionsgefahr und steigender Arbeitslosigkeit die Zinsen im Verein mit Deutschland noch einmal erhöhten. Großbritannien, dessen Wirtschaft bereits 1990 abgekippt war, versuchte trotz Mitgliedschaft im EWS Zinssenkungen durchzusetzen und geriet schon deswegen sofort unter Abwertungsverdacht.

Nun schlug die Stunde der Spekulanten. Für einen verständigen Beobachter wie den Hedgefonds-Manager George Soros war klar, dass die Regierungen der drei Länder eine wirtschaftspolitische Wende brauchten, um politisch überleben zu können, sowie, dass zwei der drei Länder früher oder später abwerten mussten, um ihre Wettbewerbsfähigkeit wieder herzustellen. Spätestens im Sommer 1992, als die Deutsche Bundesbank die deutschen Leitzinsen noch einmal anhob, erging das klare Signal, dass Deutschland keine Rücksicht auf die Partner im EWS nehmen würde.

Diese Leitzinserhöhung der Bundesbank war auch aus deutscher Sicht falsch, weil sich eine Rezession anbahnte und die Arbeitslosigkeit im Westen Deutschlands schon stieg. Zudem sanken die langfristigen Zinsen weltweit bereits seit einiger Zeit. Doch für die Deutsche Bundesbank zählte nur der Inflationsanstieg im Jahr 1992, obwohl es sich dabei um einen einmaligen Effekt aufgrund des Vereinigungsbooms und der ostdeutschen Lohnanpassung handelte.

Ein positiver Impuls für die drei kritischen Länder konnte nur von einer Abwertung kommen. Folglich verschuldete sich Soros in britischem Pfund, italienischer Lira und französischem Franc. Er setzte auf Abwertung dieser Währungen, weil dann die von ihm zurückzuzahlende Summe – ausgedrückt in US-Dollar – drastisch sinken würde. Das war eine wenig riskante Wette, weil das Gewinnrisiko das Verlustrisiko erheblich überwog; es stand nicht zu erwarten, dass die Währungen aller drei Länder aufwerten würden und dadurch der Spekulant wirklich Geld verlieren könnte.

Eine Weile wurden die abwertungsverdächtigen Währungen von den betroffenen Notenbanken verteidigt, aber es war klar, dass man in keinem Fall über genügend Währungsreserven verfügte, um gegen eine große Spekulationswelle wirklich erfolgreich zu sein. Am Ende werteten Großbritannien und Italien ihre Währungen stark ab, Frankreich jedoch nicht. Großbritannien verließ das EWS, Italien und Frankreich blieben Mitglieder, allerdings mit erheblich erweiterten Schwankungsbandbreiten für ihre Währungen, was nahezu einem Scheitern des EWS gleichkam.

Im September 1992, auf dem Hochpunkt der Krise, kam alles auf das Verhalten der Deutschen Bundesbank an, weil diese mit einer einfachen Erklärung, dass sie die Währungen stützen werde, die Spekulation hätte stoppen können. Denn gegen die Notenbank, die das Material, mit dem sie interveniert, selbst drucken kann, vermag kein Spekulant erfolgreich zu sein.

Hätte die Deutsche Bundesbank frühzeitig ein völlig klares Bild der Lage gehabt, hätte sie von Anfang an, d. h. beim erkennbaren Anwachsen der Lohnstückkostendifferenzen, sagen können, dass sie die italienische Lira und das britische Pfund nur nach einer entsprechenden Abwertung stützen würde. Denn es gab schließlich fundamentale Gründe für eine Abwertung der beiden Währungen. Dieses Argument galt beim französischen Franc nicht, folglich wäre es ohne Wenn und Aber möglich gewesen, dessen Wechselkurs zu verteidigen. Hätte man die Abwertung der Lira und des Pfundes prophylaktisch vorgenommen, hätte es niemals eine Spekulationswelle gegeben.

Insgesamt gesehen fehlte es der Politik an einer klaren Diagnose. Viele glaubten, man müsse einfach den Spekulanten das Handwerk legen, während sich die britische Regierung so kurz nach dem Beitritt zum EWS nicht eingestehen wollte, dass etwas fundamental schiefgelaufen war. Das passierte, weil die Ökonomen systematisch versagten. Hätte man den Zusammenhang von Lohnstückkosten und Nachhaltigkeit der außenwirtschaftlichen Position rechtzeitig zur Kenntnis genommen, hätte man wissen können, dass die Angleichung der Lohnstückkosten zentral für den Erfolg des EWS gewesen war. Dann wäre auch schon unmittelbar nach 1987 (Italien) oder 1989 (Großbritannien) klar gewesen, dass die Paritäten nicht zu halten sind, und den Spekulanten die Chance verwehrt geblieben, so viel Geld (bei Soros sprach man von einer Milliarde Pfund) zu Lasten des Steuerzahlers zu verdienen.

Hätte man diese Erfahrung in den Vorbereitungen auf die EWU intellektuell sorgfältig verarbeitet, hätte man in den Vertrag von Maastricht explizit hineinschreiben müssen, dass Divergenzen bei den Lohnstückkosten auf jeden Fall zu vermeiden sind. Hätten sich die Länder einschließlich Deutschlands daran gehalten, hätte es die Eurokrise nie gegeben. Dazu mehr in Kapitel 7.

1.7 Die 1990er-Jahre, das Jahrzehnt der Währungskrisen

Mit dem Ende der europäischen Krise von 1992 begann ein Jahrzehnt, das von Währungskrisen geprägt war. Wie bei einem Lauffeuer bildeten sich über die ganze Welt verteilt immer neue Krisenherde. Es schien schon damals nur eine Frage der Zeit, bis das fragile Gebäude in sich zusammenkrachen würde. Mexiko im Jahr 1994 kam auf Europa 1992, dann Asien 1996, Osteuropa und Russland folgten kurz danach und Lateinamerika brannte von 1999 bis 2001. Auch während der großen Finanzkrise von 2008/2009 gab es eingelagerte Währungskrisen, bei denen Brasilien, Island und Ungarn die wichtigsten Opfer waren.

Offenbar hatten viele finanzielle Institutionen wie die Banken selbst, aber auch Hedgefonds und andere Geldverwalter in der europäischen Krise von 1992 Blut geleckt: Zum einen hatten sie erfahren, wie leicht man Regierungen in die Ecke drängen und vernichtend schlagen kann, wenn diese sich bei weitgehend freien Kapitalbewegungen auf die Fixierung einmal festgeschriebener Wechselkurse kaprizieren. Zum anderen begann man an den Märkten immer besser zu verstehen, dass bei flexiblen Wechselkursen unter günstigen Umständen noch größere Gewinne möglich sind als bei festen. Beide Erkenntnisse – von den Finanzmarktakteuren in entsprechenden Transaktionen genutzt – führten zu den besagten katastrophalen Ereignissen an den Devisenmärkten.

Wie funktionierte die Spekulation? Den »Investoren« bzw. Spekulanten genügte zunächst die Beobachtung, dass unter den Bedingungen flexibler Wechselkurse die

Zentralbanken in Ländern mit hoher Inflation beachtliche Zinsdifferenzen gegenüber dem inflationsstabileren Ausland schufen und diese Differenzen längere Zeit aufrechterhielten, um die inländische Inflation zu bekämpfen. Das kam einer Einladung an die ausländischen »Investoren« gleich, in Niedrigzinsländern aufgenommene Kredite kurzfristig in den Hochzinsländern anzulegen. Zur Absicherung dieser sogenannten Carry Trades (mehr dazu in Kapitel 7) war die Erwartung zentral, dass die Entwicklung der Wechselkurse zwischen Hoch- und Niedrigzinsländern im Anlagezeitraum die Zinsdifferenz nicht ausgleichen würde, mit anderen Worten: dass die Wechselkurse gerade *nicht* der Inflationsdifferenz zwischen Hoch- und Niedrigzinsländern folgen, wie es in jedem Lehrbuch zur Außenwirtschaftstheorie steht. Doch wie war es möglich, auf diese zweite Bedingung ohne allzu großes Risiko zu setzen?

Der wichtigste Grund ist politischer Natur. Die Regierungen der von den Kapitalzuflüssen »profitierenden« Länder begriffen nicht, wie gefährlich diese kurzfristigen Kapitalzuflüsse aus dem Ausland waren. Im Gegenteil, die Regierungen von Kapitalimportländern waren zumeist stolz darauf, dass die internationalen Kapitalgeber (die »Investoren«) so viel Vertrauen in ihre Länder hatten, dass ausländisches Kapital in großen Massen einströmte und der heimischen Währung sowie den heimischen Aktien oder Bonds eine Aufwertung bescherte.

Die Kapitalimportländer glaubten zudem, sie seien auf das aus dem Ausland zuströmende Kapital angewiesen. Schließlich sagte ihnen die neoklassische Theorie, dass Investitionen das Vorhandensein von Ersparnissen voraussetzen. Folglich wurden die »Investitionen« der Ausländer als Zeichen für die Qualität der Investitionsbedingungen im Kapitalimportland angesehen. Um sich die ausländischen Kapitalgeber gewogen zu halten, waren die Kapitalimportländer daran interessiert, eine Abwertung ihrer Währungen so lange wie möglich zu verhindern.

Für die meisten Ökonomen blieb das, was da geschah, vollkommen unverständlich. Sie sprachen von Finanzkrisen, Bankenkrisen oder Schuldenkrisen, ohne die Bedeutung des Währungssystems für die Abläufe überhaupt zur Kenntnis zu nehmen. Paul Krugman teilte die Krisen in verschiedene Kategorien ein, aber auch er missverstand die Rolle des Währungssystems bei ihrer Entstehung vollständig. In dieser Gemengelage stieg der IWF zur weltweit wichtigsten Institution auf. Auf Betreiben der Industrieländer weitete er sein Monopol in Sachen Länderrettung aus und versah seine »Hilfe« mit noch schärferen Konditionen.

Äußerlich ähnelten sich die Krisen zwar stets, aber reale Über- und Unterbewertung, die eindeutig wichtigsten Ursachen, waren bei den Ökonomen und den internationalen Institutionen in dieser Zeit von vorneherein keine entscheidenden Kategorien. Dem ökonomischen Mainstream folgend, zeigte man stattdessen mit dem Finger auf schwache Banken, einen unterentwickelten Kapitalmarkt, *crony capitalism* (also »Kumpelkapitalismus« als Ausdruck für Korruption und Vetternwirtschaft) oder zu hohe staatliche bzw. private Schulden.

Der Kern der Geschichte aber lag woanders. Etliche Entwicklungs- und Schwellenländer waren von den Industrieländern in den 1980er-Jahren systematisch gedrängt worden, ihre Kapitalmärkte vollständig zu öffnen und ihre Währungen voll konvertibel zu machen. Viele dieser Länder aber hatten mit vergleichsweise hohen Inflationsraten zu kämpfen und suchten nach Wegen, wie sie glaubhafte Stabilisierungsstrategien trotz schwacher Notenbanken würden umsetzen können. Da lag es nahe, das Währungssystem in der gleichen Weise als Stabilitätsanker zu nutzen, wie es eine Reihe kleinerer europäischer Länder, aber auch Italien, zuvor getan hatten. Also begann man diesen »Anker-Ansatz« (*anchor approach*) auf breiter Front umzusetzen. In Asien wie in Lateinamerika setzte man auf die disziplinierende Wirkung von billigen Importgütern, die es den heimischen Produzenten schwer machen würden, ihre Preise und Löhne übermäßig zu erhöhen.

Der IWF, obwohl eigentlich ein Anhänger der Marktlösung flexibler Wechselkurse, schwenkte nach der Asienkrise und den »guten« Erfahrungen Argentiniens auf diese Linie ein und propagierte für einige Jahre die sogenannten *corner solutions*: Entwicklungs- und Schwellenländer sollten wählen zwischen ganz festen Wechselkursen oder ganz flexiblen Kursen, aber auf keinen Fall Systeme dazwischen verwenden. Dirty Floating, was heißt, feste, doch zugleich anpassungsfähige Wechselkurse, wurden aufgrund der europäischen Krisenerfahrungen abgelehnt.[12]

Was man bei all diesen Versuchen (wobei in Asien vor 1996 informell, d. h. einseitig von der Seite des ankernden Landes festgelegte feste Wechselkurse vorherrschten) nicht bedachte, war der Effekt, den die Stabilisierung interner Preissteigerungen durch billige Importe auf die Wettbewerbsfähigkeit des Landes, auf die Leistungsbilanz und, früher oder später, auf die Einschätzung dieser Länder durch die Kapitalmärkte haben würde.

Wenn der Wechselkurs als Anker benutzt wird, kann jeder Spekulant damit rechnen, dass es nicht so schnell zu einer Abwertung dieser Währung kommt, weil gerade das die Ankerfunktion des Wechselkurses aufheben würde. Also wird er sein Geld in solchen Ländern »investieren«, weil dort höhere nominale Zinsen winken. Dass die Zinsen hoch sind, weil die Inflationsraten hoch sind, interessiert ihn nicht, weil er in dem Anlageland nichts kaufen will.

In der Anfangsphase eines solchen Systems sieht alles wunderbar aus. Die Inflationsrate sinkt, internationales Kapital fließt in Massen ein, die eigene Währung wertet auf und/oder die Zentralbank häuft Devisenreserven an, weil sie die Aufwertung der eigenen Währung durch Interventionen etwas bremst. Dass in dem Land gleichzeitig die

---

12 Flassbeck, H. (2001).

internationale Wettbewerbsfähigkeit aller Unternehmen erodiert, weil die heimischen Unternehmen nicht nur unter dem Druck der Importe stehen, sondern angesichts der eigenen Kostensteigerungen auf den Exportmärkten ebenfalls allmählich den Boden unter den Füßen verlieren, sieht zunächst keiner und will auch keiner sehen.

Allmählich aber passiviert sich die Leistungsbilanz und die internationalen Kapitalgeber werden nervös. Nicht, dass das Land unbedingt dieses meist extrem kurzfristige Anlage suchende Kapital bräuchte, um im Inland in Sachanlagen zu investieren, die Gefahr kommt aus anderer Richtung. Bei hoher Abhängigkeit von ausländischem Kapital genügt der kleinste Anlass, um die ausländischen Anleger in Panik zu versetzen, weil sie eine Abwertung der Währung fürchten und dadurch Verluste für ihre »Investition«. Wenn das aber passiert, steht das Land vor einer schweren Entscheidung. Es muss entweder abwerten und die Anpassungsleistung der vergangenen Jahre in Form geringerer Inflation in Frage stellen (denn die bei Abwertung sich automatisch verteuernden Importgüter treiben die Inflation dann wieder in die Höhe) oder versuchen, mit Interventionen der Zentralbank dagegenzuhalten.

Letzteres haben viele versucht, es ist aber fast nie gelungen. Denn über die Devisenreserven, die eine Zentralbank braucht, um die eigene Währung zu stützen (dazu muss sie die eigene Währung mit fremder Währung kaufen), verfügt sie nur in begrenzter Menge. Das wissen diejenigen, die jetzt auf eine Abwertung spekulieren, und sie können sich quasi ausrechnen, wann die Zentralbank aufgeben muss. In dieser Situation ist der Gang zum Konkursrichter vorbestimmt – und der sitzt in Washington und heißt IWF.

Aber statt dem Land die Möglichkeit zu geben, in geordneter Weise abzuwerten und sich dann wieder auf seine heimischen Ziele zu konzentrieren, entschied sich der IWF in den 1990er-Jahren, in extensiver Weise seine Macht zu missbrauchen, und nutzte die Möglichkeit, seine Kredithilfe an Konditionen zu koppeln, die in der Regel mit dem eigentlich zu lösenden Problem nicht das Geringste zu tun hatten. Abgewertet wurde üblicherweise auch, und das war die Maßnahme, die vermutlich in den meisten Fällen als einzige wirkte und dem Land die Möglichkeit gab, wieder auf einen Wachstumspfad zurückzukehren.

1.8 Der Euro: Chance und Risiko zugleich

Angesichts der weltweiten Turbulenzen und Währungskrisen ist es nicht erstaunlich, dass sich in Europa viele kleine Länder nach Stabilität sehnten und diese Stabilität durch eine Anbindung an die D-Mark zu erreichen versuchten. Blieb nur die Frage, ob ein solches System der einseitigen Bindung an eine Leitwährung als Dauerlösung taugen würde oder früher oder später durch eine ganz neue Konstruktion ersetzt werden müsste.

So wurde argumentiert, man könne mit einem System fester Wechselkurse in Europa Stabilität problemlos erreichen, ohne den Menschen das Abenteuer und die Kosten einer Währungsumstellung zuzumuten. Warum sollte die Deutsche Bundesbank nicht weiterhin die Leitwährungsnotenbank in Europa sein, an der sich die anderen so gut wie möglich orientieren? Hatte sie ihre Sache nicht gut gemacht, die Preise stabil gehalten und den Handelspartnern eine Angleichung ihrer Inflationsraten durch feste Wechselkurse erlaubt? Insbesondere die Deutschen, so die Argumentation, würden mit dem Übergang zum Euro die Souveränität ihrer Geldpolitik aufgeben müssen, während die anderen ohnehin keine Souveränität besaßen und daher nichts zu verlieren hatten.

Das ist jedoch eine irrige Sichtweise. Das System vor dem Euro, das EWS, war – ebenso wie das System von Bretton Woods – ein Leitwährungssystem. Statt des US-Dollar war nun die D-Mark die Leitwährung bzw. der Anker. Wer seinen Wechselkurs an den eines anderen Landes bindet, muss bereit sein, die Geldpolitik dieses Landes mitzumachen, was in der Regel heißt, dessen Zinspolitik weitgehend zu kopieren; wenn auch in der Realität von Bretton Woods einige Abweichungen möglich waren, weil damals die Kapitalmärkte noch in erheblichem Maße staatlich kontrolliert und reguliert wurden.

Wer bei einem großen und stabilen Land vor Anker geht, hat allerdings den Vorteil, dass er nicht allen spekulativen Wellen der internationalen Kapitalmärkte ausgeliefert ist und der Wettbewerbsdruck des großen Ankerlandes häufig im Innern dafür sorgt, dass inflationäre Übersteigerungen vermieden werden. Das funktioniert, wie im vorigen Abschnitt gezeigt, aber nur, wenn der Ankernde in Sachen internationaler Wettbewerbsfähigkeit mithält, was vor allem heißt, dass die Lohnzuwächse nicht stärker über den Produktivitätsfortschritt hinausgehen dürfen als im Ankerland. Solche Leitwährungssysteme sind eine Lösung, wenn es eine große Konvergenz der Inflationsraten gibt und der Wechselkurs, also der äußere Wert einer Währung, in einem eng verflochtenen Wirtschaftsraum nicht dem Markt mit seinen irrationalen Schwankungen überlassen werden soll.

Leitwährungssysteme weisen jedoch einen entscheidenden Defekt auf: Obwohl die Notenbank, die die Leitwährung herausgibt, die Geldpolitik für praktisch alle Teilnehmer des Systems übernimmt, orientiert sie sich dabei nur an den Bedingungen ihres eigenen, also des Ankerlandes. Auf diese Weise konnte die Fed im System von Bretton Woods ihre Geldpolitik dem Rest der Welt aufoktroyieren. Das war zwar, wie wir oben gezeigt haben, per Saldo nicht schlecht und bescherte der Welt zwei Jahrzehnte lang enormes Wachstum nach dem Krieg, ist aber prinzipiell problematisch.

Die Geldpolitik der Bundesbank war während der Existenz des EWS maßgebend für weite Teile Europas. Diese passte jedoch , wenn überhaupt, dann nur durch Zufall für die anderen Länder, weil in Europa insgesamt völlig andere Bedingungen herrschten als in der Bundesrepublik allein. Besonders deutlich war das, als im Jahr 1992 im Zuge des von der Wiedervereinigung ausgelösten Booms die deutsche Geldpolitik trotz einer europäischen Rezession die Zinsen erhöhte. Die Bundesbank durfte sich allerdings gemäß ihrem Gesetz gar nicht an der Entwicklung des gesamten europäischen Raumes orientieren, wie das für gute europäische Geldpolitik notwendig gewesen wäre.

Die Folgerungen sind klar: Zeichnen sich die an einem Festkurssystem beteiligten Länder durch eine hohe und stabile Konvergenz der Inflationsentwicklungen aus sowie durch die gemeinsame Überzeugung, dass die Inflationsraten auf Dauer auf einem einheitlichen Niveau gehalten werden können, ist eine Währungsunion nicht nur die politische, sondern die logische Konsequenz. In einer solchen Situation wäre die Fortsetzung des Leitwährungssystems und die Geldpolitik des Ankerlandes fortdauernder Kritik der ankernden Länder ausgesetzt und letztlich zum Scheitern verurteilt. Die Folge wäre eine Rückkehr zu flexiblen Wechselkursen und eine Desintegration des gesamten Raumes, die alle erreichten Fortschritte im Hinblick auf die innere und äußere Stabilisierung des Geldwertes hinfällig machen würde. Nur in einer Währungsunion sind alle Regionen im Prinzip angemessen repräsentiert und können Mitsprache bei der Formulierung der für alle Teilnehmer gültigen Geldpolitik verlangen.

Durch die Schaffung der Währungsunion gab es zum ersten Mal die Chance für Europa, eine den USA vergleichbare kohärente und im Sinne von Wachstum und Beschäftigung erfolgreiche Geldpolitik zu betreiben. Ob das zu dem theoretischen Konzept passte, das sich die Politik und die EZB selbst gegeben und im Maastricht-Vertrag verankert hatte, ist jedoch eine andere Frage. Für all diejenigen, für die der beste Beitrag der Geldpolitik für Wachstum und Beschäftigung schlicht in der Herstellung von Preisstabilität besteht, blieb die Bedeutung der Währungsunion im wahrsten Sinne des Wortes unbegreiflich. Die einheitliche neue Währung in Europa allein löste folglich kein Problem, sie hätte aber viele Chancen schaffen können, wäre sie richtig eingesetzt worden. Dazu mehr in Kapitel 7.

1.9 Nach der Jahrhundertwende: Das Jahrzehnt des Finanzkasinos

Man kann es sich im Nachhinein fast nicht vorstellen, aber das alte Jahrhundert endete mit einer gewaltigen Spekulationsblase, die man später als Dotcom-Blase bezeichnen sollte. Die platzte laut krachend mit dem Ergebnis, dass eine große Masse der während der Spekulation gehypten IT-Unternehmen zwischen 90 und 99,9 Prozent ihres »Wertes« verloren und folglich viele Anleger große Teile ihres »Vermögens« abzuschreiben hatten. Doch kaum war die Dotcom-Blase geplatzt, wandten sich die Spekulanten einem neuen alten Spekulationsobjekt zu: den Immobilien.

In den USA und in einigen anderen Ländern wie etwa in Spanien stiegen die Preise für Häuser und flugs schlossen kluge Köpfe, dass es eine Jahrhundertknappheit an Immobilien gebe und deren Preise folglich auch mindestens hundert Jahre steigen müssten. Bald begann jeder mit ein paar US-Dollar oder Euro in der Tasche, sich entweder in Immobilienpapieren oder unmittelbar in Immobilien zu engagieren. Man konnte schließlich nur gewinnen, so die allgemeine Auffassung. Wer eine Hypothek aufgenommen hatte, durfte in den USA jede Woche bei seiner Bank erfahren, dass die Wertsteigerung des Hauses inzwischen den Wert der Hypothek weit hinter sich gelassen hatte, und bei der Gelegenheit gleich einige tausend Dollar mit nach Hause nehmen, weil die Hypothek inzwischen lächerlich niedrig war gegenüber dem von der Bank und den Finanzmärkten errechneten »Wert« des Hauses.

Aber obwohl die Absurdität des Ganzen vollkommen offensichtlich war, gab es eine ganze Reihe an Rationalisierungsversuchen. Man sagte beispielsweise, dass an den spekulativen Märkten jedes Geschäft stets zwei Seiten habe und brachte damit zum Ausdruck, dass die Preise gar nicht so leicht steigen können, wenn immer einer kauft und einer verkauft. Letzteres ist allerdings an allen Märkten so und dennoch sehen wir Preissteigerungen und Preissenkungen. Besonders an den Finanzmärkten existieren heftige Preisschwankungen, obwohl immer einer kauft und einer verkauft. Das Missverständnis kommt vermutlich daher, dass man sich nur schwer vorstellen kann, wie beispielsweise eine allgemeine Marktdynamik, die praktisch alle Finanzmarktpreise (also Immobilienpapiere, Aktien, Rohstoffe, Währungen und die davon abgeleiteten Kontrakte) massiv nach oben drückt, zustande kommt und warum dann überhaupt jemand seine Positionen verkauft.

Das liegt aber daran, dass in der Phase der Entstehung der Blase die Meinung an den Märkten vorherrscht, man stehe vor einem immerwährenden Boom einer bestimmten Anlageklasse, in der Finanzkrise etwa von Immobilien. Auch sprach man teilweise von einem »Rohstoffsuperzyklus«; letzterer, weil die Volksrepublik China und andere aufstrebende Länder einen ungeheuren Rohstoffhunger hätten. Folglich ist die überwiegende Mehrzahl der Marktteilnehmer darauf aus, long zu gehen, also Positionen zu halten, mit denen man von steigenden Preisen profitieren kann, weil man billig kauft und teuer verkauft. Wie lange man die Positionen wirklich hält, ist eine andere Frage. Im Hochfrequenzhandel kann das nur einige Minuten oder auch Sekunden sein, die Logik bleibt aber immer gleich.

Wenn viele Spekulanten long gehen, können sie entweder Terminkontrakte kaufen, die auf steigende Preise setzen, oder sie können andere sogenannte Derivate kaufen, also Wetten, die so konstruiert sind, dass man gewinnt, wenn wirklich die Preise noch lange steigen. Natürlich muss jeder, der einen Terminkontrakt kauft oder auf steigende Preise mit einem Derivat wettet, jemanden finden, der den Terminkontrakt verkauft oder gegen steigende Preise wettet. Doch hier kommt es wie an jedem anderen Markt auf die Dynamik beider Seiten an.

Wenn sich vor einem Kartoffelstand auf einem Markt lange Schlangen bilden, weil alle Leute eine besonders gute Kartoffelsorte haben wollen, wird der Verkäufer irgendwann den Preis erhöhen. Noch immer steht dann bei jeder Transaktion einem Kauf ein Verkauf gegenüber und trotzdem steigt der Preis. Wenn an den finanzialisierten Rohstoffmärkten ein Kauf-Hype entsteht, weil alle Marktteilnehmer glauben, sie müssten sofort long gehen, dann gibt es selbstverständlich dennoch Verkäufer, die dagegenhalten, weil sie die Erwartungen der großen Masse für überzogen halten. Aber das reicht eben nicht aus, um eine massive Preissteigerung zu verhindern. Vielleicht kommen die Verkäufer kurz nach dem Verkauf wieder als Käufer zurück, weil auch sie inzwischen überzeugt sind, dass die Preise weiter steigen.

An den Rohstoffmärkten wie an den anderen Finanzmärkten wird in einer solchen Situation, wie in Kapitel 7 gezeigt wird, die gesamte Preisstruktur von Kassa- und Terminmärkten nach oben gezogen. Die Preise für Futures sagen dann nichts mehr über die Zukunft aus. Genau die gleichförmige Entwicklung von Future- und Spotpreisen belegt, dass die Art von Finanzprodukten, die beide Preise parallel nach oben treiben, absolut nichts mit den klassischen Absicherungsgeschäften zu tun haben.

Halbherzig halten zwar immer einige gegen den Trend, aber es gibt in dieser Situation gerade nicht eine große Gegenbewegung der Shorter, also derjenigen, die auf sinkende Preise setzen, so dass die Preise konstant blieben. Das liegt eben daran, dass die Unsicherheit über den »richtigen« Preis groß ist und kein »Gleichgewichtspreis« (wie in manchen Theorien perfekt effizienter Märkte angenommen) existiert, an dem man sich orientieren und als Shorter zugleich absichern könnte.

Man muss sich einmal vorstellen, wie unrealistisch eine Theorie ist, die unterstellt, dass genau in der Situation, wo die halbe Welt mit riesigen Summen auf steigende Preise setzt, sich unmittelbar etwa gleich viele mit gleich viel Geld daran machen, eine Gegenposition aufzubauen, weil sie sich sicher sind, dass sich die halbe Welt irrt und es der halben Welt auch mit den größten Summen nicht gelingt, die Preise in die Höhe zu treiben.

Besonders absurd ist dieser Gedanke an den Rohstoffmärkten, wo nach 2005 neues Geld »investiert« wurde – mehr als dort jemals zuvor geflossen war. Genau das Gegenteil der Gleichgewichtsannahme passiert: Kommt eine solche Blase einmal in Gang, springen immer mehr auf, die Herde beginnt zu rennen, weil die Erzählung, die der Blase zugrunde liegt, in den ersten Jahren noch absolut überzeugend klingt. Wer sich dagegen stellt, verliert für lange Zeit und scheidet aus dem Markt aus.

Erst äußerst spät, also nach einigen Jahren, das zeigen das Buch *The Big Short* und der gleichnamige Film sehr schön, wenn die Spekulation auf steigende Preise vollkommen verrückt wird, so dass sich mit gesundem Menschenverstand und etwas Recherche erkennen lässt, dass die Blase kurz vor dem Platzen ist, kann man realistischerweise dagegen halten und mit einer Short-Position, also etwa einer Versicherung nach Art der berühmten Credit Default Swaps, mit Aussicht auf Erfolg gegen die Masse spekulieren. Aber auch das tun in der Regel nur einige wenige und die, wie speziell im Film gut dargestellt, zweifeln lange Zeit an ihrem eigenen Verstand, weil sie ebenfalls nicht glauben können, dass die halbe Welt in Sachen Preisen, hier konkret von Immobilien, komplett daneben liegt.

Jede Blase, die einige Jahre aufgepustet wird, platzt irgendwann. Dann fallen die Preise rasant, weil nun alle auf sinkende Preise setzen. »Das ist doch großartig«, wird mancher Ökonom sagen, »da stellt sich der Gleichgewichtspreis langfristig wieder ein«. In der Tat, langfristig mag alles wieder in Ordnung sein – nur, wenn es um Spekulation (oder besser »Investments«) mit Nahrungsmitteln geht, führen selbst kurzfristig zu hohe Preise dazu, dass Menschen sterben oder Kinder für den Rest ihres Lebens an den Folgen von Unterernährung leiden müssen.

Das alles sollten für die Wissenschaft längst bekannte Einsichten sein, die man dann, wenn es notwendig erscheint, der Politik zur Verfügung stellt. Doch das ist nicht so. Die sogenannte Wissenschaft hat sich Jahrzehnte in den Beweis der Effizienz der Märkte verrannt und versucht auch heute – nach dem Platzen der ultimativen Blase im Jahr 2008 – noch, dieses absurde Paradigma zu verteidigen. Zu behaupten, dass die Finanzmärkte systematisch falsche und gefährliche Preise erzeugen und gewaltige Fehlallokation sowie ungeheure Kapitalvernichtung das Ergebnis »liberalisierter Finanzmärkte« sind, ist weiterhin ein Tabu, das zu brechen in der Regel mit dem Ausschluss aus der akademischen Gemeinschaft bestraft wird.

Die Politik versteht leider immer noch nicht (oder will es teilweise auch nicht verstehen), dass man mit den traditionellen »wissenschaftlichen« Einsichten nichts anfangen kann. So hat etwa der Schweizerische Bundesrat (also die Regierung) eine Studie in Auftrag gegeben, die die Position der Wissenschaft zur Spekulation mit Nahrungsmitteln eruieren sollte. Man wollte damit ein Gegengewicht schaffen zu einer Initiative der Schweizer Jungsozialisten, die auf deren Verbot abzielte.

Es ist erstaunlich: Bei einer Währungsspekulation, sagen wir einer Spekulation, die auf Aufwertung des Schweizer Franken setzt, würde der Schweizer Bundesrat keine Studie brauchen und schon gar nicht eine Meta-Studie. Auch würde er keiner Studie glauben (selbst hundert Studien), der zufolge es eine solche Spekulation nicht gebe – und falls doch, weiß er, dass diese niemals zur Folge haben kann, dass die Wechselkurse überschießen. In der Schweiz ist es eben gemeinhin bekannt, dass es riesige Spekulationswellen am Devisenmarkt gibt, die zu vollkommen unsinnigen und gefährlichen Kursen führen. Nicht umsonst hat dort die Notenbank jahrelang den Shorter gespielt, weil niemand dem Markt zutraute, einen angemessenen Kurs zu finden.

Besonders absurd ist es, dass große Teile der Ökonomenzunft Anfang des neuen Jahrhunderts der amerikanischen Geldpolitik die Schuld an der Finanzkrise gaben. Alan Greenspan, der Vorsitzende der Fed, habe viel zu lange an einer expansiven Geldpolitik festgehalten und damit die Spekulation geschürt. Doch das ist nur ein kleiner Teil der Wahrheit.

Denn Greenspan prägte wie kaum jemand anderes die Jahre vor der großen Finanzkrise von 2008/2009. Er hielt die Position als Vorsitzender der Fed von 1987 bis 2006 und war in den USA letztlich verantwortlich für den Übergang zu einer absolut pragmatischen Geldpolitik. Bewusst verstieß er immer wieder gegen das damals noch herrschende monetaristische Dogma von der »natürlichen Arbeitslosigkeit« und setzte weit länger, als es die herrschende Lehre vorsah, auf eine das Wachstum und die Beschäftigung stimulierende Geldpolitik. Greenspan vertrat die Konzeption einer flexiblen und auf die konjunkturelle Situation abgestellten Geldpolitik, da aus seiner Sicht die Geldpolitik bei realistischer Betrachtung der zeitlichen Abläufe immer in der Lage sei, eine im Entstehen begriffene Inflationsbeschleunigung ohne große Mühe abzubremsen.[13]

Greenspans Pragmatismus in Sachen Konjunktursteuerung durch die Geldpolitik wurde mehrfach auf eine harte Probe gestellt. Zu Zeiten der Asien- und Lateinamerikakrise, also 1996 und 1997, war er sogar bereit, bei der Ausrichtung der amerikanischen Geldpolitik auf die globale Entwicklung Rücksicht zu nehmen, was vollkommen untypisch für einen amerikanischen Notenbankpräsidenten war. Obwohl sich die USA der von vielen als absolute Schranke angesehenen natürlichen Arbeitslosenrate bzw. der NAIRU (*non-accelerating inflation rate of unemployment*, also der Rate, bei deren Erreichen eine Beschleunigung der Inflation droht) näherten, beharrte er auf weiterer Stimulation der Wirtschaft. Tatsächlich sank die Arbeitslosenrate gegen Ende der 1990er-Jahre auf Werte weit unterhalb der (in bestimmten Modellen berechneten) NAIRU, in Sachen Inflationsbeschleunigung aber geschah trotzdem nicht viel.

Die zweite und entscheidende Bewährungsprobe für Greenspans Pragmatismus kam mit dem Ende der Dotcom-Blase, also der Aktienblase, die sich auf Unternehmenswerte bei den neuen Informationstechnologien konzentrierte. Nachdem relativ moderate Zinssteigerungen im Jahr 1999 diese Blase unter mächtigem Getöse zum Platzen gebracht hatten, sah sich Greenspan sehr früh (allerdings auch unter dem Eindruck des 11. September 2001) bemüßigt, das geldpolitische Ruder wieder in Richtung Anregung

13 Greenspan verkörperte damit das Gegenteil des dogmatischen, vom Monetarismus geprägten europäischen Notenbankers, am besten verkörpert durch den damaligen Bundesbankpräsidenten Hans Tietmeyer. Seine Position zu den Märkten im Allgemeinen und sein grenzenloser Optimismus hinsichtlich der Rationalität der Finanzmärkte, die ihm später zu Recht viel Kritik einbrachte, schmälert seine historische Leistung als Notenbanker und als Überwinder des Monetarismus nicht.

herumzuwerfen. Die Fed senkte die Zinsen kurz nach dem 11. September auf ein (damals) historisches Tief von nur einem Prozent.

In einer längerfristigen Betrachtung lässt sich gut erkennen, wie groß dieser Schritt vom Anfang des Jahrhunderts schon war. Die Zinsen lagen danach weit unter den Werten, die man in den fünfzig Jahren zuvor als absolut normal und notwendig angesehen hatte.

In Greenspans Verständnis von der Rationalität der Märkte stellten die neuen Blasen, die daraufhin auf vielen Finanzmärkten, vor allem bei der Finanzierung von privatem Hauseigentum in den USA, entstanden, keine Gefahr dar, sondern eben nur eine bestimmte und unproblematische Art und Weise, wie die »Investoren« auf effizienten Märkten auf die geldpolitische Anregung reagierten. Die Möglichkeit, dass durch die Deregulierung der Finanzmärkte eine völlig andere Art des Investierens entstanden war und diese fortan den Großteil der Aktivitäten an den Finanzmärkten bestimmen würde, existierte in Greenspans Gedankenwelt nicht. Dass sie unproduktiv ist, sich auf Herdenverhalten stützt und deswegen ohne Mühe die Scheingewinne selbst generiert, auf denen die Erwartungen der Herden von »Investoren« gründen, kommt in der Theorie der effizienten Märkte, an die Greenspan offenbar bis zum Crash glaubte, ebenfalls nicht vor. In einem effizienten Markt wissen schließlich immer genügend Investoren, dass eine Blase im Entstehen ist, und halten entsprechend dagegen, so dass eine wirkliche Übertreibung und falsche Preise eigentlich unmöglich sind. Damit setzen wir uns in Kapitel 7 detailliert auseinander.

Greenspan war, wie praktisch alle amerikanischen Ökonomen von weit rechts bis weit links, nicht bereit anzuerkennen, dass an den Devisenmärkten schon seit den 1970er-Jahren immer wieder systematisch falsche Preise herrschten, weil Herdenverhalten dominierte, so dass die von der Theorie der effizienten Märkte erwarteten »rationalen« Lösungen niemals realisiert wurden. Hätte man das Wissen darum konsequent auf die anderen Finanzmärkte übertragen, hätte die große Krise vermieden werden können. Aber Deregulierung der Märkte war zu Beginn des Jahrtausends das Gebot der Stunde; und je mehr Akteure sich an den Finanzmärkten tummelten, umso besser musste es sein, weil damit die Wahrscheinlichkeit, dass es zu falschen Preisen kommt, sinkt.

Es ist aber falsch, einfach die Geldpolitik als solche für die Fehlentwicklungen, die zur Finanzkrise von 2008/2009 führten, verantwortlich zu machen. Die Deregulierung war keine Erfindung der Geldpolitik, obwohl es sicherlich viele dogmatische Marktverteidiger wie Greenspan auch unter den Geldpolitikern gab. Nein, die Deregulierung war eine Erfindung der Regierungen. Die Geldpolitik muss ihre Maßnahmen so umsetzen, dass der maximale Effekt erzielt wird. Wie groß der sein wird, entscheidet sich aber an den übrigen Märkten und insbesondere am gesetzlichen Rahmen, der dafür sorgt (oder eben nicht dafür sorgt), dass vor allem Anreize für Investitionen in neue Sachanlagen bestehen und nicht für das Hin- und Herschieben von bereits vorhandenen Vermögenswerten. Letzteres entwickelte sich aber in den Nullerjahren zur wichtigsten Aktivität, nicht zuletzt dank der umfangreichen und fast vollständigen Deregulierung der Märkte und der weitgehenden Zulassung all solcher Institutionen (wie Hedgefonds und riesigen Investmentabteilungen in Banken), die nicht der Mehrung der allgemeinen Wertschöpfung zugedacht waren, sondern auf Umverteilung zugunsten der Menschen, die in der »Finanzindustrie« arbeiteten.

Dass die Geldpolitik überfordert ist mit einer Steuerung der Finanzmärkte als solcher und der Steuerung der Wirtschaft insgesamt, zeigte sich unmittelbar nach der großen Rezession von 2008/2009. Obwohl die Kritik an der amerikanischen Geldpolitik unter Greenspan wie ein weltweiter Tsunami daherkam, taten die Zentralbanken der Welt genau das, sogar noch in weit größerem Ausmaß, was Greenspan Anfang des Jahrhunderts getan hatte: Sie senkten die Zinsen; und sie senkten nicht nur die kurzfristigen Zinsen, sondern sie mischten direkt auch bei den langfristigen Zinsen mit, indem sie Bonds und andere Papiere kauften, um mit diesem Quantitative Easing noch größere Wirkung zu erzielen, weil damit die Werte der vorhandenen Assets bzw. Vermögensobjekte unmittelbar erhöht wurden.

Dieser ungeheuerliche Pragmatismus der meisten Notenbanken der Welt in und nach der Krise bedeutete den vollständigen Bruch mit dem Monetarismus. Doch selbst er reicht nicht aus, die Konjunktur rasch und durchgreifend zu beleben, wenn, wie das Japan schon zwanzig Jahre lang versäumt hat, Lohndeflation nicht mit direkten Eingriffen in den Arbeitsmarkt bekämpft wird. Um zu einem wirklichen Durchbruch im ökonomischen Denken zu kommen, müssen noch weitere und noch weit wichtigere Bastionen geschleift werden. Der Untergang des Monetarismus war aber nur ein vorübergehendes Phänomen, wie die fehlgeleitete Geldpolitik in den Jahren 2021 und 2022 gezeigt hat. Dazu mehr in Abschnitt 1.12 und in Kapitel 5.

1.10 Die 2010er-Jahre: Europas verlorenes Jahrzehnt

Es ist nicht leicht, die Gemengelage zu verstehen, die dazu führte, dass Europa und die EWU nach der großen Finanzkrise nicht mehr auf die Beine kamen. Hauptsächlich verantwortlich war natürlich die Eurokrise, die intellektuell nie richtig verarbeitet wurde. In vielen Ländern, allen voran in Deutschland, betitelte man die Eurokrise (eine genaue Erklärung findet sich in Kapitel 7) von Anfang an als »Staatsschuldenkrise« – und schon damit war der Weg in eine rasche Erholung der europäischen Volkswirtschaften verbaut. Die Bekämpfung der öffentlichen Schulden bekam höchste Priorität und es hatte den Anschein, als mache Deutschland den anderen vor, wie man eine befriedigende wirtschaftliche Entwicklung mit einer Konsolidierung der Staatsfinanzen verbinden kann.

Die europäische Geldpolitik verhielt sich zunächst nach der Krise nicht viel anders als die Geldpolitik in den USA. Sie senkte die kurzfristigen Zinsen massiv ab, um schließlich bei null zu landen. Das Niveau der kurzfristigen Zinsen wird in allen großen Industrieländern (also insbesondere in der EWU und in den USA) durch die Leitzinsen der Zentralbank festgelegt. Die langfristigen Zinsen können sich, wie die Abbildung 1.26 für die USA zeigt, niemals von den kurzfristigen lösen, weil vielfältige Substitutionsbeziehungen zwischen den Finanzanlagen unterschiedlicher Laufzeiten bestehen. Zwar gibt es massive Spekulationen mit Bonds, aber dennoch bleiben die langfristigen Zinsen auf dem Kurs, den die Zentralbank mit den kurzfristigen Zinsen einschlägt.

Abb. 1.26 **Zinsen in den USA** **1990 bis 2024**

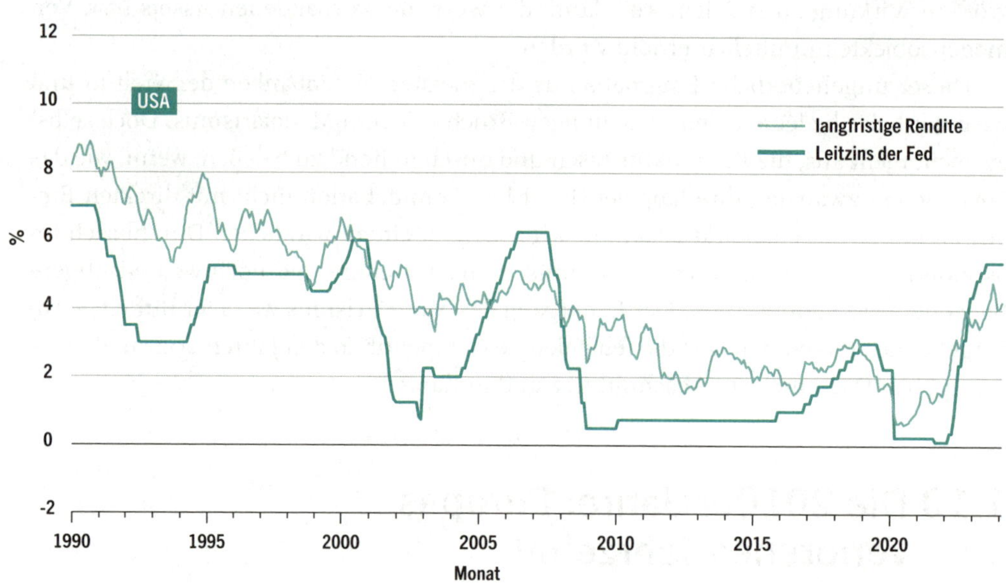

Für Europa gilt das in noch stärkerem Maße als für die USA (Abbildung 1.27). Man sieht hier an dem kleinen und nur kurz anhaltenden Ausschlag der Leitzinsen der EZB im Jahr 2011, dass selbst eine solche kleine Spitze wegen der Spekulation am langen Ende durchaus für einige Monate größere Auswirkungen haben kann.

Abb. 1.27 **Zinsen in der EWU** 1990 bis 2024

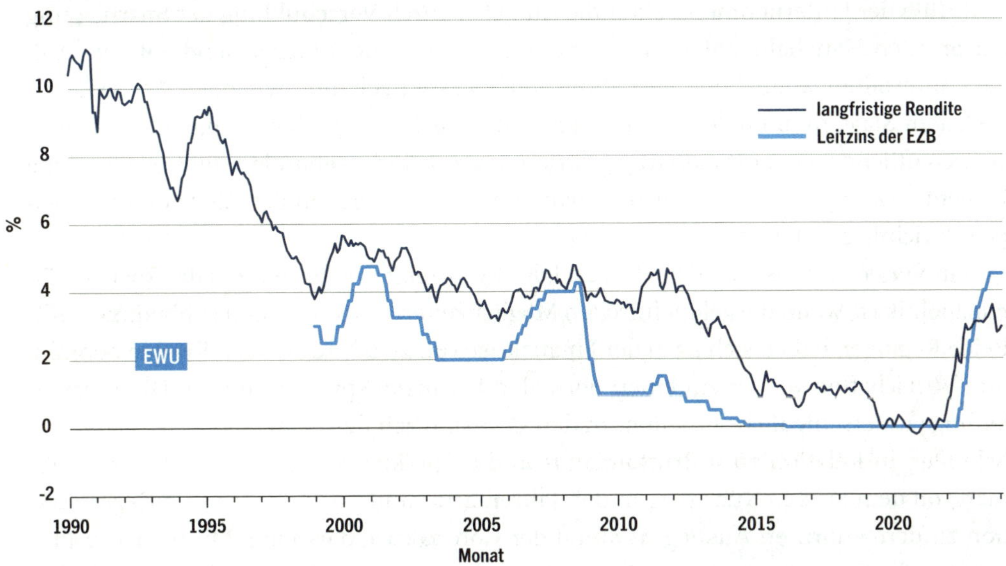

Die Abhängigkeit der langfristigen Zinsen von den Leitzinsen bedeutet, dass Konstellationen, in denen die Wachstumsrate unterhalb des Zinsniveaus liegt, weder unabänderliche Naturereignisse noch die Folge der »Einschätzung« der Finanzmärkte sind, sondern das Ergebnis bewusster geldpolitischer Entscheidungen. Sie sind niemals zufällig und in der Regel auch nicht dauerhaft.

Hohe Staatsschuldenquoten bringen die Fiskalpolitik folglich genau dann in Schwierigkeiten, wenn, wie in den 1970er- und 1980er-Jahren, die Geldpolitik die Lohnpolitik präventiv mit hohen Zinsen unter Druck setzen will. In den 2010er-Jahren war das nicht der Fall. Der entscheidende makroökonomische Zusammenhang ist offensichtlich, wird allerdings fast immer ausgeblendet: Nur wenn die gesamtwirtschaftlichen Nachfragebedingungen und die Geldpolitik es erlauben, dass der Staat sich abstinent verhält, kann dieser taktisch oder strategisch eine Position zur Verminderung der staatlichen Verschuldung aufbauen und durchhalten.

Eine Marktwirtschaft ist keineswegs ein stabiles System. Die privaten Haushalte beispielsweise sparen als Sektor traditionell einen Teil ihrer verfügbaren Einkommen. Der gesamtwirtschaftliche Nachfrageentzug, der damit logisch zwingend verbunden ist (wie in Kapitel 3 ausführlich gezeigt wird), muss jederzeit von einem oder mehreren der drei anderen volkswirtschaftlichen Sektoren (Unternehmen, Staat, Ausland) ausgeglichen werden, damit es nicht zu einer konjunkturellen Abwärtsentwicklung kommt, die sich selbst verstärkt.

Erfüllt der Unternehmenssektor die Aufgabe, durch Verschuldung der Sparneigung der privaten Haushalte entgegenzuwirken, nicht oder nicht hinreichend, fällt die Aufgabe in großen, weitgehend geschlossenen Volkswirtschaften wie der EWU und den USA dem Staat zu. Sind dem Staat durch Fiskalregeln, die diesen zwingenden gesamtwirtschaftlichen Zusammenhang ignorieren, die Hände gebunden, gibt es gewaltige Fehlentwicklungen – und zwar unabhängig von der Frage, ob der Zins von der Geldpolitik richtig gesetzt ist.

Ein Vergleich zwischen den USA und der EWU zeigt, wie bedeutend die Rolle der Finanzpolitik ist, wenn die geldpolitischen Möglichkeiten ausgereizt sind (Abbildung 1.28). Beide Regionen haben sich nach der Finanzkrise von 2008/2009 nach Kräften bemüht, ihre Wirtschaften wieder auf einen normalen Expansionspfad zu führen. Dieser ist allerdings unterschiedlich verlaufen. In den USA sind seit dem Jahr 2000 die staatlichen Schulden in Relation zum Bruttoinlandsprodukt praktisch durchweg gestiegen, sieht man von dem kurzen Rückgang in den Jahren 2021 und 2022 ab, der eine Gegenreaktion zu dem enormen Anstieg während der Coronakrise darstellte. Mit über 120 Prozent hat die Quote mittlerweile ein im Vergleich zu Vor-Pandemie-Zeiten historisches Niveau erreicht, das viele für äußerst problematisch halten.

Abb. 1.28 **Staatsschulden[1] in den USA und der EWU** **2000 bis 2023**

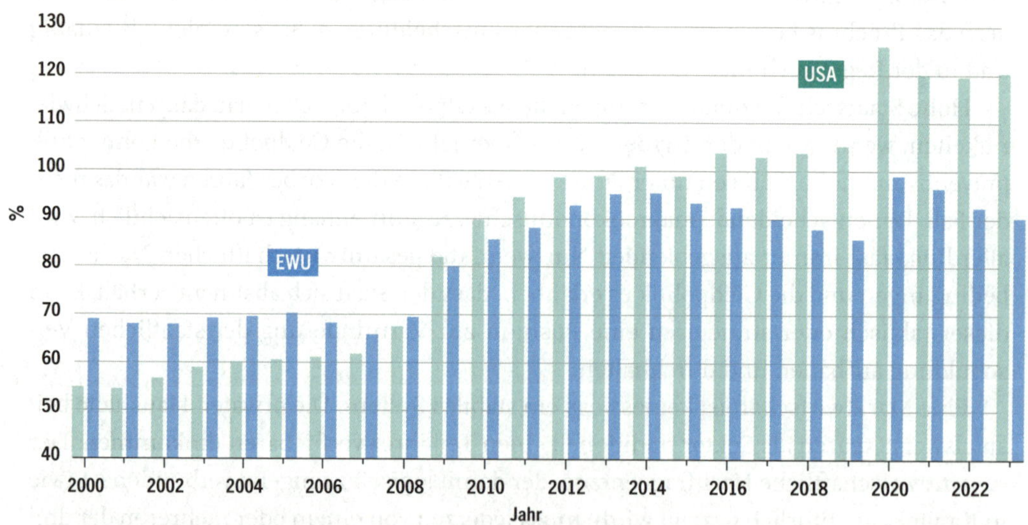

[1] In % des nominalen Bruttoinlandsprodukts.

In der EWU ist es dagegen gelungen, den öffentlichen Schuldenstand nach dem starken Anstieg von 66 auf 96 Prozent im Anschluss an die Finanzkrise von 2008/2009 und die folgende Eurokrise zwischen 2014 und 2019 um 10 Prozentpunkte auf 86 Prozent deutlich zu senken. Auch der pandemiebedingte Schub auf 99 Prozent ist inzwischen wieder teilweise wettgemacht worden – die Quote lag 2023 bei 90 Prozent und damit ungefähr auf dem Niveau von 2017.

Das Ergebnis dieser Politik lässt sich an den drei gesamtwirtschaftlich relevanten Größen Wachstum, Arbeitslosigkeit und Inflation ablesen. Beim Wachstum (Abbildung 1.29) sind die USA erheblich erfolgreicher als die EWU: Mit einer jahresdurchschnittlichen Rate von 2,2 Prozent im Zeitraum nach der Finanzkrise bis 2023 haben sie weit besser abgeschnitten als die EWU mit 1,2 Prozent und sind zudem auf einem höheren Wert als in der Periode davor gekommen (1,8 Prozent zwischen 2000 und 2010). Auffällig ist auch, dass die USA in den beiden schweren Krisen 2009 und 2020 jeweils wesentlich weniger Wirtschaftskraft einbüßten als die Länder der EWU.

Abb. 1.29 **Wirtschaftsentwicklung[1] in den USA und der EWU** **2000 bis 2023**

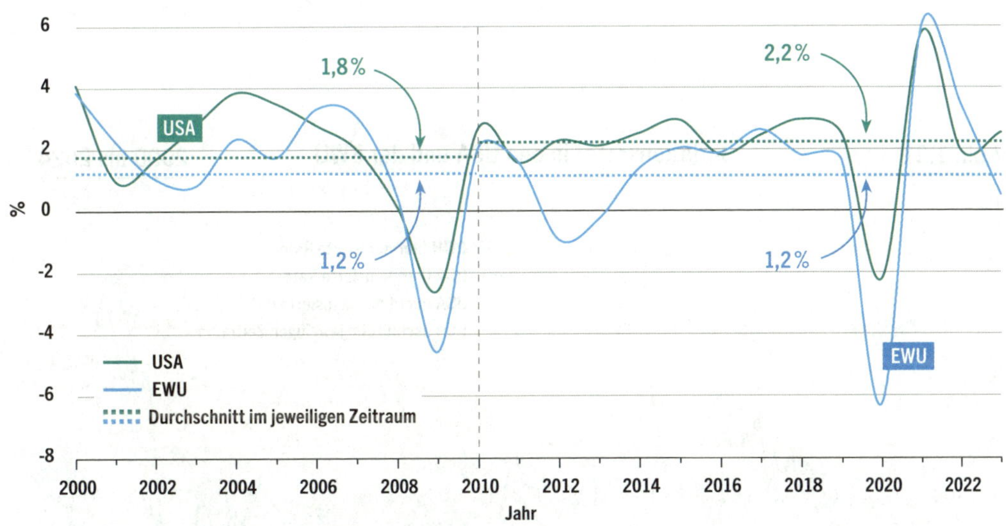

[1] Veränderungsrate des preisbereinigten Bruttoinlandsprodukts.

Der amerikanische Wachstumserfolg hat sich auch am Arbeitsmarkt niedergeschlagen (Abbildung 1.30). Obwohl die USA im Jahr 2010 eine ähnlich hohe Arbeitslosigkeit aufwiesen wie die EWU, ist es ihnen wesentlich schneller gelungen, diese wieder abzubauen und auf ein Vollbeschäftigungsniveau zurückzukehren. Die EWU ist trotz des Rückgangs der

Abb. 1.30 **Arbeitslosigkeit[1] in den USA und Europa[2]** **1960 bis 2023**

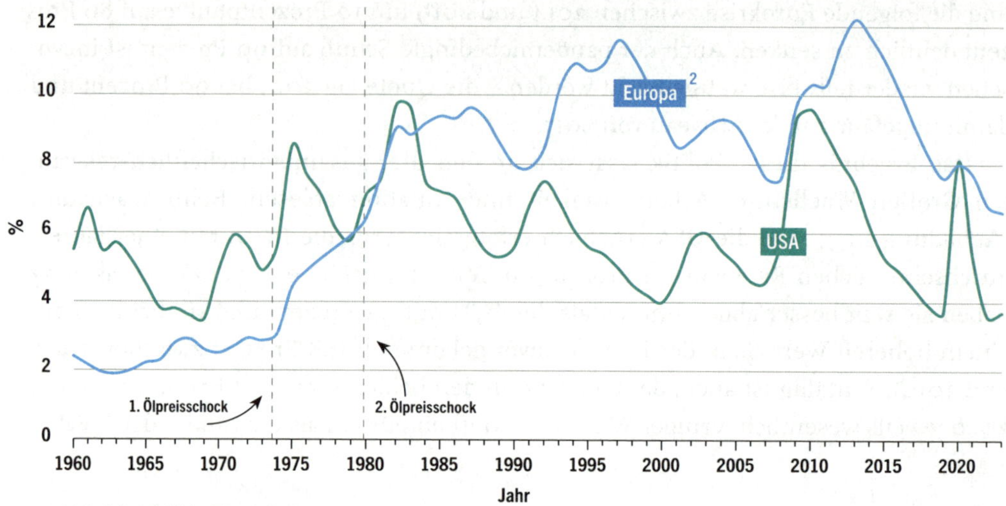

[1] Arbeitslose in % der Erwerbspersonen.

[2] Länderzusammensetzung siehe Abbildungsverzeichnis.

Abb. 1.31 **Inflationsrate[1] in den USA und der EWU** **2000 bis 2024**

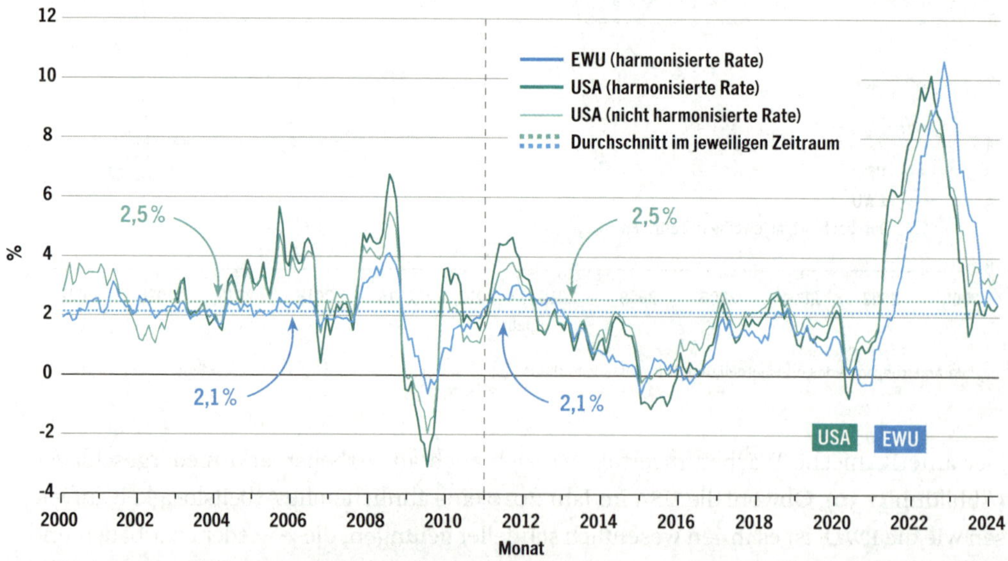

[1] Veränderungsrate des Index der Verbraucherpreise gegenüber Vorjahresmonat.

Arbeitslosigkeit seit 2013 mit einer Quote von gut 6,5 Prozent im Jahr 2023 immer noch deutlich von einem Wert entfernt, den man als Vollbeschäftigung bezeichnen könnte.

Die amerikanische Politik der Staatsverschuldung zur Ankurbelung der Wirtschaft hat sich auch nicht negativ auf die Preisentwicklung niedergeschlagen (Abbildung 1.31). Die Unterschiede zur EWU sind mit durchschnittlichen 0,4 Prozentpunkten (bei der nicht harmonisierten Verbraucherpreisrate, bei der harmonisierten sind es sogar nur 0,2 Prozentpunkte) im Zeitraum 2010 bis 2023 gering gemessen an den Warnungen von Ökonomen und Wirtschaftspolitikern vor den inflationären Folgen eines massiven Anstiegs der Staatsschulden. Zudem ist ein solcher Unterschied – im Gegensatz zu den deutlich größeren Unterschieden beim realen Wachstum – ohne Belang. Auf welche Preissteigerungsrate man sich einigt, an die sich alle Akteure auf Dauer anpassen, spielt letzten Endes keine Rolle. Wichtig ist nur, was realwirtschaftlich dabei am Ende herauskommt.

Statt sich kleinteilig über einzelne Budgetposten zu streiten, müsste die jetzt vorrangig zu stellende Frage sein: Warum ist es den USA, allen Unkenrufen der Finanzwissenschaftler zum Trotz, gelungen, mit sehr viel mehr Staatsverschuldung eine weit bessere Wirtschaftsentwicklung zu erreichen, als es Europa mit seinen Fiskalregeln zustande gebracht hat? Die Antwort wird in Kapitel 3 gegeben.

1.11 Das Coronavirus und die Weltwirtschaft

Im Jahr 2020 wurde die Weltwirtschaft durch einen Schock dramatisch verändert, der weder vorhersehbar noch in seinen Auswirkungen abzuschätzen war. Ausgehend von einer neuen, um die Jahreswende 2019/2020 in der Volksrepublik China identifizierten Atemwegserkrankung entschlossen sich die meisten Regierungen der Welt zu dem Versuch, mit drastischen Maßnahmen, die vielfach einem Stillstand des öffentlichen und wirtschaftlichen Lebens gleichkamen, die Infektionsketten zu unterbrechen und das Infektionsgeschehen zu verlangsamen.

Die Wirtschaft in fast allen betroffenen Ländern musste auf jeden Fall einen hohen Preis in Form massiver Produktions- und Einkommensausfälle und rasant steigender Arbeitslosigkeit bezahlen, obwohl sich fast alle Staaten bereiterklärten, rasch mit kreditfinanzierten Programmen die unmittelbaren wirtschaftlichen Nebenwirkungen der gesundheitspolitischen Maßnahmen zu lindern.

Die naheliegende Frage, ob es gerechtfertigt war, von Seiten der Politik mit solch drastischen Maßnahmen einer Ausbreitung des Virus entgegenzutreten, kann heute noch nicht abschließend beantwortet werden. Aufgrund vieler Indizien lässt sich bezweifeln, dass die Diagnose der Regierungen zutraf und eine wirkliche Verlangsamung des Infektionsgeschehens ermöglichte, aber das ist nicht unser Thema. Man muss zudem in Rechnung stellen, dass die politisch Verantwortlichen im Frühjahr 2020 unter extremer Unsicherheit entscheiden mussten. Selbst die Experten wussten wenig über das Virus, seine Übertragungswege und die Gefahr, die es für unterschiedliche Altersgruppen darstellte.

Der wirtschaftliche Coronaschock war, das zeigen die vorliegenden Daten eindeutig, in einem kurzen Zeitraum von zwei bis drei Monaten der größte Schock, der die Weltwirtschaft in den vergangenen siebzig Jahren getroffen hatte. Niemals zuvor wurden die wirtschaftlichen Zusammenhänge und Abhängigkeiten so radikal unterbrochen. Der Absturz vollzog sich, wenn man die Quartalswerte des Bruttoinlandsprodukts zugrunde legt, in praktisch allen wichtigen Weltregionen fast synchron. Abbildung 1.32 zeigt das für eine Auswahl an Industrieländern.

Der zentrale Zusammenhang zur Erklärung des Schocks war sicherlich die Anordnung der meisten Regierungen, das Zusammentreffen größerer Menschengruppen in Geschäften und Transportmitteln entweder direkt zu verbieten oder durch die Abstandsgebote unmöglich zu machen. Das ließ die Nachfrage großer Bereiche der Volkswirtschaft unmittelbar zusammenbrechen, weil die privaten Haushalte ihren Konsum einschränkten und für die Dauer des Lockdowns nur die lebensnotwendigen Güter wie Nahrungsmittel einkauften.

Abb. 1.32 **Bruttoinlandsprodukt[1] in großen Wirtschaftsnationen und der EU** **2007 bis 2023**

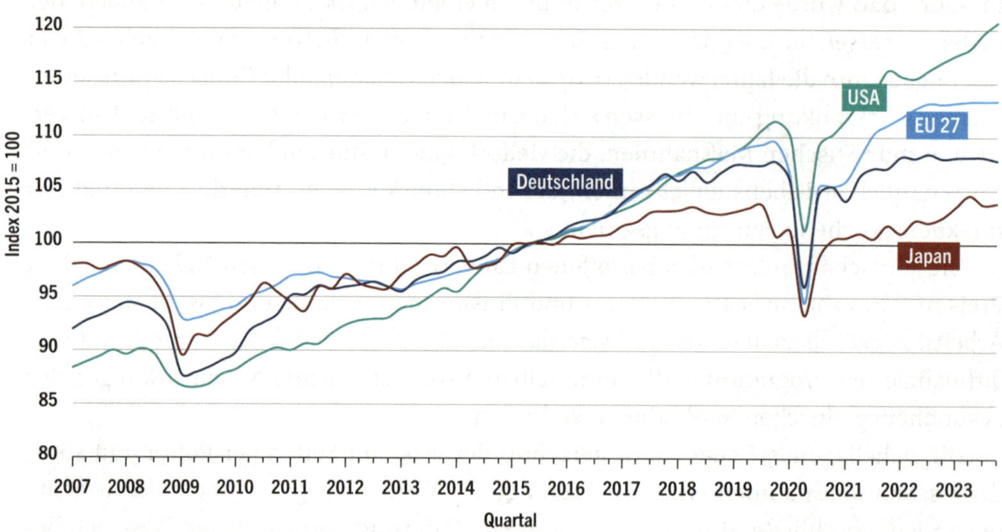

[1] Preis-, kalender- und saisonbereinigt.

Sicher ist im Nachhinein, dass die meisten Regierungen die negativen Wirkungen der von ihnen verordneten Maßnahmen unterschätzten. Viele Politiker waren von einem »Große-Ferien-Szenario« ausgegangen, wo die Wirtschaft zwar für einige Wochen heruntergefahren wird, aber nach der Entwarnung alles wieder nahezu automatisch so weiterläuft wie zuvor. Dazu hätten allerdings die ausfallenden Einkommensströme in der Wirtschaft, die der Unternehmen ebenso wie die der Arbeitnehmer, weitgehend vom Staat ersetzt werden müssen.

Das war nicht der Fall, weil die Staaten zwar Hilfestellung leisteten, aber dennoch zuließen, dass viele Arbeitnehmer und Unternehmen in erhebliche wirtschaftliche Schwierigkeiten gerieten. Denn deren Erträge brachen weg, die fixen Kosten (wie Mieten) konnten jedoch nicht in gleichem Tempo heruntergefahren werden. Insbesondere die Verunsicherung der Konsumenten infolge offener Arbeitslosigkeit oder länger andauernder Kurzarbeit hätte vermieden werden müssen.

Die gravierendste Auswirkung des Produktionseinbruchs war der Anstieg der Arbeitslosigkeit. Wenn auch offene Arbeitslosigkeit in vielen Ländern durch Kurzarbeit und ähnliche Regelungen verhindert wurden (in Italien war es beispielsweise verboten, Arbeitskräfte zu entlassen), so kann doch kein Zweifel daran bestehen, dass hier das größte Risiko der gesamten Aktion lag. In den USA zeigte sich die Auswirkung des Coronaschocks auf die Arbeitslosigkeit beispielhaft, weil dort keine die Arbeitslosigkeit verhindernden temporären Maßnahmen wie eine staatlich subventionierte Kurzarbeit zum Zuge kamen. Von einem Niveau, das man als Vollbeschäftigung bezeichnen konnte, kletterte die Arbeitslosigkeit binnen weniger Wochen auf eine Größenordnung, die mit über 13 Prozent Nachkriegsrekord bedeutete.

Allerdings hat die amerikanische Regierung danach in einem ebenfalls ungekannten Ausmaß die Wirtschaft durch eigene Verschuldung angeregt, so dass Vollbeschäftigung bald wieder erreicht wurde. Europa war aus vielen Gründen dazu nicht in der Lage. Die Abbildung 1.32 zeigt, dass sich Deutschland seit dem Schock als vollkommen unfähig erwiesen hat, der eigenen Wirtschaft die Impulse zu vermitteln, die notwendig wären, um wieder auf einen angemessenen Wachstumspfad zu kommen. Der inzwischen aufgelaufene Rückstand gegenüber den USA, aber auch dem Rest Europas ist enorm.

1.12 »Inflation« und das erneute Versagen der Geldpolitik in den 2020er-Jahren

Nicht unabhängig vom Coronaschock, aber auch getrieben von den politischen Folgen des Ukrainekriegs kam es nach vielen Jahren, in denen hauptsächlich Deflation und

Nullzinsen in den meisten industrialisierten Ländern herrschten, im Jahr 2022 zu einer »Inflation«. Weltweit schossen, bedingt durch rasant steigende Rohstoffpreise, quasi über Nacht die Inflationsraten der Industrieländer nach oben.

Es entstanden zwar reale Knappheiten, aber die Finanzspekulation tat ein Übriges. Beides trieb die Preise auf diesen Märkten in die Höhe. Zwischenzeitlich wurden in vielen westlichen Industrieländern zweistellige Zuwachsraten der Erzeugerpreise gemessen. In den USA waren es etwa 20 Prozent, in Europa gar 40 Prozent. Etwas später und bei weitem nicht so stark wie bei den Erzeugerpreisen nahm auch der Anstieg der Verbraucherpreise zu. Sie klettern in den meisten westlichen Industrieländern erstmals seit den Ölpreisschocks der 1970er-Jahre mit Raten im hohen einstelligen Bereich. In den USA betrug die jahresdurchschnittliche Inflationsrate 2015 bis 2019 knapp 2 Prozent, sank im Frühjahr 2020 auf nahe null – die harmonisierte Rate fiel sogar darunter – und erreichte Mitte 2022 einen Wert von 9 Prozent, harmonisiert 10,1 Prozent (siehe Abbildung 1.31).

Das beschriebene Muster mit dem ungefähr gleichen Zeitpunkt der Inflationsbeschleunigung zum Jahreswechsel 2020/2021 findet sich in praktisch allen europäischen Volkswirtschaften. Für die EU ergeben sich nach 1,3 Prozent jährlichem Zuwachs in den vier Jahren vor dem Coronaschock ein Absacken der Verbraucherpreissteigerung auf minus 0,3 Prozent im Herbst 2020 für mehrere Monate und anschließend eine Beschleunigung auf in der Spitze 10,6 Prozent im Oktober 2022.

Der Preisschub war allerdings eindeutig ein temporäres Ereignis, das sich mit dem erwartbaren Rückgang der Rohstoffpreise auf allen Ebenen, also auch auf der der Verbraucher, wieder rasch zurückbildete. Die Inflationsrate auf der Verbraucherstufe betrug schon ein Jahr später im Oktober 2023 in der EWU nur noch 2,9 Prozent. Die Erzeugerpreise lagen im September 2023 gar bei minus 10,4 Prozent (gegenüber September 2022). Ähnlich verhielt es sich auch in vielen anderen Ländern.

Die Beruhigung der Preisentwicklung in Europa hat, anders als das in der breiten Öffentlichkeit geglaubt wird, nichts mit der Straffung der Geldpolitik zu tun. Das lässt sich gut erkennen, wenn man den Preisschub und seine Normalisierung aus den Jahren der Finanzkrise mit dem Ablauf bei den wichtigsten Preisindizes nach 2020 und der jeweiligen Zinspolitik der EZB vergleicht. Abbildung 1.33 zeigt den Preisschub in der Eurozone vor Beginn der Finanzkrise 2008, weitgehend bedingt durch Rohstoffpreisspekulation, und den Einbruch danach. Auch damals folgten die Verbraucherpreise den Erzeugerpreisen gedämpft und mit einer gewissen zeitlichen Verzögerung. Offensichtlich hatte das damals nichts mit der Zinspolitik zu tun: Sie war im Zuge der Inflationsbeschleunigung weder wesentlich gestrafft worden noch ging ihre Lockerung der sich abschwächenden Preisentwicklung voraus. Vielmehr folgte sie letzterer parallel.

Der Preisschub, der 2021 durch die Pandemie und 2022 durch den Ukrainekrieg ausgelöst wurde und in erster Linie die Erzeugerpreise nach oben schnellen ließ, war

Abb. 1.33 **Erzeuger- und Verbraucherpreisentwicklung in der EWU und Leitzins der EZB** 2007 bis 2012

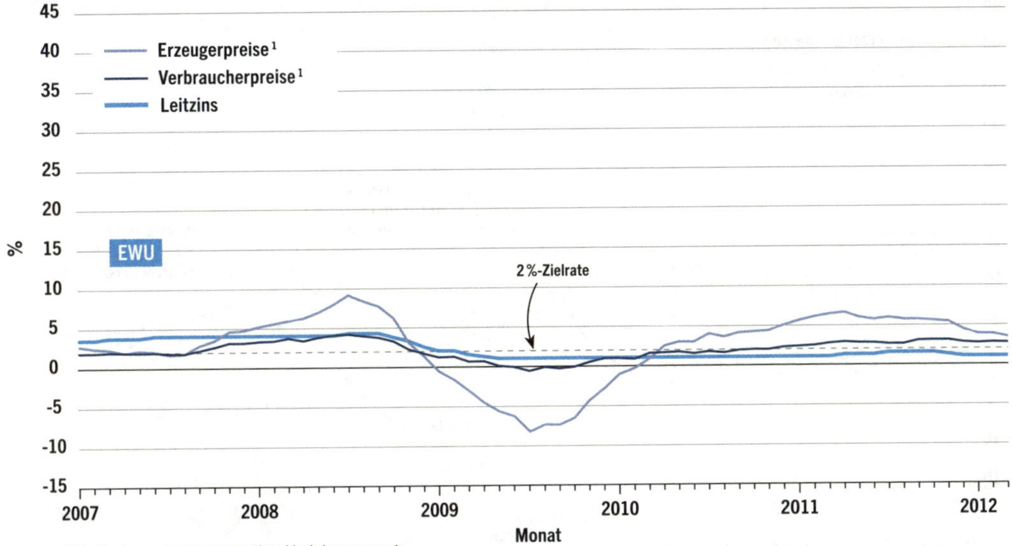

[1] Veränderungsrate gegenüber Vorjahresmonat.

zwar erheblich stärker, aber die Abläufe ähneln denen von 2007 bis 2010 stark. Auch hier gibt es keinen Zusammenhang zwischen dem Muster der Entspannung bei den Preissteigerungsraten ab dem Sommer 2022 und der Geldpolitik. Die Preiszuwächse sanken, lange bevor die geldpolitische Restriktion, die im Juli 2022 eingesetzt hatte, zu wirken beginnen konnte (Abbildung 1.34). Wenn man eine Wirkungszögerung von nur vier Quartalen unterstellt (viele Studien kommen auf weit längere Verzögerungszeiträume von etwa sechs bis acht Quartalen), begann die Geldpolitik zu greifen, nachdem die jährlichen Zuwachsraten der Erzeugerpreise bereits unter null gefallen waren. Die Verbraucherpreisentwicklung, das Maß, an dem die Geldpolitik ihren Erfolg selbst misst, reagierte vollkommen erwartbar auf die Erzeugerpreisentwicklung: Zwei Monate nach dem Höhepunkt der Inflation auf der Erzeugerstufe erreichte die Inflation auf der Verbraucherstufe ihren Höhepunkt. Eine geldpolitische Restriktion wäre für genau diesen Effekt niemals erforderlich gewesen.

Angesichts dieser klar erkennbaren Entwicklungen kann man die Reaktionen insbesondere der EZB nur als dogmatisch bezeichnen. Sie erkannte im Laufe des Jahre 2023 die Bedeutung der Erzeugerpreise als vorlaufendem Indikator für die Verbraucherpreise nicht mehr an und flüchtete sich in immer neue und abstrusere Argumente, um zu rechtfertigen, dass man an der restriktiven Politik festhielt, statt zur Einsicht zu kommen und sie zu korrigieren.

Abb. 1.34 **Erzeuger- und Verbraucherpreisentwicklung in der EWU und Leitzins der EZB** **2019 bis 2024**

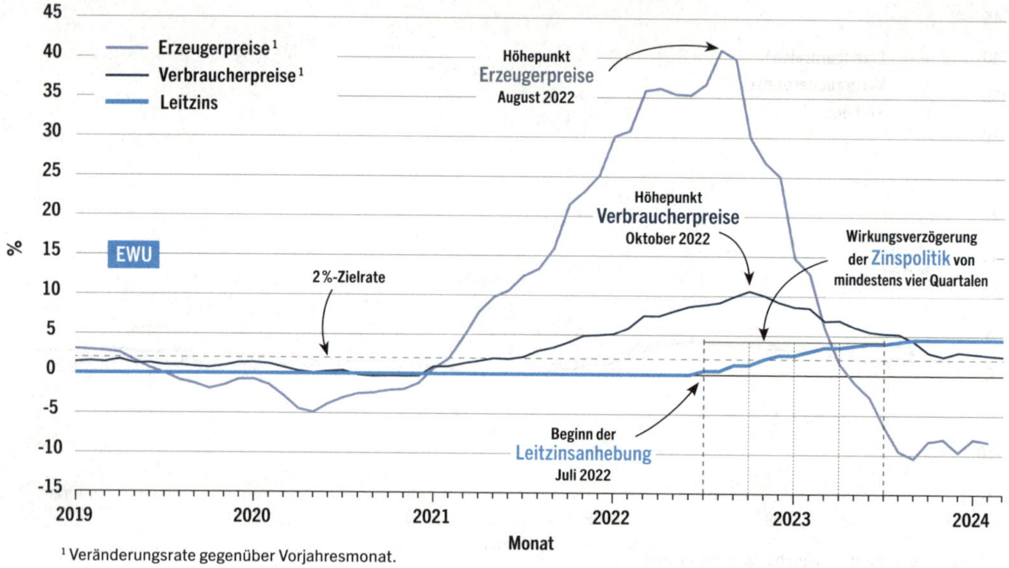

[1] Veränderungsrate gegenüber Vorjahresmonat.

Abb. 1.35 **Inflationsrate[1] in den USA und der EWU** **2019 bis 2024**

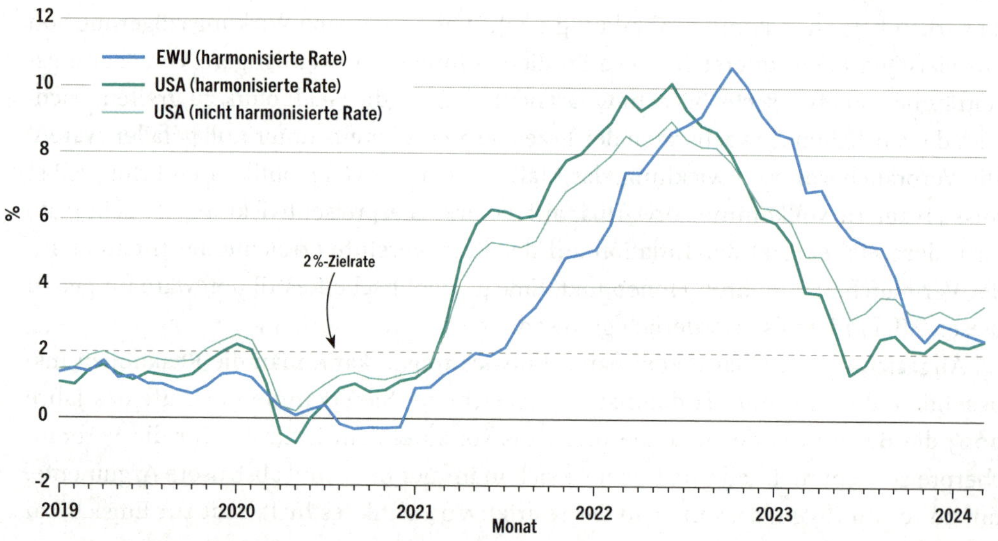

[1] Veränderungsrate des Index der Verbraucherpreise gegenüber Vorjahresmonat.

Der Irrtum der EZB wird offensichtlich, wenn man die europäische mit der amerikanischen Entwicklung vergleicht. Wie die Abbildung 1.35 zeigt, lag die harmonisierte Inflationsrate in den USA im Oktober 2023 schon nahe bei 2 Prozent und damit sogar unter dem Wert von 2,9 Prozent, der im Oktober für die EWU gemessen wurde. Auch in der gesamten übrigen Zeit seit Beginn des Jahres 2020 verläuft das Auf und Ab der beiden Kurven ähnlich.

Die Spitze der EZB ist offenbar fest davon überzeugt, ihre Politik sei ursächlich für die schnelle Rückkehr zu Inflationsraten in der Größenordnung von 2 Prozent. So sagte Isabel Schnabel, Mitglied des sechsköpfigen Führungsteams der EZB, die restriktive Geldpolitik zeige Wirkung und trage dazu bei, das Nachfragewachstum zu dämpfen.[14] Eine solche Phase sei notwendig, damit sich die Inflation wieder zum Zwei-Prozent-Ziel der Notenbank hinbewege.

In Europa musste man also nach dieser Vorstellung mit Zinserhöhungen das Nachfragewachstum bis hin zu einer Rezession dämpfen (im dritten und vierten Quartal schrumpfte die Wirtschaft in der EWU um jeweils 0,1 Prozent gegenüber dem Vorquartal), um schnelle Erfolge an der Inflationsfront zu erreichen. Nur, was ist mit den USA? Dort konnte von einer Rezession nicht die Rede sein. Im dritten Quartal 2023 wuchs die amerikanische Wirtschaft mit einer rekordverdächtigen Rate von 1,2 Prozent (Quartalsrate gegenüber dem zweiten Quartal), was aus das Jahr hochgerechnet einem Zuwachs von 4,9 Prozent entspricht.

Zwar wurden auch in den USA die Zinsen erhöht, aber es gab keine sichtbare Restriktionswirkung der Zinspolitik, weil der Staat immer noch mit einer extrem expansiven Finanzpolitik dagegenhielt und der private Konsum bei durchschnittlichen Lohnerhöhungen von über 5 Prozent sehr gut lief.

Kann es sein, dass Europa eine Rezession braucht, um zu normalen Inflationsraten zurückzukehren, während die USA selbst bei starkem Wachstum die gleiche Preisentwicklung aufweisen? Nein, das kann nicht sein. Die Theorie der EZB-Spitze war von Anfang an falsch. Auch Europa hätte keine Rezession gebraucht, weil die Preiserhöhungen temporär waren und sich bei der globalen Lage und den globalen Rohstoffpreisentwicklungen überall gleichmäßig wieder zurückgebildet haben.

Diese »Inflation«, die von der überwiegenden Mehrheit der Ökonomen vollkommen missverstanden wurde, hat in aller Klarheit gezeigt, dass das Fach nicht in der Lage ist, der Politik ernstzunehmende Hilfestellung zu leisten. Man dreht sich in einer Kunstwelt im Kreis, die nur durch Zufall manchmal einen richtigen Hinweis geben kann. Es ist mehr als an der Zeit, dieser Pseudowissenschaft das Handwerk zu legen. Kapitel 5 wird sich im Detail mit den Fehlern bei der Diagnose »Inflation« befassen.

14 Schnabel, I. (2023).

1.13 Das große Paradoxon

Bevor wir unsere eigene Theorie vorstellen, ist es angebracht, die Geschichte der vergangenen siebzig Jahre noch einmal in ihrer Gesamtheit Revue passieren zu lassen. Der eklatante Bruch nach den extrem erfolgreichen Jahrzehnten des Bretton-Woods-Regimes, der von einem Bruch in der volkswirtschaftlichen Theorie begleitet und ausgelöst wurde, ist in seinem Kern noch unverstanden, obwohl wir schon einige Hintergründe erläutert haben. Kann man das, was sich aus dem Wissen um die Geschichte Schritt für Schritt ableiten lässt, auch empirisch kohärent, also in einem Bild, darstellen?

Der Abschnitt über die politische Wende in den 1980er-Jahren hat bereits gezeigt, wie dramatisch sich die Zinsbedingungen im Vergleich zum Wachstum genau mit dem Beginn dieses Jahrzehnts zum Schlechten wandten. Im System von Bretton Woods herrschten offenbar Grundbedingungen vor, die dazu führten, dass sich eine marktwirtschaftliche Dynamik entwickeln konnte, die eindeutig von den unternehmerischen Investitionen getragen war.

Entscheidend sind hier die monetären Bedingungen. Betrachtet man Zinsen und Inflation über die gesamte Zeit nach dem Zweiten Weltkrieg, dargestellt in Überblick 4, sticht unmittelbar ins Auge, wie sehr sich diese nach dem Ende von Bretton Woods verschlechtert haben. Im Zuge der Bekämpfung der Inflation im Gefolge der beiden Ölpreisschocks wurden in allen Ländern die Zinsen auf historische Höchststände getrieben. Die Notenbanken auch außerhalb der USA sahen sich gezwungen, dem neuen Phänomen der Stagflation (das wir oben in Abschnitt 1.3 analysiert haben) mit ungekannter Härte zu begegnen. Obwohl man hätte wissen können, dass in dieser besonderen Situation die negativen Nachfragwirkungen des Angebotsschocks durch Zinserhöhungen massiv verstärkt werden, wurde insbesondere zu Beginn der 1980er-Jahre ohne Rücksicht auf Verluste durchgegriffen.

In Konsequenz waren diese Dekade und der Beginn der 1990er-Jahre in fast allen Ländern geprägt von einem Ausmaß monetärer Restriktion, das alles übertraf, was man in der Zeit von Bretton Woods gesehen hatte. Die Abstände zwischen den beiden hier gezeigten Zinsraten und den Inflationsraten klafften in den USA, in Großbritannien, in Frankreich und in Italien zusehends auseinander. Nur in Deutschland und in Japan verlief die Restriktion in relativ gemäßigten Bahnen.

Folglich wurde der Versuch der neoliberalen Wirtschaftspolitiker, eine Führungsrolle der privaten Investitionstätigkeit für die gesamtwirtschaftliche Entwicklung zu etablieren, von der Geldpolitik brutal unterbrochen. Das ist deswegen paradox, weil eine von der Politik unabhängige und monetaristisch ausgerichtete Geldpolitik einen integralen Bestandteil der neoklassischen Konzeption bildet.

Paradox ist auch, dass Arbeitslosigkeit bis Mitte der 1970er Jahre kaum eine Rolle spielte. Erst nach dem ersten Ölpreisschock trat sie auf die Bühne und ist dort bis heute in einer entscheidenden Rolle präsent geblieben. Gerade die neoliberale Doktrin hatte aber versprochen, dass Arbeitslosigkeit durch eine Flexibilisierung der Arbeitsmärkte ein für allemal zu beseitigen sei.

Man muss diesen Regimewechsel mit seinen fatalen Auswirkungen für die Investitionstätigkeit der Unternehmen und für die Beschäftigung verstehen, um angemessene wirtschaftspolitische Schlussfolgerungen zu ziehen. Offenbar war die dominante neoklassische Theorie, die sich hinter dem Regimewechsel verbarg, in keiner Weise geeignet, die Dynamik realer Volkswirtschaften nachzuvollziehen und der Politik Anhaltspunkte dafür zu geben, wo Verbesserungen anzubringen sind. Im Gegenteil, sie lenkte von den wirklichen Problemen ab, weil sie zu einer angemessenen Diagnose unfähig war. Genau das muss eine neue relevante Theorie leisten können.

Bei der Investitionstätigkeit der Unternehmen in Deutschland ist es eindeutig, dass man außer einer kleinen Belebung gegen Ende der 1980er-Jahre und den Folgen der deutschen Wiedervereinigung, die bei den unternehmerischen Investitionen für einen Sprung auf ein neues Niveau sorgten – dabei spielen Abgrenzungsfragen ebenso eine Rolle wie die unterschiedlichen Gebiete, die erfasst werden –, eine Abschwächung der Dynamik im Verlauf konstatieren muss (die blaue Linie in Abbildung 1.36); und das, obwohl von der Wirtschaftspolitik seit der Wende in den 1980er-Jahren viele Versuche unternommen worden sind, um die private Investitionstätigkeit zu beleben und zu verstetigen.

Abb. 1.36 **Investitionen[1] in (West-)Deutschland, Frankreich und Italien** **1960 bis 2023**

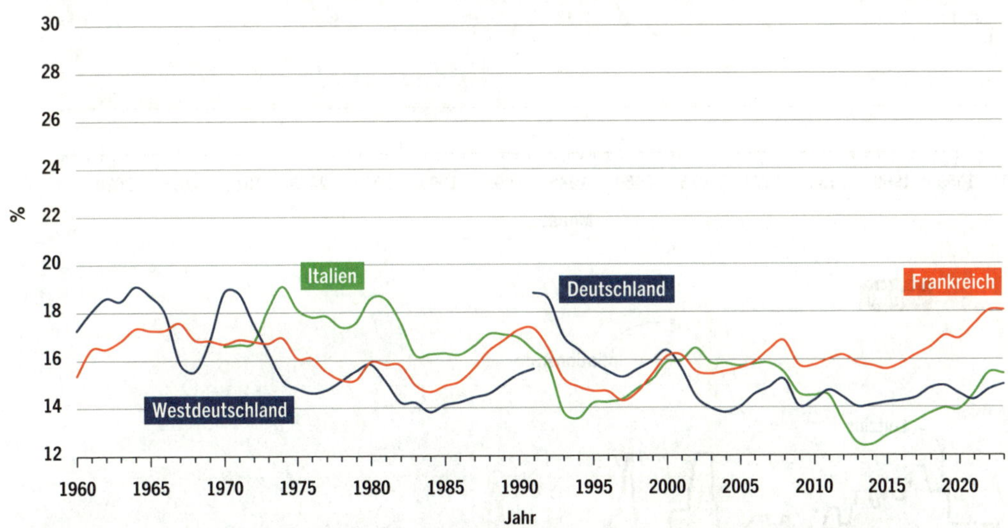

[1] Nominale Investitionen ohne Wohnungsbau in % des nominalen Bruttoinlandsprodukts.

1950 bis 2024

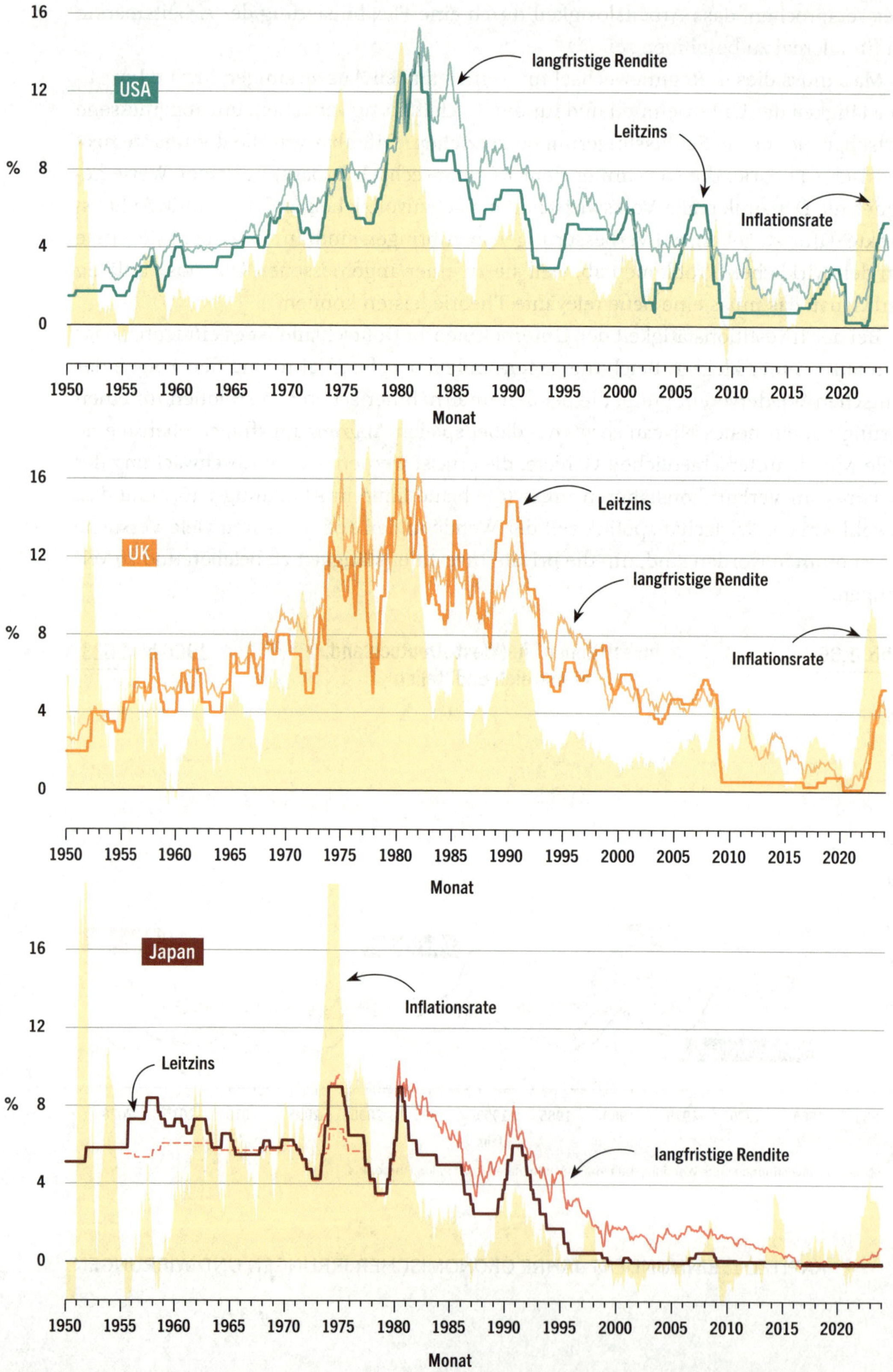

ZINSEN UND INFLATIONSRATEN

1950 bis 2024

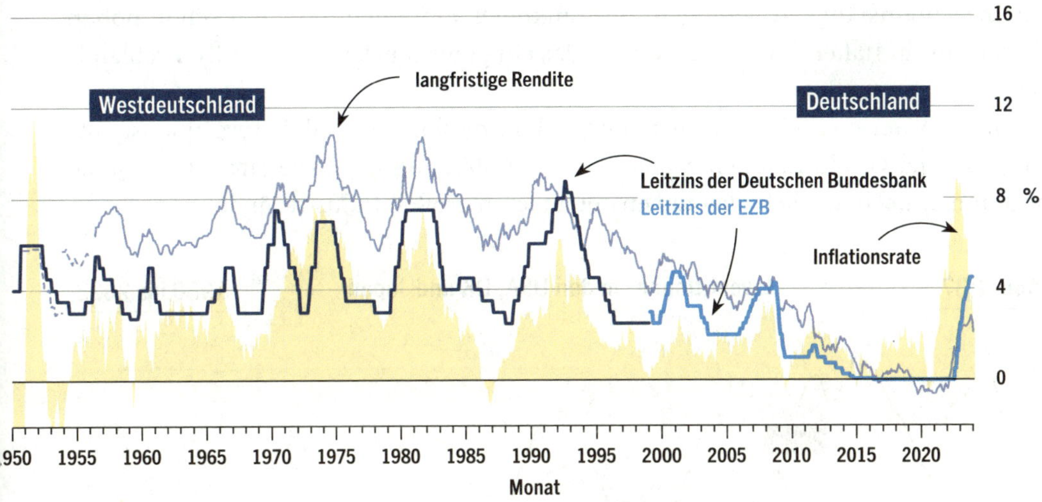

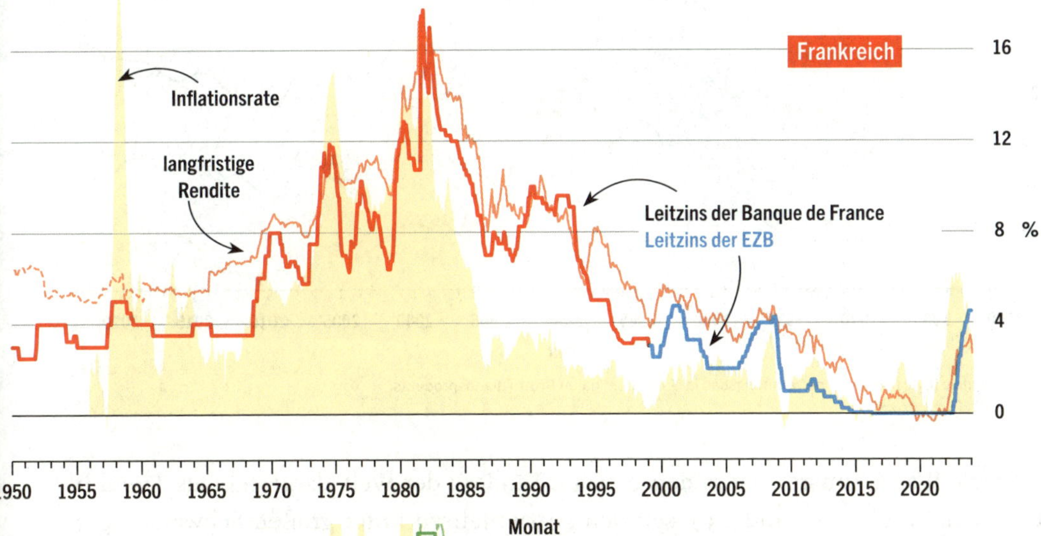

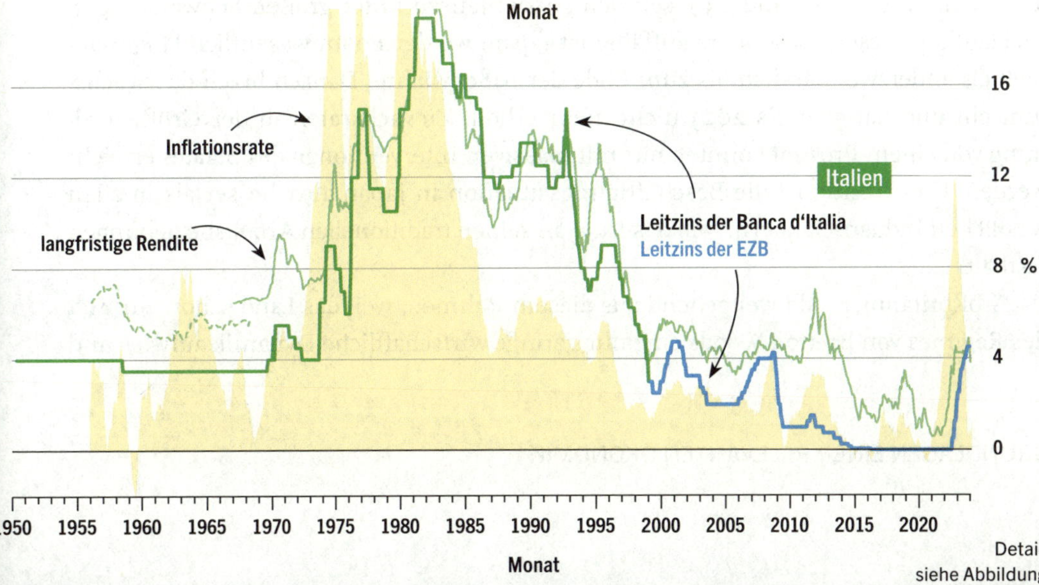

Details und Quellen
siehe Abbildungsverzeichnis.

In Frankreich und Italien ist in den letzten Jahren dagegen eine deutliche Belebung der Investitionstätigkeit gelungen; in Frankreich von einem ohnehin schon hohen Niveau aus, in Italien von einem Niveau, das ein gutes Stück unter dem Deutschlands lag.

Die USA weisen im langfristigen Vergleich immerhin eine stabile Investitionsquote aus, während Großbritannien weiter absinkt (Abbildung 1.37). Die japanische Quote liegt immer noch deutlich über denen der anderen großen Industrieländer.

Abb. 1.37 **Investitionen[1] in den USA, UK und Japan** **1960 bis 2023**

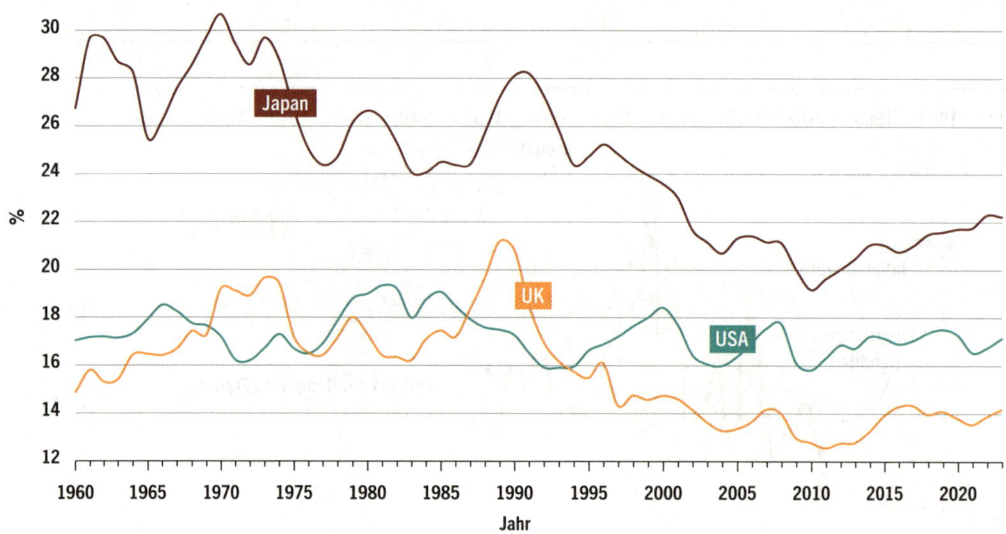

[1] Nominale Investitionen ohne Wohnungsbau in % des nominalen Bruttoinlandsprodukts.

Die reale Wachstumsrate ist in den meisten Ländern der Welt, dargestellt als Trend in den Abbildungen 1.38 und 1.39, seit den 1950er-Jahren unter großen Schwankungen rückläufig gewesen. Besonders auffällig ist Japan, wo der Boom wesentlich länger anhielt als anderswo, nämlich bis zum Ende der 1980er-Jahre. Danach brach das Wachstum ein und hat sich bis 2023 nicht mehr erholt. Zuwachsraten in der Größenordnung von einem Prozent konnten nur mit massiven Interventionen des Staates erreicht werden. Gleichzeitig ist die Beschäftigungssituation in Japan aber besser als in allen westlichen Industrieländern, weil das Land an seinen traditionellen Arbeitsbeziehungen festhält.

Großbritannien fällt weitgehend aus diesem Rahmen, weil das Land schon zur Zeit des Regimes von Bretton Woods eine nur geringe wirtschaftliche Dynamik aufwies und

Abb. 1.38 **Wirtschaftstrend[1] in den USA, UK und Japan** 1950 bis 2023

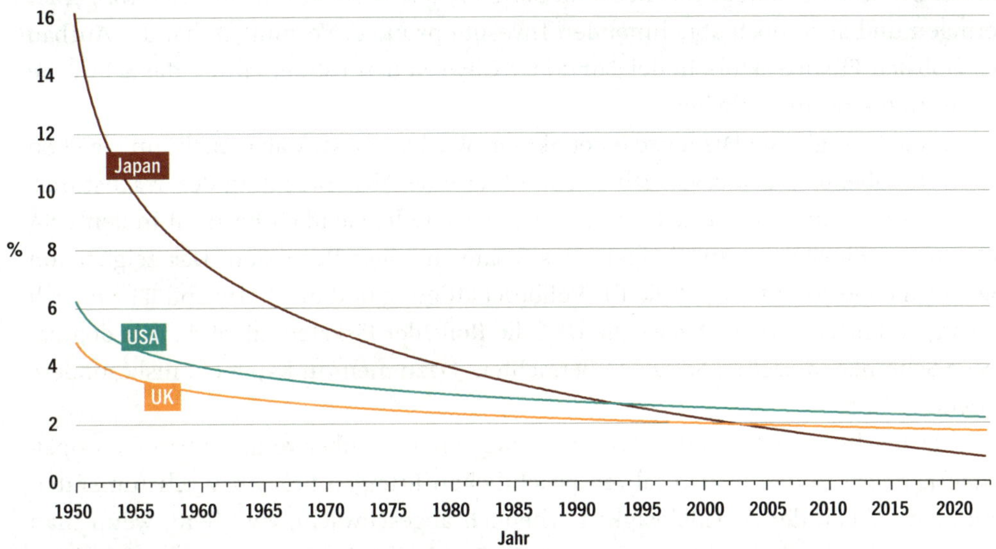

[1] Logarithmischer Trend der Veränderungsrate des preisbereinigten Bruttoinlandsprodukts gegenüber Vorjahr.

Abb. 1.39 **Wirtschaftstrend[1] in (West-)Deutschland, Frankreich und Italien** 1950 bis 2023

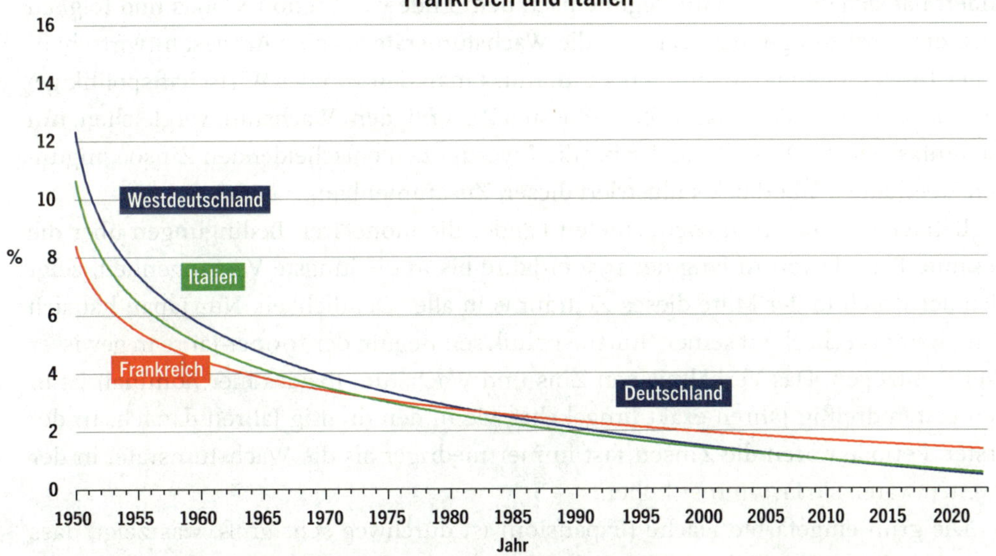

[1] Logarithmischer Trend der Veränderungsrate des preisbereinigten Bruttoinlandsprodukts gegenüber Vorjahr.

damals weit hinter die hier betrachteten anderen Staaten zurückfiel. Bemerkenswert ist allerdings, dass der Zwei-Prozent-Trend bis 2023 relativ stabil war und das trotz einer geringen und auch noch abnehmenden Investitionsquote. Vermutlich hat der Aufbau des globalen Finanzsektors in der Londoner City seit den 1980er-Jahren die Schwäche bei der Industrie ausgeglichen.

Für die USA gilt die Diagnose einer akuten Wachstumsschwäche nicht im gleichen Maße wie überall sonst. Zwar gab es auch hier eine Abschwächung des Wachstums, aber sie war geringer als in den übrigen Ländern. Offensichtlich herrscht in den USA eine andere Einstellung zur Aufgabe des Staates in einer Rezession. Das zeigt schon die Verpflichtung der Geldpolitik, für Vollbeschäftigung und für Preisstabilität zugleich zu sorgen. Entscheidend ist, dass die USA die Rolle der Fiskalpolitik ohne jede dogmatische Schranke in Sachen Schulden betrachten. Dazu mehr in Kapitel 8, insbesondere Abschnitt 8.1.2.

In Deutschland hat sich die Dynamik trotz den gegenüber vergleichbaren europäischen Ländern in den letzten Jahren beachtlichen Erfolgen bei den Wachstumsraten und beim Abbau der Arbeitslosigkeit erheblich abgeschwächt, vor allem, wenn man die 2020er-Jahre mit in den Blick nimmt. In Frankreich ist die Lage noch schlechter, weil die Wachstumsdynamik in den letzten zehn Jahren niemals ausgereicht hat, um die Arbeitslosigkeit merklich zu reduzieren. Das Gleiche trifft auf Italien zu, wo in den vergangenen zehn Jahren nicht viel mehr als Stagnation möglich war.

Die 1980er-Jahre des vergangenen Jahrhunderts liefern den entscheidenden Hinweis auf die Indikatoren, die man für eine kohärente Analyse braucht. Dramatisch geändert hat sich das monetäre Regime nach dem Ende von Bretton Woods und folglich auch die Zinsbedingungen. Da man die Wachstumsrate als eine Art gesamtwirtschaftlicher Investitionsrendite ansehen kann, muss man den von der Wirtschaftspolitik gesetzten oder zumindest massiv beeinflussten Zins mit dem Wachstum vergleichen, um die umfassendste Darstellung der für die Investitionen entscheidenden Zinsbedingungen zu erhalten. Überblick 5 illustriert diesen Zusammenhang.

Betrachtet man für die betrachteten Länder die monetären Bedingungen über die gesamte Periode von Anfang der 1950er-Jahre bis in die jüngste Vergangenheit, zeigt sich der Bruch in der Mitte dieses Zeitraums in aller Deutlichkeit. Nur Japan hat sich dem Systemwechsel mit seiner Nullzinspolitik seit Beginn der 1990er-Jahre in gewisser Weise entzogen. Das Verhältnis von Zins und Wachstum (beides hier nominal) ist in den ersten dreißig Jahren exakt umgekehrt wie in den dreißig Jahren danach. In der ersten Periode waren die Zinsen fast immer niedriger als die Wachstumsrate, in der zweiten waren sie fast immer höher.

Die grün eingefärbte Fläche (Expansion) ist durchweg sehr groß, was zeigt, dass in den großen Industrieländern eine historisch einmalige Konstellation von niedriger

Inflation und expansiver Geldpolitik herrschte. Dieses Bild kann in seiner Bedeutung kaum überschätzt werden. In der Zeit des Bretton-Woods-Regimes gab es durchweg günstige Investitionsbedingungen. Danach waren die Investitionsbedingungen, wie die rot eingefärbten Flächen (Restriktion) zeigen, über dreißig Jahre schlecht und haben sich erst wieder nach der großen Finanzkrise von 2008/2009 normalisiert. Aber die Rückkehr zu normalen Verhältnissen hat offenbar bei dem inzwischen niedrigen Inflations- und Wachstumstempo der Weltwirtschaft nicht mehr die gleiche Wirkung wie zuvor.

Auch für Deutschland ist das Ergebnis eindeutig. Bis auf die Rezessionsjahre 1966 und 1967 sowie 1974 und 1975 gilt durchweg, dass der Zins in der Phase, die von Bretton Woods geprägt war, deutlich unter der Wachstumsrate lag. In den folgenden Jahrzehnten bis zur großen Globalen Finanzkrise kehrten sich die Verhältnisse um. Genau in der Phase, die von marktwirtschaftlichen Reformen und einer Rückkehr zur »wirklichen Marktwirtschaft« gekennzeichnet sein sollte, standen die marktwirtschaftlichen Verhältnisse Kopf. Die gesamtwirtschaftliche Rendite lag durchweg unter dem Zins. Außer den Jahren 1990 und 1991, also den Jahren der Wiedervereinigung (und einer kurzen Episode 2006 und 2007), überstieg der Zins die Wachstumsrate und war damit, gemessen an »vernünftigen marktwirtschaftlichen Verhältnissen«, immer zu hoch. Hier trat die Wende zu normalen Verhältnissen ebenfalls erst nach der Globalen Finanzkrise von 2008/2009 ein.

In genau der gleichen Weise gilt das auch für Frankreich. Besonders markant ist jedoch der Fall Italiens, wo es in der ersten Periode keinerlei Berührung der Kurven gibt und in der zweiten nur drei kurze Phasen, in denen der Zins nicht höher als die Wachstumsrate lag, sich beide also berühren. Frankreich und Italien sind ebenso wie Deutschland Opfer eines brutalen Systemwechsels geworden, der nichts als Schaden angerichtet hat, aber von neoliberalen Politikern und neoklassischen Ökonomen im Namen der Renaissance der Marktwirtschaft umgesetzt wurde.

Großbritannien ist insofern ein Sonderfall, als das Land, wie oben schon erwähnt, während der Zeit von Bretton Woods hoffnungslos hinter den anderen herhinkte; es konnte, wie sich hier zeigt, die günstigen Zinsbedingungen nicht nutzen, weil es dauernd mit hohen Inflationsraten zu kämpfen hatte und seine Währung abwertete.

Wie aber kommt es, dass trotz nahezu gleichartiger Investitionsbedingungen die USA insgesamt in Sachen Wachstum doch weniger schlecht abgeschnitten haben als die meisten anderen? Nimmt man hinzu, dass das Land auch in dem Zyklus vor dem Coronaschock erfolgreich darin war, die Arbeitslosigkeit auf ein Niveau zu reduzieren, das man Vollbeschäftigung nennen kann, muss man ernsthaft fragen, was die USA anders gemacht haben als die übrigen Länder. Die Antwort findet sich beim staatlichen Finanzierungssaldo: Die USA haben, in dem Bestreben, die Arbeitslosigkeit in jedem

1950 bis 2023

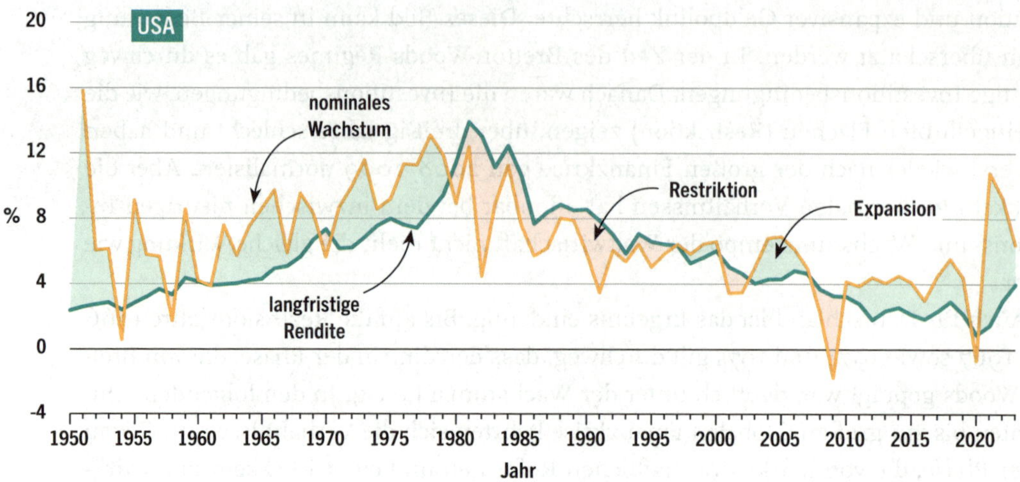

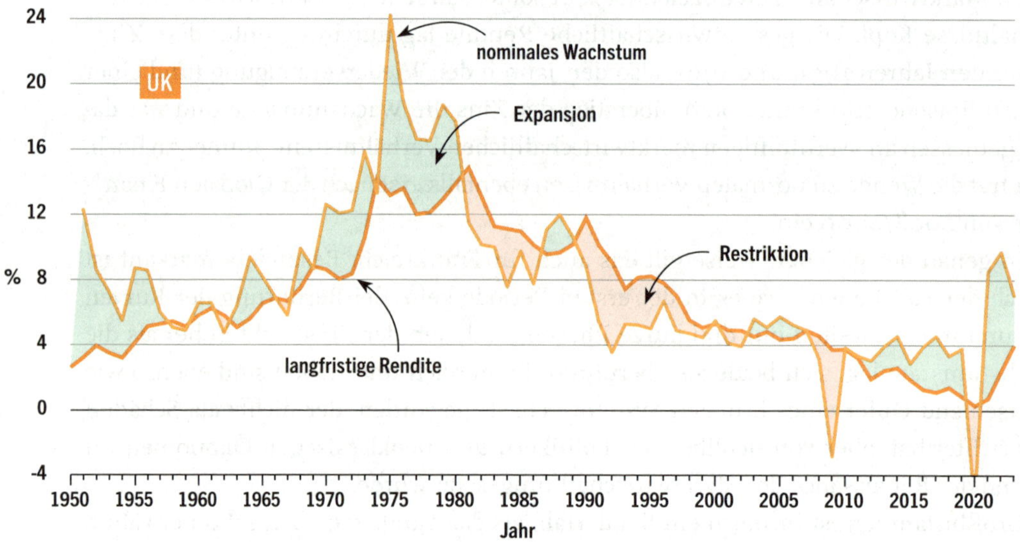

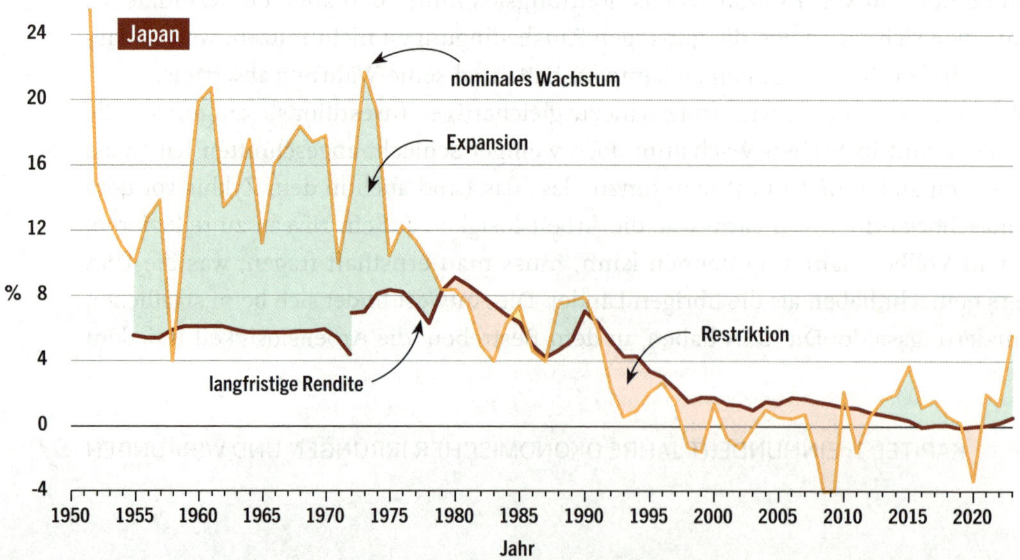

MONETÄRE BINNENWIRTSCHAFTLICHE BEDINGUNGEN

1950 bis 2023

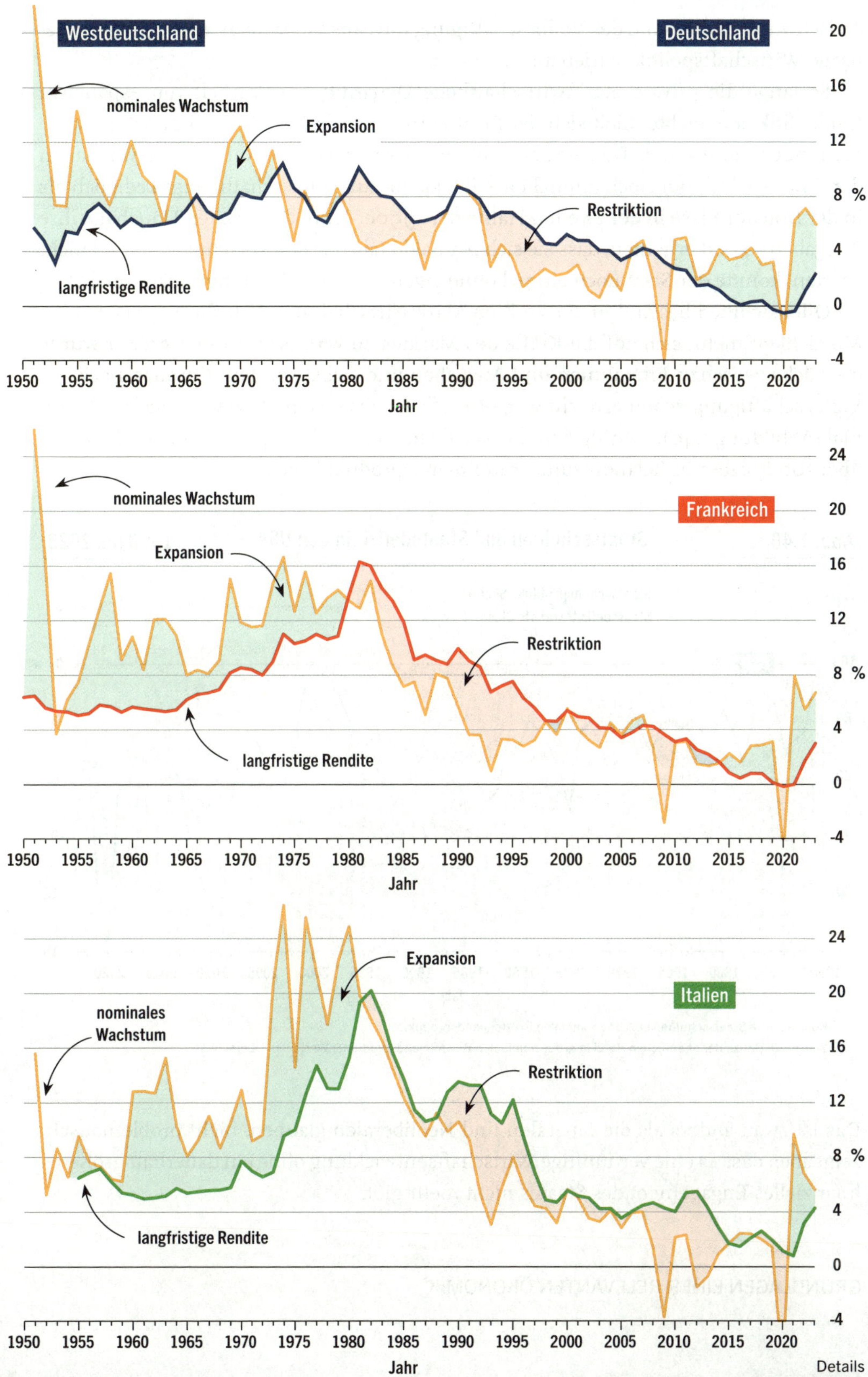

Details und Quellen siehe Abbildungsverzeichnis.

Aufschwung in die Nähe des Vollbeschäftigungsniveaus zu bringen, eine sehr pragmatische Wirtschaftspolitik betrieben.

So lange die private marktwirtschaftliche Dynamik, angekurbelt von expansiver Geldpolitik, ausreichte, hielt sich der Staat zurück. Doch diese Phase war schon Mitte der 1970er- Jahre vorbei. Danach gab es ohne massive staatliche Anregungen von Seiten der Finanzpolitik nur noch einmal eine Rückkehr zur Vollbeschäftigung: Lediglich als in der Dotcom-Blase in der zweiten Hälfte der 1990er-Jahre die privaten Haushalte ihre Ausgaben so weit erhöhten, dass sie sich per Saldo Jahr für Jahr verschuldeten und nicht sparten, konnte der Staat noch einmal ohne eigene Neuverschuldung auskommen.

Offensichtlich bestand in der größten Marktwirtschaft der Welt für den Staat keine Möglichkeit mehr, sich auf die Kräfte des Marktes zu verlassen. Immer größer wurde die Lücke zwischen Einnahmen und Ausgaben und selbst vor dem Coronaschock, als Vollbeschäftigung schon erreicht war, erhöhte der Staat seine Defizite sogar noch einmal (Abbildung 1.40). Künftig wird die staatliche Verschuldung der USA dauerhaft weit über 100 Prozent in Relation zum Bruttoinlandsprodukt liegen.

Abb. 1.40 **Staatsschulden und Staatsdefizit in den USA** **1950 bis 2023**

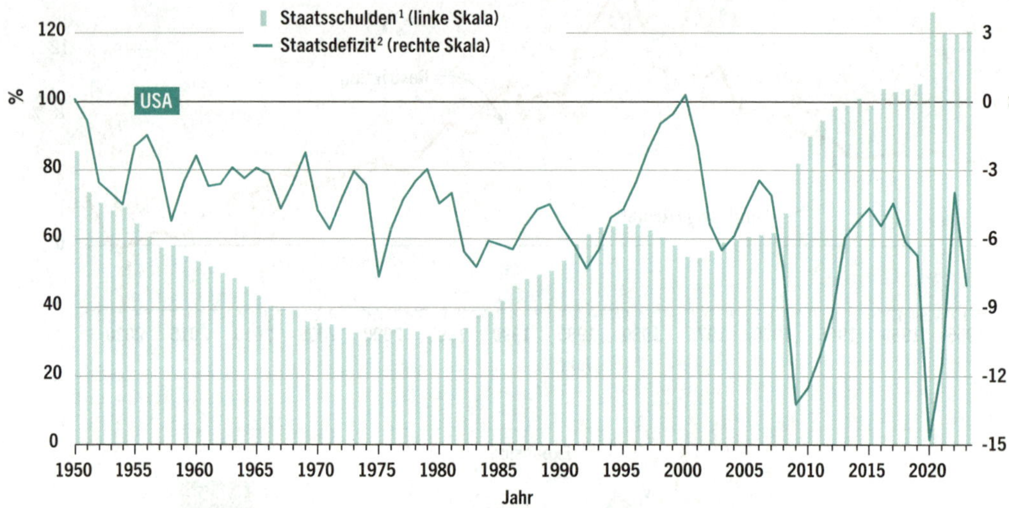

[1] Konsolidierte Staatsschulden in % des nominalen Bruttoinlandsprodukts.

[2] Werte < 0: Defizit der öffentlichen Hand in % des nominalen Bruttoinlandsprodukts; Werte > 0: Überschuss.

Das ist zwar, anders als die Liberalen und Neoliberalen glauben, nicht problematisch, zeigt aber, dass es eine vernünftige Wirtschaftsentwicklung ohne ein dauerhaft größeres finanzielles Engagement des Staates nicht mehr gibt.

1.14 Das Rätsel, das es zu lösen gilt

Die Vermutung liegt nahe, dass in einer Welt, in der die private Investitions- und Verschuldungsdynamik systematisch eingeschränkt wurde, nur der Staat durch eigene aggressive Nachfragepolitik einen Ausgleich schaffen kann, der ausreichend groß ist, um anspruchsvolle Beschäftigungsziele zu erreichen. Die Europäische Kommission und der Europäische Rat haben sich mit ihrem – maßgeblich von Deutschland vorangetriebenen – Dogma einer »gesunden« Fiskalpolitik dagegen aus der Reihe der Institutionen verabschiedet, die Arbeitslosigkeit ernsthaft bekämpfen. Dauerhaft hohe Arbeitslosigkeit ist die Folge.

Es ist aber keineswegs verstanden, warum der Übergang zu einer stark von der Neoklassik beeinflussten Wirtschaftspolitik dem marktwirtschaftlichen System die Investitionsdynamik genommen hat. In den nächsten Kapiteln werden wir daher versuchen, die Grundlagen für eine relevante ökonomische Theorie zu legen. Sie muss erklären, was grundlegend schiefgelaufen ist und Hinweise dafür geben, wie die Marktwirtschaft revitalisiert werden kann. Mehr als jemals zuvor ist es – angesichts der gewaltigen Herausforderungen durch den Klimawandel – notwendig, eine ökonomische Theorie zu entwickeln, die den Menschen auf der ganzen Welt eine Chance gibt, ihre Lebensumstände zu verbessern, ohne den Planeten dabei zu zerstören.

KAPITEL 2

STATIK UND DYNAMIK IN DER GESCHICHTE DES ÖKONOMISCHEN DENKENS

Der Markt ist der Nukleus der Wirtschaft – das lässt sich a priori nicht von der Hand weisen. Folglich spricht ihm die herrschende Ökonomik die entscheidende Rolle bei der Beschreibung und Erklärung nahezu aller wirtschaftlichen Vorgänge zu. Doch zum einen bleibt dabei offen, was überhaupt »der Markt« ist in einer Welt, in der es etliche verschiedene und unterschiedlich funktionierende Märkte gibt. Zum anderen wäre selbst unter der Annahme von immer funktionierenden Märkten im klassischen Sinn keineswegs klar, welche wirtschaftlichen Vorgänge für die Menschen, die Gesellschaft und die Politik wirklich relevant sind.

Ist es die Verteilung vorhandener Güter entsprechend der Präferenzen und der wirtschaftlichen Möglichkeiten der Wirtschaftssubjekte, wie es in dem von der herrschenden Lehre auf die Gesamtwirtschaft übertragenen einfachen Marktmodell unterstellt wird? Oder ist es vielmehr die Schaffung von Bedingungen, bei der es überhaupt zu einer Produktion von Gütern und Dienstleistungen kommt, die den Menschen die Möglichkeit gibt, ihre Lebensumstände zu verbessern? Die breite Bevölkerung ist vor allem an Letzterem interessiert, während sich die herrschende Lehre der Ökonomik vor allem mit Ersterem beschäftigt.

2.1 Léon Walras und das Gleichgewicht von Angebot und Nachfrage auf allen Märkten

Die klassische Ökonomik war von Anfang an darauf ausgerichtet, die Vorgänge zu erklären, die man über die Jahrhunderte tagtäglich auf den Marktplätzen der Städte und Dörfer beobachten konnte. Dort trafen sich die Produzenten und die Konsumenten, um Güter und Dienstleistungen zu tauschen. Wer aufgrund seiner wirtschaftlichen Umstände besonders gut in der Lage war, Weizen zu produzieren und daraus Brot zu backen, bot dieses Brot im Austausch gegen das Fleisch an, das wiederum derjenige anbot, der – aus welchen Gründen auch immer – in der Lage war, Tiere zu züchten.

Konsumenten sehen sich entsprechend ihrer Bedürfnisse nach den Produkten, die sie zum Leben brauchen, vielen Märkten als möglichen Bezugsquellen gegenüber. Wie sie das Problem lösen, sich zwischen den verschiedenen Produkten zu entscheiden und diese in so etwas wie eine Rangfolge der Wichtigkeit einzuordnen, wurde von der klassischen Ökonomik durch die Einführung von Präferenzen »gelöst«. Man unterstellt, der Konsument sei in der Lage, eine rationale Präferenzordnung zu bilden, also eine Gewichtung der nachgefragten Produkte entsprechend ihrer Bedeutung relativ zu seiner persönlichen Nutzenabwägung.

Die klassischen Ökonomen wollten vor allem wissen, aufgrund welcher Umstände sich ein bestimmter Preis an einem bestimmten Markt bildet, also die Frage beantworten, welche Menge seines Produkts der Anbieter von Weizen für eine bestimmte Menge Fleisch herzugeben bereit wäre. Offenbar hängt das für sie damit zusammen, wie viel Weizen und wie viel Fleisch sich insgesamt auf diesem einen Markt an einem bestimmten Tag »treffen« und mit der Frage, wie viel dem Einzelnen der Konsum von Fleisch im Vergleich zum Konsum von Brot »wert« ist. Sind die Verhältnisse an einem Tag so, dass Brot in einer Menge vorhanden ist, die das übersteigt, was alle vorhandenen Markteilnehmer aufgrund des Nutzens, die der Konsum von Brot für sie hat, konsumieren wollen, muss der Preis für Brot entsprechend niedriger sein als an einem Tag, an dem Brot weniger reichlich vorhanden ist.

Auf der Seite der Konsumenten unterstellt die klassische Mikroökonomie, dass die von den Produzenten hergestellten Güter und Dienstleistungen einen bestimmten Nutzen abwerfen und deswegen nachgefragt werden. Übersteigt der Preis eines Gutes am Markt den Nutzen, den sich der Konsument davon erhofft, wird er es nicht kaufen. Liegt der Preis, der sich am Markt gebildet hat, unter dem Nutzen, den das Gut für einen Konsumenten abwirft, erhält der Konsument eine »Rente«, also ein zusätzliches Einkommen, das er nicht unmittelbar durch den Verkauf seiner eigenen Produkte (einschließlich seiner Arbeitskraft) verdient hat, sondern das ihm 1aufgrund der Marktlage zugefallen ist. Eine solche Marktlage bleibt jedoch in der klassischen Vorstellung nicht stabil, weil immer mehr Konsumenten ein Produkt nachfragen, das Renten verspricht, so dass dessen Preis steigt und die Rente verschwindet.

Allerdings ist der Nutzen, den ein Gut für den Konsumenten stiftet, nicht konstant. Mit steigender Verfügbarkeit sinkt der Nutzen, den jede zusätzliche Einheit abwirft: Wer schon zwei Fahrräder besitzt, schätzt vermutlich ein drittes geringer ein als noch das erste. Dies nennt man das Gesetz vom abnehmenden Grenznutzen: Der Grenznutzen, so wird der Nutzen genannt, den die Verfügbarkeit über eine Einheit eines Gutes für den Konsumenten mit sich bringt, sinkt mit jeder zusätzlichen Einheit bis schließlich Sättigung eintritt.

Tritt dieses Phänomen bei vielen Konsumenten im Hinblick auf ein bestimmtes Gut auf, ist der Markt für das Gut gesättigt und sein Preis sinkt. Das erklärt in der klassischen Lehre, warum immer neue Güter auftauchen und sich ein Strukturwandel ergibt, auf den die Produzenten reagieren müssen, wollen sie sich am Markt behaupten.

Auf der Seite der Produzenten gibt es ein ähnliches Kalkül, das über die Produktion oder Nicht-Produktion eines Gutes entscheidet. Für den Produzenten bringt die Produktion eines Gutes bestimmte Kosten mit sich, die in Form von Aufwendungen für Arbeit, Kapital und Vorleistungen bei ihm zu Buche schlagen und von den Erlösen, die er beim Verkauf der Produkte erzielt, gedeckt werden müssen, damit er wirtschaftlich überleben kann. Liegt der Preis eines Gutes unter den Kosten der Produktion für dieses Gut, wird die Produktion eingestellt.

Die Produzenten spezialisieren sich auf die Herstellung von Produkten, bei dem sie die größten Kostenvorteile gegenüber anderen Herstellern erwarten oder wo die Konkurrenz möglichst schwach ist. Alle Vorteile, die sie sich erhoffen, werden allerdings im perfekten Markt rasch verschwinden, weil der Wettbewerb sie zwingt, zu einem Preis zu produzieren, der den Grenzkosten entspricht. Auf welche Weise die Produzenten erkennen, ob und wie sich die Präferenzen einzelner oder vieler Konsumenten entwickeln oder wie viele Konsumenten neue Produkte nachfragen werden, bleibt in der klassischen Theorie vollkommen ungeklärt.

Der Produzent wird gerade noch das zusätzliche Gut produzieren, das seine Kosten deckt, wo in der Terminologie der klassischen Mikroökonomie, die Grenzkosten exakt dem Preis des Gutes entsprechen. Liegt der Preis über den Herstellungskosten, erzielt der Produzent eine Rente, also einen Extragewinn. Der ist jedoch nicht gerechtfertigt und wird bei funktionierendem Wettbewerb durch einen anderen Anbieter, der auf das Abschöpfen der Rente verzichtet, wegkonkurriert.

Aber die Kosten der Produktion sind nicht unabhängig von der Menge der produzierten Güter. In gewisser Analogie zum Gesetz des abnehmenden Grenznutzens lässt sich beobachten, dass die Produktion eines Gutes teurer oder billiger werden kann, wenn es in größerer Menge hergestellt wird. In der Landwirtschaft vermag eine Überbeanspruchung des Bodens dazu führen, dass die Erträge je aufgewendeter Kosteneinheit sinken. In der Industrie ist es häufig genau umgekehrt: Je mehr Stücke von einem Produkt auf einer bestimmten Maschine in ausreichender Qualität hergestellt werden können, umso geringer sind die Herstellungskosten, weil Rüst- und Bearbeitungskosten entfallen. Im ersten Fall spricht man von sinkenden, im zweiten von steigenden Skalenerträgen.

Letztere sind ein Problem für den Markt, auf dem perfekter Wettbewerb herrschen soll. Produzenten, die ein bestimmte Größe früher als die anderen erreichen, erringen einen Wettbewerbsvorteil und sind u. U. in der Lage, die Konkurrenz schlicht wegen ihrer Größe aus dem Markt zu drängen bzw. Eintrittsschwellen zu errichten. Beides erlaubt ihnen, in eine monopolartige Position zu gelangen.

Stellen wir uns einen perfekten einzelnen Markt auf einem überschaubaren Marktplatz in einer kleinen Stadt vor, ist nun leicht zu verstehen, wie es zum Ausgleich von Angebot und Nachfrage kommt. Am frühen Morgen treffen alle Anbieter und Nachfrager eines Gutes zusammen, um ihr Interesse zu bekunden, dieses zu kaufen oder zu verkaufen. Idealerweise gibt es einen neutralen Auktionator, der in einem Versteigerungsprozess (Léon Walras nannte jene Prozedur *tâtonnement*, das »Herantasten«) herauszufinden versucht, bei welchem Preis die größte Menge des Produkts zum Tausch kommt. Das ist das, was die klassische Lehre das Gleichgewicht auf einem einzelnen Markt nennt.

Ist der Preis gefunden, werden alle die Transaktionen von denjenigen getätigt, die auf der Angebots- und der Nachfrageseite mit diesem Preis zufrieden sind und damit wirtschaftlich überleben können. Alle Produzenten, denen der Preis gemessen an ihren Kosten zu gering ist, müssen ihre Produkte wieder mit nach Hause nehmen, sie auf Halde stellen und auf eine Gelegenheit warten, zu der für ihre Produkte eine größere Knappheit herrscht. Erwarten sie eine solche nicht in überschaubarer Zeit, müssen sie ihre Produktionsweise verbessern oder aus dem Markt ausscheiden. Diejenigen, die mit einem geringeren Preis hätten überleben können, erzielen eine Rente, sie machen einen temporären Extragewinn.

Auch die Konsumenten, die einen höheren Preis erwartet haben, erzielen eine Rente und sind dadurch in der Lage, entweder zusätzliche Produkte zu kaufen und zu konsumieren oder aber Güter anzuschaffen, die ihnen in der Zukunft helfen werden, wirtschaftlich schlechtere Zeiten unbeschadet zu überstehen. In einer Geldwirtschaft »sparen« sie den nicht benötigten Teil ihres Einkommens, d. h., legen ihn so zur Seite, dass er jederzeit verfügbar ist, wenn sich die Verhältnisse ändern. Schließlich sehen sich die Konsumenten, denen der beim *tâtonnement* ermittelte Preis zu hoch liegt, nach Ersatzprodukten um, ändern ihre Konsumgewohnheiten oder greifen auf Ihre Ersparnisse zurück, um das Konsumniveau und die Konsumstruktur aufrechtzuerhalten.

Dieser Prozess vollzieht sich in ähnlicher Weise auf allen Märkten, so dass, bildlich gesprochen, erst im Laufe des Vormittags für alle Konsumenten und Produzenten (die ihrerseits Konsumenten von Vorleistungen sind) ersichtlich wird, wie ihre wirtschaftliche Situation insgesamt ausfällt. Da man unterstellen muss, dass nicht alle Nachfrager und Anbieter bei der Gesamtschau der Märkte das Ergebnis erzielen, das sie erwartet haben, muss man mindestens eine zweite (oder gar dritte) Runde des *tâtonnement* einbauen – *recontracting* nannte man das später –, um schließlich ein Ergebnis zu erzielen, das mit dem Nutzen und den Kosten der Mehrzahl der Marktteilnehmer in Einklang steht.

Das Ergebnis einer Konstellation der Preise an allen Märkten, bei der die für diesen Tag die größte Zahl der Teilnehmer in der einen oder anderen Weise zum Zuge gekommen ist, nennt die klassische Lehre das allgemeine Gleichgewicht. Dabei handelt es sich um eine rein logische Konstruktion, deren Existenz auf dem Bestehen spezifischer Bedingungen und dem vollständigen Ausschluss äußerer Einflüsse beruht. Die Tatsache, dass man mit einfachen mathematischen Mitteln – so wie es Walras zum ersten Mal gezeigt hat – ein beliebig großes System von Märkten beschreiben kann, die sich simultan im Gleichgewicht befinden, sagt nichts über die Stabilität oder die Instabilität eines realen marktwirtschaftlichen Systems aus.

Box 2: Ist die Zukunft offen oder vorherbestimmt?

Hier treffen wir zum ersten Mal auf die Frage, ob die wirtschaftliche Entwicklung deterministisch »auf Schienen« verläuft oder vom Menschen gestaltet wird. Dies charakterisiert den Unterschied zwischen Statik und Dynamik; oder, wie es Paul Davidson ausgedrückt hat,[1] *die Frage, ob man ein ergodisches oder ein nicht-ergodisches System zum Forschungsgegenstand der Ökonomik macht.*

Ergodische Systeme sind solche, deren Bewegungsgesetze in der Zeit statistisch weitgehend invariant sind, wie die Flugbahn eines Planeten um die Sonne. In nicht-ergodischen Systemen handeln die Menschen dagegen, in den Worten John Maynard Keynes', unter »objektiver Unsicherheit über die Zukunft«: Sie wissen nicht, was kommt und versuchen die Signale, die sie erhalten, bestmöglich zu deuten, ohne je mit Sicherheit sagen zu können, was die Zukunft bringt.

In ergodischen Systemen kennt man die Zwänge, denen das eigene Handeln unterliegt und spult wie ein Roboter das einzige Programm ab, das gegeben der Umstände zur Verfügung steht. Wer Ökonomik betreibt, muss sich von vorneherein entscheiden, ob er Roboter oder Menschen analysieren will. In nicht-ergodischen Systemen, gilt es das Handeln der Menschen unter Unsicherheit zu verstehen und ihre begrenzte Einsicht in die Zusammenhänge, in denen sie agieren, mit in Rechnung zu stellen.

Immer wieder wird das Gleichgewicht mit der langen Frist vermengt. Dabei handelt es sich jedoch um einen fundamentalen Irrtum. Das Gleichgewicht von Angebot und Nachfrage steht in keinem Zusammenhang mit realen zeitlichen Abläufen. Gleichgewicht kann man anschaulich, wie es schon Alfred Marshall getan hat, mit einer physikalischen Analogie beschreiben: Zwei Kugeln, die in einer Schüssel liegen, tendieren nach einem äußeren Schock dazu, sich wieder zur Mitte der Schüssel zu bewegen und dort genau so lange zu verharren, bis ein neuer Anstoß von außen kommt.[2] Ist das schließ-

1 Flassbeck et al. (2013): 11–14.
2 Paulsen, A. (2019 [1965]): 116.

lich der Fall, bewegen sich die Kugeln auf schwer nachzuvollziehenden und nicht zu prognostizierenden Bahnen. Dennoch kann man bei ansonsten stabilen äußeren Bedingungen mit großer Sicherheit vorhersagen, dass sie nach der Phase der Bewegung wieder in der Mitte der Schüssel zum Stillstand kommen werden.

Auf Basis dieser Analogie haben die klassischen Ökonomen gefolgert, dass die Bewegung nach einem Anstoß (einem exogenen Schock) ein kurzfristiges Resultat darstellt, die Ruhephase des Gleichgewichts aber das langfristige Ergebnis: Ist das Marktsystem richtig konstruiert, so das Argument, gerate dieses zwar nach jedem äußeren Anstoß kurzfristig in Unordnung, langfristig könne man jedoch damit rechnen, dass sich wieder ein neues Gleichgewicht findet, bei dem das System ruht. Man müsse offenbar nur dafür sorgen, dass der Preis, der den Ausgleich von Angebot und Nachfrage hervorbringt, auf allen Märkten flexibel genug ist, um die Wirtschaftssubjekte zu einer optimalen Anpassung ihrer Pläne im Licht der Preissignale zu bringen.

Gibt es etwa wegen schlechter Witterungsbedingungen einen Ernteausfall bei Getreide, müssen sich die traditionellen Nachfrager nach Weizen darauf einstellen, dass die Preise wesentlich höher ausfallen und sie gezwungen sind, auf Ersatzprodukte auszuweichen. Sind auch diese betroffen und steigen im Preis, ist eine Hungersnot unausweichlich. Das Gleiche gilt umgekehrt im Fall positiver äußerer Einflüsse. Das Marktsystem zeichnet in beiden Fällen keineswegs verantwortlich für die eintretenden Entwicklungen, sondern dient nur als Bote, der in vollkommen rationaler Weise die äußeren Anstöße in klar verständliche Signale für die Konsumenten übersetzt, hier also die Information überbringt, mit welchen Härten oder mit welchen Annehmlichkeiten in der gegenwärtigen Produktionsperiode (die bei Weizen in unseren Breiten ein Jahr beträgt) zu rechnen ist.

Die zeitliche Bedeutung, die einem einmal gefundenen Gleichgewicht auf einem Markt zukommt, hängt in diesem Beispiel offenbar von der räumlichen Verfügbarkeit der dringend benötigten Güter und von deren Produktionsperiode ab. In einem hochkomplexen globalen Marktgeschehen, wie es heute regelmäßig anzutreffen ist, verliert beides, die räumliche Verfügbarkeit einzelner Güter wie auch die Dauer einzelner Produktionsperioden dramatisch an Bedeutung. Fast alle Güter und ihre Ersatzprodukte sind irgendwo praktisch immer verfügbar. Dafür nimmt die Anzahl der exogenen Schocks, die die einzelnen Märkte aus dem Gleichgewicht bringen können, dramatisch zu.

Schon das Gleichgewicht auf einem bestimmten Markt, das Partialgleichgewicht, ist damit in seiner Existenz nur als eine unbeständige Erscheinung anzusehen, analog zu den Partikeln, die im Mikrokosmos der Physik in kürzester Zeit auf einem Computerbildschirm aufleuchten und wieder verschwinden. Das Partialgleichgewicht besteht nur so lange, wie sich die wirtschaftlichen Verhältnisse nicht ändern, also für die Konsumenten und Produzenten keine neuen Tatbestände auftauchen, die sie zum Umdisponieren veranlassen. Diese Periode der Gültigkeit eines Preises mag eine Stunde betragen, einen Tag, eine Woche oder auch nur eine Millisekunde wie auf spekulativen Märkten beim Hochfrequenzhandel. Die Stabilität eines allgemeinen Gleichgewichts mit einem gewaltigen Netzwerk voneinander abhängiger Preise ist im zeitlichen Ablauf einer globalen Wirtschaft eine reine Fiktion.

Box 3: Die Rolle der Mathematik

Ein wesentlicher Grund für die Unzulänglichkeit der herrschenden Mainstream-Ökonomik, die im Kern auf der Neoklassik fußt, besteht darin, dass es gar nicht das Ziel ihrer Vordenker wie Léon Walras war, die Welt der Wirtschaft, wie sie tatsächlich ist, zu erklären oder auch nur zu beschreiben. Folglich handelt es sich bei der neoklassischen Lehre um eine Kunstlehre, keine Wissenschaft. Sie ist weder positiv in dem Sinn, dass sie die Wirklichkeit erfasst, noch normativ im Sinne eines Gesellschaftsmodells; folglich legt sie nicht einmal fest, wozu Wirtschaft den Menschen dienen sollte.

Die Neoklassik stellt keinen Versuch dar, die realen Abläufe der Welt zu verstehen. Sie postuliert lediglich ein System von Märkten, in dem man bei vollkommener Information die Verteilung vorhandener Ressourcen als Marktergebnis (also als Ergebnis des Preismechanismus bei Aufeinandertreffen von Angebot und Nachfrage) ableiten kann, das in sich konsistent ist. Das mathematisch klar definierte walrasianische System von Märkten leistet das, hat aber nichts mit der Realität des arbeitsteiligen und unter Verwendung von Geld stattfindenden Wirtschaftens unter Unsicherheit innerhalb eines Landes oder gar auf der ganzen Welt zu tun.

Die für das System von Walras verwendete und in vielen Varianten im Laufe der Jahre verfeinert genutzte Mathematik verleiht dieser Markt-Ökonomik einen Anstrich von Wissenschaftlichkeit. Vermutlich haben sich die Vertreter der Sozialwissenschaften insgeheim oft nach einer solchen formalen Ausdrucksform gesehnt und tun dies angesichts der experimentellen Möglichkeiten in den Naturwissenschaften auch heute noch. Denn deren Forscher vermögen ihre Theorien eindeutig zu falsifizieren und dadurch wissenschaftlichen Erkenntnisfortschritt zustande zu bringen. Salopp könnte man den Traum vieler Ökonomen so formulieren: Wenn wir schon nicht in der Lage sind, eine Gesellschaft im Reagenzglas zu untersuchen, dann soll wenigstens die Theorie, aus der wir wirtschaftspolitische Empfehlungen ableiten, mathematisch exakt sein.

Diese Fixierung auf formal handhabbare Modelle, die wirtschaftliche Abläufe beschreiben, erzwingt, von Gleichgewichtszuständen auszugehen, in denen sich die Wirtschaft entweder befindet oder nach denen sie strebt. Denn solche Gleichgewichte lassen sich – im Gegensatz zu Ungleichgewichten – mathematisch gut beschreiben. Anhand der entsprechenden Modelle kann man berechnen, wohin sich die Wirtschaft letzten Endes bewegt, wenn sich an ihren Rahmenbedingungen etwas ändert bzw. ein Impuls von außen auf sie trifft. Diese Methode bezeichnet man als komparative Statik.

Mit dem Fortschreiten der Mathematik nahm auch die Verfeinerung der ökonomischen Gleichgewichtsmodelle zu; dynamische Prozesse ließen sich formal zunehmend besser abzubilden. Dem Vorwurf, Wirtschaft rein statisch zu begreifen, glaubte man begegnen zu können, indem man Dyna-

mik durch die Nachbildung expliziter Anpassungsprozesse in die Modelle über Wirtschaftsabläufe mit aufnahm. Die nachfolgende Kritik, die Unsicherheit der Zukunft in solchen Modellen nicht abzubilden, versuchte man durch den Einbau von Wahrscheinlichkeitsverteilungen für zukünftige Ereignisse auszuräumen. Unsicherheit wurde auf diese Weise wegdefiniert und die Prämisse unter dem Stichwort economics of full information *verpackt.*

Von der Annahme, dass ein dynamischer Prozess endet (also wie eine gedämpfte Schwingung irgendwann ausläuft) und deshalb die modellierte Ökonomie – einmal durch einen exogenen Schock sozusagen aus der Ruhe gebracht – wieder einem (wenn auch neuen) Gleichgewicht zustrebt, ließen und lassen die Vertreter der gängigen Ökonomik nicht ab. Die Realität einer Volkswirtschaft als Abfolge von Ungleichgewichten aufzufassen, verbot und verbietet sich von vornherein. Denn welche Aussagen lassen sich aus einem Modell gewinnen, das ausgehend von einem Anfangszustand nach einem exogenen Anstoß »explodiert«, d.h. auch nach so und so vielen Runden zu keinem neuen stabilen Zustand findet, der sich berechnen und damit vorhersagen lässt, und das nur durch einen anderen äußeren Anstoß oder eine exogen gesetzte Schranke wieder gedämpft bzw. in seiner Entwicklungsrichtung beeinflusst wird?

Die Mathematik gerät schnell an ihre Grenzen, wenn sie ein System beschreiben soll, das sich selbst dynamisch entwickelt, das also seine Eigenschaften in moderner Terminologie »pfadabhängig« verändert. Ohne ein über Kurz oder Lang angestrebtes Gleichgewicht kein mathematisch handhabbares Modell, ohne mathematisch handhabbares Modell vermeintlich keine »Wissenschaftlichkeit« – so kann man das methodische Problem der Mainstream-Ökonomen wohl zusammenfassen. Es ist bis heute dadurch »gelöst« worden, dass man die Erfassung der Realität mit all ihren dynamischen Prozessen auf dem Altar der scheinbaren, formal abgesicherten »Wissenschaftlichkeit« von Gleichgewichtsüberlegungen geopfert hat.

Selbst wenn die Mathematik (z.B. auch unter Einsatz großer Rechenkapazitäten) schon jetzt oder in naher Zukunft stärkere Instrumente bereitstellen könnte, wäre der Ökonomik und den Ökonomen wenig geholfen. Denn es kommt ein weiterer Kritikpunkt an den dynamischen Gleichgewichtsmodellen hinzu. Wenn sie nicht l'art pour l'art *sein, sondern quantifizierbare Aussagen über das Wirtschaftsgeschehen und damit Hilfestellung für die Wirtschaftspolitik liefern sollen (ein beliebtes Beispiel: »Ein Euro mehr beim Mindestlohn kostet eine Million Arbeitsplätze«), müssen sie empirisch unterfüttert werden. Doch wie soll man aus den empirischen Daten der Vergangenheit Modellparameter schätzen, wenn man nicht weiß, wann das in der Realität beobachtete System im Gleichgewicht war und wann in einem Anpassungsprozess begriffen? Auch noch so raffinierte Verfahren führen hier nicht zu einer befriedigenden Antwort; sie erhöhen nur den mathematischen bzw. ökonometrischen Aufwand und schrecken auf diese Weise wirtschaftlich weniger Bewanderte womöglich ab, die Grundgedanken, auf denen solche Modelle aufgebaut sind, und ihre generelle Aussagekraft kritisch zu hinterfragen.*

Akteure in der realen Welt werden nicht nur jeden Tag mit hunderten von neuen Informationen und hunderten von neuen Tatsachen konfrontiert, sondern leben, weil das System in seiner Komplexität vollkommen unvorhersehbar ist, im Zustand objektiver

Unsicherheit über die Zukunft und können folglich niemals absolut stabile Erwartungen bilden.

Doch das ist nicht alles. Noch viel wichtiger als die mögliche Volatilität einzelner Märkte ist die von der klassischen Lehre vollkommen ignorierte Tatsache, dass die wichtigsten Märkte, nämlich diejenigen, auf denen die für alle Teilnehmer entscheidenden *gesamtwirtschaftlichen* Preise gebildet werden, nicht so funktionieren können, wie sich das ein von Walras inspirierter Autor vorstellt.

Gilt es den Preis für Kapital und Arbeit zu identifizieren, ist keineswegs klar, ob man den Real- oder den Nominalzins (bzw. den Real- oder den Nominallohn) hinzuziehen sollte. Offenbar muss man den Realzins verwenden, weil hohe Nominalzinsen bei entsprechend hoher Inflationsrate für Investoren, deren Absatzpreise sich im Einklang mit der allgemeinen Inflationsrate bewegen, kaum von Bedeutung sind. Die Verwendung eines Realzinses wirft allerdings die nicht unbeträchtliche Schwierigkeit auf, dass es diesen »Preis« im *tâtonnement* bei der Gleichgewichtsfindung der Märkte gar nicht gibt. Er ist das Ergebnis einer artifiziellen Konstruktion, die sich aus einer Gesamtschau der Preise ergibt, wie sie im Prozess der Preisfindung an den Märkten niemand durchführen kann.

Ähnliches gilt für den Reallohn. Eine Nominallohnerhöhung, die von der Masse der Unternehmen ohne große Probleme in Form von höheren Preisen auf die Konsumenten abgeladen werden kann, hat nicht die gleichen Effekte wie die gleiche Nominallohnerhöhung ohne die Möglichkeit der Überwälzung. Für die betroffenen Unternehmen besteht in diesem Fall keine Veranlassung, ihre Produktionsstruktur in Frage zu stellen. Folglich braucht man bei der Konstruktion eines Realzinses und eines Reallohnes die übrigen Preise als exogene Größe, damit sich überhaupt sinnvolle Aussagen über die Auswirkungen ihrer Veränderungen treffen lassen.

Die übrigen Preise können im walrasianischen Gleichgewichtssystem aber niemals exogen sein, weil Lohn und Zins schließlich Teil eines unauflöslich miteinander verknüpften Prozesses der Preisfindung sind, der erst abgeschlossen ist, wenn simultan alle Preise ihre Gleichgewichtswerte gefunden haben. Das bedeutet, dass man aus rein logischen Gründen niemals einen Realzins und einen Reallohn in das System des allgemeinen Gleichgewichts einfügen darf. Um aber sinnvolle Aussagen über diese Preise und ihre Wirkung auf den Arbeitsmarkt und auf den Kapitalmarkt wie über die Gesamtwirtschaft treffen zu können, muss man genau das tun.

Das stellt die Konstruktion des allgemeinen Gleichgewichts fundamental in Frage. Es gibt offenbar Preise – und es sind ausgerechnet die Preise, die große gesamtwirtschaftliche Bedeutung haben –, deren Wirkungen auch von denen nicht abgeschätzt werden können, die sie kontrahieren. Ohne die Rückkopplung über die anderen Märkte, deren Preise zum Zeitpunkt des Vertragsabschlusses jedoch niemand zu kennen vermag, bleiben ihre Auswirkungen im Dunkeln einer unbekannten Zukunft verborgen. Das ist der Kernpunkt dessen, was John Maynard Keynes in Anlehnung an Frank H. Knights Buch *Risk, Uncertainty and Profit* »objektive Unsicherheit« nannte.[3]

Es gibt weder am Arbeits- noch am Kapital- oder Devisenmarkt einen einfachen Preis, den man in einem klassischen Marktprozess so festlegen kann, dass unerwünschte und unerwartete Konsequenzen auszuschließen sind. Die an diesen Märkten im Nachhinein zu beobachtenden Preise besitzen ihre Wirkung nur deswegen, weil sie in einer bestimmten Relation zu den Einzelpreisen stehen, die tatsächlich auf der Mikroebene und folglich ohne gesamtwirtschaftliche Rückkopplung zustande gekommen sind.

Die Untersuchung dieser Vorgänge macht den theoretischen Kern des vorliegenden Buches aus. Zins, Wechselkurs und der Lohn der Arbeit, also die gesamtwirtschaftlich gebildeten Preise, haben weder von ihrer Entstehung noch von ihrer Funktion her etwas mit dem walrasianischen Prozess zu tun. Baut man diese Preise in realitätsnaher Weise in eine Marktsystem ein, entsteht ein völlig neues Gebilde, das sich mit den herkömmlichen Mitteln der Ökonomik nicht abbilden und schon gar nicht erklären lässt. Eine Wirtschaftspolitik, deren Grundvorstellungen auf der Basis der klassischen Lehre der Märkte ruhen – »Ordnungspolitik« nennt man das in Deutschland –, ist dann nur durch Zufall in der Lage, vernünftige Ergebnisse zu erzielen.

2.2 Die Stationarität der Neoklassik und die Wachstumstheorie

Als Joseph Alois Schumpeter, der Ökonom, der seine akademische Arbeit der Erklärung der Dynamik der Volkswirtschaft verschrieben hatte, einmal in seinem Leben Léon Walras traf, fragte er ihn, wie er, Walras, glaube, dass die wirtschaftliche Dynamik des marktwirtschaftlichen Systems zustande komme. In Schumpeters eigenen Worten:

> [... Walras] würde gesagt haben (und, in der Tat, das einzige Mal, als ich Gelegenheit hatte, mich mit ihm zu unterhalten, sagte er es zu mir), daß wirtschaftliches Leben seinem Wesen nach selbstverständlich passiv ist und sich bloß den natürlichen und sozialen Einflüssen anpaßt, die auf es einwirken, so daß die Theorie eines stationären Prozesses tatsächlich das Ganze der theoretischen Wirtschaftswissenschaften konstituiert und wir als Wirtschaftstheoretiker über die Faktoren, die für die geschichtliche Entwicklung verantwortlich zu machen sind, nicht viel sagen können, sondern sie lediglich registrieren

3 Knight, F. H. (2006 [1921]).

> müssen. Gleich den Klassikern würde er Ausnahmen für ein Anwachsen der Bevölkerung und der Ersparnisse gemacht haben, aber dies würde nur eine Veränderung in den Daten des Systems einführen, aber nicht irgendwelche neue Phänomene hinzufügen. Ich empfand deutlich, daß dies falsch war und daß innerhalb des wirtschaftlichen Systems eine Energiequelle besteht, die aus sich selbst heraus jedes Gleichgewicht stören würde, das erreicht werden könnte. Wenn dies so ist, dann muß es auch eine rein ökonomische Theorie der wirtschaftlichen Entwicklung geben, die sich nicht nur auf äußere Faktoren verläßt, die das Wirtschaftssystem von einem Gleichgewicht zum anderen treibt. Es ist eine solche Theorie, die ich aufzustellen versucht habe, und ich glaube jetzt, wie ich damals geglaubt habe, daß sie zu einem Verständnis der Kämpfe und überraschenden Veränderungen der kapitalistischen Welt etwas beiträgt und eine Anzahl von Phänomenen, insbesondere den Konjunkturzyklus, in einer befriedigenderen Weise erklärt, als dies mit den Mitteln des Walras'schen oder Marshall'schen Apparates möglich ist.[4]

Dieses Gespräch fand vor mehr als einhundert Jahren statt. Walras' Antwort beschreibt jedoch auch heute noch das Dilemma der Theorie des allgemeinen Marktgleichgewichts sehr genau. Was der Ökonomik als Wissenschaft genau wie damals fehlt, ist eine Theorie der Dynamik, die erklärt, ob und warum es inhärente Prozesse in der Wirtschaft gibt, die dafür sorgen, dass sich das System bewegt, seine gewohnten Bahnen immer und immer wieder verlässt, und weshalb es überhaupt in der Lage ist zu wachsen und damit die Lebensumstände vieler Menschen zu verbessern.

Das mag für Nicht-Ökonomen erstaunlich klingen, aber es ist tatsächlich so, dass bis heute keine Theorie des wirtschaftlichen Wachstums existiert, die mehr bietet als die Beschreibung einer Kunstwelt, die wachsen könnte, wenn die von der Theorie unterstellten Bedingungen gegeben wären. Schumpeters eigener epochaler Versuch, mit seiner *Theorie der wirtschaftlichen Entwicklung* daran Entscheidendes zu ändern, ist bis auf einige Schlagworte wie »Pionierunternehmer« oder »Schöpferische Zerstörung« vollkommen zu Unrecht weitgehend untergegangen.

Die wenigen logischen Zusammenhänge, die üblicherweise »Wachstumstheorie« genannt werden, konzentrieren sich in der Tat auf die Größen, die ein marktwirtschaftliches System aus einem Ruhezustand, wie ihn das walrasianische Gleichgewicht beschreibt, in Bewegung setzen können. Schumpeters obiges Zitat nennt einen dieser Tatbestände, nämlich die Bereitschaft der Wirtschaftssubjekte, mehr zu sparen. Offensichtlich, so die vermeintlich unbestreitbare klassische Logik, ist es nur dann möglich, aus einem zirkulären stationären Kreislauf, dem Steady State, auszubrechen, wenn sich

4 Schumpeter, J. A. (1964 [1911]): XXII.

entweder die Technik, mit der man aktuell arbeitet, verbessert, und/oder die Bereitschaft der Menschen wächst, ihren Konsum bei dem gegebenen Einkommen zu verringern, um Mittel für eine Investition freizumachen.

Die Wachstumstheorie in allen ihren verschiedenen Varianten hat sich genau auf diese beiden Punkte kapriziert. Dabei ist die Bedeutung der Technik offensichtlich. Die Möglichkeiten, ein Einkommen aus der Kombination von Arbeit und Sachkapital zu erzielen, vergrößern sich, wenn eine neue Technik eingesetzt wird, bei der sich die Arbeitsproduktivität durch eingesetztes Kapital im Vergleich zur vorherigen Periode erhöht, bei der also mit einer gegebenen Ausstattung an Sachkapital mehr Output erzielt werden kann. Die Volkswirtschaft erreicht dann einen neuen Steady State, also einen Zustand, in dem das Einkommen höher ist als zuvor, in dem es aber keinerlei neue Impulse gibt, um wiederum dem aktuell erreichten Steady State zu entkommen.

Bei einem der Pioniere der Kapitaltheorie, Eugen von Böhm-Bawerk, kann man schon Ende des 19. Jahrhunderts nachlesen, auf welchem Weg das möglich ist; lässt sich doch in seinen Arbeiten bereits die entscheidende Vorarbeit für das, was heute »Wachstumstheorie« genannt wird, erkennen. Böhm-Bawerk verwendet ein Robinson Crusoe-Modell, um zu erläutern, wie sich wirtschaftlicher Fortschritt vollzieht:[5] Ein Schiffbrüchiger auf einer Insel sei in der Ausgangssituation in der Lage, zehn Fische an einem Tag mit der Hand zu fangen und damit seinen Lebensunterhalt gerade so zu bestreiten, dass er nicht hungert. Kommt er auf die Idee, eine Angel zu bauen, um effizienter fischen zu können, muss er entscheiden, ob er weiterhin ohne Angel mit zehn Fischen auskommt, oder ob er auf einen Fisch pro Tag verzichtet, um in der so gewonnenen Zeit die Angel zu bauen.

Nehmen wir der Einfachheit halber an, dass er mit der Angel, deren Produktion ihn zehn Tage in Anspruch nehmen wird, jeden Tag zwölf Fische fängt. Rechnet er damit, dass die Angel eine Lebensdauer von nur fünf Tagen hat, steht er den beiden Handlungsoptionen indifferent gegenüber. Ist ihm der Hunger beim Bau der Angel unangenehm, verzichtet er auf das Vorhaben; er hat dann, in den Worten der klassischen Ökonomik, eine positive Gegenwartspräferenz, gewichtet also den gegenwärtigen Verzicht höher als den zukünftigen Ertrag.

Bei allen Varianten jedoch, wo die Lebensdauer der Angel größer ist und/oder die Erträge des Fischens mit ihr höher, wird er sich entschließen, zu investieren und für diese Investition seinen Konsum zurückzuschrauben, mithin zu sparen. Weil er verzichtet, so die Deutung der damaligen Zeit, fährt er einen Ertrag ein, den er seinem Kapital (also der zusätzlichen Ersparnis) zuschreiben kann. Mit anderen Worten, er erhält einen Zins, weil er bereit war, mit seinem Konsum »zu warten«.

5 Böhm-Bawerk, E. (1889).

Böhm-Bawerks Theorie der mehrergiebigen Produktionsumwege, wie er das nennt, zeigt, auf welche Weise das System sich entwickeln und wachsen könnte, wenn all die Bedingungen gegeben wären, die den Robinson-Fall kennzeichnen: Es ist eine Kombination aus »Warten« und der technischen Neuerung, die es erlaubt, einen Produktionsumweg zu nutzen, der sich schließlich der alten Technik gegenüber als ergiebiger erweist. Seine Analyse reichte weit über die Stationarität des walrasianischen Gleichgewichts hinaus und brachte zum ersten Mal die miteinander verbundenen Elemente der Zeit und der Unsicherheit ein.

In diesem Fall sprechen klare Argumente dafür – das ist wichtig festzuhalten –, dass beide Elemente, das Sparen und die Technik, bei einer Wachstumsstrategie in Kombination auftreten können, aber keines für sich. Ist einmal eine Angel gebaut, mag es durchaus sinnvoll sein, erneut zu sparen und ein zweites gleichartiges Exemplar zu bauen. Dann kann das Gesamteinkommen auch bei unveränderter Technik dadurch steigen, dass auf Konsum verzichtet wurde. Diese ist unter den hier obwaltenden Umständen nicht allein einzusetzen, da bei den getroffenen Annahmen keine Möglichkeit besteht, sich der Technik wirtschaftlich zu bemächtigen, ohne auf Konsum zu verzichten.

Eine große Rolle für die weitere Entwicklung der Wachstumstheorie spielte außerdem, dass das Sparen als eine bewusste Entscheidung des Konsumenten, nun ein Investor, angesehen wurde, während die Technik auch in unserem Beispiel quasi »vom Himmel fällt«. Der typische bzw. »repräsentative« Haushalt in einer Marktwirtschaft kann zwar aktiv entscheiden, weniger zu konsumieren und Mittel für Investitionen freizumachen, nicht jedoch, eine neue Technik einzusetzen, weil es die vielleicht gar nicht gibt.

Daher überrascht es kaum, dass die gesamte Wachstumstheorie (sowohl die klassische, die neoklassische als auch die sogenannte keynesianische) auf den Konsumverzicht fokussiert. Sparen war und ist im vorherrschenden Denken der Ökonomen die einzige Möglichkeit, die einem Haushalt oder einer Volkswirtschaft zur Verfügung steht, um sich aus den gegebenen Lebensumständen zu befreien; kommt intelligente Technik hinzu, umso besser. Aber ohne mehr zu sparen, so der Kernbestand des ökonomischen Wissens bis zum heutigen Tage, gab und gibt es keinen Fortschritt.

Je höher folglich die Sparquote in einer Volkswirtschaft, desto höher die Wachstumsrate des Einkommens bei gegebener Technik, also gegebener Kapitalproduktivität, wobei letztere als das Verhältnis von Einkommen zu Kapital definiert ist (der Kapitalkoeffizient dagegen als Kapital zu Einkommen). Wenn viel gespart und – in der Logik der Neoklassik – dann auch automatisch viel investiert wird, wächst der Kapitalstock schneller. Daher kann das Verhältnis zwischen Kapitalstock und Einkommen nur konstant bleiben, wenn das Einkommen ebenfalls entsprechend schnell wächst.

Das alles klingt plausibel, hat jedoch für die reale Welt absolut keine Bedeutung. Es handelt sich um reine Definitorik, also die Ableitung von Schlussfolgerungen aus

Axiomen, die für sich genommen richtig, weil unter den gemachten Annahmen logisch unumgänglich sind. Die Robinson-Welt ist so konstruiert, dass man nur investieren kann, wenn man vorher spart. Das bedeutet aber nicht, dass in der Wirklichkeit, in der wir leben, der Versuch eines privaten Haushalts zu sparen, also bei seinem aktuell gegebenen Einkommen weniger als zuvor für Güter und Dienstleistungen auszugeben, irgendeine Automatik in Gang setzt, die dazu führt, dass am Ende mehr investiert wird. Denn die Größe, auf deren Konstanz die gesamte klassisch-neoklassische Ableitung abstellt, ist nicht konstant. Das »gegebene Einkommen« existiert schlicht nicht, weil jede Änderung des Ausgabeverhaltens in der realen Welt das Einkommen selbst und seine Entwicklung tangiert.

Welche Konfusion mit diesen rein logischen Beziehungen auch heute noch geschaffen wird, zeigt die nachstehende Box zu Thomas Pikettys bekanntem Buch *Das Kapital im 21. Jahrhundert.*[6] Man hat die darin enthaltenen Thesen diskutiert, als würden sie auf einer Theorie basieren, die gerade wegen ihrer Allgemeinheit ohne weiteres als Erklärung der wirtschaftlichen Vorgänge über viele Jahrhunderte herhalten kann. Das jedoch ist fundamental falsch.

Box 4: Piketty über »das Kapital«

Thomas Piketty argumentiert durchweg auf der Basis der Harrod-Domar-Solow-Formel, wonach sich die Relation des eingesetzten Kapitals zum aktuell erzielten Einkommen einer Volkswirtschaft (die sogenannte capital-to-income ratio*) spiegelbildlich zur Relation der Sparquote zur Wachstumsrate dieser Volkswirtschaft verhält. Rein rechnerisch besagt die Formel, dass z. B. bei einer durchschnittlichen Sparquote von 10 Prozent und einer Wachstumsrate des Einkommens von 1,5 Prozent das Verhältnis von eingesetztem Kapitalstock zu aktuellem Einkommen 666 Prozent (10 geteilt durch 1,5) beträgt. Man braucht also einen Kapitalstock in der Größenordnung des sechsfachen des aktuellen Einkommens, um dieses erwirtschaften zu können.*

Das für den Laien Ungewohnte an der Formel ist, dass das Verhältnis zweier Veränderungsraten, denn die Sparquote stellt die Veränderungsrate des Kapitalstocks dar, dem Verhältnis einer Bestandsgröße (Kapitalstock) zu einer Stromgröße (Einkommen) gegenübergestellt wird. Das wirkt intellektuell anspruchsvoll, so dass man gleich den Eindruck hat, das Thema sei nur etwas für Fachleute und die entsprechenden Ergebnisse daher von Laienseite unangreifbar. Vor allem führt diese vermeintliche Komplexität dazu, dass man die oben geschilderte Gegenfrage (um nicht zu sagen Gretchenfrage!), wie es denn mit der Kausalitätsrichtung steht, oder gar, ob hier überhaupt mehr als ein tautologischer Zusammenhang beschrieben wird, vergisst oder nicht mehr zu stellen wagt.

Sinkt aus welchen Gründen auch immer die Kapitalproduktivität (d. h. nimmt die capital-to-income ratio *zu), kann die Volkswirtschaft nur dann die gleiche Wachstumsrate wie zuvor erzielen,*

6 Piketty, T. (2014).

wenn die Sparquote zunimmt. Das ist ein simpler, rein definitorischer Zusammenhang: Vermag man aus zusätzlich investiertem Kapital immer weniger zusätzliche Produktion herausholen (sinkt die durchschnittliche Kapitalproduktivität also), dann muss man eben immer mehr investieren. Das bedeutet für den Neoklassiker: mehr sparen (!), um die Produktion (das Einkommen) so zügig wachsen zu lassen wie zuvor. Hält man diese banale Aussage bereits für wissenschaftliche Erkenntnis, ist es recht einfach, die eigentlich wichtige Frage, warum denn die Kapitalproduktivität sinkt, ob sie das durchgehend tut oder ob sie zyklisch etwa mit der Kapazitätsauslastung schwankt, nicht zu stellen oder als technologische und damit exogene Gegebenheit darzustellen und auszublenden. Auch die Frage, auf welche Weise eine Erhöhung der Sparquote zu mehr Investitionen führt, wird dabei nicht gestellt, weil, wie oben gezeigt, Sparen nur ein anderes Wort für Investieren ist und die Sache somit wieder zu reiner Definitorik verkommt, also ohne jeden inhaltlichen Anspruch bleibt.

In einem Aufsatz von Piketty und seinem Ko-Autor Gabriel Zucman heißt es wörtlich: »[...] capital is back because low growth is back.«[7] Diese Aussage entspricht aber genau der oben beschriebenen Definitorik, denn sie erklärt weder, warum die Wachstumsraten niedrig sind, noch findet man mit einer solch einfachen »Begründung« eine Antwort auf die entscheidende Frage, was die im Nachhinein gemessene Sparquote bestimmt hat. Auch ist vollkommen unklar – das gestehen die Autoren allerdings explizit zu –, welche Rolle Bewertungseffekte dabei spielen, also wie aufgebläht die »Werte« an den Kapitalmärkten in den letzten Jahrzehnten sind.

Dass sich Piketty unter bestimmten Umständen für eine höhere Besteuerung von Kapital ausspricht, macht ihn offenbar auch für progressive Kreise interessant. Seine Theorie ist aber, soweit man das neben der ebenfalls aus der Neoklassik kommenden Definitorik erkennen kann, streng neoklassisch. Das gilt auch hinsichtlich der Annahme, Arbeit und Kapital seien Substitute im Produktionsprozess, würden also alternativ eingesetzt, je nachdem wie sich die Preise der beiden relativ zueinander entwickeln. Das ist, wie in den Kapiteln 4 und 5 gezeigt wird, theoretisch und empirisch falsch und kann niemals die Basis für eine sinnvolle Theorie sein.

Um das Bild einer wachsenden Wirtschaft zu vervollständigen, musste die klassische Lehre nur noch die beiden entscheidenden Produktionsfaktoren, Arbeit und Kapital, miteinander über einen Markt verknüpfen und in das Wachstumsmodell integrieren. Das geschah (durch Robert Solow) auf der Basis der sogenannten Theorie der Faktorpreise. Deren Relation entscheide, so die Vorstellung, über die jeweiligen Einsatzverhältnisse von Arbeit und Kapital im Produktionsprozess.

Unabhängig von der Menge des eingesetzten Kapitals und der Art der eingesetzten Technik, existiert nach dieser Vorstellung bei flexiblen Löhnen immer ein Lohn, bei dem Arbeit voll beschäftigt ist, weil mit der Flexibilität der Löhne bereits über die Arbeitsintensität der Produktion (also das Verhältnis von Arbeit und Kapital) entschieden wurde. Auch bei aus technischen Gründen stark steigender Kapitalproduktivität lasse

7 Piketty, T., & Zucman, G. (2014): 2.

sich über sinkende Löhne im Verhältnis zum Preis für Kapital eine Verlangsamung des Anstiegs der Kapitalintensität erreichen, so dass Vollbeschäftigung möglich bleibe.

Die Substitution von Arbeit und Kapital, wie sie in der sogenannten Cobb-Douglas-Produktionsfunktion ihren klarsten Ausdruck findet, hat eigentlich mit dem walrasianischen Gleichgewicht nichts zu tun, weil es dort zwar flexible Löhne gibt, aber keinen Unternehmer, der über den Tag hinaus denkt und auf der Basis seiner Erwartungen über die Entwicklung der Preise der Produktionsfaktoren seine Produktionsstruktur anpasst. Auch hier geht es um einen Prozess, der nur als über die Zeit ablaufend und verbunden mit entsprechender Unsicherheit verstanden werden kann. Wie die Unternehmen dabei homogene Erwartungen bilden sollen hinsichtlich der weiteren Entwicklung der Preise für Arbeit und für Kapital, ist die zentrale Frage. Sind die Erwartungen nicht homogen, kann und wird sich aber, wie später zu zeigen ist, kein Unternehmer an diesen Preisen orientieren.

Auch in den häufig keynesianisch genannten Modellen von Roy Harrod und Evsey Domar wird das Investieren nicht als das Hauptproblem einer Marktwirtschaft betrachtet, sondern als die automatische Konsequenz des Sparens.[8] Die eigentliche Frage, welche Signale in einer komplexen Wirtschaft bei den Unternehmen ankommen, wenn die privaten Haushalte weniger von ihrem Einkommen ausgeben als zuvor, stellen diese »Wachstumsmodelle« ebenfalls nicht. Folglich sind auch ihre Antworten belanglos, wenn es um die Erklärung der wirtschaftlichen Dynamik geht, die man in der Realität beobachten kann.

Die Gleichheit von Sparen und Investieren ($S = I$) war und ist – trotz Keynes' expliziter Kritik – heute noch der Fixpunkt der gesamten ökonomischen Theorie und insbesondere des Teils, der »Wachstumstheorie« genannt wird. Das ist konsequent, solange man wie Robinson auf seiner Insel verharrt. Jenseits dieser Welt aber, bei anonymen Entscheidungen, unvollkommener Information und aus dem Nichts geschaffenem Geld, ist $S = I$ der Kern des großen Missverständnisses, dem die Ökonomik seit zweihundert Jahren aufsitzt.

2.3 Say's Law: Der »Battle Cry« und seine Bedeutung

Selten in der Geschichte der Wissenschaften bewegt ein schlichter Satz, der dazu noch von demjenigen, dem er zugeschrieben wird, vermutlich nie gesagt wurde, die Gemüter auch Jahrhunderte später. Auf Say's Law, den Satz, »das Angebot schafft sich seine

8 Harrod, R. (1939); Domar, E. (1946).

Nachfrage«, trifft jedoch genau das zu. Was Jean Baptiste Say, ein französischer Ökonom im Jahr 1803 in nicht leicht verständlichen Worten beschrieb, hat sich zu einem »Battle Cry« entwickelt,[9] der über die Jahrhunderte immer dann hervorgeholt wurde, wenn es galt, der klassisch-neoklassischen Theorie den Anschein eines Zugangs zu wirtschaftlicher Dynamik zu geben.

Wir wollen an dieser Stelle nicht versuchen, Licht in das dogmengeschichtliche Dunkel zu bringen und zu erklären, wie es möglich ist, dass ein Satz ohne jeden Beweis und ohne jede Empirie eine solche Bedeutung erlangen konnte.[10] Gleichwohl müssen wir ihn in die klassische Theorie einordnen und fragen, ob er etwas an unserem bisherigen Urteil ändert, dass die Klassik und die Neoklassik die dynamischen Abläufe eines Marktsystems nicht verstehen. Immerhin behauptet der Satz, es könne jenseits des einfachen Ausgleichs von gegebenem Angebot und gegebener Nachfrage eine Interaktion an den Märkten existieren, bei der regelmäßig die Angebotsseite eine aktive oder sogar eine Führungsrolle übernimmt. Wäre dem so, würde seine Aussagekraft weit über Walras hinausreichen und in der Tat so etwas wie eine klassische Dynamik begründen – obwohl dann immer noch nicht geklärt wäre, wie und ob er $S = I$ fundamental in Frage stellt.

Say's Law ist trivial, wenn es auf rein mikroökonomische Phänomene angewandt wird: Der Schumpeter'sche Pionier schafft selbstverständlich eine zusätzliche Nachfrage, wenn er erfolgreich ist. Damit ist die Frage aber nicht beantwortet, was ihn erfolgreich macht und ob man den Erfolg eines einzelnen Unternehmens einfach auf die gesamtwirtschaftliche Ebene transferieren kann, ohne neue Erfolgsbedingungen einführen zu müssen. Auch lässt sich der Satz auf der Mikroebene leicht umdrehen zu »die Nachfrage schafft sich ihr Angebot«, weil es beliebig viele Beispiele dafür gibt, dass auf der Nachfrageseite neue Bedürfnisse auftauchen, die die Unternehmen rasch bedienen. Hier ist ebenfalls unklar, unter welchen Bedingungen daraus eine gesamtwirtschaftlich valide Theorie werden soll.

In seinem Jahresgutachten 1999/2000 wandte der deutsche Sachverständigenrat Say's Law auf eine Weise makroökonomisch an, die bezeichnend ist. In einer Kontroverse über die Nachfragewirkungen einer zurückhaltenden Lohnpolitik schrieb der Rat zur Verteidigung seines Arguments:

> Es wäre auch merkwürdig, wenn in einer Volkswirtschaft, die einen Produktivitätsfortschritt verzeichnet, nicht vielfältige Prozesse der Einkommenssteigerung vorkämen, die dann zu einer Nachfragezunahme führen.[11]

---

9 Schumpeter, J.A. (1966 [1954]).
10 Für eine Diskussion siehe Flassbeck, H. (1982).
11 Sachverständigenrat zitiert in Flassbeck, H. (2000): 85.

Das ist vollkommen richtig. Es wäre erstaunlich, wenn es nach einer realisierten Zunahme der Arbeitsproduktivität keine Effekte auf das Preisniveau gäbe, die dafür sorgen, dass ohne weiteres Zutun die Produktivitätszunahme über eine allgemeine Preissenkung zu einer Reallohnerhöhung und zu einer steigenden Güternachfrage führt, die den negativen Effekt der Rationalisierung auf die Arbeitsplätze im rationalisierenden Unternehmen ausgleicht.

Die Frage, ob man für oder gegen Lohnerhöhungen ist (der Sachverständigenrat war dagegen), bedeutet dann allerdings nichts anderes als die Frage, ob man für ein bestimmtes Inflationsziel ist oder nicht (das verstand der Rat nicht). Es geht in dem Fall nur darum, ob die für die Nachfrage notwendigen Reallohnerhöhungen bei einem leicht positiven Inflationsziel zu erreichen sind – was der Rat aufgrund seiner legalen Grundlage für richtig halten muss, aber gleichzeitig Nominallohnerhöhungen impliziert – oder ob dazu die Inflationsrate zu sinken hat. Das werden wir später im Detail erläutern.

Doch der Rückfall auf eine solche Variante von Say's Law beantwortet noch lange nicht die Frage, wie es zu den Investitionen kommt, die positive Wirkungen auf die Arbeitsproduktivität haben und Lohnerhöhungen möglich machen. Erst wenn man hier eine systematische Antwort hat, kann man sich über die Folgewirkungen und die politischen Konsequenzen so auslassen, dass daraus ein insgesamt logisches und auch wirtschaftspolitisch verantwortbares Gebilde wird. Es ist, das darf man ohne große Übertreibung sagen, in der Makroökonomik so wie in den Naturwissenschaften: Erst dann, wenn man das Ganze erklären kann, kann man auch dessen Teile erklären.

2.4 Knut Wicksell und die Bedeutung von Zeit und Geld

Wir müssen uns genau an dieser Stelle des Weges zu einer umfassenden Theorie der makroökonomischen Zusammenhänge noch einen Moment mit Dogmengeschichte aufhalten und erklären, welche Rolle das Preisniveau dafür spielt, ob sich das Angebot seine Nachfrage schaffen kann, und uns deshalb mit dem schwedischen Ökonom Knut Wicksell auseinanderzusetzen, weil er der erste war, der sich genau diese Frage gestellt hat. Schumpeter ging sogar so weit, ihn als den Schutzpatron aller Kritiker von Say's Law zu bezeichnen.[12] Wicksell ist aber auch deswegen wichtig, weil er seit einigen Jahren eine gewaltige Renaissance erlebt und heute – vor allem den Arbeiten von Michael

12 Schumpeter, J.A. (1966 [1954]): 1117.

Woodford folgend[13] – in Form des »natürlichen Zinses« die entscheidende theoretische Stütze für die globale Notenbankpolitik erschaffen hat, nachdem der Monetarismus weitgehend ad acta gelegt wurde.

Als gelehriger Schüler Böhm-Bawerks verstand Wicksell, dass es – anders als im walrasianischen System vorgesehen – Zeit beanspruchende Prozesse gibt, die mit Unsicherheit einhergehen und der Stationarität des allgemeinen Gleichgewichts seine Relevanz weitgehend nehmen. In der Sammlung von Aufsätzen, die erst nach seinem Tod erschienen, schreibt er: »Die Bedeutung des Elements der Zeit in der Produktion wurde von Walras und seiner Schule nie angemessen gewürdigt.«[14] Er erkannte aber auch und ging dabei über Böhm-Bawerk hinaus, dass es bedeutende Faktoren im Verlauf der wirtschaftlichen Entwicklung gibt, die in der klassischen Lehre überhaupt nicht vorstellbar waren.

Wicksell fragte sich, wieso man beobachten kann, dass das allgemeine Preisniveau steigt, wenn doch im Gleichgewichtssystem Nachfrage und Angebot immer ausgeglichen sind. (Diesen Ausgleich nannte er »Say's Law«, im Lichte unserer obigen Ausführungen ist es aber besser, ihn stattdessen »Walras' Law« zu nennen.) Müssten nicht auf der gesamtwirtschaftlichen Ebene, vergleichbar mit der Mikroebene, die Preise genau dann stärker steigen, wenn die Nachfrage das Angebot überholt? Woher aber sollten die positiven Anregungen kommen, die dafür sorgen, dass die Nachfrage in bestimmten Phasen schneller steigt als das Angebot? Um im Robinson-Beispiel zu bleiben: Solange der Fischer eigene Ersparnisse einsetzen muss, um in die Angel zu investieren, wird das allgemeine Gleichgewicht nicht gestört, weil weiterhin Angebot und Nachfrage übereinstimmen.

Für Wicksell stand außer Frage, dass die Anstöße dafür auf die Investitionen zielen müssen, weil die Nachfrage der privaten Haushalte vollkommen im System bestimmt wird und keinerlei exogenes Element enthalten kann. Ihm kam zugute, dass zu der Zeit seiner Arbeit einige neue Ansätze aufkamen, die darauf hinausliefen, Kapital monetär zu begreifen und der Bestimmung des Zinses auch monetäre Elemente beizumischen. Schumpeter weist darauf hin, dass es schon bei David Ricardo und späteren Banktheoretikern immer wieder Versuche gab, den Zins monetär zu interpretieren.[15] Aber bis zu Wicksells Ausbruch aus dem klassischen Weltbild hatte niemand einen ernsthaften oder gelungenen Versuch unternommen, sich von der Vorstellung zu lösen, wonach der Geldzins einfach nur ein Derivat des eigentlichen realen Zinses ist, der die Rendite auf das vorhandene Sachkapital repräsentiert.

---

13 Woodford, M. (2011).
14 Wicksell, K. (1977 [1934]): 171.
15 Schumpeter, J. A. (1966 [1954]): 1118.

Wicksell gab den Banken eine eigenständige Rolle im Prozess der wirtschaftlichen Entwicklung, weil sie in der Lage sind, Kredite zu einem Zins zu vergeben (dem Geldzins), der unter oder über dem natürlichen Zins (den erwarteten Erträgen der Investitionen) liegt und dadurch eine Beschleunigung oder Verlangsamung der Investitionstätigkeit auslösen kann. Dies zieht potenziell einen kumulativen Prozess in expansiver oder restriktiver Richtung nach sich, bei dem die meisten Preise in Bewegung geraten und in dem das Preisniveau steigt oder fällt.

Der Zyklus der Konjunktur erhält dadurch nicht nur eine systematische Erklärung, sondern auch eine besondere Bedeutung für die wirtschaftliche Entwicklung, weil der klassische Steady State zu einem Zufallsergebnis wird, das keinerlei besondere Bedeutung hat. Die Unternehmen und die unternehmerischen Investitionen gewinnen enorm an Bedeutung und können nur noch im Rahmen des Konjunkturzyklus und seiner monetären Implikationen gesehen und verstanden werden.

Die Bedeutung der Wicksell'schen Analyse für die Überwindung der neoklassischen Stationarität ist kaum überschätzen. Er war es, der die Automatik von Sparen und Investieren, die Böhm-Bawerk noch als selbstverständlich betrachtet hatte, schon zu Ende des 19. Jahrhunderts (sein Hauptwerk *Geldzins und Güterpreise* erschien 1898) aufhob. Indem er den Geldzins vom realen Zins – oder der Rendite des Eingesetzten Sachkapitals bzw. der Rendite der laufenden Investitionen à la Keynes' »marginal efficiency of capital« – trennte, erzwang er eine explizite Erklärung für die Umwandlung von Sparen in Investieren, die von der klassischen Analyse bis dahin nicht verlangt worden war, weil die jederzeitige Gleichheit beider Größen absolut offensichtlich erschien.

Diese Erklärung jedoch, die einen Nexus via Kapitalmarkt und Geldzinsveränderung unterstellt (mehr Sparen führt zu sinkenden Zinsen und regt die Investitionstätigkeit an), steht auf so wackeligen Füßen, dass sie das gesamte neoklassische Konstrukt am Ende nicht mehr zu tragen vermag.

2.5 Intertemporale Vorsprünge à la Schumpeter

Zu Beginn des 20. Jahrhunderts, also zu der Zeit, als Schumpeter begann, seine eigene Theorie der wirtschaftlichen Dynamik zu entwickeln, existierten schon, wie wir gesehen haben, eine Reihe bedeutender Vorarbeiten. Schumpeter wollte darauf aufbauen und eine neue Tür öffnen. In seinem ersten großen Werk *Das Wesen und der Hauptinhalt der theoretischen Nationalökonomie* hatte er den Stand der ökonomischen Theorie zu Beginn des vergangenen Jahrhunderts bereits akribisch dokumentiert. Darin legte Schumpeter dar, dass die Gleichgewichtslogik nur die erste Stufe einer wissenschaftlichen Beschreibung der wirtschaftlichen Verläufe sein könne. Voller Optimismus kommt er am Ende des Vorworts zu dem Schluss:

> Wie jede Polemik, so liegt mir auch jede Bitterkeit ferne. Ich vertraue der Zukunft unserer Disziplin und bedauere nichts von der Vergangenheit. Gleich weit von Autoritätsglauben und Festhalten an alten Dogmen wie von rücksichtsloser Zerstörungssucht, von melancholischem oder selbstzufriedenem Skeptizismus wie von überschwänglichen Hoffnungen blicke ich mit Ruhe in den neuen wissenschaftlichen Tag, der, wenn ich nicht irre, zu grauen beginnt.[16]

Schumpeter irrte. Die neue dynamische Ökonomik, die er mit seinem zweiten Werk *Theorie der wirtschaftlichen Entwicklung* anschieben wollte, sollte sich nie durchsetzen, obwohl bis auf den heutigen Tag immer wieder mit seinen Schlagworten jongliert wird.

Er erkannte, dass die zur vorigen Jahrhundertwende herrschenden Ansätze einer dynamischen Theorie eine entscheidende Lücke ließen. Böhm-Bawerk hatte überzeugend beschrieben, dass ein einmal eingeschlagener zeitraubender Produktionsumweg schließlich »mehrergiebig« sein kann, und Wicksell hatte gezeigt, dass ein niedriger Geldzins Investitionen, die solche Produktionsumwege ausnutzen, fördert. Doch die Frage wodurch (und durch wen) die in der Realität zu beobachtende Investitionsdynamik ausgelöst und vorangetrieben wird, blieb unbeantwortet.

Den Theorien fehlte das Agens, die Institution oder die Personengruppe, die unter bestimmten günstigen Umständen den stationären Kreislauf aufbricht und die Produktion auf ein neues höheres Niveau führt. Es war offensichtlich, dass dies der Unternehmer sein muss. Nur er verfügt über das Wissen und die Erfahrung, die es ermöglichen, die gewohnten Pfade zu verlassen und ein neues Produkt oder ein neues Produktionsverfahren an die Stelle des bisherigen zu setzen.

Das große Paradoxon bestand jedoch darin, dass die Unternehmer im walrasianischen System nach Gewinnen streben, sie aber unter den Bedingungen des vollständigen Wettbewerbs im Gleichgewicht nie erreichen. Der *entrepreneur ne faisant ni bénéfice ni perte* (»der Unternehmer, der weder Gewinn noch Verlust macht«) war ein aus dem Gleichgewichtsmodell nicht hinweg zu denkendes Element, obwohl viele auch Walras nahestehende Autoren die Diskrepanz zu einer Wirklichkeit, in der die Unternehmen hohe Gewinne machen, nicht leugnen konnten.[17]

Schumpeter rekurrierte auf Karl Marx, der Profite zum wichtigsten Motor der kapitalistischen Produktion erklärt hatte. Das Ungleichgewicht, das die Existenz dieser

---

16 Schumpeter, J.A. (1970 [1908]): XXIV.
17 Schumpeter, J.A. 1966 (1954): 1050.

Gewinne begründet, muss allerdings zum Normalfall der kapitalistischen Produktionsweise erhoben werden, um eine Betrachtung der Gewinne als nur ein temporäres, flüchtiges Phänomen, das keine wirkliche Bedeutung hat, weil es der Wettbewerb bei vollkommener Information auf idealen Märkten schnell hinwegfegt, zu verhindern.

Zwischen der Marx'schen und der Walras'schen Gewinnthese fand Schumpeter keinen Widerspruch: Die erste beschreibt die Wirklichkeit, während die zweite das Ergebnis einer theoretischen Konstruktion darstellt, die praktisch niemals auf die Realität angewandt werden kann. Dennoch war Schumpeter überzeugt, dass die Walras'sche These von größter Bedeutung ist, wenn es darum geht, diese Wirklichkeit zu verstehen.[18]

Gerade die Abweichung von der »Norm der Stationarität« macht den Erfolg des Unternehmers aus, der etwas Neues wagt. Kennt man die Norm nicht, kann man auch die Abweichung nicht erkennen. Bei Schumpeter ist es allerdings nicht wie bei Marx der Kapitalist schlechthin, der aus der Routine ausbricht, sondern ein einzelner von einer neuen technischen Idee oder einem neuen Produkt inspirierter Unternehmer. Nur er kann systematisch darauf hoffen, einen temporären Monopolgewinn zu erzielen, weil nur er über das Mittel verfügt, auch in einem Wettbewerbssystem über Investitionen erfolgreich zu sein. Anders als bei Marx (oder, wie Schumpeter anmerkt,[19] in noch größerer Klarheit bei Alfred Marshall),[20] wo die erfolgreichen Unternehmen wegen sinkender Grenzkosten nahezu automatisch in einem Monopol oder zumindest in einem Oligopol enden, hält Schumpeter an dem Wettbewerbsgedanken prinzipiell fest, weil er ihn lediglich temporär suspendiert.

Von allergrößter Bedeutung ist, dass er – vollkommen anders als Marx – sieht, dass selbst ein Prozess, bei dem die Unternehmer Schritt für Schritt höhere Gewinne machen, nicht dazu führt, dass die Unternehmen bzw. die bürgerliche Klasse schlussendlich (»ultimately«) als Ganzes davon profitieren. Darauf sind wir schon in Abschnitt 2.3 bei der Rationalisierung und bei Say's Law eingegangen. Würden alle Unternehmen gleich dem Pionier handeln und die Preise angesichts steigender Produktivität senken, würde das Preisniveau so stark abfallen, dass »ultimately« nicht die Unternehmer insgesamt, sondern die Konsumenten und Arbeitnehmer insgesamt die entscheidenden Profiteure dieser Aktion wären.

Schumpeters Beharren auf der großen erkenntnislogischen Bedeutung der Gewinnlosigkeit nach Walras, erklärt sich genau durch jenen Effekt. Das walrasianische System versucht, trotz aller Abstraktion und Realitätsferne, einen Punkt zu finden, der aus logischen Gründen das Ende aller Anpassungsprozesse, die in einem Marktsystem statt-

18 Ebd.
19 Ebd.: 1051.
20 Marshall, A. (2013 [1890]).

finden können, markiert. Insofern bedeutet es an dieser Stelle die Vorwegnahme der gesamtwirtschaftlichen Analyse, deren Geschichte eigentlich erst in den 1930er-Jahren beginnt. Wir kommen im nächsten Abschnitt in aller Ausführlichkeit darauf zurück.

Das Schumpeter'sche Unternehmen macht einen Gewinn, weil es unter sonst für alle Unternehmen gleichen Umständen einen Kostenvorsprung gegenüber seinen Konkurrenten durch ein effizienteres Produktionsverfahren erzielt oder weil es ein neues Produkt auf dem Markt einführt, mit dem es gelingt, Nachfrage von den bisher verkauften Produkten abzuziehen. Das führt zu Anstrengungen der Wettbewerber, es dem Pionier gleichzutun und mag damit enden (»ultimately«), dass der Pioniergewinn wieder verschwindet, weil alle ihre Produktivität erhöhen und ihre Preise senken. Dann hat dieser Prozess genau zu dem Phänomen geführt, das man wirtschaftliche Entwicklung nennt: Die riskante Aktion eines Einzelnen stößt eine Bewegung an, bei der es schließlich gelingt, den Lebensstandard aller am Wirtschaftsprozess Beteiligten zu erhöhen.

Im schumpeterianischen Prozess kommt Geld eine große Bedeutung zu. Der Pionier kann nur aus dem Kreislauf der Stationarität ausbrechen und sich die Ressourcen, die er für seine Investition braucht, aneignen, wenn er über Geld verfügt, das nicht schon in anderen Verwendungen gebunden ist. Nur dieses Geld, das vom Bankensystem (Zentralbank und Banken) aus dem Nichts geschaffen wird, erlaubt die zusätzliche Nachfrage nach Investitionsgütern, die das System aus dem stationären Kreislauf reißt. Für Schumpeter bedeutet das, einen potenziell inflationären Prozess zuzulassen, der aber genau dann nicht inflationär wirkt, wenn die Schaffung neuen Einkommens »aus dem Nichts« gelingt.

Hier trifft sich Schumpeter in gewisser Weise mit Wicksell. Der Pionier profitiert davon, dass er einen Kredit bekommt, dessen Zins unter seiner erwarteten Rendite liegt. Wenn der Geldzins in der Nähe von Wicksells natürlichem Zins liegt, dann ist dieser Zins – angesichts eines Erwartungswerts der Rendite, die über dem Durchschnitt aller Unternehmen liegt – für ihn sicher sehr niedrig. Ob sich daraus eine spezielle Wirkung der Geldpolitik oder gar des Schumpeter'schen Unternehmers auf die Konjunktur konstruieren lässt, wollen wir jedoch hier noch nicht endgültig entscheiden. Zweifel darf man aber haben, ob mit der Beschreibung der Angebotsseite (und in späteren Arbeiten der Betonung technologischer Neuerungen) das Phänomen der Konjunktur angemessen zu erfassen ist.

Trotz der Bedeutung des aus dem Nichts geschaffenen Geldes hat Schumpeter seine Theorie nicht in der Gruppe der Theorien verortet, die »in der Welt des Geld- und Kreditwesens die Ursache des Zyklus suchen, so wichtig auch das Moment der Kaufkraftschaffung gerade für unsere Auffassung ist«. »Dennoch«, schreibt er, »leugnen wir nicht, dass man die Konjunkturbewegung kreditpolitisch beeinflussen und sogar verhindern könnte – mit ihr allerdings auch diese Art von wirtschaftlicher Entwicklung überhaupt«.[21]

---

21 Schumpeter, J.A. (1964 [1911]): 342.

2.6 Wilhelm Lautenbach und Keynes' *Treatise*

Genau an dieser Stelle beginnt das, was man makroökonomische Analyse nennen kann. Einige Ökonomen erkannten, dass sich der Gewinn der Unternehmen, auf den es nach allgemein herrschender Auffassung für die Dynamik der Volkswirtschaft ankommt, in einem klaren logischen Korsett analysieren lässt, wenn man zur Kenntnis nimmt, dass der Unternehmer nicht nur als Pionier eine besondere Stellung für die wirtschaftliche Entwicklung hat, sondern auch im wirtschaftlichen Kreislauf eine Position einnimmt, die ihn von allen anderen unterscheidet.

Diese Erkenntnis entwickelten im Gefolge der Weltwirtschaftskrise 1929/1930 mehrere Ökonomen nahezu gleichzeitig, darunter Wilhelm Lautenbach, der zu jener Zeit Beamter im Reichswirtschaftsministerium war. Er erkannte in großer Klarheit, dass die damals und heute herrschende Lehre einen entscheidenden logischen Defekt aufwies: Sie analysierte die Wirtschaft auf eine Weise, der zufolge Angebot und Nachfrage nicht nur für das einzelne Unternehmen und den einzelnen Haushalt unabhängig voneinander gegeben seien, sondern auch für die Gesamtwirtschaft. Das aber konnte nicht stimmen, stellte Lautenbach fest, weil sich leicht zeigen lässt, dass es für den Unternehmenssektor nicht gilt.

Lautenbach teilte das gesamte Einkommen (E) der Volkswirtschaft (auf der Angebotsseite) in Unternehmereinkommen (E_U) auf der einen Seite und Nichtunternehmereinkommen (E_N) auf der anderen auf.[22] Da das gesamte Volkseinkommen (auf der Nachfrageseite) nur aus Konsum (V) und Investition (I) besteht, schrieb er:

$$E_U + E_N = E = I + V.$$

Lautenbach folgerte daraus: »Da aber das Einkommen der Nichtunternehmer pari passu mit der Produktion unmittelbar gegeben ist, eben durch die Höhe der Entschädigungen, die die Unternehmen an die Nichtunternehmer zahlen, während das Unternehmereinkommen gerade unbestimmt ist, erst auf dem Markt festgestellt wird, so hat es einen Sinn, diese Gleichung nach E_U aufzulösen.« Nach einigen einfachen Umformungen entsteht daraus:

$$E_U = I + V_U - S_N.$$

Das bedeutet, dass das Einkommen der Unternehmer immer gleich ist dem Wert der Investition zuzüglich des Wertes des Konsums der Unternehmer (V_U) selbst, aber abzüg-

22 Lautenbach, W. (1954): 15–33.

lich der Ersparnisse aller Nichtunternehmer (S_N), inklusive der des Staates. Staatliches Sparen schlägt sich unmittelbar in einer Verminderung der Unternehmensgewinne nieder, während staatliche Ausgabenüberschüsse, also Schulden, diese vergrößern.

Offensichtlich ist es so, dass jede Ausgabenkürzung, wo immer in der Volkswirtschaft sie vorgenommen wird, gleichartige negative Auswirkungen auf die Gewinne der Unternehmen hat. Ob es die privaten Haushalte sind, der Staat, die Unternehmen selbst oder die gleichen Akteure in den Ländern, die mit uns Handel treiben (das Ausland): Stets führt eine Kürzung der Ausgaben einer dieser Sektoren bei gleichbleibenden Einnahmen dazu, dass die Gewinne der Unternehmen sinken.

Schwer nachzuvollziehen ist zunächst das Ausgabeverhalten der Unternehmen in seiner Auswirkung auf die Unternehmen selbst. Reagieren diese auf Ausgabekürzungen der anderen Sektoren mit eigenen Kürzungen, was den Normalfall darstellen dürfte, verschlechtern sie unmittelbar die Situation aller Unternehmen weiter, weil ihre Ausgabekürzungen nichts anderes bedeuten als Einnahmeausfälle für andere Unternehmen.

Dieses Phänomen kann man in seiner grundsätzlichen Bedeutung kaum überschätzen. Das heißt nämlich, dass für das marktwirtschaftliche System ohne Intervention des Staates keine Möglichkeit der Selbststabilisierung im Falle eines negativen Nachfrageschocks existiert. Eine einmal ins Rollen gebrachte Lawine ist nicht mehr zu stoppen. Umgekehrt gilt aber auch, dass investierende und sich verschuldende Unternehmen die Situation aller Unternehmen ständig verbessern, ohne dass es dafür eine »natürliche« Grenze gibt. Der Zyklus der Konjunktur mit seiner offenkundigen Neigung, in beiden Richtungen zu »überschießen«, findet hier eine systematische Erklärung.

Für die Interventionen der Wirtschaftspolitik ist diese Erkenntnis von enormer Bedeutung. Es bedarf nicht dauernder Eingriffe, sondern es genügt in der Regel, durch eine antizyklische Maßnahme die Richtung zu ändern, in der die Unternehmen die Anpassung an eine sich ändernde Einnahmesituation vornehmen. Wenn allerdings die Unternehmen praktisch immer sparen, wie das in den meisten Ländern der Welt seit über zehn Jahren der Fall ist, dann muss der Staat permanent neue Schulden machen, weil es sonst niemals aufwärts geht.

Auch »das Ausland« respektive die dort agierenden Staaten, Haushalte und Unternehmen können mit der Kürzung ihrer Ausgaben, also mit vermehrtem »Sparen«, die Situation der inländischen Unternehmen verschlechtern und die oben geschilderten Anpassungsmaßnahmen nach sich ziehen. Sinken die Ausgaben von Land A für Importe aus Land B, weil die Haushalte dort ihre Sparquote erhöhen, ist es zunächst offensichtlich, dass es auch nach neoklassischer Vorstellung keinen Kapitalmarktmechanismus gibt, der für einen Ausgleich in Land B sorgt. Selbst wenn Land A seine Zinsen senkt, muss dies nicht unbedingt heißen, dass in Land B ebenfalls eine Zinssenkung durchgeführt wird, zumindest dann, wenn die Länder flexible Wechselkurse zwischen ihren Währungen zulassen.

Es zeigt sich an diesen schlichten Abwägungen, dass der repräsentative Haushalt der Neoklassik, der mit seiner Entscheidung über mehr oder weniger Ausgaben aus einem gegebenen Einkommen die Wirtschaft lenkt, eine Schimäre ist, ja, dass er in kaum zu überschätzender Weise zur allgemeinen Verwirrung beiträgt. Für die Wirklichkeit komplexer arbeitsteiliger Wirtschaften, in denen sich die Unternehmen an anonymisierte Signale über Einnahmen und Ausgaben anpassen müssen, lässt sich ein solcher Haushalt nicht anders als absurd bezeichnen.

Handlungen, die ein bewusst herbeigeführtes Ausgabendefizit zur Folge haben, also Sparen, sind grundsätzlich nicht geeignet, ein Verhalten auf der Seite der Unternehmen anzuregen, das zu Ausgabenüberschüssen führt, weil dadurch ihre Nachfrage, die Auslastung ihrer Produktionskapazitäten und ihre Gewinne sinken. Aufgrund der Tatsache, dass die Unternehmen mit ihrer Anpassungsreaktion an sinkende Gewinne die Gewinne ihres gesamten Sektors noch einmal verringern, besteht ständig die Gefahr einer kumulativen Verstärkung des Abschwungs.

Umgekehrt gilt, dass jede bewusste Herbeiführung eines Ausgabenüberschusses, sei es von der Seite des Staates, des Auslands oder der Unternehmen selbst, die Nachfrage-, Auslastungs- und Gewinnsituation der Unternehmen unmittelbar verbessert. Das wiederum schafft die Möglichkeit, dass die Unternehmen die positiven Impulse zu einer weiteren Vergrößerung ihres Ausgabenüberschusses veranlassen, was dann zu einem kumulativen Aufschwungsprozess führen kann. Lautenbach hat das in seiner unnachahmlich knappen Art in die Worte gefasst: »Die Nachfrage der Unternehmer ist nicht eine Funktion ihres Einkommens, sondern ihr Einkommen ist eine Funktion ihrer Nachfrage.«[23, 24]

Die Tatsache, dass ex post, also nach dem Ende aller Anpassungsprozesse dennoch alle Ausgabendefizite durch Ausgabenüberschüsse genau ausgeglichen werden, ist für die Frage, ob der Prozess, der zu dieser Ex-post-Gleichheit geführt hat, effizient oder sinnvoll war, nicht von Bedeutung. Es geht lediglich darum, ob zwischen den ursprünglich getroffenen Entscheidungen und dem Ex-post-Resultat ein Aufschwung oder ein Abschwung stattgefunden hat, ob entsprechend im Laufe des Prozesses die gesamtwirtschaftlichen Einkommen gestiegen oder gesunken sind.

---

23 Ebd.: 22.

24 Wolfgang Stützel hat übrigens versucht, diesen (ihn offensichtlich schockierenden) Satz in einer Fußnote, die sich über mehrere Seiten zieht, zu erklären. Das ist ihm nicht gelungen, man kann aber klar herauslesen, dass auch er, der Herausgeber des Lautenbach'schen Buches, jenen zentralen Satz weder inhaltlich noch im Sinne seiner wirtschaftspolitischen Bedeutung verstanden hat. Bei Keynes findet sich diese bedeutende Einsicht schon in einer kurzen Bemerkung in seiner *Treatise on Money* aus dem Jahre 1930.

Wir beobachten hier also eine starke Asymmetrie. Je nachdem, ob ein Ausgaben- oder ein Einnahmenüberschuss am Beginn eines dynamischen Prozesses steht, entwickelt sich die Wirtschaft in Richtung Einkommenssteigerung oder -senkung. Die neoklassische Vermutung, man könne auch in einer komplexen Wirtschaft durch einen Einnahmenüberschuss, durch »Sparen«, durch Gürtel-enger-Schnallen mithilfe von »nicht keynesianischen Effekten« einen Wachstumsschub initiieren, ist von vorneherein vollkommen unsinnig.

Man muss zudem staunen, wie wenig die Unternehmensverbände dieser Welt verstehen, in welcher Weise und in welchem Ausmaß ihre Mitglieder sich dadurch schaden, dass sie zu Netto-Sparern geworden sind. So ist das systematische Sparen der deutschen Unternehmen seit der Jahrtausendwende nur möglich gewesen, weil fast immer das Ausland die Rolle des Schuldners übernommen hat. Dazu mehr in Kapitel 3 (insbesondere Box 5 und Überblick 6).

Auf ähnliche Weise wie Lautenbach hat Keynes schon in seiner *Treatise on Money*[25] die von der Neoklassik als theoretisches Postulat verkaufte Ex-post-Gleichheit von Investition und Sparen analysiert. (Es ist auch wahrscheinlich, dass Lautenbach von Keynes' Analyse unmittelbar inspiriert war.)

Formal gesehen gestaltet sich die Theorie des Sparens und der Investitionen äußerst einfach. Das Bruttoinlandsprodukt einer geschlossenen Volkswirtschaft oder der Welt (Y), zerfällt in einen Teil (C), der sofort (in der Produktionsperiode) konsumiert wird, und einen Teil (S), der gespart wird, um in Zukunft konsumiert oder investiert zu werden (I) und das Produkt in einer späteren Periode zu erhöhen. Formal lässt sich dies aufschreiben als:

$$Y = C + I \text{ oder } Y = C + S,$$

was bedeutet, dass man für die geschlossene Volkswirtschaft »findet«, was angenommen wurde, nämlich, dass:

$$S = I.$$

Für eine einzelne offene Volkswirtschaft bestehen die Ersparnisse ex post aus inländischen (S_d) und ausländischen Ersparnissen (S_f), wobei letztere das Korrelat des Leistungsbilanzdefizits sind, wenn ihr Wert positiv ist, sodass gilt:

$$S_d + S_f = I.$$

25 Keynes, J.M. (1930): 136–153.

Keynes hat in seinen »fundamentalen Gleichungen« in der »Reinen Geldtheorie«, die den ersten Band seiner *Treatise on Money* bildet, die inhärente Logik dieses klassischen Ansatzes herausgestellt. Die berühmte Gleichheit von Ersparnis und Investition gilt ex post oder wenn sich die betrachtete Wirtschaft in einem Zustand des vollkommenen Gleichgewichts befindet. Letzteres beschreibt eine stationäre Wirtschaft, d. h. eine solche, in der das Realeinkommen konstant ist und in der es für die Unternehmer keine Anreize gibt, das bestehende Aktivitätsniveau zu ändern, da sich die Höhe der Gewinne auf null beläuft.

In allen anderen Fällen, so Keynes, ist es nicht $S = I$, das den Lauf der Dinge bestimmt, sondern eine Gleichung wie:

$$Q = I - S,$$

wobei (Q) die Gewinne oder Verluste der Unternehmer bezeichnet.[26] In dieser Welt reduziert jeder Akt des individuellen Sparens, sei es durch Regierungen, private Haushalte oder den Rest der Welt, die Gewinne, das Sparen der Unternehmen, weil er die effektive Nachfrage im Unternehmenssektor insgesamt verringert.

Der Unterschied zwischen den beiden Modellen ist bemerkenswert und wird leider auch in der Wirtschaftstheorie und der Wirtschaftspolitik oft nicht angemessen berücksichtigt. Mit den Gewinnen (Q) als ausgleichender Kraft zwischen Sparen und Investieren ändert sich das Weltbild grundlegend, und zwar so, dass das traditionelle Modell eines perfekten Kapitalmarktes dieses nicht mehr beschreiben kann.

Um es mit Keynes' Worten zu sagen: Die euklidische Geometrie gilt nicht für eine nicht-euklidische Welt.[27] In der Tat ähnelt das Problem mit der heutigen Mainstream-Wirtschaftstheorie demjenigen, gegen das Keynes zu seiner Zeit kämpfte. In seiner *General Theory* kam er zu dem Schluss: »Thus the traditional analysis is faulty because it has failed to isolate correctly the independent variables of the system. Saving and investment are the determinates of the system, not the determinants.«[28]

Die Schwäche des orthodoxen Ansatzes wird deutlich, wenn er sich mit konkreten Veränderungen im Verhalten der Akteure in einer Wirtschaft befassen muss, die objektiver Unsicherheit unterworfen ist. Wenn z. B. die Ersparnisse des öffentlichen Sektors plötzlich ansteigen, werden die Unternehmen, die mit sinkender Nachfrage und Gewinnen konfrontiert sind, mit einer Verringerung ihrer Investitionen reagieren. Für die Unternehmen gibt es nur Informationen über den Nachfragerückgang, nicht aber über die systemischen Gründe für diese Veränderung.

26 Ebd.: 136.
27 Keynes, J. M. (2008 [1936]): 16.
28 Ebd.: 92.

Die neoklassische Theorie hat mit der Theorie der rationalen Erwartungen auch hier einen »Ausweg« gefunden. Sie unterstellt, dass die Unternehmen aufgrund des Anstiegs der Ersparnisse eine Beschleunigung des Wachstums erwarten können. Diese Argumentation ist jedoch ein logischer Zirkelschluss. In einer Welt, in der die Unternehmen ihre Investitionsausgaben erhöhen, weil die Nachfrage sinkt, würden sie einfach die Finanzierung der höheren Investitionen von Eigenkapital (Cashflow, Gewinne) auf zinstragende Kredite umstellen. Der Mechanismus hinter diesem bemerkenswerten Übergang ist im Kontext der Theorie ein Rückgang der Zinssätze infolge höherer Ersparnisse oder geringerer Staatsverschuldung.

Die Implikationen jenes Ansatzes sind verblüffend und absurd: Nach der Erhöhung der Sparquote des Staates (oder der Verringerung der Verschuldung durch geringere Ausgaben oder höhere Steuern) wird erwartet, dass die Unternehmen das gleiche Gewinnniveau erzielen wie in einer Situation, in der sich die Nachfrage des Staates nicht verändert hat. Nun müssen die Unternehmen aber ihre Investitionen genau um den Betrag erhöhen, der gespart und nicht mehr für Konsumausgaben verwendet wird – obwohl die Nachfrage nach ihren Produkten gesunken ist. Das bedeutet, dass sie zinstragende Kredite verlangen, um die durch den Rückgang des Konsums entstandene Gewinnlücke zu schließen. Mit anderen Worten: Die investierenden Unternehmen erhöhen ihre Kreditaufnahme am Kapitalmarkt um genau den Betrag, den sie »umsonst« erworben hätten, würden die Haushalte genauso viel ausgeben wie zuvor. Selbst wenn die Zinssätze gegen Null gehen, ist es offensichtlich, dass die Mittel, die die Unternehmen zur Sicherung ihrer Gewinnrate benötigen, jetzt teurer sind als vorher. Die traditionelle Theorie geht also davon aus, dass die Unternehmen mehr investieren als früher, obwohl sie unverkaufte Lagerbestände anhäufen oder ihre Kapazitätsauslastung verringern müssen und obwohl die Finanzierung dieser Investitionen teurer geworden ist.

Würde man a priori von konstanten oder Nullgewinnen ausgehen, könnte man die Dynamik des Systems mit der Glättung des privaten Konsums im Zeitablauf erklären. Das bedeutet, dass sich die Unternehmen passiv an jede Entscheidung der Haushalte anpassen, ohne die Gleichgewichtswerte des Modells oder seine inhärente Stabilität zu gefährden. Eine solche Wirtschaft würde ausschließlich durch autonome Konsumentscheidungen angetrieben, da das Modell von völlig reaktiven Unternehmern ausgeht, die bei ihren Investitionsentscheidungen niemals die tatsächlichen Geschäftsbedingungen berücksichtigen. Stattdessen dient in der Regel die Verschlechterung ihrer Geschäftslage in der Gegenwart als Beweis für eine gerechtfertigte (erwartete) Verbesserung in der Zukunft. Die ganze Idee wirkt nahezu aberwitzig, doch sie spiegelt genau das wider, was heute gang und gäbe ist.

Politische Entscheidungsträger, die sich auf dieses Modell stützen, verkennen, dass es Schlüsselfaktoren, die das Wirtschaftsleben in der Realität prägen, nicht erfassen kann: den Zeitfaktor und, eng damit verbunden, die Verfügbarkeit von Informationen, die die Abfolge von Entscheidungen, wie sie von Wirtschaftsakteuren unter objektiver Unsicherheit über die Zukunft getroffen werden, beeinflussen. In der echten Welt hat die Entscheidung, mehr zu sparen und weniger zu konsumieren, schwerwiegende Auswirkungen auf den Gütermarkt, bevor sie sich am Kapitalmarkt bemerkbar macht.

In einer Welt der Ungewissheit und der flexiblen Gewinne ist es möglich, dass die Absicht des Einzelnen oder des Staates, eine absolut höhere Summe als zuvor zu sparen, völlig fehlschlägt, weil das zukünftige Einkommen, das sie am Ende der Periode erzielen, niedriger ausfallen kann als dasjenige, das sie zu deren Beginn erwartet haben. Selbst wenn es den Haushalten gelingt, den Anteil der Ersparnisse an ihrem tatsächlichen Einkommen (die Sparquote) zu erhöhen, oder der Staat die Verschuldung reduziert, kann der absolute Betrag des gesparten (und investierten) Einkommens niedriger sein, da der Nenner der Sparquote, das Realeinkommen, aufgrund des Rückgangs der Nachfrage und der Gewinne möglicherweise gesunken ist, was einen Rückgang der Investitionen zur Folge hat.

Gleichwohl hat die herrschende Lehre über viele Jahrzehnte den Eindruck erweckt, dass die beiden Modelle ebenbürtig nebeneinanderstehen, und dass es der Wirtschaftspolitik offensteht, sich für die Flexibilität der Zinssätze statt für die Flexibilität der Gewinne und des Realeinkommens zu entscheiden. So schreibt der IWF in einer Publikation aus dem Jahr 1995, dass es zwei verschiedene Sichtweisen auf das Sparen gebe. In der einen Sichtweise wird das Sparen als Ergebnis einer Entscheidung zwischen gegenwärtigem und zukünftigem Konsum gesehen. Der Einzelne vergleicht seine Zeitpräferenzrate mit dem Zinssatz und gleicht seinen Verbrauch im Laufe der Zeit an, um seinen Nutzen zu maximieren. Der Zinssatz ist der wichtigste Mechanismus, durch den Sparen und Investitionen in ein Gleichgewicht gebracht werden. Die andere Sichtweise sieht eine enge Verbindung zwischen dem laufenden Einkommen und dem Konsum, wobei der Rest das Sparen ist. Bei dieser Sichtweise werden Ersparnis und Investitionen hauptsächlich durch Einkommensveränderungen ins Gleichgewicht gebracht, wobei der Zinssatz eine geringere Rolle spielt.[29]

2.7 Keynes und die *General Theory*

Als sich Keynes wenige Jahre nach der *Treatise* anschickte, mit seiner *General Theory*[30] die ökonomische Welt endgültig zu erschüttern, war er sich seiner Sache keineswegs sicher. Er sah zwar klar, dass die klassisch-neoklassische Theorie vor gewaltigen Rätseln

29 Masson et al. (1995): 3
30 Keynes, J.M. (2008 [1936]).

stand, doch die einzelnen Bereiche, wo sich die Probleme eindeutig identifizieren ließen, konnte er wohl noch nicht zu einem Gesamtbild zusammensetzen, das einen konsistenten und empirisch abgesicherten Gegenentwurf ergab. Mit anderen Worten: Obwohl er der erste war, der gesamtwirtschaftliches Denken systematisch propagierte und erkannte, wie entscheidend die Bewegung des gesamten Einkommens für die Dynamik der Wirtschaft ist, vermochte er bestimmte Elemente des alten Denkens nicht über Bord zu werfen.

Die Unsicherheit seines Weltbildes zeigt sich vermutlich am besten daran, dass schon bald nach der Veröffentlichung der *General Theory* ein gewisser Sir John Richard Hicks weitgehend unwidersprochen daran gehen konnte, der keynesianischen Revolution exakt die falschen Leitplanken einzuziehen[31] – von »Synthesen« gar nicht zu reden, mit denen Paul Samuelson und andere die neoklassische Theorie bald »keynesianisch« zu rehabilitieren versuchten. Wir kommen darauf im nächsten Abschnitt ausführlich zurück.

Wir wollen Keynes' eigene Zweifel an drei zentralen Beispielen aus der *General Theory* belegen. Der erste Punkt betrifft das Sparen. Im Kapitel 16, das mit »Sundry Observations on the Nature of Capital« überschrieben ist, beginnt er vielversprechend mit dem vielzitierten Satz:

> An act of individual saving means — so to speak — a decision not to have dinner today. But it does not necessitate a decision to have dinner or to buy a pair of boots a week hence or a year hence or to consume any specified thing at any specified date. Thus it depresses the business of preparing today's dinner without stimulating the business of making ready for some future act of consumption. It is not a substitution of future consumption-demand for present consumption-demand, — it is a net diminution of such demand.[32]

Das ist vollkommen klar und richtig. Mehr Sparen bedeutet – wie wir in Kapitel 3 zeigen werden – weniger Investitionen. Ein paar Zeilen weiter heißt es jedoch:

> The prospective yield of the marginal new investment is not increased by the fact that someone wishes to increase his wealth, since the prospective yield of the marginal new investment depends on the expectation of a demand for a specific article at a specific date.[33]

31 Hicks, J. R. (1937).

32 Keynes, J. M. (2008 [1936]): 105.

33 Ebd.: 106.

Mehr Sparen bedeutet also keine »Erhöhung« der Rendite neuer Investitionen. Warum? Wenn das heutige Geschäft eines Unternehmens, wie im ersten Zitat klar gesagt, durch einen absoluten Rückgang der Nachfrage verringert (»depressed«) wird, muss man einen Rückgang der Rendite erwarten, wenn, wie Keynes ebenfalls klar sagt, die Renditeerwartung an der Nachfrage für Güter und Dienstleistungen hängt. Auch seine im letzten Abschnitt gezeigte Gleichung aus der *Treatise* ist in dieser Hinsicht vollkommen klar: Wird mehr gespart, sinken die Gewinne der Unternehmen.

Der zweite Kritikpunkt betrifft den »Arbeitsmarkt« und die Rolle der Löhne. Keynes widmet dem das berühmte Kapitel 19. Er prüft alle möglichen Argumente für und gegen die von der Neoklassik geforderte Flexibilität der Löhne und setzt sich insbesondere mit den Risiken der absoluten Senkung des Nominallohnes (»money-wage«) auseinander. Er kommt zu folgendem Ergebnis:

> In the light of these considerations I am now of the opinion that the maintenance of a stable general level of money-wages is, on a balance of considerations, the most advisable policy for a closed system; whilst the same conclusion will hold good for an open system, provided that equilibrium with the rest of the world can be secured by means of fluctuating exchanges. There are advantages in some degree of flexibility in the wages of particular industries so as to expedite transfers from those which are relatively declining to those which are relatively expanding. But the money-wage level as a whole should be maintained as stable as possible, at any rate in the short period.[34]

Warum aber sollten die Löhne kurzfristig konstant bleiben? Auch in Keynes' Welt existieren Produktivitätsfortschritte und Inflationsraten. Die Forderung, die Nominallöhne am besten konstant zu halten (wie die Forderung, flexibel im Hinblick auf strukturelle Veränderungen zu sein), bedeutet ohne Zweifel, für eine deflationäre Entwicklung einzutreten und damit immer wieder Reallohneinbußen zu riskieren, weil die Preisanpassung nicht reibungslos verläuft. Dafür gibt es, wie wir in Kapitel 4 zeigen werden, keine vernünftige Begründung.

Sich von den überkommenen Vorstellungen zu lösen, mit denen wir groß geworden sind, ist die schwierigste Aufgabe für die meisten Ökonomen. An ihr hat sich auch Keynes, insofern es um Löhne geht, die Zähne ausgebissen. Den Kampf des Autors mit den überkommenen Vorstellungen des Faches zu den Arbeitsbeziehungen kann man an vielen Stellen des Buches erkennen, aber nirgendwo kommt er so klar zum Ausdruck wie zu Beginn der Abhandlung.

---

34 Ebd.: 134.

Das erste Kapitel der *General Theory* ist schon außerordentlich, weil es aus einem einzigen Absatz besteht, in dem Keynes lediglich zu erklären versucht, warum er dem Buch diesen Titel gegeben hat. Das zweite Kapitel, von dem hier vor allem die Rede sein soll, widmet sich dann unvermittelt den in seinen Augen wichtigsten klassischen (heute würden wir sagen neoklassischen) Postulaten. Dabei legt er ein ungewöhnlich großes Gewicht auf die Theorie des Arbeitsmarktes. Etwa drei Viertel des zweiten Kapitels widmet er diesem Zusammenhang, der später in der gesamten Abhandlung nur noch einmal prominent auftaucht, nämlich in Kapitel 19, wo es explizit um die Änderung der Geldlöhne (der Nominallöhne) und ihre Auswirkungen geht.

Der Schluss des zweiten Kapitels handelt knapp von dem, was Keynes als »Say's Law« bezeichnet, was wir heute aber den Zusammenhang von Sparen und Investieren nennen würden. Er wendet sich darin gegen die Vorstellung, dass ein Akt des individuellen Sparens im Sinne von Nicht-Konsumieren (»abstaining from consumption«) mit irgendeiner Automatik zu höheren Investitionen führt.[35]

Wenden wir uns aber der Frage zu, ob Keynes' kritische Würdigung der klassischen Theorie des Arbeitsmarktes angemessen war. Er identifiziert zwei Postulate der klassischen Beschäftigungstheorie: Dem ersten zufolge sei der Lohn immer gleich der Grenzproduktivität der Arbeit, während das zweite versucht, dem Nutzen der Arbeit das Arbeitsleid der Beschäftigung (»disutility of employment«) gegenüberzustellen, um daraus eine Angebotsfunktion für Arbeit abzuleiten. Nur das erste Postulat ist für uns interessant.

Keynes setzt sich in seiner Kritik detailliert mit der Frage auseinander, ob die Arbeitnehmer einen Rückgang der Reallöhne eher akzeptieren, wenn er über steigende Preise zustande kommt als über sinkende Nominallöhne. Damit löst er sich also schon an dieser Stelle nicht vom Konzept der Grenzproduktivität, was aber notwendig ist, wenn man zur Wirklichkeit vordringen will.[36] Obendrein argumentiert er mit der »Erfahrung«, die zeige, dass steigende Preise eher akzeptiert würden, und nicht mit der Logik, die zuerst nach der Reihenfolge der ökonomischen Veränderungen fragt. Für Keynes ist es daher auch eine Erfahrungsfrage, ob die Arbeitnehmer in der Großen Depression Nominallohnsenkungen verweigert und auf diese Weise die Arbeitslosigkeit nach oben getrieben hätten oder eben nicht. Er schreibt:

---

35 Letzteres stimmt, aber es ist eine offene Frage, ob man diesen Zusammenhang unter dem Namen »Say's Law« analysieren sollte; jedenfalls, wenn man damit die Bedeutung meint, die Autoren wie David Ricardo und John Stuart Mill diesem Satz gegeben haben. Den Unterschied zwischen dem, was die Klassiker »Say's Law« nannten und dem, was wir heute unter der Sparproblematik verstehen, hier näher zu erläutern, würde jedoch zu weit führen.

36 Flassbeck, H., & Spiecker, F. (2007): 52 f.

> Moreover, the contention that the unemployment which characterises a depression is due to a refusal by labour to accept a reduction of money-wages is not clearly supported by the facts. It is not very plausible to assert that unemployment in the United States in 1932 was due either to labour obstinately refusing to accept a reduction of money-wages or to its obstinately demanding a real wage beyond what the productivity of the economic machine was capable of furnishing.[37]

Trotz seiner Geläufigkeit ist dieses Argument nicht besonders stark. Eher sollte man fragen, ob die Lohnsenkungen, die in der Großen Depression bei massiv steigender Arbeitslosigkeit mit der Macht der Arbeitgeber tatsächlich durchgesetzt worden waren, genau das bewirkten, was sich die Arbeitgeber erhofft hatten – oder ob sie zum genauen Gegenteil führten. Um das zu beurteilen, ist die Einstellung der Arbeitnehmer kaum von Belang (siehe Abschnitt 1.1 und Kapitel 4).

Schließlich kommt Keynes zu seinem ersten zentralen Kritikpunkt an der klassischen Theorie. Er sagt, sie basiere auf der Annahme, dass es in den Verhandlungen von Arbeitgebern und Arbeitnehmern um Reallöhne gehe und letztere auf diese Weise die Reallöhne jederzeit in Übereinstimmung mit der Grenzproduktivität bringen könnten.

Dagegen stellt Keynes die Feststellung, dass die klassische Theorie es gleichzeitig für richtig halte, dass die Preise in hohem Maße von den Kosten abhängen und letztere wiederum von den Lohnkosten. Folglich müsse man erwarten, dass eine Nominallohnsenkung eine Preissenkung nach sich ziehe, die womöglich genauso groß sei wie die Lohnsenkung und damit eine Reallohnsenkung verhindere. So stellt Keynes seine »fundamentale« Behauptung auf, dass es vermutlich keine Mittel gibt, mit denen die Arbeiter als Gruppe und auf der Ebene der Gesamtwirtschaft, selbst wenn sie wollten, ihre Nominallöhne vermindern und so die Reallöhne in Übereinstimmung mit der Grenzproduktivität bringen können.

Kurz darauf bemerkt er – und da wird es zum ersten Mal mehr als erstaunlich –, dass die Arbeitnehmer oft bessere Ökonomen als die Klassiker seien, weil sie sich einer Nominallohnsenkung auf der Breite der Volkswirtschaft zwar widersetzen, Reallohnsenkungen, »die mit einer steigenden Beschäftigung« einhergehen, aber durchaus akzeptieren würden.

Das hat System und ist keineswegs eine eher zufällige Inkonsistenz bei Keynes. Ein paar Seiten weiter legt er deutlich offen, dass für ihn – bei gegebener Technik – der Reallohn und die Beschäftigung untrennbar miteinander verbunden sind (»uniquely correlated«). Er bestreitet dieses Faktum (»vital fact«) nicht, das die »klassischen Ökonomen (zu recht) als unbestreitbar angesehen haben«. Keynes gibt dann in einer

37 Keynes, J. M. (2008 [1936]): 13.

Fußnote auch das klassische Beispiel zum Besten, wo ein zusätzlicher Landarbeiter bei sinkenden Skalenerträgen (die Produktionstechnik lässt für den neu hinzukommenden Arbeiter lediglich eine sinkende Produktivität zu) nur dann eingestellt wird, wenn die Löhne aller Arbeiter auf das nun niedrigere Grenzprodukt fallen und der Gewinn des Unternehmens steigt, weil die Produktivität der schon vorhandenen Arbeiter schließlich gleichbleibt, ihr Lohn aber sinkt.

Man kann Keynes zugestehen, dass er sich durch die Betonung der Annahmen (die gegebene Technik vor allem) in gewisser Weise von der klassischen Theorie distanzierte. Das ist aber ein großes Zugeständnis. Hätte Keynes wirklich verstanden, wie enorm die Bedeutung einer Reallohnsenkung für die Nachfrage in einer geschlossenen Volkswirtschaft ist, wäre seine Distanzierung weitaus deutlicher ausgefallen; nämlich indem er geschrieben hätte, dass man natürlich ein einfaches und rein betriebswirtschaftliches Modell konstruieren kann, bei dem einiges dafür spricht, dass unter extrem restriktiven Annahmen bezüglich der verwendeten Technik nicht auszuschließen ist, dass einmal eine Konstellation auftritt, bei der eine Lohnsenkung die Einstellung eines zusätzlichen Mitarbeiters begünstigt. Dies hat jedoch, so hätte er fortfahren sollen, rein gar nichts mit der Analyse einer Volkswirtschaft zu tun, bei der die Technik eines Betriebes mit der Technik von Millionen anderen Betrieben in einem Gesamtzusammenhang gesehen werden muss.

Auch wäre es ihm leicht möglich gewesen zu zeigen, dass der von ihm geschilderte Fall der Arbeiter in der Landwirtschaft schon deswegen absurd ist, weil unglaubliche Verrenkungen nötig sind, um herzuleiten, auf welche Weise es dort überhaupt zu einer Lohnsenkung kommt. Fällt der zusätzliche Arbeiter, der einen Job sucht, vom Himmel? Ist er arbeitslos geworden, weil die anderen zu hohe Löhne verlangt haben? Oder weil die Volkswirtschaft einem Schock ausgesetzt war, der gar nichts mit den Löhnen zu tun hatte, so wie in der Großen Depression, die Keynes selbst anspricht?

Entscheidend ist aber, dass die Frage, um die es in der *General Theory* eigentlich hätte gehen müssen, nämlich wie und wann die Arbeiter in einem etwas komplexeren Fall auf den gesunkenen Lohn mit ihrer eigenen Nachfrage reagieren, gar nicht gestellt wird.

Was ist, wenn die Lohnsenkung politisch erzwungen wird (wie es in Griechenland im Zuge der Eurokrise der Fall war) und der Umbau der Produktion, den man bräuchte, um die Arbeiter bei einem niedrigeren Lohnniveau zu beschäftigen, schon deswegen vollkommen außerhalb der realen Möglichkeiten liegt, weil die erste Reaktion der Arbeitnehmer in einer Reduktion der eigenen Nachfrage besteht und die damit ausgelöste (oder verstärkte) Rezession die wirtschaftlichen Grundbedingungen für alle Unternehmen zu einem Zeitpunkt verschlechtert, wo noch nicht eines von ihnen über einen Umbau der Produktion in Richtung größerer Arbeitsintensität nachzudenken begonnen hat?

Im Angesicht derartiger Überlegungen hätte Keynes sich das berühmte Kapitel 19 seiner *General Theory* mit dem bezeichnenden Titel »Changes in Money-Wages« glatt sparen können. Er bleibt dort nämlich ebenfalls dem Kern der neoklassischen Theorie treu und stellt die Beziehung zwischen Reallohn und Beschäftigung nicht infrage. Zwar fragt er, welche Auswirkungen die Veränderungen der Nominallöhne haben können, sieht aber nicht, dass eine Senkung der Nominallöhne im ersten Schritt immer auch eine Senkung des Reallohnes nach sich zieht und genau das auf der Nachfrageseite die Welt grundlegend zum Schlechten verändert – lange bevor die neoklassische Substitution von Kapital durch Arbeit (wenn es sie denn gäbe!) zum Zuge kommen könnte.

Unabhängig davon, ob sinkende Nominallöhne nur zu einer Preissenkung führen (was kurzfristig nicht zu erwarten ist) oder zu einer Kombination von geringerer Preissenkung und gleichzeitiger Reallohnsenkung: niemals ist eine Zunahme der Beschäftigung das Ergebnis. In der realen Welt, wo – wie in Griechenland – die Reallöhne sinken, nachdem eine Nominallohnsenkung politisch erzwungen wurde, ist das Resultat eine sinkende Beschäftigung, also steigende Arbeitslosigkeit, und damit verbunden eine Schwächung der wichtigsten Nachfragekomponente (in normalen Volkswirtschaften jedenfalls, wo die Binnennachfrage dominiert). Da der Rückgang des privaten Konsums unweigerlich mit einer gesunkenen Kapazitätsauslastung einhergeht, werden die Unternehmen trotz gesunkener Löhne die Zahl der Beschäftigten reduzieren und ihre Investitionen herunterfahren. Folglich bedeuten Reallohnsenkungen eine unmittelbare Bedrohung für die vorhandenen Arbeitsplätze. Die Reallöhne sind also genau andersherum, als Keynes es vermutet hat, mit der Beschäftigung korreliert.

Den Großteil seiner Überlegungen in der *General Theory* widmet Keynes einer geschlossenen Wirtschaft, weil er (zu recht) schon hier so viel Unverständnis hinsichtlich der entscheidenden wirtschaftlichen Zusammenhänge attestierte, dass es sinnvoll schien, diese Analyse zu Ende zu bringen, bevor man sich einer offenen Wirtschaft zuwendet – ein Unterfangen, das, wie wir gerade gesehen haben, bis heute nicht vollendet ist. Dennoch betont er in Kapitel 19, dass man in einer offenen Wirtschaft durch eine relative Senkung der Geldlöhne (im Vergleich zu den Handelspartnern) einen Handelsbilanzüberschuss erzielen und damit auch die Investitionstätigkeit anregen kann.

Keynes schreibt aber, dass eine solche Strategie, soll sie erfolgreich sein, voraussetzt, dass die Handelspartner sie nicht mit handelspolitischen Maßnahmen unterlaufen. Das ist ein wichtiger Hinweis, weil es heute manchmal so scheint, als sei der Versuch, sich über relative Lohnsenkung absolute Vorteile im internationalen Handel zu erschleichen und anderen Ländern auf diese Weise Arbeitsplätze und Gewinnmöglichkeiten abzujagen, eine Frage des »nationalen Charakters«. Man belegt das moderne Freibeutertum dann mit Namen wie »Exportismus« oder »Exportneigung eines Volkes«[38] und tut so,

---

38 Nölke, A. (2021).

als handle es sich dabei um eine Art kultureller Errungenschaft oder eine Veranlagung in den Genen einer Gesellschaft, sich auf Kosten anderer zu bereichern.

Das dritte Beispiel betrifft mit der Liquiditätspräferenz den Punkt, der Keynes' neoklassische Kontrahenten und viele seiner Schüler am meisten beschäftigt hat, den wir aber ohne weiteres beiseite und sogar endgültig ad acta legen können. In der gesamten *General Theory* bemüht Keynes bei seinen Ableitungen immer wieder ein mehr oder weniger fixes Geldangebot. Daraus leitet er beispielsweise ab, dass die Senkung der Nominallöhne durchaus positive Beschäftigungseffekte haben kann, wenn im Gefolge die Preise sinken, weil dann die reale Geldmenge steigt und die Zinsen sinken (das berühmte »monetary management by the trade unions«).

Die Liquiditätspräferenz muss vor diesem Hintergrund verstanden werden. Keynes und fast alle seine Schüler, insbesondere Hicks, der zwar nicht im engeren Sinne zu jenem Kreis gehörte, aber den durchschlagendsten Erfolg hatte, blieben zeitlebens Monetaristen in dem Sinne, dass sie für ihre Ableitungen regelmäßig ein von der Zentralbank und den Banken vorgegebenes Geldangebot nutzten, das zusammen mit der am Markt entstehenden Geldnachfrage den Zins bestimmt. Liquiditätspräferenz ist nichts anderes als eine besondere Geldnachfrage, die in Krisenzeiten auftreten und den Zins höher halten kann, als er eigentlich sein müsste.

Wir wissen heute, dass eine solche Ableitung jeder analytischen und empirischen Basis entbehrt, weil die Notenbanken weder jetzt noch früher direkt ein Geldangebot gesteuert haben, sondern immer unmittelbar auf den Zins abzielen. Damit ist ein Effekt wie die Liquiditätspräferenz hinfällig, weil die Notenbanken ihn einfach nicht zulassen würden, und auch ein erheblicher Teil dessen, was Keynes in seiner *General Theory* dazu schreibt, gegenstandslos. Dies erstreckt sich jedoch nicht auf den Kern seiner theoretischen Revolution: Die Bedeutung der Nachfrage und dadurch des gesamtwirtschaftlichen Denkens im Allgemeinen bleibt ebenso erhalten wie die damit verbundene Bewegung des Einkommensniveaus, die erst eine wirklich dynamische Sicht auf die wirtschaftlichen Vorgänge zulässt.

2.8 Mr. Hicks und der Keynesianismus

Schon bald nach der Veröffentlichung der *General Theory* schuf sich der Großteil der Ökonomen, die üblicherweise als Keynesianer (oder als Anhänger der neoklassischen Synthese, später kamen noch die sogenannten Neukeynesianer und Postkeynesianer hinzu) bezeichnet werden, eigene theoretische Spielwiesen. Ihre Versuche griffen Keynes' Faden nur halbherzig auf und verloren in dem Bemühen, die formale Eleganz des neoklassischen Systems zu kopieren, die Wirklichkeit oft vollständig aus dem Auge.

Dies nahm schon 1937 seinen Anfang. Kaum war die *General Theory* erschienen, bemächtigte sich ihrer Sir John Hicks, Ökonomieprofessor aus Oxford, der bis dahin weniger durch originelle Ideen in Sachen Geldtheorie, denn durch eine orthodoxe Abhandlung zum Thema *Value and Capital*[39] aufgefallen war. Hicks presste den gerade entstehenden Keynesianismus in ein enges Korsett, indem er mit leichter Hand den Unterschied zwischen Keynes und den Klassikern in drei Gleichungen formalisierte.

Er hatte damit, bevor Keynes selbst widersprechen konnte, den Kern seiner Ideen derartig verunstaltet, dass sie nur noch als »Depressionsökonomik«, in Hicks eigenen Worten, zu gebrauchen waren. Das Ergebnis seiner Formalisierung heißt IS/LM-Modell und wird seit Jahrzehnten jedem Studenten der Volkswirtschaftslehre als Standarddarstellung des Keynesianismus beigebracht. Dieses führt aber fundamental in die Irre und weit weg von den ursprünglichen Überlegungen, um die es Keynes tatsächlich ging.

Wir wollen uns mit den gedanklichen (erkenntnistheoretischen) Grundlagen des IS/LM-Modells genauer befassen, um zu zeigen, warum es zur Erklärung der Wirkungsweise des Zinssatzes keinen Beitrag leistet. Der grundlegende Dissens, der sich unserer Ansicht nach zwischen dem auftut, was Keynes an neuen Erkenntnissen zur Funktionsweise einer Marktwirtschaft gewonnen hatte, und dem, was Hicks aus ihnen machen sollte, ist leicht zu verstehen. Hicks wollte zeigen, dass es sich bei der Marktwirtschaft um ein an sich gleichgewichtiges oder zumindest zum Gleichgewicht tendierendes System handelt, obwohl dies auch nicht immer hundertprozentig funktioniert. Aus Keynes' grundlegenden Einsichten kann man aber demgegenüber ableiten, dass sich aufgrund der Unsicherheit bezüglich dessen, was in der Zukunft geschieht, das System normalerweise im Ungleichgewicht befindet, nicht zu irgendeinem Gleichgewicht hinstrebt und seine Eigendynamik vor allem durch eine angemessene Entlohnung von Arbeit gewinnt.

Geht man von einem im Grunde gleichgewichtigen System aus, wie es die meisten Keynesianer in Übereinstimmung mit den Neoklassikern tun, dann sind Ungleichgewichte wie Arbeitslosigkeit oder unterausgelastete Kapazitäten vorübergehende Störungen, die es zu beseitigen oder wenigstens zu verringern, am besten jedoch von vornherein zu verhindern gilt. Der Unterschied zwischen den beiden Schulen besteht dann vor allem darin, dass sich Neoklassiker für die Ungleichgewichte entweder gar nicht interessieren bzw. für nicht zuständig halten oder der Wirtschaftspolitik lediglich institutionelle (ordnungspolitische) Vorschläge unterbreiten, die dafür sorgen sollen, dass die für die Störungen verantwortlichen Marktunvollkommenheiten (in der Regel mangelnde Flexibilität der Löhne oder »verkrustete Strukturen«) aus dem Weg geräumt werden. In ihren Augen ist das System Marktwirtschaft genau dann stabil, wenn man es mit möglichst geringen Beschränkungen in Ruhe lässt. Störungen sind in der Regel

39 Hicks, J. R. (1939).

nicht systembedingt, sondern ungeeigneten Rahmenbedingungen und daraus folgend falschen Preisen geschuldet.

Keynesianer gestehen Phänomenen wie Arbeitslosigkeit, Unterbeschäftigung und Unterauslastung, die in der Realität laufend auftreten, einen höheren Stellenwert zu, halten sie aber in der Regel für stabile Sackgassen, in die eine Marktwirtschaft unter ungünstigen Bedingungen hineingeraten kann und aus denen sie nicht mit strukturellen Reformen allein herausfindet, sondern nur mit wirtschaftspolitischer Unterstützung; wobei letzteres auch heißen kann, im Sinne von Konjunkturanregung (Prozesspolitik) in den Kreislauf des Systems korrigierend einzugreifen. Weil genau hier der Unterschied zwischen den beiden Auffassungen liegt, hat die Frage, welches die (automatischen) Stabilisatoren des Systems sind bzw. ob das System überhaupt stabil ist, über Jahrzehnte eine so gewaltige Bedeutung in der Debatte um den Keynesianismus gehabt.

In dem Begriff »Unterbeschäftigungsgleichgewicht« kommt die keynesianische Sichtweise gut zum Ausdruck: Steckt eine Volkswirtschaft (aufgrund exogener Schocks) in einem solchen fest, dann muss sie durch die Wirtschaftspolitik stabilisiert und zum Gleichgewicht, also auf den »vorgegebenen« langfristigen Vollbeschäftigungspfad, zurückgebracht werden. Ist sie dort wieder angekommen, kann sie sich stabil entwickeln und bedarf keiner laufenden wirtschaftspolitischen Prozesssteuerung.

Das IS/LM-Modell erfasst diese Auffassung formal. Dabei wird ein Gleichungssystem geschaffen, das auf der Basis klarer kausaler Beziehungen eine Volkswirtschaft beschreibt, die nach einem Schock zu einem Gleichgewichtspunkt zurückkehren kann. Damit, so die Erwartung, lassen sich die Folgen von exogenen Schocks (z. B. eine Änderung der Sparneigung der Bevölkerung, der Steuersätze oder eine Zerstörung von Sachkapital durch Naturkatastrophen) vorhersagen. Das klingt für die Wirtschaftspolitik attraktiv, weil ein solches Gleichgewichtsmodell scheinbar auch die kurz-, mittel- und langfristigen Ergebnisse ihrer Maßnahmen »rechenbar« macht.

Mit Hilfe der Modelle werden folglich komparativ-statische Analysen durchgeführt, die einen Vergleich des Zustandes der Volkswirtschaft vor und nach einem exogenen Schock erlauben. Ohne diese Methodik wäre es nicht möglich, einen Zielwert anzugeben, zu dem das System in Abwesenheit exogener Anstöße tendiert, und erst recht nicht, wohin es sich bewegt, wenn es einem exogenen Schock oder einer wirtschaftspolitischen Maßnahme ausgesetzt ist. Da man für Prognosen und für die wirtschaftspolitische Beratung genau solche Zielwerte braucht, kann man der Politik auf diese Weise durchaus grobe Anhaltspunkte zur Verfügung stellen. Allerdings dürfen derartige Berechnungen nicht auf einem Modelltyp aufbauen, der mit der Realität wenig zu tun hat.

Begreift man den Ablauf der Volkswirtschaft, so wie wir das tun, als das Ergebnis einer Aneinanderreihung permanenter Ungleichgewichte, lassen sich anhand der vorhandenen empirischen Daten Gleichgewichtsmodelle nur mit erheblichen Fehlermargen schätzen.

Die erdachte Modellstruktur wird immer, um sie quantifizieren zu können, mit Zahlen aus der Realität unterfüttert, die eigentlich nicht zur Modellstruktur passen. Damit taugt dann aber auch das Modell nicht für längerfristige Vorhersagen über diese Realität. Will man dennoch nicht auf Gleichgewichtsmodelle verzichten, muss man deutlich bescheidener in der Analyse und Prognose vorgehen. Über einigermaßen verlässliche Vorhersagen der gesamtwirtschaftlichen Entwicklung von einem Jahr kommt man kaum hinaus. Auch die Quantifizierung von Schockfolgen ist in der Regel ziemlich trivial und würde sich mit der volkswirtschaftlichen Gesamtrechnung genauso gut bewerkstelligen lassen.

Warum ist der Normalzustand einer Marktwirtschaft das Ungleichgewicht? Oder, besser ausgedrückt, warum zeichnet permanente Bewegung das System aus? Der springende Punkt ist die Investitionstätigkeit, die ihrer Natur nach in eine weitgehend unbekannte Zukunft zielt und deren Erträge nicht vorhersehbar sind. Investitionen und Innovationen fallen einmal erfolgreich aus, ein anderes Mal erfüllen sie die Erwartungen der Investoren nicht oder scheitern vollständig. Die erfolgreichen Investitionen verändern allerdings unmittelbar die Wirtschaftsweise, weil zunächst Monopolgewinne entstehen, die auch bei funktionierendem Wettbewerb nur allmählich von den Konkurrenten durch Nachahmung oder durch noch bessere Innovationen bzw. Investitionen wieder wegkonkurriert werden können.

Während dieser Phase verschieben sich die Marktanteile zwischen den Anbietern, zunächst zugunsten des Pioniers und später wieder in die andere Richtung. Erfolglose Investitionen verschlechtern die Marktposition der Unternehmen, die sie in Angriff genommen haben. Welche Investitionen erfolgreich sein werden und welche nicht, ist vorab erstens unklar (sonst gäbe es nur erfolgreiche und die wären risikolos) und zweitens sind die damit verbundenen Innovationen nie allen Marktteilnehmern gleichzeitig bekannt, sondern zuerst nur einem kleinen Kreis von Leuten und dann nach und nach auch dem Rest.

Dieser Prozess von Versuch und Irrtum, von Verdrängen und verdrängt werden, der den dynamischen Kern einer Marktwirtschaft ausmacht, bewegt sich nie hin zu einem stabilen Zustand, den man als Gleichgewicht charakterisieren könnte. Denn was sollte der gleichgewichtige Zielpunkt sein? Indem praktisch alle Unternehmen nach Veränderung streben oder zu Veränderungen gezwungen werden, die sich auf ihre Marktposition auswirken, schwanken permanent auch alle anderen relevanten Größen, insbesondere das gesamtwirtschaftlich verfügbare Einkommen, und das schafft wieder eine neue Ausgangsbasis für alle, die wirtschaftliche und wirtschaftspolitische Entscheidungen treffen.

Es gibt schlicht keinen Grund zu der Annahme, dass im Zeitverlauf etwa genau so viel neuer Sachkapitalstock hinzukommt, wie bereits vorhandene Teile veralten, der Kapitalstock also gesamtwirtschaftlich gesehen konstant bleibt; auch ist nicht zu erwarten, dass er mit einer konstanten Rate wächst – das wären die beiden denkbaren »Gleichgewichte«, die von der Neoklassik und vielen Varianten des Keynesianismus erwartet werden. Welcher einzelwirtschaftlich fundierte Marktmechanismus sollte automatisch dazu führen, dass die Auslastung des gesamtwirtschaftlichen Kapitalstocks so hoch bleibt, dass der Investitionsgütersektor immer genügend stark ausgelastet ist? Obwohl nicht unmöglich, fehlt offenkundig eine Erklärung dafür, wie eine dem System Marktwirtschaft selbst innewohnende Kraft auf Dauer für diesen Spezialfall sorgen kann.

Wir haben in Abschnitt 2.2 im Detail gezeigt, dass die neoklassische Theorie das Problem »löst«, indem sie die Sparquote der Bürger als Taktgeber der Investitionen ansieht. Doch Ersparnisse, auch das haben wir schon angedeutet (eine detaillierte Erklärung folgt in Kapitel 3), sind nicht die Voraussetzung für Investitionen und können daher die Investitionsdynamik nicht erklären. Allerdings lösen sich selbst die meisten Keynesianer nicht wirklich von der Vorstellung, Ersparnisse und Investitionen mit irgendeiner Automatik in Übereinstimmung bringen zu müssen. Statt die Wirkung der Ersparnis als solche und zusätzlicher Ersparnis auf die Investitionstätigkeit zu analysieren sowie die Konsequenzen für das Einkommen und die Gesamtdynamik des Systems zu beschreiben, folgen auch viele Keynesianer der Gleichgewichtslogik und beschränken sich darauf, die Wirkungen exogener Schocks auf eine einmal von außen angestoßene Gleichgewichtswirtschaft zu analysieren.

Wie man es dreht und wendet: Alle Modelle, die das in der Realität existierende Wirtschaftssystem als zu einem Gleichgewicht tendierend ansehen, ignorieren den Kern der Mischwirtschaft, der darin zum Ausdruck kommt, dass der marktwirtschaftliche Teil sich auf einer permanenten Gratwanderung befindet zwischen innovativen, nachfragewirksamen Investitionen und der Schaffung von Überkapazitäten, deren mangelnde Auslastung das System leicht zum Abstürzen bringen kann. Unsere Theorie versucht, diese Dynamik angemessen zu erfassen, auch wenn sich daraus niemals ein elegantes Modell mit vier, fünf oder sogar hundert Gleichungen erstellen lässt.

Das IS/LM-Modell ist wohl deshalb zur Standarddarstellung des Keynesianismus geworden, weil es in die Kategorie der Gleichgewichtsmodelle fällt und folglich unterstellt, die Marktwirtschaft sei trotz gewisser Einschränkungen als ein in sich stabiles System zu betrachten. Der ganze Stolz der Keynesianer war es, anhand eines recht übersichtlichen Modells zeigen zu können, dass ein Zustand mit Arbeitslosigkeit, also mit einem nicht geräumten gesamtwirtschaftlichen Arbeitsmarkt, auch dann möglich und stabil ist, wenn die Arbeiter gemäß ihrer Grenzproduktivität entlohnt werden. Das schien die große Neuerung gegenüber der neoklassischen Theorie zu sein, die ihrerseits Arbeitslosigkeit als von vorneherein freiwillige Arbeitsenthaltung definiert oder auf eine falsche, d.h. im Vergleich zur Grenzproduktivität zu hohe Entlohnung zurückführt, weil der Arbeitsmarkt nicht optimal funktioniert und folglich Rigiditäten bei der Lohnfindung auftreten.

Die beiden zentralen Formeln, die Hicks aus Keynes' Werken entnehmen zu können glaubte und aus denen er die keynesianische Theorie formte, waren die IS-Gleichung und die LM-Gleichung, die dem Modell seinen Namen geben. IS steht für Investitionen (*investment*) und Sparen (*saving*), LM für Geldnachfrage (*liquidity preference*) und Geldangebot (*money supply*). Das IS/LM-Modell versucht die Marktwirtschaft im Rahmen mehrerer Formeln als ein System zu beschreiben, das zu einem Punkt tendiert, dem ein Beharrungsvermögen innewohnt, der also als Gleichgewicht angesehen werden kann. Dieser ist charakterisiert durch eine bestimmte Höhe des (realen) Volkseinkommens, des Zinssatzes und der Beschäftigung, bei dem, gesamtwirtschaftlich betrachtet, der Gütermarkt und der Geldmarkt (und mit letzterem der Kapitalmarkt ebenfalls) geräumt sind, während sich der Arbeitsmarkt sowohl in einem Unterbeschäftigungsgleichgewicht, als auch in einem Vollbeschäftigungsgleichgewicht befinden kann.

Für die Keynesianer war (und ist) es wichtig, das empirisch zu beobachtende Phänomen anhaltend hoher Arbeitslosigkeit umfassend zu erklären. Sie wollten diese nicht wie die Neoklassiker allein darauf zurückzuführen, dass der Preis am Arbeitsmarkt, der Reallohn, ausweislich der Nichträumung des Marktes, offenbar zu hoch sei, man sich also nur um eine größere Flexibilität des Reallohns nach unten bemühen müsse, um die Arbeitslosigkeit abzubauen. Das gesamtwirtschaftliche Modell, das sich die Keynesianer, allen voran Hicks (wir beziehen uns vor allem auf seinen Aufsatz aus dem Jahr 1957 »The Classics Again«, aber auch auf den Originalbeitrag »Mr. Keynes and the ›Classics‹« von 1937, die beide in dem Sammelband *Critical Essays in Monetary Theory* erschienen sind),[40] dafür ausdachten und das sie mit Keynes' Ideen in Übereinstimmung sahen, wollen wir hier in groben Zügen erläutern.

Der Konsum der Menschen (C) hängt von ihrem Einkommen (Y) ab, und zwar in der einfachen Grundform des Modells mit einer festen Verhältniszahl, der Konsumquote (c), also $C = c \cdot Y$. Der Rest des Einkommens, der nicht konsumiert wird, ist die Ersparnis S, die sich aus der Differenz von Einkommen und Konsum ergibt: $S = Y - C$. Setzt man für den Konsum das Produkt aus Konsumquote und Einkommen ein, folgt $S = (1 - c) \cdot Y$, was oft auch als $S = s \cdot Y$ geschrieben wird, wobei s das Gegenteil der Konsumquote, nämlich die Sparquote repräsentiert. Mit anderen Worten: Die Ersparnis ist eine Funktion des Einkommens und nicht wie bei den Neoklassikern eine Funktion des Zinses.

Mit dieser Überlegung war eine inhaltliche Entkoppelung von Ersparnis und Investitionen gelungen, so dass der für die Neoklassiker selbstverständliche Ausgleich von Ersparnis und Investitionen am Kapitalmarkt durch den Zinssatz entfiel. Dadurch ergab sich die Möglichkeit, Arbeitslosigkeit als Folge »zu hoher« Ersparnis (bzw. zu geringer Nachfrage) anstatt »zu hoher« Löhne zu erklären. In einer Marktwirtschaft, so die Idee der Keynesianer, ist der Gütermarkt nicht im Gleichgewicht, wenn mehr gespart als investiert wird. Denn jede Ersparnis stellt einen Ausfall an Nachfrage dar: Die Arbeitnehmer geben das

40 Hicks, J. R. (1979 [1967]).

verdiente Einkommen in der Summe nicht vollständig für die Güter aus, die produziert und für deren Produktion das Einkommen ausgezahlt wurde, so dass also einige Güter auf Halde herumstehen. Diese Nachfragelücke kann durch die Nachfrage der Sachinvestoren nach Investitionsgütern geschlossen werden, sie muss es aber nicht: Es gibt in der keynesianischen Theorie keinen automatischen Ausgleich über den Zins wie in der Neoklassik. Die Investitionen werden – in Hinblick auf die Nachfrage – als gegeben angesehen.

Wenn ein solches »Ungleichgewicht« auf dem Gütermarkt auftritt, dann findet nach keynesianischer Lesart folgender Anpassungsmechanismus statt (Abbildung 2.1): Auf die Nachfragelücke ($Y^0_d < Y^0$ bzw. $S_0 > I_0$) bei einem Einkommen in Höhe von Y^0 reagieren die Produzenten mit einer Drosselung der Produktion, was ein Schrumpfen des gesamtwirtschaftlichen Einkommens bedeutet ($Y^1 < Y^0$). Das wiederum verringert die Ersparnis $S_1 < S_0$), da die Sparquote auf ein geringeres Einkommen trifft. Ist die nun kleinere Sparsumme immer noch größer als die Investitionen ($S_1 > I_0$ bzw. $Y^1_d < Y^1$), findet eine erneute Anpassungsrunde der Produktion (nach unten) statt und zwar solange, bis Ersparnis und Investitionen wieder übereinstimmen. Dies ist beim »gleichgewichtigen« Einkommen Y^* bzw. der »gleichgewichtigen« Produktionsmenge der Fall. (In der umgekehrten Richtung, also bei einer Ausgangssituation $S^0 < I^0$, findet der umgekehrte Vorgang statt, so dass das Einkommen steigt.)

Abb. 2.1 **Infografik zu Nachfrage und Einkommen**

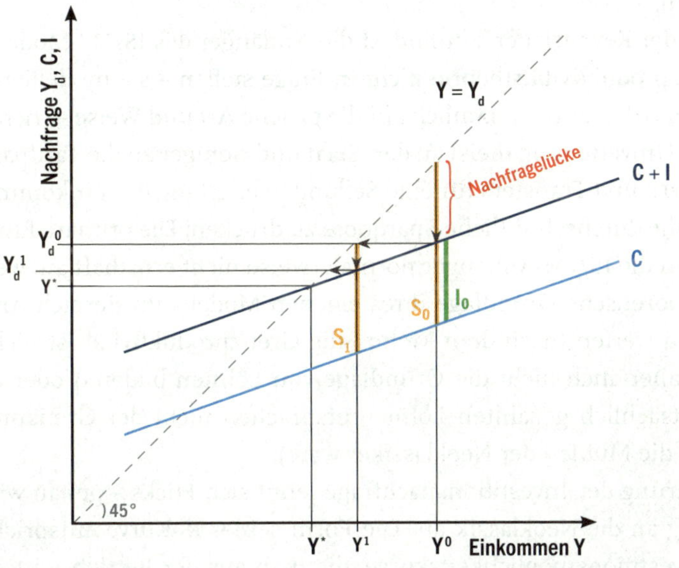

Ob diese »gleichgewichtige« Produktionsmenge so groß ausfällt, dass unter den gegebenen technischen Bedingungen in der Volkswirtschaft, d. h. bei gegebenem Kapitalstock bzw. gesamtwirtschaftlicher Produktionsfunktion, alle Menschen, die arbeiten wollen, auch Arbeitsplätze finden, ist nicht sicher, und zwar selbst dann nicht, wenn ihre Entlohnung der Grenzproduktivität der Arbeit entspricht. Denn nur zufällig stimmt die bei Vollbeschäftigung herstellbare Gütermenge mit derjenigen überein, die bei einer gegebenen Sparquote zu Ersparnissen führt, die den Investitionen entsprechen, bei der folglich der Gütermarkt im Gleichgewicht ist. Bis heute glauben und fordern neoklassisch orientierte Ökonomen – wie etwa die aktuelle Diskussion um den Mindestlohn zeigt –, dass der Faktor Arbeit mit seinem »Grenzprodukt« entlohnt werden sollte, also mit dem Produktionsergebnis, das die letzte eingesetzte Einheit dieses Faktors an Güterwerten erwirtschaftet, damit Arbeitslosigkeit nicht neu entsteht.

Entsprechend lautet das Rezept der Keynesianer gegen Arbeitslosigkeit, der Staat solle im Fall von Unterbeschäftigung so viel Nachfrage entfalten, dass bei der gegebenen, offenbar zu hohen Sparquote die Gesamtnachfrage aus privatem und öffentlichem Konsum sowie privaten und öffentlichen Investitionen so stark steigt, dass das mit Vollbeschäftigung in Einklang stehende Gleichgewichtseinkommen erreicht wird. Alternativ dazu wird auch empfohlen, eine Umverteilung der Einkommen hin zu den unteren Einkommensschichten vorzunehmen, weil deren Sparquote erfahrungsgemäß unterdurchschnittlich ist. In aller Regel bedeutet das eine Umverteilung von den Gewinn- zu den Lohneinkommensbeziehern und unter letzteren von den Gutverdienenden zu den Geringverdienern.

Da das Gros der Keynesianer, zumindest die Anhänger des IS/LM-Modells, die neoklassische Grenzproduktivitätstheorie nicht in Frage stellen – sie modellieren die Entlohnung auf dem Arbeitsmarkt nämlich auf die gleiche Art und Weise –, richtet sich die Forderung nach Umverteilung meist an den Staat und weniger an die Tarifparteien. Dieser soll per Steuern und Transfers für eine Sekundärverteilung der Einkommen sorgen, die geeignet ist, die durchschnittliche Sparquote zu drücken. Die primäre Einkommensverteilung greifen die IS/LM-Anhänger normalerweise nicht ernsthaft an, weil sie dann entweder die theoretische Grundlage ihres eigenen Modells im Bereich Arbeitsmarkt über den Haufen werfen (nach dem Motto »die Grenzproduktivität ist nicht feststellbar und kann daher auch nicht die Grundlage von Löhnen bilden«) oder einräumen müssten, die tatsächlich gezahlten Löhne entsprächen nicht der Grenzproduktivität (was Wasser auf die Mühlen der Neoklassiker wäre).

Bei der Erklärung der Investitionsnachfrage lehnt sich Hicks – genau wie beim Arbeitsmarkt – eng an die Neoklassik an. Die Form seiner IS-Kurve entspricht nämlich der üblichen Investitionsmöglichkeitskurve, die man aus der Betriebswirtschaftslehre kennt. Es gibt, so die Vermutung, immer eine nahezu unbegrenzte Zahl von Investitionsmöglichkeiten, die sich in ihren Ertragschancen unterscheiden. Solche mit hoher erwarteter Rentabilität kommen selbst dann zum Zuge, wenn der Zins, den man für Fremdkapital aufwenden muss, hoch ist. Je niedriger dieser liegt, desto mehr Investitionen haben eine Chance realisiert zu werden. Die Investitionsnachfrage steigt daher bei fallendem Zins. Zugleich aber stellen die Investitionen einen Teil der Gesamtnachfrage dar, erhöhen also das Einkommen. Daraus ergibt sich in einem Diagramm, auf dessen waagrechter Achse die Höhe des gesamtwirtschaftlichen Einkommens und auf dessen senkrechter Achse die Höhe des Zinses eingezeichnet ist, für die Investitionstätigkeit eine fallende Kurve (Abbildung 2.2).

Abb. 2.2 **Infografik zur IS-Kurve**

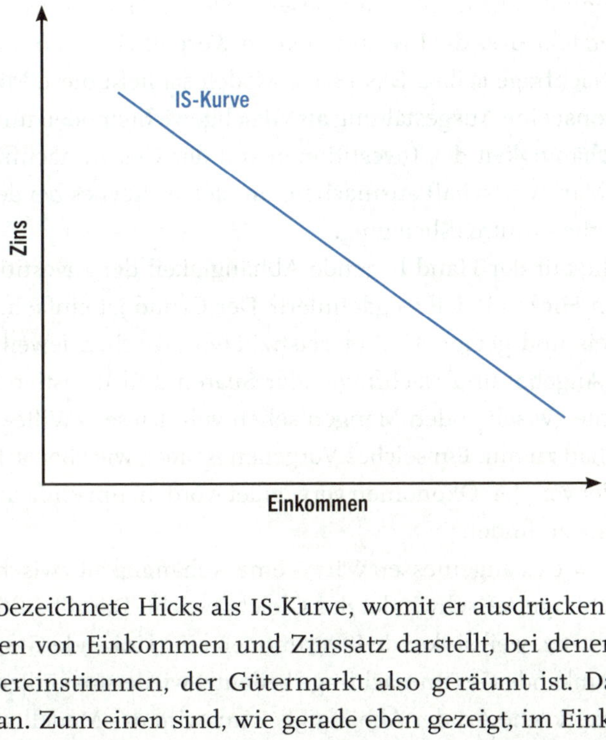

Diese Kurve bezeichnete Hicks als IS-Kurve, womit er ausdrücken wollte, dass sie alle Kombinationen von Einkommen und Zinssatz darstellt, bei denen Investitionen und Ersparnis übereinstimmen, der Gütermarkt also geräumt ist. Das mutet allerdings merkwürdig an. Zum einen sind, wie gerade eben gezeigt, im Einkommen-Nachfrage-Modell die Investitionen im Hinblick auf die Nachfrage exogen, was heißt, dass der Zinssatz in den bisherigen Abwägungen zum Gütermarktgleichgewicht keine Rolle gespielt hat. Der Zinssatz ist, wie in Kapitel 3 gezeigt wird, eben nicht geeignet, eine Übereinstimmung von Investitionen und Ersparnis herzustellen. Diese Erkenntnis stellt schließlich den großen Fortschritt dar, der auf Keynes und eine Reihe anderer Ökonomen wie insbesondere Joan Robinson und Michał Kalecki zurückgeht.[41] Insofern hätte Hicks die IS-Kurve konsequent einfach nur I-Kurve nennen müssen – dann wäre allerdings sofort aufgeflogen, dass hier am eigentlichen Problem vorbeiargumentiert wird. Denn dass die sich beim jeweiligen Zinsniveau ergebende Investitionsnachfrage genauso hoch ist wie die sich bei gegebener Sparquote einstellende Ersparnis, wird mit dem oben beschriebenen Anpassungsmechanismus über das Einkommen sichergestellt und hat nichts mit dem Zinssatz zu tun.

Zum anderen muss man fragen, ob die Kurve wirklich den ursprünglichen Gedanken verkörpert, den Keynes in die Debatte über die Funktionsweise einer Marktwirtschaft einbringen wollte. Letzten Endes ist es müßig darüber zu streiten, was ein historischer Autor genau meinte und was nicht. Man sollte jedoch nicht den Erkenntnisfortschritt in Sachen Marktwirtschaft, den er angestoßen hat, bei dem krampfhaften Versuch, Dinge in Formeln zu pressen, (versehentlich) wieder über Bord werfen. Damit kommen wir zum zentralen Kritikpunkt an dieser Stelle des Modells: Es gibt die I-Kurve nur, wenn man unterstellt, dass die Investitionen im Wesentlichen vom Zins abhängen, nicht aber von der Nachfrage selbst. Das IS/LM-Modell schließt diese Möglichkeit von vornherein aus, da sonst eine Ausgestaltung als Gleichgewichtsmodell unmöglich wäre. Dabei dürfte die Abhängigkeit der Investitionen von der Gesamtnachfrage den Kern einer dynamischen Marktwirtschaft ausmachen, um den es Keynes bei der Einführung des Faktors Unsicherheit mutmaßlich ging.

Warum wurde die auf der Hand liegende Abhängigkeit der Investitionen von der Gesamtnachfrage im Hicks-Modell wegdefiniert? Der Grund ist einfach: Man braucht zwingend einen Preis und geeignete Preiselastizitäten zwischen jeweils antagonistischen Mengen wie Angebot und Nachfrage oder Sparen und Investieren, wenn man stabile Gleichgewichte zwischen den Mengen sehen will. Dieser »Wille« hat natürlich wenig mit Wissenschaft zu tun. Ein solches Vorgehen ist aber, wie oben schon mehrfach gezeigt, immer wieder von den Ökonomen verwendet worden, um einfache »marktwirtschaftliche Lösungen« zu finden.

Modelliert man – wie es angemessen wäre – eine Abhängigkeit zwischen Investitionen und Gesamtnachfrage, verschwindet das Gleichgewicht. Dann beißt sich nämlich die Katze in den Schwanz, weil sinkende Investitionen eine sinkende Gesamtnachfrage bedeuten, und eine sinkende Gesamtnachfrage bedeutet wiederum sinkende Investitionen. Nimmt man eine solche Art der Abhängigkeit an, wird das Modell instabil und ist nicht mehr jederzeit berechenbar.

Man kann sich die Dynamik im Einkommen-Nachfrage-Modell in Abbildung 2.1 so vorstellen, dass die Gerade, die die Summe aus Konsum und Investitionen in Ab-

---

41 Kahn, R. (1984): 205; Kalecki, M. (1987 [1933]): 45–55.

hängigkeit vom Einkommen darstellt, laufend nach unten wandert, wenn ein »Anpassungsprozess« von einem höheren, ungleichgewichtigen Einkommen nach unten erfolgt. Man sieht sofort, dass dann nichts konvergiert – es bildet sich kein neues Gleichgewicht, dem Schrumpfungsprozess ist außer der Null keine Grenze gesetzt. Derselbe Prozess funktioniert auch in die andere Richtung: Verschiebt sich die C+I-Gerade laufend nach oben, sobald das Einkommen steigt, explodiert das System, statt gegen einen neuen Gleichgewichtspunkt zu konvergieren. Man hat also den Kern einer Marktwirtschaft, nämlich die Dynamik der Investitionstätigkeit und insbesondere ihre Abhängigkeit vom Gesamtzustand der Volkswirtschaft, wegdefiniert, um ein handhabbares gesamtwirtschaftliches Modell zu bekommen. Das ist eine wissenschaftliche Absurdität.

Wenn man sich auf die naheliegende gegenseitige Abhängigkeit von Investitionen und Nachfrage einlässt, gesteht man zu, dass die Marktwirtschaft ein instabiles System ist, das sich nicht einfach mit einem Modell abbilden lässt. Da die Marktwirtschaft sich in der Realität tatsächlich immer weiterentwickelt, auch wenn sie konjunkturell einmal aufwärts und einmal abwärts geht, besteht die naheliegende Aufgabe der Ökonomen darin, herauszufinden, welche Faktoren dem System Stabilität verleihen können – selbst wenn sie außerhalb des traditionellen Rahmens der Märkte liegen, mit dem die Marktwirtschaft üblicherweise beschrieben wird.

Ohne ein fest im System verankertes Gleichgewicht (und sei es ein Unterbeschäftigungsgleichgewicht), gibt es auch keine IS-Kurve. Sind die Investitionen nicht stabil, sondern schwanken sie (endogen) mit den Einkommen(serwartungen), bestehen keine systematischen Kombinationen von Einkommen und Zinssatz, bei denen das System im Gleichgewicht ist oder zu denen es wenigstens hintendiert (übrigens völlig unabhängig von irgendwelchen Fristen) – und wenn sie nicht existieren, können sie auch keinen Anhaltspunkt für die Wirtschaftspolitik liefern, keinen gedanklich-theoretischen und erst recht keinen empirisch-praktischen.

Bei nachfrageabhängigen Investitionen ist es redundant, einen Ausgleichsmechanismus von Ersparnissen und Investitionen zu modellieren, der über die saldenmechanische Ex-post-Gleichheit beider Größen hinausgeht. Aber aus dieser Übereinstimmung lassen sich keine kausalen Zusammenhänge ableiten, die für die Wirtschaftspolitik unmittelbar relevant wären. Erst aus der Gesamtschau aller Finanzierungsalden kann man bei einer adäquaten makroökonomischen Theorie Schlussfolgerungen ziehen. Die zeigen jedoch, dass beispielsweise die Überlegungen etlicher Keynesianer, die bei der Sparquote ansetzen, viel zu kurz greifen. Die Sparquote der privaten Haushalte per staatlicher Umverteilung drücken zu wollen, erlaubt, wie unsere Abwägungen zu den temporären Mechanismen gezeigt haben, nur in wenigen Situationen eine Anregung der Wirtschaft, weil damit gerade keine durchgreifende Dynamik zu erreichen ist.

Unsere Kritik an der IS-Kurve ist eindeutig: Sie existiert nicht. Wie aber verhält es sich mit dem zweiten Teil des Hicks-Modells, der LM-Kurve? Der Buchstabe L steht für *liquidity preference* (»Geldnachfrage«), was die Nachfrage nach Geld abbilden soll; der Buchstabe M ist das Kürzel für *money supply* (»Geldangebot«), also für ein Angebot an Geld, das auf irgendeine Weise der Volkswirtschaft zur Verfügung gestellt wird. Die LM-Kurve nimmt genau wie die IS-Kurve die Form eines Diagramms an, auf dessen waagrechter Achse das Einkommen und auf dessen senkrechter Achse der Zins eingetragen sind (Abbildung 2.3). Die Kurve verläuft von links unten nach rechts oben und soll alle Kombinationen von Einkommen und Zinsen darstellen, bei denen Geldangebot und Geldnachfrage übereinstimmen, sich also der Geldmarkt in einem Gleichgewicht befindet.

Abb. 2.3 **Infografik zur LM-Kurve**

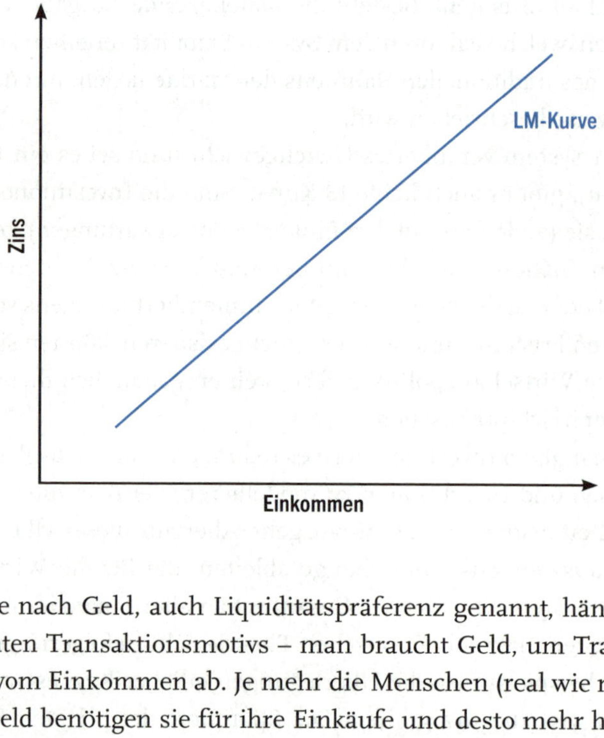

Die Nachfrage nach Geld, auch Liquiditätspräferenz genannt, hängt vor allem wegen des sogenannten Transaktionsmotivs – man braucht Geld, um Transaktionen zu tätigen – positiv vom Einkommen ab. Je mehr die Menschen (real wie nominal) verdienen, desto mehr Geld benötigen sie für ihre Einkäufe und desto mehr halten sie deshalb in ihren Portemonnaies vor. Man spricht auch von Kassenhaltung. Da Bargeld jedoch im Gegensatz zu auf dem Kapitalmarkt angelegten Ersparnissen keine Zinsen abwirft, verursacht die Kassenhaltung Kosten (sogenannte Opportunitätskosten), die mit steigendem Zinssatz zunehmen. Das ist der Grund, warum in Hicks' Welt die Geldnachfrage bei höheren Zinsen zurückgeht.

Zugleich gibt es noch ein Spekulationsmotiv für die Geldnachfrage, bei dem die Wahrscheinlichkeit einer Zinsänderung auf dem Kapitalmarkt und daraus folgender Kursänderungen von Wertpapieren den Opportunitätskosten der Geldhaltung gegenübergestellt werden. Auch hier wirken steigende Zinsen dämpfend auf die Geldnachfrage. Zusammengenommen ergeben diese beiden Faktoren – Transaktionsmotiv und Spekulationsmotiv – die gesamtwirtschaftliche Geldnachfrage, die vom Einkommen positiv und vom Zinssatz negativ abhängt (also mit steigendem Einkommen zu- und mit steigendem Zins abnimmt).

Das Geldangebot ist für die Vertreter des IS/LM-Modells eine von der Zentralbank fest vorgegebene Menge an Geld (das ist das reine Zentralbankgeld oder eine erweiterte Definition wie M1 bis M3, unter die auch geldnahe Einlagen fallen). Nimmt das Einkommen aus irgendwelchen Gründen zu, lässt sich die wachsende Geldnachfrage mit dem vorgegebenen Geldangebot nur dann in Übereinstimmung bringen, wenn der Zins steigt und dadurch die Geldnachfrage zurückgedrängt wird. Auch aus diesem Grund steigt die LM-Kurve in Abbildung 2.3 an: Je höher das Einkommen, desto höher muss der Zinssatz sein, um ein Gleichgewicht auf dem Geldmarkt herbeizuführen.

Wir haben schon mehrfach darauf hingewiesen, dass die Vorstellung eines festen Geldangebots fatal an die Quantitätsgleichung und den Monetarismus erinnert. Sie ist deshalb nicht zu halten, weil die Zentralbank in der Realität niemals ein festes Geldangebot vorgeben kann. Da die Banken in der Lage sind, Geld aus dem Nichts zu schaffen, und Zentralbankgeld vom Bankensystem für fast alle Transaktionen gebraucht wird, lässt sich die Geldnachfrage nicht in einer Weise vorhersehen und stabilisieren, dass es bei einem vorgegebenen Geldangebot nicht täglich oder sogar stündlich und minütlich zu enormen Schwankungen des Zinssatzes käme. Allein die digitale Abwicklung der täglichen Transaktionen von Lohnzahlungen bis zur Begleichung von Supermarkteinkäufen per Kreditkarte vereitelt eine stabile Geldnachfrage. So zeigt die Tatsache, dass die kurzfristigen Zinsen im Zeitablauf stabil sind, unmittelbar, dass es kein gesteuertes Geldangebot geben kann.

Zudem, und das ist entscheidend, sind die zukünftige Produktion und das zukünftige Einkommen heute nicht vorherzusagen. Sobald man die rein statische Perspektive verlässt und sich einer dynamischen Theorie der Geldwirtschaft nähert, wird es unmöglich, die monetäre Sphäre mit einer simplen statischen Überlegung wie dem Geldangebot abzuhandeln. Der Zins als politisches Instrument muss sich einordnen in den Versuch der Wirtschaftspolitik, eine Investitionsdynamik gegen retardierende Momente wie das Sparen zu installieren. Deswegen hat er jederzeit bezüglich seines Niveaus angemessen zu sein und den Investoren die Stabilität in den Kreditbeziehungen zu liefern, ohne die in einer unsicheren Welt das Investieren noch schwieriger wäre.

Was heißt das konkret für die LM-Kurve? Nun, man kann ein Zins-Einkommen-Diagramm zeichnen, in dem ein Punkt (P^{alt}, siehe Abbildung 2.4) die gegenwärtige Periode, in der ein bestimmtes gesamtwirtschaftliches Einkommen und ein bestimmtes Zinsniveau vorliegen, markiert. Dann lässt sich sagen, dass in diesem Zeitraum von einem Jahr oder einer Woche offenbar eine bestimmte Geldmenge benutzt worden ist, um alle mit dem gegebenen Einkommen verbundenen Transaktionen durchzuführen. Jedoch verbietet es sich, weitere Punkte in Form einer Kurve für andere Einkommenshöhen als die gerade gegebene einzuzeichnen und zu behaupten, diese Kombinationen aus Zins und Einkommen seien alternativ möglich in dem Sinne, dass sie von der Geldpolitik mit einem anderen »Geldangebot« angesteuert werden könnten. Das suggeriert aber die LM-Kurve.

Lediglich den kurzfristigen Zinssatz legt die Geldpolitik wirklich fest. Wie viel Geld dabei letzten Endes im System umläuft, hängt allein von der Geldnachfrage ab – und die ist unbekannt. Insofern handelt es sich bei der LM-Kurve eigentlich um eine L-Kurve, instabil, unklar gelegen und folglich nicht real. Sie lässt sich daher auch nicht sinnvoll aus historischen Daten schätzen.

Wenn die Zentralbank also von einer Periode (mit dem Ausgangspunkt P^{alt}) auf die nächste den Zinssatz nicht verändert, kann sie hoffen, dass das Einkommen wächst, wenn bereits ein konjunktureller Aufschwung herrscht. Ist das der Fall, muss die Folgeperiode in dem Diagramm rechts waagerecht vom alten Punkt liegen (Punkt P_1^{neu} in Abbildung 2.4). Ob das Einkommen noch stärker gestiegen wäre, wenn die Zentralbank den Zins gesenkt hätte, bleibt offen (dann läge dieser andere neue Punkt P_2^{neu} tiefer als der alte und weiter rechts), ebenso, ob bei steigenden Zinsen das Einkommen weiter leicht gestiegen (P_3^{neu}), konstant geblieben (P_4^{neu}) oder gar gesunken wäre (P_5^{neu}). Es mag aber auch sein, dass bei gleichbleibendem Zins das Einkommen sinkt, weil sich die Wirtschaft gerade in einer Abschwungsphase befindet (P_6^{neu}). Antizipiert die Zentralbank, dass der Wirtschaftsmotor nicht brummt, und senkt deshalb vorsorglich den Zinssatz, wendet sie möglicherweise eine Rezession ab, verursacht eine Stagnation (P_7^{neu}) oder sogar eine Wende hin zum Besseren (P_8^{neu}).

Aus diesen Überlegungen ergibt sich eine Menge von neuen möglichen Punkten um P^{alt} herum, die in jede Richtung weisen können. Ordnung im Sinne einer stabilen Kurve zu schaffen, also irgendwelche Einkommenshöhen als grob ansteuerbar durch die Geldpolitik darzustellen, würde für jede konjunkturelle Ausgangslage eine eigene Kurve erfordern (was dem Versuch entspräche, die Dynamik des Systems irgendwie zu erfassen). Bevor die Geldpolitik dann entscheiden könnte, welche Einkommensentwicklung sie grob erreichen will und welche Zinspolitik dafür ungefähr notwendig wäre, müsste sie sich erst über die konjunkturelle Ausgangslage klar werden, also herausfinden, welche Kurve gerade aktuell relevant ist.

Abb. 2.4 **Infografik zu Zins und Einkommen**

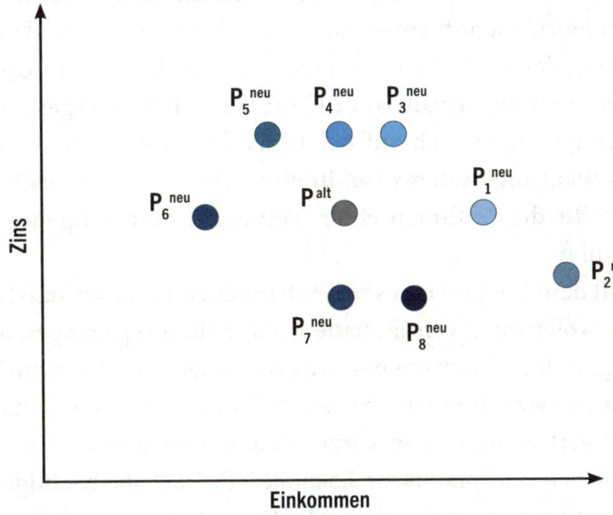

Das macht sie allerdings nicht schlauer: Das Diagramm bzw. der eingezeichnete aktuelle Punkt P^{alt} sagen nichts über die Richtung aus, in die sich das System bewegt, und enthalten deshalb keine für die Wirtschaftspolitik relevante Information. Mit der geradezu mechanistischen Vorstellung von Wahlmöglichkeiten der Geldpolitik nach dem Motto »setze den Zins auf Höhe *x* und erhalte dann ein Einkommen in Höhe *y*« hat die Realität nichts gemein.

Der immer wieder unternommene Versuch, die LM-Kurve durch waagrechte Abschnitte zu »retten« (Stichwort Liquiditätsfalle), um zu erklären, warum die Geldpolitik manchmal wirkungslos sein kann, ist wirtschaftspolitisch ebenfalls nicht hilfreich. Denn wenn man die Dynamik des Systems nicht berücksichtigt, versagt man auch an der Erklärung, warum und wann »Liquiditätsfallen« entstehen und wie man wieder aus ihnen herauskommt. Ein IS/LM-Anhänger kann dann nur konstatieren, dass offenbar das Investitionsklima schlecht und die Realzinsen zu hoch seien, die Geldpolitik deshalb all ihre Möglichkeiten ausgeschöpft habe und die Verantwortung für die Beendigung der Krise der Fiskalpolitik überlassen müsse. Auf die Lohnpolitik und die Einkommenserwartungen, die sie mit sich bringt, kommt man da noch lange nicht. Wie auch, wenn man den Arbeitsmarkt in der eigenen statischen Theoriewelt weiterhin neoklassisch modelliert? Doch das ist das Thema von Kapitel 4.

2.9 Milton Friedman und der Monetarismus

Als in den 1970er-Jahren erste Zweifel an den wirtschaftspolitischen Lösungen des Keynesianismus am Horizont aufkamen, stand eine Lehre bereits in den Startlöchern, die sich als Ergänzung der Neoklassik verstand und auf eben jenem Geldangebotsgedanken aufbaute, der den Keynesianern in Fleisch und Blut übergegangen war. Dem Monetarismus ist es gelungen, sich auf der Basis der simplen Quantitätsgleichung, nach dem Ende des Währungssystems von Bretton Woods als »alternativlose« und extrem einfache Lehre für die Leitlinien einer nationalen und weitgehend autonomen Geldpolitik zu verkaufen.

Die Metapher mit dem Verkauf eines scheinbar neuen Produkts passt in der Tat gut, weil die Keynesianer vollständig versagt hatten, als es darum gegangen war, das untergegangene Währungssystem durch ein besseres zu ersetzen. Zudem wurde der Monetarismus geistig angeführt von einem der besten Verkäufer der Wissenschaftsgeschichte: Milton Friedman bewerkstelligte es in kurzer Zeit, der Neoklassik ein scheinbar modernes Gewand zu geben und praktische Lösungen für fast alle wichtigen wirtschaftspolitischen Fragen aus dem Hut zu zaubern. Insbesondere sein seit den 1950er-Jahren vorbereitetes Eintreten für flexible Wechselkurse machte ihn zum Mann der Stunde. Zugleich zeigt nichts besser als seine diesbezügliche Argumentation, warum die gesamte monetaristische Konstruktion auf Sand gebaut ist. Friedman »brauchte« flexible Wechselkurse, weil nur bei völlig marktbestimmten Wechselkursen die nationale Geldpolitik autonom agieren kann. Nationaler Monetarismus oder »monetärer Nationalismus«, wie Friedmans späterer Weggefährte Friedrich August von Hayek in den 1930er-Jahren gesagt hatte, war notwendig, um das Geldmengenkonzept durchzusetzen.

In dem Aufsatz »The Case for Flexible Exchange Rates«, der in seinem Buch *Essays in Positive Economics* abgedruckt ist,[42] argumentierte Friedman nach einem simplen Muster. Da sich – im Zuge der keynesianischen Revolution – gezeigt habe, dass Preise und Löhne zu inflexibel seien, um Gleichgewicht in den internationalen Beziehungen herzustellen, gebe es nur ein Instrument, um auf der ganzen Welt störungsfrei Handel miteinander treiben zu können: der flexible, vom Markt bestimmte Wechselkurs. Das lange Zeit bekannte zentrale Gegenargument, die mögliche Instabilität wegen allfälliger Spekulation, »widerlegte« Friedman mit leichter Hand. Man übersehe, argumentierte er, dass Spekulanten systematisch Verluste machen und aus dem Markt ausscheiden müssten, wenn ihre Tätigkeit keine stabilisierende Wirkung hätte. Das lasse auf einen Trend schließen, um den herum der »effiziente« Markt den Kurs stabilisiere. Weil nicht

42 Friedman, M. (1953): 157–203.

die Mehrheit der Marktteilnehmer auf Dauer Verluste machen könne, sei zu erwarten, dass sich eine solche Tendenz im Lauf der Zeit herausbilde.

Die Logik dieses Arguments ist beeindruckend. Das ist etwa so, als würde ein Konstrukteur behaupten, das von ihm entworfene Fahrzeug sei zwar noch nie gefahren, aber da es sich um ein Auto handle, müsse es auch fahren können, also solle man ihm einfach vertrauen. Die Ökonomik als Wissenschaft kann mit einem solchen Argument offenbar ohne weiteres umgehen. Zwar wurde es kritisiert und im Prinzip sogar widerlegt, gleichwohl schlug sich die große Mehrheit des Faches auf Friedmans Seite, weil alles andere wohl wie ein »Verrat« an der Idee des überlegenen Marktes ausgesehen hätte. Dass das Konzept der flexiblen Wechselkurse in der Praxis gescheitert ist, erläutern wir in Kapitel 7 näher; dass aber auch heute noch selbst in der Theorie nicht zur Kenntnis genommen wird, inwiefern allein die Idee eines flexiblen äußeren Geldwertes in krassem Widerspruch zur monetaristischen Norm eines festen inneren Geldwertes steht, entzieht sich jedem Verständnis.

Neben flexiblen Wechselkursen brauchte Friedman eine Prämisse, die eine immanente Stabilität der privaten Nachfrage bei völliger Abstinenz des Staates postuliert: Die »permanente Einkommenshypothese« lieferte dafür den scheinbaren »Beweis«. Dass auch diese Annahme bei der Erklärung des Konsums – die Realeinkommen sinken, der Verbrauch folgt und die Sparquote steigt, statt zu sinken – viele Male grandios gescheitert ist, hat niemand bemerken wollen. Schließlich musste der Arbeitsmarkt in das sich selbst regulierende System integriert werden; die »natürliche« Arbeitslosenrate, auch das ist keine neue Idee, bot hier eine »einfache Lösung«.

Vom Monetarismus und von Friedman bleibt nichts weiter als die Wiederauflage einer uralten Identität, der sogenannten Quantitätstheorie, versehen mit einigen geschickten Verteidigungsmauern außen herum und überdacht von einer ins Extrem getriebenen Anti-Staats-Ideologie. Selten wurde erkannt, dass und wie die einzelnen Teile der Friedman'schen Architektur eng ineinandergreifen und dass sie alle notwendig waren, um der Geldmengenlogik eine Behausung zu schaffen. Letztlich handelt es sich dabei aber nur um Instrumente, die die Rolle des Staates in der Wirtschaftspolitik vollständig durch eine Institution ersetzen sollen, die rein technokratischen Zwängen unterworfen ist.

Die entscheidende Zutat des Friedman'schen Kochrezeptes besteht jedoch in der Quantitätstheorie. Für jeden Menschen, der sich vor Beginn der 1970er-Jahre schon einmal gründlich mit dieser »Gleichung« auseinandergesetzt hatte, war es mehr als verblüffend zu sehen, mit welcher Leichtigkeit die daraus gezogenen Lehren von den Spitzen des Fachs akzeptiert und vollkommen verinnerlicht wurden. Bei der Lektüre von Schumpeters *History of Economic Analysis* hätte man so viel über die Geschichte der Quantitätstheorie und deren inhärente Logik erfahren können, dass man niemals auf die Idee gekommen wäre, die uralte Gleichung wieder in den Dienst der Wirtschaftspolitik zu stellen.

Es ist offensichtlich: $M \cdot V = P \cdot Y$, so die geläufige Schreibweise (mit M als Geldmenge, V als Umlaufsgeschwindigkeit des Geldes, P als Preisniveau und Y als realem Volkseinkommen), ist keine Theorie, sondern eine Identität. Dabei sorgt die Variable V definitionsgemäß für den Ausgleich der Größen, weil es immer ein Vielfaches der Geldmenge gibt, das die rechte Seite, das nominale Bruttoinlandsprodukt (bzw. eine andere Einkommensgröße), »finanziert«. Aber auch die Aufteilung der rechten Seite, des nominalen Einkommens, auf die Inflationsrate einerseits und das reale Einkommen andererseits ist a priori unbekannt.

Aus dieser Gleichung ergibt sich gerade nicht, dass man nur die Geldmenge (was immer das sein mag, dazu mehr in Kapitel 5) steuern müsse, um die Inflation, also die Entwicklung von P, in den Griff zu bekommen. Auch in Zuwachsraten geschrieben, so wie sie die Notenbanken praktisch benutzten, $\Delta M + \Delta V = \Delta P + \Delta Y$, nimmt ihr Gehalt nicht zu, weil sowohl die Veränderung der Umlaufgeschwindigkeit, die Preisentwicklung und der reale Einkommenszuwachs im dynamischen Ablauf der Volkswirtschaften unbekannte Größen sind. Dennoch wurde ein derart primitiver und nichtssagender Zusammenhang zum Schicksal der europäischen Volkswirtschaften für mehr als dreißig Jahre.

Die Monetaristen verkündeten, dass sich mit dieser Gleichung die Wirtschaft fast ohne Zutun des Staates auf einem stabilen Wachstumspfad halten lasse. Dazu müsse nur die Geldmenge von einer unabhängigen Notenbank stetig gesteuert werden. Die Wirtschaft bliebe auf einem einmal *erreichten* Wachstumspfad (weil man die Zuwachsrate der Geldmenge nur historisch, also aus einer Extrapolation der vergangenen Wachstumsraten bestimmen kann) und die Gefahr einer Inflation wäre ein für allemal ausgeschaltet, ohne dass der Staat irgendwo steuernd eingreifen müsste.

Inflation erklärte der Monetarismus kurzerhand zu einem »monetären Phänomen«. Das, so die Argumentation, liege auf der Hand, weil jede hohe Inflation oder Hyperinflation der Vergangenheit mit einer Ausweitung der Geldmenge einhergegangen sei – umgekehrt sei Inflation ohne eine Ausweitung der Geldmenge unmöglich.

Dieser Schluss enthält allerdings einen schwerwiegenden logischen Fehler.[43] Niemand bestreitet, dass die Ausweitung der Geldmenge eine *notwendige* Bedingung für die Entstehung von Inflation ist; daraus folgt aber nicht, dass die Ausweitung der Geldmenge eine *hinreichende* Bedingung für die Entstehung von Inflation ist. Der Fehlschluss der Monetaristen lässt sich leicht bebildern. Würde man behaupten, die Ursache für zu schnelles Fahren und die Unfälle, die sich daraus ergeben, gehe auf den Besitz von Autos zurück, würde das kein vernünftiger Mensch akzeptieren. Autos sind

43 Flassbeck, H. (2012): 40.

zwar eine notwendige Bedingung für Raserei und Unfälle, verursachen diese jedoch nicht notwendigerweise, so dass es regelmäßig falsch oder irrelevant wäre, zu sagen, dass sie hierfür verantwortlich seien. Dafür fehlt eine hinreichende Bedingung.

Selbst wenn der Satz über die Finanzierung von Inflation stimmt, folgt daraus nicht, dass immer dann, wenn es in irgendeinem Sinn »viel Geld« gibt (»zu viel Geld« ist keine sinnvolle Aussage, es ist eine Tautologie, also eine Aussage, die sich selbst bestätigt, weil sie nichts anderes zulässt, als den von ihr beschriebenen Zusammenhang), es zwangsläufig zu einer solchen kommen muss. Den Ökonomen ist es mit diesem Verstoß gegen einen zentralen Satz der Logik aber gelungen, der großen Mehrheit der Bürger und Politiker weiszumachen, man könne mit der Geldmenge die Inflation jederzeit und zuverlässig kontrollieren.

Eine beliebte Forderung, die daraus wiederum abgeleitet wurde, war die nach einer Unabhängigkeit der Notenbanken. Ohne unabhängige Notenbank, so die »Theorie«, sei es für die politische Führung ein Leichtes, mit ein wenig mehr Geld nach Belieben eine Inflation zu erzeugen, die dann die staatliche Schuld automatisch verkleinern würde (siehe Kapitel 5). Erstaunlich ist, dass Japan genau das seit langer Zeit und mit allen erdenklichen Mitteln versucht hat – das Ergebnis war Deflation (siehe Überblick 3). In Europa wollten in den 2010er-Jahren fast alle Länder ihre Wirtschaftsprobleme über Lohnsenkung lösen. Auch das hat zu Deflation geführt, ganz unabhängig davon, wie viel Geld die Notenbanken gleichzeitig ins System pumpten.

Inflation entsteht nämlich jenseits des monetaristischen Dogmas genau durch zwei Ursachen bzw. eine Kombination aus beiden: hohe Nachfrage und steigende Kosten. Beides können Zentralbanken initiieren, wenn es ihnen gelingt, die Nachfrage anzuregen und wenn daraufhin die Löhne stark steigen. Ohne diese beiden Faktoren gibt es keine Inflation. Weil die herrschende ökonomische Lehre das Dogma der ausschließlich die Inflation steuernden Zentralbank jedoch für ihren ideologischen Überbau braucht, vermag sie den populären Vorurteilen nicht überzeugend entgegenzutreten.

Es lässt sich, wie in Kapitel 5 belegt wird, ohne weiteres zeigen, dass in allen modernen Volkswirtschaften in den letzten sechzig bis siebzig Jahren die Inflationsrate eindeutig und stabil von dem Lohnstückkostenwachstum erklärt wird, also der Marge, um die der Zuwachs der gesamten Lohnkosten den der Arbeitsproduktivität übersteigt. In der Physik und jeder anderen ernsthaften Wissenschaft würden die Forscher über eine solche Korrelation jubeln, weil sie die Basis für ein aussagekräftiges Modell schafft, das relevante Vorhersagen über die zukünftige Entwicklung erlaubt. Kein empirischer Zusammenhang wird aber mit größerer Konsequenz ignoriert als dieser.

Würde man ihn zur Kenntnis nehmen, brächen nämlich gleich zwei zentrale Bausteine aus der herrschenden Lehre heraus: Der flexible und sich selbst regulierende Arbeitsmarkt und die unabhängige, nur der Preisstabilität verpflichtete Zentralbank.

Wenn die Preise den Lohnstückkosten folgen, kann man mithilfe sinkender Löhne eben nicht zum Gleichgewicht am Arbeitsmarkt zurückfinden, sondern es entstehen deflationäre Tendenzen. Sind die Lohnstückkosten außerdem entscheidend für die Inflationsrate, braucht man die Notenbank nicht mehr systematisch und permanent zur Inflationskontrolle, was Tür und Tor öffnet für Wünsche der Politik, diese Institution auch zur Stimulierung der Investitionstätigkeit einzusetzen. Beides muss aus der Sicht des herrschenden Ökonomen verhindert werden, weil es den Mythos der Selbststabilisierung des marktwirtschaftlichen Systems, das nur eines geldpolitischen Rahmens, nicht aber des Eingreifens des Staates bedarf, grundsätzlich in Frage stellt.

2.10 Goldstandard und Vollgeld

Die Existenz eines aus dem Nichts geschaffenen und sozusagen mit nichts besicherten Papiergeldes erscheint vielen Menschen als zu gefährlich, um »wahr« oder doch wenigstens von Dauer sein zu können. War es nicht das Gold, fragt man, das weltweit während des 19. Jahrhunderts für viele Jahrzehnte Stabilität geschaffen und garantiert hatte, obwohl es kaum internationale Zusammenarbeit im heutigen Sinne gab? War es nicht dieses »barbarische Relikt«, wie Keynes es genannt hatte, das auch nach dem Zweiten Weltkrieg dem globalen Währungssystem von Bretton Woods einen festen Anker verlieh, jedenfalls so lange, bis die Amerikaner die Goldeinlösung der daran beteiligten Währungen suspendierten? Und ist es nicht Gold, das in den vergangenen Jahren erneut erheblich an Wert gewonnen hat, weil die Menschen das Vertrauen in die Papierwährungen verlieren, was besser als alles andere zeigt, dass ein ungedecktes Geldsystem scheitern muss?

Unsere Antwort auf all diese Fragen ist eindeutig: Nein. Man braucht kein Gold, um ein vernünftiges Geld- und Währungssystem aufzubauen und am Laufen zu erhalten. Die Mythen um das glänzende Metall sind leicht zu entzaubern. Man muss dazu nur einmal die kruden Theorien genauer betrachten, die zumeist hinter dessen Verherrlichung stehen.

Das Währungssystem, das die Wechselkurse der nationalen Währungen überwiegend fest an das Gold band, hieß Goldstandard. Der erste und wahrscheinlich am weitesten verbreitete Mythos diesbezüglich ist die Begeisterung für die Tatsache, dass das Preisniveau im 19. Jahrhundert über viele Jahre hinweg betrachtet relativ stabil war (zumindest legen das wirtschaftshistorische Daten nahe, wie man sie für die USA findet). Es gab zwar erhebliche Schwankungen im Sinne von inflationären und deflationären Entwicklungen und erhebliche Konjunkturschwankungen, aber auch über die Konjunkturzyklen hinweg blieb das Preisniveau *im Durchschnitt* ziemlich konstant.

Anhänger des Goldstandards argumentieren, dass sich historisch Phasen, in denen das Preisniveau stieg, mit Phasen, in denen das Preisniveau sank, langfristig die Waage hielten. Dies zeige, dass man nur mit einem solchen System wirkliche Preisstabilität erreichen könne. Denn eine ähnliche Konstanz der Preise sei seit der Abschaffung des Goldstandards nicht mehr erreicht worden.

Nehmen wir an, es wäre tatsächlich so gewesen. Wofür war die absolute Stabilität wichtig? Preisstabilität ist schließlich kein Gut an sich, also keines, das ohne die Beachtung der wirtschaftlichen Ziele, die wirklich für die Menschen zählen, eine Bedeutung hat. Was vor allem anderen zählt, sind die realen Einkommen, die Beschäftigung und die Nachhaltigkeit unserer wirtschaftlichen Entwicklung mit Blick auf die natürlichen Ressourcen und eine lebenswerte Umwelt.

Entscheidend ist daher immer nur, wie sich das Preisniveau *im Verhältnis* zum Einkommensniveau über die Zeit verhält. Für die Masse der Amerikaner im 19. Jahrhundert war mit den stabilen Preisen wenig gewonnen, weil sie offenbar nicht von realen Verbesserungen (d. h. Produktivitätssteigerungen, die sich in realen Einkommenssteigerungen hätten niederschlagen müssen) profitierten, ihre Einkommen also ebenfalls stabil blieben. Umgekehrt ist eine leicht positive und stabile Inflationsrate dann vollkommen unproblematisch, wenn die Löhne parallel dazu sowie zur Produktivitätsentwicklung steigen. Hängt eine positive Entwicklung des Realeinkommens u. U. sogar davon ab, *dass* das Preisniveau permanent leicht steigt, wäre absolute Preisniveaustabilität, wie sie unter Goldstandard-Bedingungen zeitweise erreicht wurde, überhaupt nicht erstrebenswert.

Auch ein zweiter Mythos ist wenig überzeugend. Man sagt, nur mit Gold habe man sicher verhindern können, dass es zu Hyperinflationen mit all ihren negativen Folgen kommt. Zunächst ist festzustellen, dass es seit dem Zweiten Weltkrieg kein einziges solches Ereignis in der entwickelten Welt gegeben hat. Zwar wies das Währungssystem von Bretton Woods über die Festlegung eines Goldwertes für den US-Dollar eine gewisse Bindung an das Edelmetall auf (wenn auch längst nicht mehr so eng wie in den Zeiten des eigentlichen Goldstandards). Als diese aber 1973 wegfiel, kam es weder kurz- noch langfristig zu massiver Geldentwertung. Siebzig Jahre ohne Hyperinflation – das ist keine schlechte Leistung des Papiergeldstandards und stellt in seiner Kontinuität und Stabilität (also ohne den Wechsel von starker Deflation und starker Inflation) eine historisch einmalige Leistung in Sachen Preisstabilität dar.

Übrigens existierte auch zu Zeiten des Goldstandards parallel Papiergeld, das auf die übliche Art und Weise von den Zentralbanken und den Banken geschaffen wurde und inflationäre Wirkungen hätte haben können. Das Gold war nämlich im Goldstandard weniger ein interner Geldangebotsanker als ein externer Anker, der – nicht anders als in einem System fester Wechselkurse, wo weniger stabile Währungen an eine stabile Währung gebunden sind –, dafür sorgte, dass weniger stabile Länder über die Verschlechterung ihrer Handels- und Leistungsbilanzen unter Druck gerieten, wenn sie höhere Preissteigerungen als die stabilste Volkswirtschaft mit Goldstandard verzeichneten.

Weil die Möglichkeit bestand, von einem Land mit Leistungsbilanzdefiziten die Bezahlung seiner Rechnungen in Gold zu erzwingen (wenn es keine Kredite mehr bekam, musste es auf seine Goldreserven zur Bezahlung der Importe zurückgreifen), gab es einen starken Anreiz für alle Beteiligten, sich an den stabilsten und größten Volkswirtschaften zu orientieren. Um das zu bewerkstelligen, braucht man allerdings kein Gold – und tatsächlich ist unter dem Goldstandard wenig Gold über die Ländergrenzen geflossen –, sondern lediglich ein gut konstruiertes System fester, aber anpassungsfähiger Wechselkurse.

Schließlich gab es auch im Goldstandard die Möglichkeit einer Abwertung der eigenen Währung. Geriet ein Land zu sehr ins Defizit und lief Gefahr, erhebliche Teile seiner Goldreserven zu verlieren, konnte es sozusagen den Offenbarungseid leisten und die Parität zum Gold anpassen, indem es temporär aus dem Goldstandard ausstieg, seine Währung abwertete und damit die eigene Handelsbilanz in Ordnung brachte. Abwertung war unter dem Goldstandard in der Regel aber problematischer als unter einem (vernünftig konstruierten) Papiergeldstandard, weil dies stets die Gefahr barg, dass die internationalen Gläubiger die Währung des Schuldnerlandes nicht mehr als Zahlungsmittel akzeptierten und auf der Bezahlung in Gold oder in einer anderen starken Währung bestanden, die aber wieder nur über den Verkauf von Gold beschafft werden konnte. Schließlich gab es keine ernsthaften multilateralen Abkommen zum Erhalt der Stabilität des Systems, sondern immer bloß die einseitige nationale Bereitschaft, die eigenen Verpflichtungen zu erfüllen – oder eben auch nicht.

Eine berühmte Kontroverse der 1920er-Jahre handelt davon, ob Großbritannien, das den Goldstandard anlässlich des Ersten Weltkriegs aufgekündigt hatte, wieder zum alten Kurs einsteigen sollte oder zu einem niedrigeren Kurs. Weil das britische Pfund zum alten Kurs überbewertet war, lief ein Einstieg in den Goldstandard zu diesen Bedingungen auf Deflation und Arbeitslosigkeit hinaus. Ohne Abwertung musste man schließlich das Preisniveau absolut senken, um die internationale Wettbewerbsfähigkeit wiederherzustellen. Keynes vertrat die Position, abzuwerten und zu einem realistischen Kurs erneut in den Goldstandard einzusteigen. Sein Argument beruhte auf den Kosten, die eine Deflation in Form von Einkommenseinbußen und Arbeitslosigkeit haben würde. Doch man hörte nicht auf ihn und kehrte 1925 ohne Abwertung zum Goldstandard zurück. Der damalige britische Finanzminister Winston Churchill sollte diese Entscheidung später als den größten Fehler seines Lebens bezeichnen.

Der letzte Punkt, den man oft für den Goldstandard ins Feld führt, ist die sogenannte stabilisierende Spekulation. Weil, so die Begründung, die Bindung an das Gold hohes

Vertrauen genoss, wurden die Währungen in der Bandbreite, innerhalb derer sie zur Goldparität schwankten (auch »Goldpunkte« genannt), von der Spekulation in engen Grenzen gehalten. Das ist richtig. Wenn man den internationalen Investoren klare Vorgaben macht, kann man erwarten, dass sie alle Möglichkeiten ausnutzen, risikolose Gewinne zu realisieren: Erreichte eine Währung den unteren Goldpunkt, wertete also innerhalb der vorgegebenen Bandbreite leicht ab, war für die Spekulation ein Anreiz vorhanden, diese Währung verstärkt zu kaufen, denn sie konnte schließlich – jedenfalls so lange man auf die Parität vertraute – nichts als aufwerten.

Das gilt aber wiederum für alle Systeme, in denen eine Abwertung der Währung nur im Ausnahmefall und zwar nur dann gestattet ist, wenn keine andere Möglichkeit mehr besteht, einen Rückstand in der Wettbewerbsfähigkeit aufzuholen. Noch besser wäre es aber, die Systeme von vorneherein so zu konstruieren, dass gar kein Bedarf nach Abwertung entsteht (wir gehen darauf in Kapitel 7 im Detail ein).

Insgesamt gesehen gibt es keine überzeugenden Gründe, zu Gold oder einem anderen Edelmetall als Anker für das internationale Währungssystem zurückzukehren. Wer bereit ist, die Voraussetzungen für ein stabiles Währungssystem zu schaffen, kann dies mit Papiergeld wesentlich besser bewerkstelligen als mit dem emotional stark vorbelasteten Gold. Der Hauptgrund, weshalb heute vielen der Goldstandard wieder attraktiv erscheint, nämlich die Beseitigung der Spekulationsmöglichkeiten im weltweiten Finanzkasino, muss aber in der Tat auch und gerade in einer Welt des Papiergeldstandards angegangen werden.

Die meisten Anhänger der Vorstellung, es gebe so etwas wie eine objektiv richtige Geldmenge, haben eine gewisse Sympathie für den Goldstandard. Hans Christoph Binswanger hat in seinem Buch *Die Vollgeld-Reform* den bemerkenswerten Satz geschrieben:

> Grundsätzlich geht es darum, eine Zwischenlösung zwischen dem früheren Goldstandard zu finden, in dem die Geldschöpfung durch die Einlösbarkeit des Papiergeldes in Gold und damit durch die Menge des vorhandenen Goldes beschränkt war, und dem heutigen Währungssystem, in dem eine grenzenlose Schöpfung von Papier- und Buchgeld möglich ist, ohne dass sie von den Zentralbanken krisenfrei kontrolliert werden kann.[44]

Der Satz ist insofern bemerkenswert, als wir – wie in diesem Kapitel ausführlich beschrieben – gerade einige Jahrzehnte des Versuchs hinter uns haben, die »grenzenlose Schöpfung von Papier- und Buchgeld« durch die Zentralbanken zu verhindern. Dieser Versuch wird üblicherweise Monetarismus genannt. Wer ihn als gescheitert

44 Binswanger et al. (2012): 30.

einstuft, wie das Binswanger in dem zitierten Satz indirekt tut, sollte eigentlich versuchen, die Frage der Geldschöpfung in einer monetären Marktwirtschaft nicht wieder mit Monetarismus zu beantworten. Genau das aber tun praktisch alle Befürworter von Vollgeld.

Der Monetarismus und sein Scheitern kommen in den Schriften der Anhänger des Vollgeldes nicht explizit vor, obwohl sich die meisten von ihnen u.a. auf den Chicago-Plan in den 1930er-Jahren beziehen und Friedman regelmäßig als einer der Autoren genannt wird. Bei Joseph Huber, der in Deutschland als einer der Vorkämpfer der Idee gilt, kann man jede Menge Sätze lesen, die genau wie Monetarismus klingen, ohne dass das Wort selbst darin auftaucht.[45] Ihm steigen die Geldmengen seit Jahren zu stark, was zu allgemeiner Inflation, zu Vermögenspreisinflation und zu übermäßiger Staatsverschuldung führe. Er fordert, dass eine unabhängige Zentralbank die Geldmenge »potenzialgerecht« steuern müsse.

Die Globale Finanzkrise von 2008/2009 hat der Idee vom Vollgeld neuen Auftrieb verliehen. Völlig richtig ist die Kritik ihrer Anhänger an den Finanzmarktkasinos, in denen die Banken die Möglichkeit, Geld selbst zu schöpfen, unverantwortlich ausgenutzt, sich um Kopf und Kragen gespielt und schließlich von den Staaten haben retten lassen. Auch steckt Wahrheit in dem Vorwurf, dass die Banken direkt und indirekt vom Staat alimentiert werden, weil sie neben der Geldschöpfung über das Privileg verfügen, sich billig bei der Zentralbank refinanzieren zu können, nämlich billiger als alle Nicht-Banken, denen sie Finanzmittel dann teurer zur Verfügung stellen.

Eklatant und absurd wird diese Alimentierung – wie in der Eurozone – vor allem da, wo es der Zentralbank verboten ist, den Staat direkt zu finanzieren. Denn das Verbot zwingt die Zentralbank dazu, das Geld, das den Staat für den kreditfinanzierten Teil seiner Fiskalpolitik am Ende sowieso erreicht, erst durch den Bankensektor zu leiten. Obendrein zahlt dieser für die Abwicklung des risikofreien Prozesses hohe Margen an die privaten Banken. Ein Skandal, denn der Staat benutzt den Tatbestand nicht einmal als Druckmittel, um den Banken ein anderes Finanzgebaren aufzuzwingen. Richtig ist daher auch, dass man sich im Rahmen einer Marktwirtschaft sehr wohl ein vollständig verstaatlichtes Bankensystem vorstellen kann, das die Kernfunktionen des heutigen privaten Bankensystems ohne größere Probleme wahrnimmt.

Aber obwohl im Rahmen der Idee vom Vollgeld all diese vernünftigen Punkte gemacht werden, geht sie *im Kern* ins Leere, weil sie als Lösung einen Supermonetarismus – eben eine volle Deckung des Geldes durch den Staat – vorschlägt, der vollkommen aus der Zeit gefallen ist und den eigentlichen Zusammenhang von realwirtschaftlicher

45 Huber, J. (2018): 14–23.

Entwicklung und Geldwesen ignoriert. Kredite aus dem Nichts sind nämlich in einer sich dynamisch entwickelnden Marktwirtschaft absolut unabdingbar.

Wenn nur das an Krediten vergeben wird und vergeben werden darf, was den Banken an Spareinlagen zur Verfügung steht, kann die Wirtschaft insgesamt nicht wachsen. Denn Ersparnisse repräsentieren das nicht ausgegebene Einkommen der Sparer, d. h. entfallene Nachfrage, die irgendwo in der Wirtschaft die Auslastung der vorhandenen Kapazitäten senkt. Schließlich haben die Sparer ihr Einkommen durch Arbeit (oder Renditen produktiver Sachinvestitionen) erzielt, sprich, Güter hergestellt, die nun in Höhe der Spareinlagen auf der Nachfrageseite fehlen. Werden nur diese Ersparnisse als Kredit nachgefragt und dann als konkrete Nachfrage an den Güter- und Arbeitsmärkten (z. B. nach Investitionsgütern und Arbeitskräften) wieder eingesetzt, ergibt sich gesamtwirtschaftlich gesehen exakt die gleiche Auslastung wie vorher. Die Nachfrage ist insgesamt konstant geblieben, aber nicht gestiegen. Daraus ergibt sich noch kein weiterer Ansporn, die Sachkapazitäten auszudehnen; vor allem dann nicht, wenn schon eine Situation der Unterauslastung herrscht, wie sie bei Konjunkturflauten und Arbeitslosigkeit regelmäßig auftritt.

Hier genau liegt das Problem des Monetarismus und des Vollgeldes: Was über das bereits vorhandene Geld hinaus zusätzlich an Geld, an Liquidität in einer sich entwickelnden Wirtschaft »gebraucht wird«, wissen wir schlicht nicht und können wir auch systematisch nicht wissen, weil die Zentralbank mit ihrem eigenen Verhalten erst die Voraussetzungen dafür schafft, dass es eine dynamische Entwicklung geben kann. Deswegen ist der Monetarismus mit seiner Krücke des (irgendwie vorgegebenen) Produktionspotenzials, das die Zentralbank »objektiv« zu finanzieren habe, so kläglich untergegangen. Wir wissen nicht nur nicht, was an realer Produktion, die über die reine Kreislaufwirtschaft hinausgeht, finanziert werden muss, sondern wir wissen auch nicht, wie sich – selbst bei Abwesenheit gewaltiger Spekulationsblasen – die Nachfrage nach Geld, nach Liquidität, im Zeitverlauf entwickelt.

Die Vertreter der Vollgeldidee folgen dem, was wir 2007 schon als den »Zirkelschluss monetaristischer Geldpolitik« bezeichnet haben.[46] Wenn das Potenzialwachstum trotz seiner Zinsabhängigkeit zur Grundlage der Geldpolitik gemacht wird, kann man zwar ex post womöglich feststellen, dass das vorhergesagte Potenzialwachstum auch tatsächlich eingetreten ist, vermag damit aber nicht zu beweisen, dass nur dieses und kein anderes Potenzialwachstum möglich gewesen wäre. Schließlich hat man auch nur das eine – mittels erwartetem Potenzial und Zielinflationsrate – berechnete Geldmengenwachstum zugelassen und kein anderes (z. B. höheres) ausprobiert.

46 Flassbeck, H., & Spiecker, F. (2007): 165 ff.

Wenn, wofür vieles spricht, der Zins am Geldmarkt und daraus abgeleitet der Zins an den Kapitalmärkten selbst die entscheidende Voraussetzung für dynamische Entwicklung darstellt, dann ist die Idee eines exogen zu steuernden Geldangebots bei unbekannter Geldnachfrage von vorneherein fehlgeleitet; ganz gleich, ob man das mit Vollgeld versucht (also etwa einer Mindestreserve von 100 Prozent) oder mit Mindestreserven der Banken zur Begrenzung der Geldschöpfung, die niedriger liegen. Denn der Zins – darüber sprechen die Befürworter des Vollgeldes genauso wenig wie die Monetaristen – schafft günstige Bedingungen für Investitionen nur dann, wenn er niedrig und stabil genug ist, um den Investoren in Sachanlagen den Anreiz und die größtmögliche Sicherheit zu geben, diese zu tätigen.

Wenn die Politik den Finanzeskapaden der Banken ein Ende bereiten will, muss sie sich *ordnungspolitisch* auf den Weg machen, um direkt deren Geschäftspraktiken einzugreifen. Das kann über hohe Eigenkapitalanforderungen für Wettgeschäfte geschehen (das wäre dann eine Art Vollgelddeckung für Kasinoaktivitäten), über Transaktionssteuern (beim Hochfrequenzhandel vor allem), direkt über Verbote bestimmter Arten von Wetten und Investments, über die Wiedereinführung eines Trennbankensystems, über eine Begrenzung der Größe von Banken oder sogar über eine grundlegende Reform ihrer Geschäftspraktiken mittels Verstaatlichung.

Die Geldpolitik jedoch eignet sich nicht dafür, diese Art von Regulierung im laufenden Betrieb mittels ihrer Zinspolitik (oder einer wie auch immer gearteten Geldmengensteuerung) durchzusetzen, weil sie bereits damit beschäftigt ist, die Investitionstätigkeit im realen Sektor zu stimulieren. Die Geldpolitik wirkt *prozesspolitisch*. Damit sie das optimal tun kann, darf sie dabei nicht zusätzlich mit ordnungspolitischen Aufgaben überfrachtet werden. So bleibt die Idee des Vollgeldes als Hilfsmittel gegen Finanzkrisen eine Illusion. Ihre Anhänger müssen sich, wollen sie die Idee weiter verteidigen, viel konkreter mit dem Scheitern des Monetarismus und der zentralen Frage auseinandersetzen, wie sie es mit dem Zins in einer Welt halten wollen, die durch Unsicherheit über die Zukunft gekennzeichnet ist.

2.11 Inflationserwartungen, die neue Geldmenge

Stellen wir uns eine Welt vor, in der nur eine Volkswirtschaft mit einer Währung existiert. Nehmen wir weiter an, dass es dort nur eine zentrale Lohnverhandlung gibt, bei der alle Lohnzuwächse entsprechend des durchschnittlichen Zuwachses der Leistung der gesamten Volkswirtschaft (des Zuwachses der Arbeitsproduktivität) festgelegt werden. In dieser einfachen Welt will die Wirtschaftspolitik nun dafür sorgen, dass die Tarifpartner eine Orientierung hinsichtlich der voraussichtlichen Inflationsentwicklung bekommen.

Die Regierung hält das für sinnvoll, weil sie daran glaubt, dass eine niedrige Inflationsrate, also ein hohes Maß an Geldwertstabilität, dazu beiträgt, die eigentlichen Ziele der Wirtschaftspolitik, nämlich ein solides Wachstum und eine ausreichende Zahl an Jobs, zu erreichen. Schwankt der Wert des Geldes stark, lassen sich insbesondere langlaufende Investitionen schlechter planen, weil die Investoren sich einer größeren Unsicherheit bezüglich des zu leistenden Realzinses auf ihre Kredite gegenübersehen. Bei einem langlaufenden Kredit zu festen Nominalzinsen (den man vermutlich nur bei relativ stabilen Inflationsraten bekommt) schwankt die Belastung des Investors in Abhängigkeit davon, wie sich seine Absatzpreise während der Investitionsperiode entwickeln. Diese hängen ihrerseits von der Preisentwicklung in der Volkswirtschaft insgesamt ab, und jene wiederum erheblich von den Ergebnissen der Lohnverhandlungen.

Auch für die Tarifpartner ist es sinnvoll, eine solche Orientierung zu haben, weil sie sich prinzipiell auf jede beliebige Inflationsrate einigen könnten. Verständigen sie sich auf eine Zuwachsrate des Preisniveaus von 10 Prozent jährlich, werden sie diese auch erreichen, weil Löhne die entscheidende Kostenkomponente für die Volkswirtschaft stellen und die Unternehmen in der Regel in der Lage sind, die Preise genau um die Marge zu erhöhen, um die die Lohnzuwächse oberhalb der Produktivität liegen. Folglich können sich die Tarifpartner ebenso gut auf 2 wie auf 10 Prozent einigen.

In den vergangenen Jahren und Jahrzehnten hat die herrschende neoklassische Lehre erkennen müssen, dass das allgemeine Marktgleichgewicht, mit dem sie üblicherweise operiert, keinerlei Lösung für die Geldwertstabilität bietet. Die von ihr vertretene sogenannte Dichotomie, also die Einteilung der Wirtschaft in zwei annahmegemäß voneinander unabhängige Bereiche, den realen und den monetären, gehörte stets zur unabdingbaren Basis ihrer Theorie. Das drückt sich in der Lehrbuchweisheit aus, dass es sich beim Geld nur um ein »Zählgut« (ein *numéraire*) handle, das ermögliche, aus den eigentlich relevanten Relativpreisen absolute Preise zu errechnen, mit denen man besser umgehen könne. Da die Neoklassik nichts Relevantes zur Dynamik einer Marktwirtschaft zu sagen hat – sie verlagert dieses Thema in den Bereich der exogenen Annahmen wie etwa einen gegebenen technischen Fortschritt oder eine gegebene private Sparquote –, weist ihr Modell keinen Mechanismus auf, wie sich die Preise im Zeitablauf entwickeln; mit anderen Worten, ihr fehlt ihr eine Inflationstheorie. Selbst wenn es die von der herrschenden Lehre unterstellten perfekten Märkte gäbe, könnte sie daher nicht vorhersagen, ob das Gesamtergebnis der Preisbildung auf allen Märkten zusammen 2 Prozent oder 10 Prozent Inflation erbringt.

Wie immer, wenn die Neoklassik am Ende ihrer explanativen Kraft angekommen ist, hat man sich darauf kapriziert, eine »Lösung« für das Problem zu finden, die dem Staat möglichst wenig Möglichkeiten zur Intervention bietet. Nachdem sich die »goldene Lösung« (eine von der Natur vorgegebene und nicht beliebig vermehrbare Menge an Gold) nicht mehr halten ließ, verfiel man auf die »Geldmengenlösung«.

Als sich aber auch die Fiktion einer von der Notenbank vorgegebenen Geldmenge als solche entpuppte, musste die herrschende Lehre erneut das entstandene Vakuum füllen. So hat man die »Inflationserwartungen« und ihre »Verankerung« erfunden. Da die Notenbank garantiert auf irgendeine Weise (und sei es über hohe Zinsen) die Inflation in den Griff bekommen werde, so die Argumentation, solle sie, um sich die eigene Arbeit zu erleichtern, allen Beteiligten am Wirtschaftsleben explizit klar machen, welche Inflationsrate sie anstrebt.

Dummerweise, aber wie fast immer, wenn man sich mit der Neoklassik auseinandersetzt, muss man einräumen, dass die reale Welt viel komplizierter ist, als von ihr unterstellt. In der realen Welt gibt es viele unterschiedliche Länder und viele unterschiedliche Tarifverhandlungssysteme; vor allem jedoch gibt es kein Währungssystem, das dafür sorgen könnte, dass die Inflationsraten zwischen den Volkswirtschaften konsequent und schnell durch entsprechende Wechselkursbewegungen ausgeglichen werden.

In einer solchen »unvollkommenen« Welt interessiert sich z. B. ein Unternehmer, der mit einer kleinen Branchengewerkschaft verhandelt, überhaupt nicht für die Inflationsvorgabe der Zentralbank. Er hat nur die Preise innerhalb seines jeweiligen Gewerbes im Auge, und die mögen völlig anders laufen als die auf der Ebene der Gesamtwirtschaft. Die Tarifpartner schauen hauptsächlich auf die Branchenpreise und die Branchenproduktivität, obwohl für die Arbeitnehmer natürlich die gesamtwirtschaftliche Inflationsrate viel wichtiger ist als für den Unternehmer – von einer »Verankerung« wie sie den Notenbanken vorschwebt, kann aber in beiden Fällen keine Rede sein.

Je kleinteiliger die Unternehmen verhandeln, umso unbedeutender ist die gesamtwirtschaftliche Inflationsrate und umso mehr macht sich auch eine Asymmetrie im System bemerkbar, die von der herrschenden Lehre vollkommen ignoriert wird: Unternehmen, die sich im internationalen Wettbewerb befinden, tendieren dazu, nicht allein die Preisentwicklungen auf ihrem nationalen Absatzmarkt bei ihren Vorleistungsgütern und ihren eigenen Lohnstückkosten zu betrachten. Sie stellen eher die Frage, wie viel interne Kostensteigerung sie in Preiserhöhungen auf ihrem *inter*nationalen Markt weitergeben bzw. wie sie ihren Anteil dort halten oder sogar ausbauen können. Das wiederum hängt wesentlich davon ab, wie stark die nationalen Preise steigen, weil das darüber entscheidet, ob sie gegenüber der internationalen Konkurrenz einen Preisvorsprung haben oder nicht.

Wenn die Unternehmen nicht damit rechnen (müssen), dass eine Aufwertung der eigenen Währung sofort jeden Wettbewerbsvorsprung, den man durch weniger steigende Löhne gegenüber den internationalen Konkurrenten erzielen kann, zunichte macht, tendieren sie stets dazu, die Löhne unter das Niveau zu drücken, das für eine stabile Inflationsrate notwendig wäre. Besonders eklatant tritt dieses Problem innerhalb einer Währungsunion auf, wo die Sanktion »Aufwertung« nicht mehr oder zumindest nicht mehr im gleichen Umfang vorhanden ist wie bei einer nationalen Währung. Hier haben die Unternehmen einen gewaltigen Anreiz, immer nach unten zu drücken, vollkommen unabhängig davon, was die Zentralbank zu verankern versucht.

Darüber hätte man bei der Einführung des Euros intensiv nachdenken sollen statt über die Verankerung von Inflationszielen, die kaum jemanden außerhalb enger akademischer Zirkel interessiert. Weil die gesamte EWU inklusive der EZB auf der Ebene der nationalen Verhandlungen Abweichungen der Lohnzuwächse nach unten stets ignorierte, konnte Deutschland seine reale Abwertung durchsetzen und damit einen Keil in die Währungsunion treiben, der ihren Bestand seither bedroht.

Ebenso wenig helfen die bloßen Ankündigungen der Zentralbank, wenn es darum geht, dass die Inflationsrate deutlich nach oben von ihrem Ziel abweicht. Für Gewerkschaften, die ausreichend große Verhandlungsmacht haben, können solche Inflationsschübe die »Verankerung« ohne weiteres lösen, weil sie nicht mehr glauben, dass die EZB in der Lage ist, ihr Ziel zu realisieren. Fehlt bei den Vertretungen die notwendige Einsicht in die gesamtwirtschaftlichen Zusammenhänge, werden sie womöglich solche Preisschübe nicht hinnehmen, unabhängig von dem, was die Zentralbank in der Vergangenheit als »Anker« angeboten hat. Das ist der Grund, warum die geldpolitischen Falken auch im Zuge der Coronakrise und des Ukrainekriegs eine präventive Zinserhöhung als notwendig angesehen haben.

Das Ausbalancieren der unternehmerischen Neigung, die Löhne zu drücken und der natürlichen Neigung der Gewerkschaften, die Löhne zu erhöhen, gelingt nicht durch einseitige Kommunikation der Zentralbank, sondern nur durch eine geeignete Wirtschaftspolitik und die Bereitschaft der Politik im Allgemeinen, in der Auseinandersetzung der Tarifpartner Partei für die gesamtwirtschaftliche Vernunft zu ergreifen.

Seit den 1970er-Jahren haben die westlichen Industrieländer allerdings keine vernünftige Balance mehr gefunden. Stattdessen ist es in den meisten Staaten zu hoher Arbeitslosigkeit gekommen, die von vielen Ökonomen als willkommene Bremse für gewerkschaftliche Lohnforderungen angesehen wird. Doch eine solche Kapitulation vor der eigentlichen Aufgabe bringt hohe Verluste bei der Entwicklung des Lebensstandards mit sich. Hohe Arbeitslosigkeit ist nicht nur für die unmittelbar Betroffenen eine enorme Bürde, sondern spaltet die Gesellschaft und hemmt wegen des dauernden Drucks auf die Löhne das Wirtschaftswachstum insgesamt.

Deswegen geht es bei der Frage, ob und wie man Erwartungen stabilisiert, um viel mehr als nur die Inflation: Gute Wirtschaftspolitik stabilisiert die Einkommenserwartungen der Masse der Bevölkerung *und* das Preisniveau zugleich. Wenn es mit politischer Unterstützung (ob explizit einschließlich der Zentralbank oder ohne sie) gelingt, in den Lohnverhandlungen, auf welcher Ebene auch immer, eine vernünftige Inflationsrate und den zu erwartenden allgemeinen gesamtgesellschaftlichen Produktivitätsfortschritt unterzubringen, sind die Weichen richtig gestellt und müssen nicht dauernd nachkorrigiert werden.

Temporäre Preiseffekte aufgrund äußerer Einflüsse, wie etwa dem Coronavirus oder dem Ukrainekrieg, sollten von beiden Tarifpartnern ignoriert werden, weil niemand sie auf Kosten des anderen ausgleichen kann, ohne erneute schwerwiegende Verwerfungen zu erzeugen. Das gilt prinzipiell auch für solche Preiseffekte, die vom Staat selbst oder von der internationalen Staatengemeinschaft ausgelöst werden. Gelänge es beispielsweise, die fossilen Rohstoffe so zu verknappen, dass ihre Preise überall auf der Welt jedes Jahr um 10 Prozent steigen und das die Inflationsrate in jeder Volkswirtschaft um 0,2 oder 0,5 Prozentpunkte erhöht, müsste dieser Umstand in den Lohnverhandlungen genauso behandelt werden wie jeder andere von außen kommende Preiseffekt; d. h., dass er hingenommen und nicht zu der normalen Zielrate der Zentralbank beim anzustrebenden Lohnstückkostenzuwachs hinzugerechnet wird. Jeder kann die Belastung durch die Preiserhöhung, und das ist der Sinn dieser Maßnahme, dadurch verringern, dass er sein Konsumverhalten anpasst, also weniger fossile Rohstoffe verbraucht. Nach einiger Zeit wäre der Warenkorb vieler Verbraucher so angepasst, dass die Gesamtrechnung für Öl oder Gas nicht höher ausfällt als vor Beginn der Preissteigerungen, weil mengenmäßig weniger verbraucht wird.

Dass der Staat gleichzeitig durch direkte Hilfen und/oder allgemeine Steuersenkung die unteren Einkommen entlastet, ist dabei mitgedacht und vollkommen unproblematisch. Schließlich schlägt der Effekt der vom Staat verursachten Preiserhöhung bei einem geringen Einkommen viel stärker zu Buche, weil die Öl-, Gas- und Stromrechnung einen weitaus größeren Anteil an den gesamten Ausgaben eines armen Haushalts ausmacht als an denen eines reichen. Eine solche Entlastung muss auch unabhängig davon gewährleistet sein, ob der Staat wegen der Preiserhöhung selbst höhere Einnahmen verbucht oder ob die Produzenten der Rohstoffe für eine Weile besonders profitieren.

Die Rückverteilung einer an den CO2-Ausstoß gekoppelten Klimaabgabe an die Bevölkerung pro Kopf stellt jedenfalls eine Möglichkeit dar, dem privaten Sektor insgesamt nicht zusätzlich Einkommen zu entziehen und trotzdem die Relativpreisverschiebung zur Lenkung des Produktions- und Verbrauchsverhaltens zu nutzen. Je besser die Lenkung auf Dauer funktioniert, desto geringer fällt das Umverteilungsvolumen aus.

2.12 Trilemma oder Dilemma: Gibt es eine außenwirtschaftliche Absicherung?

Nichts hat die außenwirtschaftliche Diskussion der vergangenen fünfzig Jahre mehr geprägt als die Behauptung vieler Ökonomen wie u. a. Wesley Widmaier, es gebe eine »impossible trinity«, ein Trilemma, dem zufolge man drei Dinge auf keinen Fall miteinander verbinden könne: Kapitalverkehrsfreiheit, feste Wechselkurse und eine eigenständige Geldpolitik.[47] Das ist richtig. Man hat aber mit dieser an Trivialität kaum zu überbietenden Behauptung suggeriert, Kapitalverkehrsfreiheit und eine eigenständige Geldpolitik seien möglich, sofern die Wechselkurse flexibel sind. Das ist falsch. Man kann bei Kapitalverkehrsfreiheit auch dann keine eigenständige Geldpolitik betreiben, wenn die Wechselkurse flexibel sind – das Trilemma ist in Wirklichkeit ein Dilemma.

Larry Summers, ehemaliger Finanzminister der USA, empfahl in einer Diskussion der internationalen Finanzkrisen im Jahr 1999, bei der ich persönlich beteiligt war, »politische Verzerrungen zugunsten von kurzfristigem Kapital« zu vermeiden. Diese Konstellation lasse sich seiner Ansicht nach in vielen Währungskrisen beobachten und damals besonders in der russischen Finanzkrise, die letztlich zum Sturz von Präsident Boris Jelzin führte.

Summers Position offenbart die grundlegende Verwirrung der Mainstream-Ökonomie: Er war nämlich überzeugt davon, dass man in der Russischen Föderation gesehen habe, wie entschlossene Bemühungen der Regierung internationale Investoren auf den Markt für auf Rubel lautende Bonds ziehen konnten. Die Beobachtung ist richtig, aber die Schlussfolgerung, die er und andere daraus gezogen haben, ist absurd. In der Tat zog Russland mit extrem hohen Nominalzinsen auf kurzlaufende Staatsanleihen und einer gleichzeitigen Dollarbindung des Rubels massive Zuströme kurzfristigen Kapitals an. Die nominalen Zinssätze betrugen etwa 50 Prozent, während die Inflation bei etwa 20 Prozent lag.

Man stelle sich jedoch das Urteil eines so bedeutenden Wirtschaftswissenschaftlers wie Summers über die wirtschaftspolitischen Entscheidungsträger (und ihre Berater) in einem Industrieland vor, das sich für einen Realzins von 30 Prozent und gleichzeitig für eine einseitig an den US-Dollar gebundene Währung ohne Ausstiegsstrategie entscheidet. Der Kern des Problems ist nicht der Zufluss des kurzfristigen Spekulationskapitals aus der ganzen Welt, sondern die binnenwirtschaftlichen Auswirkungen einer solchen Geldpolitik. Kein Industrieland könnte mit Realzinsen von 30 Prozent wirtschaftlich überleben, ganz gleich, wie das Wechselkursregime aussieht. Als die Wechselkursbin-

47 Widmaier, W. W. (2004).

dung eingeführt wurde, stand die Russische Föderation unter der Aufsicht des IWF. Unter dessen Leitung erlangte die Zentralbank ihre Unabhängigkeit, ohne zu wissen, wie sie ihre Macht effektiv nutzen konnte. Also entschied man sich frei von Sinn und Verstand für eine Dollarbindung bei gleichzeitig extrem restriktiver Geldpolitik.

Mit oder ohne die reale Überbewertung des Rubels wäre das Land früher oder später bankrott gegangen, weil es unmöglich ist, der halben Welt 50 Prozent Zinsen zu bezahlen, ohne dabei parallel an Wettbewerbsfähigkeit zu verlieren und die eigene Wirtschaft zu ruinieren. Die Behauptung, man müsse »politische Verzerrungen zugunsten des kurzfristigen Kapitals« vermeiden, ergibt folglich keinen Sinn. Stattdessen sollte man eine katastrophale Geldpolitik auf jeden Fall vermeiden, weil sie einen umbringen wird, unabhängig davon, ob das Land für internationales Kapital attraktiv ist oder nicht.

Der springende Punkt ist einfach: Es gibt keine autonome oder unabhängige nationale Geldpolitik für Länder mit freiem Kapitalverkehr. Hochinflationsländer, also solche mit relativ hohen Wachstumsraten oder wie im Falle der Russischen Föderation einer fehlgeleiteten Geldpolitik, können nicht erwarten, vom Rest der Welt isoliert zu sein, wenn die Mobilität des Kapitals nicht eingeschränkt ist. Jede Abweichung der Zinssätze von der Kaufkraftparität (KKP) führt zu Spekulationsströmen, unabhängig vom Wechselkursregime. Wenn ein Land zweistellige Inflationsraten bekämpfen will (wie die Russische Föderation 1995), hat es die Wahl, entweder die Offenheit des Kapitalverkehrs aufzugeben oder die Mitgliedschaft in einem Währungsblock zu suchen, der eine klar definierte Ausstiegsstrategie bietet, wenn schließlich die unvermeidliche reale Aufwertung korrigiert werden muss.[48]

Der Wechselkurs ist weder ein Instrument der nationalen Wirtschaftspolitik noch ein zuverlässiger und aussagekräftiger Marktpreis. Wechselkursänderungen sollten die notwendige Begleiterscheinung divergierender Inflationsraten (oder des Wachstums der Lohnstückkosten) sein. Dies ist die einzige Position zu Wechselkursen, die mit dem weit verbreiteten Glauben übereinstimmt, dass Inflation in modernen Volkswirtschaften weder notwendig noch dauerhaft nutzbar sei. Das Ausmaß, in dem sich die Länder hinsichtlich ihrer Fähigkeit unterscheiden, Inflation – die Veränderung des Geldwerts in der Zeit – zu vermeiden, ist genau das, um das man den Wert des Geldes im Raum verändern sollte. Eine solche Aussage darf nicht mit der naiven Version der Kaufkraftparitätentheorie verwechselt werden; als Theorie, d.h. als Erklärung für den freien Austausch von Geld, war diese nie angemessen.

---

48 Es war damals jedenfalls erstaunlich, wie viele Ökonomen die Rolle des Zinsgefälles in der russischen Krise ignorierten. Stattdessen wurde die Finanzpolitik diskutiert, als ob eine strenge Haushaltsdisziplin die Auswirkungen einer zu restriktiven Geldpolitik hätte heilen können. Siehe Eichengreen, B., & Hausmann, R. (1999). Williamson, J. (2001) gehört zu den wenigen, die eine klare Vorstellung von der Rolle der Zinsunterschiede haben.

Wechselkursveränderungen im Sinne der KKP sollten ein wirtschaftspolitisches Ziel sein, ebenso wie niedrige Inflationsraten. Wird es verwirklicht, könnte dies zu einer besseren Ressourcenallokation und einer reibungslosen Anpassung der Finanzströme zwischen Ländern führen, die aus dem einen oder anderen Grund nicht in der Lage sind, ihre Inflationsentwicklung schnell anzugleichen.

Daher sollte die wirtschaftspolitische Agenda ein Floating des Wechselkurses von vornherein ausschließen. Die weit verbreitete Angst vor einem solchen Währungsregime in den Schwellenländern ist durchaus berechtigt. Sie geht jedoch nicht nur auf die Furcht vor finanzieller Fragilität zurück, sondern auch auf die Furcht vor Inflation, die heute niemand mehr ernsthaft in Frage stellen würde. Auf- und Abwertung zwischen Ländern mit unterschiedlicher Inflationsentwicklung ohne Floating bedeutet aber wirtschaftspolitische Zusammenarbeit. Da der Wechselkurs einer Volkswirtschaft mit freiem Handel und offenem Kapitalverkehr per definitionem ein multilaterales Phänomen ist, kann er nicht der einseitigen Entscheidung eines einzelnen Landes überlassen werden.

Die Festlegung des Wechselkurses in die eine oder andere Richtung schafft nicht den bestehenden Mangel an geldpolitischer Autonomie in einem System freier Kapital- und Warenströme, sondern macht ihn nur deutlich. Es gibt keine »unmögliche Dreifaltigkeit«, sondern eher eine »unmögliche Dualität«.[49] Die Öffnung des Kapitalverkehrs und der Verlust der nationalen Währungsautonomie sind nicht vom Wechselkurssystem abhängig. Zinsdifferenzen, die nicht strikt durch die Dominanz der KKP abgedeckt und sterilisiert werden, verzerren zwangsläufig jeden Versuch, erfolgreich nationale monetäre Ziele zu erreichen. Dies gilt sowohl für kleine offene als auch für große geschlossene Volkswirtschaften. Letztere können lediglich groß und geschlossen genug sein, um das Ergebnis in ihrer Außenbilanz zu ignorieren.

Es war einer der großen Irrtümer der Wirtschaftswissenschaften im 20. Jahrhundert, den Politikern suggeriert zu haben, dass so etwas wie nationale Souveränität in der Wirtschaftspolitik existieren könne, sofern man nur ein Geldsystem installiere, das »flexibel« genug sei, um externe Schocks abzufedern. Aber so etwas kann nicht existieren. Die bestehenden Währungssysteme sind kaum in der Lage, monetäre Störungen ohne größere Friktionen auszugleichen, geschweige denn reale Schocks. Die vielfältigen Krisen des Währungssystems zeigen, dass es keine nationale Souveränität im Sinne einer effektiven Isolierung gegen solche Ereignisse gibt. Jede Nation der Welt sieht sich davon in irgendeiner Weise betroffen. Der Verlust der nationalen Souveränität, die »unmögliche Dualität«, ist eine unmittelbare Folge der Öffnung der Güter- und Kapitalmärkte, nicht das Ergebnis einer unangemessenen Währungsordnung. Es be-

49 Pesek, B. P., & Hicks, J. R. (1968).

steht daher keine Alternative zur internationalen Zusammenarbeit in der Wechselkurspolitik, wenn der freie Handel und der weitgehend freie Kapitalverkehr gewährleistet werden sollen.

2.13 Der Rückschritt der Mikrofundierung

Nach dem Zweiten Weltkrieg schien es, als habe der Keynesianismus die Lösung aller wirtschaftspolitischen Probleme parat. Der Staat solle sich in schlechten Zeiten verschulden und die Konjunktur anregen, um die so aufgehäuften Schulden in guten Zeiten zurückzuzahlen. So lasse sich – zumindest in der Theorie – die Wirtschaft auf einem hohen Beschäftigungsstand steuern und halten.

Aber in den Kreisen der neoklassischen Ökonomen brodelte schon von Beginn an das Feuer einer Konterrevolution. Das Problem: Solange die praktische wirtschaftspolitische Umsetzung der keynesianischen Modelle erfolgreich war, konnte man noch nicht wirklich auftrumpfen. Wie bereits in Kapitel 1 erklärt, sollte sich das erst mit dem ersten Ölpreisschock ändern. Doch der Angriff auf den »Keynesianismus« nahm noch einen ganz anderen Weg.

Aggregierte Modelle versuchen makroökonomische Größen zu erklären. Dazu gehören klassischerweise die Inflation, das Wachstum und die Arbeitslosigkeit. Die Modelle arbeiten – wie der Name schon sagt – mit Aggregaten. Man spricht also von *dem* Konsum und *den* Investitionen als Einheit, nicht als Summe vieler Millionen kleiner Einzelentscheidungen. Mit dem Aufkommen der neoklassischen Konterrevolution wurden nun auch solche aggregierten Modelle fundamental infrage gestellt. Vor allem Robert Lucas schwang sich dazu auf, einen Angriff gegen sie zu führen, der bis heute seinen Namen trägt: die Lucas-Kritik.

Sie verläuft im Kern folgendermaßen: Ein makroökonomisches Modell postuliert einen Zusammenhang zwischen zwei Größen. Um diesen quantifizierbar zu machen, müssen bestimmte Parameter geschätzt werden. Die enthalten klassischerweise die aggregierte und unterstellte Reaktionsintensität der Wirtschaftssubjekte (Haushalte und Unternehmen) auf eine bestimmte Information. Nehmen wir z. B. den Zusammenhang zwischen Inflation und Beschäftigung, und unterstellen, bei hohen Inflationsraten sei die Arbeitslosigkeit niedrig und bei niedrigen Inflationsraten sei die Arbeitslosigkeit hoch. Käme die Wirtschaftspolitik dann auf die Idee, eine höhere Inflationsrate anzustreben, um die Beschäftigung zu steigern, ließe sich diese Reaktion nur quantifizieren, wenn die Parameter des geschätzten Modells konstant blieben. Dies würde aber voraussetzen, dass sich die Erwartungen der Wirtschaftssubjekte angesichts einer neuen Wirtschaftspolitik nicht ändern. Anders formuliert: Laut Lucas führt die Anpassung der

Akteure, sobald die Politik versucht, einen volkswirtschaftlichen Zusammenhang auszunutzen, dazu, dass genau in diesem Zeitpunkt die Korrelation nicht mehr gilt und die erhoffte Wirkung ausbleibt.

Bei dem Beispiel mit der Inflationsrate und der Beschäftigung hieße das, dass die Haushalte die höhere Inflationsrate als Information aufnehmen und so reagieren, dass die Beschäftigung eben doch nicht steigt und die Wirtschaftspolitik am Ende nur mit einer höheren Inflationsrate dasteht. Zu der Folgerung, dass der Staat generell kaum agieren könne, ist es dann nicht mehr weit. Es wurde eine neue Art von Modell gefordert, das auf sogenannten »tiefen« und strukturellen Parametern aufgebaut und in der Lage ist, derartige Anpassungsrückkopplungen widerzuspiegeln. Die Makromodelle sollten nun mikrofundiert werden, d.h., man wollte alle makroökonomischen Zusammenhänge nun explizit aus dem mikroökonomischen Kalkül der Haushalte und Unternehmen ableiten können.

In der Konsequenz musste jedes Modell gedanklich auf der untersten möglichen Analyseebene bei den Grundaxiomen der Neoklassik beginnen: den Nutzenentscheidungen der Haushalte und der Gewinnmaximierung der Unternehmen. Nur ein aus diesen Entscheidungskalkülen abgeleitetes Modell sei »wissenschaftlich«. Daraus ergeben sich kuriose Konsequenzen: Auf der einen Seite wird ein repräsentativer Haushalt definiert, der unendlich lange lebt und eine Nutzenfunktion hat, die er zu maximieren sucht und die alle verfügbaren Güter oder aber die Wahl zwischen einem Einheitsgut und Freizeit umfasst. Um zu konsumieren, muss der Haushalt Arbeitskraft zur Verfügung stellen. Damit erwirtschaftet er ein Einkommen und kann sich so den Konsum leisten. Auf diese Weise wägt der Haushalt ab zwischen Freizeit und Einkommen sowie zwischen Konsum und Ersparnisbildung.

Auf der anderen Seite steht das repräsentative Unternehmen, das den Gewinn bei einer gegebenen Produktionstechnik maximiert und die Arbeitskraft des repräsentativen Haushalts einstellt. Der Lohn resultiert aus Angebot und Nachfrage, bestimmt so über die Produktionshöhe und damit über das Gesamteinkommen der Volkswirtschaft. Das repräsentative Unternehmen gehört dem repräsentativen Haushalt, weshalb in diesem Modellrahmen keine Verteilungsfragen aufkommen: Der repräsentative Haushalt stellt sich bei sich selbst ein und zahlt sich selbst einen Lohn, den Rest behält er als Gewinn. Die Ersparnis ist gleichzeitig die Investition – anders kann es auch nicht sein. Erhöhen die Investitionen den Kapitalstock und erweitert man das Modell noch um Kapitaleinkünfte und Kapitalkosten ergibt sich der Markt aus Ersparnisfonds und Investitionsplänen, ausgeglichen durch den Zins.

Daraus ergeben sich Modelle, die Wissenschaftlichkeit für sich beanspruchen, weil sie auf wenigen einfachen Axiomen aufbauen und gleichzeitig den Anschein erwecken, als ob man mit ihnen die komplexe Wirklichkeit einer Volkswirtschaft oder gar der globalisierten Wirtschaft erklären könnte. Doch tatsächlich fallen sie sogar hinter Walras zurück. Dort gab es immerhin einen Markt, auf dem man sich treffen musste, um angemessene Preise zu finden. Der repräsentative Haushalt braucht das nicht. So ist etwa die Abstimmung der Spar- und Investitionspläne in einem mikrofundierten Modell mit repräsentativen Akteuren eine rein formale Frage. Die notwendige Identität ergibt sich quasi automatisch.

Da es nur zwei Wirtschaftssubjekte gibt und das eine dem anderen gehört, sind wir zurück in der Robinson-Crusoe-Welt, wo der eine Akteur immer genau weiß, was der andere warum tut. Folglich kann es keine Informationslücken geben, die von einem Preis wie dem Zins überwunden werden. Wenn nur ein Einheitsgut existiert, das investiert wird, um wieder mehr von dem Einheitsgut zu schaffen, und jede Investition mit einem Konsumverzicht bei dem Einheitsgut einhergehen muss, dann sind Ersparnis und Investition immer gleich. Das Problem ist nicht nur wie bei der Neoklassik, dass die Annahmen über die Wirkungsweise eines Kapitalmarktes nichts mit der Wirklichkeit zu tun haben, sondern dass man erst gar keinen Kapitalmarkt braucht, weil das Problem, das dieser eigentlich lösen soll, nicht existiert.

Die Neoklassik hat immerhin versucht, die Informationsprobleme der Marktakteure durch die Annahme vollständiger Information zu überwinden. Die Mikrofundierung ist auch hier einen Schritt weiter (zurück) gegangen, indem sie unterstellt, dass die Akteure rationale Erwartungen haben, was nichts anderes heißt, als dass sie das »richtige Modell« kennen und sich dementsprechend anpassen. Damit wird dieses per Definition zu einem perfekten Marktmodell im Sinne der Theorie erhoben; man »löst« ein Problem, indem man seine Lösung voraussetzt. Das ist nicht mehr angreifbare Wissenschaft wie die Neoklassik, sondern gar keine Wissenschaft – und deswegen auch nicht wert, angegriffen zu werden.

2.14 Neue Irrwege des Keynesianismus

Der »Keynesianismus«, also die Lehren, die sich im weitesten Sinne auf Keynes berufen, haben sich durch ungeeignete Methoden und falsche Zugeständnisse ebenfalls ins Abseits begeben und dadurch in etlichen Varianten, die an den Universitäten gelehrt werden, die Chance verspielt, jemals zu einer wirklichen, politisch verwertbaren Alternative des neoklassischen Paradigmas zu werden. Nimmt man das, was im überwiegend akademischen Bereich geschieht, etwas genauer unter die Lupe, kann man sich leider nur distanzieren.

Die Probleme des Keynesianismus (ob Postkeynesianismus, Neukeynesianismus oder eine andere Spielart ist hier nicht von Belang) beginnen mit einem methodischen Irrtum.

Man versucht nämlich, sich dadurch zu einer Wissenschaft und zu einer Alternative zur Neoklassik zu machen, dass man ein möglichst einheitliches Modell der Wirtschaft zu bauen versucht, mit dem man ihre Entwicklung vorherzusagen oder doch zumindest gut nachzuvollziehen vermag. Das ist zum einen schon deswegen von vorneherein zum Scheitern verurteilt, weil die Neoklassik eine Erklärung des konkreten Verlaufs der Wirtschaft gar nicht auf ihrer Agenda hat; zum anderen, weil die stabilen Beziehungen, die man für ein solches Modell braucht, in einer komplexen ökonomischen Welt mit einem großen und einflussreichen Staat über die Zeit schlicht nicht existieren können.

Die Neoklassik ist ein reines Kunstprodukt, das seine Berechtigung nicht aus der konkreten Vorhersage der wirtschaftlichen Entwicklung zieht, sondern aus der Schaffung eines Rasters (oder eines Musters), das in einem vollständig stationären, vollständig zeitlosen und somit vollständig weltfremden Modell einen Mechanismus beschreibt, den Preismechanismus nämlich, der nach einer Störung dazu tendiert, dieses wieder in den Ausgangszustand zurückzuführen. Das ist das Gleichgewichtsmodell, in dem alle wichtigen Größen der Volkswirtschaft von flexiblen Preisen gesteuert werden.

Dieser Kunstlehre muss man von vorneherein jede Berechtigung absprechen, sich prognostisch oder wirtschaftspolitisch zu äußern, indem man zeigt, dass ihre Annahmen und Aussagen in einer sich dynamisch (d. h. in konkreter Zeit) entwickelnden Wirtschaft niemals zutreffen. Das klassische Beispiel ist die These, es gebe einen Marktpreis, der Sparen und Investieren ohne massive Störungen bei der Entwicklung von Produktion und Einkommen ins Gleichgewicht bringe. Auch die Vorstellung von einem »Arbeitsmarkt«, an dem der Reallohn Angebot und Nachfrage ausgleiche, muss man vollständig zurückweisen, weil es unabhängige Angebots- und Nachfragekurven für Arbeit auf der Ebene der Gesamtwirtschaft gar nicht geben kann.

Will man nun aber die Zurückweisung der Neoklassik in der Weise vornehmen, dass man ein Modell baut, demzufolge nicht nur der Zins über steigende Investitionen das System wieder ins Gleichgewicht zurückzubringen vermag, sondern auch die Nachfrage, macht man einen entscheidenden methodischen Fehler. Denn *die* Nachfrage, die man für ein solches Modell bräuchte, gibt es nicht. Die gesamte Nachfrage einer Volkswirtschaft selbst ist nämlich, wie man das üblicherweise nennt, endogen, mithin das Ergebnis vielfältiger Prozesse und Veränderungen sowie von Politik, die alle zusammen zu einem bestimmten Ergebnis führen, das sich nicht vorhersagen lässt.

Weil man diesem Dilemma entgehen will, versucht man im akademischen Keynesianismus, Prozesse zu identifizieren, bei denen dies einerseits überhaupt empirisch möglich ist, und die man andererseits für typisch hält im Hinblick auf eine »keynesianische« Entwicklung. So wurde im Postkeynesianismus etwa ein Prozess namens *wage-led growth* identifiziert. Dabei nimmt man an, dass der Wachstumsprozess optimal verläuft, wenn sich die Lohnquote (nicht nur die Löhne!) erhöht und auf diese Weise die für das Wachstum der Produktion notwendige Nachfrage entsteht. Andere Denkrichtungen, die eher dem Marxismus zugerechnet werden, glauben an *profit-led growth*, das z. B. durch einen Exportboom entfacht werden kann.

Doch das ist alles mehr als fragwürdig. Eine Erhöhung der Lohnquote in einer frühen Phase des Aufschwungs scheint unwahrscheinlich und der Versuch, sie durchzusetzen, würde wahrscheinlich schnell zu einer höheren Inflationsrate und zu einem restriktiven Eingreifen der Geldpolitik führen. Der Anstieg der Lohnquote ist aber auch gar nicht notwendig. In einem Aufschwung können Löhne und Gewinne in gleichem Tempo steigen, wenn sie dies nur kräftig genug tun, um eine Investitionsdynamik zustande zu bringen. Es gibt aber an sich überhaupt nichts gegen einen temporär investitionsgetragenen Aufschwung einzuwenden, wenn dabei Sorge dafür getragen wird, dass die Arbeitnehmer über den Zyklus hinweg ihren vollen Anteil am Produktivitätszuwachs bekommen. Auch, dass die Gewinne vorangehen, ist möglich, wenn beispielsweise der Staat mit eigenen Ausgaben die Konjunktur antreibt und die Löhne zeitweise hinterherhinken.

Es besteht schlicht keine Notwendigkeit, sich auf ein bestimmtes Modell festzulegen und die eigene Theorie damit angreifbar zu machen. Stattdessen genügt es für eine ernsthafte wissenschaftliche Auseinandersetzung vollkommen, gezeigt zu haben, dass der von der Neoklassik behauptete Nexus nicht existiert – was zwingend zu der Aussage führt, dass man wirtschaftspolitisches Eingreifen braucht, um eine in einer Schwächephase gefangene Volkswirtschaft zu beleben. Dabei sind auch die Begrifflichkeiten wichtig: Die Gleichgewichtsterminologie der Neoklassik sollte man sich ausnahmslos sparen, weil sie niemals angemessen ist.

Zu welch gravierenden Missverständnissen es kommt, wenn man sich mit solchen Modellen an die Erklärung der Eurokrise wagt, zeigt ein Papier von Engelbert Stockhammer und anderen, in dem Costas Lapavitsas und mir vorgeworfen wird, mit unserer Erklärung der Eurokrise (mit einem Modell, das *profit-led* sein soll) nicht erklären zu können, warum die Krisenländer – in den ersten Jahren des Euro – stärker gewachsen sind als Deutschland. Die Autoren schreiben:

> Unlike the latter, Marxist explanations appear to implicitly assume a profit-led demand regime: stagnant wages in Germany produce profit-led growth dynamics, in particular export surpluses. One problem with this story is that even if one accepts the alleged primacy of relative unit labour costs in determining trade balances, the theory lacks an explanation of why economic growth in the deficit countries consistently exceeded that of the surplus countries.[50]

50 Stockhammer et al. (2019): 16.

Das ist mehr als erstaunlich. Es ist vollkommen klar, dass die Lohnzurückhaltung Deutschland zunächst schadete, weil der negative Binnenmarkteffekt in den ersten Jahren (als die Exporte noch weit unter 50 Prozent des Bruttoinlandsprodukts ausmachten) größer war als der positive Exportmarkteffekt. Doch mit den Jahren, in denen sich an der Konstellation einer deutschen Unterbewertung nichts änderte, wurde dieser immer stärker, denn der Anteil der Ausfuhren wuchs dramatisch schnell.

Man sieht hier schön, wie ein starres Modell das Nachdenken ungeheuer einschränkt. Zunächst erkennen die Autoren offensichtlich nicht, dass man bei einer realistischen Theorie der Arbeitsbeziehungen (nicht des Arbeitsmarktes!) für eine große Volkswirtschaft von vorneherein ausschließen muss, dass Lohnsenkung etwas Gutes ist. Das nicht zu tun, ist ein schwerwiegender Mangel ihres Modells, das man schon deswegen niemals keynesianisch nennen sollte. Hinzu kommt: In einer anderen Währungsordnung als dem Euro (oder bei einer früheren Reaktion der Kommission, der EZB oder anderer Länder) wäre das Experiment vollständig gescheitert, weil man die positiven Effekte von der Exportseite nicht bekommen hätte, sondern nur die negativen Binnenmarkteffekte des Lohndumpings.

In einer Welt, in der es permanent zu Änderungen der Politik, der Rahmenbedingungen und der internationalen Verhältnisse kommt, ist ein starres Modell keine Hilfe, sondern eine massive Einschränkung bei dem Versuch, die realen Zusammenhänge zu verstehen und auf der Basis eines grundlegenden Verständnisses wirtschaftspolitisch valide Ratschläge zu geben. Letzteres setzt voraus, dass man sich permanent mit der konkreten wirtschaftlichen Entwicklung im nationalen und internationalen Rahmen, mit der Politik und mit allen institutionellen Veränderungen auseinandersetzt, die dafür zentral sind.

Entscheidend für ein umfassendes Verständnis ist außerdem die Kenntnis und jederzeitige Beachtung aller logischen Restriktionen, denen eine gesamtwirtschaftliche Analyse stets unterliegt. Hinzu kommt die Beachtung klarer empirischer Zusammenhänge wie etwa zwischen Lohnstückkosten und Inflation sowie darauf basierend die Suche nach Kausalitäten. Auf dieser Basis kann man eine Ökonomik betreiben, die nicht das neoklassische Glasperlenspiel zu imitieren versucht, sondern politisch relevante Antworten liefert. Wobei man immer bedenken muss, dass die Politik selbst Teil des Prozesses ist, der über die Entwicklung entscheidet. Es gibt keinen zu analysierenden Marktprozess ohne politische Beteiligung. In grandioser Weise hat das beispielsweise vor fast hundert Jahren der junge Ökonom erkannt, der das Buch *The Economic Consequences of the Peace* schrieb und der sich heute sicher nicht zu den Keynesianern zählen würde.

Das größte Missverständnis der allermeisten Ökonomen jeder Couleur betrifft die Arbeitsbeziehungen bzw. das, was sie den Arbeitsmarkt nennen. Schon bei den internationalen Beziehungen versteht man nicht, wie entscheidend das Verhältnis von Nominallöhnen zu Produktivität zwischen den Ländern und folglich die Wechselkurse sind. Man hat schlicht die sogenannte Freihandelstheorie von Ricardo und Konsorten nicht vollständig verworfen und durch eine realistische Theorie, die sich fast ausschließlich auf absolute Vorteile konzentriert, ersetzt. Wäre dies geschehen, hätte man z. B. erkennen können, was in der Eurozone falsch läuft, ohne auch nur ein einziges Mal in die Falle der Analyse von Leistungsbilanzsalden zu geraten.[51]

Noch gravierender für sein globales Versagen ist die Unfähigkeit des Keynesianismus, sich bei der Analyse des Binnenmarktes von der neoklassischen Arbeitsmarkttheorie zu distanzieren. Das begann schon damit, dass man jahrzehntelang fruchtlose Diskussionen darüber führte, aus welchen Gründen es vielleicht möglich sein könnte (oder gerechtfertigt wäre), dass die Löhne nicht ganz so flexibel wie andere Preise sind, und dass die Wirtschaftspolitik deswegen eine besondere Aufgabe habe. Auch heute noch findet man in den meisten Arbeiten, die sich keynesianisch nennen, keine vollständige Distanzierung vom Arbeitsmarktmodell und oft sogar (z. B. in fast allem, was sich neukeynesianisch nennt) die vollständige Übernahme der Idee von einem Arbeitsmarkt, der analog zu den Gütermärkten funktioniert. Das ist absurd und macht von vorneherein eine ernstzunehmende Theorie unmöglich.[52]

Ein schönes Beispiel für die Absurdität der herrschenden Lehre in Sachen Arbeitsmarkt hat im Licht der sogenannten Verhaltensökonomik vor einiger Zeit der Schweizer Volkswirt Ernst Fehr vorgeführt. In einer Diskussion über die Eurokrise mit Hans-Werner Sinn stellte er fest, dass bei flexiblen Löhnen, wie sie einem »kompetitiven Arbeitsmarkt« entsprechen würden, die Eurokrise eigentlich leicht zu lösen sein müsste.[53] Doch tatsächlich sei eine solche Krise zwar über eine Abwertung relativ einfach in den Griff zu bekommen, aber kaum über direkte nominale Lohnsenkungen. Die Menschen hätten nämlich, was die Verhaltensökonomik zeige, eine »Verlustaversion« und das führe zu »Friktionen«.

Da hat der Mann Recht: Die Menschen haben in der Tat eine Verlustaversion, sie sträuben sich, das, was sie sich hart erarbeitet haben, wieder aufzugeben. Doch, anders als Fehr vermutet, der als Referenzsystem offenbar nur den »kompetitiven Arbeitsmarkt« kennt, ist dieses Verhalten vollkommen gerechtfertigt und müsste ökonomisch rational genannt werden, wenn man eine vernünftige Theorie der Arbeitsbeziehungen hätte. Denn der Verzicht auf ein einmal erwirtschaftetes Einkommen bedeutet auch, dass die Nachfrage der Einkommensbezieher sinkt und damit unmittelbar Arbeitsplätze

51 Für eine Diskussion siehe Flassbeck, H. (2018).
52 Für eine Diskussion siehe Flassbeck, H. (2016).
53 Fehr, E., & Sinn, H.-W. (2018): 00:00–05:00.

gefährdet werden. Folglich ist das, was er als »Friktion« bezeichnet, genau das, was ein funktionierendes Marktsystem ausmacht. Lediglich die geistige Manipulation durch die Glaubenssätze der Neoklassik hindert uns daran, diesen Zusammenhang zu erkennen und entsprechend die Doktrin des »Arbeitsmarktes« vollständig abzulehnen, statt sie nur aus pragmatischen Gründen zu modifizieren oder zu ergänzen. Hier haben fast alle, die sich »keynesianisch« nennen, grandios versagt.

Fast noch schlimmer ist es jedoch, dass die meisten »Keynesianer« die jüngste und gravierendste Veränderung der uns umgebenden realen Wirtschaftssysteme nicht zur Kenntnis nehmen können oder wollen, nämlich das Phänomen der per Saldo sparenden Unternehmen. Wer das aber nicht tut, sondern von antizyklischen Aufgaben redet oder gar von Schuldenlosigkeit des Staates als linkem Programm, der hat gar nichts verstanden, ob »Keynesianer« oder nicht.

Wenn man nicht einmal realisiert, dass sich eine der entscheidenden Voraussetzungen für das Funktionieren einer (neoklassischen) Marktwirtschaft in Luft aufgelöst hat, sondern weiter so schwadroniert, als sei alles beim Alten, muss man sich nicht wundern, dass man nirgendwo durchdringt und keinen Fuß auf den neoklassischen Boden bekommt. Gerade diejenigen, die sich Keynesianer nennen, müssten jetzt klar sagen, dass es keinen Keynesianismus mehr geben kann, weil die Idee eines Staats, der temporär einspringt, wenn die Unternehmen als Schuldner und Investoren ausfallen, unter diesen Umständen schlicht nicht mehr existiert.

KAPITEL 3
WIRTSCHAFTLICHE ENTWICKLUNG IN ZEIT UND RAUM

Nun sind wir nah an dem Punkt, an dem wir sowohl die intellektuelle als auch die reale Geschichte der Ökonomik hinter uns lassen können. Wir haben gesehen, dass es in der Vergangenheit durchaus vielversprechende Ansätze zu einer neuen ökonomischen Theorie gab, die sich aber bis heute nicht haben durchsetzen können. Joseph Alois Schumpeters *Theorie der wirtschaftlichen Entwicklung* ragt dabei weit heraus, weswegen wir ihr für einen Moment noch einmal genauer nachgehen wollen.

Schon zu Schumpeters Zeiten hat das Gleichgewichtsdenken jeden Ausbruch aus den eingefahrenen Bahnen blockiert. Das liegt vermutlich daran, dass die Ökonomen insgeheim fürchten, dass mit dem Ende der Möglichkeit, einfach strukturierte Modelle zu bauen, auch die Wissenschaftlichkeit der Ökonomik in Frage steht. Es ist aber für kein Fach angemessen, Relevanz gegen Eleganz einzutauschen.

Der kurze Streifzug durch siebzig Jahre Wirtschaftsgeschichte sollte verdeutlicht haben, wie irrelevant eine Ökonomik geworden ist, deren wirtschaftspolitische Entwürfe exakt das Gegenteil dessen bewirken, was intendiert war. Die herrschende Gleichgewichtsökonomik ist nicht, wie man das von anderen Fächern kennt, hie und da ungenau oder nicht ausreichend empirisch abgesichert, nein, sie liegt vollständig neben der Sache, weil sie eine Methodik benutzt, die systematisch in die Irre führt.

Schon die Vermutung, es müsse jenseits dessen, was man »öffentliche Güter« nennt, immer einen Marktpreis geben, der in angemessener Weise Angebot und Nachfrage nach Gütern und Dienstleistungen ausgleicht, ist falsch. Aber die daran anknüpfende Vermutung, man könne im Prinzip mit dem Angebot-Nachfrage-Apparat wirtschaftliche Entwicklung erklären, ist nachgerade absurd.

In der wirtschaftlichen Wirklichkeit gibt es immer wieder falsche Preise auf wichtigen Märkten und, das ist noch wichtiger, es gibt viele entscheidende Vorgänge, die mit dem Ausgleich von Angebot und Nachfrage von vorneherein nichts zu tun haben. Wirtschaftliche Dynamik ist ein Phänomen, bei dem es an zentralen Stellen nicht auf die Flexibilität der Preise, sondern auf möglichst große Stabilität oder Rigidität der Preise ankommt. Gesucht wird nicht der Ausgleich von Angebot und Nachfrage, sondern Bedingungen, bei denen Angebot und Nachfrage sich im Zeitablauf möglichst reibungslos verändern können. Hohe Stabilität und Vorhersehbarkeit der wichtigsten Preise ist dabei gefragt, nicht unbedingt deren Flexibilität.

Wir werden in den folgenden Kapiteln zeigen, dass es bei der Erklärung gesamtwirtschaftlicher Bewegung des wirtschaftlichen Systems keine feststehende Methodik geben kann. Die genaue Würdigung dessen, was zu beobachten ist, muss, in Verbindung mit der unabänderlichen Logik makroökonomische Zusammenhänge, die Suche nach theoretischen Zusammenhängen leiten. Wir suchen also bewusst nicht nach einem Modell, das sich vergleichen ließe mit den herkömmlichen Modellen der Neoklassik, sondern nach einer Vorgehensweise, die empirisch und logisch abgesicherte und politisch relevante Aussagen erlaubt, auch wenn dabei auf formale Eleganz vollständig verzichtet werden muss.

3.1 Die intertemporale Entwicklung

Der einzige Versuch einer Theorie der wirtschaftlichen Entwicklung, die systematisch die Neoklassik überwindet und damit die Ökonomik auf eine neue Stufe führt, ist mehr als hundert Jahre alt und stammt von Schumpeter. In seinem ersten großen Werk *Das Wesen und der Hauptinhalt der theoretischen Nationalökonomie*[1] zeichnet er den Stand der ökonomischen Theorie zu Beginn des vergangenen Jahrhunderts akribisch auf. Schumpeter legt dar, dass die Gleichgewichtslogik nur die erste Stufe einer wissenschaftlichen Beschreibung der wirtschaftlichen Verläufe sein kann. Mit seiner *Theorie der wirtschaftlichen Entwicklung* versuchte er, die Neoklassik zu überwinden, aber die Beharrungstendenzen der alten Lehre waren zu stark. Bis heute gibt es keinen ernstzunehmenden Versuch, die Gleichgewichtsökonomik zugunsten einer dynamischen Ökonomik aus den Angeln zu heben. Wie Schumpeter in seiner dynamischen Theorie zeigt, geht es in der wirtschaftlichen Wirklichkeit um Prozesse und nicht um die Frage, wie und ob sich ein Gleichgewicht, das von außen gestört wird, wieder einstellt. Prozesse können instabil oder stabil verlaufen, sie können sich selbst verstärken, sich selbst abschwächen oder von anderen Prozessen überlagert werden. Offenbar, und das ist der Kern der schumpeterianischen Revolution, können Prozesse auch endogen, aus dem Wirtschaftsgeschehen selbst heraus angestoßen werden.

In der realen Welt vollzieht sich die Handlung eines einzelnen Unternehmens niemals isoliert von den Handlungen und Reaktionen anderer. Konsumenten und Unter-

1 Schumpeter, J.A. (1970 [1908]).

nehmen sehen sich einer Welt gegenüber, in der das einzig beständige die Neuerung ist. In einer solchen Welt spielt die »Flexibilität der Preise«, wie sie dem Gleichgewichtsgedanken zugrunde liegt, immer eine untergeordnete, manchmal sogar eine schädliche Rolle. Die ablaufenden Prozesse brauchen zumeist relativ stabile Randbedingungen, damit sie zum Ziel führen können. Leitplanken der dynamischen Prozesse sind zwar Preise, aber Preise, die sich nicht sofort anpassen, sondern gerade wegen ihrer Stabilität dem Prozess erst eine Richtung und seine Intensität geben.

Es gibt zudem aus makroökonomischer Sicht immer geltende Gesetze und Zusammenhänge, die völlig unabhängig vom Verhalten der Akteure sind, aber jederzeit beachtet werden müssen und von den Akteuren auf der Mikroebene auch beachtet werden, ohne dass es ihnen bewusst ist. Dazu mehr in Abschnitt 3.3.2.

3.1.1 Schumpeters *Theorie der wirtschaftlichen Entwicklung*

Schumpeter beginnt seine Analyse mit der Beschreibung des allgemeinen Gleichgewichts. Das System reproduziert sich Periode über Periode aufs Neue. Die Produktionsfaktoren sind alle vollständig ausgelastet, d. h., es gibt keine Arbeitslosigkeit und das System hat ein Preissystem hervorgebracht, das es jedem Beteiligten erlaubt, die notwendigen Produktionsfaktoren für die nächste Periode wieder zu kaufen. In einem solchen Zustand existiert keine Entwicklung, kein Wachstum. Es gibt keine Änderung der Präferenzen, sondern jede ökonomische Ressource ist fest eingebunden in ein Produktionsschema. Dieser Zustand ist zeitlos.

Im allgemeinen Gleichgewicht ist Geld neutral. Es fungiert, wie schon bei der Analyse von Léon Walras' Arbeit gezeigt, lediglich als Tauschmittel, um die einzelnen Transaktionen zu erleichtern. Exogene Schocks mögen das System treffen, aber weil es stabil ist, findet es nach jedem Schock neue Preise und erzwingt die Anpassung aller Akteure, so lange bis wieder Gleichgewicht herrscht.

Schumpeter beobachtet nun, dass bestimmte Akteure auf der Unternehmerseite nicht passiv auf die Nachfrage der Konsumenten warten, sondern ihrerseits neue Produkte schaffen oder neue Produktionsverfahren einführen. Es gibt nicht nur die Souveränität der Konsumenten, die Produkte nachzufragen, die sie benötigen, um ihren Lebensunterhalt zu bestreiten, sondern es gibt auch die Souveränität des Anbieters, ein vollkommen neues Produkt hervorzubringen oder einen Produktionsprozess durch einen effektiveren Einsatz der Produktionsmittel zu verbilligen.

Gelingt ihm das, erzielt der selbsttätig agierende Unternehmer, der »Pionier«, in beiden Fällen einen *absoluten* Vorteil gegenüber seinen Konkurrenten. Er verfügt entweder über ein Produkt, das den bisherigen Produkten überlegen ist und von den Konsumenten zulasten alter Produkte nachgefragt wird, oder er kann ein bereits auf dem Markt vorhandenes Produkt bei gleichem Gewinn billiger anbieten und somit Marktanteilsgewinne zulasten der anderen Anbieter realisieren. Auf jeden Fall etabliert er ein temporäres Monopol, das in der Zwangsjacke des allgemeinen Gleichgewichts der Märkte nicht möglich war. Damit ist auch – das war Schumpeter, wie in Kapitel 2 schon erwähnt, besonders wichtig – eine potenzielle Quelle einer endogenen Entwicklung des Systems gefunden.

Ob und wie leicht einem Unternehmer ein solcher Ausbruch gelingt, steht auf einem anderen Blatt. Großen Raum nimmt bei Schumpeter die Frage ein, woher die Mittel kommen, die der Unternehmer braucht, um das neue Produkt oder die neue Kombination der Produktionsfaktoren zu etablieren. In einer voll beschäftigten Wirtschaft ist es nicht einfach, die Mittel zu erlangen, die er braucht, um Arbeit zu beschäftigen und Vorprodukte in seinen Verfügungsbereich zu bringen.

Im Gleichgewicht werden die Ersparnisse der Haushalte vollständig dadurch aufgezehrt, dass sie gleich sind den Abschreibungen; sie ersetzen den Verschleiß des Kapitalstocks. Die Nettoinvestitionen liegen damit genau bei null; es wird nur ersetzt, was kaputt geht. Aus den bestehenden Ersparnissen kann daher das »Geld« (bzw. die Mittel oder das Kapital) für die neue Idee des Unternehmers nicht kommen, sie sind einfach nicht vorhanden, so lange sich das Sparverhalten nicht ändert – wie in der Auseinandersetzung mit der neoklassischen Wachstumstheorie in Kapitel 2 gezeigt.

In einer modernen Geldwirtschaft wird der Unternehmer zu einer Bank gehen und einen Kredit aufnehmen, also von der Bank eine Gutschrift auf seinem Konto bekommen, die er nach einer bestimmten Zeit verzinst zurückzuzahlen verspricht. Dieses Geld, das hat Schumpeter vollkommen klar erkannt, war vorher nicht vorhanden und es waren auch keine Ersparnisse auf der Bank notwendig, um den Kredit zu gewähren. Die Bank verlängert einfach ihre Bilanz. Sie hat nun eine Forderung gegenüber dem Unternehmer in Höhe des Kredits und verspricht ihm die Auszahlung des Geldes in der vereinbarten Höhe.

Wenn der Unternehmer sich verschuldet, braucht er *keine* Ersparnisse eines anderen Akteurs. Er nimmt den Kredit und wird nun am Markt nachfragen, was er zur Umsetzung seiner Idee braucht, nämlich Arbeitskraft und Vorprodukte. Wenn diese in einer Situation des Gleichgewichts vollbeschäftigt sind, ist die zusätzliche Nachfrage, das spielt bei Schumpeters Überlegungen eine große Rolle, allerdings potenziell inflationär: Es werden mehr Güter und Dienstleistungen nachgefragt, als aktuell in der Volkswirtschaft vorhanden sind.

Schumpeter rechtfertigt diesen potenziell inflationären Effekt mit der Möglichkeit, mehr oder bessere Güter mit den neuen Kombinationen zu produzieren, so die Produktivität zu erhöhen und damit die inflationäre Gefahr wieder zurückzudrängen. In der Wirklichkeit moderner Geldwirtschaften, wo es niemals (statische) Vollbeschäftigung gibt und die Notenbanken ausschließlich Zinssteuerung betreiben (also immer das Geldangebot zur Verfügung steht, das beim gegebenen Zins nachgefragt wird) ist allerdings weder die Frage der Finanzierung der Pionieraktivitäten noch die Frage nach ihren inflationären Wirkungen von wesentlicher Bedeutung.

Mit dem neu geschaffenen Kredit und der Macht des Pioniers, bestimmten Gütern einen neuen Weg aufzuzwingen, ändert sich die Situation aller übrigen Unternehmen. Diejenigen Unternehmen, welche sich nun damit konfrontiert sehen, dass Teile ihrer Produktionsfaktoren nicht mehr oder nicht mehr zum gleichen Preis zur Verfügung stehen, müssen sich anpassen. Je nach Vernetzung der betroffenen Unternehmen können diese zunächst kleinen Wellen große Effekte nach sich ziehen und so den tagtäglich zu beobachtenden Strukturwandel auslösen. Das Gleichgewicht ist gestört und ob der Prozess der notgedrungenen Anpassung aller anderen wieder zu einem stabilen Zustand zurückführt, bleibt vollkommen offen.

Implementiert der Pionier seine Innovation erfolgreich, hat er in der Regel die Möglichkeit, den Preis gleich zu lassen und bei unveränderter Nachfrage nach dem Produkt einen größeren Stückgewinn zu erzielen oder aber den Preis zu senken, um einen wachsenden Teil der bestehenden Nachfrage auf sich zu ziehen und seinen Marktanteil zu erhöhen. Jede Kombination aus Preissenkung und Gewinnerhöhung ist zwischen diesen beiden Randlösungen möglich und vermutlich wird er eine Kombination aus beidem wählen, je nachdem wie stark der Wettbewerb auf dem entsprechenden Markt ist und wie stark der Innovator die Preisreaktion bei den Konsumenten des Produkts einschätzt.

Von entscheidender Bedeutung ist, dass der Innovator die Preise der Vorprodukte und vor allem den Lohn der von ihm beschäftigten Arbeiter als gegeben ansehen kann (oder deren Entwicklungspfad). Denn nur bei *gegebenen* Kosten ist es ihm möglich, zu kalkulieren, um wie viel sein Gewinn pro Stück steigt, wenn er die Kosten um einen gewissen Prozentsatz drücken kann, indem er sie effizienter einsetzt und damit weniger von ihnen benötigt (wir kommen darauf in Kapitel 4 ausführlich zurück).

Der Innovator treibt somit einen Keil zwischen seine eigene Produktivität und die Lohnkosten (pro Kopf oder pro Stunde), die bei ihm nicht höher sind als bei seinen Konkurrenten. Dadurch verschafft er sich einen absoluten Vorteil und erhöht seinen Gewinn. Über die steigende Produktivität und früher oder später sinkende Preise (siehe dazu die Empirie in Kapitel 5) oder steigende Löhne wird daraus Wohlstand für alle. Hier liegt die wahre Quelle, aus der heraus Arbeit in der Marktwirtschaft entlohnt wird.

Die anderen Unternehmen im Markt müssen sich anstrengen, um den Vorsprung des Innovators auszugleichen, wollen sie nicht alle Marktanteile an den unliebsamen Konkurrenten verlieren, und folglich Nachfrage in Form von eigenen Investitionen entfalten, um die entsprechenden Modernisierungen ihrer Produktionstechnik umzusetzen. Dieser Zwang ist offensichtlich, da es in einem funktionierenden Markt für den einzelnen Unternehmer unmöglich ist, die Kosten für seine Vorprodukte und Arbeit zu drücken.

Hoher Anpassungsdruck durch vorgegebene Löhne auf einzelwirtschaftlicher Ebene führt unmittelbar zum Zwang, die eigene Produktivität zu erhöhen. Der Unternehmer ist Preisnehmer und jeder Versuch, ihn aus dieser Position in die eines Preissetzers zu hieven, ist extrem gefährlich. Die zusätzlichen Gewinne, die der erfolgreiche Innovator erzielt, erlauben es ihm, seine Schulden und den Zins auf den Kredit zurückzuzahlen und darüber hinaus noch einen Ertrag zu erzielen.

Je schneller sich die Innovation durch die Volkswirtschaft oder den betroffenen Markt frisst, umso größer ist der Gewinn für alle Konsumenten, die das nun günstigere Produkt kaufen. Ihre reale Kaufkraft ist dadurch jetzt gestiegen, sie können sich entweder mehr von dem günstigeren Gut kaufen oder aber es ist mehr Kaufkraft frei geworden für den Kauf anderer Güter. Die reale Nachfrage steigt im selben Umfang wie die Preise aufgrund der Innovation gefallen sind. Wie in Kapitel 4 im Detail gezeigt wird, ist es genau diese Ausweitung der Nachfrage, die der Sorge vor der »Rationalisierung«, die meist mit der Innovation verbunden ist, jede Basis nimmt. Der technische Fortschritt ist beschäftigungsneutral!

Voraussetzung für einen Vorsprung in der Produktivität ist offenbar ein Vorsprung an spezifischem Wissen, das nicht ständig und überall verfügbar war. Nur in der Kunstwelt der Neoklassik herrscht immer vollständige Information aller Marktteilnehmer, sodass eine solche Produktivitätsdifferenz und mit ihr die temporären Monopolgewinne gar nicht entstehen können. Das allgemeine Gleichgewicht stellt eine tote Welt dar, weil das, was das menschliche Leben ausmacht, nämlich die Veränderung durch menschliche Initiativen, gerade ausgeschlossen ist.

Interessanterweise beschreibt auch der Liberale Friederich August von Hayek die Markwirtschaft als Entdeckungsverfahren, wo viele kleine Akteure spezifische Informationen sammeln und ihr eigenes spezifisches Wissen einbringen, so dass der Markt all diese Informationen zur Bildung von Preisen nutzen kann.[2] Damit distanziert er sich klar von der Neoklassik. Die Marktwirtschaft hat sich gegenüber allen Versuchen einer Planwirtschaft als überlegen erwiesen, weil ein Planer niemals über die Vielzahl an Informationen verfügen und niemals die Ideen einbringen könnte, die dem System seine Dynamik verleihen. Versuch und Irrtum, getragen von Unternehmern, die mittels absoluter Vorteile Gewinne zu erwirtschaften hoffen, sind der Treiber der wirtschaftlichen Entwicklung.

---

2 Hayek, F. A. (1969): 249–265.

3.1.2 Schumpeters Zinstheorie

Auf der Basis seiner Entwicklungstheorie zieht Schumpeter einschneidende Schlussfolgerungen für Fragen, die über Jahrhunderte höchst umstritten waren und auch heute noch umstritten sind; nämlich, ob es eine Rechtfertigung für den Zins gibt und wenn ja, was die Quelle des Zinses sein kann und, nicht zu vergessen, welche Bedeutung der Zins für die Entwicklung der Wirtschaft hat. Dieses Thema hat heute größere Bedeutung denn je, ist aber, wie so vieles, vom neoklassischen Gleichgewichtsbrei erdrückt worden.

Die Neoklassik hat, unabhängig von der Tatsache, dass sie den Zins als Preis braucht, um Sparen und Investieren auszugleichen, auf die Frage nach der Quelle des Zinses keine Antwort gegeben. Der Zins wurde zumeist als der Preis für das »Warten« des Konsumenten angesehen, also deren Bereitschaft, vorhandenes Einkommen nicht sofort auszugeben, sondern erst zu einem späteren Zeitpunkt.

Für Schumpeter geht es vordringlich um eine völlig andere Frage, nämlich woher der Zins kommt und wer ihn überhaupt bezahlen kann. Eine ganze Volkswirtschaft mag auf einen Zins warten, aber ein Massenphänomen wie der Zins fällt nicht vom Himmel; er muss erwirtschaftet werden. Für Schumpeter ist der Zins »ein Kind der Entwicklung«.[3] Ohne Entwicklung könne es keinen Zins geben, unabhängig davon, ob und wer darauf »wartet«.

> In der modernen Volkswirtschaft ist die Höhe des Zinses ein so beherrschendes Faktum, ist der Zins so sehr Barometer der wirtschaftlichen Gesamtsituation, dass Rücksicht auf ihn bei so gut wie jeder wirtschaftlichen Maßregel nötig ist und dass er sich in jede wirtschaftliche Überlegung eindrängt.[4]

Offensichtlich verdient der erfolgreiche Pionier für die Dauer seines Produktivitätsvorsprungs so viel Geld, dass er seine Verbindlichkeiten bei der Bank bedienen und Zinsen bezahlen kann. Zudem wird er die Investition nicht in Angriff nehmen, wenn er nicht einen zusätzlichen wirklichen Gewinn erwartet, der es ihm prinzipiell erlaubt, neue Innovationen in Angriff zu nehmen. Im Zuge der wirtschaftlichen Entwicklung ist der Besitz einer Geldsumme, so Schumpeter, das Mittel, sich eine größere Geldsumme zu verschaffen.

Weil es in der Regel nicht nur einen, sondern viele Pioniere gibt, überlappen sich die Innovationsprozesse auf den verschiedensten Märkten und bei verschiedenen Unternehmen. Sie sorgen auf diese Weise für eine relativ stetige Vorwärtsbewegung des

3 Schumpeter, J. A. (1964 [1911]).
4 Ebd.: 309.

Systems. Die Intensität und Stärke der Entwicklung messen wir heute in der Regel mit der Produktivitätsverbesserung. Produktivität spiegelt nichts anderes wider als das zusätzliche Einkommen, das man in einer Arbeitsstunde erzielen kann, wenn es vielfältige Prozesse der Innovation und damit der Entwicklung gibt.

In einer stationären Wirtschaft vermag man als Einzelner nur dann ein zusätzliches Einkommen zu beziehen, wenn ein anderer weniger Einkommen bezieht. In einer sich entwickelnden Wirtschaft sind dagegen alle in der Lage, ihr Einkommen erhöhen, weil die Innovationen dafür die Basis gelegt haben. Lohn, Gewinn und Zins können nur insgesamt steigen, wenn die Volkswirtschaft produktiv ist und sich ständig erneuert. Niemand erhält einen Zins auf sein eingesetztes Kapital, wenn dieses Kapital nicht in einen Prozess eingebunden ist, an dessen Ende erfolgreicher Wandel im Sinne erfolgreicher Rationalisierungen und damit erfolgreicher Produktivitätssteigerungen steht. Schumpeters Zinstheorie liegt vollkommen richtig und die herrschende neoklassische Lehre hat nichts dagegen zu setzen.

Bei Schumpeter ist es der Banker, der die wirtschaftliche Entwicklung vorantreibt, weil er, jenseits dessen, was gespart wird, Geld aus dem Nichts schafft und so erst den Weg frei macht, den der Pionier gehen will. Das gilt immer noch. Aber in der heutigen Form der Geldwirtschaft sind es die Notenbanken, die mit ihrer Zinssetzung und ihrer absoluten Dominanz am Geldmarkt den Gang der Entwicklung maßgeblich beeinflussen, und weniger der privatwirtschaftlich agierende Banker.

Daraus ergibt sich, wie wir in Kapitel 5 zeigen werden, dass der von der Geldpolitik gesetzte Zins unterhalb der zu erzielenden Produktivität liegen muss, um einen dynamischen Prozess in Gang zu setzen oder in Gang zu halten. Warum sollte ein Investor ein riskantes Unterfangen wagen, wenn er sein Geld für dieselbe Verzinsungsrate einfach auf die Bank legen könnte? Liegt der Leitzins hoch, werden vermutlich weniger Geschäftsideen – gegeben die Erwartungen der Unternehmer – die Profitabilität erreichen, die eine Investition rechtfertigt.

Die Notenbank sitzt folglich an der entscheidenden Stelle, um die Entwicklungspotenziale einer Marktwirtschaft zu beeinflussen. Ihr Handeln nimmt zu jeder Zeit Einfluss auf die Produktivität und den Gewinn. Es gibt also keinen Zins und keinen Gewinn, der unabhängig von der Politik der Zentralbank gegeben wäre. Der wieder moderne »natürliche Zins« oder auch der r^* genannte »neutrale Zins« (siehe Box 11), sind reine Fiktionen. Wir kommen in den Kapiteln 5 und 8 wieder auf diesen Punkt zurück. Nur so viel sollte schon hier klar sein: Die vorwiegende oder gar ausschließliche Fokussierung der modernen Notenbanken – mit der gewichtigen Ausnahme der USA – auf die Bekämpfung der Inflation ist durch nichts zu rechtfertigen.

3.2 Die internationale Entwicklung

Neben der intertemporalen Entwicklung, die anhand des Schumpeter'schen Pioniers beschrieben wurde, gibt es eine zweite Form der Entwicklung, die mit den gleichen Variablen arbeitet, aber keine Innovation voraussetzt. In einer Welt, die große Unterschiede im durchschnittlichen Einkommen der Menschen von Land zu Land kennt, kann man temporäre Gewinne erzielen, ohne eine Innovation in Gang zu setzen.

3.2.1 Der internationale Handel und die Existenz absoluter Vorteile

In Deutschland verdiente ein Arbeiter im Jahr 2000 etwa 25 000 Euro, während ein Arbeiter in China zur gleichen Zeit umgerechnet etwa 1150 Euro verdiente. Zunächst ist es erstaunlich, dass zwei Länder miteinander Handel treiben können, deren Lohnniveaus so weit auseinanderliegen. Müssten nicht sämtliche Produkte in der Volksrepublik China hergestellt worden sein, und müsste nicht Deutschland alle Güter von dort importiert haben?

Nein, entscheidend für die Wettbewerbsfähigkeit eines Produkts am Weltmarkt ist – bei gegebener Qualität – sein Preis, und dieser wird nicht vom absoluten Niveau der Löhne bestimmt, mit dem es produziert wird, sondern von den Löhnen im Verhältnis zur Produktivität, also den Lohnstückkosten (siehe Box 7). Wie viel Lohn in einem Produkt, einem »Stück« steckt, hängt von der Höhe des Kapitalstocks ab, mit dessen Hilfe es hergestellt wird. Besteht das Gut z. B. nur aus Handarbeit und wird es an einem Tag von einem Handwerker produziert, so betragen die Lohnstückkosten genau den Tageslohn des entsprechenden Handwerkers. Wird das Gut jedoch mit einer Maschine produziert, die ein Arbeiter bedient, und kann der mittels dieser Maschine zehn Stück am Tag herstellen, dann betragen die Lohnstückkosten genau ein Zehntel seines Tageslohns. Verdient der Arbeiter z. B. das Fünffache des Handwerkers, vermag er ein einzelnes Stück immer noch preiswerter anzubieten.

Daraus folgt, dass die hohen Lohnkosten in Deutschland so wenig vom Himmel gefallen sind wie die niedrigen in China. Beide haben sich in kleinen Schritten aus der Vergangenheit heraus entwickelt und sind der Spiegel der Produktivität, die wiederum auf dem erwirtschafteten Kapitalstock eines Landes beruht. Wer den aktuellen Stand der Lohnstückkosten hierzulande für generell zu hoch erklärt, ignoriert die historische Entwicklung von Produktivität und Kapitalstock, oder er behauptet, der (west-)deutsche Kapitalstock sei wegen der allmählich stärkeren Öffnung der Märkte seit dem Ende des Ost-West-Konflikts schlagartig obsolet geworden, entwertet durch die zunehmende Globalisierung. Diese Vorstellung ist angesichts der Spitzenstellung vieler deutscher

Exporteure auf den Weltmärkten und speziell in Niedriglohnländern offensichtlich absurd.

Der Preis eines Gutes hängt allerdings nicht nur von den Lohnstückkosten, sondern auch von den Kapitalkosten ab, also den Kosten, die der in der Produktion eingesetzte Kapitalstock verursacht. Um in unserem Beispiel zu bleiben: Der Arbeiter muss die Maschine erst einmal haben, bevor er mit ihr produzieren kann. Überwiegen die Lohn- und Kapitalkosten der kapitalintensiven Produktionsweise zusammen den Produktivitätsvorteil gegenüber der arbeitsintensiven Herstellung, ist das kapitalintensiv produzierte Gut nicht konkurrenzfähig. Die kapitalintensive Produktionsweise wäre dann entweder gar nicht entstanden oder wird rasch von einer arbeitsintensiveren Produktionsweise verdrängt.

Doch wann mussten jemals maschinelle Webstühle Handwebern weichen? Im Gegenteil: Stets war und ist die Menschheit bemüht, einen möglichst großen Kapitalstock aufzubauen, weil der technische Fortschritt vergleichsweise wenig produktive Tätigkeiten überflüssig macht und man sich produktiveren Beschäftigungen zuwenden kann, mit denen sich höhere Einkommen und damit ein größerer Wohlstand erzielen lassen.

Das heißt nichts anderes, als dass mittel- bis langfristig die Entwicklung hin zu einem ständig steigenden Kapitaleinsatz eine Art Naturgesetz ist, wenn die Gesellschaften in der Lage sind, die Chancen, die eine Geldwirtschaft prinzipiell bietet, zu nutzen. Könnten die Weber langfristig so schlecht bezahlt werden, dass sich der Bau eines maschinellen Webstuhls niemals rentiert? Nein, das ist nicht vorstellbar. Das aber bedeutet zwingend, dass weder die historische Entwicklung unseres Kapitalstocks noch die unserer Löhne ein Irrtum war.

Ist nun die Produktivität in Deutschland aufgrund des vorhandenen Kapitalstocks so viel höher als in der Volksrepublik China, dass die Lohnstückkosten trotz der unterschiedlichen Lohnniveaus gleich sind, findet keine Verdrängung am Weltmarkt statt, importiert also das Hochlohnland nicht automatisch alles aus dem Niedriglohnland. In den Bereichen, in denen die deutschen Lohnstückkosten über den chinesischen liegen, kommt es zu Handel, bei dem die billigeren Anbieter die teureren auf dem Weltmarkt verdrängen. Das ist der internationale Strukturwandel, bei dem Deutschland bisher hervorragend abgeschnitten hat.

Hochlohnländer spezialisieren sich auf Güter, die ausschließlich mit einer speziellen Technologie hergestellt werden können. Nur wer über einen entsprechend großen und hoch spezialisierten Kapitalstock und das entsprechende Fachwissen verfügt, ist in der Lage, hoch spezialisierte Güter auf dem Weltmarkt anbieten. Das sind in der Regel nicht die Anbieter aus Niedriglohnländern, denn die zeichnen sich schließlich gerade dadurch aus, dass sie (noch) nicht so stark industrialisiert und spezialisiert sind.

Sobald man also, anders als die meisten ökonomischen Lehrbücher, nicht nur von zwei Handelsgütern auf dem Weltmarkt ausgeht, sondern realistischerweise eine riesige Produktpalette in Betracht zieht, verliert die Vorstellung vom knallharten internationalen Verdrängungswettbewerb, in dem die reichen Nationen unweigerlich verlieren, jede Plausibilität. Das übliche theoretische Modell, in dem Produzenten beliebig zwischen verschiedenen Produktionstechniken wählen können, um sich optimal an das Faktorpreisverhältnis für die Produktionsfaktoren Arbeit und Kapital, also das Lohn-Zins-Verhältnis, anzupassen, ist vollkommen unrealistisch und irreführend.

Dabei sind es nicht nur Anpassungsfriktionen oder die zeitlich begrenzte Immobilität von Faktoren, die dafür verantwortlich zeichnen, dass es keine beliebige Anpassung an das Faktorpreisverhältnis gibt. Es geht um etwas viel Grundsätzlicheres. Man kann schlicht ein Handy oder einen Mercedes nicht beliebig arbeitsintensiv produzieren. Wollte man das, müsste man erst eine völlig neue, auf höhere Arbeitsintensität zielende Produktionsweise erfinden. Das wäre nicht nur teuer, sondern auch sinnlos.

Die kapitalintensive Produktionsweise ist langfristig stets die überlegene, weil sie mehr Wohlstandspotenzial und damit die Voraussetzung für auf der ganzen Welt steigende Löhne schafft. Daher hat eine durch niedrigere Arbeitskosten getriebene hypothetische Parallelentwicklung arbeitsintensiverer Produktionsverfahren auf lange Sicht immer ins Aus geführt. Wer das nicht glaubt, suche einen Unternehmer, der in China oder Indien mit der Technologie der 1970er-Jahre heute weltmarktgängige Rechner herstellt.

3.2.2 Absolute Vorteile durch Kapitalwanderung

Betrachtet man die Konstellation der makroökonomischen Daten, fällt sofort auf, dass es in einem Entwicklungsland, anders als in einem Industrieland, für die Wirtschaftssubjekte einige Möglichkeiten gibt, ihre Lage zu verbessern. Während die Unternehmen im Industrieland darauf angewiesen sind, die Techniken weiterzuentwickeln, die zu einer individuellen Zunahme der Arbeitsproduktivität führen und intertemporale Vorsprünge vor der Konkurrenz ermöglichen, haben die Unternehmen im Entwicklungsland die zusätzliche Option, technische Lösungen zu importieren, die es ihnen erlauben, in Kombination mit der billigen vorhandenen Arbeit, ihre absoluten Kosten dramatisch zu senken.

Der Import der Technologie des Industrielandes mit dessen durchschnittlicher Produktivität kann die Lohnstückkosten in geradezu dramatischer Weise senken. Selbst wenn diese Technologie von den heimischen Arbeitskräften nicht mit der gleichen Effizienz eingesetzt wird wie im Industrieland und andere Effizienzverluste (z. B. Verlust lokaler Zulieferer) auftreten, ist doch die Wahrscheinlichkeit hoch, dass sich so die Wettbewerbsfähigkeit einzelner Unternehmen stark verbessern lässt.

Bei freiem Kapitalverkehr steht diese Möglichkeit auch den Unternehmen aus den Industrieländern zur Verfügung. Das ist das, was unter den Begriff der Direktinvestition fällt, obwohl er üblicherweise in der Statistik noch andere Komponenten beinhaltet. Wenn Unternehmen bereit sind, ihre Produktion physisch zu verlagern und im Entwicklungsland selbst zu produzieren, können sie durch die Kombination der hohen Produktivität ihrer Anlagen in Verbindung mit billigen angelernten Arbeitskräften im Entwicklungsland hohe absolute Vorteile und/oder hohe temporäre Monopolgewinne erzielen.

In der Entwicklungsgeschichte hat es beide Varianten gegeben. Japan und die Republik Korea stehen beispielhaft für den Fall, wo mit Hilfe des Staates und hohen Handelshürden gegenüber den Industrieländern westliche Technologie importiert und erfolgreich von heimischen Unternehmen eingesetzt wurde, die Volksrepublik China hingegen für den Fall, wo sich das Aufholen fast ausschließlich auf den Import von westlicher Technologie durch westliche Unternehmen stützte, die von China aus exportierten. Wir wollen hier nicht versuchen abzuwägen, welche Variante besser und erfolgreicher war. Es geht nur darum, klarzustellen, dass es diese Möglichkeiten gibt und zu verstehen, welche Bedeutung die Entstehung solcher temporären Monopole für eine realistische Theorie des internationalen Handels hat.

Bleiben wir zunächst bei dem quantitativ in den vergangenen beiden Jahrzehnten ohne Zweifel bedeutsamen Fall des Exports westlicher Technologie durch westliche Unternehmen nach China. Die westlichen Unternehmen, die Produktionsanlagen nach China transportierten oder dort mit ihrem Know-how aufbauten, verließen sich offensichtlich auf eine ökonomische Regel, die sie in ihren Heimatländern überwiegend ablehnen, nämlich auf das Law of One Price am Arbeitsmarkt (wie es die klassischen Ökonomen nannten) oder die Regel »gleicher Lohn für gleiche Arbeit am gleichen Ort«, wie sie von den Gewerkschaften immer wieder eingefordert wird. Dazu folgt eine ausführliche Erklärung in Kapitel 4.

Nur wenn in den westlichen Unternehmen, die in der Volksrepublik China produzieren, der durchschnittlich in China übliche Lohn gezahlt wird, können sie die größtmögliche Rendite erzielen. Würden die chinesischen Arbeiter eine Entlohnung entsprechend der Produktivität verlangen, die sie wirklich erzielen (und die man als neoklassisch argumentierender Ökonom ihre Grenzproduktivität nennen muss), wäre das Geschäft dagegen nicht lukrativ.

Der westliche Unternehmer baut seine Renditeerwartungen in China also auf die Existenz eines Flächentarifvertrages oder auf hohe Mobilität der Arbeitskräfte und folglich darauf, dass die Arbeitskräfte nicht entsprechend ihrer »Produktivität« bezahlt werden. Gilt das, kann er mit Vorsprüngen für viele Jahre rechnen, nämlich genau so lange wie das chinesische Lohnniveau noch unter dem deutschen liegt. Seine Monopolrente sinkt im Laufe der Zeit nach Maßgabe eines höheren Produktivitätszuwachses im Entwicklungsland und der Lohnsteigerungen, die sich daran orientieren, kann aber u. U. lange Bestand haben.

In der Volksrepublik China hat die enorme quantitative Bedeutung der Direktinvestitionen dazu geführt, dass die Produktivität über Jahrzehnte stark gestiegen ist und entsprechend auch die Löhne. Letzteres geschieht aber fast ausschließlich in Asien. In vielen anderen Entwicklungs- und Transformationsländern gab und gibt es keine Orientierung der Löhne an der Produktivität und somit oftmals keine »automatischen« Aufholeffekte, weil auch der Wettbewerb nicht funktioniert, der für eine Angleichung der Reallöhne an die Produktivität via Preissenkungen sorgen könnte.

Die Wirkung der Verlagerung von Produktion mit hoher Produktivität in ein Niedriglohnland auf andere Unternehmen kann fatal sein. Der Wettbewerb zwischen Unternehmen, die verlagern und solchen, die dies nicht tun, wird massiv gestört. Die gewaltigen Kostenreduktionen, die eine Verlagerung in der Regel mit sich bringt, können im normalen Geschäftsbetrieb von Unternehmen im Hochlohnland niemals durch eigene Kosteneinsparungen ausgeglichen werden. Aber auch im Niedriglohnland sind heimische Konkurrenten der zuwandernden Firmen chancenlos, weil sie weiterhin mit der einfachen Technologie arbeiten müssen, die den dortigen Standards entspricht.

Obwohl diese Überlegungen vollkommen klar sind, ist es nicht einfach, sich ein abschließendes Urteil bezüglich der Sinnhaftigkeit von Direktinvestitionen, die einer schlichten Kostensenkungsstrategie folgen, zu bilden. Einerseits verzerren die Investitionen eindeutig den Wettbewerb, ohne dass – wie beim Schumpeter'schen Pionier – eine eigenständige technische oder kreative Leistung des Unternehmens dahintersteht, andererseits bieten sie für das Entwicklungsland eine Möglichkeit, viel rascher als es sonst möglich wäre, die eigene Produktivität zu erhöhen.

Selbst wenn die Unternehmensgewinne, die sich daraus ergeben, für das Entwicklungsland weitgehend verloren sind, bleiben doch die ziemlich krisensicheren Arbeitsplätze und der Effekt auf die gesamtwirtschaftliche Produktivität, die bei massenhafter Zuwanderung westlicher Unternehmen wie in China erheblich zu einer allgemeinen Lohn- und Wohlstandsdynamik beitragen kann.

Fatal ist es allerdings, dass in vielen Entwicklungs- und Transformationsländern die Zuwanderung von ausländischen Unternehmen als die wichtigste Möglichkeit angesehen wird, das Land mit »neuem« Kapital zu entwickeln oder umzugestalten. Häufig ist die Politik geradezu auf diese Variante fixiert, die dem eigentlichen Angriffspunkt, der Schaffung von Kapital im Entwicklungsprozess, sogar schadet. So gilt es in vielen Entwicklungsländern als lässliche Sünde, wenn die heimischen Zinsen prohibitiv hoch sind. Da man ohnehin nicht erwartet, aus eigener Kraft einen Entwicklungsprozess einleiten zu können, ignoriert man dieses unerhörte Hindernis für die eigenen Investoren. Hier kann nur ein vollständiges Umdenken in Sachen Sparen und Investieren helfen, wie wir es in den folgenden Abschnitten darstellen werden.

Der Import von Kapital und Know-how ist aus der Sicht des Entwicklungslandes und aus der Sicht der reichen Länder also langfristig vorteilhaft. Aus Sicht des Niedriglohnlandes ist zunächst entscheidend, dass das Land wegen seines geringen Kapitalstocks nur mit einer kleinen Palette an Gütern am Weltmarkt konkurrenzfähig sein wird. Jeder ausländische Investor trägt zum Aufbau des Kapitalstocks und damit der Basis für mehr Einkommen und Wohlstand bei.

Selbstverständlich findet auch hier ein Strukturwandel statt und in der Regel ein wesentlich schnellerer als in den Hochlohnländern. Denn das Nachahmen von Produktionsprozessen für weltmarktgängige Produkte funktioniert schneller als das Erfinden und Umsetzen neuer Technologien. Entwicklungsländer sind in der Lage, beim Aufbau ihres Kapitalstocks Sprünge im technologischen Wandel zu realisieren, die in den hoch entwickelten Volkswirtschaften in der Vergangenheit nicht möglich waren. In China hat man nicht erst die während der 1960er-Jahre in den westlichen Industrieländern vorherrschenden Technologien durchlaufen müssen, sondern sofort die aktuelle Technik einsetzen können.

Dass mit dem internationalen Strukturwandel immense Veränderungen für die Bevölkerung des Niedriglohnlandes verbunden sind, dem meist kein mit unserem vergleichbares soziales Sicherungsnetz an die Seite gestellt wird, übersieht man hierzulande oft. Dennoch stellt die Kombination der niedrigen Löhne mit der Technologie aus den Industrieländern die große Chance dar, wirtschaftlich aufzuholen und das Wohlstandsgefälle zu den reichen Ländern zu verringern. Der Standortvorteil in Form von Niedriglöhnen ermöglicht es, technologisches Wissen zu importieren, die Palette weltmarktfähiger Produkte nach und nach auszuweiten und so vom Welthandel zu profitieren.

Weil die ökonomischen Standardmodelle unterstellen, Monopolgewinne würden in den Kalkülen der Unternehmen keine Rolle spielen, hat die Mainstream-Ökonomik keinerlei Zugang zu einer realistischen Analyse der wirtschaftlichen Entwicklung, des internationalen Handels und der Faktorwanderung gefunden.

Doch selbst das stationäre Modell, das dem walrasianischen Markt zugrunde liegt und in der sogenannten Wachstumstheorie seinen Niederschlag gefunden hat, ist bei einer wirklich gesamtwirtschaftlichen Betrachtung nicht zu halten. Sparen und Investieren, das Herzstück jeder Volkswirtschaft, vollzieht sich nach ganz anderen Regeln als von der herrschenden Lehre unterstellt.

3.3 Sparen und Investieren

Die Verteilung vorhandener Güter und Ressourcen in einer bestimmten Periode ist ein relativ leicht zu lösendes Problem, wenn man unterstellt, dass alle beteiligten Wirtschaftssubjekte eine vergleichbare Grundausstattung mit Ressourcen (Einkommen) haben. All die Probleme, die für reale Volkswirtschaften nahezu unlösbar erscheinen, sind hier schlicht wegdefiniert: Fragen der Entwicklung, des Aufholens, der Ungleichheit, der Armut oder von Arbeitslosigkeit stellen sich in diesem Garten Eden von vorneherein nicht, weil einfach angenommen wird, dass die Verteilung entsprechend der Knappheit der Güter das zentrale ökonomische Problem darstellt.

Die Neoklassik hat zwar versucht, Wachstum in das System einzuführen, also die systematische Möglichkeit steigender Realeinkommen, aber das Ergebnis ist, worauf wir schon in Kapitel 2 hingewiesen haben, mehr als fragwürdig. Die neoklassische Wachstumstheorie deutet schlicht die für einen einzelnen Haushalt unter bestimmten (extrem restriktiven) Voraussetzungen notwendige Bedingung für eine Investition, nämlich mehr zu sparen, als notwendige und zugleich hinreichende Bedingung für das Investieren von ganzen Volkswirtschaften. Das Ergebnis ist eine »Wachstumstheorie«, die mit dem, was wir wirtschaftliche Entwicklung nennen, nichts zu tun hat.

3.3.1 Warum ist in der Entwicklung S niemals gleich I?

Wenn es eine berühmte Formel gibt, die jeder Volkswirt Tag und Nacht auswendig aufsagen kann und ohne die kein volkswirtschaftliches Lehrbuch auskommt, dann ist es $S = I$. Sparen ist in der Tat immer gleich Investieren – aber in einem vollkommen belanglosen Sinne. Da eine geschlossene Volkswirtschaft das erwirtschaftete Einkommen nur für Investitionen oder Konsum ausgeben kann, ist alles, was nicht konsumiert wurde (also Einkommen minus Konsum) gleich dem Investieren, aber es ist auch gleich dem Sparen, weil Sparen schließlich genauso definiert ist, nämlich als Einkommen minus Konsum.

Man sagt, die Gleichung habe nur ex post, wenn das Einkommen bekannt ist, eine Bedeutung. Doch selbst mit dieser Aussage misst man ihr zumeist einen Inhalt zu, den sie nicht hat. Es sieht immer noch so aus, als gäbe es eine sichere und natürlich auch positive Verbindung von Sparen und Investieren. Das ist nicht der Fall. Im Gegenteil, der Versuch eines privaten Haushalts, mehr zu sparen, also weniger von seinem erwarteten Einkommen auszugeben, behindert das Investieren ungemein.

Um das zu verstehen, muss man die Komplexität der Volkswirtschaft zur Kenntnis nehmen und die Tatsache, dass Informationen unter Anonymität eine völlig andere

Bedeutung haben als unter Verhältnissen, wo jeder weiß, was der andere gerade beabsichtigt. Das aber, wird man hier aus der Sicht der herrschenden Lehre einwenden, steht im Gegensatz zu der in der Ökonomik der vergangenen Jahrzehnte immer wieder geforderten Mikrofundierung aller Aussagen. Das stimmt – Mikrofundierung ist eine der schlimmsten Verirrungen eines an Irrwegen reichen Faches.

Das Verfahren, eine hochkomplexe Wirtschaft auf die Größe eines einzelnen »repräsentativen« Haushalts zu reduzieren, dient nicht der Reduktion von Komplexität, sondern bedeutet eine dramatische Verfälschung der Verhältnisse, denen sich die Wirtschaftssubjekte in einer realen Wirtschaft gegenübersehen.

Entscheidend ist hier das Informationsproblem. Die Neoklassik hat es von vorneherein durch die Annahme vollständiger Information aller Wirtschaftssubjekte wegdefiniert. Doch die Wirklichkeit kann man nicht wegdefinieren. Selbst Robinson Crusoe, der perfekte Information hat, weil er auf seiner einsamen Insel Konsument, Sparer und Investor zugleich ist, sieht sich bei der Investition in eine Angel einer Unsicherheit gegenüber. Ist die Idee, eine Angel zu konstruieren, wirklich neu, kann er nicht wissen, ob die Technik funktioniert und sich folglich sein Sparen lohnt.

Selbst in diesem absoluten Extremfall ist es also keineswegs sicher, dass die Bereitschaft zu sparen, sprich, weniger zu konsumieren, um die Angel zu konstruieren, zu einem höheren Konsum führt. Das Sparen ist hier nur die notwendige Bedingung, aber nicht die hinreichende für einen Prozess, der mit einem steigenden Einkommen enden soll. Was geschieht allerdings, wenn Sparer und Investor nicht die gleiche Person sind, wenn der Investor einfach nicht weiß, warum der Sparer plötzlich weniger konsumiert, sondern bei ihm nur das Signal eines Nachfrageausfalls ankommt?

Das ist genau das, was in Wirklichkeit passiert: Sparer und Investor bleiben anonym, es sind unterschiedliche Personen, und sie können nur die Signale verarbeiten, die ihnen von ihrem spezifischen Markt geliefert werden. Zu fragen ist, wie das Signal des Sparers unter den Bedingungen beiderseitiger Anonymität beim Investor ankommt und wie er darauf reagiert. Zu zeigen ist, ob es einen Ablauf geben kann, bei dem sich Sparen in Investieren verwandelt und gleichzeitig das Einkommen nicht sinkt, sondern auf lange Frist sogar steigt, genauso, wie es das Robinson-Beispiel nahelegt.

Mit einem realistischen Zahlenbeispiel kann man das Problem für Deutschland leicht bebildern. Hierzulande beträgt das sogenannte Masseneinkommen, das sind die Einkommen der privaten Haushalte aus all den verschiedenen Quellen, aus denen sie gespeist werden, etwa 1200 Milliarden Euro pro Jahr. Unternehmen und Staat, das sind die wichtigsten Arbeit- und Geldgeber, zahlen also pro Monat etwa 100 Milliarden an die privaten Haushalte. Diese Ausgaben der Arbeitgeber entsprechen exakt den Einnahmen der Haushalte. So lange die privaten Haushalte die 100 Milliarden Euro im Laufe des Monats wieder vollständig ausgeben, sind die Arbeitgeber in der Lage, für den kommenden Monat die Einkommen und sonstigen Zahlungen in voller Höhe zu leisten. Es ist folglich ein stabiler Kreislauf möglich, wenn die Ausgaben jedes Sektors für Güter und Dienste in jeder Periode genau seinen Einnahmen entsprechen.

Dieser stabile Kreislauf wird unterbrochen, wenn die privaten Haushalte beginnen, aus den empfangenen Einkommen einen Teil nicht sofort auszugegeben, sondern zurückzulegen, also zu sparen. Bei einer Sparquote von 10 Prozent fließen den Unternehmen und dem Staat am Ende des Monats nur noch 90 Milliarden zu. Sie müssen aber wieder die 100 Milliarden Euro aufbringen, zu deren Zahlung sie gesetzlich oder vertraglich verpflichtet sind. Reagiert jedes einzelne Unternehmen auf diesen Rückgang seiner Nachfrage jedoch so, wie es auf jede normale Verminderung der Auslastung seiner Kapazitäten reagiert, vermindert es seine Ausgaben inklusive seiner Investitionstätigkeit.

Dann wird zwar – gemessen an dem von den privaten Haushalten ursprünglich erwarteten Einkommen – mehr gespart, aber auch weniger investiert. Den ex post notwendigen Ausgleich von Sparen und Investieren (alles, was aus einem gegebenen Einkommen nicht konsumiert wurde, muss nach dem Ende aller Anpassungsprozesse investiert worden sein) bringt dann der unerwartete Rückgang des Einkommens zustande, der die privaten Haushalte veranlasst, ihre Sparpläne nach unten zu korrigieren bzw. der ihre Ersparnisse absolut gesehen verkleinert, weil das Einkommen, das sie tatsächlich erzielen, weit unterhalb dessen liegt, was sie erwartet haben.

Wer also könnte die Lücke von 10 Milliarden füllen und dadurch den Rückgang des Einkommens, eine Rezession und Arbeitslosigkeit verhindern? Wohlgemerkt, die negativen Nachfrageeffekte des Sparens müssen innerhalb kurzer Zeit ausgeglichen werden, weil jede Verzögerung dazu führt, dass die Unternehmen schon mit eigenen Ausgabekürzungen reagieren und die Lage verschlechtern, was wiederum die Wahrscheinlichkeit verringert, dass die kompensierenden Effekte – so es sie überhaupt gibt – greifen.

Die neoklassische Theorie hat alle diese Fragen nicht gestellt, sondern auf »bewährte« Art und Weise einen Markt konstruiert, der das Problem lösen sollte. Da es aus ihrer Sicht auf der einen Seite ein Angebot an Kapital in Form von Ersparnissen gibt, und auf der anderen Seite eine Nachfrage nach Kapital in Form der Kreditnachfrage der Unternehmen und potenziellen Investoren, ist es für diese Theorie ohne weitere empirische oder logische Überprüfung klar, dass es einen Preis – den Zins – geben muss, der friktionsfrei (also bei unverändertem Einkommen) Angebot und Nachfrage zum Ausgleich bringt.

Dabei handelt es sich aber um ein rein normatives, für eine Wissenschaft nicht angemessenes Vorgehen. Weil man einen Marktmechanismus für die normale Lösung hält, unterstellt man, dass er existiert. Sobald man jedoch die restriktiven Annahmen der traditionellen Theorie aufhebt und sich damit einem Abbild der Realität nähert, ist diese Argumentation unhaltbar. Selbst wenn man für einen Moment von der Rolle der Notenbank bei der Festsetzung des Zinses absieht, gibt es das steigende Kapitalangebot infolge der vermehrten Ersparnis (den 10 Milliarden Euro in unserem Beispiel) einfach nicht. Da die Einnahmen der Unternehmen (und des Staates) um 10 Milliarden gesunken sind, hängt das Ergebnis für den Zins davon ab, wie diese beiden Gruppen auf die gesunkenen Einnahmen reagieren.

Wären beide, Unternehmen und Staat, – rein hypothetisch – bestrebt, ihre ursprünglich vorgesehenen Ausgabenpläne aufrechtzuerhalten (was nicht nur Investitionen betrifft, sondern alle Ausgaben), müssten sie in der Tat genau 10 Milliarden Euro mehr an Krediten aufnehmen. Dann würde, in der neoklassischen Welt, der Zins tatsächlich nicht sinken. In diesem Beispiel wäre der vorherige Kreislauf gewährleistet, wenn auch jetzt mit höherer Verschuldung der Unternehmen und des Staates. Mehr Investitionen als im Fall geringerer Ersparnis gäbe es nicht, die Investitionen wären nur anders finanziert, nämlich zu einem größeren Teil (um 10 Milliarden mehr) durch Kredite. Von einem Ausgleich für die gestiegene Ersparnis kann man selbst in diesem Fall nicht sprechen.

Doch der Fall ist vollkommen unrealistisch. Warum sollten insbesondere einzelwirtschaftlich agierende Unternehmen in dieser Weise auf das Signal einer gesunkenen Nachfrage reagieren? Der Normalfall ist, dass sie mit Kürzungen ihrer eigenen Ausgaben auf sinkende Auslastung antworten. Die Unternehmen wissen in einer hochkomplexen Wirtschaft schlichtweg nicht, ob die gesunkene Nachfrage die Folge einer Verschiebung an ihrem Markt, einer gesamtwirtschaftlichen Störung oder eigener Fehlentscheidungen ist. Entsprechend reagieren sie defensiv, weil das Risiko groß ist, dass sie aus dem Markt ausscheiden, wenn sie das Marktsignal falsch deuten. Selbst der Fall gleichbleibender Investitionen der Unternehmen im Falle erhöhter Sparanstrengungen der privaten Haushalte ist vollkommen unrealistisch. Die Unternehmen werden bei gesunkener Nachfrage nach ihren Produkten weniger investieren und weniger Kapital nachfragen, weil ihre Kapazitätsauslastung geringer ist und sie möglicherweise Verluste machen.

Diese Konstellation könnte dazu führen, dass die Zinsen dennoch sinken. Das wäre dann aber die *Folge* der geringeren Investitionstätigkeit und würde keinen positiven Impuls für mehr Investitionen erzeugen. Im besten Fall käme es daher gleichzeitig zu niedrigeren Zinsen und sinkenden Investitionen. Das ist die Situation, in der die Zentralbank auf den Plan gerufen wird. Sie kann dafür sorgen, dass die Zinsen weit stärker sinken als es die markteigenen Prozesse hervorgebracht hätten; ein geldpolitischer Impuls ist die Konsequenz. Ob der zur Wirkung kommt oder nicht, steht auf einem anderen Blatt. Für eine lange Zeit hielten die Zentralbanken weltweit die Zinsen auf nahe Null, doch die Investitionstätigkeit sprang nicht an. In einer solchen Situation ist der gesamte Mechanismus, den sich die Neoklassik vorstellt, ohnehin nicht existent.

Auch die Frage, ob in diesem Prozess das Ex-post-Ergebnis $S = I$ zustande kommt, weil der Zins die erwartete Rolle spielt oder etwas völlig anderes passiert, wird von der Neoklassik ausgeblendet. Sie nimmt einfach an, dass der Kapitalmarkt seine »Aufgabe« jederzeit effizient erfüllt. Die Bedeutung der Bewegungen des gesamtwirtschaftlichen Einkommens für den Ausgleich von Sparen und Investieren wird in der Neoklassik nicht anerkannt, obwohl es offensichtlich ist, dass sich dieser Prozess permanent mit allen anderen Mechanismen, die es geben könnte, überlagert.

Gibt es Sparpläne von Seiten der privaten Haushalte, die größer sind als die Investitionspläne (die Verschuldungspläne) der Unternehmen, dann sinkt das Einkommen, weil Ressourcen ungenutzt liegen geblieben sind bzw. Güter auf Halde produziert werden, die für die Unternehmen das Signal geben, ihre Investitionstätigkeit und ihre Ausgaben noch weiter zurückzufahren und Arbeitskräfte zu entlassen. Das Sparen, das der private Haushalt als eine Vergrößerung seines Vermögens ansieht, ist für die Volkswirtschaft insgesamt nur eine Verschiebung von Vermögen. Zur gleichen Zeit, zu der sich die privaten Haushalte reicher fühlen, verlieren die Unternehmen an Vermögen, weil die zukünftigen (abdiskontierten) Erträge ihres Geschäfts sinken.

Auch der Staat kann planen, seine Verschuldung im Verhältnis zu dem ursprünglich erwarteten Einkommen gering zu halten, muss aber bei einem unerwarteten Rückgang des Einkommens dafür sorgen, dass sich die Lage nicht weiter verschlechtert und höhere Schulden in Kauf nehmen. Blendet man die Variation des Einkommens in diesem dynamischen Prozess von vorneherein aus der Betrachtung aus, wie es viele Neoklassiker tun, ist man schlicht außerstande, zu verstehen, was in der Realität passiert und in Folge natürlich auch unfähig, vernünftige wirtschaftspolitische Ratschläge zu geben. Sagt man, der Staat dürfe auf keinen Fall zulassen, dass seine Verschuldung in diesem Prozess in Relation zum Einkommen steigt, sagt man nichts anderes, als dass die Ausgaben des Staates während der beginnenden Rezession noch einmal nach unten korrigiert werden sollten. Weil man aber erwarten muss, dass infolgedessen die Ausgabenpläne der Unternehmen ebenfalls nach unten korrigiert werden, weil sich die Lage für sie dauernd verschlechtert, verstärkt der Staat mit seinem Sparversuch die Rezession sowie den Gesamtverlust an Einkommen und an Arbeitsplätzen.

Das »Sparen« ist im deutschen Sprachgebrauch üblicherweise mit einer positiven Konnotation versehen, weil damit »Vermögensaufbau«, »Vorsorge« oder »vorsichtige Haushaltsführung« assoziiert wird. »Spare in der Zeit, dann hast du in der Not« ist eine der »Lebensweisheiten«, die uns schon als Kind mit auf den Weg gegeben wird. Da es jedoch den Prozess, der aus Ersparnissen mit irgendeiner Automatik Investitionen werden lässt, nicht gibt, ist die positive Konnotation a priori nicht gerechtfertigt. Auch der häufig zu hörende Ausdruck, vom »Sparen des Staates« oder dem »Sparen eines Landes« führt in die Irre. Würden wir konsequent in allen diesen Fällen von Ausgabenkürzungen sprechen, wäre unmittelbar klar, dass die Konsequenzen der Kürzungen an anderer Stelle negativ zu Buche schlagen.

Besser ist es daher, generell von einem Ausgabendefizit oder einem Einnahmenüberschuss zu sprechen, wenn man das »Sparen« meint. Umgekehrt müsste von einem Einnahmendefizit und einem Ausgabenüberschuss die Rede sein, wenn es um die Seite der »Investitionen« geht. »Investition« ist in jeder Hinsicht der ungeeignete Ausdruck, weil sich zunächst immer die Frage stellt, ob ein Wirtschaftssubjekt oder eine Gruppe bereit und in der Lage ist, den Ausgabenüberschuss, die Schulden zu akzeptieren, der bei einem Ausgabendefizit einer anderen Gruppe notwendig ist, um das Einkommen konstant zu halten. Ob der Schuldner die Kredite, die er aufnimmt, für Investitionen nutzt, ist eine andere und nachgelagerte Frage. Entscheidend ist, wie schon in Kapitel 2 bei unserer Diskussion der Arbeit Wilhelm Lautenbachs gezeigt, dass jede Ausgabenkürzung unmittelbar negative Auswirkungen auf die Gewinne der Unternehmen hat.

Folglich ist der repräsentative Haushalt der Neoklassik, der mit seiner Entscheidung über mehr oder weniger Ausgaben aus einem gegebenen Einkommen, die Wirtschaft lenkt, eine Schimäre. Für Robinson Crusoe mag das eine angemessene Theorie sein, mit der Wirklichkeit komplexer arbeitsteiliger Wirtschaften, wo die Unternehmen sich an anonymisierte Signale über Einnahmen und Ausgaben anpassen müssen, hat das nichts zu tun.

Alle Handlungen, die ein bewusst herbeigeführtes Ausgabendefizit zur Folge haben, führen auf der Seite der Unternehmen zu einer Reduktion der Auslastung ihrer Produktionskapazitäten und ihre Gewinne sinken. Weil die Unternehmen selbst mit ihrer Anpassungsreaktion an sinkende Gewinne die Gewinne der Unternehmen insgesamt noch einmal verringern, besteht jederzeit die Gefahr einer kumulativen Verstärkung des Abschwungs.

3.3.2 Sparen und Investieren in der offenen Volkswirtschaft

Die neoklassische Vermutung, durch das Sparen fließe dem Investor »Kapital« zu, er erhalte also Mittel vom Sparer, die er zum Investieren nutzen kann, ist falsch. Sparen der privaten Haushalte verursacht ein Einnahmendefizit bei den Unternehmen, das diese in der Regel zur Verringerung ihrer Ausgaben zwingt.

Nur wenn der Unternehmer seine Ausgaben trotz der geringeren Auslastung seiner Kapazitäten aufrechterhielte und sich in Höhe des Einnahmendefizits verschuldete, sähe es in einer Ex-post-Gegenüberstellung der Bilanzen der beiden Akteure so aus, als stünde dem Ausgabendefizit der privaten Haushalte ein quasi natürliches Einnahmendefizit bei den Unternehmen gegenüber. Das wiederum könnte zu dem Schluss verleiten, der Sparer habe sein überschüssiges Kapital zum Unternehmer transferiert. Die Banken hätten dann, so die Vermutung, die Ersparnisse dem Investor unmittelbar als Kredit zur Verfügung gestellt.

Das geht vollkommen an der Sache vorbei und es ist nicht zu verstehen, dass die Ökonomik selbst hundert Jahre nach der Entdeckung der gesamtwirtschaftlichen Zusammenhänge mit solchen Bildern herumdilettiert. Noch erstaunlicher ist es, dass gerade im Verhältnis zum Ausland auch in keynesianischen Kreisen häufig die Auffassung vorherrscht, ein Land, das Leistungsbilanzüberschüsse aufweise, »exportiere« Kapital, weil es »überschüssige Ersparnisse« habe. Vielfach wird die Konfusion auf die Spitze getrieben und vermutet, der Kapitalexport sei sogar in einer Führungsrolle, sei also der Faktor, der einen Leistungsbilanzüberschuss verursachen kann.

In einer Geldwirtschaft bedeutet die Entscheidung des einen, seine ihm von den übrigen Wirtschaftssubjekten zugeflossenen Einnahmen nicht vollständig wieder auszugeben (das ist das, was wir üblicherweise als »Sparen« bezeichnen), dass ein anderer unmittelbar einen Verlust erleidet, weil weniger Einnahmen zu ihm zurückfließen als er selbst in der nächsten Periode zu leisten hat. Bezeichnet man den Teil des Einkommens, der gespart wird, als Kapital, dann steht der Entscheidung des einen (des Sparers), »Kapital« zu schaffen, immer zugleich und unmittelbar die Vernichtung von »Kapital« bei demjenigen gegenüber, der dadurch weniger Einnahmen verzeichnet.

Fließen einem Land (den Unternehmen und dem Staat) geringere Einkommen zu, weil die Wirtschaftssubjekte eines anderen Landes weniger Güter dieses Landes nachfragen oder weil seine eigenen Bürger mehr Güter des anderen Landes kaufen, entsteht ein Nachfrageausfall, der wiederum unmittelbar »Kapital« (Einkommen in Form von Gewinnen) in dem Land vernichtet, das ein Defizit im Handelsaustauch verzeichnet. Es ist also kein Kapital über die Ländergrenzen geflossen, das dem Defizitland zugutegekommen wäre; im Gegenteil, das Defizitland hat Einkommen verloren (was die Volkswirtschaftliche Gesamtrechnung auch völlig korrekt als Wachstumsverlust verbucht) und das Überschussland ist reicher geworden.

Will das Defizitland das Niveau seiner Ausgaben trotz gesunkener Nachfrage nach den eigenen Produkten aufrechterhalten, muss mindestens ein Akteur im Inland einen Kredit (im Inland oder im Ausland) aufnehmen, also das berühmte Geld ausgeben, das er nicht hat. Kredite, die steigende Importe bei unveränderten (oder sinkenden) Exporten finanzieren, werden als Gegenpart zu der Differenz bei den Warentransaktionen gebucht und erwecken den (falschen) Eindruck, es fließe Kapital vom Überschussland zum Defizitland. Auch in unserem obigen Beispiel mit den Unternehmen, die ihre Investitionen trotz sinkender Erlöse aufrechterhalten, ist kein Kapital von den Sparern zu den Unternehmen geflossen, sondern die Unternehmen haben gegen die wirtschaftliche Vernunft (bei gesunkener Nachfrage) Kredite aufgenommen.

Neoklassische Autoren neigen allerdings dazu, einen großen Exportüberschusssaldo keineswegs als Ausweis von Stärke zu sehen, sondern als Folge schwacher Investitionen und einer »zu hohen« Sparquote, also einer Sparquote, die über das hinausgeht, »was notwendig ist«. Damit ventiliert man offensichtlich den Gedanken, es gebe auf der Welt eine vorbestimmte Menge an Investitionen, die zu finanzieren nun einmal die Aufgabe der Ersparnis ist. Wird in einem Land mehr als nötig gespart, sucht sich die Ersparnis ihre Investition im Ausland.

Diese Art der Konfusion geht bei neoklassischen Ökonomen regelmäßig auf eine unkritische Anwendung von $S = I$ zurück. Wenn Sparen nicht direkt in (inländisches) Investieren mündet, ist es in ihrer Vorstellungswelt nur konsequent, anzunehmen, dass in einer offenen Volkswirtschaft »überschüssiges Sparen« ohne weiteres in Investitionen verwandelt wird, diesmal aber im Ausland. So hat sich der IWF immer wieder (mitsamt der Mehrheit seiner Chefvolkswirte) als »Sparer« geoutet. Der Wirtschaftsjournalist Martin Wolf zeigt etwa in der *Financial Times* anhand der Daten und Korrelationen des IWF, wie eng die »gross national savings« eines Landes mit dem »current account«, also dem Leistungsbilanzsaldo, verbunden sind.[5]

Auch die Deutsche Bundesbank glaubt, dass »Modelle, die langfristige Änderungen von Sparentscheidungen erklären, [...] auch darauf zurückzuführende langfristige Entwicklungen des Leistungsbilanzsaldos erklären [können]«.[6] Paul Krugman, der von vielen für progressiv und keynesianisch gehaltene Autor, liegt ebenfalls fundamental daneben.[7] Krugman hat offensichtlich den entscheidenden Zusammenhang, um den es in der gesamtwirtschaftlichen Analyse geht, nicht verstanden. Offenbar ist der Kern der wissenschaftlichen Revolution in der Ökonomik, die mit Namen wie John Maynard Keynes oder Michał Kalecki verbunden ist, vollständig an ihm vorbeigegangen.

Krugman schreibt im Zusammenhang mit den amerikanischen Leistungsbilanzdefiziten:

> The reality, however, is that trade deficits have almost nothing to do with tariffs or other restrictions on trade. The overall trade deficit is always equal to the difference between domestic investment spending and domestic saving (both private and public). That's just accounting. The reason America runs persistent trade deficits isn't that we've given away too much in trade deals, it's that we have low savings compared with other countries.[8]

---

5 Wolf, M. (2017).

6 Deutsche Bundesbank (2020): 32.

7 Für eine Diskussion siehe Flassbeck, H. (2013).

8 Krugman, P. (2019).

Hier produziert er zunächst einen Widerspruch zwischen seinen eigenen Aussagen. Wenn man sagt, dass die Gleichheit von Leistungsbilanzsaldo mit der Differenz von heimischer Investition und heimischem Sparen nur Buchhaltung ist, darf man genau diese Buchhaltung nicht als kausale Aussage verwenden, wie er das in seinem zweiten Absatz tut. Der »Grund« für die amerikanischen Defizite kann es gerade nicht sein, dass Amerika geringe Ersparnisse hat, denn das ist bloß eine Wiederholung der buchhalterischen Aussage im ersten Absatz, die einfach keinen Schluss auf einen »Grund« zulässt.

Aber obwohl Krugman offenbar verstanden hat, dass heimisches Sparen nicht automatisch heimisches Investieren nach sich zieht (und dass man das wegen des buchhalterischen Zusammenhangs auch nicht so sagen darf), glaubt er offenbar, dass im Verhältnis zwischen Ländern die Buchhaltung ausreicht. Diese Aussage ist eindeutig falsch, findet sich häufig aber selbst bei explizit keynesianisch orientierten Ökonomen.

Hinter der Krugman'schen Vermutung einer bedeutungsvollen Gleichheit von Leistungsbilanzsaldo und inländischem Sparsaldo steht letztlich doch wiederum die Vermutung, $S = I$ habe eine analytische Bedeutung. Wer die Gleichung kausal benutzt, geht davon aus, dass mehr Sparen automatisch zu mehr Investitionen führe. Die Leistungsbilanz ist in dieser Vorstellungswelt das Ventil, das den Teil des Sparens, der im Inland nicht verwendet werden kann, ins Ausland transferiert und dort in Investitionen umsetzt. Wer viel spart, hat viele solcher Spillovers ins Ausland zu verzeichnen und weist folglich Überschüsse aus; wer wenig spart, hat geringe oder gar keine. Nur, wie das konkret vor sich gehen soll, ist völlig unklar.

Barry Eichengreen, der renommierte amerikanische Wirtschaftshistoriker sagt in einem Beitrag zu den deutschen Leistungsbilanzüberschüssen:

> Back in the real world, the explanation for Germany's external surplus is not that it manipulates its currency or discriminates against imports, but that it saves more than it invests. The correspondence of savings minus investment with exports minus imports is not an economic theory; it's an accounting identity. Germans collectively spend less than they produce, and the difference necessarily shows up as net exports.[9]

Das zeigt, dass selbst ein weltweit hoch angesehener Wirtschaftshistoriker eine Identität als inhaltliche Aussage interpretiert und offensichtlich nicht versteht, dass es ein flexibles gesamtwirtschaftliches Einkommen gibt, dessen alles entscheidende Bewegung hinter den Identitäten steht. Der gesamte Kern der keynesianischen Revolution in der ökonomischen Theorie ist hier ignoriert worden.

---

9 Eichengreen, B. (2017).

Noch einmal: Wenn es definitionsgemäß stimmt, dass Volkswirtschaften, die Überschüsse aufweisen, mehr einnehmen als sie ausgeben und wenn man dieses Verhalten »Sparen« nennt, dann ist die Aussage, Volkswirtschaften, die sparen, hätten Überschüsse und diejenigen, die nicht sparen, hätten Defizite, ohne Inhalt. Denn sie ist nichts weiter als eine Wiederholung der saldenmechanischen Logik unter der Verwendung des Wortes »Sparen«. Folglich liefert die Aussage (und jede Empirie, die sich darauf stützt) keinen Erkenntnisgewinn.

Auf der gleichen logischen Ebene kann man genau so gut sagen, Volkwirtschaften, die mehr exportieren als sie importieren, haben Überschüsse und umgekehrt. Dies würde jedoch als Trivialität abgetan, während die erste, neoklassische Aussage immer wieder als eine inhaltliche Aussage verwendet und anerkannt wird, obwohl sie exakt genau den gleichen Inhalt hat wie die zweite – nämlich keinen, außer der Wiedergabe einer Definition. Offensichtlich wird mit dem Wort »Sparen« die Fiktion eines Verhaltens der privaten und öffentlichen Haushalte geschaffen, das man glaubt, aus der Saldenmechanik ablesen zu können. Das oben genannte Sparen hat aber nichts mit dem konkreten Verhalten irgendwelcher Akteure zu tun.

Man kann sich der Lösung der Frage auch dadurch nähern, dass man fragt, wie sich denn – mikroökonomisch fundiert – das Sparverhalten der verschiedenen Länder auf der globalen Ebene in Übereinstimmung bringen lässt. Schließlich wissen wir aus der Einnahme-Ausgabe-Logik und dem gesunden Menschenverstand, dass es für die Welt insgesamt keine Möglichkeit gibt, in dem oben genannten Sinne zu sparen, also weniger auszugeben als einzunehmen. Das Sparen der Welt ist immer genau gleich null.

Das hat eine eindeutige und fatale Konsequenz für die Mikrofundierung der ökonomischen Aussagensysteme. Denn hätten alle Länder der Welt den Wunsch, Sparer zu sein, um auf diese Weise für die Zukunft vorzusorgen – so wie das in Deutschland mit vollem Ernst als Grund für die Überschüsse vorgetragen wird –, müssen wir ihnen aufgrund unserer Fähigkeit, logisch zu denken, mitteilen, dass das leider unmöglich ist. Alle Eichhörnchen der Welt können zwar Nüsse für den Winter zurücklegen, nicht alle Länder der Welt können jedoch durch Sparen für die Zukunft vorsorgen.

Damit ist die Mikrofundierung an einer entscheidenden Stelle und folglich auch insgesamt ad absurdum geführt. Wenn der internationale Handel und der internationale Kapitalverkehr nicht mikrofundiert werden können, gibt es schlicht keine Mikrofundierung. Wir brauchen für eine korrekte ökonomische Analyse eine Makrofundierung offenbar viel dringender als eine Mikrofundierung. Die Neoklassik erweist sich hier als schlicht inkonsistent.

Haben alle Länder der Welt gleichartige Sparpläne, also z. B. den Wunsch, mehr zu sparen, um für die Zukunft vorzusorgen, muss es Mechanismen geben, die dafür sorgen, dass diese inkonsistenten Sparpläne in Übereinstimmung mit der logischen

Notwendigkeit gebracht werden, für die gesamte Welt eine absolut ausgeglichene Leistungsbilanz herzustellen. Hier ist eine entscheidende logische Kategorie zur Kenntnis zu nehmen: Der Kampf um Leistungsbilanzüberschüsse ist (anders als der gesamte Handel) ein Nullsummenspiel für alle Länder der Welt. Einige Staaten müssen sich also zwingend von der Vorstellung verabschieden, Leistungsbilanzüberschüsse zu bilden. Doch wie bringt man sie – gegen ihren erklärten Willen – dazu?

Die Neoklassik hat darauf keine Antwort. Sie ignoriert das offensichtliche Problem einfach, obwohl von den Sparplänen gelenkte Kapitalströme offensichtlich keinen Nullsummencharakter haben können. Aber auch etliche Keynesianer haben an dieser Stelle statt einer logisch zwingenden Erklärung zumeist nur Ad-hoc-Erklärungen anzubieten. Man erörtert viele verschiedene Faktoren, die zu Leistungsbilanzsalden führen können, wie etwa Schwankungen im Verhältnis der Import- zu den Exportpreisen, Unterschiede in den Wachstumsraten oder der Wettbewerbsfähigkeit von Ländern, die sich in einer Unter- oder Überbewertung von Währungen niederschlagen.

Doch auch, wenn etwa die Wachstumsraten aller Länder gleich wären, müsste es immer noch einen Mechanismus geben, der den Leistungsbilanzsaldo für die Welt auf null bringt. Das kann, und das ist wiederum logisch zwingend, nur ein Mechanismus sein, der selbst Nullsummencharakter besitzt, also stets dem einen nimmt, was er dem anderen gibt. Die beiden wichtigsten Mechanismen dieser Art sind die Veränderungen der Terms of Trade, also erstens Veränderungen der Einfuhr- zu den Ausfuhrpreisen, und zweitens – nah verwandt, aber nicht gleich –, Veränderungen der Ausfuhrpreise (ausgedrückt in internationaler Währung) zueinander; also das, was man reale Wechselkursänderungen bzw. Veränderungen der Wettbewerbsfähigkeit von Ländern nennt.

Das heißt nichts anderes, als dass bei einer konsequenten Analyse immer nur Preisverhältnisse für Leistungsbilanzsalden verantwortlich sein können. Die Schwankungen dieser Preisverhältnisse können bei Veränderungen der Terms of Trade reale Veränderungen der Knappheit (vor allem von Rohstoffen) widerspiegeln, die alle Länder bereit sind hinzunehmen. Bei realen Wechselkursänderungen gibt es solche realen Hintergründe aber nicht. Hier spiegeln die Preisänderungen nicht Präferenzen oder Vorlieben von Ländern wider, sondern beschreiben einen Prozess, der den Konflikt zwischen gleichartigen Wünschen der Länder in irgendeiner Weise regelt. Wie das geschieht und ob das rational oder chaotisch abläuft, ist eine vollkommen offene Frage.

Die Bewegung des deutschen Außenhandelssaldos von einer leichten Überschussposition Ende der 1990er-Jahre zu einer massiven Überschussposition seit 2005 kann man nicht mit den Bewegungen der Salden gegeneinander erklären, wie das viele Neoklassiker tun. Zu sagen, die deutschen Ersparnisse seien ins Ausland geflossen, weil man im Vergleich der Salden sieht, dass der Kapitalexport in dieser Zeit zugenommen hat, ist keine Erklärung, sondern lediglich die Verbalisierung der Identität, die sich aus der reinen Saldenbetrachtung ergibt, also eine bloße Beschreibung der Vorgänge, jedoch keine Begründung.

Um den Vorgang zu verstehen, muss man schauen, wie und wo sich Veränderungen ergeben haben, die nicht per Definition bereits in den Salden enthalten sind, aber Einfluss auf sie genommen haben (könnten). In Deutschland ist es offensichtlich, dass die Lohnmoderation zu Beginn der 2000er-Jahre, die politisch gewollt und auch angestoßen war, zu einer realen Abwertung geführt hat. Das wiederum könnte dafür ursächlich gewesen sein, dass die Wirtschaftssubjekte in den übrigen Ländern der EWU vermehrt deutsche Produkte gekauft haben, deren Preise relativ günstiger geworden sind. In Deutschland wurden dagegen weniger Produkte der anderen gekauft, weil die relativ teurer geworden sind.

Bleibt nur noch die Frage, wie das finanziert, wie also die Kapitalströme zu den Güterströmen passend »gemacht« wurden. In einer Währungsunion ist das keine Schwierigkeit, weil alle grenzüberschreitenden Transaktionen genauso leicht finanziert werden können wie rein nationale Transaktionen. Wenn ein französischer Bürger ein deutsches Auto kaufen will, geht er zu seiner Bank, nimmt einen Eurokredit auf und kauft den Wagen bei einem Händler der deutschen Marke in Frankreich. Der bezahlt das Auto der deutschen Firma mit den Euros, die er von seinem Kunden bekommen hat.

Versucht man, den Fall im neoklassischen Sinne umzudrehen, *passt* die realwirtschaftliche Seite jedoch nicht. Denn selbst wenn die Kapitalströme der Ausgangspunkt gewesen wären und die Güterströme ihnen gefolgt wären, wie hätte das gehen sollen? Der französische Bürger kauft schließlich nicht deswegen mehr deutsche Autos, weil seine Bank ihm anbietet, sie mit deutschen Ersparnissen zu finanzieren; und der deutsche Bürger verzichtet – ohne Relativpreisänderung – schon gar nicht auf den Kauf von französischem zugunsten deutschen Rotweins. Die Güterströme mit den Kapitalströmen erklären zu wollen, funktioniert einfach nicht.

Mit anderen Worten: Selbst wenn die Deutschen Ersparnisse im Ausland anlegen würden, weil sie im Ausland höhere Renditen erwarten könnten als im Inland, gäbe es keinen mikroökonomischen Grund für Bürger aus dem betreffenden Ausland, daraufhin in gleichem Umfang zusätzlich deutsche Güter zu kaufen. Das einzig denkbare Signal, das durch das vermehrte Kapitalangebot im Ausland ausgelöst werden könnte, wenn es sie gäbe, wäre eine Zinssenkung.

Alle übrigen Preise – die Löhne und die Preise für alle Güter aus dem In- und Ausland – blieben von dem deutschen Kapitalexport unberührt, also gleich. Wenn daher die Bürger in den Ländern, in die das deutsche Kapital exportiert wurde, Anlass zu einer Reaktion hätten, dann höchstens die, wegen gesunkener Zinsen mehr Kredit aufzunehmen und diesen gleichmäßig (!) für all das auszugeben, was sie schon bislang konsumieren oder für Investitionszwecke nachfragen. Für eine *Strukturverschiebung* ihrer

Konsumwünsche oder Investitionsvorhaben in Richtung: »Alle zusätzlich aufgenommenen Kredite verwenden wir jetzt nur für deutsche Güter«, gibt es keinen Grund, weil sich die Preisverhältnisse zwischen den Gütern nicht verändert haben gegenüber dem Zeitpunkt vor dem deutschen Kapitalexport. Damit ist aber die These, dass der Kapitalexport einen Handelsüberschuss verursache, vollkommen absurd.

Die Antithese, dass der Handelsüberschuss einen Kapitalexport verursache bzw. dass ein Handelsdefizit einen Kapitalimport nach sich ziehe, lässt sich hingegen leicht erklären: Wenn das Ausland netto deutsche Güter importiert, weil die im Schnitt günstiger sind, benötigt es dafür Kredite (Kapitalimport). Hat das Ausland eine eigenständige Währung, kann es sich diese Kredite selbst gewähren mit Hilfe seiner Zentralbank, die die notwendigen inländischen Zahlungsmittel bereitstellt, mit denen die für den Handel erforderlichen ausländischen Zahlungsmittel erworben werden können (Devisen oder ausländische Kredite).

Auf Dauer, d. h. wenn sich das Ausland systematisch über lange Zeiträume verschuldet, ohne dass Aussichten bestehen, dass es eines nicht allzu fernen Tages seine Schulden durch Leistungsbilanzüberschüsse zurückzahlen wird, kommt es zu einer Abwertung seiner Währung. Das verbessert dann die Aussichten im internationalen Handel (mehr, weil billigere Exporte und gedrosselte, weil teurere Importe) und entwertet gleichzeitig die Auslandsschulden, die in nationaler Währung gehalten werden. Die dem ursprünglichen Handelsungleichgewicht zugrunde liegenden Preisverhältnisse normalisieren sich wieder, ohne dass irgendein Kredithahn von außen gesteuert hätte zugedreht werden müssen.

Hat das Ausland keine eigenständige Währung (wie im Fall von Deutschlands EWU-Handelspartnern), sieht die Sache anders aus. Ohne eine Beseitigung des dem Handelsungleichgewicht zugrundeliegenden Preisgefälles durch eine Angleichung der gesamtwirtschaftlichen Lohnstückkosten der beteiligten Länder bleibt die Ursache des Ungleichgewichts bestehen, unabhängig davon, ob der Kredithahn zugedreht wird oder nicht.

Die Empfehlung, die Kreditvergabe einzustellen, um den »Verschuldungsexzessen« in den EWU-Partnerländern entgegenzuwirken, ist folglich kontraproduktiv. Vielmehr muss der Prozess der Preisangleichung durch Normalisierung der Lohnstückkostenverhältnisse (*ohne* Lohndeflation in den überbewerteten EWU-Staaten, sondern per Lohninflation in Deutschland) von einer ausreichenden Kreditgewährung für die verschuldeten Länder seitens der EZB begleitet werden, die ihnen die Luft zum Atmen lässt: Es muss in den verschuldeten Ländern auch und gerade während der Anpassungsphase investiert werden können, damit es für die Bevölkerung eine Perspektive gibt und nicht die besten Arbeitskräfte abwandern.

3.3.3 Ausgeben und Einnehmen in einem konsistenten empirischen Rahmen

Das, was in den vorherigen Abschnitten theoretisch diskutiert wurde, kann man für eine Reihe von Ländern ohne weiteres empirisch nachverfolgen. Es gibt allerdings nicht für alle Länder der Welt vergleichbare und zuverlässige Daten über die Finanzierungssalden, weil eine umfassende Volkswirtschaftliche Gesamtrechnung Voraussetzung für deren Ermittlung ist. Deshalb muss man sich weitgehend auf die Darstellung der entwickelten Länder beschränken.

Box 5: Was sind Finanzierungssalden?

Als Finanzierungssaldo eines Sektors bezeichnet man die Differenz seiner Einnahmen und Ausgaben in einem bestimmten Zeitraum (z. B. einem Jahr). Folglich handelt es sich um eine Stromgröße, keine Bestandsgröße, wie man aus dem betriebswirtschaftlichen Vokabular assoziieren könnte. Ist die Differenz positiv, liegt ein Finanzierungsüberschuss vor, ist sie negativ, ein Finanzierungsdefizit. Ein Überschuss bedeutet, dass der Sektor anderen Sektoren insgesamt gesehen Nachfrage entzieht und damit die Notwendigkeit schafft, Kredite aufzunehmen. Ein Defizit bedeutet, dass der Sektor sich insgesamt gesehen verschuldet, also Kredite aufnimmt. Die Finanzierungssalden sind eine wichtige Ergänzung der Volkswirtschaftlichen Gesamtrechnung, die gleichzeitig die Grundlage für ihre Berechnung darstellt.

Da die Einnahmen eines Sektors zwingend aus den Ausgaben der anderen Sektoren stammen, muss der Finanzierungssaldo eines einzelnen Sektors der Summe der Salden der übrigen drei Sektoren entsprechen – nur mit umgekehrtem Vorzeichen. Fasst man die drei inländischen Sektoren private Haushalte, Unternehmen und Staat zur Gesamtwirtschaft zusammen, ist daher der Finanzierungssaldo der Gesamtwirtschaft gegengleich zum Finanzierungssaldo des Sektors Ausland (gelegentlich auch als »übrige Welt« bezeichnet).

Hat ein Land einen positiven gesamtwirtschaftlichen Finanzierungssaldo, verschuldet sich das Ausland, um die Importe zu bezahlen, die seine Exporte wertmäßig übersteigen. Je nach Ausgangslage baut das Ausland Schulden beim Inland auf oder Vermögen beim Inland ab. Ist der Saldo negativ, verschuldet sich das Inland im Ausland und baut dort entsprechend seine Vermögensbestände ab bzw. einen Schuldenstand auf.

Der gesamtwirtschaftliche Finanzierungssaldo ist nicht identisch mit dem Außenbeitrag oder dem Leistungsbilanzsaldo, sondern er umfasst mehr. Der Außenbeitrag ist die Differenz aus Exporten und Importen von Waren (Saldo der Handelsbilanz) und Dienstleistungen (Saldo der Dienstleistungsbilanz, z. B. Auslandstourismus). Nimmt man den Saldo der Bilanz der Erwerbs- und Vermögenseinkommen zwischen In- und Ausland (z. B. Arbeitseinkommen von Grenzpendlern und Dividendenzahlungen ausländischer Unternehmen an inländische Aktionäre) und den Saldo der laufenden Übertragungen aus der Transferbilanz (z. B. Überweisungen von Gastarbeitern in ihre

Heimatländer) hinzu, erhält man den Saldo der Leistungsbilanz. Ergänzt um den Saldo der Bilanz der Vermögensübertragungen zwischen In- und Ausland ergibt sich der Finanzierungssaldo der Gesamtwirtschaft.

Diese Salden zeigen, in welchen Sektoren Einnahmenüberschüsse erzielt worden sind und in welchen die entsprechenden Nachfrageausfälle zu Ausgabenüberschüssen (Einnahmendefiziten) geführt haben. Wie oben gezeigt, lässt jedes Sparen eines privaten Haushalts, also der Versuch, angesichts einer bestimmten erwarteten Einkommensentwicklung in einer Periode weniger auszugeben, als der private Haushalt einnimmt, eine Nachfragelücke bei den Sektoren entstehen, von denen die Einnahmen des Haushalts stammen, also bei den Unternehmen und/oder beim Staat. Jede Nachfragelücke (Ausgabendefizit) muss nach dem Ende aller Anpassungsprozesse von einer Einnahmenlücke (bzw. einem Ausgabenüberschuss) an anderer Stelle ausgeglichen werden.

Ob das Einkommen aller Sektoren zusammengenommen am Ende den Erwartungen entspricht und die Sparwünsche in der Summe in Erfüllung gegangen sind oder ob das Gesamteinkommen niedriger (höher) ausgefallen und Sparwünsche unerfüllt geblieben (übererfüllt worden) sind, sieht man anhand der Daten nicht. Stellt ein Haushalt etwa nach Beginn eines Jahres fest, dass seine Erwartungen bezüglich des zur Verfügung stehenden Ausgabespielraums zu hoch waren, wird er entweder seine Ausgaben reduzieren, um die angestrebte Summe der Ersparnisse zu realisieren, sie konstant halten, um diese zu verkleinern oder eine Mischung aus beidem.

Alle Wirtschaftssubjekte passen sich jederzeit an neue Informationen an und verändern damit wiederum auch die Informationen, die von allen anderen für relevant gehalten werden. Für die Gesamtwirtschaft bedeutsam sind solche Einzelentscheidungen erst, wenn viele Privathaushalte in der gleichen Weise agieren. Das kann z. B. der Fall sein, wenn in den Lohnverhandlungen für alle Beschäftigten eine höherer oder ein niedrigerer Wert zustande kommt, als die Masse der Arbeitnehmer erwartet hat. Das ist für die Frage, wie Lohnentscheidungen auf die Volkswirtschaft wirken, von großer Bedeutung.

Erwartungen und Wünsche ändern sich also laufend, so dass das, was schließlich als Jahreswert erfasst wird, eine Mischung aus aktiv angestrebten und unbeabsichtigt eingetretenen Entwicklungen sein dürfte. Die empirisch beobachtbaren Salden – ob »freiwillig« oder »gezwungenermaßen« entstanden – geben Auskunft darüber, wie sich die Schuldverhältnisse zwischen den Sektoren eines Landes und zwischen den Ländern de facto entwickelt haben. Das sagt einiges über die Ausgewogenheit und Nachhaltigkeit der wirtschaftlichen Entwicklung eines Landes, über die Rollen, die seine Sektoren dabei spielen, und über die Abhängigkeitsverhältnisse zu anderen Ländern aus.

Wir beginnen die Darstellung unserer empirischen Ergebnisse mit den 1950er- und 1960er-Jahren in Westdeutschland und in Frankreich, weil für beide Länder entsprechend weit zurückreichende Daten vorliegen. Gerade diese Periode ist typisch für die Vorstellungen, die von der herrschenden Lehre der Ökonomik vertreten werden. Damals waren die privaten Haushalte in hohem Maße Nettosparer: Ihr Einnahmenüberschuss lag in Westdeutschland etwa bei 5 bis 9 Prozent des Bruttoinlandsprodukts (Abbildung 3.1), d. h. sie sparten Jahr für Jahr zwischen 8 und 14 Prozent ihres verfügbaren Einkommens, das um die 60 Prozent des BIP ausmachte. In dieser Zeit waren es vor allem die privaten Unternehmen, die mit einer beachtlichen Nettoschuldnerposition von fast 8 Prozent des BIP – mit Ausnahme der Rezessionsphasen von 1966 bis 1968 und von 1973 bis 1975 – die von den privaten Haushalten geschaffene Nachfragelücke füllten.

Abb. 3.1 **Sektorale Finanzierungssalden[1] in Westdeutschland** **1950 bis 1980**

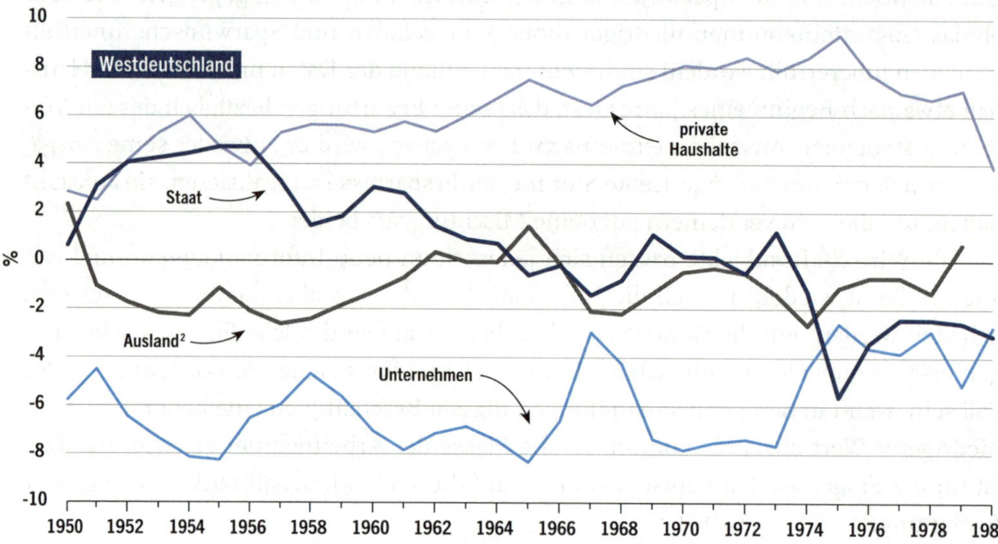

[1] In % des Bruttoinlandsprodukts.

[2] Negative Werte: Ersparnis Westdeutschlands im Ausland.

Die Gesamtwirtschaft konnte sich dank der dynamischen Investitionstätigkeit der Unternehmen und auch gestützt durch eine leichte Überschussnachfrage des Auslands in den 1950er- bis Mitte der 1960er-Jahre so positiv entwickeln, dass der Staat sogar spürbare Haushaltsüberschüsse erzielte. Erst in den beiden genannten Rezessionsphasen musste der Staat stabilisierend mit eigenen Defiziten eingreifen, da der Unternehmenssektor seine Verschuldungsbereitschaft jeweils schlagartig reduzierte.

Das kann man in der Abbildung gut erkennen: Die Unternehmen legen in den Rezessionsphasen regelmäßig ihre Schuldnerrolle zu einem erheblichen Teil ab und versuchen stattdessen, durch geringere Investitionen und geringere Kreditaufnahme ihre finanzielle Position zu konsolidieren. Sie bezwecken also, ihre Gewinnposition zu verbessern oder Verluste zu vermeiden, indem sie ihre Ausgaben kürzen, Investitionen verschieben und möglicherweise geplante Kredite nicht aufnehmen. Der Unternehmenssektor insgesamt vermag aber, wie zu Beginn dieses Kapitels und bei unserer Diskussion der Arbeit Lautenbachs in Kapitel 2 gezeigt, mit einer solchen Strategie niemals erfolgreich zu sein, weil jedes Unternehmen dabei die Situation eines anderen verschlechtert. Folglich müssen andere Sektoren dagegengehalten und die Nachfrage stabilisieren.

In Frankreich ist ein ähnliches Muster im Verlauf der ersten Jahrzehnte nach dem Zweiten Weltkrieg zu erkennen (Abbildung 3.2). Bis Anfang der 1980er-Jahre waren die Unternehmen der Hauptschuldner und damit der wichtigste Gegenposten zu den sparenden privaten Haushalten; wobei deren Sparquote schon damals im Vergleich zu Deutschland geringer ausfiel. Immerhin erlaubte es die Verschuldung der französischen Unternehmen dem Staat in den 1970er-Jahren, seine Neuverschuldung relativ nahe bei der Nulllinie zu halten.

Abb. 3.2 **Sektorale Finanzierungssalden[1] in Frankreich** **1960 bis 1980**

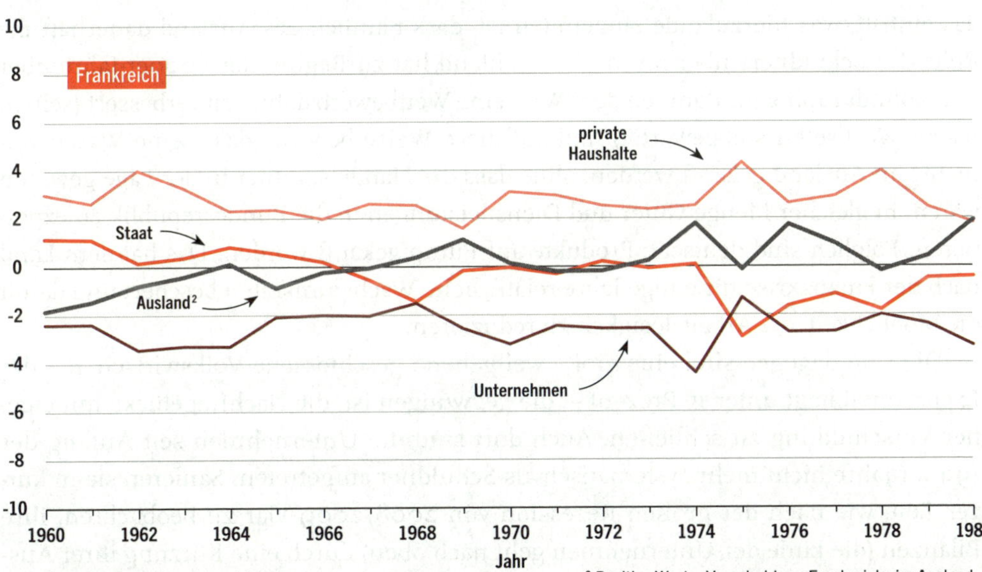

[1] In % des Bruttoinlandsprodukts.

[2] Positive Werte: Verschuldung Frankreichs im Ausland.

Vergleicht man die 1960er-Jahre in der Abbildung mit der gleichen Periode in Überblick 1 ist klar zu sehen, dass die Zeit der hohen Nettoverschuldung der Unternehmen eindeutig die Zeit der hohen Wachstumsraten war. Nur eine allgemein große Wirtschaftsdynamik veranlasst die Unternehmen, die Entwicklung mit kreditfinanzierten Investitionen voranzutreiben. Seit die Unternehmen sich auf die Seite der Sparer geschlagen haben, ist das Wachstum schwach, weil der Staat stets zögert, die Konjunktur selbst anzutreiben, mit seinem Engagement also wartet, bis es zu einer Rezession kommt.

Überblick 6 stellt die sektoralen Salden vergleichend für die großen Industrieländer ab 1980 dar. Schon in der ersten betrachteten Dekade beginnt sich das Unternehmerverhalten in vielen Ländern fundamental zugunsten des Sparens zu ändern. Im letzten Jahr der sogenannten Dotcom-Blase, dem Jahr 2000, kommt es zwar noch einmal zu einer relativ hohen Verschuldung seitens der Unternehmen, aber in der anschließenden Rezession und den gesamten zwanzig Jahren danach weisen sie in fast allen Ländern Einnahmenüberschüsse auf und schaffen damit eine vollkommen untypische Situation für eine Marktwirtschaft. Unternehmen als Netto-Sparer heißt nichts anderes, als dass es den »klassischen« Keynesianismus, bei dem der Staat nur genau dann vorübergehend mit einem eigenen Ausgabenüberschuss und damit eigener Schuldenaufnahme einspringt, wenn die Privaten sich zurückziehen, und die Schuldnerrolle wieder ablegt, sobald die Privaten sie wieder freiwillig übernehmen, nicht mehr gibt.

Einzuspringen, um die Nachfragelücke zu schließen, die die privaten Haushalte und Unternehmen als Sparer aufreißen, wird zur Daueraufgabe für den Staat, wenn nicht das eintritt, was hierzulande eingetreten ist, dass nämlich das Ausland dauerhaft die Rolle des Schuldners übernimmt. Deutschland hat zu Beginn der 2000er-Jahre über sein Lohndumping im Rahmen der EWU seine Wettbewerbsfähigkeit verbessert (seinen realen Wechselkurs abgewertet) und auf diese Weise bewirkt, dass seine Waren vermehrt im Ausland gekauft werden, ohne dass die Handelspartner in der Lage gewesen wären, in gleicher Menge Güter und Dienstleistungen in die Bundesrepublik zu exportieren. Folglich sind deutsche Produkte auf Pump gekauft worden. Das hat dem Land nach der Finanzkrise für einige Jahre relativ hohe Wachstumsraten beschert und damit die Möglichkeit, die Arbeitslosigkeit zu reduzieren.

Die USA dagegen sind eine große weitgehend geschlossene Volkswirtschaft – der Exportanteil liegt unter 15 Prozent –, die gezwungen ist, die Nachfragelücke mit eigener Verschuldung zu schließen. Auch dort sind die Unternehmen seit Anfang der 1990er-Jahre nicht mehr systematisch als Schuldner aufgetreten. Sanieren sie in kurzer Zeit, wie nach der großen Rezession von 2008/2009 klar zu beobachten, ihre Bilanzen (die Linie der Unternehmen geht nach oben) durch eine Kürzung ihrer Ausgaben, und erhöhen auch die privaten Haushalte ihre Sparquote (die entsprechende Linie steigt ebenfalls deutlich an), ist der Nachfragerückgang so stark, dass nur ein massives Deficit Spending des Staates die Volkswirtschaft stabilisieren kann (allerdings summieren sich die Salden wegen statistischer Ungenauigkeiten in den USA nicht zu null, weswegen wir den Fehler als grauen Balken eingezeichnet haben).

Exakt das gleiche Verhalten kann man in allen amerikanischen Rezessionen wie nach 2000 oder nach 2010 sehen. Wohlgemerkt, die Sanierung der wirtschaftlichen Situation der Haushalte und der Unternehmen gelingt nur, weil der Staat sofort und mit einer sehr hohen Kreditaufnahme dagegenhält, um einen vollständigen Absturz der Wirtschaft zu verhindern. Aber auch in den Jahren danach hatte der Staat in den USA bei dem gegebenen Verhalten von Unternehmen und privaten Haushalten keine Wahl, wollte er eine dynamische Wirtschaft und den Abbau der Arbeitslosigkeit ermöglichen. Ab 2017 kann man erkennen, wie der Staat das Wachstum ankurbelt, weil von Seiten der Privaten und des Auslandes erneut ein Nachfragerückgang (alle drei Kurven steigen an) zu beobachten ist.

In Japan liegt der Umschwung im Unternehmerverhalten noch weiter zurück, nämlich im Jahr 1990, als dort eine große Finanzblase platzte. Seitdem sind die japanischen Unternehmen insgesamt Sparer und die Wirtschaft kann nur über hohe staatliche Defizite im Lot gehalten werden, wenngleich die privaten Haushalte sehr viel weniger sparen als noch vor vierzig Jahren. Auch hier ist es vollkommen eindeutig, dass die Jahre hohen Wachstums auch Jahre hoher Verschuldung der Unternehmen waren. Dabei scheint es, wie oben schon erwähnt, einen eindeutigen Zusammenhang zu geben: Nur wenn die Wachstumsdynamik insgesamt sehr hoch ist, sind die Unternehmen bereit und in der Lage, die Rolle des Schuldners zu übernehmen.

Dieser permanente Zwang zur Verschuldung des Staates hat in Japan unverkennbare Spuren an der Kennzahl hinterlassen, die allgemein als kritische Ziffer in Sachen Staatsfinanzen angesehen wird: der staatlichen Verschuldung in Prozent des Bruttoinlandsprodukts.[10] Mit etwa 250 Prozent im Jahr 2024 liegt Japan weit jenseits dessen, was üblicherweise als bedrohlich gilt. Dennoch funktioniert das Land, die Zinsen sind niedrig und es ist nicht die Rede davon, dass der Staat in irgendeiner Weise in Schwierigkeiten geraten oder gar das »Vertrauen« der Kapitalmärkte verlieren könnte.

Wenden wir den Blick zurück nach Europa, sehen wir, dass sich in Italien die Sparquote der Haushalte in den 2010er-Jahren zwar deutlich verringert hat, der private Sektor aber dennoch insgesamt spart und der Staat folglich ohne Defizite nicht auskommt. Das Land weist einen Leistungsbilanzüberschuss auf, dieser ist jedoch in erster Linie die

10 Allerdings ist dieser Maßstab sehr problematisch. Man vergleicht eine Bestandsgröße wie die gesamte in der Vergangenheit aufgelaufene Verschuldung mit einer jährlich ausgewiesenen Stromgröße wie dem BIP. Stattdessen müsste man eigentlich die Verschuldung des Staates mit dem gesamten Vermögen des Staates oder sogar dem Vermögen der Volkswirtschaft vergleichen, weil der Staat über das Steuersystem Zugriff auf das Vermögen der Volkswirtschaft hat.

1980 bis 2023

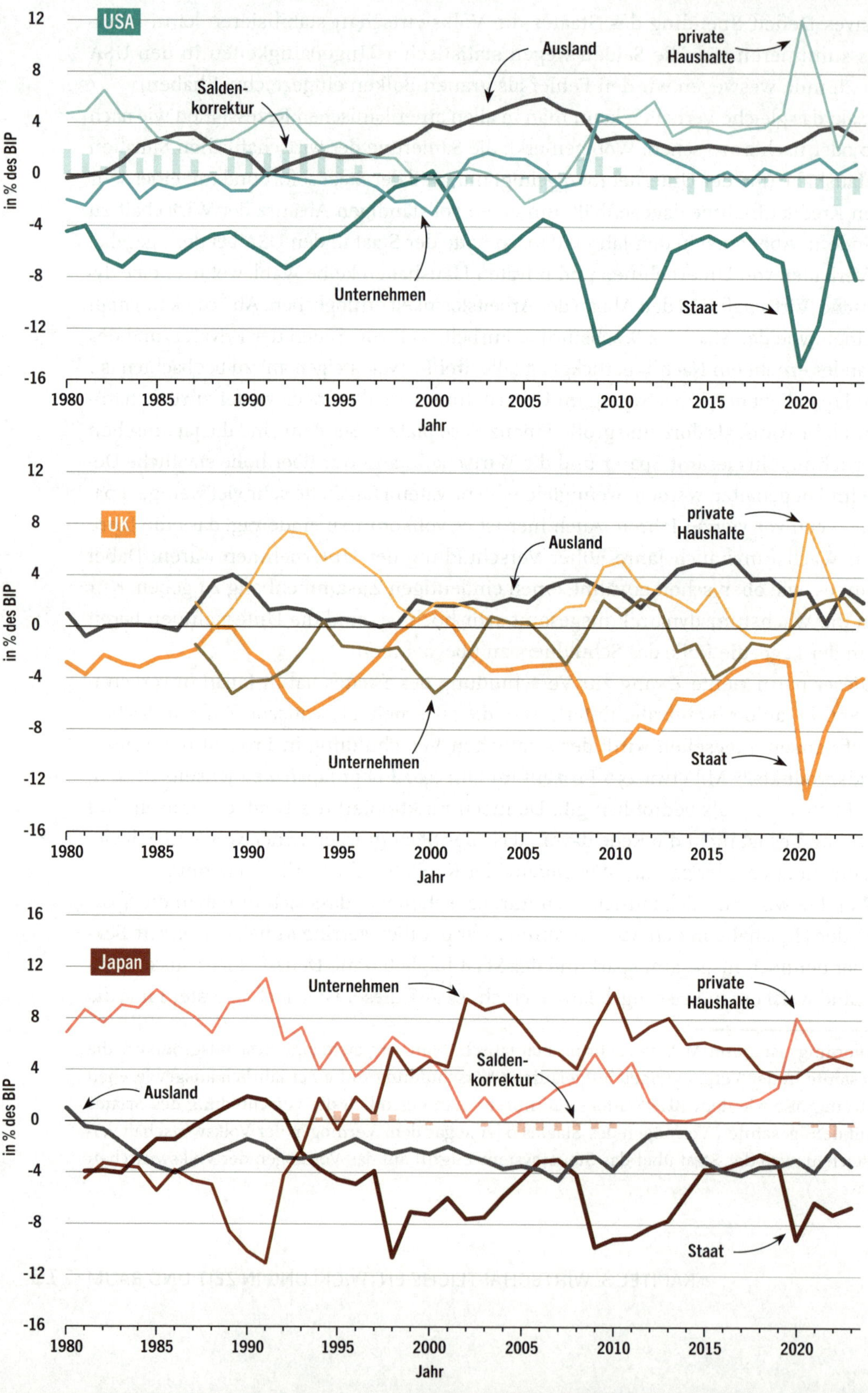

SEKTORALE FINANZIERUNGSSALDEN

1980 bis 2023

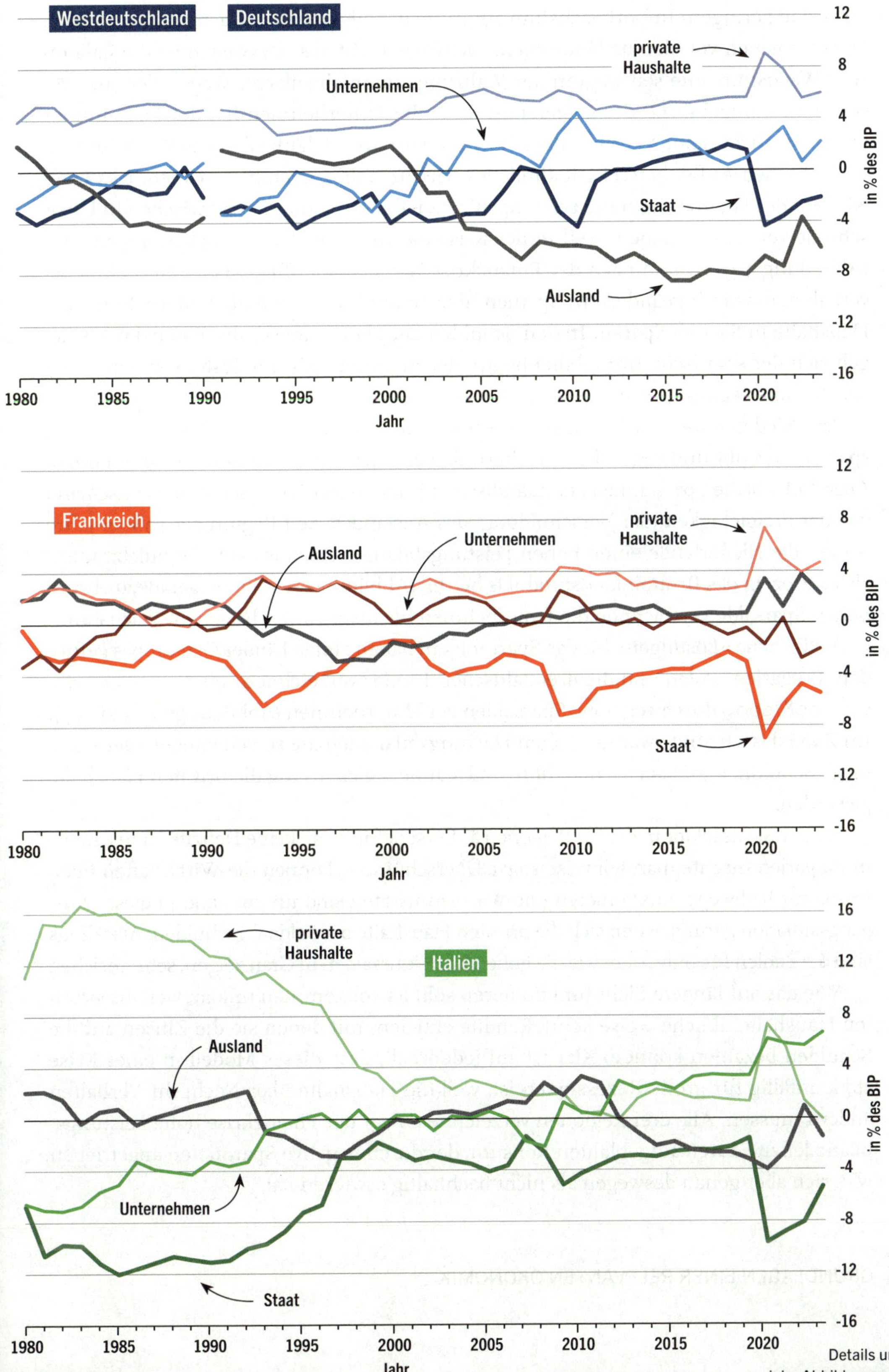

Details und Quellen siehe Abbildungsverzeichnis.

Folge von geringem Importwachstum aufgrund der allgemeinen Wachstumsschwäche. Impulse gehen von der ausländischen Nachfrage nicht aus. Deswegen ist die italienische Wachstumsrate seit Beginn der Währungsunion abgeflacht. Wegen der europäischen Fiskalregeln und der geänderten Rolle der Unternehmen hat der Staat immer wieder versucht, seine Verschuldung zu verringern, würgt damit aber das Wachstum ab.

In Sachen Außenhandel gilt ähnliches wie für Italien auch für Spanien. Das Land wies vor der Finanzkrise hohe Leistungsbilanzdefizite auf, die sich inzwischen in Überschüsse verwandelt haben, weil in der Krise die Importe stark zurückgegangen sind (Abbildung 3.3). In und nach der Finanzkrise hat sich allerdings das Unternehmensverhalten drastisch geändert. In Spanien übertreffen inzwischen die Unternehmen die Haushalte in Sachen Sparen. In den Schulden der Haushalte vor der Finanzkrise spiegelt sich der spanische Immobilienboom, der in dieser Zeit mindestens so unhaltbar wie der amerikanische war.

Die Niederlande sind insofern interessant, weil sich das Land in Europa gerne als sparsam ausgibt und sogar die Sprecherrolle der »sparsamen Vier« übernommen hat. Aber dort lebt die Sparsamkeit der inländischen Sektoren noch krasser als in Deutschland von der Freigiebigkeit (der Verschuldung) des Auslandes. Seit Beginn der 1980er-Jahre weisen die Niederlande einen hohen Leistungsbilanzüberschuss auf, der zuletzt mehr als 10 Prozent des Bruttoinlandsprodukts betrug (Abbildung 3.4). Einen geradezu absurd hohen Sparsaldo verzeichnen die Unternehmen bei insgesamt schwachem Wachstum.

Völlig neue »Lösungen« für das Sparproblem haben einige Länder Osteuropas gefunden. Bulgarien, Polen und die drei baltischen Länder verzeichnen seit der Finanzkrise von 2008/2009 durchweg hohe Sparsalden der Unternehmen (Abbildungen 3.5 bis 3.7). Im Zuge dessen sind zwar die hohen Leistungsbilanzdefizite verschwunden, der wichtigste Schuldner sind aber – man höre und staune – gleichzeitig die privaten Haushalte geworden.

Da der Staatssektor in diesen Regionen äußerst bemüht ist, keine Defizite zu machen – in Bulgarien machte man teilweise sogar Überschüsse –, können die Wirtschaften überhaupt nur halbwegs funktionieren (die Wachstumsraten sind für ein Land in dieser Ausgangssituation gering), wenn sich die privaten Haushalte per Saldo verschulden. Allerdings sind die Zahlen für Bulgarien, wie die hohen Korrektursalden in Grau zeigen, sehr unsicher.

Wie das auf längere Sicht funktionieren soll, ist vollkommen unklar, weil die privaten Haushalte üblicherweise keine Rendite erzielen, mit denen sie die Zinsen auf die Schulden bezahlen können. Klar ist auf jeden Fall, dass dieses Modell in einer Krise stark anfällig für große Rezessionen ist, weil die Haushalte über Nacht ihr Verhalten ändern müssen. Alle drei Regionen verzeichneten vor der Finanzkrise hohe Leistungsbilanzdefizite durch aufgeblähten Konsum, der durch negative Sparquoten angetrieben war, sich aber genau deswegen als nicht nachhaltig erwiesen hat.

Abb. 3.3

Sektorale Finanzierungssalden[1] in Spanien

1995 bis 2023

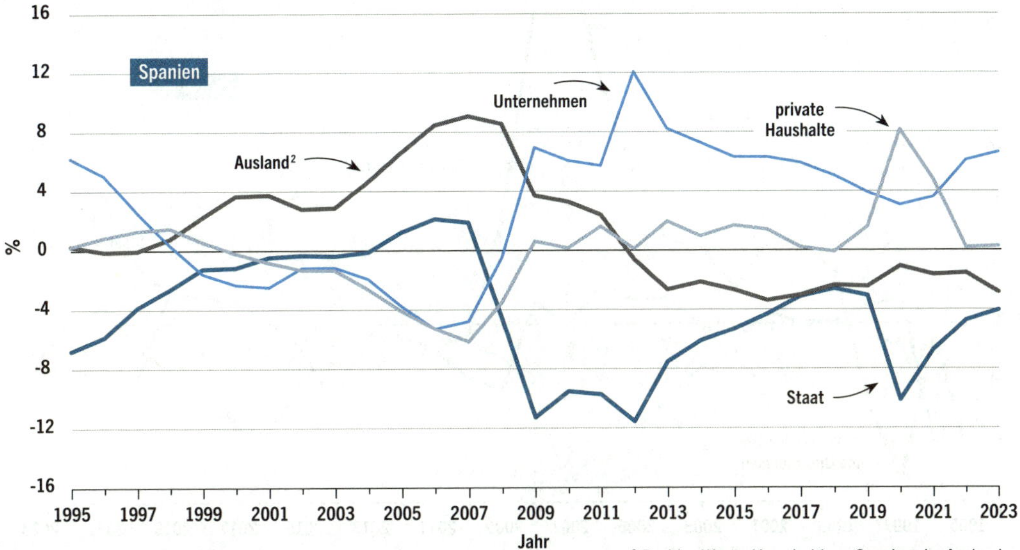

[1] In % des Bruttoinlandsprodukts.

[2] Positive Werte: Verschuldung Spaniens im Ausland.

Abb. 3.4

Sektorale Finanzierungssalden[1] in den Niederlanden

1969 bis 2023

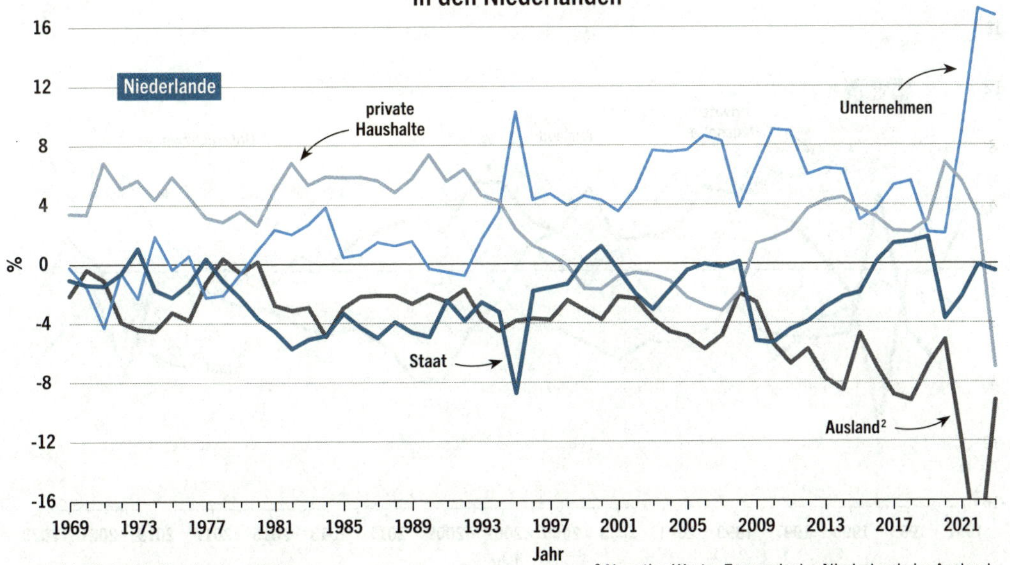

[1] In % des Bruttoinlandsprodukts.

[2] Negative Werte: Ersparnis der Niederlande im Ausland.

Abb. 3.5 Sektorale Finanzierungssalden[1] in Bulgarien 1995 bis 2023

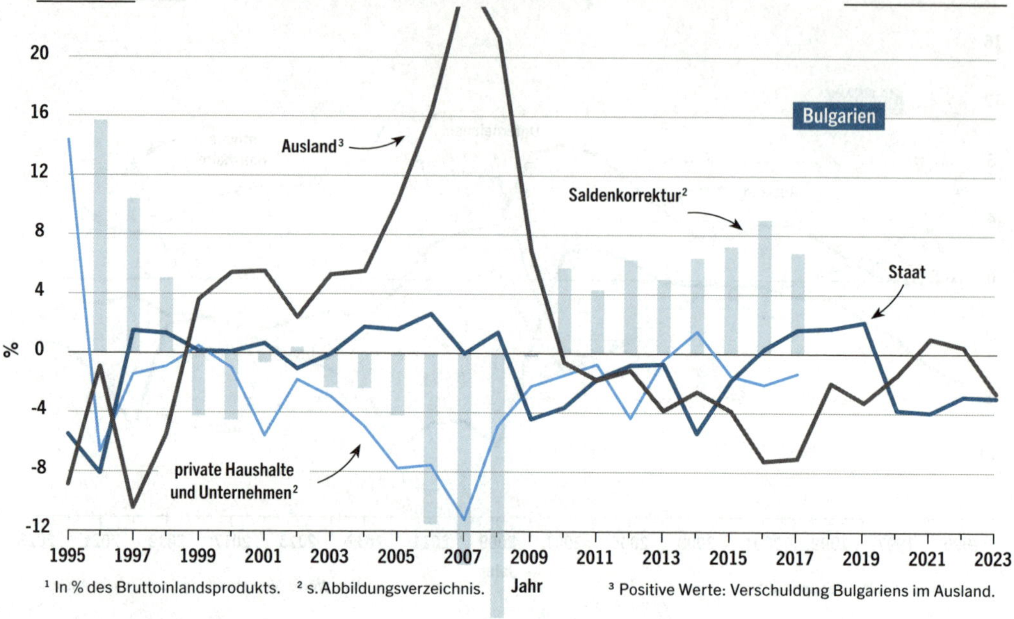

[1] In % des Bruttoinlandsprodukts. [2] s. Abbildungsverzeichnis. [3] Positive Werte: Verschuldung Bulgariens im Ausland.

Abb. 3.6 Sektorale Finanzierungssalden[1] in Polen 1991 bis 2023

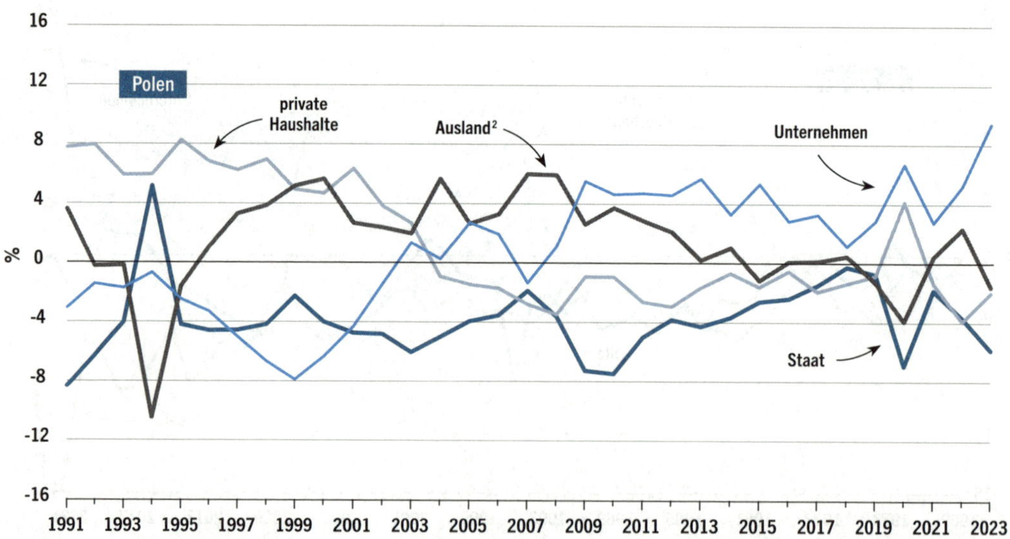

[1] In % des Bruttoinlandsprodukts. [2] Positive Werte: Verschuldung Polens im Ausland.

Abb. 3.7 | **Sektorale Finanzierungssalden[1] in den drei baltischen Staaten** | **1995 bis 2023**

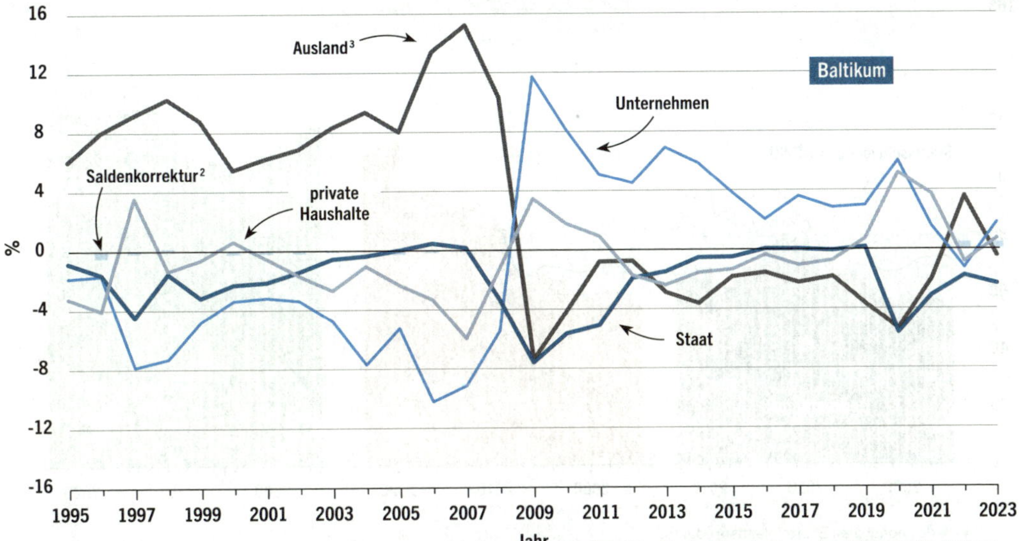

[1] In % des Bruttoinlandsprodukts. [2] s. Abbildungsverzeichnis. [3] Positive Werte: Verschuldung des Baltikums im Ausland.

Seit der Globalen Finanzkrise ist Europa unter deutscher Führung verzweifelt bemüht, die Staatsverschuldung zu verringern und die Quote in die Nähe der in den Europäischen Verträgen festgelegten 60 Prozent zu bringen. Der weitgehend parallele Verlauf der Quoten für die USA, für die EWU und für Großbritannien seit Anfang des Jahrhunderts deutet in kaum zu überbietender Klarheit darauf hin, dass alle drei Regionen ähnlichen Zwängen ausgesetzt sind.

Die naheliegende Beobachtung, dass die EWU etwas nach unten abweicht, ist nur der Tatsache geschuldet, dass einer gewichtigen Volkswirtschaft innerhalb der Union eine besondere Entwicklung gelungen ist, wie der Vergleich der vier größten Länder der EWU (Abbildung 3.8) zeigt. Italien bleibt zwar an der Spitze, doch dabei in einem bemerkenswerten Gleichlauf mit Frankreich. Nur Deutschland kann unter dem »Schutzschild« seines Leistungsbilanzüberschusses die gesamte staatliche Verschuldung tatsächlich auf das von den Verträgen geforderte Niveau von 60 Prozent senken. Dass daraus keine Schlussfolgerungen für die anderen Länder abgeleitet werden können, ist offensichtlich, wird aber in der politischen Diskussion in Deutschland vollständig ignoriert.

Abb. 3.8 Staatsschuldenquote[1] in großen EWU-Ländern 1995 bis 2023

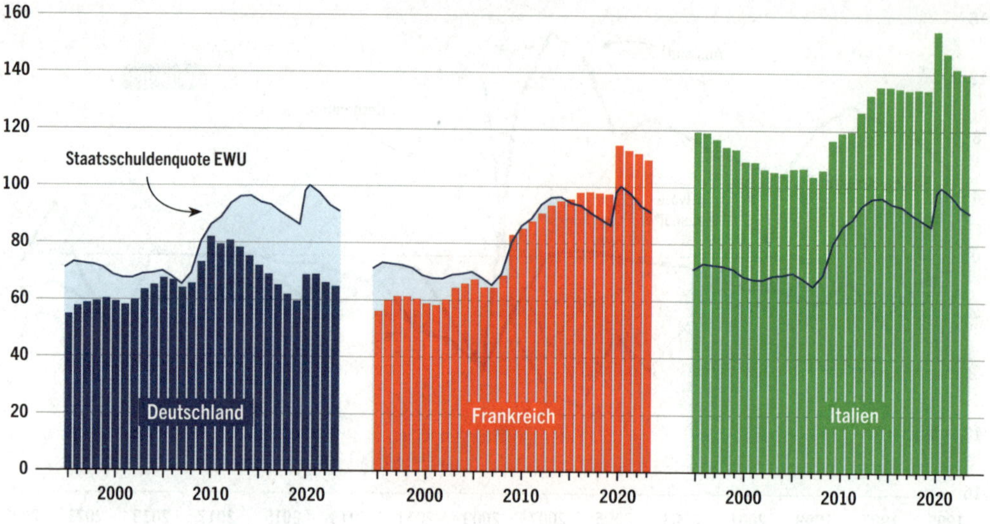

[1] In % des nominalen Bruttoinlandsprodukts.

Auch bei den kleineren Ländern (Abbildungen 3.9 und 3.10) gelingt die Stabilisierung nur um den Preis extrem schwachen Wachstums, damit einhergehender Leistungsbilanzüberschüsse und unglaublich instabiler wirtschaftlicher Verhältnisse bei den privaten Haushalten.

Besonders prekär ist die Lage in Osteuropa. Ein Land wie Bulgarien bemüht sich aus ideologischen Gründen krampfhaft, seine Staatsverschuldung gering zu halten. Der Preis dafür ist eine extrem schwache Wirtschaftsdynamik und die Abwanderung großer Teile der aktiven Bevölkerung, weil sie das Vertrauen in die heimische Wirtschaft verloren haben und für sich selbst keine Perspektive mehr sehen.[11]

Unter den baltischen Ländern ist es Estland sogar »gelungen«, seine Staatsverschuldung während der Globalen Finanzkrise fast konstant auf einem äußerst niedrigen Niveau zu halten. Auch hier war ein hoher Preis in Form von Abwanderung zu zahlen. Es ist absolut dringlich, dass in der gesamten EU verstanden wird, unter welchen Umständen der Staat seine Verschuldung reduzieren kann und unter welchen nicht. Die vier Finanzierungssalden bilden den Schlüssel zu diesem Verständnis und es ist ein Skandal, dass die Kommission die Zahlen berechnet, aber damit nicht offensiv arbeitet.

11 Flassbeck et al. (2022).

Abb. 3.9 Staatsschuldenquote[1] in kleineren EWU-Ländern 1970 bis 2023

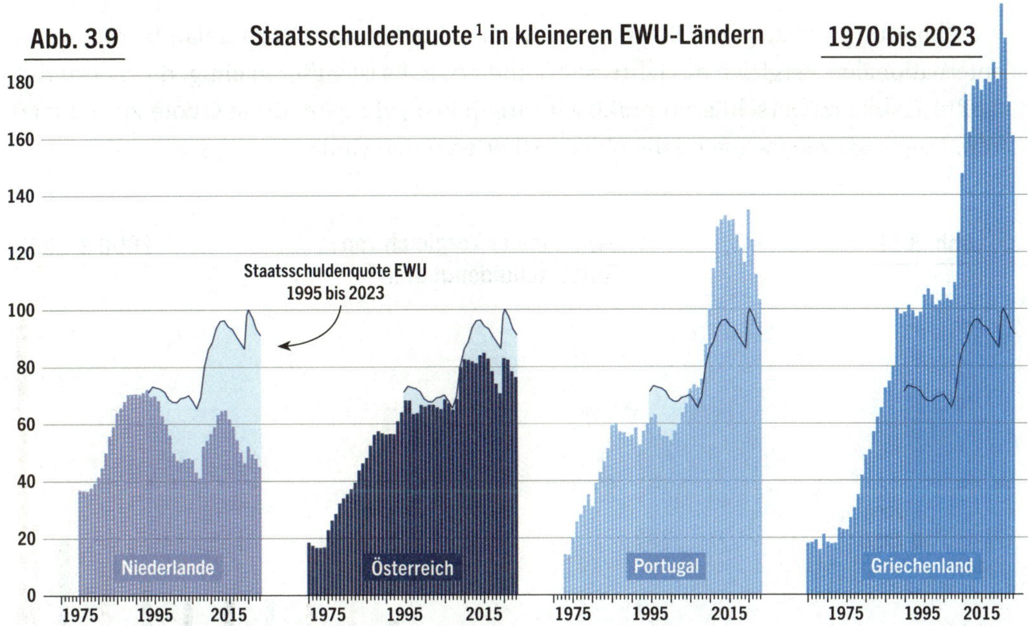

[1] In % des nominalen Bruttoinlandsprodukts.

Abb. 3.10 Staatsschuldenquote[1] in östlichen und nördlichen E(W)U-Ländern 1995 bis 2023

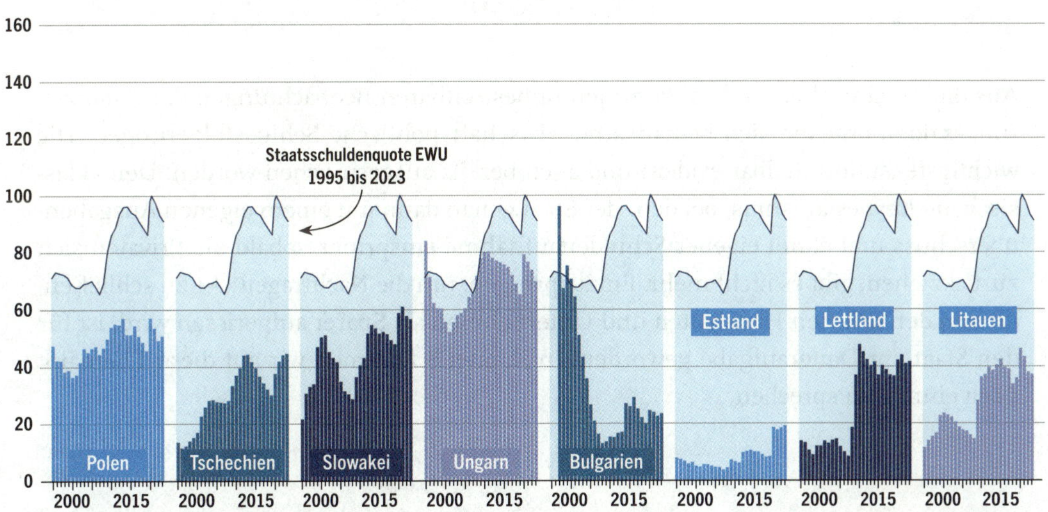

[1] In % des nominalen Bruttoinlandsprodukts.

Abbildung 3.11 zeigt die Relation der Staatsschulden zum Bruttoinlandsprodukt im internationalen Vergleich der Jahre 2000 und 2022. Es ist außer in einigen Ländern mit Leistungsbilanzüberschüssen praktisch nirgendwo gelungen, diese Quote zu reduzieren. Das zeigt, wie zwingend die obigen Überlegungen sind.

Abb. 3.11 **Internationaler Vergleich von Staatsschuldenquoten**[1] **2000 & 2022**

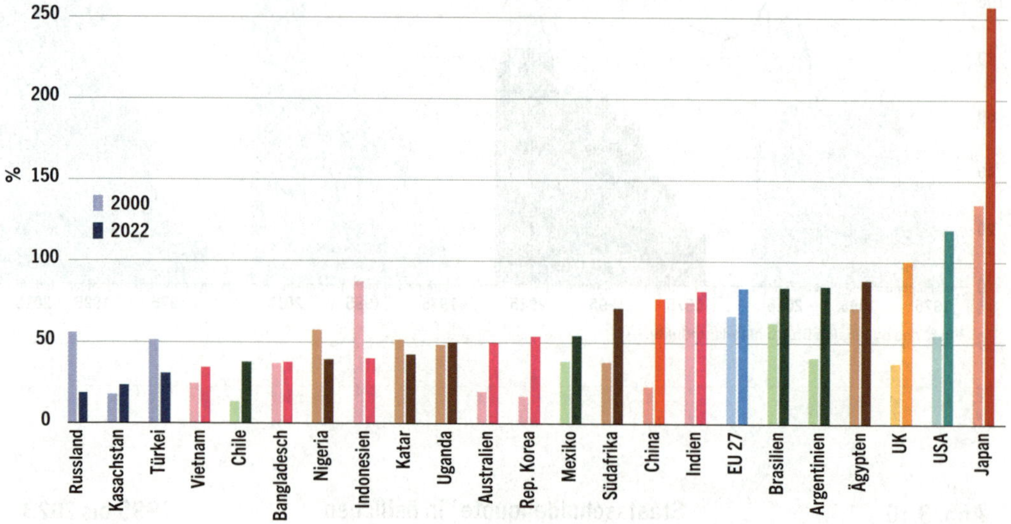

[1] In % des nominalen Bruttoinlandsprodukts.

Aus diesen einfachen und vollkommen unbestreitbaren Beobachtungen der Finanzierungssalden ergeben sich bedeutsame wirtschaftspolitische Schlussfolgerungen. Die wichtigste ist unmittelbar evident und auch bereits ausgesprochen worden: Den »klassischen« Keynesianismus, bei dem der Staat genau dann mit einem eigenen Ausgabenüberschuss und damit eigener Schuldenaufnahme einspringt, sobald die Privaten sich zurückziehen, gibt es nicht mehr. Einzuspringen, um die Nachfragelücke zu schließen, die von den privaten Haushalten und Unternehmen als Sparer aufgerissen wird, ist für den Staat zur Daueraufgabe geworden. In Kapitel 8 kommen wir auf diese Thematik noch einmal zu sprechen.

KAPITEL 4
ARBEIT UND LOHN

In einem normalen Buch der Ökonomik würde man dieses Kapitel mit »Der Arbeitsmarkt« überschreiben. Doch damit wären schon mit dem ersten Wort die Weichen falsch gestellt. Arbeit lässt sich in einer positiven dynamischen Theorie nicht als Ergebnis eines Marktes darstellen, wenngleich es in den Arbeitsbeziehungen auf der Ebene der Mikroökonomik natürlich auch viele Marktelemente gibt. Der große Irrtum ist aber unausweichlich, wenn man versucht, auf der Ebene der Makroökonomik mit einem Marktmodell zu operieren.

Arbeit ist eben nicht, wie wir in Kapitel 1 schon angedeutet haben, ein Gut wie jedes andere, sondern (gemeinsam mit ihrer Entlohnung) das, was dem gesamten arbeitsteiligen System seinen Sinn und sein Ziel gibt. Bei der Marktwirtschaft handelt es sich nicht um ein System, in das die Menschen eher zufällig hineingeraten sind und dem sie sich aussetzen müssen, koste es, was es wolle. Auch die etwas moderatere liberale Idee einer spontan entstandenen natürlichen Ordnung, deren Erhalt einfach bessere Ergebnisse erbringt, trifft den entscheidenden Punkt nicht. Wenn wir nicht zeigen können, dass die Anwendung der Prinzipien des Marktes erfolgreicher im Sinne des Lebensstandards der Masse der Menschen ist als eine Abweichung davon, warum sollte man sich dann für den Markt in jedem Lebensbereich entscheiden?

Was wir tatsächlich in den Arbeitsbeziehungen beobachten, geht weit über Kategorien wie »ungeeignet« oder »ineffizient« hinaus. Auf der Ebene der Gesamtwirtschaft ist der Versuch, die Entlohnung von Arbeit über einen Markt zu regeln, schlichtweg gefährlich, weil man in der Regel exakt das Gegenteil dessen erreicht, was man anstrebt. Das Geld, das Unternehmen ihren Arbeitskräften zahlen, ist immer und unverbrüchlich beides: Entlohnung für eine Dienstleistung und die Quelle der Einkommen, mit deren Hilfe alles, was der Markt unter Einsatz von Arbeit und Maschinen produziert, gekauft werden muss.

4.1 Die betriebliche Sicht oder der Exportkanal

Nirgendwo zeigt sich die Bedeutung der makroökonomischen Dimension des ökonomischen Denkens klarer als bei den Arbeitsbeziehungen. Es ist vollkommen unbestreitbar, dass sich ein einzelnes Unternehmen, eine ganze Branche oder deren Arbeitnehmer durch geringere Lohnabschlüsse (durch »Lohnzurückhaltung«) einen Vorteil verschaffen und Arbeitsplätze für diejenigen garantieren oder schaffen können, die sich an dieser Zurückhaltung beteiligen.

Auch ein Land, dem es gelingt, die Löhne zu drücken, ohne dass seine Währung aufwertet, kann Marktanteile im globalen Handel gewinnen und, wenn sein Exportanteil höher als der Binnenmarktanteil ist, per Saldo Arbeitsplätze gewinnen, die andere verlieren. Ein solcher Exportkanal funktioniert. Keine Frage: Wer als Einzelner im Kino aufsteht, hat ohne jeden Zweifel eine bessere Sicht. Wer aber daraus eine allgemeine Regel macht, an die sich alle halten sollen, liegt eindeutig schief.

Die neoklassische Theorie hat eine vielsagende Gleichmut gegenüber diesem Argument entwickelt. Sie müsste die betriebliche Sicht oder den Exportkanal eindeutig als Bestätigung ihrer Auffassung, dass niedrige Löhne gut für die Beschäftigung sind, ablehnen, weil auch für sie nur solche Effekte zählen dürfen, die sich auf alle Wirtschaftssubjekte ausdehnen lassen. Aber da das Argument unbestreitbar in die »richtige Richtung« geht, vermeidet sie zumeist, in dieser Angelegenheit klar und eindeutig Stellung zu beziehen.

Auch für die Arbeitnehmer müsste das Argument als Leitlinie ihres Verhaltens ein Tabu sein, weil es schließlich darauf hinausläuft, anderen Arbeitnehmern in anderen Betrieben oder anderen Ländern ohne besondere Leistung Arbeitsplätze abzujagen. Solidarität sieht jedenfalls anders aus. Dennoch wollen die verhandelnden Gewerkschafter und die hinter ihnen stehenden Betriebsräte der großen exportorientierten Unternehmen häufig nicht wahrhaben, dass der Exportkanal nicht wirklich trägt, weil Gegenreaktionen der anderen zu erwarten sind, die die Gesamtlage verschlimmern.

Wenn, wie das in Deutschland nunmehr schon lange Jahre der Fall ist, auch die Gewerkschaften vor diesem Außenhandelsargument in die Knie gehen, sind kaum noch starke Rettungsleinen für eine rationale Verteilungs- und Lohnpolitik übrig. Kommt hinzu, dass man sich in einer Währungsunion befindet, in der die Lohnmoderation eines Landes nicht mit einer Aufwertung der eigenen Währung bestraft wird, können sich die Reallöhne über einige Jahre von der Produktivität abkoppeln, während sie sich in einem anderen Land eng an deren Entwicklung halten. Das bleibt nachfrageseitig meist ungesühnt, weil das die Löhne manipulierende Land beim Export häufig mehr zu gewinnen hat, als es beim Binnenmarkt verliert.

Das ist jedoch niemals eine Lösung, die globale Geltung oder auch nur theoretische Ernsthaftigkeit für sich beanspruchen könnte. Eine seriöse Theorie muss globale Gültigkeit haben, was heißt, für eine geschlossene Wirtschaft ebenso wie für die Welt gelten. Das nimmt die neoklassische Theorie auch für sich in Anspruch. Man kann allerdings ohne weiteres zeigen, dass die Ableitungen, die sie dafür anbietet, mit der Wirklichkeit einer sich dynamisch entwickelnden Wirtschaft bei objektiver Unsicherheit aller handelnden Akteure nichts zu tun hat.

4.2 Angebot, Nachfrage und ein Arbeitsmarkt?

Die neoklassische Theorie bietet, wie könnte es anders sein, auch für Arbeit auf der Ebene der Gesamtwirtschaft ein einfaches Angebot-Nachfrage-Diagramm an, auf dessen waagerechter Achse die Menge der Beschäftigung eingezeichnet ist und auf dessen senkrechter Achse der Reallohn, den es in einer Volkswirtschaft für bezahlte Arbeit gibt. Die Angebotskurve folgt der Überlegung, dass die Menge der angebotenen Arbeit mit steigendem Lohn zunimmt, was bedeutet, dass sie von links unten nach rechts oben ansteigt. Umgekehrt bei der Nachfrage: Mit steigendem Lohn nimmt die Nachfrage nach Arbeit ab, weil es dann für die Arbeitgeber weniger interessant wird, noch mehr Arbeitskräfte einzustellen. Das passt zu einer Kurve, die von links oben nach rechts unten verläuft.

Wo sich die beiden Kurven treffen, liegt der Gleichgewichtslohn, also der »Preis für Arbeit«, bei dem sowohl die Wünsche der Arbeitnehmer als auch die der Arbeitgeber bestmöglich erfüllt sind. Der Nutzentheorie folgend ist es für den Arbeitnehmer höchstens sinnvoll, zu einem Lohn zu arbeiten, bei dem der Nutzen, den der Lohn in Form von konsumierbaren Gütereinheiten stiftet, größer ist als das »Arbeitsleid«, das unmittelbar mit der Arbeit verbunden ist.

Für den Arbeitgeber muss der Lohn des zuletzt eingestellten Arbeitnehmers mindestens so hoch sein wie der Grenznutzen in Form von Mehrproduktion, den er sich genau von diesem Arbeiter erhofft. Die Möglichkeit, den Lohn des Arbeitnehmers zu erhöhen, ergibt sich dann, wenn durch bessere Technik die Grenzproduktivität der Arbeit steigt, so dass eine Lohnerhöhung die Gewinne des Unternehmers bzw. die Verteilung der Einkommen zwischen den Parteien weitgehend unberührt lässt.

Arbeitslosigkeit entsteht in dieser Welt nur dadurch, dass die Arbeitnehmer (und ihre Syndikate, also Kartelle, so werden Gewerkschaften auch häufig genannt) mittels einer starken Verhandlungsposition Löhne durchsetzen können, die über dem Gleichgewichtslohn liegen. Ist der Lohn eines Arbeiters höher als seine Grenzproduktivität, muss der jederzeit gewinnmaximierende Arbeitgeber ihn entlassen, weil er sonst Verluste mit dessen Anstellung erzielt.

Da Arbeitslosigkeit in dieser Welt immer und ausschließlich die Folge von zu hohen Löhnen ist, kann eine einmal bestehende Arbeitslosigkeit nur durch Lohnsenkung – in Relation zur Produktivität – beendet werden. Gelingt das nicht, muss der neoklassische Ökonom darauf beharren, die bestehende Arbeitslosigkeit als »freiwillig« zu bezeichnen, weil es einen niedrigeren Lohn gegeben hätte, zu dem die Arbeitslosigkeit verschwunden wäre. So kam es, dass selbst in der Großen Depression der 1930er-Jahre neoklassisch orientierte Ökonomen die Arbeitslosigkeit damit »erklärten«, dass die Arbeitnehmer quasi von einem Tag auf den anderen Freizeit einer bezahlten Arbeit vorgezogen hatten.

Wenn (in realer Rechnung) plötzlich die Löhne aller Beschäftigten fallen, beginnen in der neoklassischen Welt die Unternehmen unverzüglich, ihre Produktionsweise so umzustellen, dass alle, die eine Beschäftigung suchen, auch den Job finden, der zu ihrer Grenzproduktivität passt. Was nichts anderes heißt, als dass die Unternehmen die bisherige kapitalintensive Produktionstechnik über Bord werfen und auf eine arbeitsintensivere Produktionsweise umstellen. Weil die Löhne gesunken sind, »lohnt« es nicht mehr, teure Maschinen und Ausrüstungen zu verwenden.

Jeder intelligente Mensch würde an der Stelle zunächst fragen, was denn auf der anderen Seite passiert, auf der Seite der Nachfrage nämlich, wenn alle Löhne sinken. Schränken die Beschäftigten nicht unmittelbar ihre Nachfrage ein, wenn ihre Einkommen sinken? Wenn aber die Nachfrage im Zuge der Lohnsenkung einbricht, können die Unternehmen nicht mehr mit der gleichen Produktionsmenge kalkulieren wie zuvor und ihr Versuch, mehr Arbeitskräfte einzustellen, ist gefährdet.

Ein gut ausgebildeter neoklassischer Ökonom würde vermutlich darauf antworten, dass es für ihn nicht die zielführende Frage sei, was sonst noch alles auf der Welt passieren könnte, er interessiere sich nur dafür, wie die Unternehmen sich bei einem gegebenen Produktions- und Nachfrageniveau an Lohnsenkungen anpassen. Mit dem Einwand konfrontiert, dass in der Wirklichkeit weder Produktion noch Nachfrage gegeben sind, würde er vermutlich gestehen, dass sein Modell sehr einfach sei, aber darauf beharren, nur damit seine »Wirklichkeit« einer Marktwirtschaft abbilden zu können; nämlich eines Systems, das im walrasianischen Sinne auf stabilen Lösungen für eine Reihe miteinander verknüpfter Märkte aufgebaut ist.

In der Tat, mehr als hundert Jahre lang wurde für das Gros der Ökonomen die Frage nach der tatsächlichen Funktionsweise des marktwirtschaftlichen Systems überlagert und dominiert von der Frage, ob und wie es überhaupt ein stabiles System geben kann. Die Versuchung, ein jederzeit leicht definierbares und damit vorhersagbares Modell zu schaffen, war einfach zu groß. Musste es nicht im Bereich der Wirtschaft ähnliche Kräfte geben, die wie in den Naturwissenschaften klar erkennbaren und beschreibbaren Gesetzen folgten und die man nur offenlegen brauchte, um die wirtschaftlichen Fragen ein für alle Mal zu lösen? Warum sollte man sich mit Unvollkommenheiten und Friktionen abgeben, wo doch die Lösung des Rätsels scheinbar so nahe lag?

4.3 Der neoklassische Arbeitsmarkt ist eine Fiktion

In einer Modellwelt zu verharren, wie es auch heute noch die meisten Ökonomen praktizieren, ist im akademischen Betrieb sicher attraktiv, weil es die Komplexität einer unvollkommenen Welt außen vor lässt und suggeriert, man könne formale Eleganz mit Wissenschaftlichkeit verbinden. Das aber ist der falsche Ansatz, wenn man die reale Welt verstehen und die Politik beraten will. Jeder Versuch, elegante und stabile Lösungen zu finden, muss sich konsequent der Wirklichkeit unterordnen, und das auch um den Preis, die formale Eleganz vollständig aufzugeben. Besonders dringlich ist das bei der Behandlung des Arbeitsmarktes.

Das obige Beispiel der Nachfragewirkung von Lohnsenkungen zeigt schon, dass es nicht um die Konstruktion beliebiger Anpassungsreaktionen jenseits von Zeit und Raum gehen kann, sondern um die Frage, wie sich mögliche Anpassungsreaktionen auf der einen und auf der anderen Seite zeitlich einordnen lassen in eine Sequenz von Abläufen, die auch in realer Zeit plausibel sind. Sinken die Löhne in einer Volkswirtschaft rasch und über alle Wirtschaftsbereiche hinweg, wie das etwa während der Eurokrise in Griechenland der Fall war, muss man nicht nur fragen, ob und welche Reaktion der Unternehmen es geben kann, die dafür sorgt, dass diese Menschen wieder einen Arbeitsplatz finden, sondern vor allem, ob es eine Gegenreaktion geben kann, die so schnell greift, dass der zu erwartende negative Nachfrageeffekt infolge der Lohnsenkung nicht eintritt.

Die einzige Reaktion der Unternehmen auf einen Rückgang der Löhne (wir reden hier zunächst von den Nominallöhnen), die von der Neoklassik in Erwägung gezogen wird, ist die Substitution von Kapital durch Arbeit. Weil infolge der Lohnsenkung, so die Argumentation, Arbeit im Vergleich zu Kapital billiger wird, beginnen die Unternehmen – bei gegebener Produktionsmenge –, ihre Produktion so umzubauen, dass sie weniger Kapital und mehr Arbeit einsetzen. Ein solcher Rückbau, wenn er denn tatsächlich zustande käme, wäre aber mit Sicherheit ein zeitaufwendiger Prozess. Die neue arbeitsintensivere Produktionsmethode, mit der die Unternehmen versuchen müssten, die gleiche Art und die gleiche Qualität der Produkte wie vorher zu erzielen (denn sie stehen weiterhin im Wettbewerb mit Unternehmen in all den Ländern, die keine Lohnsenkung verzeichnen und folglich die modernste Technologie einsetzen), gilt es schließlich erst einmal zu entwickeln, was sicher Monate, wenn nicht Jahre in Anspruch nimmt. Ob es aufgrund der technischen Rahmenbedingungen überhaupt möglich ist, die gleichen Produkte mit einer arbeitsintensiven Technik zu erzeugen, steht zudem noch auf einem anderen Blatt.

Auf jeden Fall ist davon auszugehen, dass die Wirkung der Lohnsenkung auf die Nachfrage der Arbeitnehmer lange vor einem möglichen Umbau der Produktion zur Wirkung kommt. Unmittelbar nach dem Rückgang ihrer Einkommen müssen sich die meisten Arbeitnehmer an ihre neue schlechtere Einkommenssituation anpassen und ihre Nachfrage nach Gütern und Dienstleistungen reduzieren. Für die Unternehmen bedeutet das, dass sie zugleich mit dem für sie zunächst günstigen Rückgang der Löhne mit einem Nachfrageausfall konfrontiert sind, der die Auslastung ihrer Kapazitäten und damit ihre Gewinne aus dem Absatz ihrer Produkte vermindert.

Wie die Unternehmen darauf reagieren, entscheidet über die Stabilität des Arbeitsmarktes. Ohne Zweifel können sie ihre Lage verbessern, wenn sie die gesunkene Kapazitätsauslastung dazu nutzen, den Teil der Arbeitskräfte zu entlassen, den sie bei der verringerten Nachfrage nicht mehr brauchen. Dann verändern sich ihre Stückgewinne gegenüber der Zeit vor der Lohnsenkung kaum, aber ihr Gesamtgewinn ist geringer, weil sie weniger Produkte absetzen. Das Ergebnis für die Gesamtwirtschaft wäre ohne jeden Zweifel fatal, nämlich eine Kombination von gesunkenen Löhnen und gestiegener Arbeitslosigkeit. Das ist allerdings genau das, was während der Großen Depression und der Eurokrise in Griechenland zu beobachten war, wie in Kapitel 1 gezeigt.

Die Frage ist, ob und warum es anders kommen könnte. Wäre es nicht doch möglich, dass die Unternehmen die gesunkenen Löhne zum Anlass nehmen, ihre Beschäftigung wenigstens zu halten und damit beginnen, sich dem niedrigen Lohnniveau durch eine andere arbeitsintensivere Produktionstechnik anzupassen? Diese Frage lässt sich eindeutig beantworten, wenn man sich vor Augen hält, in welchem Wettbewerbsumfeld die Unternehmen normalerweise operieren. Es geht um die Frage, ob die Unternehmen frei entscheiden können oder von ihren Wettbewerbern gezwungen werden, eine bestimmte Variante zu bevorzugen. Offensichtlich vermag jedes Unternehmen seine Kostensituation zu verbessern, wenn es sich für die Entlassung der überflüssigen Arbeitnehmer entscheidet. Folglich ist damit zu rechnen, dass der Wettbewerb alle Unternehmen zwingt, genau diesen Weg zu gehen.

Wie aber steht es mit der Substitution von Kapital gegen Arbeit? Bringt die nicht eine Entlastung, weil der Unternehmer sich doch optimal an die neue Relation der Preise von Arbeit und Kapital anpasst? Auch hier ist die Antwort eindeutig nein. Der Unternehmer, der sich nicht daran anpasst, steht besser da als derjenige, der es tut. Arbeitsintensivierung bedeutet, dass die Arbeitsproduktivität sinkt (oder weniger steigt). Das muss sie nach neoklassischer Vorstellung auch tun, weil sie sich den gesunkenen Löhnen anpasst.

Das Problem: Mit niedrigeren Löhnen und einem niedrigeren Produktivitätsniveau sind im neoklassischen Sinne anpassungsbereite Unternehmen denjenigen Konkurrenten im Wettbewerb unterlegen, die bei dem alten höheren Produktivitätsniveau bleiben, die veränderten Faktorpreisrelationen also einfach ignorieren. Das wirft ein unlösbares Problem für die Neoklassik auf, dem wir noch öfter begegnen werden: Die Theorie erwartet von den Unternehmen ein Verhalten, das ihrem rationalen Kalkül in einem Wettbewerbsumfeld fundamental widerspricht.

Die Neoklassik unterstellt, es gebe ein abgestimmtes simultanes Verhalten der Unternehmen, weil alle das gleiche Signal (hier das der Lohnsenkung) erhalten und völlig gleichartig reagieren. Das ist in der wirtschaftlichen Wirklichkeit einfach falsch; und zwar genau aus dem Grund, den wir schon in Kapitel 2 hervorgehoben haben: Der Preis für Arbeit, das weiß eigentlich auch die Neoklassik, ist nicht einfach der Lohn, der in Euro oder US-Dollar ausbezahlt wird. Der Preis für Arbeit wird für den Unternehmer erst dann eine begreifbare und in seine wirtschaftliche Wirklichkeit umsetzbare Größe, wenn er die Preise für die Produkte kennt, die er und alle anderen Unternehmer mit Hilfe von Arbeit und Kapital hergestellt haben. Für international operierende Unternehmen gilt das für die Preise im Inland und für die Preise im Ausland.

Diese Preise aber kennt er nicht und kann er nicht kennen, weil sie immer erst in der Zukunft realisiert werden. Hinzu kommt, dass sich die Preise für unterschiedliche Unternehmen mit unterschiedlichen Produkten in unterschiedlichen Branchen mit Sicherheit unterschiedlich entwickeln werden. Dadurch kann es keine homogenen Erwartungen der Unternehmen bezüglich der zukünftigen Preise geben. Mit der gleichen zwingenden Logik folgt, dass die Unternehmen vollkommen unterschiedliche Einschätzungen hinsichtlich des Reallohnes haben, der sich nach einer Nominallohnsenkung einstellen wird. Das wiederum bedeutet, dass man nicht erwarten kann – und auch kein einzelner Unternehmer bei einem rationalen Kalkül erwartet –, dass sich alle Unternehmen in genau der gleichen Weise nach der Senkung der Nominallöhne verhalten.

Damit stellt sich für jeden einzelnen Unternehmer die Frage, ob er der erste ist, der es riskiert, durch den Umbau der Produktion in Richtung höherer Arbeitsintensität an Wettbewerbsfähigkeit gegenüber seinen unmittelbaren Konkurrenten zu verlieren. Beantworten wird er diese Frage bei einer rationalen Interpretation der Ausgangslage negativ. Er müsste von allen guten Geistern verlassen sein, um willkürlich seine Wettbewerbsfähigkeit zu gefährden; und er würde es gerade dann nicht tun, wenn er genau wüsste, dass die meisten anderen es tun, denn das wäre seine Chance, über sinkende Preise seine Marktanteile bzw. bei unveränderten Preisen seine Gewinne zu erhöhen, weil er absolut niedrigere Kosten als seine Konkurrenten hätte.

Dieses Beispiel zeigt, wie weit aus der Welt gefallen die neoklassische Konstruktion der Substitution von Arbeit und Kapital ist. Um sie zu retten, muss man den einzelwirtschaftlich agierenden Wirtschaftssubjekten Superkräfte und ein Superwissen geben, das sie in Wirklichkeit niemals haben können. Außerdem, und noch gravierender, muss man insbesondere die Unternehmen zu Zombies umformen, die stur und ohne nachzudenken den von der Wissenschaft ausgedachten Signalen hinterhertraben, statt sich intelligent an die sich permanent ändernden Umstände anzupassen, die sie überblicken können.

Aus diesen Abwägungen folgt, dass es einen stabilen Arbeitsmarkt mit im Sinne der neoklassischen Theorie normal verlaufenden Angebots- und Nachfragekurven in der Praxis nicht gibt, und dass man ihn deshalb selbst in der Theorie niemals so darstellen darf, wie dies seit hundert Jahren tausende Male in fast allen Lehrbüchern getan wurde und wird. Weil Lohnsenkungen einen negativen Effekt auf die Güternachfrage haben und die Arbeitsnachfrage der Unternehmen bei sinkender Güternachfrage sinkt, kann kein Gleichgewicht am Arbeitsmarkt existieren. Der mittelbare Effekt der Lohnsenkung auf die Arbeitsnachfrage der Unternehmen bedeutet, dass die Angebotskurve am Arbeitsmarkt nicht unabhängig von der Nachfragekurve ist. Das Angebots-Nachfrage-Schema muss aber, um überhaupt gültig zu sein, unterstellen, dass die beiden Kurven unabhängig gezeichnet werden können. Für viele einzelwirtschaftliche Märkte ist das sicher gegeben, für eine gesamtwirtschaftlich so bedeutende Größe wie Arbeit hingegen sicher nicht.

Schon an dieser Stelle sind wir in der Lage, einen Satz zu formulieren, der die gesamte herrschende Ökonomik auf den Kopf stellt: Lohnsenkung vernichtet Arbeitsplätze! Das gilt zumindest für jede gesamtwirtschaftliche Betrachtung. Diese Tatsache ist selbst für die Gewerkschaften, die in Deutschland und in vielen anderen Ländern immer mehr zum Verteidiger einzelner Arbeitsplätze werden, nur schwer nachzuvollziehen. Sie haben seit der Jahrtausendwende das Gegenteil getan und sich im Sinne einer »Flexibilisierung des Arbeitsmarktes« bemüht, durch Lohnzurückhaltung auf der Ebene des Betriebes (das berühmte Pforzheimer Modell der IG Metall von 2004 beispielsweise), Arbeitsplätze zu erhalten.

Doch jeder Arbeitsvertrag, der von einer Konfliktbeziehung zwischen Löhnen und Arbeitsplätzen ausgeht, und dementsprechend auf Lohnzuwächse verzichtet, die ansonsten gerechtfertigt gewesen wären, vernichtet Arbeitsplätze. Wenn alle einzelwirtschaftlichen Anpassungsreaktionen abgelaufen sind, bleibt an irgendeiner Stelle genau dann eine Nachfragelücke und ein Arbeitsplatzverlust, wenn aus dem vereinbarten Nominallohnverzicht ein Reallohnverzicht geworden ist.

Man kann den obigen Satz auch umkehren: Lohnerhöhung schafft Arbeitsplätze. Für diesen Fall muss man allerdings einige zusätzliche Bedingungen dazuschreiben. Vor allem geht es dabei nur um solche Lohnerhöhungen, die innerhalb dessen bleiben, was die Produktivitätsentwicklung einer Volkswirtschaft und das Inflationsziel hergeben. Das bezeichnet man als die Goldene Lohnregel: In einer Volkswirtschaft sollten die Löhne im Durchschnitt mit einer Rate steigen, die sich aus der mittelfristig zu erwartenden durchschnittlichen Produktivitätsentwicklung der Gesamtwirtschaft zuzüglich der von der Geldpolitik erwünschten Preissteigerungsrate berechnet. Alles, was darüber hinaus geht, führt früher oder später zu einer höheren Preissteigerungsrate als der erwünschten. Alles, was darunterbleibt, führt zu einer schlechteren Kapazitätsauslastung als der von den Investoren erwarteten, dadurch zu Investitionszurückhaltung und einer gesamtwirtschaftlichen Preisentwicklung unterhalb der Zielrate. Das liefert den Anstoß zu einer gesamtwirtschaftlichen Abwärtsbewegung mit negativen Folgen für die Zahl der angebotenen Arbeitsplätze. Folglich gibt es keinen rationalen Grund, die Goldene Lohnregel in Frage zu stellen – und zwar immer und jederzeit. Dazu im nächsten Abschnitt mehr.

Box 6: Die Phillips-Kurve

Weil die Verhältnisse so sind, wie oben geschildert, ist die Beziehung zwischen Inflation und Beschäftigung keineswegs als Konfliktbeziehung anzusehen. Genau das behauptet aber die Phillips-Kurve, die vor allem von Keynesianern seit Jahrzehnten heftig diskutiert wird. Auf der Basis eines empirischen Zusammenhangs von Inflation und Beschäftigung glaubt man, eine steigende Beschäftigung werde immer irgendwann in höhere Inflation umschlagen. Das liegt im Kern daran, dass man bei einer neoklassischen Arbeitsmarkttheorie stehengeblieben ist.

Wenn man annimmt, dass die Löhne für Gleichgewicht am Arbeitsmarkt sorgen, dann zieht natürlich eine Stimulierung der Wirtschaft, die zu einer Überbeschäftigung führt, Inflation nach sich, weil die Löhne stärker steigen als es die Wirtschaft verkraften kann. Macht man eine solche Politik immer wieder, erhält man bei dieser Theorie eine relativ stabile Beziehung zwischen Inflation und Beschäftigung. Allerdings stimmt schon die Ausgangsannahme nicht. Die Löhne führen eben nicht zu einem Gleichgewicht bei Vollbeschäftigung. Folglich muss man auch nicht darüber nachdenken, was eine »Überstimulierung« der Wirtschaft bedeutet. Die gibt es nämlich nicht.

Natürlich gab es in der Vergangenheit einige Phasen, in denen die Wirtschaftspolitik untätig dabei zusah, wie in einem Aufschwung bei stark steigender Beschäftigung die Gewerkschaften jedes Maß verloren und auch die Unternehmer bereitwillig kräftige Lohnerhöhungen zubilligten, so dass Inflation und Beschäftigung stiegen. Daraus aber eine Gesetzmäßigkeit abzuleiten oder gar Inflation als einfach einzusetzendes Mittel zu begreifen, um die Beschäftigung zu erhöhen und die Arbeitslosigkeit abzubauen, ist ein geradezu lächerlicher Kurzschluss.

Es kommt dabei immer darauf an, wie und wann Lohn- und/oder Geldpolitik reagieren. In Ländern, wo die Gewerkschaften weniger militant waren, konnte es auch bei Vollbeschäftigung gelingen, vernünftige Lohnabschlüsse zustande zu bringen, die eine Fortsetzung des Booms erlaubten. Dort, wo die Gewerkschaften weit aggressiver vorgingen und eine wirkliche Inflationsbeschleunigung drohte, musste die Geldpolitik viel früher die Konjunktur abwürgen; der klassische Fall dafür war Großbritannien in den 1960er-Jahren. Aber auch die Reaktion der Geldpolitik ist keineswegs vorgegeben. Sie kann schon extrem früh dagegenhalten oder die Konjunktur laufen lassen, in der Hoffnung auf Einsicht seitens der Tarifpartner.

Aus diesen politischen Entscheidungen eine Regel basteln zu wollen, die Auskunft über die Möglichkeit gibt, mit mehr Inflation die Arbeitslosigkeit zu bekämpfen, bedarf heroischer Annahmen – und selbst wenn sie getroffen werden, ist der Nutzen solcher Überlegungen a priori äußerst gering.

4.4 Die makroökonomische Bedeutung des Lohnstandards

Mit der Beschränkung der Analyse auf die Verteilung vorhandener Güter hat sich die neoklassische Theorie der für jede Gesellschaft entscheidenden Frage entzogen, nämlich wie es zu wirtschaftlicher Dynamik kommt. Wir haben in Kapitel 3 bereits einige Voraussetzungen für schumpeterianische Dynamik benannt, nun gilt es, das mit Blick auf Arbeit und Lohn weiter zu vertiefen.

Wer relevante Ökonomik in einem Mischsystem aus Markt und Staat betreiben will, muss am Ende sagen, was die Bedingungen für eine vorausschauende, vorwiegend von Unternehmen getragene Dynamik einer Volkswirtschaft sind. Das geht, wie Kapitel 3 gezeigt hat, nicht ohne ein klares Verständnis dessen, was die Unternehmen auf der Mikroebene antreibt. Aber auch auf der Makroebene, wie in Kapitel 1 diskutiert, braucht man Bedingungen, die für das Investieren zuträglich sind. Nimmt man diese beiden Perspektiven zusammen, dann geht es einerseits um die Möglichkeit der Unternehmen, auf der Mikroebene absolute Vorteile zu erringen, und andererseits um makroökonomische Bedingungen, die über lange Zeit eine ausreichende Menge an Investitionen ermöglichen. Von vorneherein und unmittelbar den Staat für die Aufgabe der wirtschaftlichen Dynamik zu bemühen, wie das einige moderne (Modern Monetary Theory, MMT) und einige alte Theorierichtungen (Marxismus) tun, das kann man an dieser Stelle schon sagen, ist ein allzu einfacher Ausweg.

Bevor wir in Kapitel 5 die makroökonomischen Bedingungen im Einzelnen erläutern, geht es hier noch um die Frage, warum die Löhne zwar nicht zur Beschäftigungssicherung geeignet sind, aber trotzdem eine überragende Rolle bei der gesamtwirtschaftlichen Dynamisierung spielen. Wieso sind die Lohnkosten so entscheidend für die Kosten der Unternehmen insgesamt, dass sie deren Preissetzung maßgeblich beeinflussen? Betragen nicht die Arbeitskosten in vielen Industriebetrieben nur einen Bruchteil der Gesamtkosten? In der Tat, für einzelne Unternehmen mag die Bedeutung von Arbeit gering sein. Aus einem gesamtwirtschaftlichen Blickwinkel sieht das aber anders aus. Die Vorleistungen, die von diesen Betrieben eingekauft werden, sind auch mit einem bestimmten Anteil von Arbeit hergestellt worden und die Vorleistungen der Vorleistungsbetriebe ebenfalls.

Auf allen Stufen der Produktion hat Arbeit einen bestimmten Anteil, was dazu führt, dass der gesamte Anteil an den Kosten stetig wächst, je mehr Stufen der Produktion man in die Betrachtung einfließen lässt. Für die Gesamtwirtschaft gibt es außer Arbeitskosten fast nur noch von außen importierte Rohstoffe, die nicht unmittelbar einem Arbeitskostenkalkül unterliegen. Daraus folgt auch, worauf wir in Kapitel 7 ausführlich eingehen werden, dass für den Vergleich der Wettbewerbsfähigkeit von Volkswirtschaften die Lohnstückkosten auf der Ebene der Gesamtwirtschaft die entscheidende Größe darstellen, weil sie eindeutig auf der Ebene der Nationalstaaten festgelegt werden und sämtliche anderen wichtigen Kostenfaktoren für alle Länder vernachlässigbar, weil ähnlich teuer sind.

Wären die auf der Ebene der Branche oder der Gesamtwirtschaft ausgehandelten Nominallohnerhöhungen für die Kostenentwicklung der meisten Unternehmen maßgeblich, dann würde ihre individuelle Produktivität in der Tat darüber entscheiden, wie sich ihre Lohnstückkosten und ihre Preise entwickeln. Arbeiten sie in einer Branche, deren technologische Gegebenheiten relativ große Produktivitätszuwächse erlauben, werden sie ihre Preise tendenziell senken; gibt es diese Produktivitätsgewinne nicht, was man für die Dienstleistungen durch die Bank unterstellen muss, wird sich die Preisentwicklung hingegen maßgeblich an der Lohnentwicklung ausrichten.

Solange der Anpassungsprozess der Preise an die niedrigeren Lohnstückkosten nicht abgeschlossen ist, existiert für die Unternehmen eine Nachfragerestriktion. Ist er abgeschlossen, gibt es die Lohnsenkung aus der Sicht der Unternehmen nicht mehr, weil sich das Preisniveau dem Lohnniveau angeglichen hat. Auch für die Arbeitnehmer und ihre Interessenvertretung bringt der Zusammenhang von Lohnstückkostenentwicklung und Preissteigerungen glasklare Konsequenzen mit sich. So ist der Versuch, über die Tarifverhandlungen eine Umverteilung der Einkommen zugunsten der Arbeitnehmer zu erreichen, auf längere Sicht ebenso zum Scheitern verurteilt wie der heutzutage weit verbreitete Versuch, via Lohnzurückhaltung Beschäftigung zu schaffen.

Box 7: Was sind gesamtwirtschaftliche Lohnstückkosten?

Arbeitskosten schlagen sich in den Stückpreisen eines Gutes umso stärker nieder, je mehr Arbeitskraft für die Herstellung des Gutes aufgewendet werden muss im Vergleich etwa zum Einsatz von Vorprodukten und Maschinen und je teurer diese ist. Aus gesamtwirtschaftlicher Sicht beruhen allerdings – bis auf die Importe – alle Vorprodukte auf Arbeitsleistungen der jeweiligen inländischen Vorlieferanten und alle Maschinen auf der Arbeitsleistung der inländischen Investitionsgüterindustrie aus früheren Perioden. Sachkapital kann man auf der Makroebene als eine Art gefrorene Arbeitsleistung ansehen. Aus dieser Perspektive sind daher die Lohnkosten die wesentliche Komponente für die Preisbildung in einer Volkswirtschaft. (Ausnahmen sind neben den Kosten für importierte Güter die Gewinnzuschläge, die vom Wettbewerbsdruck abhängen, und das Zinsniveau, das die Zentralbank setzt.)

Die Veränderung des Preisniveaus eines Landes hängt somit wesentlich von der Veränderung der Lohnkosten ab, aber nicht allein davon. Es geht nämlich zugleich um die Veränderung der Arbeits-

produktivität durch einen Wandel des eingesetzten Kapitalstocks. Denn der Wettbewerbsdruck an den verschiedenen Märkten führt bei fairen Bedingungen wie beschrieben zu einem Investitionsprozess. Erfolgreiche Investitionen steigern die Arbeitsproduktivität, also die Menge an Gütern, die bei gegebenem Arbeitseinsatz pro Zeiteinheit hergestellt werden kann: Können mehr Stücke produziert werden, senkt das die Stückkosten unter sonst gleichen Umständen.

Natürlich müssen die Ausgaben für Sachinvestitionen in diese einzelwirtschaftliche Überlegung miteinbezogen werden. Auf Dauer will das investierende Unternehmen die Investitionskosten durch seine Einnahmen wieder ausgleichen. Dabei sind zwei Kostenkomponenten der Investitionen zu unterscheiden: Zum einen nutzt sich das in der Produktion eingesetzte Sachkapital durch den Produktionsprozess in jeder Produktionsperiode ab. Die »gefrorene Arbeitsleistung« schmilzt sozusagen nach und nach und verbraucht sich auf diese Weise. Das Sachkapital kann daher nicht zum ursprünglichen Anschaffungspreis wieder verkauft werden – ganz abgesehen von dem Risiko, dass die Sachinvestition zu keinem Markterfolg führt. Die Abnutzungskosten (oder Abschreibungen) sind deshalb aus einzelwirtschaftlicher Sicht derjenige Kostenbestandteil von Investitionen, der in die Stückpreise einzurechnen ist. Da sie jedoch die Lohngeschichte früherer Perioden widerspiegeln, stellen sie gesamtwirtschaftlich gesehen keine eigenständige Triebfeder des Preisniveaus dar.

Zum anderen kostet die Finanzierung der Sachinvestitionen das investierende Unternehmen Geld, entweder in Form von Zinsen auf Investitionskredite bei einer Bank oder entgangene Zinseinnahmen auf Gelder, die nicht bei einer Bank angelegt, sondern eben in den Kauf der Sachinvestitionen gesteckt wurden. Das Zinsniveau nimmt also ebenfalls Einfluss auf die Stückpreisbildung und damit auf das gesamtwirtschaftliche Preisniveau, im Vergleich zum Lohnniveau aber einen deutlich geringeren.

Deshalb ergibt sich die durchschnittliche Preisentwicklung in einer Volkswirtschaft von der Kostenseite her auf Dauer aus dem Zusammenspiel von Lohn- und Produktivitätsentwicklung. Das Verhältnis von (Stunden-)Lohn zu Arbeitsproduktivität (pro Stunde) sind die Lohnstückkosten:

$$\text{Lohnstückkosten} = \frac{\text{Lohn pro Stunde}}{\text{Output pro Stunde}} = \frac{\text{Lohn}}{\text{Output}}$$

Die gesamtwirtschaftlichen Lohnstückkosten sind die Lohnsumme dividiert durch Zahl der geleisteten Arbeitsstunden der Lohnbezieher geteilt durch das preisbereinigte Bruttoinlandsprodukt dividiert durch Zahl der geleisteten Arbeitsstunden aller Erwerbstätigen:

$$\text{Lohnstückkosten}_{\text{gesamtwirtschaftlich}} = \frac{\dfrac{\text{Lohnsumme}}{\text{Geleistete Arbeitsstunden Lohnbezieher}}}{\dfrac{\text{Preisbereinigtes BIP}}{\text{Geleistete Arbeitsstunden aller Erwerbstätigen}}}$$

Nimmt der durchschnittliche nominale Stundenlohn mit der gleichen Rate zu wie die durchschnittliche Stundenproduktivität, ändern sich die durchschnittlichen Lohnstückkosten nicht. Dann besteht unter Wettbewerbsbedingungen kein Anlass und auch keine Möglichkeit für den Unternehmenssektor, die Güterpreise im Durchschnitt der Volkswirtschaft zu erhöhen. In dem Maße, in dem der Nominallohn stärker steigt als die Produktivität, muss und kann der Unternehmenssektor die Preise im Durchschnitt anheben. Bleiben die Lohnstückkosten hinter der Produktivitätssteigerung zurück, droht eine zu geringe nominale Nachfrage, die die Kapazitätsauslastung schwächt. Auf Dauer führt das zu Preissenkungen im Durchschnitt der Wirtschaft.

Offensichtlich können beide Seiten mit ihren Lohnabschlüssen, die sich aus den Tarifverhandlungen ergeben, dem Einfluss der Dynamik von Produktivität und der Inflationsrate nicht wirklich entkommen. Beide werden immer wieder von der Inflationsrate eingeholt, die entweder stärker steigt als erwartet oder weniger stark steigt als erwartet und damit die Hoffnung auf die aus einer mikroökomischen Sicht plausibel erscheinenden Effekte von Lohnerhöhungen und Lohnsenkungen zunichte macht.

Auch eine völlige Absenz von Tarifverhandlungen, wie sie immer wieder von libertärer Seite gefordert wird und wie sie selbst John Maynard Keynes per Saldo für vernünftig gehalten hat (siehe Kapitel 2), ändert im Prinzip nichts an den Zusammenhängen. Dann wäre bei positiver Produktivitätszunahme die Inflationsrate dauernd negativ, was, nach allem, was wir wissen, kein anzustrebender Zustand ist.

Angesichts dieser kaum zu bestreitenden Zusammenhänge liegt es nahe, sich in den Tarifverhandlungen auf eine für beide Seiten akzeptable Inflationsrate auf der nationalen Ebene zu einigen, die – als Ergebnis der Tarifverhandlungen – auf längere Sicht auf jeden Fall erreicht wird. Stimmt das von den Tarifpartnern vereinbarte Inflationsziel mit dem Inflationsziel der Wirtschaftspolitik überein, ist ohne weitere Verspannungen gewährleistet, dass die Reallöhne wie die Produktivität steigen und damit ein Nachfrageproblem von Seiten der Lohnentwicklung ausgeschlossen ist.

Da sich, wie in Abschnitt 4.6 im Detail erklärt wird, die Produktivitätsvorgabe für die Tarifverhandlungen an der gesamtwirtschaftlich realisierten Rate orientieren sollte, bleibt für Tarifverhandlungen im eigentlichen Sinne kein großer Spielraum. Nimmt man etwa als Maß für die zu berücksichtigende Produktivitätsentwicklung die extrapolierte Zuwachsrate einiger zurückliegender Jahre, ergeben sich aus dem Inflationsziel und dem Ergebnis dieser Berechnung Lohnzuwächse, die beiden Seiten den größtmöglichen Nutzen versprechen und daher kaum über- oder unterschritten werden sollten.

Angesichts dessen stellt sich die Frage, welchen Stellenwert die Tarifautonomie beanspruchen kann. In der Tat liegt die große Aufgabe der Tarifpartner mehr im mikroökonomischen Bereich. Gewerkschaften und Arbeitgeber müssen dafür sorgen, dass der Antriebsmechanismus der Marktwirtschaft funktioniert. Weil es im Bereich von Arbeit und Lohn manche Besonderheit gibt, die verhindern könnte, dass der Lohn die Rolle spielt, die ihm zukommt, ist das von zentraler Bedeutung.

Der Lohnstandard, so wie wir ihn definieren, besteht aus dem Zugeständnis aller wichtigen gesellschaftlichen Gruppen, dass durch Verteilungskämpfe in den Lohnverhandlungen in keiner Richtung etwas zu erreichen ist. Die entscheidenden Ziele sind eine stabile Inflationsrate und die volle Beteiligung der Arbeitnehmer am Fortschritt der Produktivität. Beides ist ohne weiteres zu erreichen, wenn man sich von den überkommenen Vorstellungen eines neoklassischen Arbeitsmarktes löst. Auch global ist ein funktionierender nationaler Lohnstandard von größter Bedeutung. Dazu mehr in Kapitel 7.

4.5 Herkömmliche »Arbeitsmarkttheorien« und ihre Schwächen

Arbeit ist in den Wirtschaftswissenschaften eines der am häufigsten diskutierten Themen, und auch in der Politik spielt der »Arbeitsmarkt« eine herausragende Rolle. Das liegt vermutlich daran, dass man sich ihm von ganz unterschiedlicher Seite nähern kann. Unabhängig davon, welche man aber nimmt: Wenn man dabei den Sprung auf die gesamtwirtschaftliche Ebene nicht schafft, kann man dem Phänomen der Arbeit, die in einer Gesellschaft geleistet wird, niemals gerecht werden.

Die herrschende Ökonomik schafft es, schon durch das Bild des Marktes, den sie immer und unter allen Umständen als zentrales analytisches Hilfsmittel wählt, einen logisch und empirisch nachvollziehbaren Weg zur Erklärung der tatsächlichen Welt zu verbauen. Mit dem »Arbeitsmarkt« ist ihr ein besonders spektakulärer Coup gelungen. Sobald man die Beziehungen zwischen Arbeitgebern und Arbeitnehmern durch die Brille eines Marktes betrachtet, ist man verloren. »Der Markt« suggeriert nämlich, es gebe eine Verbindung zwischen den gegebenen Preisen und den gehandelten Mengen, die dafür sorgt, dass selbst große Preisänderungen nicht so schlimm sind, wie sie es ohne Markt wären. Diese Verbindung existiert jedoch nicht.

Wenn der Preis für Mobiltelefone fällt, sieht das schlimm aus für den Produzenten. Aber nein, sagt der Marktwirtschaftler, das sei gar nicht schlimm, weil der Produzent bei sinkenden Preisen mehr Stücke absetzen könne. Werden so viele Stücke mehr nachgefragt, wie der Preis gesunken ist, ist es durchaus möglich, dass er den gleichen Umsatz wie zuvor macht. Liegt die Preiselastizität der Nachfrage, wie die Ökonomen das nennen, in der Nähe von eins, erhält der Produzent quasi einen automatischen Ausgleich für den gesunkenen Preis pro Stück – und alles ist gut.

Unternehmer schaffen praktisch niemals den Sprung von der einzelwirtschaftlichen zur gesamtwirtschaftlichen Ebene. Das ist durchaus verständlich. Denn das einzelne Unternehmen steht im Wettbewerb mit vielen anderen, auf deren Verhalten es keinen Einfluss hat. Erhöht ein Unternehmen die Löhne, weil die Verantwortlichen dort verstehen, dass das aus gesamtwirtschaftlicher Sicht sinnvoll wäre, gerät es in Gefahr, im Wettbewerb zu unterliegen, weil die Konkurrenten nicht die gleiche Einsicht in die gesamtwirtschaftlichen Zusammenhänge haben und die Löhne ihrer Arbeitnehmer nicht erhöhen. Wenn nicht alle Unternehmen die Löhne erhöhen, erhöht kein Unternehmen die Löhne. Andersherum gilt, dass bei einer allgemeinen Lohnerhöhung kein Unternehmen einen Schaden hat, sondern alle gewinnen. Die Frage ist nur, wer dafür sorgen soll, dass überall die Löhne steigen. Das müssten die Gewerkschaften tun, die, ausgestattet mit dem scharfen Instrument des Flächentarifvertrages und der gesamtwirtschaftlich richtigen Überzeugung, dafür kämpfen können, dass die Rationalität siegt.

Doch solche Gewerkschaften gibt es nicht mehr. Die Gewerkschaften haben sich unter dem Einfluss der Politik auf die einzelwirtschaftliche Ebene begeben und können deswegen genau das nicht mehr leisten, was sie leisten müssten. Dafür ist ohne Zweifel der politische Druck maßgeblich, der um die Jahrtausendwende von der rot-grünen Regierung ausgeübt wurde. Aber die Gewerkschaften tragen auch eine große ideologische Bürde aus der Vergangenheit mit sich herum, die ihnen sagt, die »Arbeiter« müssten sich mit dem »Kapital« auseinandersetzen, um denen, die Kapital besitzen, etwas wegzunehmen. Doch darum geht es eigentlich nicht.

Die vielbeschworene Antagonie von Arbeit und Kapital ist ein gewaltiges Hindernis auf dem Weg zu einer gesamtwirtschaftlichen Analyse und einer angemessenen Lohnpolitik. Dafür ist vorwiegend Karl Marx verantwortlich, der den Zusammenhang von Lohn und gesamtwirtschaftlichem Einkommen nicht kannte und so tat, als wären die Kapitalisten auch ohne den Konsum der Arbeiter imstande, (irgendwo auf dieser Welt) prächtig zu leben und dauernd hohe Gewinne zu machen. Das können sie aber nicht, und deswegen ist es die Aufgabe der Lohnpolitik, dafür zu sorgen, dass es allen besser geht, den Arbeitnehmern und den Unternehmern.

Wenn sich Arbeitsmarktexperten oder Soziologen mit den Arbeitsbeziehungen auseinandersetzen, bleiben sie fast immer eigentümlich oberflächlich. Das liegt daran, dass sie sich vor dem tatsächlichen Problem, der Frage nämlich, ob es einen Arbeitsmarkt gibt oder nicht, insgeheim fürchten. Man kann aber nicht aufgeklärt über Digitalisierung oder andere Arten des Strukturwandels reden, wenn man nicht auch über die Löhne und deren Bedeutung für die Gesamtwirtschaft redet. Digitalisierung wie jede andere Form der Rationalisierung setzt zwingend eine positive Lohnreaktion voraus, wenn man negative Arbeitsplatzeffekte umgehen will.[1]

Nur wenn steigende Arbeitsproduktivität von steigenden Löhnen (inklusive des Inflationsziels) begleitet wird, können Arbeitsplatzverluste vermieden werden (und steigende Löhne erzwingen höhere Produktivitätsanstrengungen bei den Unternehmen). Dieser einfache Zusammenhang, man muss es leider sagen, ist den deutschen Gewerkschaftern und ihren akademischen Beratern eigentümlich fremd geblieben.

---

1 Für eine Diskussion siehe Flassbeck, H., & Spiecker, F. (2007): 27–118, 276–279.

Auch eine scheinbar moderne Lehre wie die MMT findet keinen Zugang zu der Bedeutung des Lohnes für die Gesamtwirtschaft. An der Stelle, wo bei einer Theorie stehen müsste, wie es zu Inflation und Deflation kommt, steht bei der MMT ein politischer Vorschlag namens Jobgarantie. Lohnpolitik ist der Theorie vollkommen fremd, weil sie die Dynamik einer Volkswirtschaft praktisch nur am staatlichen Ausgabeverhalten festmacht. Die Tatsache, dass es eine ganz unterschiedliche Dynamik einer Volkswirtschaft geben kann, je nachdem wie sehr die Lohnpolitik die oben erläuterte Rolle spielt, kennt die MMT nicht.

Damit verzichtet sie jedoch auf eine Lohntheorie und begibt sich der Möglichkeit, einen vollständigen theoretischen Ansatz auch für geschlossene Volkswirtschaften (der Ansatz für offene Volkswirtschaften ist ohnehin schwach) anzubieten. Paul Steinhardt und ich haben in dem Buch *Gescheiterte Globalisierung*[2] klargestellt, wie bedeutend die »Lohnfrage« für das Verständnis von wirtschaftlicher Entwicklung ist. Wir zitieren Sebastian Haffner, der in seinem Werk *Von Bismarck zu Hitler* folgende bemerkenswerte Sätze schreibt:

> Zwar hatte man damals [gemeint ist die Kaiserzeit um die Jahrhundertwende] noch nicht die große Entdeckung späterer Zeiten gemacht, daß die Arbeiter nicht nur einen Kostenfaktor darstellen, sondern auch eine Konsumentenmasse, und daß es daher im Interesse der Industrie liegt, nach einigen Scheinkämpfen mit den Gewerkschaften immer wieder höhere Löhne zuzugestehen. Wohl aber war es so, daß Arbeitskräfte knapper wurden, daß die Gewerkschaften anfingen, eine gewisse Rolle zu spielen, und daß die Arbeitgeber von dem alten »ehernen Lohngesetz«, so niedrige Löhne wie möglich zu zahlen, langsam abkamen oder abgebracht wurden. Das bedeutete einen gewissen sozialen Frieden, und dieser soziale Friede wirkte sich eben auch politisch aus, und zwar hauptsächlich in der Entwicklung der deutschen Sozialdemokratie.[3]

Das heißt, der Historiker versteht zum einen, dass die Teilhabe der Menschen am Fortschritt des Kapitalismus über höhere Löhne eine der Grundvoraussetzungen dafür ist, dass es sozialen Frieden und damit auch eine florierende Sozialdemokratie gibt. Noch wichtiger aber ist seine klare Aussage über die »große Entdeckung« des Zusammenhangs von den Arbeitern als »Konsumentenmasse«, der man höhere Löhne eben deswegen zugesteht, weil es im ureigenen Interesse der Industrie liegt. Insofern muss man den Neoliberalismus, der Mitte der 1970er-Jahre antrat, um die Arbeitsmärkte zu flexibilisieren und damit den Unternehmern die Möglichkeit zu bieten, genau das nicht

2 Flassbeck, H., & Steinhardt, P. (2018).

3 Haffner, S. (1987): 77.

zu tun, als wirkliche Regression bezeichnen, als einen Rückschritt der Erkenntnis ins 19. Jahrhundert, als ein pathologisches Zurückfallen in die eigene Kindheit.

Man kann die Bedeutung dieser Tatsache gar nicht überschätzen. Umso erstaunlicher ist es, dass die MMT genau wie die Neoklassik und der Neoliberalismus schlicht unterstellt, der größte Teil der Nachfrage in allen Volkswirtschaften westlicher Prägung, nämlich die der privaten Haushalte, sei irgendwie vorgegeben, weil die Masseneinkommen (und die Produktivität) vorgegeben sind. Das sind sie aber nicht; und daher ist es auch ein schwerwiegender Fehler, dem Staat die bedingungslose Verantwortung für die Gesamtnachfrage zuzuschieben. Weil die MMT das unterstellt und die Lohnpolitik ausblendet, kann sie weder erklären, wie es zur Inflationierung kommt, noch verstehen, dass dagegen nur restriktive Geldpolitik hilft.

Die Lohn- und Nachfragedynamik, die man braucht, um eine dynamische Investitionstätigkeit der Unternehmen zu erreichen, ist allerdings auch exakt diejenige, die immer wieder einmal eine inflationäre Beschleunigung nach sich ziehen kann. Diese gilt es dann mit restriktiver Geldpolitik via steigende Zinsen zu stoppen. Der Glaube, wie ihn einige Anhänger der MMT vertreten, die Finanzpolitik könne in einem solchen Fall Steuererhöhungen durchsetzen, mit denen sie die Einkommens- und Investitionsdynamik abwürgt (also sowohl gegen die Arbeitnehmer wie die Unternehmer vorgeht), um eine Inflationsbeschleunigung zu verhindern, ist wirklich von einer anderen Welt.

Bleibt die einfache Frage, wer denn in einer modernen Volkswirtschaft dafür sorgen kann, dass auch diejenigen über ihr Kuckucksnest auf die gesamtwirtschaftliche Ebene springen und sich somit rational verhalten, denen ihre mikroökonomische Sichtweise dies eigentlich verbietet. Die einfache Antwort ist: der Staat. Wer sonst hat genügend Einsicht in die gesamtwirtschaftlichen Zusammenhänge und die Macht, um ein Umdenken herbeizuführen? Die Realität sieht jedoch anders aus: Auch der Staat weigert sich in den meisten modernen Volkswirtschaften, insbesondere in Europa, gesamtwirtschaftlich zu argumentieren und entsprechend zu handeln. Die Diskussion um die öffentliche Verschuldung belegt das in nachdrücklicher Weise.

Wie aber soll ein Staat, der selbst nicht in der Lage ist, die Bedeutung der gesamtwirtschaftlichen Dimension zu erkennen, die anderen Akteure dazu bringen, sich gesamtwirtschaftlich sinnvoll zu verhalten? Erneut ist die Antwort einfach: Er kann es nicht. Es gibt nicht den omnipotenten und allwissenden Staat, den man so gerne als Retter in jeder Not sähe. Das ist aber kein Grund, die Flinte sofort ins Korn zu werfen. Wir müssen damit leben, dass nicht der Staat Erkenntnisse verbreitet, sondern dass es nur auf dem Weg der Wissenschaft möglich ist, die Aufklärung über gesamtwirtschaftliche Zusammenhänge so weit zu treiben, dass weder der Staat noch die anderen gesamtwirtschaftlich bedeutenden Akteure, allen voran die Gewerkschaften – und irgendwann vielleicht sogar die Unternehmer –, diese ignorieren können.

4.6 Wettbewerbsfähigkeit und Handel auf Unternehmensebene und auf nationaler Ebene

Die Stärke der Argumente für eine Reform des derzeitigen globalen Nicht-Bretton-Woods-Systems ergibt sich aus dem enormen und verzerrenden Einfluss, den das derzeitige Währungschaos auf die Effizienz des internationalen Handels ausübt. Nur ein Wechselkurssystem, das es den Unternehmen aller am internationalen Handelssystem beteiligten Länder ermöglicht, zu mehr oder weniger gleichen Bedingungen zu konkurrieren, wie im rein nationalen Handel, ist mit einer funktionierenden Marktwirtschaft vereinbar.

Joseph Alois Schumpeter hat 1912 auf die Bedeutung innovativer Investitionen für die wirtschaftliche Entwicklung hingewiesen;[4] und William Jack Baumol neunzig Jahre später argumentiert, dass Innovation und der daraus resultierende Produktivitätsanstieg einen Großteil des außerordentlichen Wachstums erklären, das in verschiedenen Teilen der Welt seit der industriellen Revolution zu verzeichnen ist.[5] Beide waren der Auffassung, dass der Druck des Marktes die Unternehmen dazu zwingt, innovative Investitionen in ihre routinemäßigen Entscheidungsprozesse und Aktivitäten zu integrieren. Auf diese Weise erreichen die Märkte, dass immer effizientere Produktionsverfahren und Produkte entstehen, die eine allgemeine Steigerung des Wohlstandes ermöglichen.

Innovative Investitionen erfolgen jedoch nicht automatisch; sie stoßen bisweilen auf makroökonomische, strukturelle oder institutionelle Hindernisse. Der Hauptanreiz für Investoren, einen effizienteren Weg zur Herstellung eines bestehenden Gutes zu finden oder ein neues Gut zu produzieren, entsteht, wenn sie sich einen erheblichen Teil der im Innovations- und Investitionsprozess erzielten Rente aneignen können. Um in den Genuss solcher Vorteile zu kommen, muss eine Reihe von Bedingungen auf verschiedenen Ebenen erfüllt sein. Diese Bedingungen beziehen sich auf ein breites Spektrum von Verknüpfungen zwischen Investitionen, Produktivitätswachstum und erfolgreicher Integration in das internationale Handels- und Finanzsystem.[6]

Ein rasches und nachhaltiges Produktivitätswachstum ist die Grundlage für einen steigenden Lebensstandard und eine erfolgreiche Integration in die internationale Wirtschaft. Während Investitionen im Allgemeinen eine zentrale Rolle in diesem System spielen, sind Investitionen in neue Techniken und/oder Produkte besonders wichtig, um das Produktivitätswachstum und den Strukturwandel voranzutreiben. Neue Ver-

4 Schumpeter, J.A. (1964 [1911]).
5 Baumol, W.J. (2002).
6 UNCTAD (2004): 135–141.

fahren senken in der Regel die Produktionskosten, wohingegen neue Produkte für die Verbraucher oft attraktiver sind als das bisher verfügbare Angebot. Bei gegebenen Löhnen machen sich erfolgreiche innovative Investitionen in Form von wachsenden Marktanteilen bemerkbar, wenn der Investor die Innovationsrenten in Form von niedrigeren Preisen weitergibt; oder sie können zu (vorübergehenden) Monopolgewinnen führen, wenn der Investor in der Lage ist, die Verkaufspreise unverändert zu lassen und von den Innovationsrenten aus dem steigenden Erlös-Kosten-Verhältnis zu profitieren, bis den Wettbewerbern das Aufholen gelingt. Aus mikroökonomischer Sicht beziehen sich temporäre Monopolrenten, die durch Veränderungen in der Wettbewerbsfähigkeit induziert werden, hauptsächlich auf Veränderungen in der relativen Arbeitsproduktivität zwischen verschiedenen Unternehmen bei einem bestimmten Lohnniveau für Arbeitnehmer mit ähnlichen Qualifikationen.

Auf der Ebene der Volkswirtschaft ist der entscheidende Faktor für die Verwirklichung der technologischen Modernisierung und des produktivitätsgetriebenen Strukturwandels die Fähigkeit der Investoren, die aus ihren Produkt- oder Prozessinnovationen resultierenden Produkte ohne wesentliche Änderung der Kostenbedingungen zu verkaufen, d. h., einen temporären Monopolgewinn zu erzielen. Mit anderen Worten: Wenn sich eine Volkswirtschaft durch eine hohe Mobilität der Arbeitskräfte im Inland und durch ein überall ähnliches Lohnniveau für Arbeitnehmer mit ähnlichen Qualifikationen auszeichnet, wird ihre dynamische Entwicklung durch Gewinnunterschiede und nicht durch Lohnunterschiede bestimmt. In der Tat, wie Keynes feststellt:

> In existing circumstances, however, the most usual and important occasion of change will be the action of the entrepreneurs, under the influence of the actual enjoyment of positive or negative profits, in increasing or diminishing the volume of employment which they offer at the existing rates of remuneration of the factors of production, and so bringing about a raising or a lowering of these rates. For the departure of profits from zero is the mainspring of change in the industrial countries of the modern world outside Russia. It is by altering the rate of profits in particular directions that entrepreneurs can be induced to produce this rather than that, and it is by altering the rate of profits in general that they can be induced to modify the average of their offers of remuneration to the factors of production.[7]

Je mehr sich die tatsächlichen Bedingungen auf den Arbeitsmärkten dem Gesetz des einen Preises annähern, desto stärker fällt die Wirkung der Profitunterschiede auf die konstruktive Entwicklung der Wirtschaftssysteme aus.

---

7 Keynes, J. M. (1930): 141.

Auf internationaler Ebene und sogar zwischen Ländern mit ähnlichem Entwicklungsstand wird die Verbindung zwischen Produktivitätssteigerungen eines einzelnen Unternehmens, sofern sie auf Innovationen beruhen, und steigenden Gewinnen oder wachsenden Marktanteilen oft durch Wechselkursänderungen unterbrochen. Weicht der Wechselkurs der Währung eines Landes erheblich von der Differenz des Preisniveaus im Heimatland und seinen Handelspartnern ab, verzerrt dies den Mechanismus der Schöpferischen Zerstörung. Unternehmen in Ländern mit wenigen Innovationen können aufgrund eines unterbewerteten Wechselkurses aufstreben und umgekehrt; Unternehmen, die genau das gleiche Kostenniveau aufweisen wie ihre Konkurrenten in anderen Ländern, können verlieren, weil die Währung ihres Landes aufgewertet ist und sie zwingt, ihre Gewinnspannen zu drücken, um Marktanteilsverluste zu vermeiden.

4.7 Die mikroökonomische Bedeutung des Lohnstandards

Das Zusammenspiel von Löhnen, Produktivität und Preisen auf der Mikroebene ist von entscheidender Bedeutung für das Phänomen, das wir Entwicklung oder Strukturwandel nennen. Natürlich wird beides vorangetrieben von den partiellen Sättigungserscheinungen, die wir in Kapitel 2, der klassischen Lehre in diesem Fall folgend als Gesetz des abnehmenden Grenznutzens bezeichnet haben. Die Verbraucher gewichten ein Gut, das sie schon im Überfluss besitzen, in seiner Bedeutung geringer und sind nicht mehr bereit, für das zweite oder dritte Exemplar des Gutes das Gleiche zu zahlen wie für das erste.

Ob sich aus dem Gesetz des abnehmenden Grenznutzens ein eindeutiger historischer Verlauf des intersektoralen Strukturwandels ableiten lässt, ist umstritten. Die berühmte Drei-Sektoren-Hypothese ist in diesem Zusammenhang zu nennen, die behauptet, es gebe einen »natürlichen« Ablauf des Strukturwandels in allen sich entwickelnden Gesellschaften, bei dem Landwirtschaft, Industrie und Dienstleistungserstellung aufeinanderfolgen und sich in ihrer Bedeutung als entscheidender Anbieter von Arbeitsplätzen ablösen.

Wie weit diese Hypothese durch die wirtschaftliche Entwicklung der vergangenen zweihundert Jahre gedeckt ist, wollen und müssen wir hier nicht entscheiden. Ohne Zweifel lässt sich eine Tendenz hin zur Dienstleistungsgesellschaft in vielen hochentwickelten Staaten beobachten. Gleichwohl hat aber gerade die Industrie eine durchaus beachtliche Beharrungstendenz in einigen großen Volkswirtschaften, was offensichtlich daran liegt, dass sie die Basis für erfolgreiche Rationalisierung, die Erhöhung der Produktivität und damit für die Zunahme der Realeinkommen schafft.

4.7.1 Löhne, Preise und Produktivität

Sättigung ist aber bei weitem nicht der entscheidende Faktor, der Entwicklung und Strukturwandel antreibt. Anders als in der klassischen Lehre unterstellt, ist nämlich der Verbraucher keineswegs autonom in seinen Konsumentscheidungen. Die Unternehmen treiben nicht nur die Entwicklung der Produktionstechnik voran, sondern bringen ihren Kunden immer wieder neue Güter nahe. Sie erziehen den Konsumenten also Wünsche an, die diese eigentlich gar nicht haben. Konsumentensouveränität und freie Entscheidung sind eine Fiktion. Wesentlich wichtiger ist die Entscheidung der Unternehmen neue Technik dazu zu nutzen, neue Bedürfnisse und dadurch auch neue Nachfrage zu kreieren.

Ist aber nicht die Technik und die damit verbundene Rationalisierung selbst für die Neigung des marktwirtschaftlichen Systems, Massenarbeitslosigkeit entstehen zu lassen, verantwortlich? Diese Frage hat Generationen von Ökonomen beschäftigt und taucht gerade heute wieder im Kontext der potenziellen Gefahr, die sich aus der Digitalisierung und vor allem aus dem Einsatz von Künstlicher Intelligenz ergibt, in der Öffentlichkeit auf. Muss man nicht die Arbeitszeit verkürzen oder die Löhne stärker differenzieren, um die negativen Folgen abzufangen? Doch die Antwort auf die Frage nach den Gefahren der Rationalisierung ist eindeutig, unabhängig davon, auf welche Art der Mensch im Produktionsprozess durch Maschinen ersetzt wird.

Betrachten wir dazu ein einfaches, wenngleich extremes Beispiel: Ein Unternehmen hat bisher 100 Produkte mit 100 Arbeitskräften, aber ohne sonstige Kosten hergestellt. Nun macht es – praktisch über Nacht – eine Erfindung, die es ihm erlaubt, die gleichen 100 Produkte mit 50 Arbeitern zu erzeugen. Die Arbeitsproduktivität steigt um 100 Prozent, die Arbeitskosten pro Stück (die Lohnstückkosten) halbieren sich. Würde das Unternehmen auch weiterhin nur 100 Stück seines Produkts herstellen wollen, müsste es die nicht mehr benötigten Arbeitskräfte, also die Hälfte, entlassen. Die Rationalisierung hätte den gemeinhin erwarteten Ausgang genommen – doch das ist nicht das Ende der Geschichte.

Wie viele Arbeiter das Unternehmen in Wirklichkeit entlässt, ist keineswegs klar. Die wirtschaftliche Welt des Unternehmens hat sich durch die Rationalisierung fundamental geändert. Wenn es zunächst die Preise seines Produkts unverändert lässt, macht es einen weit höheren Gewinn wegen der gesunkenen Kosten pro Stück. Die Produktivität ist gestiegen und die Löhne haben sich nicht verändert. Ist das beschäftigungsfördernd? Ja, werden vor allem die Arbeitgeber sagen, der Unternehmer investiert in neue Arbeitsplätze, so dass die freigesetzten Kräfte schnell wieder Arbeit finden.

Vielleicht zwingt der Wettbewerb unser Unternehmen aber, die gesunkenen Kosten schnell in sinkenden (hier halbierten) Preisen weiterzugeben. Ist der Produktivitätsschub dann für die Beschäftigung verloren? Nein, werden die Gewerkschaften sagen: Wenn die Löhne im Betrieb konstant bleiben und Nachfrage nach den Produkten unseres Unternehmens elastisch reagiert, so dass er 200 Stück verkaufen kann, bleiben alle 100 Arbeiter beschäftigt. Die Reallöhne aller Arbeiter in und außerhalb des Betriebes steigen dann gleichmäßig – nach Maßgabe der relativen Bedeutung des Produkts am gesamten Warenkorb in der Volkswirtschaft.

Was aber, wenn die Produktion unseres Unternehmens trotz der Preissenkung stagniert? Dann muss es in der Tat wegen der Rationalisierung 50 Arbeitskräfte entlassen. Allerdings haben sich durch die Preissenkung die Reallöhne und die für andere Güter verfügbare Kaufkraft aller Arbeiter erhöht, weil sie alles in allem nur noch die Hälfte für die Produkte unseres Unternehmens zahlen. Halten die übrigen Arbeitnehmer ihre Nachfrage insgesamt aufrecht, steigen Nachfrage und Gewinne in allen anderen Betrieben der Volkswirtschaft und diese müssen – bei dort unveränderter Produktivität – die freigesetzten 50 Arbeitnehmer einstellen, um die gestiegene Nachfrage bedienen zu können. Das sinkende Preisniveau war in diesem Fall das Vehikel, mit dessen Hilfe die positiven Einkommenseffekte der Rationalisierung in der Volkswirtschaft verteilt wurden.

Das rationalisierende Unternehmen und seine Arbeitnehmer könnten sich auch – im Sinne eines »flexiblen« Flächentarifvertrages – von vorneherein darauf einigen, die 50 nicht mehr benötigten Arbeitskräfte zwar zu entlassen, die Löhne der bleibenden aber zu verdoppeln. Der Stückgewinn und der Gesamtgewinn wären dann immer noch höher als vorher, wenngleich niedriger als in allen anderen Varianten, der Reallohn der in dem rationalisierenden Betrieb beschäftigten Arbeiter aber wäre kräftig gestiegen.

Auch in diesem Fall nähme die Gesamtnachfrage (aus Gewinnen und Löhnen) in der Volkswirtschaft vermutlich in ausreichendem Maße zu, um die freigesetzten Arbeitskräfte wieder in Lohn und Brot zu bringen. Allerdings wäre der Rationalisierungsprozess von schwer nachvollziehbaren Verteilungseffekten begleitet: Das die Innovation realisierende Unternehmen würde einen nur wenig größeren Gewinn als zuvor erzielen, die dort noch beschäftigten Arbeitskräfte aber einen wesentlich höheren Lohn als vergleichbare Arbeitskräfte in anderen Betrieben

Die Tarifpartner könnten sich auch – im Sinne des »inflexiblen« Flächentarifvertrages – auf der Ebene der Gesamtwirtschaft einigen, dass die Löhne der (nach Maßgabe des Gewichts unseres Unternehmens) höheren Produktivität in der Gesamtwirtschaft entsprechend, für alle angehoben werden sollten. Dann würden sich die Lohnstückkosten und das Preisniveau nicht verändern, Nachfrage und die Gewinne insgesamt aber wiederum stärker zunehmen als vorher.

Die Verteilungseffekte wären ähnlich wie im Falle einer vollen Weitergabe der Rationalisierungsgewinne in den Preisen. Der Gewinn des rationalisierenden Unternehmens bliebe wesentlich höher als sonst, da es nur die (nach Maßgabe seines Gewichts in der Gesamtwirtschaft) höhere Produktivität in den Löhnen zu tragen hätte, nicht aber eine Lohnsteigerung entsprechend seiner eigenen, viel höheren Produktivitätssteigerung. Für die freigesetzten Arbeitnehmer stünden auch in diesem Fall die Chancen gut, einen neuen Arbeitsplatz zu finden, weil die Gesamtnachfrage stärker stiege als ohne Rationalisierung.

Die übrigen, nicht in gleichem Maße mit einer höheren Produktivität ausgestatteten Unternehmen in der gesamten Volkswirtschaft müssen im letztgenannten Fall natürlich höhere Löhne zahlen, als es ohne den Rationalisierungssprung in unserem Ausgangsunternehmen der Fall gewesen wäre. Entsprechend machen sie – zumindest relativ zum rationalisierenden Unternehmen – geringere Gewinne. Das ist auch gut so, denn im Wettbewerb soll schließlich derjenige belohnt werden, der besonders erfolgreich innoviert und investiert. Das Zurückfallen der Nicht–Pioniere ist das Instrument, um sie zu größeren Anstrengungen zur Verbesserung ihrer Produktivität zu zwingen. Nur weil es diesen Mechanismus in Marktwirtschaften im Gegensatz zu Planwirtschaften immer gegeben hat, sind sie so erfolgreich gewesen bei der Bewältigung des Strukturwandels und bei der Steigerung des Lebensstandards.

Wie man es auch dreht und wendet, die Produktivitätssteigerung, die Rationalisierung durch Maschinen oder eine Innovation erhöhen das Einkommen. Zwar sind die Verteilungseffekte je nach konkreter Vereinbarung über die Lohnfindung und den Grad des Wettbewerbs am Gütermarkt unterschiedlich, ebenso sind die Prozesse, die zu der Einkommenserhöhung führen mehr oder weniger unmittelbar wirksam, das Endergebnis für die Volkswirtschaft als Ganzes aber ist im Prinzip immer gleich: Durch die Innovation wird die Produktion von mehr oder von neuen Gütern angeregt und das kommt der Beschäftigung der zunächst entlassenen Arbeitskräfte zugute.

Box 8: Die Scherentheorie und die Forderung nach Arbeitszeitverkürzungen

Es gibt Argumente, die zwar in keiner Weise haltbar sind, aber ungeheuer einleuchtend klingen, weil sie ein (womöglich uraltes) Vorurteil bestätigen, weshalb das Denken der meisten Menschen in dieser Frage von vorneherein vernebelt ist.

So ist das mit den Maschinen. Waren es früher die Webstühle, sind es heute die Roboter, die den Menschen die Arbeit wegnehmen und zu dauernd steigender Arbeitslosigkeit führen, wenn man nicht die Arbeitszeit immer weiter verkürzt. Begründet wird die ganze Überlegung also mit dem technischen Fortschritt.

Man behauptet, es gelte eine einfache ökonomische Formel: Wenn die Produktivitätsrate größer ist als die preisbereinigte Wachstumsrate der wirtschaftlichen Leistung, entlade sich das in einem Rückgang des Arbeitsvolumens. Dann müssten entweder Leute entlassen werden oder die Arbeitszeit pro Kopf sinken.

Das ist die sogenannte Scherentheorie. Diese Überlegung, aus der immer wieder Arbeitszeitverkürzung (AZV) sozusagen als zwingende Notwendigkeit der wirtschaftlichen Entwicklung abgeleitet wird, ist falsch. Man sagt, es habe sich empirisch herausgestellt, dass über viele Jahre hinweg die Produktivität stets stärker gestiegen sei als das Wachstum, und dass daraus Arbeitslosigkeit entstehe, weil offenbar das Wachstum gar nicht hoch genug sein könne, um die Wirkung der Maschinen auf die Produktivität und die Freisetzung der Arbeitskräfte auszugleichen. Man schließt dabei allerdings aus einer reinen Identität auf eine Kausalität. Wenn die Arbeitslosigkeit zunimmt, muss definitionsgemäß die Produktivität stärker gestiegen sein als das Wachstum. Somit erklärt man das Entstehen von Arbeitslosigkeit mit der Arbeitslosigkeit.

In Wirklichkeit wechseln sich Phasen steigender mit sinkender Arbeitslosigkeit ab: Mal steigt also die Produktivität stärker als das Wachstum und mal ist es umgekehrt. In jeder der Phasen, die »Aufschwung« genannt werden, steigt die Beschäftigung trotz steigender Produktivität. Folglich ist das Entstehen von Arbeitslosigkeit die Konsequenz unterschiedlicher Intensität von Auf- und Abschwüngen. Eine einfache Formel zur Erklärung dessen gibt es nicht.

Es »entlädt« sich also der technische Fortschritt nicht in Arbeitslosigkeit, wie die Scherentheoretiker meinen, sondern aus irgendwelchen Gründen entsteht Arbeitslosigkeit und die Volkswirte sehen in der Statistik, dass die Produktivität stärker gestiegen ist als das gesamtwirtschaftliche Einkommen. Das sagt weder etwas darüber aus, wie die Arbeitslosigkeit entstanden ist noch darüber, wie man sie beseitigen kann.

Vereinbaren die Tarifpartner Nominallohnerhöhungen, die im Einklang mit der Produktivität und dem von der Zentralbank vorgegebenen Inflationsziel wachsen und schließt der Staat Nachfragelücken, die durch höheres Sparen der Haushalte oder der Unternehmen entstehen, können weder Roboter noch künstliche Intelligenz jemanden in die Arbeitslosigkeit schicken. Arbeitslosigkeit ist immer die Folge falscher, weil zu bescheidener Lohnpolitik oder schlechter Wirtschaftspolitik!

Wirtschaftspolitik auf der Basis dieser makroökonomischen Logik kann nicht verhindern, dass einzelne Jobs im Zuge der Digitalisierung und Automatisierung verloren gehen. Sie kann aber mit Sicherheit verhindern, dass daraus allgemeine Arbeitslosigkeit wird. Die Vorstellung, dass man AZV braucht, um alte Jobs zu retten oder neue zu schaffen, ist falsch.

Das lässt sich leicht am deutschen Produktivitätswachstums von 0,6 Prozent pro Jahr verdeutlichen. Dieser Zugewinn kann für mehr Lohn oder weniger Arbeitszeit verteilt werden, heißt 0,6 Prozent mehr Lohn auf dem Konto oder 0,6 Prozent weniger Arbeitszeit stempeln. Es ist auch eine Mischung möglich, etwa geringfügig mehr Lohn und geringfügig weniger Arbeitszeit – diese Möglichkeit lassen wir aber außen vor.

Bekommen die Arbeitnehmer in einem Jahr unter Berücksichtigung der Inflationsrate 0,6 Prozent mehr Monatsgehalt, können sie auch 0,6 Prozent mehr ausgeben und die Unternehmen werden 0,6 Prozent mehr von ihrer Produktion absetzen. Das Niveau der Arbeitslosigkeit berührt dieser Vorgang, der für die Unternehmen und die Arbeitnehmer einen Einkommensgewinn bringt, nicht.

Wenn die Arbeitnehmer allerdings 0,6 Prozent weniger arbeiten und den gleichen Monatslohn dafür bekommen (das ist das, was die Gewerkschaften üblicherweise »voller Lohnausgleich« nennen), werden die Unternehmen genau so viel verkaufen wie vorher. Da sie diese Produktionsmenge jedoch mit weniger Arbeitskräften herstellen können, werden sie die nicht benötigten Arbeitnehmer entlassen. Die Rationalisierung ist folglich eine wirkliche Drohung, wenn die Nachfrage nicht entsprechend steigt. Bei der »Arbeitszeitverkürzung mit vollem Lohnausgleich« steigt zwar der Stundenlohn, aber am Monatsende ist nicht mehr Geld auf dem Konto. Es gibt also keine zusätzliche Nachfrage.

Wieso sollen die Unternehmen neue Leute einstellen, wenn es keine zusätzliche Nachfrage gibt? Es könnten zwar 0,6 Prozent mehr Güter produziert werden, aber die werden nicht produziert, weil mit denselben Arbeitskräften die gleiche Menge wie vorher in etwas geringerer Zeit hergestellt wird – und niemand mehr Güter am Markt nachfragt.

Die Forderung mancher Gewerkschaftler, mit den Unternehmen einen automatischen Personalausgleich zu vereinbaren, ist zwar gut gemeint, aber in zweifacher Hinsicht illusorisch: erstens ökonomisch, weil nicht alle Unternehmen sich einen solchen leisten können und es nicht möglich ist, die anderen dazu zu verpflichten, dem nachzukommen, zweitens politisch, solange wir schwache Gewerkschaften und mächtige Unternehmen und Arbeitgeberverbände haben.

Entscheidend ist der tatsächliche zeitliche Ablauf. Kein Unternehmer wird ohne Rücksicht auf seine Absatzlage nach einer AZV sofort die Stundenzahl wieder hochfahren und dafür neue Leute anstellen. Das ergibt betriebswirtschaftlich keinen Sinn! Die Unternehmen werden zunächst sehen, wie weit man mit der geringeren Stundenzahl kommt und ob es ggf. positive Produktivitätseffekte gibt. Sie werden erst dann wieder neue Stellen schaffen, wenn sich die Auftragsbücher füllen, wenn es also mehr Nachfrage gibt.

Wer Personalausgleich fordert, muss annehmen, dass die Unternehmen sich am eigenen Schopfe aus dem Nachfrage-Sumpf ziehen können und wollen. Man unterstellt, dass die Unternehmen Leute anstellen, damit die Masseneinkommen steigen und damit die Nachfrage nach ihren Gütern zunimmt. Das ist absurd. Wenn das ginge, fragte man sich, warum die Unternehmer das nicht dauernd machen: mehr Leute einstellen, um mehr Produkte absetzen zu können.

Wenn der Staat wirtschaftspolitisch aufs Gaspedal tritt und Mehrausgaben tätigt, dann kann das den Nachfrageschub begründen, der dazu führt, dass die Unternehmen mehr Güter absetzen. Dann werden sie mehr Leute einstellen und auch selbst investieren; die Konjunktur fährt hoch. Die neuen Jobs haben aber nichts mit der AZV zu tun. Aus ihr selbst kann kein Nachfrageschub entstehen.

Dazu kommt: Wer Arbeitszeitverkürzung für ein Mittel gegen Arbeitslosigkeit hält, der kann auch dem Argumentationsmuster neoliberaler Marktschreier nach Lohnkürzung nichts entgegensetzen, denn beide unterliegen demselben Trugschluss – sie glauben, der Arbeitsmarkt funktioniere wie ein Kartoffelmarkt.

Der zentrale Unterschied liegt nicht in den Beschäftigungsfolgen der Rationalisierung, sondern in deren Preisniveaueffekt und in der Auswirkung auf die Verteilung: Nur bei einer produktivitätsorientierten Lohnpolitik auf der gesamtwirtschaftlichen Ebene lassen sich sowohl ein sinkendes Preisniveau als auch problematische Verteilungseffekte sowie unzureichende Anreize für eine allgemeine Investitionsdynamik verhindern.

Steigen wird die Beschäftigung im Gefolge eines Rationalisierungssprunges insgesamt in keinem der möglichen Fälle. Wer hätte das auch erwartet, gelten beim einzelwirtschaftlichen Betrachter »die Maschinen« doch mindestens seit Beginn der Industrialisierung und Gerhart Hauptmanns *Webern* als einer der Hauptgründe für die immer weiter steigende Arbeitslosigkeit. Aber das ist ungerechtfertigt. Fallen wird die Beschäftigung insgesamt in der Regel nicht, weil es einen Ausgleich für die »Wegrationalisierung« an der einen Stelle durch höhere Nachfrage an anderer Stelle angesichts höherer Realeinkommen gibt.

Damit erweist sich auch die Hypothese der wegen der Rationalisierung notwendigen Lohndifferenzierung als falsch. Die Förderung eines Sektors mit geringer Arbeitsproduktivität erhöht die Beschäftigung insgesamt nicht. Alle Überlegungen, die darauf zielen, den sektoralen Strukturwandel – je nach Sichtweise – zu verlangsamen oder zu beschleunigen, indem man kapitalintensive Sektoren diskriminiert, sind von vornherein verfehlt, weil sie keine rationale ökonomische Basis haben. Alle diese Vorschläge basieren im Grunde auf der schlichten Idee, eine vorgegebene Produktionsmenge könne man je nach sektoraler Struktur entweder mit mehr oder mit weniger Arbeitskräften erstellen. Es existiert aber in der Wirklichkeit einer sich dynamisch entwickelnden Volkswirtschaft keine vorgegebene Produktionsmenge.

Entscheidend für jede Art der Analyse der Wirkungen des Strukturwandels auf die Beschäftigung ist die Stabilität der Nachfrage. Nur bei einer vorgegebenen Nachfrage lassen sich die Effekte des Strukturwandels von denen unterscheiden, die durch die Variation der Nachfrage selbst entstehen. Nachfrage heißt in diesem Fall eindeutig nominale Nachfrage, also die Summe, die man auch als nominale Geldausgaben einer Volkswirtschaft bezeichnen kann.

Auch das immer wieder zu hörende Argument, ein Wandel der Nachfrage hin zu Gütern, die mit einer geringen Kapitalintensität produziert werden, schaffe mehr Beschäftigung, ist falsch. Dann müssten die Preise der produzierten Güter höher sein, so dass bei gegebener nominaler Nachfrage nur eine geringere Menge der arbeitsintensiv produzierten Güter abgesetzt werden kann. Folglich lässt sich zeigen, dass der Strukturwandel generell beschäftigungsneutral ist. Damit ist allen Erklärungen der Arbeitslosigkeit, die vorwiegend auf »strukturelle Faktoren« abstellen, von vornherein der theoretische Boden entzogen.

4.7.2 Investitionen und Produktivität

In den bisherigen Überlegungen haben wir unterstellt, die Produktivität, genauer, das Tempo, mit dem die Arbeitsproduktivität zunimmt, sei in irgendeiner Weise vorgegeben. Das ist es aber nicht. Die technischen Ideen, die hinter der Entwicklung der Produktivität stehen, entziehen sich natürlich weitgehend einer ökonomischen Ursachenanalyse. Das gilt jedoch nicht für die Faktoren, die dafür sorgen, dass technische Entwicklungen umgesetzt werden. Wie schnell oder langsam das geschieht, dürfte in erheblichem Maße für den Fortschritt in Sachen Produktivität verantwortlich sein.

Entscheidend ist daher die Investitionstätigkeit. Das gilt für private Investitionen wie für öffentliche, die oft komplementär zu privaten sind, weil sie die Infrastruktur bereitstellen, die für die Umsetzung der privaten Investitionen gebraucht wird. Offensichtlich ist die Dynamik der Investitionen in der Gesamtwirtschaft eine Frage der Makroökonomik, gehört also gerade nicht in diesen Abschnitt, der sich der mikroökonomischen Dynamik widmet. Ohne die Mikroökonomik von Löhnen und Gewinnen zu verstehen, kann man aber nicht nachvollziehen, wie bedeutend das Lohnregime auch makroökonomisch für die Investitionstätigkeit ist.

Die einzig valide Theorie der wirtschaftlichen Dynamik, wie in Kapitel 3 ausführlich vorgestellt, ist die Entwicklungstheorie nach Schumpeter. Wenn wir sie ein wenig modifizieren und schematisieren, ermöglicht sie es uns nicht nur, die mikroökonomische Dynamik zu begreifen, sondern auch, sie in einen makroökonomischen Kontext einzuordnen. Wir haben schon gesehen, dass die Entscheidungen des Unternehmenssektors makroökonomisch innerhalb des Dreiecks von Arbeitsproduktivität, Löhnen und Preisen getroffen werden müssen.

Mikroökonomisch ist die Entscheidungssituation insofern anders, dass möglicherweise nicht die gleichen Faktoren, auf die das einzelne Unternehmen Einfluss nehmen kann, zur Verfügung stehen. Welche Variable steht ihm also zur Verfügung, wenn es versucht, seine eigene Position gegenüber anderen Unternehmen zu verbessern? Im walrasianischen System muss die Antwort »keine« lauten, weil die Löhne für vergleichbare Arbeit am Arbeitsmarkt für alle Unternehmen gesetzt werden, die Preise an den Gütermärkten anonym bestimmt sind, und die Technik, die alle Unternehmen gleichermaßen einsetzen, exogen vorgegeben ist. Folglich macht der Unternehmer »weder Gewinn noch Verlust«.

Schumpeter ändert diesen Modellrahmen, weil er beobachtet, dass die wirtschaftliche Entwicklung immer wieder angestoßen wird von technischen Neuerungen, die sich offenbar auf der Ebene der Unternehmen vollziehen und nicht von außen vorgegeben sind. Die Innovationen machen die Unternehmen, die sie entwickeln, besonders erfolgreich, was bedeuten muss, dass es ihnen entweder gelingt, die Arbeitsproduktivität mithilfe des Einsatzes neuartiger Maschinen über die ihrer Konkurrenten hinaus anzuheben, oder dass sie völlig neue Produkte entwickeln und dadurch dem Unternehmen einen Vorteil verschaffen, der sich in höheren Gewinnen niederschlägt. Die Lohnentwicklung spielt dabei keine Rolle, was bedeutet, dass Schumpeter eine Determination der Löhne auf anderen Märkten unterstellt, die sich der Einflussnahme der einzelnen Unternehmen entziehen.

In dieser Theorie entscheidet der seitens des Pioniers geschaffene Abstand zwischen allgemein vorgegebenen Löhnen und der individuellen Produktivität des Unternehmens über Erfolg oder Misserfolg. Die unternehmensbezogene Verringerung der Lohnstückkosten und das Entstehen eines absoluten Vorteiles erklärt den Gewinnsprung des Unternehmens. Weil die Preise auf dem Gesamtmarkt unabhängig von dem einzelnen Unternehmen ermittelt werden, erzielt der Pionier höhere Gewinne. Diese Lücke zwischen Löhnen und Produktivität ist in ihrer Bedeutung für die Erklärung marktwirtschaftlicher Dynamik kaum zu überschätzen.

Sie hängt unzweifelhaft von einem mikroökonomischen Lohnstandard ab, dessen wichtigste Eigenschaft es ist, für alle Unternehmen bei gleichartigen Beschäftigungen genau das gleiche Lohnniveau vorzugeben. Was bedeutet, dass bei funktionierenden Teilarbeitsmärkten, auf denen die Knappheit (die sich mit der Qualifikation der Beschäftigten stark überschneidet) über die relative Lohnposition entscheidet, das einzelne Unternehmen keine Möglichkeit hat, das Lohnniveau oder die Lohnentwicklung zu beeinflussen; also Lohnnehmer ist, um es in den Worten der Wettbewerbstheorie zu sagen.

Welcher Mechanismus bringt den einheitlichen Lohn auf Teilarbeitsmärkten hervor? Die Beschäftigten sind, so die Idee, jederzeit in der Lage, die Löhne, die von unterschiedlichen Unternehmen in unterschiedlichen Branchen für eine bestimmte Qualifikation gezahlt werden, zu vergleichen. Sie sind äußerst mobil und bewerben sich bei den Unternehmen, die die höchsten Löhne bieten. Auf diese Weise werden – nicht anders als auf dem Markt für frische Brötchen – jederzeit und schnell die Löhne für eine bestimmte Qualifikation über die Branchen und Unternehmen hinweg angeglichen, und kein Unternehmen kann sich dem entziehen, weil es sonst bestimmte Fachkräfte einfach nicht bekäme.

4.7.3 Der Flächentarifvertrag

Die Mobilität der Arbeitskräfte, die von der klassischen Theorie unterstellt wird, gibt es allerdings auf modernen Arbeitsmärkten nicht. Einerseits sind die Arbeitnehmer sesshaft geworden und können und wollen nicht alle paar Monate umziehen, um sich einen neuen Arbeitsplatz zu suchen. Andererseits ist auch den Unternehmen daran gelegen, gut eingearbeitete Fachkräfte zu halten, weil die Suchkosten auf ihrer Seite u. U. sehr hoch sind. Folglich haben die Gewerkschaften in einigen Ländern in den 1950er- und 1960er-Jahren des vergangenen Jahrhunderts angefangen, Tarifverträge zu vereinbaren, die Gehaltsstrukturen und Lohnsteigerungen über ganze Branchen oder – via Zusammenarbeit verschiedener Gewerkschaften – gar über die Gesamtwirtschaft hinweg ähnlich regeln.

Diese Flächentarifverträge sind nichts anderes als ein funktionales Äquivalent zur Mobilität der Arbeitskräfte in einer Welt, in der die Arbeitskräfte nicht mehr so mobil sind. Der Flächentarifvertrag stellt Bedingungen her, wie sie auf einem Wettbewerbsmarkt herrschen würden, und ist genau deswegen kein dem Marktsystem von außen aufgedrücktes sozial- und gewerkschaftspolitisches Instrument, sondern der perfekte Ersatz für den aus vielen institutionellen Gründen bei weitem nicht perfekten Markt auf der Basis der Mobilität von Arbeit.

Mit dem Flächentarifvertrag hat man offenbar ein Instrument geschaffen, das an die Schumpeter'schen Vorstellungen einer marktwirtschaftlichen Dynamik, die von den Unternehmen vorangetrieben wird, perfekt angepasst ist. Sie kommt durch die temporären Gewinne derer in Schwung, denen es gelungen ist, ein Produktionsverfahren zu rationalisieren oder ein neues Produkt erfolgreich an den Mann zu bringen. Der individuelle Rückgang der Lohnstückkosten bringt demjenigen Unternehmen einen Geschäftserfolg, das sich auf dem ureigenen Feld der Unternehmen als überlegen erwiesen hat, nämlich bei der unternehmerischen Idee.

Das System wird in dem Fall über flexible Gewinne gesteuert, weil die Vorleistungspreise starr sind. Systeme flexibler Vorleistungspreise dagegen schaffen inflexible Gewinne und bedürfen daher anderer Steuerungsmechanismen. Je inflexibler die Preise für Vorleistungen einschließlich Arbeit für das am Markt handelnde einzelne Unternehmen sind, desto flexibler und in der Steuerung des Systems effizienter ist sein Gewinn; je flexibler demgegenüber die Preise für Vorleistungen einschließlich Arbeit, desto starrer und damit ineffizienter als Steuerungsinstrument ist sein Gewinn.

Es ist mehr als erstaunlich, dass zu Beginn dieses Jahrhunderts in Deutschland gerade die Arbeitgeber tendenziell vom System flexibler Gewinne zu einem System inflexibler Gewinne übergeschwenkt sind und die Politik sie dabei unterstützt hat. Wieso ist es aus der Sicht der Arbeitgeber sinnvoll, ein System zu fordern, in dem jeder Produktivitätsvorsprung, den sich ein Unternehmen erarbeitet, zu erheblichen Teilen von Preissteigerungen für seine spezifischen Vorleistungen einschließlich Arbeit weggesteuert wird? Wer entscheidet in diesem System darüber, ob ein Unternehmen am Markt bleiben kann, das trotz permanent schwacher Produktivitätsentwicklung überlebt, weil es für seine Vorleistungen einschließlich Arbeit weit weniger als seine Konkurrenten zahlen muss?

Aber auch aus der Sicht der Gewerkschaften muss man fragen, ob es sinnvoll ist, ein System zu fordern, in dem der Produktivitätsvorsprung eines Betriebes nur oder überwiegend den Arbeitern dieses Betriebes zugutekommt? Wer entscheidet dann darüber, welche Arbeitnehmer in guten und welche in schlechten Betrieben arbeiten und damit hohe oder niedrige Löhne verdienen? Die Reaktion der Arbeitskräfte mit Abwanderung dürfte einem System der Lohndifferenzierung nach Ertragslage jedenfalls Grenzen setzen, da die Kosten der Immobilität für den einzelnen Arbeitnehmer – der vergleichsweise geringere Lohn – die Mobilitätsschranke irgendwann aufheben.

Die immer wieder geforderte »Flexibilität am Arbeitsmarkt«, im Sinne von unterschiedlichen Preisen für gleiche Leistungen, hat nichts mit der Preisflexibilität in einer funktionierenden Marktwirtschaft zu tun. Mit letzterer ist nämlich nicht gemeint, dass jeder Anbieter oder Nachfrager auf einem wohl definierten Markt(segment) zur gleichen Zeit seinen individuellen Preis vereinbaren kann, sondern dass sich für alle Teilnehmer eines Marktes ein einheitlicher Preis einspielt. Der mag sich im Zeitablauf sehr wohl verändern, also den unterschiedlichsten Einflüssen »flexibel« anpassen. Doch dann ändert er sich für alle Marktteilnehmer in gleicher Weise und eben nicht für ein paar wenige so und für einige andere anders und für die restlichen gar nicht.

Es klingt paradox, aber die Flexibilität der Preise ist am größten, wenn die sichtbaren Unterschiede der Preise ähnlicher Produkte und Dienstleistungen nahe null sind. Um es anschaulich auszudrücken: Wenn in allen Bäckereien einer Stadt ein Brötchen gleicher Größe und Qualität in einem bestimmten Monat 0,40 Euro kostet, käme niemand auf die Idee, von verkrusteten Strukturen oder gar einem Anbieterkartell zu sprechen. Stiege der Brötchenpreis im folgenden Monat aufgrund verheerender Ernteschäden und entsprechender Verteuerung des Mehls auf z. B. 0,44 Euro in allen Bäckereien, wäre die notwendige marktwirtschaftliche Flexibilität, also die Fähigkeit, rasch auf sich verändernde Bedingungen zu reagieren, offenbar gegeben.

Würden jedoch Brötchen gleicher Qualität im gleichen Monat bei unterschiedlichen Bäckereien zu unterschiedlichen Preisen angeboten, müsste man die Wettbewerbsintensität auf dem Brötchenmarkt als gering ansehen. Die Kunden dürften auf Dauer die teureren Anbieter meiden, so dass diese zu Preissenkungen oder einem Ausscheiden aus dem Markt gezwungen wären, bzw. die billigeren Anbieter wären so überlaufen, dass sie entweder ihre Preise erhöhen oder/und ihre Marktanteile sowie ihre Produktion entsprechend ausdehnen müssten. Langfristig würde sich also wieder eine Situation mit einheitlichem Preis einstellen.

Auf dem Arbeitsmarkt funktioniert dieses Prinzip flexibler Preise im Grunde genauso. Während der Konsument eines Massenprodukts auf Preisunterschiede mit (für ihn ohne hohe Kosten verbundener) Abwanderung zur Konkurrenz reagieren kann, ist das Wechseln des Arbeitsplatzes aufgrund von Entlohnungsunterschieden für einen Arbeitnehmer schwieriger bzw. in aller Regel mit höheren Transaktionskosten verbunden, muss er doch möglicherweise mit Familie unter Aufgabe des Arbeitsplatzes eines anderen Familienmitglieds umziehen oder zumindest längere Pendelwege in Kauf nehmen.

Trotz einer worauf auch immer zurückzuführenden Immobilität der Arbeitskräfte kann dem Gesetz des »gleichen Lohns für gleiche Arbeit« Geltung verschafft werden. Am besten gewährleistet dies ein Flächentarifvertrag mit möglichst wenigen Ausnahmen. Nur in einem solchen System funktioniert die Steuerung der wirtschaftlichen Entwicklung über die Gewinne anstatt über Ersatzmechanismen wie betriebliche Vereinbarungen. Nicht anders als bei staatlichen Subventionen für notleidende Branchen muss eine Abweichung vom Prinzip des gleichen Preises für alle Produktionsfaktoren einschließlich Arbeit die Ausnahme sein. Etliche Fälle haben in der Vergangenheit gezeigt, dass derjenige, der die Ausnahme zur Regel macht, nicht nur die aus vielen guten Gründen bei uns gewachsenen Strukturen des sozialen Dialogs zerstört, sondern vor allem die marktwirtschaftliche Effizienz eines sich dynamisch entwickelnden Systems.

Nun könnten – um noch einmal auf das obige Brötchenbeispiel zurückzukommen – Kritiker des Flächentarifvertrags einwenden, gerade die flexible Reaktion des Brötchenpreises auf einen spürbaren Anstieg des Mehlpreises aufgrund von Ernteschäden existiere bei den Löhnen nicht, da diese für wesentlich längere Perioden als Monate, nämlich ein oder sogar mehrere Jahre festgelegt würden. Der Einwand hat dahingehend recht, dass die Dauer von Preisvereinbarungen am Arbeitsmarkt, also die Laufzeit von Tarifverträgen – übrigens aus guten Gründen wie z. B. der erhöhten Planungssicherheit –, deutlich höher ist als die Geltungsdauer irgendwelcher sich an den Gütermärkten einspielender Preise. Dagegen hat er unrecht, dass diese geringere Flexibilität der Löhne in der Zeit problematisch für die wirtschaftliche Entwicklung ist.

Sind einzelne Branchen von exogenen Schocks wie z. B. Missernten betroffen, ist das Weiterreichen der sich daraus ergebenden Kostensteigerung in den Güterpreisen für die Unternehmen unproblematisch, da alle Anbieter der entsprechenden Branche von demselben Schock betroffen sind, also kein Unternehmen preislich ausscheren und dadurch Marktanteilsgewinne für sich erreichen kann. Für die Arbeitnehmer der betroffenen Branche sind die Folgen der absoluten und relativen Preissteigerung des von ihnen produzierten Gutes kurzfristig die gleichen wie für alle übrigen Arbeitnehmer: Ihr Realeinkommen sinkt bzw. steigt langsamer gemäß der unerwarteten Preissteigerung, die das betroffene Gut in ihrem individuellen Warenkorb auslöst.

Würden die Arbeitnehmer der vom Schock betroffenen Branche im Sinne eines »flexiblen Tarifvertrags« mit einem teilweisen Lohnverzicht reagieren, so dass die Unternehmen die Kostensteigerung bei der Vorleistung (z. B. Mehl) nicht in den (z. B. Brötchen-)Preisen weiterzugeben bräuchten, trügen die Beschäftigten der Branche den durch den Schock verursachten Realeinkommensverlust allein, was unter Verteilungsgesichtspunkten kaum zu begründen wäre. Zugleich verlöre der Gütermarktpreis der Branche aber seine Steuerungsfunktion, was die Knappheit angeht: Das Gut würde schlicht zu billig angeboten und damit in Hinblick auf den Schock in zu großer Menge konsumiert.

Mittel- bis langfristig zögen sich – je nach Mobilitätsgrad – die Arbeitnehmer der vom Schock betroffenen Branche aus dieser zurück und wechselten in Branchen, in denen ihre Qualifikation benötigt und ihre Arbeitsleistung zu ungekürzten Löhnen entlohnt wird. Entsprechend ginge daraufhin die Subventionierung der vom Schock betroffenen Branche durch ihre eigenen Arbeitnehmer zurück: Es müssten langfristig doch die ursprünglichen Löhne gezahlt werden, um die Abwanderung in andere Branchen zu verhindern oder zumindest zu bremsen, und das würde letztendlich zu der Preiserhöhung führen, die im Falle inflexibler Branchenlöhne von vornherein zustande gekommen wäre.

Auch die immer wieder einmal diskutierte Einführung einer Gewinnbeteiligung der Arbeitnehmer ändert nichts an diesen Schlussfolgerungen. Erhalten die Arbeitnehmer etwa – abhängig von der Lage des Betriebes – mehr oder weniger Lohn (oder Aktien statt Lohn), vermindert sich in der Tat das Risiko, arbeitslos zu werden. Die Arbeitnehmer sind dann stärker am Risiko des Unternehmens beteiligt und übernehmen damit Unternehmerfunktionen. Die Haftung für Fehler des Managements wird dann nicht nur im Fall von Entlassungen, sondern zudem beim Einkommen regelmäßig auf die Arbeitnehmer abgewälzt. Das vermindert für das Unternehmen die Gewinnschwankungen, aber auch die Steuerungsfunktion der Gewinne im obigen Sinne. Die Arbeitnehmer wählen zwischen Einkommensrisiko und Entlassungsrisiko.

Gesamtwirtschaftlich ist durch eine derartige Flexibilisierung nichts gewonnen. Hinzu kommt aber noch ein weiterer Aspekt in der Gesamtwirtschaft, der solche Systeme sogar instabiler macht. Anders als beim einzelnen Unternehmen hilft eine »flexible« Reaktion der Einkommen der Arbeitnehmer im Fall eines exogenen Schocks nicht, den Schock abzupuffern. Sinkt etwa die Exportnachfrage einer Volkswirtschaft, ist weder eine Lohnsenkung noch eine Freisetzung von Arbeitskräften oder irgendeine Kombination derselben eine angemessene Antwort, weil es die Gesamtnachfrage in der Regel weiter destabilisiert. Nur die Fiskalpolitik und/oder die Geldpolitik können (und müssen) in diesem Fall gegensteuern. Ein System beschränkter Haftung der Arbeitnehmer für die Gewinne ist folglich kein Ersatz für eine makroökonomisch vernünftige Wirtschaftspolitik, wie das heute oft geglaubt wird.

Warum das Jahrzehnte lang erfolgreiche Lohnverhandlungsmodell des Flächentarifvertrags in Deutschland weitgehend beseitigt wurde, ist weiterhin unverständlich. Liegt es daran, dass die Unternehmen sich immer weniger als Pioniere begreifen, die für ihre riskante Leistung belohnt werden wollen? Ist für sie deswegen eine Durchlöcherung des

Flächentarifvertrags mittels betrieblicher, regionaler oder sektoraler Öffnungsklauseln, Gewinnbeteiligungen und Bonuszahlungen nach Geschäftslage attraktiv? Auf diesem Wege können sie Einkommensunsicherheiten auf ihre Beschäftigten verlagern, d. h., vom System flexibler Gewinne (und rigider Löhne) auf ein System flexibler Löhne (und rigider Gewinne) wechseln. Die Beschäftigten gehen darauf in einer gesamtwirtschaftlich unsicheren, d. h. vor allem durch hohe Arbeitslosigkeit geprägten Lage mehr oder weniger bereitwillig ein, weil sie aus ihrer mikroökonomischen Sicht lieber ein gewisses Einkommensrisiko tragen als ein hohes Beschäftigungsrisiko.

Wenn das Steuerungsinstrument flexibler Gewinne für eine Volkswirtschaft verloren geht, bedeutet das, dass die Chance, hohe Produktivitätszuwächse zu erzielen, systematisch schwindet. Unmittelbar und mittelbar ist der nachlassende Druck auf die Unternehmen, sich mit besonderen Produktivitätszuwächsen Vorteile zu verschaffen, für die gesamtwirtschaftliche Entwicklung schädlich.

In diesem Zusammenhang wird auch immer wieder gefragt, ob es nicht eine stärkere Differenzierung der Lohnabschlüsse nach Sektoren geben müsste. Das haben wir schon indirekt beantwortet mit dem Hinweis auf die Beschäftigungsneutralität des Strukturwandels. Lohnvereinbarungen, bei denen die einzelnen Branchen Lohnsteigerungen entsprechend der Produktivitätsentwicklung in ihrer jeweiligen Branche bzw. in ihrem Sektor zahlen, sind aus ähnlichen Gründen problematisch wie die betriebliche Differenzierung.

Wenn der Wirtschaftszweig mit dem höchsten Produktivitätszuwachs die höchsten Lohnsteigerungen zu verkraften hat und der mit dem niedrigsten Produktivitätswachstum die geringsten, hemmt auch das den technischen Fortschritt und bringt auf diese Weise Einkommenseinbußen mit sich gegenüber einer Situation, in der sich alle Branchen am durchschnittlichen Produktivitätswachstum der gesamten Volkswirtschaft orientieren. Denn die Gewinne und damit die Investitionsmöglichkeiten der erfolgreicheren Branchen wachsen langsamer bzw. der Spielraum für relative Preissenkungen der erfolgreicheren Branchen gegenüber den weniger erfolgreichen nimmt bei rein branchenorientierten Lohnabschlüssen ab. Das führt dazu, dass die Veränderung der Nachfrage aufgrund von Preisänderungen weg von den weniger fortschrittlichen Branchen hin zu den innovativeren Wirtschaftszweigen langsamer vonstatten geht, weil die relativen Preisverschiebungen zwischen den Branchen kleiner ausfallen. Mit anderen Worten: Der Strukturwandel wird durch Tarifabschlüsse, die nach Branchen differenziert sind, verlangsamt, denn die Löhne schöpfen dann die Gewinne der innovativeren Branchen bzw. Sektoren ab und subventionieren umgekehrt die in Sachen Produktivitätssteigerung langsameren Wirtschaftsbereiche.

Dass die Arbeitnehmervertreter hier häufig mit den Unternehmern der schwächeren Branchen an einem Strang ziehen, verwundert nicht, weil beide dem technischen

Fortschritt bzw. dem Strukturwandel skeptisch gegenüberstehen. Die einen, nämlich die Gewerkschaften, weil sie an der Vorstellung festhalten, Produktivitätssteigerungen würden der Beschäftigung schaden; die anderen, nämlich die Unternehmer, weil sie den Bedeutungsrückgang ihrer jeweiligen Branche fürchten. Obwohl sie auf Dauer nur durch Innovation diesem Bedeutungsverlust entkommen können, setzen sie lieber auf einen Lohnwettlauf nach unten.

Der Versuch, die Branche durch unterdurchschnittlich wachsende Löhne von der Kostenseite her zu retten, ist mittel- bis langfristig zum Scheitern verurteilt, weil die Arbeitskräfte versuchen werden, die Branche zu wechseln. Je nach Qualifikation ist ein solcher Wechsel auch nicht generell unmöglich. Zwar mag ein Bergmann nicht ohne zeitintensive Umschulung in den Telekommunikationsbereich wechseln können, ein Elektriker aus dem Baugewerbe wird jedoch ohne allzu große Schwierigkeiten in der Industrie Arbeit finden.

Box 9: Das Law of One Price, David Ricardo und die Dienstleistungslücke

Es ist interessant, dass David Ricardo schon zu Beginn des 19. Jahrhunderts die Bedeutung des Law of One Price am Arbeitsmarkt erkannte. Er argumentiert, dass Länder, die im Export erfolgreich sind, in der Regel einen hohen Produktivitätszuwachs bei ihren Exportindustrien aufweisen. Dieser führt zum einen zu einem hohen Lohnzuwachs innerhalb jener Branchen, bewirkt zum anderen aber – via Law of One Price –, dass auch in den übrigen Bereichen der Wirtschaft ein besonders hoher Lohn zu zahlen ist. Da die übrigen Bereiche, die Bereiche der nicht-handelbaren Güter, die Löhne nicht voll durch ihre Produktivität »finanzieren« können, aber auch nicht dem Preisdruck des internationalen Handels ausgesetzt sind, versuchen sie, so viel wie möglich davon über ihre Inlandspreise abzuwälzen. Selbst wenn das nicht vollständig gelingt, wird das Preisniveau in einem hochproduktiven Land schließlich doch höher sein als in einem weniger produktiven. Dieser Effekt wird gemeinhin Samuelson-Balassa-Effekt genannt, basiert aber auf Ricardos Analyse. Jacob Viner bemerkt dazu:

> Thus Ricardo says at one point that »the value of money is never the same in any two countries« and that »the prices of the commodities which are common to most countries are also subject to considerable difference« but the context shows that he had in mind the differences in different countries in the purchasing power of gold over particular commodities which were due to the cost of transporting gold, to bounties and tariffs, to the cost of transporting goods, and to the existence of non-transportable »home commodities« which, according to him, would be higher in price in countries where the effectiveness of labor in export industries and therefore also the wages of labor were comparatively high, and he included as an element in the value of money its purchasing power in terms of labor, which he assumed to be a non-transportable commodity. In a letter to Malthus,

> Ricardo conceded that the situation suggested by Blake, where gold moved from France to England although the value of gold in terms of commodities was constant in France and rising in England, was possible though improbable, and explained the possibility of such divergent trends of the value of gold by reference to the transportation costs of commodities and the existence of non-transportable commodities.[8]

Man hat diesen Effekt häufig benutzt, um Unterschiede im Preisniveau zwischen Ländern unterschiedlicher Entwicklungsstufen zu erklären. Das kann aber auch schief gehen, wenn nämlich tatsächlich große Unterschiede bei der Entwicklung der Lohnstückkosten bestehen, die nichts mit dem Effekt zu tun haben. Deswegen ist es grundsätzlich immer besser, gleich auf die Lohnstückkosten zu schauen, wenn es ein Auseinanderlaufen von Inflationsraten gibt.

Das Law of One Price lässt sich eben nicht beliebig aushebeln. Spätestens bei der Frage, welche Ausbildungsrichtung unter Schulabgängern bevorzugt wird, spielen die Aussichten auf das spätere Arbeitseinkommen eine Rolle. Werden über Jahre hinweg in einer schwachen Branche unterdurchschnittliche Lohnsteigerungen vereinbart, zieht das keine neuen Talente unter den Arbeitskräften an. Dann gesellt sich zu der unterdurchschnittlichen Produktivitätsentwicklung auch noch eine Art Negativauslese am Arbeitsmarkt, was die langfristigen Aussichten der Branche weiter verdüstern dürfte.

Dem kurzfristigen Kostenvorteil, keine am durchschnittlichen Produktivitätsfortschritt der Gesamtwirtschaft orientierten Löhne zahlen zu müssen, steht ein gravierender langfristiger Nachteil bei der Qualität der verfügbaren Arbeitskräfte gegenüber. Dieser Zusammenhang wird auch von der EZB missachtet, wenn sie in Hinblick auf die Beschäftigungsentwicklung fordert: »Insbesondere sollten die Tarifvereinbarungen differenziert genug sein, um [...] der sektorspezifischen Produktivitätsentwicklung Rechnung zu tragen.«[9]

Die Produktivität der Beschäftigten im Dienstleistungssektor nimmt indirekt durch die steigende Produktivität in der Industrie zu, indem sie Vorleistungen für die Industrie erbringt. Der Wert der einzelnen Arbeitsleistung steigt, wenn das Endprodukt, in das sie mit einfließt, mit höherer Arbeitsproduktivität hergestellt wird. Man stelle sich die Produktion in der Montagehalle eines Autoherstellers vor und zugleich die Arbeit des Busfahrers, der täglich die Beschäftigten zur Werkshaltestelle fährt. Der Busfahrer kann seine Produktivität nicht steigern: er fährt dauernd dieselbe Strecke mit demselben Fahrzeug in (je nach von ihm nicht beeinflussbarer Verkehrslage) ungefähr der gleichen Zeit. Doch wird die Pünktlichkeit, mit der er seine Dienstleistung erbringt,

---

8 Viner, J. (1965 [1937]): 315.

9 EZB (2007): 6.

umso wichtiger, je stärker z. B. das produktivitätssteigernde Just-in-time-Konzept bei der Montage des Autoherstellers eine Rolle spielt und eine Verspätung der Beschäftigten zu einem teuren Produktionsausfall führt. Die Arbeit des Busfahrers wird also indirekt produktiver, was sich in seiner Entlohnung ebenso niederschlagen sollte wie die direkte Produktivitätssteigerung in der Entlohnung der Montagearbeiter.

Ein solches Argument kann man nicht ohne weiteres auf die Dienstleistung des Friseurs übertragen, der dem hochproduktiven Industriemanager in dessen knapper Freizeit die Haare schneidet. Denn hier ist der Vorleistungscharakter der Dienstleistung nicht gegeben, sie stellt ein Endprodukt – den Haarschnitt – bereit. Trotzdem gibt es einen guten Grund, den Friseur an der allgemeinen Produktivitätsentwicklung teilhaben zu lassen, auch wenn diese überwiegend von der Industrie getragen wird: Kann ein Friseur nämlich buchstäblich nicht mehr von seiner Hände Arbeit leben, d. h. die Kosten eines unterdurchschnittlichen Lebensstandards verdienen, obwohl sein Geschäft gut ausgelastet ist, stirbt der Beruf des Friseurs aus. Der Manager muss sich dann selbst die Haare schneiden, was länger dauern und im Ergebnis wohl weniger zufriedenstellend ausfallen dürfte.

Entscheidend ist, dass alle diese Vorschläge ihr eigentliches Ziel, die Schaffung von mehr Arbeitsplätzen, nicht erreichen können. Denn die Grundhypothese, dass sich durch die Förderung eines Sektors mit geringer Arbeitsproduktivität die Beschäftigung erhöhen lasse, ist schlicht falsch. Dahinter steckt nämlich die Vorstellung, man könne eine gegebene Gesamtmenge an Produktion je nach sektoraler Struktur mit mehr oder weniger Arbeitskräften herstellen, also einmal mit hoher Produktivität unter Inkaufnahme hoher Arbeitslosigkeit oder mit niedriger Produktivität und dafür hoher Beschäftigung.

Es gibt aber in der Wirklichkeit einer sich dynamisch entwickelnden Marktwirtschaft keine vorgegebene Produktionsmenge. Vielmehr sorgt der Preis-Lohn-Mechanismus dafür, dass eine hohe Produktivitätszunahme zu einem hohen Produktionswachstum führt, eine niedrige Produktivitätszunahme hingegen zu einem geringen Produktionswachstum. Diesen Realeinkommenseffekt muss man vollständig ausblenden, wenn man sich von einer exogenen Steuerung des sektoralen Strukturwandels positive Effekte für die Beschäftigung insgesamt erhofft. Man darf ihn aber nicht ausblenden, weil sonst keine Aussage über den Gesamteffekt möglich ist und alles in einer Partialanalyse mit beliebigem gesamtwirtschaftlichem Ergebnis stecken bleibt. Ob eine Produktivitätsbremse durch allgemeine oder sektorspezifische Lohnzurückhaltung zu erreichen versucht wird oder durch spezifische Förderung arbeitsintensiver Sektoren, das Ergebnis ist stets das Gleiche: es funktioniert nicht, es kommt dadurch nicht zu einem Beschäftigungszuwachs.

Folglich ist der Flächentarifvertrag auch nicht für »zu starre« sektorale Lohnstrukturen in Deutschland verantwortlich, was immer wieder behauptet wird. Man beklagt z. B., es gebe eine Dienstleistungslücke, also »zu wenige« Beschäftigte im Bereich der

Dienstleistungen im Vergleich zu den am Arbeitsmarkt erfolgreichen Ländern. Der Flächentarifvertrag, so die Behauptung, belaste die weniger produktiven Dienstleistungen in gleicher Weise wie die hochproduktive Industrie.

In der Tat ist es so, dass die Produktivitätsfortschritte bei Dienstleistungen tendenziell geringer sind als die in der Industrie. Wenn für gleich knappe Arbeit in allen Verwendungen der gleiche Preis zu zahlen ist, gibt es von der Preisseite her eine eingebaute Bremse für die Ausweitung der Dienstleistungsbereiche im sektoralen Strukturwandel. Existiert aber eine »natürliche« Tendenz in der Veränderung der Präferenzen, die bei steigendem Wohlstand Dienstleistungen begünstigt, sieht die Sache anders aus. Dann steht nämlich dem negativen Preiseffekt immer auch ein für die Ausweitung der Dienstleistungen positiver Einkommenseffekt gegenüber. Welcher Effekt quantitativ überwiegt, ist vollkommen offen.

Im Ergebnis: Eine Differenzierung der Löhne für gleich knappe Arbeit nach Betrieben oder Sektoren verstößt gegen die Grundprinzipien einer sinnvollen marktwirtschaftlichen Ordnung. »Flexible« Löhne in diesem, den Begriff der Flexibilität missbrauchenden Sinne, führen darüber hinaus in einer sich rasch entwickelnden Volkswirtschaft zu einer Dämpfung der Dynamik, da sie die Anreize für Pionierunternehmen vermindern und weniger erfolgreiche Unternehmen subventionieren.

Entscheidend aber ist: In keinem zeitlich offenen und sich entwickelnden System lässt sich nachweisen, dass eine Lohndifferenzierung über die Dämpfung des Produktivitätsfortschritts positive Beschäftigungseffekte auszulösen vermag. Dagegen sind die negativen Einkommenseffekte eindeutig.

4.8 Entlohnung nach der individuellen Grenzproduktivität?

Wir haben schon einige Male die Frage aufwerfen müssen, ob es eine Grenzproduktivität gibt, die sich einem bestimmten Arbeitnehmer zurechnen lässt, also so etwas wie eine individuelle Grenzproduktivität. Die neoklassische Theorie erweckt den Eindruck, man könne davon ausgehen, dass es möglich sei, eine Arbeitskraft entsprechend ihrer individuellen Grenzproduktivität zu entlohnen, und dass auch nur diese Entlohnung in einem marktwirtschaftlichen System zu erwarten sei, weil jede Entlohnung, die darüber hinausgeht, einen Verlust für die Unternehmen bedeute. Doch auch hier führt ihre streng mikroökonomische Fundierung die Theorie in die Irre.

Erneut spielt Unsicherheit eine wesentliche Rolle. In den größten Bereichen der Volkswirtschaft, etwa bei den Dienstleistungen einschließlich der produktionsnahen

Dienstleistungen, weiß der Unternehmer bei der Einstellung eines Arbeiters oder eines Angestellten von vorneherein nicht, wie viel er dadurch zusätzlich verdienen kann. Er zahlt folglich den marktüblichen Lohn, wenn Vollbeschäftigung herrscht und versucht, darunter zu bleiben, wenn er wegen Arbeitslosigkeit in einer günstigen Verhandlungsposition ist.

Der Unternehmer setzt den Arbeitnehmer da ein, wo er unmittelbar gebraucht wird. Er mag im Laufe der Zeit auch feststellen, dass der gleiche Arbeitnehmer an einer anderen Stelle deutlich sinnvoller und produktiver ist, ohne dass er zwingend dessen Lohn ändern muss. Der Arbeitnehmer hat nämlich nicht eine feststehende, sondern viele verschiedene Produktivitätspotenziale, je nachdem, wo er im Produktionsprozess eingesetzt wird. Es gibt keinen Marktprozess, der verhindern würde, dass ein Unternehmen einen Arbeitnehmer an einem Arbeitsplatz beschäftigt, wo er weit mehr Produktion (und Ertrag) erbringt, als es seinem Lohn entspricht, weil die dahinterstehenden Kosten- und Ertragsstrukturen einfach intransparent bzw. die Kosten zur Erlangung der notwendigen Informationen zu hoch sind, als dass das Unternehmen bereit wäre, diese aufzuwenden.

Woher aber kommt der marktübliche Lohn? Ist der nicht doch Ergebnis der Arbeitsproduktivität? In der Tat, wir haben immer wieder gezeigt, dass die Löhne im Durchschnitt der Volkswirtschaft in einer engen Beziehung zur Produktivität stehen. Gerade die Dynamik der realen Löhne im Zeitablauf, also die jährlichen Veränderungen, sind in den meisten entwickelten Ländern relativ eng an die Produktivität gekoppelt. Das aber sind gerade Entwicklungen der Produktivität, die mit der individuellen Produktivität rein gar nichts zu tun haben. Das zeigt sich beispielsweise in den jährlichen Anpassungen der Löhne in den Dienstleistungsbereichen. Dort kann man in der Regel die durchschnittliche Produktivitätszunahme der Volkswirtschaft als Lohnbestandteil durchsetzen, obwohl die Dienstleistungen mit dieser Entwicklung der Produktivität rein gar nichts zu tun haben, denn die kommt überwiegend aus dem Bereich der produzierenden Wirtschaft.

Das gilt auch für den Fall, bei dem der Wettbewerb unter den Unternehmen funktioniert, aber die Gewerkschaften extrem schwach sind. Dann erhöhen sich die Reallöhne in allen Bereichen unabhängig von deren individueller Produktivitätsentwicklung, weil die Preise in den besonders produktiven Bereichen fallen und somit die Reallöhne auch für diejenigen steigen, die selbst überhaupt nicht produktiver geworden sind.

Über viele Jahre verschwindet bei einer solchen Wachstumsdynamik, die in dem statischen Bild der Neoklassik einfach nicht vorkommt, der Zusammenhang von individueller Produktivität und individuellem Lohn vollständig. Berufsgruppen, wie Grundschullehrer oder Krankenschwestern, deren Berufsbild und deren individuelle »Produktivität« über Jahrzehnte unverändert bleiben, erfahren dennoch Reallohnzuwächse nach

Maßgabe der Zunahme der gesamtwirtschaftlichen Produktivität. Andere Berufsgruppen verschwinden im Zeitverlauf gänzlich, weil sie im Zuge veränderter Strukturen der Nachfrage und der vorhandenen Technologie nicht mehr gebraucht werden. Aber auch diese sind (zumindest bei Vollbeschäftigung) weder bereit noch in der Lage, durch Anpassung ihrer Löhne nach unten, das Verschwinden ihrer Tätigkeiten zu verhindern. Andere, die vom Strukturwandel begünstigt werden, können ihre Löhne und Gehälter nach oben schrauben, weil sie knapp sind, nicht aber, weil ihre individuelle Produktivität im Sinne einer technischen Produktivität hoch wäre und schnell stiege.

Die Idee einer individuellen Grenzproduktivität ist auch deswegen unhaltbar, weil das, was letztlich Produktivität bedeutet, von den Löhnen selbst abhängt. Die Nachfrage nach den Gütern, die von allen Arbeitskräften produziert werden, ist nämlich nicht unabhängig von den Löhnen. Nur wenn diese in jeder Periode insgesamt im Ausmaß des Produktivitätszuwachses steigen, können die Güter, die produziert worden sind, gekauft werden. Das bedeutet, dass nur dann, wenn die Löhne in ausreichendem Maße steigen, auch die Nachfrage nach Arbeit ausreichend steigen kann, um alle Arbeitswilligen zu beschäftigen. Deshalb, das haben wir im Verlauf dieses Kapitels dargelegt, gibt es in Wirklichkeit kein System, das man mit irgendeiner Berechtigung »Arbeitsmarkt« nennen dürfte.

Insgesamt legen diese Überlegungen eine enorme Aufwertung der Bedeutung von Arbeit im wirtschaftlichen System nahe. Der Lohnstandard schafft sowohl makroökonomische Stabilität als auch mikroökonomische Dynamik. Die regelmäßige und systematische Anpassung der Löhne an eine ambitiöse Produktivitätsentwicklung und die Zielinflationsrate ist das entscheidende Instrument der Wirtschaftspolitik, um eine nachhaltige und angemessene Entwicklung der Wirtschaft zu erreichen. Die Einhaltung des Lohnstandards mag nicht die hinreichende Bedingung für eine erfolgreiche Entwicklung sein, die notwendige ist sie aber allemal. Dazu mehr in Kapitel 5.

4.9 Warum sich bei Arbeit und Lohn das Schicksal der Neoklassik entscheidet

Besonders absurd ist die Vorstellung einer individuellen Grenzproduktivität in einer Welt, in der modernste Technologie in völlig gleicher Weise in vielen Ländern der Welt eingesetzt wird, darunter auch in solchen, deren Löhne weit unter jenen der Industrieländer liegen, wie in Kapitel 3 bereits diskutiert. Es kann kein Zweifel daran bestehen, dass die Grenzproduktivität eines chinesischen Arbeiters, der an einem Montageband einer hochmodernen deutschen Fabrik in der Volksrepublik China steht, mindestens nahezu so hoch ist wie eines deutschen Arbeiters, der in Deutschland an exakt dem gleichen Montageband steht. Dennoch bekommt der chinesische Arbeiter einen Lohn, der nur ein Fünftel dessen seines deutschen Kollegen beträgt.

Was rechtfertigt diesen Unterschied? Die Antwort der relevanten ökonomischen Theorie ist der Hinweis auf die Immobilität der Arbeitskräfte und die Existenz eines Flächentarifvertrages, der verhindert, dass die chinesischen Arbeiter genau den Lohn verlangen, den ihre deutschen Kollegen bekommen (jedenfalls in realer Rechnung, was etwas niedrigere Löhne in China rechtfertigt, weil die dortige Kaufkraft höher ist). Die neoklassische Theorie vermag darauf nur zu antworten, dass es diese Differenz der Entlohnung gar nicht geben kann, weil der deutsche Unternehmer früher oder später die Produktion in China in Richtung einer deutlichen Arbeitsintensivierung umbauen wird.

Damit aber stellt sich die Neoklassik gegen eine Beobachtung, die über viele Jahrzehnte bestätigt ist, und beweist unmittelbar ihre vollkommene Irrelevanz. Wer Fakten schlicht ignoriert und wider besseres Wissen an Auffassungen festhält, die sich nicht mit den Tatsachen in Übereinstimmung bringen lassen, betreibt nicht Wissenschaft, sondern vertritt eine Art von Religion, die auf Glauben statt auf Wissen setzt.

Es ist klar: Gibt die Neoklassik die Idee vom sich selbst stabilisierenden Arbeitsmarkt auf und gesteht zu, dass keine Substitution zwischen Arbeit und Kapital existiert, ist ihr gesamtes Weltbild am Ende. Ohne »Arbeitsmarkt« kann es kein allgemeines Gleichgewicht geben und alle Modelle, die heute verwendet werden, sind obsolet. Wer die reine Lehre – aus welchen Gründen auch immer – verteidigen will, muss sich folglich konsequent gegen die Logik und gegen die Fakten stellen.

KAPITEL 5

GELD, KAPITAL UND MONETÄRE STABILITÄT

Schon in Kapitel 2 dieses Buches, bei der Auseinandersetzung mit der Literatur, hat sich gezeigt, dass die herrschende neoklassische Lehre keine Lösung für das Problem der Geldwertstabilität bietet. Im allgemeinen Gleichgewicht können die Preise im Durchschnitt um 100 Prozent pro Periode steigen oder um 1 Prozent. Sind die Preissteigerungen gar abhängig von der Dynamik, die eine Volkswirtschaft im Zeitverlauf entwickelt, ist die Gleichgewichtsökonomik vollständig ahnungslos.

Folglich hat man über Jahrhunderte verzweifelt nach einer Möglichkeit gesucht, eine marktwirtschaftliche Lösung für dieses Problem zu finden. Fündig geworden ist man schon einige hundert Jahre vor der Gleichgewichtstheorie und dem Monetarismus bei einem französischen Ökonomen namens Jean Bodin, der eine Beziehung herstellte zwischen der Menge des Geldes (was auch immer das sein mag) und der Veränderung der Preise.[1] Dies beruhte auf der Vermutung, die historisch wiederkehrenden inflationären Phasen hätten mit dem Verlust der Währungsstabilität im System metallgedeckter Währungen zu tun. Die daraus entwickelte Gleichung legte nahe, dass man dem System von außen eine monetäre Beschränkung geben müsse, um die internen dynamischen Prozesse in Grenzen zu halten. Der Goldstandard mit dem Versuch, Preisstabilität und Währungsstabilität zugleich durch die natürliche Begrenzung des vorhandenen Geldes zu garantieren, war der erste Ausdruck der unendlichen Verwirrung in Sachen monetärer Stabilität (siehe dazu Abschnitt 2.10).

Dass auch viele Jahrzehnte nach der offiziellen Einführung von (zumeist vollkommen ungedeckten oder nur symbolisch gedeckten) Papierwährungen die Konfusion kaum gewichen ist, hat sicher damit zu tun, dass der moderne Monetarismus à la Milton Friedman seit den 1950er-Jahren den Anschein einer wissenschaftlichen Begründung für die quantitative Beschränkung »des umlaufenden Geldes« erwecken will. Man gab dem Gold einen modernen nationalen Anstrich in Form einer von einer unabhängigen

1 Schumpeter, J. A. (1966 [1954]): 311.

Institution zu steuernden Geldmenge und verwies bei der internationalen Geldwertstabilität schlicht auf die Weisheit der Märkte. Begierig wurde diese »Lösung« von großen Teilen der Wissenschaft und fast allen bedeutenden Notenbanken aufgegriffen und (scheinbar) erfolgreich umgesetzt.

Doch die »Lösung« ist keine. Weder gab es jemals eine Geldmengensteuerung, wie in den nächsten Abschnitten gezeigt wird, noch erwies sich die Weisheit der Märkte als groß genug, um international für ein bloßes Minimum an monetärer Stabilität zu sorgen. Es bleibt also nichts übrig, als die Geschichte von vorne zu beginnen und eine Lösung zu skizzieren, die sowohl wissenschaftlichen Ansprüchen als auch den Möglichkeiten der Politik gerecht wird.

5.1 Die Rolle des Geldes

Wenn es um die Rolle des Geldes in der Wirtschaft geht, gibt es zwei extreme Auffassungen. Auf der einen Seite stehen alle Theorien, die Geld und Geldpolitik strikt vom Wirtschaftssystem trennen. Das kommt am klarsten in der These von der »Neutralität des Geldes« zum Ausdruck, mit der die Neoklassik und der Monetarismus seit vielen Jahrhunderten operieren. Auf der anderen Seite steht vollkommen »endogenes Geld«, das vom System geschaffen und jederzeit geräuschlos den Bedürfnissen der Wirtschaftssubjekte angepasst werden kann. Beides wird dem Geldsystem, in dem und mit dem die westlichen Volkswirtschaften seit dem Ende des Zweiten Weltkriegs operieren, nicht gerecht.

Aber es geht nicht um Geld alleine. Wir müssen zur Kenntnis nehmen, dass wir in einem gemischten Wirtschaftssystem leben, in dem der Staat auch unmittelbar als Wirtschaftssubjekt und als handelnde Institution eine nicht zu vernachlässigende Rolle spielt. Wer die Entwicklung der Wirtschaft erklären will, sollte von vorneherein und zu jedem Zeitpunkt die Geldpolitik und die Fiskalpolitik in Rechnung stellen. Nimmt man hinzu, dass die Außenwirtschaft ebenfalls nicht als unabhängig von staatlichen Regulierungen und vor allem dem Währungssystem angesehen werden kann, gibt es auch hier keine Erklärung ohne die Einbeziehung des Staates bzw. der Staatengemeinschaft. Schließlich, wie in Kapitel 4 gezeigt, ist der »Arbeitsmarkt« keineswegs als Markt im üblichen Sinne zu betrachten, sondern braucht die staatliche Intervention, um überhaupt angemessen funktionieren zu können. Doch bleiben wir zunächst bei der Bedeutung des Geldes.

5.1.1 Was ist Geld?

Fragen nach der Bedeutung des Geldes, des »Wesens« des Geldes oder der Rolle des Geldes in einer modernen Wirtschaft haben Ökonomen wie auch etliche Laien mehr als irgendeine andere Frage beschäftigt. Dass es immer noch so viele Rätsel gibt, die mit dem Geld verbunden sind und sich so viele Mythen um das Geld ranken, hat aber hauptsächlich damit zu tun, dass die neoklassische Ökonomik niemals einen realistischen Zugang zum Geld gefunden hat.

Weil diese Theorie einerseits die Ökonomik dominiert, andererseits aber mit der Behauptung von der »Neutralität des Geldes« statisch geblieben ist und ihr damit jeglicher Zugang zu einer realistischen Geldtheorie verwehrt bleibt, hat sich in der Öffentlichkeit bei vielen Interessierten der Eindruck durchgesetzt, aus dem Papiergeld werde aus ideologischen oder sonstigen Motiven ein Geheimnis gemacht.

Eine der immer wieder gestellten Fragen ist die nach der Verbindung von Geld und Schulden. Warum, fragen besorgte Laien, kann man Geld nur im Austausch mit Schuldtiteln in Umlauf bringen? Schafft dieses »Schuldgeld« nicht allerhand Übel in den modernen Wirtschaften? Die Antwort ist zwar trivial, aber keineswegs so offensichtlich, dass sie sich verbreitet hätte: Weil Geld in den heutigen Geldwirtschaften einen Anspruch auf Güter beinhaltet, kann dieser Anspruch nicht verschenkt werden, sondern muss selbstverständlich vermögensneutral erfolgen. Das geht nur, wenn derjenige, der von der Zentralbank Geld erhält, dafür einen Schuldtitel akzeptiert.

Viele stören sich auch daran, dass unsere Banknoten formal eine Forderung gegenüber der Zentralbank darstellen, obwohl sie dafür niemals etwas anders liefert als wieder das von ihr geschaffene Zentralbankgeld. In der Tat, Banknoten und Münzgeld sind formal Forderungen gegenüber der Zentralbank. Auf der Passivseite der Bilanz einer Notenbank steht die umlaufende Währung als Verbindlichkeit.

Wenn die Zentralbank das Geld, das sie herausgegeben hat, als Verbindlichkeit verbucht, muss es bei den Bürgern (bzw. denjenigen, die das Geld haben) eine Forderung darstellen. Das ist zwar die formale Logik der doppelten Buchhaltung, aber sie sagt nichts darüber aus, wer substanziell für die Verbindlichkeiten der Zentralbank geradesteht. Das kann nicht die Zentralbank selbst als Institution sein, weil sie schließlich nicht die Waren liefert, die der Bürger für sein Geld kaufen möchte. Jenseits der formalen buchhalterischen Vorschriften ist sie in der Tat der falsche Ansprechpartner, wenn es um die Frage geht, wer etwas für unser Geld liefert.

Was also ist modernes Geld? Nun, Geld lässt sich am besten verstehen als ein Vertrag, den die Gesellschaft mit sich selbst schließt. Zwischen allen Bürgern und dem Staat als deren Repräsentant wird festgelegt, dass das von der Zentralbank ausgegebene Geld für die Waren und Dienstleistungen steht, die in dem Land hergestellt werden.

Man schließt diesen Vertrag, weil sich die Transaktionen in einer komplexen Wirtschaft mit einem einheitlichen und allseits akzeptierten Zahlungsmittel (einem *numéraire*, wie es klassisch genannt wird) wesentlich unkomplizierter gestalten. Statt den Wert jedes Gutes in Einheiten jedes anderen Gutes ausdrücken zu müssen, werden die Werte aller Güter in Geldpreisen ausgedrückt, was die Güterwerte unmittelbar vergleichbar macht und damit den Tausch von Waren und Dienstleistungen enorm vereinfacht.

Das Geld, das die Zentralbanken in modernen Papiergeldwirtschaften ausliefern, hat keinen Wert an sich (keinen intrinsischen Wert), sondern ist bloß ein Stück Papier oder eine Zahl auf einem Konto. Einen Wert erhält es nur durch den Vertrag, den die Gesellschaft geschlossen hat bzw. das Versprechen, das sie sich selbst gegeben hat.

Bei der Arbeit der Menschen mit Kapital in Form von Anlagen und Ausrüstungen entstehen Güter und Dienstleistungen. Für die (Erwerbs-)Arbeit bekommt man Geld als Nachweis dafür, dass man geholfen hat, wertmäßig eine bestimmte Menge an Gütern herzustellen und folglich (wie auch der Unternehmer) einen Anspruch darauf hat, Güter im gleichen Wertumfang zu erhalten. Das Geld ist sozusagen das Spiegelbild der Güter oder ein Ersatzanspruch für die Güter.

Weil Geld ein Ersatzanspruch für Güter ist, steht in dem impliziten Vertrag der Gesellschaft mit sich selbst, der mit »Geld« überschrieben ist, dass der Wert des Geldes erhalten bleiben soll bzw. sich nur in dem Maße ändern darf, wie das gesellschaftlich akzeptiert wird.

Der »Wert des Geldes« oder besser der »Gebrauchswert des Geldes« bedeutet dabei die Verfügungsberechtigung über ein bestimmtes Güterbündel, das man mit einer bestimmten Menge an Geld kaufen kann. Steigen die Preise der Güter an, ohne dass sich ihr Gebrauchswert erhöht, schrumpft das Bündel. Bei diesem Vorgang, der üblicherweise als »Inflation« bezeichnet wird, verliert nach dem üblichen Sprachgebrauch das »Geld an Wert«, aber es ist eigentlich das Güterbündel, das an Wert verliert und dessen Wertverlust sich im Verlust des Gebrauchswertes des Geldes spiegelt.

Box 10: Die Fiktion von der Neutralität des Geldes

David Hume war im 18. Jahrhundert einer der ersten Philosophen, die erkannten, wie bedeutend Geld für den wirtschaftlichen Prozess sein kann.[2] *Hume schreibt explizit, dass in einem Land, in dem mehr Geld, damals Gold, zur Verfügung steht, selbst »der Bauer seinem Pflug mit größerem Eifer und größerer Aufmerksamkeit« folgt. Doch dieser Effekt, da ist sich Hume mit seinen Zeitgenossen bis zu den heutigen Gleichgewichtstheoretikern einig, kann nur vorübergehend sein. Weil das Geld die Gütermenge nicht erhöhen kann, die von den vorhandenen Ressourcen beschränkt ist, muss*

2 Flassbeck, H. (1982): 75–138.

es schließlich zu einem Ausgleich über steigende Preise kommen, wenn »zu viel Geld« im System ist. Joseph Alois Schumpeter bemerkt dazu:

> [...] since the quantity theorem holds only in a state of equilibrium, it is of course neither a qualification nor an objection to say that it does not hold in [transition periods]. But actually, since the economic system is practically always in a state of transition or disequilibrium, phenomena that *seem* incompatible with the quantity theorem and have in fact furnished many of their arguments to its opponents are almost always in evidence.[3]

Das zeigt in aller Klarheit, was von dem bis heute praktisch täglich verwendeten monetaristischen Spruch übrig bleibt, wonach Inflation regelmäßig die Folge von »too much money chasing too few goods« sei. Da man bei einer dynamischen Betrachtung nicht wissen kann, wie groß die Menge der Güter ist, kann man auch nicht wissen, was »zu viel Geld« ist. Die gleiche Logik gilt für die neoklassisch-monetaristische Erwartung, die Geldpolitik vermöge »langfristig« den Zins nicht zu beeinflussen, weil jede Geldmengenausweitung über die (allerdings unbekannten) realen Möglichkeiten des Systems hinaus zu der Erwartung steigender Preise und damit zu steigenden Nominalzinsen führt. Man sagt folglich, mehr Geld könne das reale System nicht verändern, weil die Zinsbedingungen an den Märkten das nicht zulassen würden. Die Zinsbedingungen aber lassen das nicht zu, weil die Marktteilnehmer wissen, dass mehr Geld das reale System nicht verändern kann. Das ist der logische Zirkel, in den man sich begibt, wenn man Theorien durch (der eigenen Weltsicht angepasste) Vermutungen ersetzt.

Das Geld der Zentralbank in den Händen der Bürger stellt die Abmachung der Bürger untereinander dar, dass es für die an sich wertlosen Papierstückchen (oder die digitalen Zahlen auf irgendwelchen Konten) reale Güter einzutauschen gibt, weil alle zusammen arbeitsteilig leben wollen und sich nicht jeder autark versorgen können muss. Vertrauen in das Geld bedeutet Vertrauen in die Arbeitsteilung – und zwar nicht nur heute, sondern auch morgen und übermorgen. Denn jede Geldeinheit repräsentiert das implizite Versprechen, dass morgen erneut Güter in der arbeitsteiligen Gesellschaft produziert werden.

Geld ist also eine Verpflichtung, hinter der ein Staat mit seinen Organen und Institutionen steht. Der Markt liefert zwar das Gros an Gütern, die man mit Geld kaufen kann, aber er liefert nicht automatisch das Vertrauen in das Geld mit, ohne das es nur wertloses Papier wäre. Deshalb ist die Schaffung und der Erhalt des Vertrauens der Bürger in das Geld aus guten Gründen in allen entwickelten Ländern (und in den Schwellenländern ebenso) nicht in die Hände eines oder mehrerer Märkte bzw. Marktakteure gelegt, sondern zu einer genuin staatlichen Aufgabe gemacht worden. Denn nur ein robustes

3 Schumpeter, J.A. (1966 [1954]): 1102.

Staatsgebilde ist in der Lage, die gesamtwirtschaftliche Verantwortung dafür zu tragen, dass das Geld seinen Wert behält bzw. dieser sich in einem erwünschten Maß verändert.

Das Geldsystem kann lediglich auf der Basis von Vertrauen funktionieren, weil es einen außerordentlichen Vertrauensbeweis in die staatlichen Institutionen darstellt, wenn Bürger sich für ihre harte Arbeit in eigentlich wertlosem Papier entlohnen lassen und nicht darauf bestehen, dass ihr Arbeitgeber ihnen Güter zur Verfügung stellt, die sich unmittelbar konsumieren, investieren oder weiter tauschen lassen, ohne dabei ein größeres Risiko durch den temporären Tausch in Papier einzugehen. Das Vertrauen in den Staat kann aber nur dann von Dauer sein, wenn es ihm gelingt, die Steuerung des gesellschaftlichen Gesamtsystems so zu handhaben, dass die Menschen zufrieden sind, weil sie teilhaben am Fortschritt der Gesellschaft und weil sie glauben, dass die zu erreichende Preisstabilität einhergeht mit wirtschaftlichen Verhältnissen, die einem Grundbedarf an Fairness genügen.

Wie wichtig das gesellschaftliche Vertrauen ist, zeigt sich deutlich beim Vergleich von nationalen Währungen. Nur wer ausreichend großes Vertrauen in die Institutionen eines bestimmten Staates hat, wird sich mit dem Geld dieses Staates bezahlen lassen, und nur solches Geld ist wirklich konvertibel und kann zum Kauf international gehandelter Gütern in gleicher Weise verwendet werden wie zum Kauf inländischer Güter. Auch hier müssen am Ende die Staaten selbst bzw. in Zusammenarbeit untereinander dafür sorgen, dass die Währungsverhältnisse, also die Preise der Währungen, nicht zu stark schwanken, und dass diese Wechselkurse die Kaufkraftverhältnisse zwischen den Staaten angemessen widerspiegeln. Der Handel sowohl zwischen Staaten als auch innerhalb von Staaten kann nur bei stabilen Währungsverhältnissen funktionieren, weil der reale Tausch, der hinter dem Handelsergebnis steht, nicht massiv und systematisch durch den Umtausch von Geld als Mittel der Transaktion verfälscht werden darf.

Für die Schaffung des Geldes und die Durchsetzung dieser Vereinbarung haben die modernen Gesellschaften mit der Zentralbank bzw. Notenbank eine einzige verantwortliche Institution geschaffen. Sie schöpft das Geld und sorgt dafür, dass das von ihr herausgegebene Geld der arbeitsteiligen Gesellschaft als alleiniges gesetzliches Zahlungsmittel dient.

In den meisten Ländern ist diese Institution gleichzeitig dazu auserkoren worden, den Wert des Geldes zu garantieren. Das ist jedoch keineswegs selbstverständlich und auch nicht sinnvoll. Der Wert des Geldes im obigen Sinne entsteht als Ergebnis des komplexen Zusammenspiels aller Märkte; und es ist keineswegs evident, dass die Institution, die das Geld gegen Schuldscheine, deren Zins sie festlegt, herausgibt, am ehesten dazu geeignet sein sollte, dieses Zusammenspiel umfassend zu lenken.

Es ist, wie in Box 10 gezeigt, einem geistigen Kurzschluss zu verdanken, dass es in fast allen Volkswirtschaften der Welt offensichtlich erschien, dass die geldausgebende

Institution auch die Institution sei, die den Geldwert am besten garantieren könne. Wie bei einem normalen Gut vermutete man, dass Geld ebenfalls »knapp« sein müsse, um einen hohen Wert zu behalten. Wer aber kann Geld knapphalten? Offensichtlich nur die Institution, die es herausgibt.

Das ist falsch. Geld muss reichlich vorhanden sein, um eine reibungslose Funktionsweise des Systems zu garantieren. Der Wert des Geldes als Wert eines bestimmten Güterbündels ist dann hoch, niedrig oder angemessen, wenn sich all diejenigen, die sich in dem komplexen Zusammenspiel aller Märkte auf ein bestimmtes Inflationsziel geeinigt haben, an die einmal getroffene Vereinbarung halten. Das zu garantieren, dafür ist eine demokratisch legitimierte Regierung viel eher geeignet als eine von der Regierung technokratisch besetzte Zentralbank.

Mit anderen Worten ist der Wert des Geldes genau dann angemessen, wenn er den Erwartungen entspricht, die bei der Vereinbarung über in Geld auszuzahlende Verträge von den Vertragspartnern unterstellt worden sind. Bei den wichtigsten Vertragspartnern in allen modernen Gesellschaften handelt es sich um diejenigen, die über die Masse der Arbeitsverträge entscheiden. Deswegen ist der Lohn der entscheidende Anker für den Geldwert. Wir leben in einem Papiergeldsystem mit Lohnstandard. Das bringt enorme Implikationen mit sich, wie in den folgenden Kapiteln zu zeigen sein wird.

Die Verwirrung um die Knappheit des Geldes ist auch, wie schon mehrfach angesprochen, damit zu erklären, dass es in der klassischen Lehre inklusive des Monetarismus ebenso wie in großen Teilen des Keynesianismus als reale Möglichkeit angesehen wurde, eine bestimmte Geldmenge, ein Geldangebot zu steuern. Daraus hat sich wiederum der Kurzschluss ergeben, mit dem Knapphalten dieser Geldmenge könne auch der Geldwert erhalten werden.

Das ist jedoch der größte Irrtum der vergangenen zweihundert Jahre. Es gibt keine Geldmenge, die von der Zentralbank gesteuert werden könnte, weil es das Ziel aller Zentralbanken ist, stabile und günstige Zinsbedingungen für Investitionen zu schaffen. Das ist logischerweise nicht mit der Steuerung einer Geldmenge in Übereinstimmung zu bringen, weil dann ein stabiles Geldangebot auf eine volatile Nachfrage treffen würde, was starke Schwankungen des Zinses zur Folge hätte (siehe Abschnitt 2.10). Hier, genau an dieser Stelle, zeigt sich am besten der Unterschied zwischen einer »Wissenschaft«, die sich vollkommen von ihrem Untersuchungsobjekt gelöst hat und dem, was tagtäglich in den real existierenden Wirtschaftssystemen abläuft.

Während die Mainstream-Ökonomik von einer Welt handelt, in der versucht wird, ein Gleichgewicht von Sparen und Investieren zu finden und Zinsen das Ergebnis von verschiedenen Märkten sind, bei denen es wiederum um den Ausgleich von Angebot und Nachfrage geht, ist in der realen Welt die Aufgabe des Zinses eine völlig andere: Der Zins wird von den Notenbanken systematisch eingesetzt, um die Investitionstätigkeit den wirtschaftlichen Umständen entsprechend zu fördern, also dafür zu sorgen, dass die Investitionen möglichst oft den Ersparnissen weit vorauslaufen, so dass das Einkommen insgesamt steigen kann.

Ein akademisches Fach, das aus ideologischen Gründen nicht bereit ist, das Handeln des Staates, das als ein unabänderlicher Bestandteil des Wirtschaftssystems angesehen werden muss, auch nur zur Kenntnis zu nehmen, verdient den Namen »Wissenschaft« nicht. Die verzweifelten Versuche, Politik und Markt strikt zu trennen, sind gescheitert. In einer Geldwirtschaft, in der sich der Staat das Monopol zur Geldausgabe gesichert hat, gibt es keinen Marktzins, sondern lediglich ein wirtschaftspolitisches Instrument namens Zins.

5.1.2 Der Zins

Wir haben schon in Kapitel 2 festgestellt, das der Zins in keiner Weise in das Angebot-Nachfrage-Schema passt, mit dem auf einem Markt Preise ermittelt werden. Von besonderer Bedeutung ist hier die Rolle der Zentralbank. Weil diese aus den oben genannten Gründen Geld nur herausgibt, wenn jemand sich in exakt der gleichen Höhe verschuldet, hat es sich so eingebürgert, dass die Zentralbank vom Schuldner die Zahlung eines Zinses verlangt.

Das sollte erstaunen, weil der Zins in den Augen der meisten Ökonomen und vieler anderer Beobachter ein ganz besonderer Preis ist. In der Gesellschaft und in der Volkswirtschaftslehre wird die Bedeutung des Zinses schon Jahrhunderte lang heftig diskutiert. Im Islam gibt es gar ein Zinsverbot, und auch im Christentum standen Wucherzinsen im Mittelpunkt vieler Auseinandersetzungen über hunderte von Jahren. In den westlichen Gesellschaften ist der Wucher mit dem Zins bis heute gesetzlich verboten, und in der »freien Marktwirtschaft«, auf deren Einführung sich Deutschland nach dem Ende des Zweiten Weltkriegs geeinigt hatte, war der Habenzins, den die Banken auf Einlagen zahlten, bis in die 1960er-Jahre hinein kein Marktzins, sondern gesetzlich vorgeschrieben.

Auch in den Diskussionen um die ferne Zukunft unserer Wirtschaft spielt der Zins eine entscheidende Rolle. Gäbe es den Zins und den Zinseszins nicht, bestünde auch kein Zwang, immer weiter zu wachsen und dabei die Umwelt zu zerstören, argumentieren viele engagierte Gruppen, die ewiges Wachstum der vom Menschen betriebenen Wirtschaft auf einem begrenzten Planeten für unmöglich halten. Die aus Staatsschulden erwachsende »Zinslast«, die von künftigen Generationen zu tragen sei, nimmt zudem einen prominenten Platz in der öffentlichen Debatte über die Fiskalpolitik ein.

Das Beispiel von den 10 Euro – oder einer anderen Summe in einer anderen Währung –, die von Christi Geburt an bis heute mit einem geringen Prozentsatz verzinst eine unfassbar große Summe ergeben (bei 2 Prozent Jahreszins käme einschließlich Zinseszinsen ein Trillionenbetrag dabei heraus, eine Zahl mit 19 Stellen), ist schon fast zum Symbol für die Unmöglichkeit geworden, ein System mit Zinsen aufrechtzuerhalten. Auch sind Ideen über ein generelles Zinsverbot oder ein Schwundgeld (Geld, das nach und nach automatisch an Wert verliert) heute wieder en vogue.

Einfach gemacht hat es sich die herrschende Lehre der Ökonomik. Für sie ist der Zins einfach der Preis für Geld oder für Kapital. Auf den entsprechenden Märkten erklärt sich der Nachfrager nach Geld und Kapital bereit, einen bestimmten Zins zu zahlen, um sich heute mehr leisten zu können, also mehr auszugeben als er einnimmt; und der Anbieter erklärt sich bereit, auf Konsum zu verzichten, den er sich leisten könnte, würde er heute nicht sparen, also weniger ausgeben als einnehmen.

Der Marktzins, der sich aus diesem Zusammenspiel der Marktkräfte ergibt, beteiligt den Anbieter von Kapital (den Gläubiger) an den Erträgen, die der Investor (der Schuldner) erwirtschaftet. Als Sparer wird der Anbieter folglich belohnt für seine Bereitschaft, auf Konsum zu verzichten. In der klassischen Ökonomik hat man den Zins daher manchmal auch als die Belohnung für das »Warten« bezeichnet. Diese Aussage ist jedoch, wie in Kapitel 3 schon gezeigt, fundamental falsch, weil es den Marktprozess, der Ersparnisse in Investitionen verwandelt, nicht gibt. Da das Sparen, das Zurückstellen von Ausgaben, den Prozess der wirtschaftlichen Entwicklung behindert und nicht fördert, kann es dafür auch keine »Belohnung« geben.

In einem System, in dem Geld von Banken (einschließlich der Zentralbank) geschaffen und den Investoren zur Verfügung gestellt wird, muss niemand auf etwas verzichten, wenn ein anderer investieren will. Wofür aber ist der Zins dann der Preis? Sollte man für die einmalige Dienstleistung der Banken, die aus der Kreditprüfung und praktisch heutzutage nur noch aus einigen Klicks am Computer besteht, nicht auch eine einmalige Gebühr bezahlen? Wieso gibt es einen Preis für Geld und Kapital, das aus dem Nichts geschaffen wird? Warum stellt man das Geld der Gesellschaft oder dem Staat nicht kostenlos zur Verfügung, damit sie daraus, ohne unnötige Kosten tragen zu müssen, etwas Vernünftiges machen? Solche Fragen sind es, die in diesem Kapitel (insbesondere Abschnitt 5.3.2) beantwortet werden müssen, wenn man sich einer rationalen Geldordnung annähern will.

Doch betrachten wir zunächst einmal die tatsächliche Entwicklung der Zinsen am kurzen und am langen Ende. Sowohl für die USA wie für die EWU ist der zu beobachtende Zusammenhang von kurz- und langfristigen Zinsen sehr eng (siehe Abbildungen 1.26 und 1.27). Für die USA etwa hat es historisch keine Phase der Erhöhung oder der Absenkung der kurzfristigen Zinsen gegeben, die nicht von den langfristigen Zinsen – wenngleich weniger stark und bei geringerer Volatilität – mitgemacht wurde.

Zwar finden sich vereinzelt Phasen, wo während einer Abwärtstendenz der kurzfristigen Zinsen (oder bei schon niedrigen kurzfristigen Zinsen) die langfristigen vorübergehend zulegen, so wie das 2009 und 2010 oder auch 2013 in den USA der Fall war. Doch kann sich der langfristige Zins niemals vollständig und längerfristig von der »magnetischen Kraft« der kurzfristigen lösen und seinen eigenen Weg gehen.

Das ist eine wichtige Erkenntnis. Sie widerlegt schon auf den ersten Blick die von der Neoklassik immer wieder vertretene Unabhängigkeit des langfristigen Zinses. Es ist aber nicht verwunderlich, dass sich beide ähnlich entwickeln, weil es sich bei »lang-« und »kurzfristig« um willkürliche Abgrenzungen handelt, die der Wirklichkeit nicht gerecht werden. Die unterschiedlich langen Anlagen und Kredite, die hinter den Zinsbewegungen stehen, sind schließlich nicht unabhängig voneinander. Offenkundig existieren Substitutionsprozesse zwischen kurz- und langfristigen Anlagen, die sich auf die Zinsen und ihre Struktur auswirken.

Wird beispielsweise der Abstand zwischen kurz- und langfristigen Zinsen dadurch größer, dass die langfristigen steigen, während die kurzfristigen fallen, überlegt sich mancher Kapitalanleger, ob er nicht verstärkt langfristig investieren sollte (was zu einer Zinssenkungstendenz am langen Ende führt); und mancher Kreditnehmer fragt sich, ob er sich nicht kurzfristig finanzieren sollte, so lange der Abstand zwischen lang und kurz groß ist, was ebenfalls tendenziell zu fallenden Zinsen am langen Ende führt. Das gilt auch für den umgekehrten Fall, dass der kurzfristige Zinssatz steigt bzw. der langfristige fällt. Da wird eine Umschichtung von kurzfristiger Finanzierung (also Kapitalnachfrage) hin zu langfristiger für einen Kreditnehmer attraktiv, und für den Kapitalanleger die Verschiebung seines Kapitalangebots weg von länger laufenden Anlagen hin zu kürzeren Anlageformen interessanter. Beides führt dazu, dass sich die langfristigen Zinsen tendenziell in die gleiche Richtung bewegen wie die kurzfristigen.

Trotz dieser Substitutionskraft bewegen sich kurze und lange Zinsen nicht vollkommen synchron, d. h. nicht durchgehend mit dem gleichen (positiven) Abstand voneinander. Mal liegen sie weiter auseinander, mal weniger weit. Gelegentlich kehrt sich der Abstand sogar um, d. h. die kurzfristigen Zinsen sind höher als die langfristigen. Dann spricht man von einer inversen Zinsstruktur. Das ist deshalb eine eher ungewöhnliche Konstellation, weil eine langfristige Finanzanlage in der Regel ein höheres Risiko birgt als eine kurzfristige. Wegen der längeren Laufzeit umfasst sie mehr Unsicherheit, d. h. mehr »unsichere Zukunft«. Zum Ausgleich für dieses höhere Risiko bekommen Finanzanleger in der Regel einen höheren Zinssatz als Prämie.

Die Inversion der Zinsstruktur (zumeist nicht mit dem Leitzins, sondern mit kurzfristigen Zinsen gerechnet) wird in vielen Ländern mit enormen wirtschaftlichen Auswirkungen in Verbindung gebracht. Abbildung 5.1 zeigt diese für die USA. Die Zinsstrukturkurve hängt eng mit den Zyklen der Konjunktur zusammen. Phasen inverser Zinsstruktur sind ein guter Frühindikator für Rezessionen wie etwa in den Jahren 1989/1990 oder 2000/2001 (das Ende der Dotcom-Blase); auch vor der Globalen Finanzkrise von 2008/2009 erreichte die Kurve den negativen Bereich. Dieser Zusammenhang gilt zwar in normalen Zeiten, die Auswirkungen der Zinsstruktur können aber auch, wie die letzte Phase zeigt, von der Fiskalpolitik überkompensiert werden.

Abb. 5.1 **Zinsstrukturkurve[1] der USA** **1982 bis 2024**

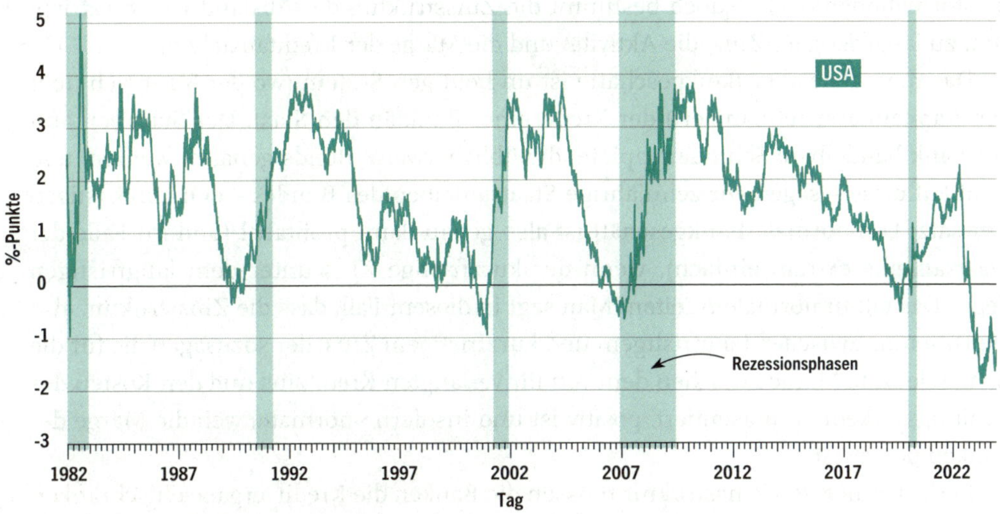

[1] Rendite 10-jähriger Staatsanleihen minus Rendite 3-monatiger Schatzbriefe, Tageswerte.

Warum ist das so? Der Mechanismus hinter der Wirkung der Zinsstruktur ist leicht zu verstehen. Für die Banken wird die Kreditvergabe zu dem Zeitpunkt, wo die Zinsstruktur invers wird, unprofitabel, weil ihre Gewinnmarge droht, in den negativen Bereich abzurutschen. Die herkömmliche Theorie beschreibt den Kern des Bankengeschäfts mit dem Wort »Fristentransformation«. In dieser Sichtweise besteht ein profitables Bankgeschäft darin, einen langfristigen Kredit zu vergeben und ihn kurzfristig (über Einlagen von Sparern) zu finanzieren. Entscheidend für die Profitabilität einer Bank ist demzufolge die Differenz zwischen dem kurzfristigen Zinssatz und dem langfristigen.

Nun ist das Bild der Fristentransformation schief, weil die Banken auf der einen Seite Kredite vergeben, wo sie den langfristigen Zins in Rechnung stellen. Die Einlagen, die den Banken von den Sparern auf der anderen Seite zur Verfügung gestellt werden, bilden jedoch keine Grenze für die Kreditvergabe. Banken können Kredite aus dem Nichts schaffen, für die auch unmittelbar keine Kosten außer den Bearbeitungskosten entstehen.

Allerdings brauchen die Banken Liquidität und die wird von der Zentralbank zu einem bestimmten, von ihr unmittelbar festgelegten Zinssatz zur Verfügung gestellt. Dieser Zinssatz gilt auch im Geschäft der Banken untereinander am Geldmarkt. Folglich entscheidet der Unterschied zwischen den Zinserträgen aus der Vergabe langfristiger Kredite und den Zinsaufwendungen für die Aufnahme kurzfristiger Zentralbankdarlehen über die Profitabilität der Bank. Damit ist das Ergebnis ähnlich wie beim Fristentransformationsmodell, jedoch bestimmt die Zinsstruktur, der Abstand von kurzfristigem zu langfristigem Zins, die Aktivität und die Marge der Kreditanstalten.

Das normalste aller Bankgeschäfte ist im heutigen System (wo der Staat sich über den Kapitalmarkt refinanziert) der Kredit einer Bank an den Staat. Der Staat verkauft der Bank handelbare Schuldenpapiere, die üblicherweise Bonds genannt werden, und zahlt auf diese – sagen wir zehnjährige Staatsanleihen des Bundes – den langfristigen Zinssatz. Das normale Bankgeschäft ist also genau dann profitabel (und im Falle der Staatsanleihe extrem einfach), wenn der kurzfristige Zins unter dem langfristigen liegt.[4] Das gilt in normalen Zeiten. Man sagt in diesem Fall, dass die Zinsstruktur, also die Differenz zwischen langfristigem und kurzfristigem Zins, der sozusagen die für die Bank relevante Marge zwischen dem von ihr verlangten Kreditzins und den Kosten des Zahlungsverkehrs repräsentiert, positiv ist und insofern »normal«, weil die Marge der Banken positiv ist.

Bei einer inversen Zinsstruktur müssen die Banken die Kreditvergabe einschränken und die Wirtschaft gerät in Gefahr, weil die private Investitionstätigkeit behindert wird. Das Umgekehrte geschieht, sobald die Marge wieder ins Positive kippt: Die Banken bemühen sich dann, mehr Kredite zu vergeben. Sind im übrigen vernünftige Nachfragebedingungen vorhanden, wie etwa positive Einkommenserwartungen bei der Masse der Bevölkerung, kann der Aufschwung einsetzen, weil sozusagen die »Bremse an der Kreditmaschine« gelöst wird (der Ausdruck stammt von Schumpeter, der im Zusammenhang mit dem Goldstandard von der »goldenen Bremse an der Kreditmaschine« sprach).

Ob die Notenbanken mit ihrer Zinspolitik stark genug sind, um mit dem Lösen der Bremse die Maschine anzuwerfen, ist eine offene Frage. Dass sie in restriktiver Rich-

4 Wir verwenden dem üblichen Sprachgebrauch entsprechend die Begriffe »Zins« und »Zinssatz« synonym, obwohl dies nicht ganz korrekt ist, denn Zins ist eigentlich die Summe, die bei der Multiplikation der Kreditsumme mit dem Zinssatz – minus Kreditsumme – herauskommt.

tung stark sein können, haben sie oft genug bewiesen. In expansiver Hinsicht sind die Zentralbanken dagegen nie sehr stark gewesen, aber die Nachfragebedingungen waren in früheren Jahrzehnten auch so günstig, dass es häufig reichte, die Bremse an der Maschine zu lösen, um die Konjunktur wieder in Gang zu setzen.

Bei einer Lohndeflation sind die Verhältnisse allerdings anders. Zu Ende der 2010er-Jahre lag die Zinsstruktur nahe an der Nulllinie bzw. unterschritt diese in einigen Ländern, einschließlich der USA. In Deutschland befand sich der langfristige Zins sogar klar im negativen Bereich. Die dem zugrundeliegende Inversion war aber untypisch. Sie wurde nicht, wie zumeist in der Vergangenheit, ausgelöst durch restriktive Zentralbankpolitik, also die Erhöhung der kurzfristigen Zinsen, sondern durch den Versuch der Zentralbank, die Wirtschaft über Zinssenkungen am langen Ende anzuregen.

Man muss bei der Beurteilung dieser Politik bedenken, dass bei einer normalen Inversion der Zinsstruktur über steigende kurzfristige Zinsen üblicherweise auch die langfristigen Zinsen steigen, so dass dann beide Effekte (der Effekt der Struktur und des Niveaus der Zinsen) in die gleich restriktive Richtung gehen. Folglich muss die untypische Inversion als (ein weiterer) Kollateralschaden der Niedrigzinspolitik angesehen werden, der sich kaum vermeiden lässt. Damit verliert sie zwar an Effektivität, wird aber nicht per se unwirksam.

Offensichtlich wird bei diesen Überlegungen und den empirischen Befunden, dass die immer wieder erzählte Geschichte von den Zinsen als Marktpreisen nicht stimmt. Die kurzfristigen Zinsen sind eindeutig von der Notenbank gesetzt, weil diese als stärkster Marktteilnehmer den Preis, den sie aus wirtschaftspolitischen Gründen zu erreichen versucht, jederzeit durchsetzen kann und auch de facto durchsetzt.

In der Antwort auf die Frage nach der Kausalrichtung der Zinsen liegt erheblicher Sprengstoff. Einen großen Wirbel hat beispielsweise Thomas Piketty ausgelöst (siehe Box 4), der behauptet, dass die Marktwirtschaft deshalb automatisch zur Konzentration von Vermögen tendiere, weil die Verzinsung des Kapitals auf Dauer über der Wachstumsrate der Volkswirtschaft liege. Um die problematischen Folgen dieser für ihn quasi naturgesetzmäßig gegebenen Konstellation zu bewältigen, empfiehlt Piketty eine hohe Besteuerung von Vermögen.

Steht hinter dem empirisch von Piketty für lange Zeiträume herausgearbeiteten positiven Abstand von Kapitalverzinsung und Wachstumsrate jedoch keine Art Naturgesetz, sondern ein bestimmtes Verhalten der Zentralbanken, dann sieht die Sache vollkommen anders aus: Dann liegt nämlich die erste und entscheidende Verantwortung für das Verhältnis von Wachstumsrate und langfristigem Zinssatz bei der Geldpolitik.

Unser Urteil in der Frage, mit welcher Kausalitätskette die Zinsen zu erklären sind, ist eindeutig. Die Geldpolitik bestimmt den kurzfristigen Zins und gibt die Richtung der Entwicklung der langfristigen Zinsen vor, auch wenn noch weitere Faktoren (z. B. Risiken in Abhängigkeit der Laufzeitlänge) die langfristigen Zinsen beeinflussen. Im Zusammenspiel mit der Lohnpolitik, die ihrerseits die Inflationsrate im Wesentlichen bestimmt, ist das Zinsniveau am langen wie am kurzen Marktende Ergebnis des Handelns der Geldpolitik.

5.1.3 Zins und Rendite

Die konsequente Trennung von Geldzins (hier synonym für Zinssätze auf Finanzkapital unabhängig von dessen Fristigkeit, also für kurz- und langfristige Zinsen) und der Rendite auf Sachkapital, das hat Kapitel 3 gezeigt, schafft den Zugang zur Erklärung der Dynamik einer monetären Marktwirtschaft. Obwohl damit das letzte Wort noch nicht gesprochen ist, haben sich immer dann, wenn diese Trennung ignoriert oder vernachlässigt wurde, Fehlschlüsse ergeben, die für die wirtschaftspolitischen Empfehlungen, die man aus der Analyse ableitet, gravierend waren.

So hat man jahrzehntelang den Entwicklungsländern eingeredet (und tut es noch heute), der hohe Geldzins, der in etlichen Staaten, insbesondere in Afrika, zu beobachten ist, sei auf der einen Seite schlicht Folge der Kapitalknappheit dort, und die Kapitalknappheit wiederum ergebe sich aus der Armut der Länder und der damit verbundenen Tatsache, dass ihre privaten Haushalte nicht viel sparen könnten. Auf der anderen Seite deute der hohe Zins auf die enorme Rentierlichkeit von Investitionen hin – bei geringem Ausgangskapitalstock sei eben jede hinzukommende Einheit an Kapital eine wahre Rendite-Fundgrube. Genau aus diesen Gründen – Mangel an Finanzkapital und Überfluss an rentierlichen Sachinvestitionsmöglichkeiten – sei eine Öffnung der Kapitalmärkte dieser Länder, d. h. eine Liberalisierung zugunsten eines möglichst freien internationalen Kapitalverkehrs, essenziell für die ökonomische Entwicklung.

Selbst bei extrem hohen Geldzinsen kommt niemand auf die Idee, dafür eine unsinnige Notenbankpolitik und/oder mangelnden Wettbewerb unter den dortigen Banken verantwortlich zu machen und für eine Veränderung dieser Verhältnisse zu plädieren. Stattdessen werden in der Regel »strukturelle Reformen« auf den Arbeits- und den Gütermärkten in einem solchen Land gefordert. Zudem schlägt man »institutionelle Veränderungen« wie eine stärkere Bekämpfung der Korruption vor, um dadurch die Risiken für die »Investoren« und im Gefolge Risikozuschläge auf die Zinsen zu verringern.

Lange Zeit haben auch die Notenbanken die fiktive Modellannahme der Übereinstimmung von Geldzins und Sachkapitalrendite mitgetragen, weil es für sie unter dem monetaristischen Dogma bequem war, auf ihre Geldmengenpolitik zu verweisen und jede direkte Verantwortung für die Höhe der Geldzinsen und deren Folgen abzulehnen. Erst mit dem Untergang des Monetarismus und zunehmenden deflationären Tendenzen müssen sich die Zentralbanken zunehmend zu ihrer Verantwortung für den Geldzins und damit zu ihrer Verantwortung für die gesamtwirtschaftliche Entwicklung bekennen.

Aber auch bei einer Analyse, die konsequent zwischen Geldzins und Sachkapitalrendite unterscheidet, wäre es ein Fehler, die Sachkapitalrendite als gegeben anzusehen, wie es in der Wicksell'schen Theorie und neueren, ihr nachempfundenen Darstellungen häufig anklingt. Wäre die durchschnittliche Rendite auf Sachkapital gegeben, sprich unabhängig von der Geldpolitik, hätte die Zentralbank lediglich die Aufgabe, den Geldzins so im Verhältnis zu dieser Rendite festzusetzen, dass sich ein optimales Ergebnis hinsichtlich ihrer Zielsetzung ergäbe. Inflationsbekämpfung würde dann einen Geldzins verlangen, der über der Sachkapitalrendite liegt, Deflation hingegen einen, der darunter liegt. Geht man zudem von einer Theorie auf Basis der Phillips-Kurve (siehe Box 6) aus, also der Auffassung, die Inflationsrate stehe in einem stabilen funktionalen Zusammenhang mit der Arbeitslosigkeit, müsste die Notenbank im Deflationsfall auch stets automatisch das Ziel höheren Wachstums und höherer Beschäftigung und umgekehrt im Fall der Inflationsbekämpfung verfolgen.

Box 11: Gibt es einen neutralen Zins?

Immer wieder kommt die Idee hoch, es gebe so etwas wie einen neutralen Zins. In einer neueren Veröffentlichung von Brookings heißt es dazu:

> In the long run, the neutral rate of interest is determined by the supply of and demand for savings. For example, for firms to make new investments, they need households and other savers to supply the capital to finance that investment. Therefore, total investment in the economy must be equal to the pool of available capital or savings. For that to happen, interest rates need to be high enough to convince savers to save and low enough to incentivize borrowers to borrow. The interest rate that does this in the long run is the neutral rate of interest.[5]

Man sieht an dieser Beschreibung im Lichte unserer Überlegungen zum Sparen in Kapitel 3 schon, dass hier in bester neoklassischer Manier alle Probleme der Wirklichkeit einfach wegdefiniert werden. Sparen ist einfach gut, unbedingt notwendig und hat einen eindeutigen Effekt auf den Zins. Dabei wird der Kern der dynamischen Entwicklung einer Marktwirtschaft vollkommen missverstanden und alles, was daraus folgt, ist schlichtweg falsch.

Mehr als bedenklich ist allerdings die Tatsache, dass auch Ökonomen, die unmittelbar wirtschaftspolitische Verantwortung tragen, glauben, mit dem neutralen Zins arbeiten zu können. So

5 Boocker et al. (2023).

glaubt Isabel Schnabel von der EZB, es gebe gute Gründe für die Annahme, dass sich der globale r, so die »wissenschaftliche« Bezeichnung, die man dem neutralen Zins gegeben hat, im Vergleich zu der Zeit nach der Finanzkrise nach oben bewegen wird, darunter höhere Investitionen zur Bekämpfung des Klimawandels, höhere Verteidigungsausgaben, die Fragmentierung des globalen Handelssystems und eine höhere Staatsverschuldung.*[6] *Wir wollen das nicht im Einzelnen kommentieren, weil wir die Gesamtidee schon für vollkommen verfehlt halten.*

Einige Ökonomen haben mit dem neutralen Zins auch Ideen verbunden wie die sogenannte säkulare Stagnation (Larry Summers) oder einen Spar-Überschuss (»savings glut«) auf der Welt (Ben Bernanke), die für dessen Sinken verantwortlich seien. Bei beiden handelt es sich um reine und z. T. sogar inkonsistente Ableger der falschen neoklassischen Grundidee von einem Zins, der ohne Zutun der Geldpolitik zustande kommt und von der Geldpolitik als Referenzpunkt benutzt werden kann.

Doch so einfach ist es leider nicht. Nichts ist in Wirklichkeit vorgegeben – weder der Output noch die Produktivität, noch die Sachkapitalrendite. Alles ist offen und beeinflusst sich gegenseitig. Die Sachkapitalrendite hängt zweifellos von vielen Faktoren ab. Lassen wir einmal die ordnungspolitischen beiseite (bzw. setzen diese in Gedanken konstant) und beschäftigen uns auch nicht mit den privatwirtschaftlichen (z. B. dem Geistesblitz des Ingenieurs in einem Unternehmen, der die Sachinvestitionen eines Konkurrenten von heute auf morgen entwertet), bleiben die makroökonomischen Faktoren, also diejenigen, die von der Wirtschaftspolitik auf dem Gebiet der Geld- und der Fiskalpolitik laufend gesetzt werden, sprich, die Arbeitsrelationen und die Außenwirtschaft. Diese stehen kurz- und mittelfristig zur Verfügung, wenn es darum geht, der Volkswirtschaft eine neue Richtung oder eine größere Dynamik zu geben.

Im oben angesprochenen Fall vieler afrikanischer Staaten, der von prohibitiv hohen Zinsen wegen ungeeigneter Geldpolitik und zugleich mangelndem Wettbewerb im Bankensystem gekennzeichnet ist, finden kaum Sachinvestitionen statt, weil deren Rendite den falsch gesetzten Geldzins nicht zu erwirtschaften vermag. Diese Volkswirtschaften können sich schlicht nicht weiter entwickeln, wenn es nicht andere Faktoren gibt, die quasi von außen (z. B. steigende Rohstoffpreise) Anreize zum Investieren geben.

Weil also die Sachkapitalrendite nicht exogen ist, sondern von der Geldpolitik mitbestimmt wird, operiert die Geldpolitik unter hoher Unsicherheit. Sie muss jederzeit auf der Basis ihrer Kenntnis der volkswirtschaftlichen Zusammenhänge abschätzen, welches Zinsniveau angemessen sein könnte.

Die Lage nach der großen Rezession von 2008/2009 bietet für eine Konstellation dieser Art ein anschauliches Beispiel. Lange konnte sich die Weltwirtschaft nicht von der Talsohle lösen, weil es eine Nachfrageschwäche gab, die vor allem damit zu tun

6 Fleming et al. (2023).

hatte, dass die Einkommenserwartungen der großen Masse der Haushalte gegen null tendierten. Der Lohnstandard, auf dem jede dauerhafte und nachhaltige Dynamik und eine stabile Inflationserwartung beruht, war fundamental geschwächt. In dieser Situation sinken auf der globalen Ebene auch die Gewinne der Unternehmen und die Renditen auf das eingesetzte Kapital, weil die Nachfrageschwäche nicht überwunden werden kann. Dann ist die Geldpolitik gezwungen, mit dem Geldzins der Rendite zu folgen und sich der Nulllinie zu nähern.

Häufig bleiben die Gewinne der Unternehmen und die Rendite, die mit dem vorhandenen Sachkapital erzielt wird, jedoch noch hoch, obwohl eine ausreichende Gesamtdynamik von der Lohnseite fehlt. Auch bei stagnierenden Einkommen der Masse der Bevölkerung gibt es temporär Mechanismen, die relativ hohe Renditen erlauben. Diese hängen mit den Finanzierungssalden zusammen, die wir in Kapitel 3 (siehe insbesondere Box 5) ausführlich besprochen haben: Eine Verminderung der Ersparnisse der privaten Haushalte kann die Unternehmen entlasten, wenn deren Einkommen sinken oder wenig steigen. Das ist der Effekt, der in den USA (aber auch in Großbritannien) in den letzten zwanzig Jahren wiederholt für eine Stabilisierung der Wirtschaftstätigkeit und für ordentliche Gewinne der Unternehmen gesorgt hat, obwohl die Arbeitnehmer dabei nicht mehr in gleicher Weise wie vorher am Produktivitätsfortschritt beteiligt wurden.

Auch staatliche Stützungsmaßnahmen können den Unternehmen Gewinne in die Kassen spülen. So war die stärkere Verschuldung der öffentlichen Haushalte fast aller Industriestaaten nach der Finanzkrise ein Gewinnstabilisierungsprogramm. Zuvor schon hatten massive Steuersenkungen auf Kapitalgewinne die Netto-Renditen vor dem Einbrechen bewahrt. Zudem können sich einzelne Länder bei der Stabilisierung der Gewinnsituation ihrer Unternehmen für eine begrenzte Zeit auf eine zusätzliche Verschuldung des Auslandes stützen (allerdings zu Lasten der Gewinnsituation der dortigen Unternehmen). Deutschlands Lohndumping in der EWU ist der klassische Fall; dann können selbst bei stagnierenden oder fallenden Arbeitseinkommen und steigender Produktivität die Gewinne erheblich steigen.

Alle diese temporär wirksamen Veränderungen der Spar- und Verschuldungsquoten sorgen dafür, dass die durchschnittliche Kapitalrendite hoch bleibt oder sogar noch steigt, obwohl die Sachinvestitionstätigkeit bereits auf dem Rückzug ist. Sind die temporären Mechanismen jedoch ausgereizt, gibt es für die Notenbank keine Alternative zu einem Kurs, der in Richtung Nullzinsen führt.

Positive nominale Geldzinsen sind folglich in einer Marktwirtschaft keineswegs garantiert, weil sie unmittelbar mit der wirtschaftlichen Entwicklung zusammenhängen. Gelingt es der Wirtschaftspolitik insgesamt nicht, das System so zu steuern, dass es aus sich heraus (also ohne die oben erwähnten »temporären Mechanismen«) wächst, gibt es auch keinen positiven Geldzins. Der Fall Japan macht deutlich, dass das äußerst lange dauern kann.

Insofern ist ein positiver nominaler Geldzins kein Naturgesetz, sondern nur in einer funktionierenden, d. h. sich positiv entwickelnden Marktwirtschaft überhaupt möglich. Weil die Zentralbank die monetäre Marktwirtschaft (also jene, die sich prinzipiell dank der Geldschaffung aus dem Nichts für Sachinvestitionen dynamisch entwickeln kann) lediglich mit Hilfe der Geldzinsen zu steuern vermag, ist sie nur so lange in der Lage, positive Geldzinsen zu gewähren, wie es eine positive realwirtschaftliche Dynamik in der Marktwirtschaft gibt. Ist die Dynamik weg, verschwindet auch der Zins.

Wie in Kapitel 3 gezeigt, stimmen diese Abwägungen weitgehend mit Schumpeters Zinstheorie überein. Selbige widerspricht allerdings diametral der schon einige Male erwähnten »Theorie« (und Empirie) Pikettys, die das Problem völlig falsch herum angeht. Unterscheidet man konsequent Geldzins und Kapitalrendite, ist das Wachstum schwach, weil die Macht des Kapitals zugenommen und den Lohnstandard geschwächt hat. Diese »Macht«, also die hohen Renditen auf Kapital und seine Konzentration in den Händen weniger, sind durch die temporären Mechanismen und durch die Geldpolitik befördert worden. Fallen die temporären Mechanismen weg und liegen die Zinsen fest auf der Nulllinie, kehrt die Volkswirtschaft genau zu der Dynamik zurück, die von der Lohnentwicklung her angelegt ist.

Wenn man verstehen will, warum das Wachstum in den entwickelten Volkswirtschaften in den letzten drei Jahrzehnten so gering war und warum die Handlungsmöglichkeiten der Wirtschaftspolitik nahezu ausgereizt sind, bringt es nichts, die Kapitalrendite mit dem Wachstum zu vergleichen. Im Gegenteil, man muss sich akribisch darum bemühen, die wechselseitige Abhängigkeit beider Größen voneinander zu untersuchen und herauszufiltern, welche exogenen und welche wirtschaftspolitisch beeinflussbaren Faktoren auf sie einwirken. Geldzins und Wachstum kann man zwar vergleichen, aber auch das stößt an Grenzen, wenn, wie in Kapitel 4 gezeigt, die Lohndynamik einer Volkswirtschaft verschwindet. Dann mag der Zins unterhalb der Wachstumsrate (der gesamtwirtschaftlichen Rendite) liegen, doch das Wachstum lässt sich damit nicht mehr anregen.

5.2 Die Rolle des Kapitals

Nichts hat die Ökonomen über die Jahrhunderte stärker beschäftigt als das Kapital, das große Faszinosum, dem man auf den Grund gehen muss, wenn man die Wirtschaft verstehen will. Nichts, wir sind uns dessen bewusst, ist deswegen schwieriger als die

Entzauberung des Kapitals. Dennoch muss es entzaubert werden, will man zu einer sinnvollen Theorie der wirtschaftlichen Dynamik vordringen. Die große Antagonie von Arbeit und Kapital – sie ist eine Schimäre.

5.2.1 Was ist Kapital?

Wir haben schon im bisherigen Verlauf unserer Überlegungen gezeigt, dass der Versuch der neoklassischen Theorie, dem Kapital bei der wirtschaftlichen Entwicklung, bei der Umwandlung von Sparen in Investieren, die Führungsrolle zuzuweisen, nicht von Erfolg gekrönt war: Mehr Kapital durch Sparen schaffen zu wollen funktioniert einfach nicht. Auch die große Konkurrenz von Arbeit und Kapital am »Arbeitsmarkt« hat sich als unhaltbar erwiesen. Der Unternehmer entscheidet sich nicht zwischen Arbeit und »Kapital«, was immer Letzteres sein mag.

Der Begriff des Kapitals leidet schwer darunter, dass er so schillernd ist. Die Ökonomik hat sich erstaunlicherweise auch kaum bemüht, daran etwas zu ändern. Ob man von Kapital im Sinne von Geldvermögen spricht, von Kapital im Sinne von Kredit oder von Kapital im Sinne von Sachkapital macht für die Aussage desjenigen, der den Begriff benutzt, einen entscheidenden Unterschied. Die Wissenschaft hätte darauf beharren müssen, dass nur eine klare semantische Trennung der zahlreichen Funktionen von Kapital es erlaubt, auch inhaltlich klar zu argumentieren. Abgesehen von dem Mangel an definitorischer Schärfe führt eine Art Personalisierung des »Kapitals« in die Irre.

Der Unternehmer setze im Produktionsprozess Arbeit und Kapital ein, behauptet die herrschende Lehre und suggeriert damit, es gebe neben seinen unternehmerischen Überlegungen, die zu Investitionen führen, noch zwei weitere Aspekte, die ihn bei seinen Entscheidungen leiten, nämlich die Preise von Arbeit und von Kapital als Produktionsfaktoren, mit denen er in irgendeiner Weise gleichberechtigt verhandeln oder zumindest rechnen müsse, um erfolgreich zu disponieren. Das stimmt so nicht.

Der Preis für Arbeit, wie in Kapitel 4 beschrieben, ist für den Unternehmer ein Datum, das er zu akzeptieren und im Hinblick darauf zu beurteilen hat, welchen Preis er für sein Produkt an seinem spezifischen Markt erzielen kann. Jedoch hängen der Preis für Arbeit und dessen Entwicklung entscheidend an der Produktivitäts- und durchschnittlichen Güterpreisentwicklung in der Gesamtwirtschaft. Jedes Unternehmen muss es schaffen, bei einer realistischen Einschätzung der Preisentwicklung in seinem Markt, ein Produkt herzustellen, das bei den zu erwartenden vorgegebenen Löhnen, Preisen für benötigte Rohstoffe und Vorleistungen einen Gewinn abwirft.

Vorhandene Finanzmittel spielen insofern eine Rolle, als der Unternehmer sich fragen muss, ob es sich lohnt, für eine Investition eigene Mittel (Eigenkapital genannt) einzusetzen oder auf fremde Mittel (Fremdkapital genannt) zurückzugreifen, für die er einen Zins zahlen muss. Beim Einsatz von Eigenkapital muss er sich auch fragen, ob nicht die Verwendung seiner eigenen Mittel auf dem Kapitalmarkt eine höhere Rendite erzielt, als wenn er sie im eigenen Unternehmen einsetzt.

Auch der Preis für den Kredit ist für ihn gegeben und richtet sich maßgeblich, wie oben erklärt, nach der Dynamik der gesamtwirtschaftlichen Entwicklung, weil die Zentralbank sich an dieser orientiert. Sind in dem Markt des einzelnen Unternehmens die Absatz- und Preisbedingungen besser als in der Gesamtwirtschaft, wird der Einsatz eines Kredits vermutlich günstig sein. Verhält es sich umgekehrt, muss der Unternehmer entscheiden, ob er eigenes Einkommen aus der Vorperiode (also Gewinn oder Geldvermögen) verwenden will, um trotz der wenig vorteilhaften Finanzierungsbedingungen die Investition zu wagen.

An keiner Stelle in dieser Ableitung ist Platz für eine eigenständige Rolle von »Kapital«. Der Unternehmer braucht u. U. einen Kredit, den er von der Bank bekommt. Den schöpft sie aus dem Nichts. Aber auch Money Manager, Investmentfonds oder andere Kapitalsammelstellen vergeben Kredite, indem sie vorhandenes Geldvermögen (Sparvermögen) weiterreichen. Eigenkapital kann das Unternehmen zusätzlich aufbringen durch die Ausgabe von Aktien, durch eine Beteiligung neuer Mitinhaber oder durch zusätzliche eigene Mittel. Ist die Investition erfolgreich und generiert einen ausreichend großen Cashflow, entlohnt das Unternehmen seine Mitarbeiter, bezahlt seine Vorleistungen und ersetzt Schritt für Schritt Fremdkapital durch Eigenkapital, indem es den Kredit zurückzahlt; was nicht ausschließt, dass neue Kredite aufgenommen werden, sobald die alten getilgt sind. Die als Eigenkapital neu eingebrachten Geldvermögen werden durch eine Gewinnbeteiligung vergütet. In beiden Fällen entsteht Sachkapital, das anschließend dem Unternehmen bzw. seinen Eignern gehört.

Kapital als ein antagonistisch zur Arbeit bereitstehender Produktionsfaktor existiert nicht. Immer versucht das Unternehmen, so viel Arbeit einzusparen, wie bei dem gegebenen technischen Fortschritt oder zu erwartenden technischen Entwicklungen möglich. Der Anreiz dazu entsteht durch die Tatsache, dass die Unternehmen in der einen oder anderen Art und Weise die Arbeitnehmer am technischen Fortschritt beteiligen, sei es durch erzwungene Preissenkung oder durch im vorhinein ausgehandelte Nominallohnerhöhungen.

Solange das Unternehmen dabei den angemessenen Lohn zahlen muss, ist das vollkommen unproblematisch. Der Wettbewerb wird, das zeigt unsere Evidenz in Sachen Lohnstückkosten und Inflation gegen Ende des Kapitels, die Unternehmen zwingen, auf mittlere Sicht ihre Preise so zu gestalten, dass der Produktivitätsgewinn, der aus der Einsparung von Arbeit resultiert, den Arbeitnehmern zugutekommt und eine höhere Nachfrage nach Gütern und Dienstleistungen möglich macht, die ausreicht, um die womöglich bei der Rationalisierung freigesetzten Arbeitskräfte an anderer Stelle wieder zu beschäftigen. Im Vorhinein ausgehandelte Lohnerhöhungen haben gegenüber dem Warten auf Preissenkungen den entscheidenden Vorteil, dass der Prozess nicht durch mangelnde Anpassung der Preise verzögert wird und das Inflationsziel eingehalten werden kann.

Der technische Fortschritt, der bei einem Unternehmen wie arbeitssparender Fortschritt aussieht, erweist sich dann in gesamtwirtschaftlicher Betrachtung als einkommenssteigernd und arbeitsplatzneutral. Ob es wirklich den sogenannten kapitalsparenden technischen Fortschritt gibt, bei dem es gelingt, ein neues Produkt mit weniger Sachkapitaleinsatz zu produzieren, ist eine offene Frage. Dazu müsste auf allen Stufen der Produktionskette bei unverändertem Arbeitseinsatz weniger Kapital eingesetzt werden. In der Regel ist diese Art technischen Fortschritts ebenfalls arbeitssparend, weil man weniger Arbeit aufwenden muss, um die Maschinen herzustellen und die dafür benötigten Rohstoffe herbeizuschaffen, die nun weniger gebraucht werden. In einer gesamtwirtschaftlichen Betrachtung spricht vieles dafür, dass jede Art von technischem Fortschritt arbeitssparend ist.

Womit sich der Unternehmer aber stets konfrontiert sieht, ist die gesamtwirtschaftliche Vorgabe der Lohnentwicklung, die ihn immer unter Druck setzt und die in einem bestimmten Preisniveau auf seinem Markt zum Ausdruck kommt, das er unbedingt erreichen muss, will er Verluste vermeiden. Um dem Druck standzuhalten, setzt er Sachkapital ein, wobei der Zins keine besondere Bedeutung hat, sondern nur ein zusätzlicher Kostenfaktor ist. Liegt dieser, wie wir das schon viele Jahre gesehen haben, nahe Null, ändert sich das Unternehmerverhalten nicht. Da der niedrige Zins Ausdruck einer geringen gesamtwirtschaftlichen Dynamik ist, bietet er im Durchschnitt den Unternehmen keinen besonderen Vorteil.

Letzteres kann man aus didaktischen Gründen ausdrücken als Investitionsverhalten im Lichte der Differenz von »natürlichem Zins« und Geldzins, wie oben in Anlehnung an Knut Wicksell erwähnt. Auch bei diesem Zusammenhang kommt es auf die Differenz von Rendite und Zins an, nicht jedoch auf das absolute Niveau. Dass es einer Notenbank in einer sich verschlechternden Wirtschaftslage gelingt, den Geldzins so schnell zu drücken, dass er unter den natürlichen Zins fällt und die Investitionstätigkeit belebt, ist sicher möglich, aber ob man das in der Regel erwarten kann, bleibt eine offene Frage.

Wir stehen dieser Betrachtungsweise allerdings skeptisch gegenüber, weil sie den Eindruck erweckt, der natürliche Zins sei unabhängig von der Zinspolitik entstanden, was sicher falsch ist. Eine Geldpolitik als Reagierende muss sicher anders beurteilt werden als eine Geldpolitik, die Teil eines Komplexes ist, der unter Einschluss der Lohnentwicklung günstige Bedingungen für eine dynamische Investitionstätigkeit geschaffen hat.

5.2.2 Kapital und Gewinn

In einer funktionierenden Marktwirtschaft ist der Gewinn der Unternehmer das residuale Einkommen, also das Einkommen, das übrig bleibt, wenn alle kontraktbestimmten Einkommen wie die Löhne abgegolten sind. Das spezifische Risiko der Unternehmen liegt genau hier. Sie arbeiten mit Verträgen für ihre Mitarbeiter und z. T. auch für ihre Vorlieferanten, die ihnen einen festen Preis ihrer Vorleistungen über eine bestimmte Periode garantieren, obwohl im Prozess der Einkommensentstehung nichts fest vorgegeben ist. Ob tatsächlich ein Einkommen entsteht, das es ermöglicht, alle Verträge abzugelten oder gar darüber hinaus Gewinn zu erzielen, lässt sich an dieser Stelle noch nicht sagen.

Gelingt es dem Unternehmen, so hohe Erträge zu generieren, dass nach Abgeltung aller Verträge ein Rest bleibt, verbucht es diesen als Gewinn. Das kann man gutheißen oder nicht. Unbestreitbar ist, dass auf diese Weise in einer Welt mit objektiver Unsicherheit über die Zukunft, das Risiko, am Ende leer auszugehen, konzentriert wird auf wenige Personen, die allerdings zugleich Verantwortung für die spezifische Art und Weise übernehmen, mit der das Unternehmen versucht, sich gegen Konkurrenz am Markt zu behaupten.

Dieses Arrangement ist der Kern dessen, was oft als der Zusammenhang von Kompetenz und Haftung beschrieben wird. Wer die Kompetenz in dem Sinne übernimmt, dass er die Entscheidungen unter Unsicherheit trifft, die man als Unternehmen nun einmal treffen muss, muss auch die Haftung übernehmen, die im Verlustfall eine wirkliche Haftung bedeutet und im Erfolgsfall ein Einkommen, das u. U. deutlich über dem liegt, was ein bloßer Manager zu erwarten hätte. Das Arrangement kann man modifizieren, aber man kann es nicht vollständig aufheben, ohne das System als solches in Frage zu stellen. Die Rechtfertigung des Systems besteht darin, dass es eine Anreizstruktur mit sich bringt, die zu technischem Fortschritt führt und, wenn die Wirtschaftspolitik so gestaltet wird, wie in diesem Buch begründet und vorgeschlagen, zu einer Wohlstandsmehrung für alle, und zwar weltweit und unter Berücksichtigung der Endlichkeit bzw. Schonung der planetaren Ressourcen.

Die Frage, ob der Marktprozess insgesamt regelmäßig zu Gewinneinkommen führt, die angemessen sind, ist nicht a priori zu beantworten. Selbst bei hohem Wettbewerbsdruck wird es vielen Unternehmen gelingen, Preise durchzusetzen, die ihnen auch bei Einhaltung der Regeln des Lohnstandards erhebliche Gewinne einbringen. Nichts spricht dafür, dass der Wettbewerb so weit gehen könnte, dass die walrasianische Vision von der Gewinnlosigkeit Realität würde. Das ist ausgeschlossen, weil man zumindest das Risiko, das der Erzielung des unternehmerischen Einkommens zu eigen ist, abgelten muss, denn sonst wäre niemand gewillt, sich unternehmerisch zu betätigen. Genau dieses Risiko entzieht sich aber vollständig einer Quantifizierung, was es von vorneherein unmöglich macht, gerechtfertigte von ungerechtfertigten Gewinnen zu unterscheiden. Und da der technische Fortschritt ein permanenter Prozess im Zeitablauf ist, kann und wird er – einen gewissen Grad an Freiheit in einer Gesellschaft vorausgesetzt – nie zu einem Ende kommen, nie die »lange Frist« erreichen, nach welcher der walrasianische Auktionator tätig werden bzw. nach der sich ein gewinnloses Gleichgewicht einstellen könnte.

Fast alle Gesellschaften haben sich außerdem entschieden, demjenigen höhere Gewinne zuzugestehen, der im schumpeterianischen Sinne etwas Neues schafft. Auch das ist keine feste Norm, weil durchaus unklar bleibt und bleiben muss, ob die Innovation gesellschaftlichen Nutzen stiftet, selbst wenn sie sich als am Markt erfolgreich erweist. Zudem ist kaum objektiv zu entscheiden, ob und wie lange es einen spezifischen Schutz für Patente von Seiten des Staates geben soll. Immerhin lassen die Wissens- und Technikvorsprünge des Pioniers sowie andere Friktionen im Marktprozess in den meisten Fällen auch dann einen besonderen Gewinn zu, wenn kein staatlicher Schutz für technische Neuerungen existiert. Doch alle diese Fragen sind sekundär gegenüber der klaren Erkenntnis, dass es der Gewinn ist, an dem sich die Unternehmen messen und beurteilen lassen. Auf einen unklaren Kapitalbegriff kann man schlicht verzichten.

Der Gewinn, der dem Unternehmer zufließt, wird aber keineswegs automatisch zu Sachkapital. Erst eine Investitionsentscheidung, bei der Gewinn aus der Vorperiode als Basis für die Finanzierung dient, verwandelt ihn in Sachkapital (oder auch »Humankapital« oder eine Mischung aus beidem). Wird der Gewinn hingegen zu einem persönlichen Einkommen des Unternehmers oder der Eigentümer des Unternehmens umfunktioniert – etwa durch Dividendenzahlungen an Aktionäre –, verliert er vollständig seinen besonderen Charakter und kann wie jedes andere Einkommen betrachtet und (steuerlich) behandelt werden.

Eine immer wieder aufflammende Kontroverse dreht sich um die Frage, ob der Gewinn des Unternehmens zwei Mal besteuert werden sollte, nämlich einmal im Unternehmen selbst im Rahmen einer Unternehmensbesteuerung und danach noch einmal bei der persönlichen Besteuerung der Eigentümer des Unternehmens. Systematisch gerechtfertigt ist diese Doppelbesteuerung sicherlich nicht, doch es liegt auf der Hand, dass zahllose Möglichkeiten existieren, den Gewinn so zu verwenden, dass unsichtbare Transfers (über das Vermögen) zu den Unternehmenseignern geschaffen werden, die sich einer Besteuerung entziehen. Auch diese Thematik müssen wir, wie viele andere der steuerlichen Behandlung, so wichtig sie im Einzelnen sein mögen, ungelöst zurücklassen, um uns auf die entscheidenden Fehler bei der Deutung marktwirtschaftlicher Abläufe zu konzentrieren.

An dieser Stelle ist im Zuge unserer Systematik lediglich anzumerken, dass den Unternehmen bei allen Kosten einschließlich der Steuern natürlich die Möglichkeit der Überwälzung in die Preise offensteht. Personalkosten, aber auch steigende Kosten für Umweltschutz, Sozialabgaben, Kosten für Vorleistungen und Rohstoffe sowie steigende Steuern, kurz, alle Kostenbelastungen, die den Unternehmenssektor gleichmäßig treffen, können von den Unternehmen zumindest zu einem erheblichen Teil durch Preiserhöhungen ausgeglichen werden. Was oft vergessen wird: Das gilt auch für Kostensenkungen. Die massiven Steuersenkungen für die Unternehmen, die von vielen Ländern der Welt nach dem Beginn dieses Jahrhunderts vorgenommen wurden – Deutschland halbierte beispielsweise die Unternehmenssteuern –, führen zu keinem geänderten Verhalten der Unternehmen oder gestiegener Investitionstätigkeit, da sie die Wettbewerbsposition der Unternehmen untereinander nicht verändern.

Auf internationaler Ebene stellt es sich etwas anders dar: Treten Staaten in einen Wettbewerb untereinander ein, indem sie ihren jeweiligen Unternehmen Vorteile gegenüber der internationalen Konkurrenz dadurch zu verschaffen versuchen, dass sie sie vergleichsweise weniger besteuern, ändern sie die Wettbewerbsposition ihres Unternehmenssektors gegenüber dem Ausland. Handelsungleichgewichte sind die Folge und eine zugunsten des Exportsektors verzerrte Wirtschaftsstruktur. Außerdem ist mit dem »Standortwettbewerb der Nationen« regelmäßig ein Niedergang des öffentlichen Güterangebots (etwa in Form der Vernachlässigung der Infrastruktur) verbunden.

Der in Kapitel 2 zitierte Satz von Schumpeter über die generelle Bedeutung der Walras'schen Gewinnlosigkeit, die, wenngleich nicht ohne weiteres zu beobachten, große erkenntnislogische Bedeutung hat, kommt hier voll zum Tragen. Bei einem ausreichend intensiven Wettbewerb ist es weder von Seiten der Wissenschaft noch von Seiten der Politik zielführend, sich über das Niveau der Gewinne Gedanken zu machen oder gar Wirtschaftspolitik darauf aufzubauen.

Weil die Unternehmen in gesamtwirtschaftlicher Betrachtung dem bereits diskutierten Zusammenhang ausgeliefert sind, dass sie durch Kostensenkung ihre Gewinnsituation nicht verbessern, wohl aber über eigene Ausgabensteigerung die Gewinne immer weiter erhöhen können, ist ihnen auch von außen über Kostensenkung nicht zu helfen und durch Kostenerhöhungen nicht zu schaden, solange sich die Ausgaben desjenigen, der diese Veränderungen vornimmt (in der Regel des Staates), dadurch nicht ändern. Durchfinanzierte Steuersenkungen, also solche, die durch Ausgabenkürzungen des Staates an anderer Stelle »finanziert« werden, helfen dem Unternehmenssektor nicht, sondern schaden ihm unmittelbar.

5.2.3 Wie entsteht Kapital?

Im Lichte der Überlegungen des letzten Abschnitts lässt sich noch eine wichtige Frage explizit beantworten, weil sie schon implizit beantwortet wurde. Woher kommt das Sachkapital bzw. der Kapitalstock, über den ein Land verfügt? Wie entsteht Kapital und warum haben manche Länder und Regionen viel davon und andere eher wenig? Gerade um die Frage der Ausstattung unterschiedlicher regionaler Einheiten mit einem Sachkapitalstock ist in der Vergangenheit eine nur schwer nachvollziehbare Debatte geführt worden. Auf der Basis der neoklassischen Theorie hat man beispielsweise Entwicklungsländern die Fähigkeit abgesprochen, selbst Sachkapital zu bilden.

Diese Staaten, so die Vermutung, seien in großem Maße abhängig von den reichen Ländern, weil nur dort via Ersparnisse genügend Finanzkapital gebildet werden könne, mit dessen Hilfe man in der Lage ist, Sachkapital anzuschaffen. Ihre Armut verhindere geradezu die Bildung und Vergrößerung des Kapitalstocks, weil die Mehrheit der Menschen in einer Subsistenzwirtschaft nicht in der Lage sei, in ausreichendem Maße zu sparen. Folglich hat man Finanzkapitalimport und sein Gegenstück, nämlich Leistungsbilanzdefizite als gewissermaßen natürliche Begleiterscheinungen von Entwicklung angesehen.

Angesichts unserer bisherigen Überlegungen ist das strikt von der Hand zu weisen. Die Voraussetzung für die Schaffung von Sachkapital im Sinne eines steigenden und effizienten Sachkapitalstocks sind Gewinne der Unternehmen und ein funktionsfähiges Bankensystem. Beides kann es auf jeder Entwicklungsstufe geben. Arme Länder schaffen auf exakt die gleiche Weise einen Kapitalstock wie die reichen Länder. Sachkapital entsteht im Prozess der Entwicklung und muss nicht zwingend von außen zugeführt werden, auch wenn es von Vorteil ist, wenn Entwicklungsländer technologische Sprünge machen, weil sie Produktionsweisen der Länder übernehmen, die eine höhere Produktivität haben.

Dass es in vielen Entwicklungsländern über viele Jahrzehnte nicht dazu gekommen ist, liegt zumeist daran, dass Entwicklungs- und Schwellenländer – mit der Ausnahme einiger Staaten Asiens – nicht in der Lage sind, sich von einer dysfunktionalen ökonomischen Lehre zu emanzipieren, die ihnen von den internationalen Organisationen aufgedrängt wurde.

5.2.4 Wie fließt das Kapital?

Kapital im Sinne von Geldströmen fließt jede Minute in vielfältigen Formen um den Erdball. Aufschlussreich wäre es, wenn man die Bruttoströme direkt nachverfolgen könnte, die von bestimmten Motiven und Anreizen getrieben sind. Doch für diese

Ströme gibt es in der Regel keine Statistik. Sie sind so vielfältig und so gewaltig, dass man einen massiven Aufwand betreiben müsste, um sie zu erfassen. Im Zeitalter der Elektronik wäre das sicher möglich, aber niemand ist bereit, dafür zu zahlen und nur wenige haben ein Interesse daran, diese Bewegungen transparent zu machen.

Erfindungsreich, wie die Ökonomen sind, haben sie sich häufig darauf beschränkt, die Nettoströme zu analysieren, wie sie z. B. in der Kapitalbilanz der Zahlungsbilanzstatistik auftauchen. Doch hier lauern, wie schon in Kapitel 3 gezeigt, etliche Fallstricke, wenn man unkritisch mit diesen Salden umgeht. Berühmt ist die Geschichte, nach der die Eurokrise ihren Ursprung darin hatte, dass Kapital aus den reichen Ländern im Norden in die ärmeren im Süden Europas geflossen sei, denen so ermöglicht wurde, über ihre Verhältnisse zu leben. Das konnten sie laut dieser These, die vor allem Hans-Werner Sinn vertreten hat, deswegen tun, weil im Eurogebiet die Zinsen plötzlich viel niedriger waren als vorher in den nationalen Volkswirtschaften.[7]

Hätten die Ökonomen einen seriösen wissenschaftlichen Anspruch, würde bei einer Aussage über die eine Seite einer Bilanz, ohne die andere zu erwähnen, schon zur Vorsicht geraten. Zu behaupten, die deutschen Ersparnisse seien ins Ausland geflossen, weil die Salden anzeigen, dass der Kapitalexport in dieser Zeit zugenommen hat, stellt keine wirkliche Erklärung dar, sondern drückt wie bereits erwähnt nur eine Identität gemäß der Saldenbetrachtung aus.

Für ein tatsächliches Verständnis des Vorgangs, muss man sich anschauen, wie und wo sich etwas verändert hat, das nicht per Definition bereits in den Salden enthalten ist, aber Einfluss auf sie genommen hat oder haben könnte. Haben sich z. B. Preisverhältnisse fundamental verändert, so dass Konsum- und Investitionsentscheidungen der privaten Haushalte und der Unternehmen davon berührt gewesen sind? Wer das Anschwellen des deutschen Kapitalexports wirklich erklären will, muss nach Faktoren suchen, die das verursacht haben können, und den Wirkungszusammenhang erläutern. Vor allem darf es nicht um wohlfeile Behauptungen gehen wie etwa die, in Deutschland lohne sich das Investieren eben nicht und daher fließe Anlage suchendes Kapital ins Ausland, wenn man das »Sich-nicht-Lohnen« nicht an konkreten Fakten festzumachen vermag. Hat der Exodus des Kapitals zugenommen, müssten sich auch die Bedingungen, die für den Exodus verantwortlich sind, verschärft haben.

In Deutschland im Verhältnis zu seinen Nachbarn beobachtet man eine starke Veränderung bei der internationalen Wettbewerbsfähigkeit. Die Lohnmoderation hierzulande (politisch gewollt und auch angestoßen) hat zu einer realen Abwertung geführt und das, so schon die allereinfachste Markttheorie, könnte bereits dazu geführt haben, dass die Wirtschaftssubjekte in den restlichen Ländern der EWU vermehrt deutsche Pro-

---

7 Sinn, H.-W. (2015): 58–69.

dukte gekauft haben, deren Preise relativ günstiger geworden sind. In Deutschland hat man dagegen weniger Produkte der anderen gekauft, weil die relativ teurer geworden sind. Man beobachtet also einerseits die Veränderung der Preisrelationen nach einem exogenen Anstoß (hier der Lohnabschlüsse) und andererseits die Veränderung von Warensalden, die in diesem Fall dazu passt.

Bleibt nur noch die Frage, wie das finanziert bzw. wie die Kapitalströme zu den Güterströmen passend »gemacht« wurden. In einer Währungsunion ist das aber keine Schwierigkeit, weil sich alle grenzüberschreitenden Transaktionen genauso leicht finanzieren lassen wie rein nationale Transaktionen. Kommen wir zu unserem Beispiel aus Kapitel 3 zurück: Ein französischer Bürger will ein deutsches Auto erwerben, geht dazu zu seiner Bank, nimmt einen Kredit in Euro auf und kauft den Wagen bei einem Händler der deutschen Marke in Frankreich. Der bezahlt das Auto der deutschen Firma mit den Euros, die er von seinem Kunden bekommen hat. Machen das hinreichend viele Franzosen, müssen die französischen Banken, die die Kredite vergeben, vielleicht irgendwann einen Kredit bei deutschen Banken aufnehmen, zu denen die Mittel geflossen sind. Aber auch das ist in einem einheitlichen Währungsraum unproblematisch.

Nun versuchen wir den Fall im neoklassischen Sinne umzudrehen, wir unterstellen also, deutsche Anleger würden ihre Ersparnisse aus irgendeinem Grund nach Frankreich, Spanien oder Griechenland exportieren wollen, ohne dass sich die Preisverhältnisse zuvor geändert hätten. Zunächst ist die Frage, was sie mit dem Beginn der Währungsunion vermehrt dazu motiviert haben sollte. Denn an den Zinsverhältnissen, die für Spar- bzw. Anlageentscheidungen relevant sein könnten, hat sich mit dem Beginn der EWU nichts an der relativen Attraktivität der anderen Länder geändert. Im Gegenteil, der französische Zins ist noch näher an den deutschen herangerückt, so dass die beiden für einige Jahre fast vollständig gleich waren. Hier fehlt also schon der Ausgangsimpuls, der dafür hätte sorgen können, dass sich die Kapitalströme umdrehen und Frankreich in eine Verschuldungsposition gerät.

Aber auch die realwirtschaftliche Seite passt in diesem Fall überhaupt nicht. Denn selbst wenn die Kapitalströme der Ausgangspunkt gewesen und die Güterströme ihnen gefolgt wären, wie hätte das gehen sollen? Der französische Bürger kauft schließlich nicht deswegen mehr deutsche Autos, weil seine Bank ihm anbietet, sie mit einem Kapitalimport aus Deutschland zu finanzieren; und der deutsche Bürger verzichtet – ohne Relativpreisänderung – schon gar nicht auf den Kauf von französischem zugunsten deutschen Weins. Beides, eine erhöhte Auslandsnachfrage nach deutschen Gütern sowie eine verringerte deutsche Inlandsnachfrage nach ausländischen Gütern, ist aber notwendig, wenn man den statistisch festzustellenden gestiegenen deutschen Leistungsbilanzüberschuss erklären will. Denn warum sollte sich der deutsche Bürger aus heiterem Himmel (also ohne exogenen Anlass bei Warenpreisen oder Zinsen) dazu entschließen, die gleiche Menge an Ersparnissen wie zuvor zu bilden, sie aber nicht mehr zu Hause anzulegen, sondern stattdessen in Frankreich?

Die Güterströme mit den Kapitalströmen erklären zu wollen, funktioniert einfach nicht: Die Geschichte wird, wie schon in Kapitel 3 gezeigt, nie plausibel. Es ist erstaunlich, dass der Großteil der deutschen Ökonomen diese von Hans-Werner Sinn aufgestellte These teilt. Freilich hat er sie auf den Fall Spanien bezogen. Dort gab es einen Hauspreisboom, der scheinbar eine Erklärung dafür bot, warum Deutsche ihre Ersparnisse ins Ausland transferieren wollten. Aber eine gute Erklärung ist auch das nicht, weil die Frage unbeantwortet bleibt, wie die güterwirtschaftliche Seite dazu passt: Warum kauften Spanier von dem Geld, das deutsche Anleger in den spanischen Wohnungsbau (also etwa in die Löhne spanischer Maurer) steckten, zunehmend mehr ausländische als spanische Güter? Denn ausweislich des Handelsdefizits war das der Fall. Außerdem sollte eine stichhaltige Erklärung nicht nur Einzelfälle (wie Spanien) erfassen, sondern möglichst viele Fälle (wie Frankreich, Portugal, Griechenland etc.) abdecken, wo es eine solche gravierende Verschiebung der Salden eben auch gegeben hat.

Daraus folgt: Wer die Zinserklärung benutzt, muss auch erklären, auf welche Weise dabei die Warenströme gedreht werden. Tut er das nicht, ist die Zinsthese von vorneherein sinnlos. Wenn Salden kausal gedeutet werden (also etwa so wie bei Hans-Werner Sinn, der aus dem Saldo abliest, dass die Kapitalströme Ausgangspunkt einer Entwicklung sind und die Güterströme ihnen dann folgen), ohne dass die besondere Auslegung einer Identität ausdrücklich Erwähnung findet, ist immer größte Vorsicht geboten.

Noch fundamentaler ist ein weiterer Punkt, der seinen Grund in einer wenig intuitiven Buchhaltungsregel hat. Wenn nämlich ein französischer Bürger ein deutsches Auto kauft, verfügt er offensichtlich am Ende der Transaktion über weniger und nicht über mehr Finanzvermögen. Ganz gleich, wie er den Wagen finanziert, sein Eigenkapital ist geschrumpft oder er hat mehr Schulden. Finanzmittel, mit dem er nun ein Haus bauen oder etwas anderes unternehmen könnte, gibt es nicht, obwohl die Statistik einen Kapitalexport von Deutschland nach Frankreich ausweist.

Dieses Paradoxon, was es heißt, »für den Ausgleich der Zahlungsbilanz zu sorgen«, hat Joachim Nanninga auf unnachahmliche Art und Weise erklärt.[8] Zunächst stellt er klar, dass die Systematik der Zahlungsbilanz nicht davon abhängt, ob man postkeynesianischer oder neoklassischer Ökonom ist, weil sie auf einer Übereinkunft beruht, wirtschaftliche Transaktionen in einer bestimmten Form abzubilden: Die exportierten und die importierten Leistungen werden mit ihrer Bewertung in der betreffenden Währung in der einen Liste (Leistungsbilanz) aufgeschrieben; die damit einhergehenden Forderungen und Verbindlichkeiten, wiederum als Geldgrößen ausgedrückt, finden

8 Nanninga, J. (2022).

in der anderen Liste (Kapitalbilanz) Platz. Das ist alles reine Buchhaltungskonvention unter Nutzung der Technik der doppelten Buchführung. Folglich wird jede Transaktion durch Verbuchung in zwei unterschiedlichen Konten festgehalten: Beim Export eines Guts kommt es zu einer Sollbuchung in der Höhe des dafür bezahlten Betrags in der Leistungsbilanz des exportierenden Landes und zu einer Habenbuchung über diesen Betrag in der Kapitalbilanz des gleichen Landes. Buchungen, die die rechte und linke Seite einer Bilanz gleichermaßen betreffen, verändern ihren Saldo nicht und rufen daher auch keine Veränderung in einer anderen Bilanz hervor, deren Spiegelbild sie darstellen (wie das bei Leistungs- und Kapitalbilanz der Fall ist). Die Frage, ob ein Importeur einen Exporteur direkt bar bezahlt oder über einen Bankkredit, macht für den Geldvermögensstatus des Importeurs keinen Unterschied – entweder er hat weniger Bargeld oder mehr Geldschulden. Und der Exporteur hat genau um den Preis des exportierten Gutes mehr Geldvermögen (oder weniger Geldschulden). Nanninga dazu wörtlich:

> Für den Käufer ist aus der Verbindlichkeit gegenüber dem Lieferanten nach Kreditaufnahme und Zahlung eine Verbindlichkeit gegenüber der Bank geworden. Für den Lieferanten gilt dasselbe: An die Stelle seiner Forderung gegenüber dem Kunden tritt eine Forderung gegenüber der Bank. Durch Wahrnehmung ihrer Rolle als Intermediär zwischen einem Schuldner (Debitor) und einem Gläubiger (Kreditor) konnte die Bank im Verein mit ihren Kunden zusätzliche Zahlungsmittel entstehen lassen. Die ursprüngliche »sonstige Forderung« wurde monetisiert. Da mit der Bezahlung keine Leistungstransaktion verbunden ist, sondern eine reine Finanztransaktion stattfand (für den Lieferanten Umtausch der sonstigen Forderung in eine Bank-Gutschrift; für den Kunden Umtausch der Verbindlichkeit gegen den Lieferanten in eine Bank-Verbindlichkeit), ist nur die Kapitalbilanz betroffen. Buchungen, die nur Konten der Kapitalbilanz betreffen, sind saldenunwirksam. Der Saldo der Kapitalbilanz bleibt gleich [...].
>
> Für [den Käufer] ist die Kreditforderung weggefallen und an ihre Stelle ist die Einzahlung (Eintreffen der Zahlungsmittel) getreten. Für [den Verkäufer] gilt umgekehrt entsprechendes. Durch den Zahlungsvorgang ist die Leistungsbilanz nicht berührt, weil mit der Zahlung keine Leistungstransaktion verbunden ist. An die Stelle der ursprünglichen Forderung gegen einen Kunden ist eine Forderung des Lieferanten gegen eine Bank getreten.

Das Ergebnis ist intuitiv nicht leicht zu erfassen, entspricht aber genau der buchhalterischen Realität: Der Käufer zahlt Geld auf das Konto seines Lieferanten ein, das nennt man Kapitalexport, und »erhält« im Gegenzug einen Sachkapitalimport. Das exportierte Gut wurde eben nicht mit Geld »bezahlt«, sondern gegen eine Forderung getauscht, die auch im Falle der Bezahlung eine Forderung bleibt – nur mit dem Unterschied, dass sie sich nicht mehr gegen ein privates Wirtschaftssubjekt, sondern nun gegen eine Bank richtet. Der Käufer hat die Leistung, das erworbene Gut, bei direkter Bezahlung gegen seine Bankschulden getauscht.

5.2.5 Der Kapitalstock

Wie schon in Kapitel 3 erläutert, ist der Kapitalstock ein wichtiges Konzept. Damit bezeichnet man das in einer Volkwirtschaft angesammelte Sachkapital, mit dessen Hilfe das volkwirtschaftliche Einkommen erzielt wird. Es geht hier folglich um einen Ex-post-Begriff, was heißt, es geht um das in der Vergangenheit akkumulierte Sachkapital, das, aufgeteilt in unternehmerische Einheiten, die Unternehmen nutzen, um in Kombination mit dem vorhandenen Arbeitskräftepotenzial einen marktgängigen Output zu erzielen. Die Größe und die Effizienz des Kapitalstocks entscheiden über das gesamtwirtschaftliche Einkommen, das erzielt werden kann. Jede über den Ersatz des Verschleißes hinausgehende neue Investitionstätigkeit, die erfolgreich ist, vergrößert den nationalen Kapitalstock.

Der Kapitalstock ist folglich definiert als die Vergangenheitsleistung einer genau bestimmten Volkswirtschaft, und deshalb, wie das üblicherweise genannt wird, »pfadabhängig«. Er ist das Resultat vieler Einzelentscheidungen in dieser Volkswirtschaft und in starkem Maße bestimmt von der Wirtschaftspolitik, die in dem betreffenden Land gemacht wurde. Beim Kapitalstock handelt es sich in der Tat bis heute um ein rein nationales Konzept. Weil Wirtschaftspolitik auf der Ebene der Nationalstaaten gemacht wird, weil Lohnregime nationale Regime sind, weil die meisten institutionellen Bedingungen national bestimmt werden und weil die natürlichen Bedingungen nach innen tendenziell homogener sind als über Staaten hinweg, ist mit dem Kapitalstock in vielerlei Hinsicht das wirtschaftliche Potenzial einer Volkswirtschaft für einige Zeit festgelegt.

Alle in Gütereinheiten ausgedrückten, also realen Einkommensansprüche, die innerhalb einer Gesellschaft gestellt werden, können nur in dem Maße befriedigt werden, das der Kapitalstock unter Einsatz von Arbeitskräften herzustellen erlaubt. Wie viel das ist, hängt daher von der vom Kapitalstock bestimmten Arbeitsproduktivität ab. Aus der Kombination des Kapitalstocks mit den vorhandenen Arbeitskräften wird ein Einkommen erzielt, das nach den oben diskutierten Regeln wie bspw. der Goldenen Lohnregel verteilt wird. Die Arbeitnehmer beanspruchen ihren Teil über eine Nominallohnforderung; die Unternehmen gestehen eine bestimmte Nominallohnerhöhung zu und versuchen auf ihren Produktmärkten im Lichte ihrer Lohnstückkostenbelastung (die von der Effizienz ihres Kapitalstocks bestimmt ist) eine Preiserhöhung durchzusetzen, die es ihnen erlaubt, einen möglichst großen Gewinn zu erzielen. Das Ergebnis ist auf die kurze Frist und für das einzelne Unternehmen offen, sieht aber für die Gesamtwirtschaft und auf lange Frist immer so aus, dass sich etwa eine Gleichverteilung des Einkommenszuwachses zwischen Arbeitnehmern und Arbeitgebern ergibt.

Der existierende Kapitalstock und sein Wachstum sind die Versicherung für beide Seiten, dass ein bestimmtes und auch wachsendes Einkommen gezahlt werden kann. Das gilt für alle Teile der Bevölkerung und den Staat. Alle anderen Einkommen speisen sich ebenfalls nur aus dieser Quelle. Renten und Pensionen sind hier als einschlägig zu nennen, vor allem weil die herrschende neoklassische Lehre seit vielen Jahrzehnten die unhaltbare Position vertritt, es könne als Alternative zu den Zahlungen an die inaktive Bevölkerung, die aus dem Einkommen erfolgen, das sich aus dem aktuellen Kapitalstock ergibt (dem sogenannten Umlageverfahren), einen weiteren Mechanismus geben, der auf stärkerem Ansparen des Einzelnen beruhe und damit auf »Kapitaldeckung« aufbaue. Die Idee dahinter, mehr Sparen führe zu einem größeren Kapitalstock und auf diesem Weg stünde mehr Einkommen zur Verteilung zur Verfügung, basiert auf den Denkfehlern, die wir in Kapitel 3 thematisiert haben. Kapitel 8 wird diesen Faden wieder aufnehmen.

5.3 Geldwertstabilität in Zeit und Raum

Inflation nennt man das gleichzeitige Aufblähen von Preisen in vielen Bereichen einer Volkswirtschaft über längere Zeiträume. Das Wort kommt vom lateinischen Verb *inflare*, das »aufblasen« oder »anschwellen lassen« bedeutet. Mit Preisstabilität wird in der Regel eine Situation bezeichnet, in der die Preise im Durchschnitt pro Jahr um einen möglichst gleichbleibenden Prozentwert im niedrigen einstelligen Bereich zunehmen. In der EWU liegt dieser Wert idealerweise bei 2 Prozent; darüber hinaus gehende Werte gelten als Inflation, darunter liegende als Deflation. Bei Zuwachsraten im zweistelligen Bereich ist von galoppierender Inflation oder von Hyperinflation, bei negativen Zuwachsraten von offener Deflation die Rede.

5.3.1 Geldwertstabilität in der Zeit

Um zu verstehen, um was es sich bei Inflation bzw. Deflation genau handelt, wie sie entsteht, warum sie gefährlich ist und wie sie von wem verhindert oder bekämpft werden kann, ist es sinnvoll, sich zunächst kurz mit den Preisen im Allgemeinen zu beschäftigen: Wie kommen Preise zustande, welche Funktion haben sie in einer Marktwirtschaft und warum ändern sie sich? Wie lassen sich notwendige und sinnvolle Preisveränderungen von überflüssigen und schädlichen unterscheiden und wie kann man letztere unterbinden oder reduzieren?

Um die Entwicklung der Preise in einer Volkswirtschaft kompakt zu beschreiben, wird ein Preisniveau ermittelt. Es fasst die Einzelpreise gemäß einem komplexen Gewichtungsschema zu einem Gesamtindikator zusammen und wird als Index angegeben, der für ein zurückliegendes Jahr, das Basisjahr, auf 100 normiert ist.

Ist von der Inflationsrate eines Landes die Rede, ist normalerweise die Veränderungsrate des Verbraucherpreisindex gemeint, also des Preisniveaus, dem sich die Konsumierenden gegenübersehen. Denn in die Berechnung dieses Index werden die Preise aller Güter, die dem Endverbrauch im Inland dienen, einbezogen. Ein Warenkorb, der die Konsumgewohnheiten der Bevölkerung im Basisjahr widerspiegelt, liefert die aus den Verbrauchsmengen abgeleiteten Gewichtungsanteile.

Verändern sich die Einzelpreise im Lauf der Zeit gegenüber ihrem Wert aus dem Basisjahr, verschiebt sich der Index des Preisniveaus entsprechend. Die Inflationsrate ist für viele Wirtschaftsakteure von Interesse, weil sie die Änderung der Kaufkraft des Geldeinkommens in einem Land anzeigt. Steigt das Preisniveau, sinkt die Kaufkraft unter sonst gleichen Umständen; fällt das Preisniveau, nimmt die Kaufkraft unter sonst gleichen Umständen zu.

Kurzfristige Preisentwicklungen werden mit den Veränderungen von Monatswerten eines Preisindex beschrieben. Üblicherweise wird dabei die prozentuale Veränderung des Index in einem Monat gegenüber dem gleichen Monat des Vorjahres betrachtet (Vorjahresvergleich). Es werden mitunter auch die prozentualen Veränderungsraten von Monat zu Monat (Verlaufsraten) herangezogen. Längerfristig blickt man auf jahresdurchschnittliche Veränderungsraten.

Als Kern(inflations)rate wird häufig die Änderungsrate eines Teilindex der Verbraucherpreise bezeichnet, der keine Güter aus dem Bereich Nahrungsmittel und Energie enthält, die direkt für den Endverbrauch bestimmt sind. Dieser Index umfasst also z. B. keine Preise für Brot oder Haushaltsstrom. Da jedoch Energie zur Produktion praktisch aller Güter benötigt wird und der Energiepreis entsprechend auf deren Herstellungskosten wirkt, reagiert die Kernrate auf Preisänderungen z. B. von Strom. Ebenso können sich Preisveränderungen von Lebensmitteln in der Kernrate bemerkbar machen, sofern sie in den Endpreisen etwa von gastronomischen Angeboten enthalten sind, die ihrerseits in der Kernrate erfasst werden.

Grund für die Berechnung der Kernrate ist, dass die Preisschwankungen in den ausgeschlossenen Güterkategorien sehr stark sein können und diese Kategorien ein relativ hohes Gewicht im Gesamtindex haben. Das schlägt sich in einem stärkeren Auf und Ab der gesamten Inflationsrate nieder. Um die Grundtendenz der Preisentwicklung besser zu erkennen, greift man daher auf die Kernrate zurück.

Der Preis für ein Gut soll in einer Marktwirtschaft anzeigen, wie knapp es im Vergleich zu anderen Gütern ist. Denn dann wirkt der Marktmechanismus prinzipiell so, dass alle Ressourcen bestmöglich verwendet werden in dem Sinn, dass aus ihnen der größtmögliche Nutzen gezogen werden kann und auf Dauer Knappheiten beseitigt werden. Man nennt das die optimale Allokation der Ressourcen.

Die Knappheit eines Gutes ergibt sich einerseits aus dem Ressourcenaufwand, der für seine Herstellung getrieben werden muss, und andererseits aus seiner Begehrtheit bei potenziellen Käufern. Das Aufeinandertreffen von Angebot und Nachfrage auf einem einzelnen Markt in einer Periode ergibt einen bestimmten beobachtbaren Mengenumsatz zu einem bestimmten Preis.

Der Preis spiegelt die tatsächliche Knappheit eines Gutes umso besser wider, je größer die Konkurrenz auf dem betrachteten Markt bzw. je ausgewogener das Kräfteverhältnis zwischen Anbietenden und Nachfragenden ist. Nehmen viele Akteure am Markt teil, vermag keine Marktseite den Preis zu ihren Gunsten zu verschieben: Weder können Hersteller auf die Produktionskosten pro Stück einen überdurchschnittlich hohen Aufschlag auf die Gewinne erheben (das sogenannte Mark-up), noch können Käufer hohe Preisnachlässe aushandeln. Denn in beiden Fällen würde das jeweilige Marktgegenüber zur Konkurrenz abwandern – die Nachfragenden zu den günstiger Anbietenden und die Anbietenden zu den Zahlungswilligeren. Je geringer also die Marktmacht der einzelnen Marktteilnehmer ist, desto härter ist der Wettbewerb, und je härter der Wettbewerb ist, desto geringer ist die Gewinnspanne, die zu den Herstellungskosten eines Gutes bei der Kalkulation seines Preises hinzugefügt werden kann.

Der Wettbewerb verhindert also, dass Verbraucher beim Kauf von Gütern überhöhte Preise zahlen müssen. Zudem sorgt er dafür, dass Unternehmen laufend an der Verringerung ihrer Produktionskosten arbeiten, um ihren Marktanteil durch Preissenkung auszuweiten oder zumindest gegen die Konkurrenz zu verteidigen und so ihre Gewinne zu stabilisieren oder gar zu erhöhen.

Die Überlegungen zum Zustandekommen von Güterpreisen zeigen, dass sie entscheidende Signale für die Entwicklung einer Marktwirtschaft aussenden. Unter optimalen Wettbewerbsbedingungen (die in der Realität allerdings selten gegeben sind) spiegeln sich ändernde Einzelpreise Veränderungen in den Konsumwünschen ebenso wider wie Veränderungen der Produktionsbedingungen. Sie weisen Anbietern den Weg in gewinnträchtige Bereiche und reduzieren auf diese Weise dort herrschende Knappheiten. Zudem drängen steigende Preise in aller Regel die Nachfrage nach einem Gut zurück, was ebenfalls Mengenengpässe auf dem betreffenden Markt reduziert. Güter, bei denen die erzielbaren Preise ihre Herstellungskosten nicht mehr decken, verschwinden vom Markt. Die für ihre Produktion verwendeten Ressourcen – von Rohstoffen über Maschinen bis hin zu Arbeitskraft – werden frei für andere Verwendungsmöglichkeiten.

Daher ist die Veränderung der relativen Preise, also der Preise der Güter untereinander, ein wichtiger Motor der Marktwirtschaft, der ihren Strukturwandel kennzeichnet und zugleich vorantreibt. Doch zu verstehen, wie Relativpreise zustande kommen und sich verändern, heißt noch nicht, geklärt zu haben, wie das durchschnittliche Preisniveau an sich und seine Veränderung zustande kommt und welche Wirkung dies auf die gesamtwirtschaftliche Entwicklung hat.

Eine Marktwirtschaft tendiert aus dem Geschehen auf den einzelnen Märkten heraus nicht von selbst zu einer gleichmäßig stabilen Dynamik des Preisniveaus. Das einzelwirtschaftlich rationale Parallelverhalten der Wirtschaftssubjekte im konjunkturellen Aufschwung wie Abschwung führt vielmehr zu einer gesamtwirtschaftlichen Eigendynamik, die in Hinblick auf die Entwicklung des Preisniveaus unerwünscht eskalieren kann, und zwar in beide Richtungen: sowohl Richtung Inflation als auch Richtung Deflation. Da beide einen schädlichen Einfluss auf die reale Entwicklung von Angebot und Nachfrage ausüben, gilt es, sie zu verhindern. Daher stellt die Entwicklung des Preisniveaus jenseits von Regulierungsaufgaben in Hinblick auf ein Mindestmaß an Wettbewerb ein eigenes wirtschaftspolitisches Beobachtungs- und Handlungsfeld dar.

Im konjunkturellen Aufschwung steigt die gesamtwirtschaftliche Nachfrage und mit ihr die Kapazitätsauslastung. Je näher die Kapazitätsgrenzen rücken, desto eher wird in neue Produktionsanlagen investiert. Da es dauert, bis diese zur Verfügung stehen, und die Investitionsnachfrage ihrerseits Einkommen schafft, die die Nachfrage beflügeln, kann es zu Preissteigerungen kommen. Investoren fühlen sich dann ermutigt, ihre Aktivitäten auszudehnen.

Werden irgendwann (qualifizierte) Arbeitskräfte knapp, können möglicherweise übermäßige Lohnsteigerungen durchgesetzt werden, sofern die Lohnpolitik auf Branchenebene operiert und deshalb keine gesamtwirtschaftliche Verantwortung übernimmt. Hohe Lohnabschlüsse stärken wiederum die nominale Nachfrage. Zugleich nehmen die Lohnstückkosten immer schneller zu und mit ihnen die Preise. Auf diese Weise kann eine Lohn-Preis-Spirale in Gang kommen.

Gibt es keine Vorkehrungen gegen eine solche Spirale, kann daraus ein sich selbst verstärkender Inflationsprozess entstehen. Denn je schneller das Preisniveau steigt, desto eher überlegen sich Verbraucher, ihre Kaufpläne rascher umzusetzen, um Preiserhöhungen bei den von ihnen gewünschten Gütern zuvorzukommen. Das erhöht die Nachfrage und befeuert die Preissteigerungen weiter. Die Anbieter beginnen hingegen irgendwann, die Bereitstellung realer Waren zu verzögern, weil sie von höheren Preisen in der Zukunft ausgehen. Es tritt also parallel zur Ausdehnung der nominalen Nachfrage eine Verknappung des realen Angebots ein.

Obendrein entwertet eine sich beschleunigende Inflation das Geldvermögen zum Schaden von Gläubigern, während umgekehrt Geldschulden zum Vorteil von Kreditnehmern an Wert verlieren. Das führt bei Sparern zu einem Ansturm auf Sachwerte, d. h., viele Leute versuchen, ihr Einkommen und Geldvermögen möglichst schnell in nicht verderblichen Gütern wie Edelmetallen oder Grundstücken anzulegen. Wer kann, nimmt Geldschulden zur Finanzierung von Sachwerten auf. Auf diese Weise steigen auch im Bereich der Sachvermögenswerte die Preise, was Krisengewinner und -verlierer nach sich zieht.

Je länger der Prozess anhält, desto schneller dreht sich die Preisschraube. Die Such- und Anlageaktivitäten, mit denen ihr von Seiten der einzelnen Wirtschaftssubjekte zu begegnen versucht wird, sind gesamtwirtschaftlich schädlich. Sie benötigen nämlich (Arbeits-)Zeit, ohne dass durch sie neue Güter hergestellt werden, weil es immer öfter nur um die Verteilung vorhandener Güter geht, nicht aber um echte Innovationen. Preissteigerungen quer durch alle Güterkategorien zeigen dann keine relativen Knappheiten und Gewinnchancen mehr an und verlieren so die Lenkungsfunktion, die sie in einer Marktwirtschaft haben sollten.

Sich laufend ändernde Kalkulationsgrundlagen bringen die Sachinvestitionstätigkeit irgendwann zum Erliegen: Sachinvestoren werden misstrauisch, ob sie eines Tages den Kostensteigerungen entsprechende Preissteigerungen bei ihren Endprodukten werden durchsetzen können, um eine ausreichende Profitabilität ihrer Projekte zu erreichen. Ziehen sie sich aus Investitionsvorhaben zurück, geht die Auslastung der Investitionsgüterindustrie zurück. Diese reduziert ihre Produktion und beginnt Beschäftigte zu entlassen. Das wirkt sich allmählich auf die Absatzchancen anderer Branchen aus, deren Kapazitätsauslastung ebenfalls zu sinken beginnt.

Unternehmen sind dann zunehmend häufiger gezwungen, ihre Ausgaben zu reduzieren. Sie fangen an, Investitionspläne zusammenzustreichen und Beschäftigte zu entlassen. Die Arbeitslosigkeit steigt, Löhne werden womöglich gesenkt und der private Konsum fällt entsprechend. Daraufhin setzt ein Preissenkungswettbewerb ein, weil jedes Unternehmen die immer knapper werdende nominale Nachfrage auf sich ziehen will.

Zwar geht auf diese Weise auch die Inflationsrate wieder zurück, aber dafür droht das System nach der Überhitzung in einen deflationären Abwärtsstrudel zu geraten. Verbraucher halten sich mit Nachfrage, die über das Lebensnotwendige hinausgeht, zurück, weil sie weiter fallende Preise erwarten. Eine sinkende Nachfrage zwingt die Unternehmen zu erneuten Preissenkungen, so dass sich der negative Trend durch das einzelwirtschaftlich rationale Verhalten selbst verstärkt.

Fallende Preise erschweren es darüber hinaus Investoren, ihre Zins- und Tilgungsverpflichtungen für zu Investitionszwecken aufgenommene Kredite zu erfüllen. Das führt zu einer Destabilisierung des Bankensektors, der deshalb die Konditionen für die

Kreditvergabe verschärft. So halten sich auch die wenigen Unternehmer, die noch zu Investitionen bereit wären, immer mehr zurück.

Ob dieser Abwärtsstrudel – wie die Überhitzung – irgendwann aus dem System heraus aufgefangen wird, ist eine in der traditionellen Ökonomik höchst umstrittene Frage. Eine Möglichkeit wäre, dass die Kapazitäten schneller schrumpfen als die nominale Nachfrage, so dass sich der Auslastungsgrad des verbliebenen Kapitalstocks wieder normalisiert. Es gibt aber keinen zuverlässigen Marktmechanismus, der das zustande bringen könnte. Alle Versuche der herrschenden Lehre, einen solchen Mechanismus zu finden, über sinkende Löhne oder sinkende Zinsen, bzw. über steigende Nachfrage wegen Preisen, die schneller fallen als die Löhne, waren theoretisch zum Scheitern verurteilt (wie an vielen Stellen dieses Buches gezeigt) und sind praktisch nie zum Zuge gekommen.

Kein Staat kann es sich leisten, auf einen solchen Mechanismus zu setzen und einfach abzuwarten. Durch Arbeitslosigkeit und Firmenpleiten geht so viel Wohlstand verloren und – wichtiger und schlimmer – nimmt die Not in den unteren Einkommensschichten so stark zu, dass die politische Stabilität des Landes und der gesellschaftliche Zusammenhalt auf dem Spiel stehen. Da dies jede demokratisch gewählte Regierung während der ökonomischen Talfahrt notgedrungen erkennt, wird sie sich niemals auf das Experiment einlassen, den Prozess von allein zur Ruhe kommen zu lassen, sondern auf jeden Fall vorher eingreifen.

Wie in Kapitel 4 gezeigt, sind Angebots- und Nachfragekurven auf der einzelwirtschaftlichen Ebene anwendbar, nicht aber auf der Ebene der Gesamtwirtschaft. Eine einzelne Arbeitskraft hat keinen Einfluss auf die Höhe der Preise der Güter, die sie selbst nachfragt. Ihre Arbeitsleistung geht in das Güterangebot des Unternehmens ein, für das sie arbeitet. Was sie im Gegenzug dafür verdient, kann sie für Güter ausgeben, die an vielen (anderen) Märkten angeboten und von vielen (anderen) Arbeitskräften hergestellt werden. Mit ihrer individuellen Güternachfrage sichert sie daher nicht die Nachfrage auf dem Markt ihres Arbeitgebers und damit auch nicht ihren eigenen Arbeitsplatz, der zum Angebot auf diesem Markt beiträgt. Die Güternachfrage ist dort von dem Güterangebot unabhängig.[9]

Ebenso stellt es sich aus Sicht eines einzelnen Unternehmens dar. Zwar zahlt das Unternehmen seinen Beschäftigten Löhne, und diese sind Teil der insgesamt vorhandenen Einkommen, die die Grundlage der gesamten Nachfrage bilden. Von letzterer gelangt aber nur ein kleiner Teil auf den einzelnen Markt, an dem das Unternehmen tätig ist. Ein einzelnes Unternehmen kann also nicht durch eine Ausweitung seiner Produktion und damit seiner Lohnsumme für eine steigende Nachfrage nach seinen

9 Für eine Diskussion siehe Flassbeck, H., & Spiecker, F. (2007): 42–118.

eigenen Gütern sorgen. Wiederum gilt: Güterangebot und Güternachfrage sind auf einzelwirtschaftlicher Ebene unabhängig.

In der Gesamtwirtschaft jedoch speist sich die nominale Gesamtnachfrage aus den insgesamt zur Verfügung stehenden nominalen Einkommen, die im realwirtschaftlichen Produktionsprozess aus den Preisen für die Produktionsfaktoren und deren insgesamt eingesetzten Mengen entstehen. Die eingesetzten Faktormengen ergeben das reale Güterangebot und in Kombination mit den Faktorpreisen das nominale Güterangebot.

Nominale Güternachfrage und nominales Güterangebot bedingen sich auf der Makroebene also immer gegenseitig: Einkommen sind einerseits Grundlage der gesamtwirtschaftlichen Nachfrage, andererseits stellen sie die Kosten im gesamtwirtschaftlichen Produktionsprozess dar. Es findet entsprechend eine Rückkoppelung auf der Ebene der Gesamtwirtschaft statt, die auf den einzelnen Märkten fehlt. Wegen der gegenseitigen Abhängigkeit von gesamtwirtschaftlichem Angebot und gesamtwirtschaftlicher Nachfrage gibt es den Preismechanismus nicht, der auf einzelnen Märkten herrscht und dort bei ausreichend starkem Wettbewerb für die Reduktion von Knappheiten und dadurch für einen Ausgleich von Angebot und Nachfrage sorgt.

Während sich das einzelne Wirtschaftssubjekt an die Preisbedingungen, die es vorfindet und auf die es weitgehend keinen Einfluss hat, anpasst, sind diese Bedingungen für alle zusammen nicht gegeben, sondern verändern sich mit dem und aufgrund des Anpassungsverhaltens aller Wirtschaftssubjekte. Wovon aber hängt das gesamtwirtschaftliche Preisniveau bzw. seine Veränderung dann ursprünglich ab?

Auch wenn sich empirisch bislang kein Inflationsdruck aus dem sektoralen Verschuldungsverhalten in Deutschland ergeben hat, ist allgemein zu klären, ob der Staat und/oder die Privaten in einer Periode netto so viel neue Schulden aufnehmen könnten, dass es zu einer unerwünscht hohen Inflation durch übermäßige nominale Nachfrage käme. Die Antwort liegt in der institutionellen Ausgestaltung des Finanzsektors, der die Verschuldung durch die Schaffung von Krediten ermöglicht.

Das normale Geschäft einer Bank besteht darin, für von ihr geschaffene und an Kreditnehmer vergebene Kredite Zinsen zu verlangen. Für Spareinlagen muss die Bank den Sparern, ihren Gläubigern, Zinsen bezahlen. Von der positiven Differenz zwischen Kreditzinssatz und Sparzinssatz lebt die Bank. Bei der Vergabe der Kredite muss sie die Kreditwürdigkeit des Kreditnehmers prüfen, um nicht durch ein Platzen des Kredits Verluste zu machen.

Die Aussichten der Kreditnehmer, Tilgung und Zinsen bezahlen zu können, hängen dabei im Durchschnitt mit von der wirtschaftlichen Gesamtentwicklung ab. Handelt es sich um Konsumentenkredite, bestimmt die zu erwartende Entwicklung der Arbeitseinkommen die durchschnittliche Tragfähigkeit der Verschuldung. Werden Investitionskredite vergeben, beruht der Erfolg der mit ihnen finanzierten Projekte im Schnitt auf der Entwicklung der Kapazitätsauslastung, also erneut wesentlich auf den Arbeitseinkommen. Das bedeutet, dass sich der Bankensektor bei der Kreditvergabe nicht sehr weit aus dem Rahmen entfernen kann, der von der Lohnpolitik gesamtwirtschaftlich gesetzt wird. Insofern ist Preisdruck durch übermäßige Kreditvergabe auf Dauer nicht wahrscheinlich, wenn die Lohnabschlüsse ungefähr der Goldenen Lohnregel folgen.

Anders verhält es sich, wenn der Bankensektor nicht gut reguliert ist und z. B. Kredite für reine Finanzwetten vergeben darf, bei denen auf steigende oder fallende Preise an spekulationsanfälligen Märkten gesetzt wird. Denn bei derlei Geschäften handelt es sich nicht um potenziell produktive Versuche, neue Ressourcenkombinationen durch Innovationen auszuprobieren, sondern um mit Sicherheit unproduktive Nullsummenspiele zwischen Spekulanten, die auf verzerrten Preisen basieren. Das Entstehen solcher Preisblasen wird durch die Kreditvergabe gefördert und schädigt Wirtschaftssubjekte, die mit den spekulationsanfälligen Gütern real wirtschaften müssen. Diese sind dann nämlich gezwungen, höhere Preise zu bezahlen und geben den Preisdruck im Zweifel an ihre Kunden weiter, was das Preisniveau tendenziell stärker erhöht, als von den Lohnstückkosten her angelegt. Zudem haben es Sachinvestoren schwerer, an Kredite zu gelangen, wenn die Renditen ihrer Projekte mit den kurzfristigen Spekulationsgewinnen nicht mithalten können und daher Banken weniger zu deren Finanzierung bereit sind.

Auch beim Platzen der Preisblasen treten Schäden in der Realwirtschaft ein, weil sich die Kalkulationsbasis der an diesen Märkten real Tätigen als falsch herausstellt und sie deshalb Verluste erleiden. Darüber hinaus können Banken ins Straucheln geraten, wenn die entsprechenden Kredite zu Spekulationszwecken faul werden, wie etwa in der Finanzkrise von 2008/2009 geschehen. Auch das kann anschließend die Kreditvergabe für Sachinvestitionen verteuern und erschweren.

Wie verhält es sich aber mit der Kreditaufnahme durch den Staat? Kann sie zu unerwünscht hoher Inflation führen? Wird eine durch das Sparverhalten der Privaten entstehende Nachfragelücke mit öffentlicher Nachfrage durch Kreditfinanzierung gefüllt, kommt kein zusätzlicher gesamtwirtschaftlicher Preisdruck zustande. Das gilt etwa für die automatischen Stabilisatoren in Form der Sozialversicherungszweige, deren Transferzahlungen direkt die private Konsumnachfrage stützen. In Einzelbereichen wie dem Bausektor können die Preise durch zusätzliche öffentliche Nachfrage stärker als wünschenswert steigen, wenn dort noch eine vergleichsweise gute Auslastung herrscht. Dafür aber sinken in anderen Branchen mit schlechter Auslastung die Preise, so dass es im Durchschnitt der Gesamtwirtschaft zu einem Ausgleich kommt, der das Preisniveau insgesamt nicht unerwünscht stark in die Höhe treibt.

Nimmt der Staat jedoch vermehrt Schulden auf, während die gesamtwirtschaftliche Kapazitätsauslastung schon hoch ist, verhält er sich prozyklisch. Das kann und sollte vermieden werden. Die Bereitstellung öffentlicher Güter im Infrastrukturbereich verlangt meist langwierige Planung und benötigt viel Zeit in der Umsetzung. In diesen Bereichen sollte der Staat stets von einer antizyklischen Nachfragepolitik absehen.

Zusammenfassend lässt sich sagen, dass ein Staat die Inflationsrate mit schuldenfinanzierter Fiskalpolitik prinzipiell anheizen kann. Das ist aber nicht die Regel. Es hängt immer von der Dynamik ab, in der sich die Gesamtwirtschaft befindet; und die wird zum einen wesentlich stärker von der Lohnpolitik beeinflusst, zum anderen von den Sparwünschen der Privaten. Letztere auszugleichen ist eine taktische Daueraufgabe des Staates, erstere zur Einhaltung der Goldenen Lohnregel zu bewegen, eine strategische.

Welche Aufgabe kommt der Geldpolitik bei der Steuerung der gesamtwirtschaftlichen Preissteigerungsrate zu? Sie liefert mit der Festsetzung der Leitzinsen das Zinsniveau, dem die Profitabilität der geplanten Projekte potenzieller Kreditnehmer gewachsen sein muss. Je höher diese Zins-Benchmark ist, desto weniger Projekte lohnen sich und entsprechend sinkt die Kreditvergabe der Banken. Umgekehrt können bei fallendem Zinsniveau mehr Projekte die Benchmark erfüllen. Der Zinssatz dient also als Filter zur Auswahl von Projekten.

Das ist eine essenzielle Funktion, da nicht unendlich viele Ressourcen zur Verfügung stehen, mit denen die Projekte alle gleichzeitig ausprobiert werden können, um die besten dann weiterzuführen und die weniger erfolgreichen zu beenden. Wichtig ist zu verstehen, dass die Renditen von Investitionsprojekten gesamtwirtschaftlich gesehen nicht unabhängig voneinander sind: Je mehr Projekte durchgeführt werden, desto positiver entwickelt sich die Gesamtnachfrage, was die Rentabilität anderer Projekte erhöht. Hier tritt wieder der sich selbst verstärkende Prozess zu Tage, der durch gesamtwirtschaftliche Rückkoppelung einzelwirtschaftliches Parallelverhalten erzeugt.

Die Geldpolitik kann die Investitionskonjunktur durch Zinssteigerungen dämpfen. Sie wird damit über kurz oder lang die Preissteigerungsrate der Volkswirtschaft senken, weil eine rückläufige Investitionsnachfrage zu sinkenden Einkommen führt. Diese machen sich nach und nach in niedrigeren Lohnabschlüssen, einer sinkenden Zahl an Beschäftigten und über die verringerte Lohnsumme in einer schwächelnden Konsumnachfrage bemerkbar, was die Unternehmen im Schnitt zu einer veränderten Preiskalkulation zwingt.

Die gesamtgesellschaftlichen Kosten dieser Strategie der Inflationsbekämpfung sind hoch, weil sie über den Umweg der Arbeitslosigkeit funktioniert, die zu einer vernünftigeren Lohnpolitik zwingt. Neben den direkten Wohlstandsverlusten geht ein solcher Einsatz der Geldpolitik zugleich mit einer Verlangsamung des Strukturwandels einher, weil die ihn tragende Investitionsnachfrage so stark einbrechen muss, dass es einen

Effekt auf die Lohnabschlüsse hat. Eine von vornherein verantwortungsbewusste, d.h. gesamtwirtschaftlich orientierte Lohnpolitik, die es zu keiner dauerhaft hohen Inflation kommen lässt, ist dagegen die eindeutig überlegene Politikstrategie.

Ein Abwürgen der Konjunktur ist der Geldpolitik also immer möglich, ein Anregen der Konjunktur gelingt ihr jedoch nicht automatisch. Denn die Untergrenze der Zinsen liegt bei oder knapp unter null: Man kann niemanden zwingen, sein Geld bei einer Bank aufzubewahren, die negative Zinsen anbietet und daher für die Aufbewahrung von Ersparnissen effektiv Geld verlangt. Entsprechend eingeschränkt ist die Geldpolitik, je mehr sich die Preissteigerungsrate der Null annähert. Unterschreitet die Lohnpolitik die Goldene Lohnregel über längere Zeit, liegt die gesamtwirtschaftliche Preissteigerungsrate auf Dauer unter der Zielmarke und kann sogar negativ werden (Deflation). Daraus folgende Zurückhaltung von Verbrauchern und Investoren senkt die Kapazitätsauslastung und bremst den Investitionsprozess. Irgendwann sind die erwarteten Renditen potenzieller Projekte so gering, dass auch ein äußerst niedriger Zins bis hin zu Nullzinsen an dieser Grundkonstellation nichts zu ändern vermag. Dann sitzt die Geldpolitik in einer Art Deflationsfalle, aus der sie wegen der »natürlichen« Zinsuntergrenze von ungefähr null ohne die Unterstützung der Lohnpolitik allein nicht herauskommen kann. Die 2010er-Jahre mit der Nullzinspolitik der EZB waren ein Paradebeispiel für diese fatale Konstellation.

Box 12: Die Fiktion von Geldnachfrage und Geldangebot

Mit der Setzung einer Geldmenge durch die Zentralbank hat ihre Zinspolitik nichts zu tun. Eine Geldmenge gibt es nämlich streng genommen gar nicht. Es gibt Bargeld und Giralgeld und weniger liquide geldähnliche Anlageformen. Je nach Umlaufgeschwindigkeit wechselt Geld soundso oft den Besitzer in einer Periode. Das mag man als Geldmenge bezeichnen und wie auch immer abzugrenzen und zu messen versuchen. Man wird aber nie zu einem Ergebnis kommen wie bei der in einer Periode produzierten Menge an Gütern, die tatsächlich nicht mehr oder weniger werden, je nachdem wie oft sie den Besitzer wechseln. Güter sind dazu da, ge- und verbraucht zu werden. (Eine Ausnahme von dieser Regel stellen Gütern dar, die rein zum Zweck der Wertaufbewahrung angeschafft werden wie z. B. Gold.) Geld hingegen wird nicht im gleichen Sinne ge- oder verbraucht, sondern nur ausgegeben und gehört dann dem Empfänger, der es für andere Transaktionen nutzen kann.

Die Vorstellung, die Geldpolitik mache eine Art Geldangebot, auf das eine Geldnachfrage treffe, ist grundlegend falsch. Würde die Geldpolitik das versuchen, müsste man stark schwankende Zinsen beobachten können, weil die Geldnachfrage von Stunde zu Stunde erheblichen Schwankungen unterworfen ist. In der Tat sind aber die Leitzinsen über Monate und manchmal sogar über Jahre vollkommen stabil (siehe Abbildungen 1.26 und 1.27). Daraus folgt unmittelbar, dass es kein von der Notenbank durchgesetztes Geldangebot geben kann.

Die Geldpolitik legt mit dem Leitzinssatz das Preisniveau für das Leihen von Geld fest. Logischerweise kann sie dann nicht zugleich ein mengenmäßiges Angebot von zu verleihendem Geld machen, weil sie in diesem Fall den von ihr vorgegebenen Preis nicht systematisch, sondern bloß zufällig durchsetzen kann. Nur wenn gerade genau so viel Kreditbedarf zu den festgelegten Zinskonditionen geäußert wird, wie die Geldpolitik Kredite vergeben sehen möchte, stimmen Zinssatz und fiktives Geldangebot überein. Erklärt die Geldpolitik im Nachhinein die tatsächlich zu den gesetzten Zinsbedingungen realisierte Kreditmenge zu ihrem Geldangebot, stimmen Geldangebot und Geldnachfrage definitionsgemäß stets überein. Dann ist die Bezeichnung »Geldangebot« von vornherein redundant.

Mit dem per Knopfdruck von Banken geschaffenen Geld verhält es sich eben anders als mit realen Gütern. Letztere können nicht aus dem Nichts in Sekundenschnelle zur Verfügung gestellt werden, wenn die Nachfrage nach ihnen steigt, und liegen auf Halde, wenn sie produziert, aber nicht nachgefragt werden. Entsprechend findet bei realen Gütern im Zeitablauf eine Mischung aus Preisanpassung und Mengenanpassung auf den Märkten statt. Der Geldnachfrage, die sich zu den von der Geldpolitik vorgegebenen Zinskonditionen ergibt, können die Banken hingegen jederzeit gerecht werden, weil sie immer in der Lage sind, die erforderliche Geldsumme aus dem Nichts zu schöpfen. Werden keine Kredite nachgefragt, wird auch kein Geld geschöpft – es liegt kein Geldangebot auf Halde. Geld muss nämlich niemals wirklich produziert werden wie reale Güter, es ist schlicht eine fiktive Vereinbarung zwischen Wirtschaftsakteuren.

Das Marktmodell erfasst die gesamtwirtschaftlichen Zusammenhänge nicht, so dass eine Wirtschaftspolitik, die sich am einzelwirtschaftlichen Preismechanismus orientiert und ihre Aufgabe lediglich im Herstellen möglichst starken Wettbewerbs und hoher Markttransparenz sieht, kein Garant für eine stabil positive Entwicklung einer Volkswirtschaft ist. Ein Verständnis der dynamischen Abläufe in der Gesamtwirtschaft mit dem Rückkoppelungsmechanismus der Finanzierungssalden führt unweigerlich dazu, die Preisniveauentwicklung langfristig auf die Entwicklung der Lohnstückkosten zurückzuführen, was, wie sich im nächsten Abschnitt zeigen wird, empirisch hervorragend bestätigt ist.

Die wichtigste wirtschaftspolitische Schlussfolgerung daraus lautet, dass sich die Lohnpolitik an der Goldenen Lohnregel orientieren sollte. Dann erst ist die monetäre Situation eines Landes so stabil verankert, dass die Geldpolitik den Entwicklungsprozess des Landes durch ein günstiges Zinsniveau dauerhaft positiv zu unterstützen vermag. Übernimmt die Lohnpolitik keine gesamtwirtschaftliche Verantwortung, kann die Geldpolitik zwar in einem weitgehend geschlossenen Wirtschaftsraum mit den kurzfristigen Zinssätzen ein Abweichen vom Inflationsziel nach oben auf Dauer verhindern. Sie erzeugt dadurch aber derart negative Nebenwirkungen für die Realwirtschaft, dass eine Kooperation mit der Lohnpolitik die eindeutig überlegene Strategie der Wirtschaftspolitik ist.

In einem durch Handel offenen Wirtschaftsraum ist die Geldpolitik ohnehin nicht frei, das von ihr erwünschte Inflationsziel gegen eine überschießende Lohnpolitik durch Zinsanhebungen durchzusetzen. Denn im derzeitigen System weitgehend freier Devisenmärkte erzeugt eine Zinspolitik zur Dämpfung einer unerwünscht hohen inländischen Inflationsrate Anreize zu Wechselkursentwicklungen, die der Inflationsbekämpfung zuwiderlaufen.

In beiden Fällen, einem geschlossenen wie einem offenen Wirtschaftsraum, ist der Preis für eine Politik mit dem »Zinshammer« in Form von Arbeitslosigkeit, entgangenen Wohlstandsmöglichkeiten und verzögertem Strukturwandel sehr hoch. Bei Abweichungen vom Inflationsziel nach unten ist die Geldpolitik auf Dauer sogar machtlos, wenn die Lohnpolitik sie nicht unterstützt. Dann schürt die Geldpolitik durch extreme Niedrigzinsen allenfalls Vermögenspreisspekulationen.

Während kaum jemand in der Mainstream-Ökonomik die Verpflichtung der Geldpolitik zur Inflationsbekämpfung durch Zinssteigerungen bestreitet, ist das Feld der gesamtwirtschaftlichen Lohnpolitik trotz seiner zentralen Bedeutung für die Entwicklung des Preisniveaus von Volkswirtschaften und damit für deren realwirtschaftliche Dynamik nahezu eine Leerstelle. Die immanente Instabilität eines Systems von Märkten, die durch die sich selbst verstärkende gesamtwirtschaftliche Rückkoppelung parallelen Rationalverhaltens der einzelnen Wirtschaftsakteure zustande kommt, wird unterschätzt oder gar nicht berücksichtigt. Deshalb herrscht die Ansicht vor, Löhne sollten ähnlich wie Güterpreise dezentral und auf Branchenebene ohne Einmischung von außen zustande kommen, allenfalls durch Tarifparteien ausgehandelt, um ein gewisses Machtgleichgewicht zwischen den vielen Arbeitnehmern auf der einen und den vergleichsweise wenigen Arbeitgebern auf der anderen Seite herzustellen. Wir haben in Kapitel 4 gezeigt, dass das fundamental in die Irre führt.

Da Preissignale das wichtigste Steuerungsinstrument einer Marktwirtschaft sind, um realwirtschaftlich innovative Entwicklungen zustande zu bringen, besteht die Kunst erfolgreicher Wirtschaftspolitik in weit mehr als der Durchsetzung fairer Wettbewerbsregeln. Sie muss den monetären Anker der Gesamtwirtschaft, die gesamtwirtschaftlichen Lohnstückkosten, auf einem gleichmäßig und leicht ansteigenden Pfad gemäß der Zielmarke der gesamtwirtschaftlichen Preissteigerungsrate halten. Dann sind die Preissignale auf den einzelnen Märkten einerseits an diesen Gesamtrahmen gebunden, andererseits können sie sich auf den einzelnen Märkten so frei bilden, dass die Relativpreise die Knappheitsverhältnisse abbilden.

Das zu bewerkstelligen ist vor allem deshalb eine Kunst, weil die eine Hälfte des Ankers von der Lohnpolitik geschmiedet wird, die andere aber, die Produktivitätsentwicklung, über den Umweg der Investitionen von der Geldpolitik. Obendrein muss dieser Anker auf der rauen See der Devisenspekulation bestehen. Beide Politikfelder sollten sich daher laufend abstimmen, die internationale Situation im Blick haben und exogene Schocks kooperativ und mit Unterstützung der Finanzpolitik abfedern.

Wir haben in Abschnitt 1.12 gezeigt, dass es nach dem Coronaschock und dem Krieg in der Ukraine in vielen Industrie- und einigen Schwellenländern einzelne und gesamtwirtschaftlich wirksame Preisveränderungen gab, die im Vergleich zu den ersten beiden Jahrzehnten des Jahrhunderts große Auswirkungen auf die gemessenen Inflationsraten hatten. Während der Pandemie waren Produktion und Welthandel stark reduziert, so dass das Güterangebot schrumpfte. Doch die Nachfrage sank ebenfalls, weil die Maßnahmen vielerorts den Besuch von Geschäften, Restaurants, öffentlichen Veranstaltungen sowie die Reisemöglichkeiten einschränkten. In der Folge nahmen die Preissteigerungsraten sowohl auf der Erzeuger- als auch auf der Verbraucherebene ab, zeitweise fielen sie in Deutschland sogar unter null.

Als die Pandemie-Schutzvorschriften gelockert und wieder gänzlich aufgehoben wurden, erholte sich die deutsche Binnennachfrage in einigen Bereichen schneller als das Angebot. Denn die seit Jahrzehnten zunehmende Verflechtung der internationalen Arbeitsteilung hat zu komplexen internationalen Lieferketten geführt, deren massive Beeinträchtigung sich erst nach und nach auflöste. Zudem waren krisenbedingt Investitionen in neue Kapazitäten in vielen Ländern zurückgestellt worden, so dass beim Wiederanziehen der Nachfrage die Auslastung rasch stieg. Diese beiden Faktoren trieben die Importpreise und mit ihnen die Erzeuger- sowie schließlich auch die Verbraucherpreise ab Anfang 2021 deutlich in die Höhe.

Box 13: Die »Inflation« und die Krise – aus der Sicht der Neoklassik

Auf die Feststellung, dass die »Inflation« nicht die Folge einer boomenden Wirtschaft, sondern die Folge von Preissteigerungen im Zuge von Angebotsschocks und von Spekulation bei bestimmten Rohstoffen und Energieträgern ist, reagieren neoklassische Ökonomen typischerweise, indem sie sofort ihr analytisches Instrumentarium auspacken und konsequent anwenden. Zunächst konstatieren sie, dass Angebotsschocks niemals eine Nachfrageschwäche auslösen können, weil von ihnen ausgelöste Preissteigerungen unmittelbar Ertragssteigerungen für die Produzenten der knapp gewordenen Stoffe bedeuten. Das führe, wie in Kapitel 1 im Kontext der Ölpreisschocks für die 1970er-Jahre festgehalten, zu einer Umverteilung, aber keineswegs zu einem globalen Nachfrageausfall. Die Realeinkommen, die bei uns durch hohe Energiepreise vernichtet werden, seien schließlich steigende Realeinkommen bei den Rohstoff- und Energielieferanten.

Damit ist die neoklassische Ökonomik scheinbar auf der sicheren Seite. Für alle Probleme, die noch auftauchen können, hat die herrschende Lehre eine Antwort, die vollkommen ohne staatliches Eingreifen auskommt. Kaufen die vom Angebotsschock begünstigten Akteure nicht exakt die gleichen

Güter, die die jetzt benachteiligten Konsumenten sonst gekauft hätten, bedeute das Strukturwandel, den man als Staat hinnehmen müsse, weil dieser nur von den privaten Unternehmen weitgehend friktionsfrei bewältigt werden könne.

Kaufen die Energieproduzenten kurzfristig weniger Güter, als es die energieverbrauchenden Konsumenten sonst getan hätten, ist auch das in der Neoklassik kein Problem. Dann seien zwar steigende Leistungsbilanzüberschüsse der Energieproduzenten und fallende der Energiekonsumenten zu beobachten (was tatsächlich der Fall ist), aber das bei den Energieproduzenten nicht benötigte »Kapital« fließe rasch zu den Konsumentenländern zurück – »Recycling der Ölmilliarden« nannte man das in den 1970er-Jahren – und werde dort für Investitionen verwendet.

Weisen die von den Preissteigerungen Begünstigten eine höhere Sparquote als die Benachteiligten auf, dann bedeute das in neoklassischer Sicht für die Welt insgesamt eine Chance, weil die Möglichkeit gegeben sei, mit dem vermehrten Sparen auch mehr zu investieren. Bleibt nur noch die Frage, wie das in der Vorstellung der Neoklassik passiert. Auf welchen Transmissionsmechanismus muss man vertrauen, damit diese Chance von den hocheffizienten Kapitalmärkten genutzt werden kann?

Auch bei hier gibt es für die Neoklassik keinen Zweifel: Höhere Ersparnisse führen zu einem steigenden Kapitalangebot auf den Kapitalmärkten der Welt. Das erzwinge sinkende Zinsen und die rege die Unternehmen an, mehr zu investieren. Einen Nachfrageschock könne es deswegen niemals geben, auch wenn eine Umverteilung zugunsten wohlhabender Akteure, die höhere Sparquoten aufweisen, am Anfang eines Angebotsschocks stand.

Leider passt an dieser Stelle die Wirklichkeit nicht zu dem von den Neoklassikern erwarteten Verlauf. Die Zinsen sind keineswegs gesunken, sondern weltweit deutlich gestiegen. Wie schon in den 1970er-Jahren haben die Notenbanker, allen voran die Verantwortlichen in der EZB, die von dem Angebotsschock ausgelösten temporären Preissteigerungen zu einer gefährlichen »Inflation« uminterpretiert und folglich genau das Gegenteil dessen durchgesetzt, was für die neoklassische Theorie als Marktergebnis zwingend ist.

Man hätte erwartet, dass die Neoklassiker auf die Barrikaden gehen und vor allem die europäische Notenbank massiv dafür kritisieren, dass sie genau umgekehrte Verhältnisse zu dem geschaffen hat, was aus neoklassischer Sicht »richtig«, weil marktgetrieben gewesen wäre. Aber kein namhafter Vertreter der Lehre hat die Geldpolitik für diesen Angriff auf die neoklassische Vernunft in die Mangel genommen. Lammfromm beglückwünschen sie alle die Notenbanker für ihre Konsequenz bei der »Inflationsbekämpfung«.

Neoklassiker, die von der Politik oder den Medien gefragt werden, was man gegen die Malaise tun kann, müssten eigentlich antworten, dass nichts helfe, solange die absurde Konstellation von höheren Ersparnissen und gleichzeitig gestiegenen Zinsen nicht überwunden sei. Statt einen solchen theoretisch akzeptablen Standpunkt einzunehmen, sinnieren sie in dieser Situation über subventionierten Strom, bessere Abschreibungsregeln, allgemeine Steuersenkungen oder gar Bürokratieabbau als geeignete Therapien. Bürokratieabbau gegen die oben beschriebene Konstellation einzusetzen ist allerdings so, als würde man einen Reißnagel auf die Straße legen, um einen Panzer zu stoppen.

Doch nicht nur die akademischen Neoklassiker, sondern auch die politischen Neoklassiker, die in den Notenbanken das Sagen haben, wissen offenbar nicht, was passiert und was sie tun sollten. Auf der Notenbanktagung in Jackson Hole im Jahr 2023 verstieg sich Christine Lagarde zu einer Äußerung über die Investitionstätigkeit in Europa, die mehr als seltsam ist:

> At the same time, our higher exposure to these shocks can trigger policy responses which also move the economy. Most importantly, we are likely to see a phase of frontloaded investment that is largely insensitive to the business cycle – both because the investment needs we face are pressing, and because the public sector will be central in bringing them about.[10]

Bei einer globalen Nachfragelücke und stark steigenden Zinsen, für die sie in Europa selbst verantwortlich ist, erwartet sie »vorgezogene Investitionen« von den Privaten und vom Staat, weil der »Investitionsbedarf« drückend hoch sei – und diese sollen auch noch unempfindlich gegenüber dem Konjunkturzyklus sein.

In der Tat, der »Bedarf« ist auf der ganzen Welt hoch, doch das bedeutet nichts. Wenn die Notenbanken die Zinsen erhöhen, zerstören sie die konkrete Nachfrage nach Investitionsgütern, und wenn in Europa die Staaten unsinnige Schuldenregeln einhalten müssen, ist auch die Hoffnung auf den öffentlichen Sektor von vorneherein abwegig. Was die Präsidentin der EZB da zu Gehör und zu Papier bringt, ist nicht nur naiv, sondern gemeingefährlich, weil sie den Eindruck erweckt, die Politik müsse eigentlich bloß abwarten, bis sich der »Bedarf« von allein durchsetzt.

Im März 2021 hielt die NATO Militärübungen auf dem Balkan ab und Russland erhöhte seine Militärpräsenz an der Grenze zur Ukraine. Das gab offenbar Anlass zu Spekulationen auf Angebotsverknappungen auf den internationalen Erdöl- und Erdgasmärkten. Auf dem deutschen, von Rohstoffimporten abhängigen Markt schossen die Preissteigerungsraten in den dreistelligen Bereich. Dadurch legten die Erzeugerpreise hierzulande im Bereich der Energieversorgung schon vor dem Angriff Russlands auf die Ukraine um hohe zweistellige Raten zu. Auch die Preise anderer Rohstoffe wie z. B. Kohle, Metalle und seltene Erden, die nicht zuletzt von Russland gefördert und exportiert werden, nahmen an Fahrt auf.

So kletterte die Inflation der Erzeugerpreise insgesamt bereits bis Anfang des Jahres 2022 auf 25 Prozent. Nach Beginn des Ukrainekriegs beschleunigte sich der Preisauftrieb auf der Erzeugerstufe, befeuert von den Sanktionsbeschlüssen der EU-Kommission gegen Russland, weiter deutlich. Im Sommer 2022 erreichte dieser Preisindex Zuwachsraten von über 40 Prozent, die bis 2024 jedoch auf unter 8 Prozent zurückgegangen sind. Dazu hat die Beruhigung der Preisentwicklung im Energiebereich maßgeblich beigetragen. Namentlich Erdgas und Erdöl sind nicht teurer geworden, sondern haben sich auf dem Weltmarkt und danach auch in Deutschland wieder verbilligt.

10 Lagarde, C. (2023).

Die in Abbildung 5.2 dargestellte Steigerung der Erzeugerpreise für Nahrungs- und Futtermittel um zuletzt ein Viertel hat sich, wie zu erwarten, im Verbraucherpreisindex, abgebildet in Abbildung 5.3, niedergeschlagen. Ohne jeden Zweifel sind die eingangs genannten exogenen Schocks – Pandemie und Krieg – für den Preisauftrieb ursächlich, nicht aber andere häufig genannte Faktoren wie die über viele Jahre expansive Geldpolitik.

Weil sich die Preissteigerungen vor allem auf unverzichtbare Konsumgüter wie Energie und Lebensmittel konzentrierten, kam es zu einer Abfederung der unteren Einkommensschichten. Die neu abgeschlossenen Tarifverträge enthielten starke Elemente einer Stauchung der Lohnstruktur: die unteren Lohngruppen erhielten überproportionale Lohnsteigerungen, die oberen entsprechend unterproportionale. Auf diese Weise wurde der gesamtwirtschaftliche Realeinkommensverlust, der mit dem erhöhten Preisniveau nur schwer ersetzbarer Importgüter verbunden ist, einigermaßen sozialverträglich verteilt.

Das System Marktwirtschaft kann Knappheiten beseitigen und Anpassungen bewerkstelligen, sofern es möglich ist, Innovationen auszuprobieren und entsprechende Investitionen umzusetzen. Dazu bedarf es neben monetärer gesamtwirtschaftlicher Stabilität günstiger Finanzierungskonditionen. Für sie ist die Geldpolitik zuständig. Eine vertrauensvolle Zusammenarbeit von Lohn- und Geldpolitik ist daher der Schlüssel zu einer zügigen Überwindung von Krisenzeiten.

5.3.2 Der Kern der Geschichte: Stabiles Geld, Wachstum und Produktivität

Wir sind an einer entscheidenden Stelle angelangt – vielleicht sogar an *der* entscheidenden Stelle. Es ist keine Frage, dass marktwirtschaftliche Systeme Geldwertstabilität brauchen, um sich erfolgreich dynamisch entwickeln zu können. Doch das ist nicht genug. Sie brauchen zudem eine über viele Jahre andauernde stabile Kombination aus Geldwertstabilität *und* günstigen monetären Bedingungen. Das zu erreichen, ist die eigentliche Kunst.

Man kann mithilfe der Geldpolitik gewaltsam die Inflationsrate niedrig halten, einseitig den Wechselkurs der eigenen Währung gegenüber einer stabilen Währung fixieren, versuchen, beides in sogenannten Ankersystemen (die in Kapitel 7 erklärt werden) miteinander zu verbinden – doch das nützt alles nichts, wenn es nicht gleichzeitig und permanent gelingt, die Zinsen deutlich unterhalb der Wachstumsrate zu positionieren und ein Bankensystem aufzubauen, das das staatlich festgesetzte Zinsniveau in ein ebenso angemessenes privates überführt.

Abb. 5.2 **Erzeugerpreisinflation[1] in Deutschland** 2018 bis 2024

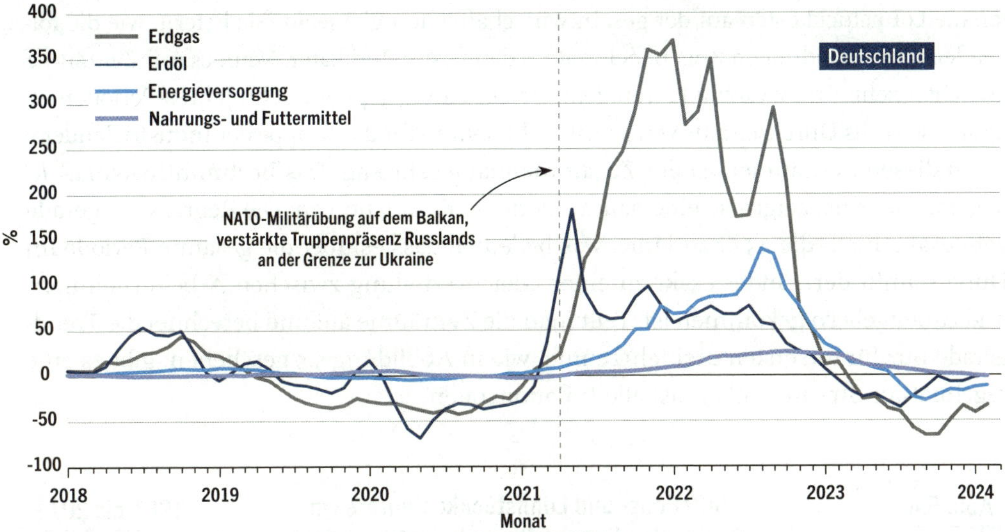

[1] Veränderungsrate gegenüber Vorjahresmonat.

Abb. 5.3 **Inflationsrate[1] in Deutschland** 2018 bis 2024

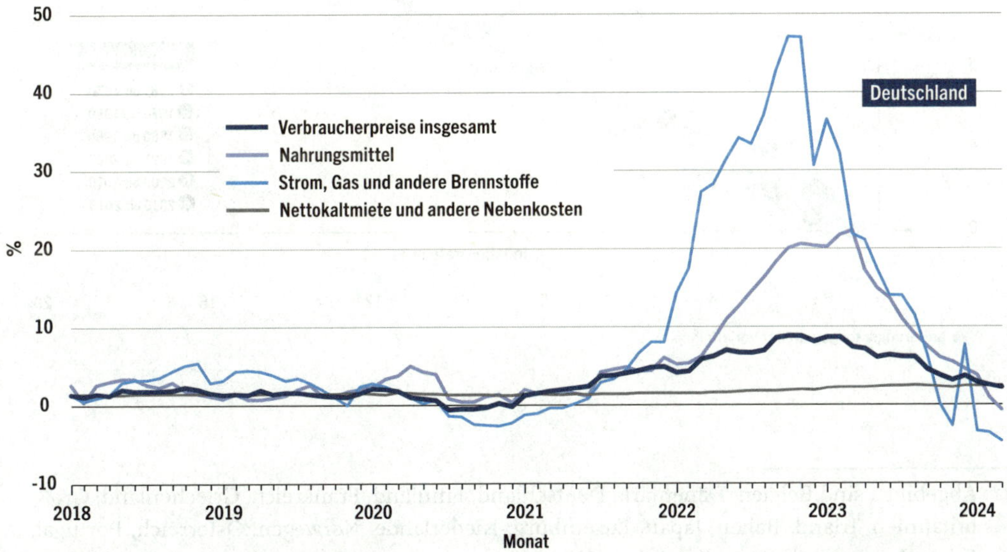

[1] Veränderungsrate gegenüber Vorjahresmonat.

Der Schlüssel zum Erfolg ist eine geeignete Inflationstheorie. Wie schon an einigen Stellen dieses Buches gezeigt, bieten sich zur Erklärung der Inflationsrate von Nationalstaaten die Lohnstückkosten auf der gesamtwirtschaftlichen Ebene an. Sie liefern, wie die folgenden drei Abbildungen zeigen, bei weitem den besten Indikator, wenn es um Zeiträume zwischen zehn und zwanzig Jahren geht. In Abbildung 5.4 sind Zehn-Jahres-Perioden erfasst, also sechs Durchschnitte von jeweils zehn Jahren für die Gruppe der Industrieländer.[11]

In diesen Zeiträumen ist der Zusammenhang sehr eng. Das Bestimmtheitsmaß R^2 liegt fast bei eins, zeigt also eine nahezu perfekte Korrelation an: Die Regressionsgerade geht exakt durch die 45-Grad-Linie, was bedeutet, dass es über die gesamte Periode im Durchschnitt der Länder exakt zu einer Gleichverteilung zwischen Arbeiternehmern und Arbeitgebern gekommen ist. Teilt man die Zeiträume auf und berechnet die Trendgerade nur für die ersten drei Jahrzehnte, wie in Abbildung 5.5 geschehen, gibt es eine regelmäßige Streuung über fast alle Inflationsraten.

Abb. 5.4 **Inflations- und Lohnstückkostenrate[1] in Deutschland und weiteren Industrieländern** **1961 bis 2019**

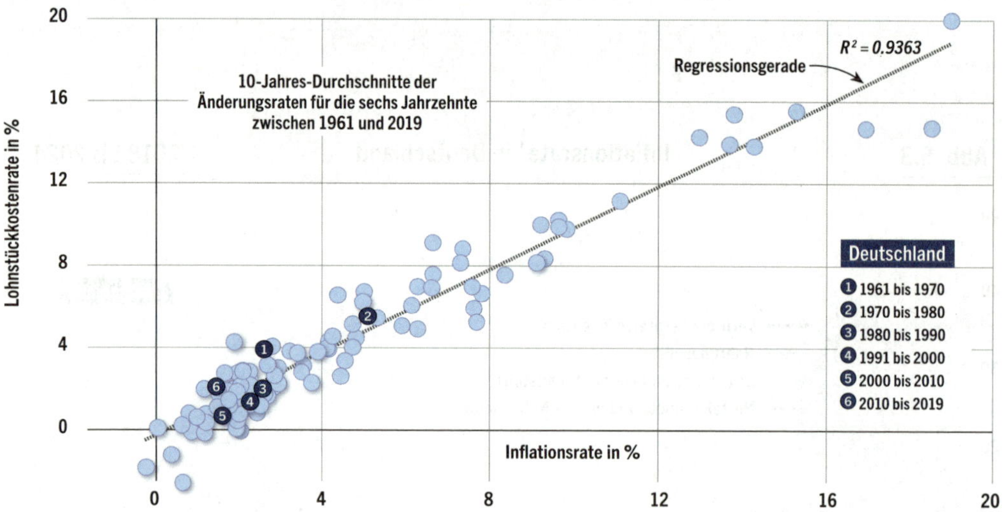

[1] Veränderungsrate gegenüber Vorjahr in %.

11 Abgebildet sind Belgien, Dänemark, Deutschland, Finnland, Frankreich, Griechenland, Großbritannien, Irland, Italien, Japan, Luxemburg, Niederlande, Norwegen, Österreich, Portugal, Schweden, Schweiz, Spanien und die USA.

Abb. 5.5 **Inflations- und Lohnstückkostenrate[1] in Deutschland und weiteren Industrieländern** **1961 bis 1990**

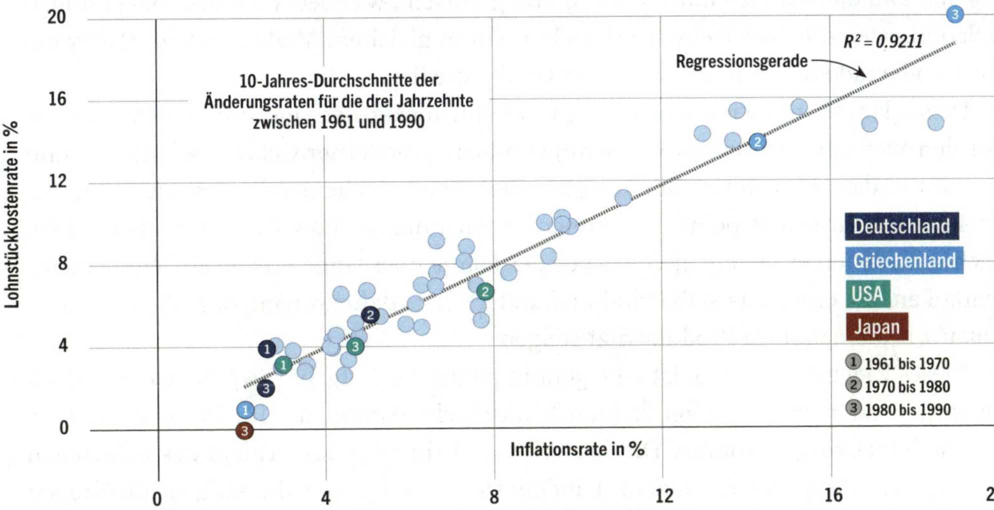

[1] Veränderungsrate gegenüber Vorjahr in %.

Abb. 5.6 **Inflations- und Lohnstückkostenrate[1] in Deutschland und weiteren Industrieländern** **1990 bis 2019**

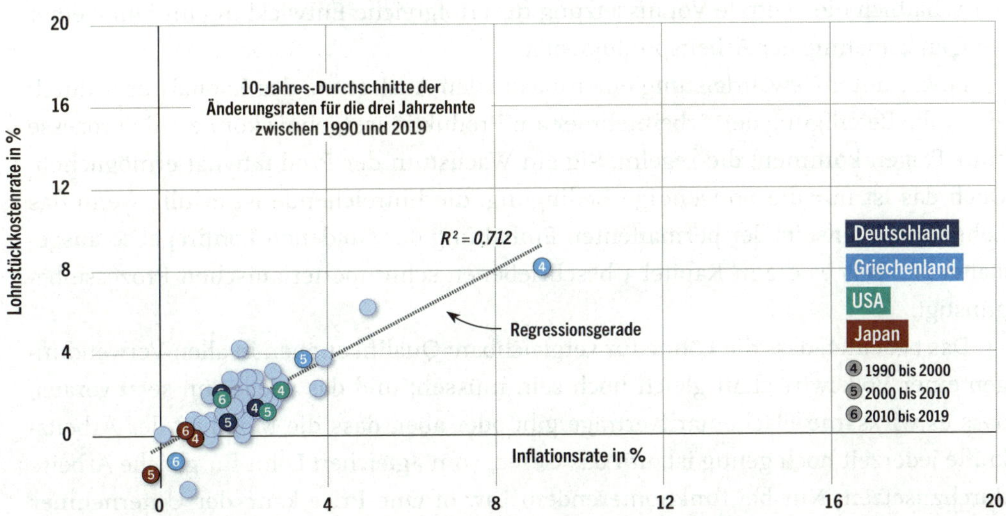

[1] Veränderungsrate gegenüber Vorjahr in %.

Berechnet man wie in Abbildung 5.6 den Zeitraum zwischen 1990 und 2019 (die Corona-Jahre haben wir bewusst herausgelassen), fällt der Zusammenhang weit weniger eng aus und die Punkte sind Richtung null gerutscht, was bedeutet, dass bei geringen Inflationsraten die Gleichverteilung nicht mehr in gleichem Maße gegeben ist, obwohl die Trendgerade weiter exakt auf der 45-Grad-Linie liegt.

Dieser langfristige Zusammenhang von Lohnstückkosten und Inflationsraten weist uns den Weg zur Lösung des Wachstumsproblems moderner Geldwirtschaften. Wenn es stimmt, dass Geldwertstabilität in der Zeit eine entscheidende Voraussetzung für erfolgreiche Wirtschaftspolitik ist, können offenbar nur solche Volkswirtschaften erfolgreich sein, denen es gelingt, den Anstieg der Löhne über lange Fristen auf Werte zu beschränken, die einerseits stabil sind und andererseits dafür sorgen, dass die Reallöhne genau wie die nationale Produktivität steigen.

Dieses Ziel zu erreichen, ist eine genuin politische Aufgabe. Es gibt, wie mehrfach im vorliegenden Buch gezeigt, keinen Marktmechanismus, der für Preisstabilität via Lohnstabilität sorgen könnte. Die herrschende Lehre hat das Prinzip des politischen Vorranges an dieser Stelle anerkannt, indem sie der Notenbank die Aufgabe übertragen hat, für die Stabilität des Geldwertes zu sorgen. Sie hat allerdings auf das falsche Pferd gesetzt: Nicht die Geldpolitik, sondern die Lohnpolitik hält das entscheidende Instrument in den Händen, um Preisstabilität zu gewährleisten.

Um bei den Arbeitnehmern die Bereitschaft zu schaffen, dieses Ziel aktiv zu verfolgen, ist es unabdingbar, von vorneherein klarzustellen, dass die volle Beteiligung der Arbeitnehmer am Produktivitätszuwachs unverbrüchlich mit der Sicherung der Preisstabilität verbunden zusammenfällt. Das ist aber nicht nur politisch, sondern auch wirtschaftlich die zentrale Voraussetzung für erfolgreiche Entwicklung im Sinne einer stetigen Zunahme der Arbeitsproduktivität.

Einzig unter Gewährleistung einer maximalen Auslastung des Kapitalstocks durch eine volle Beteiligung der Arbeitnehmer am Produktionsergebnis können die Prozesse zum Tragen kommen, die regelmäßig ein Wachstum der Produktivität ermöglichen. Doch das ist nur die notwendige Bedingung, die hinreichende ist erfüllt, wenn das Lohnregime jenseits der permanenten Einhaltung der Goldenen Lohnregel so ausgestaltet ist, dass es die in Kapitel 3 beschriebenen schumpeterianischen Prozesse begünstigt.

Das bedeutet, dass die Löhne für vergleichbare Qualifikationen in allen Verwendungen einer Volkswirtschaft gleich hoch sein müssen; und das wiederum setzt voraus, dass es wirksame Flächentarifverträge gibt oder aber, dass die Mobilität der Arbeitskräfte jederzeit hoch genug ist, um das Gesetz vom »gleichen Lohn für gleiche Arbeit« durchzusetzen. Nur bei funktionierendem Law of One Price kann der Unternehmer seinen Produktivitätsvorsprung vollständig realisieren und ihn in sinkende Preise oder steigende Marktanteile umsetzen. »Flexibel« reagierende Löhne, d.h., Lohnzuwächse, die sich an die wirtschaftliche Entwicklung eines Unternehmens oder einer Branche anpassen, sind exakt das Gegenteil dessen, was eine funktionierende Marktwirtschaft verlangt.

Die Hoffnung, eine betriebliche oder branchenorientierte Flexibilität entfalte positive Wirkungen, gründet in der Regel auf dem Gedanken, man könne und müsse die Wettbewerbsfähigkeit von Unternehmen erhalten oder ihr Überleben sichern, wenn sie in Schwierigkeiten kommen. Das ist aber durch nichts gerechtfertigt, weil es in völliger Beliebigkeit Unternehmen einen Vorteil verschafft, die womöglich nur deswegen in Schwierigkeiten sind, weil sie gravierende Managementfehler gemacht haben oder in einem Markt agieren, der mit massiven strukturellen Problemen konfrontiert oder durch Nachfrageverschiebungen gar vollständig obsolet geworden ist.

Box 14: Sticky Wages

Wenn eine hochrangige europäische Entscheidungsträgerin wie Christine Lagarde bei einem Treffen der wichtigsten Notenbanker der Welt ein Grundsatzreferat über »policymaking in an age of shifts and breaks« hält, also über Politik im Zeitalter der Verschiebungen und Brüche spricht, sollte man genau hinhören.[12] *Denn das ist es in der Tat, worauf es ankommt in dieser Welt: Wie bewältigt man den unumgänglichen Strukturwandel, ohne gravierende makroökonomische Fehler zu machen?*

Die Antwort der Präsidentin der EZB klingt auf den ersten Blick plausibel:

> Large-scale reallocations can also lead to rising prices in growing sectors that cannot be fully offset by falling prices in shrinking ones, owing to downwardly sticky nominal wages. So the task of central banks will be to keep inflation expectations firmly anchored at our target while these relative price changes play out.[13]

Aufhorchen lässt allerdings der Zusatz mit den »sticky nominal wages«. Offenbar vermutet Lagarde, dass in einem Sektor, in dem die Umsätze boomen, die Löhne steigen und in einem anderen, der schrumpft, die Löhne sinken. Stimmt das? Passen sich in der Art von Marktwirtschaft, die wir kennen, die Löhne jeweils flexibel nach unten und oben an die sektoralen Entwicklungen oder an die der Branchen oder gar der Unternehmen an? Und falls sie das nicht tun – sollten wir uns eine Marktwirtschaft wünschen, in der die Löhne flexibel im Sinne Lagardes sind? Hier geht es um ein zentrales Funktionsprinzip der Marktwirtschaft und wer ein solches missversteht, kann niemals richtige Politik machen.

---

12 Ebd.
13 Ebd.

Man muss sich einmal aus der Sicht der Arbeiter vorstellen, was in einem Strukturwandel passiert, wenn die Löhne flexibel sind: Die Ingenieure in den begünstigten Branchen, sagen wir diejenigen, die bei den Herstellern klimaschutzrelevanter Produkten arbeiten, erhalten höhere Bezüge, weil ihr Gewerbe boomt, die Ingenieure in den benachteiligten Branchen, sagen wir in der Automobilindustrie, müssen dagegen sinkende Löhne verkraften, weil ihr Gewerbe auf dem absteigenden Ast sitzt. Wie lange wird das gutgehen? Wann werden die Ingenieure in der Automobilindustrie sagen: »Wie kommen wir dazu, sinkende Löhne zu haben, wo wir doch ohne weiteres die gleiche Arbeit leisten können wie die Ingenieure in den boomenden Branchen?« – also nichts wie dorthin, wo es mehr Geld gibt.

Sind die Beschäftigten in der Lage, die Löhne, die von unterschiedlichen Unternehmen in unterschiedlichen Branchen für eine bestimmte vergleichbare Qualifikation gezahlt werden, zu vergleichen, werden sie wandern. Sie bewerben sich bei den Unternehmen, die die höchsten Löhne bieten. Auf diese Weise werden jederzeit und schnell die Löhne für eine bestimmte Qualifikation über die Branchen und Unternehmen hinweg angeglichen und kein Unternehmen kann sich dem entziehen, weil es sonst bestimmte Fachkräfte einfach nicht bekommen würde.

Dann sind allerdings in Lagardes Diktion die Löhne unflexibel, weil die Preise der Produkte der sich unterschiedlich entwickelnden Branchen womöglich nicht mehr unterschiedlich reagieren können: die, die abzufallen drohen, vermögen das nicht durch Preissenkungen aufzuhalten oder gar zu verhindern; und die Branchen, die sich im Aufwind befinden, müssen keine allein und spezifisch bei ihnen lohnbedingten Kostensteigerungen in ihren Produktpreisen weitergeben. Für die Geldpolitik ist es fundamental, zu verstehen, dass es in einer funktionierenden Marktwirtschaft keinen Mechanismus gibt, der dafür sorgen könnte, dass Preiserhöhungen in boomenden Branchen durch Preissenkungen in den weniger begünstigten ausgeglichen werden. Die Idee, es sei inflexiblen (»sticky«) Löhnen zuzuschreiben, wenn das nicht geschieht, ist falsch und gefährlich. Die Geldpolitik neigt bei einer solchen Sichtweise dazu, generell die Arbeitnehmer für eine »zu geringe Preisflexibilität« verantwortlich zu machen und mit Zinserhöhungen zu reagieren. Wenn jedoch im Strukturwandel temporär Knappheiten auftreten und bestimmte Bereiche so hohe Preissteigerungen durchsetzen können, dass das Preisniveau vorübergehend auch insgesamt steigt, ist Zinserhöhung das genaue Gegenteil dessen, was die Volkswirtschaft braucht.

Ist gewährleistet, dass die Löhne im Durchschnitt so steigen wie die durchschnittliche Produktivität zuzüglich dem politisch gesetzten Inflationsziel, ist nicht nur Preisstabilität gesichert, sondern auch eine angemessene und positive Entwicklung der Binnennachfrage. Zusätzliche positive Impulse für die Investitionstätigkeit schafft in einem solchen Umfeld eine Geldpolitik, die einen Zins setzt, der deutlich unterhalb des Produktivitätszuwachses liegt.

Der Zuwachs der Produktivität ist tatsächlich die entscheidende Schwelle für den Zins, denn nur aus einem Produktivitätszuwachs, der unter den oben beschriebenen Bedingungen einer vernünftigen Lohnpolitik immer auch den Unternehmen vollständig zugutekommt, kann in nachhaltiger Weise ein Zins gezahlt werden.

Der Zins, unabhängig davon, in welcher Form er auftritt, ist ein unmittelbares Produkt des wirtschaftlichen Erfolges eines Unternehmens bzw. aller Unternehmen einer Volkswirtschaft. Nur wenn diese aus dem bei ihnen vorhandenen Kapital in Kombination mit der von ihnen eingesetzten Arbeit Gewinne in Höhe des Produktivitätszuwachses erzielen, können sie den Kreditgebern (in der Regel Banken) oder den Kapitalgebern (Halter von Aktien oder Unternehmensanleihen) eine Entlohnung anbieten.

Wenn die Unternehmen den Banken einen positiven Zins zahlen können, sind die Banken wiederum in der Lage, einen positiven Einlagenzins zu bieten. Dieser wird zwar unter dem Kreditzins liegen, den die Bank verlangt, aber auch die Anleger, die eine relativ sichere Anlage gewählt haben, können so an der Gewinnsteigerung der Unternehmen partizipieren, obwohl sie nicht via Aktienkäufe unmittelbar Teilhaber bei den Unternehmen geworden sind. Für die Banken gewährleistet folglich die Existenz einer Produktivitätssteigerung in einer Volkswirtschaft, dass sie das klassische Geschäftsmodell der Hereinnahme von Sparanlagen der privaten Haushalte und der Ausgabe von Krediten realisieren können.

Bei der Fristentransformation geht es keineswegs nur darum, dass sich die Banken irgendwoher (kurzfristig angelegtes) Geld beschaffen müssen, um es längerfristig zu verleihen. Die Kreditvergabe und die damit verbundene Geldschöpfung funktioniert in der Tat ohne Spareinlagen.[14] Aber Banken müssen ihre Einlagenkunden, also die Sparer, an dem Zinsverdienst, den die Banken mit ihren Kreditkunden erwirtschaften, teilhaben lassen. Sonst würden sich die Sparer ihrerseits zu Fonds zusammenschließen, die ihr Geld Kreditnachfragern zur Verfügung stellen (derlei Fonds gibt es schließlich; die Börse ist der Tummelplatz für Anleger, die ihr Geld nicht über den Umweg des Bankensektors verzinsen, sondern lieber direkt Rendite erhalten wollen).

In dem Maße, in dem Banken also Spareinlagen von Sparern auf Konten liegen haben, müssen sie darauf Zinsen zahlen, die je nach Wettbewerb im Bankensektor nicht allzu weit von den Kreditzinsen entfernt sein dürfen, die die Banken ihren Kreditkunden abverlangen. Je mehr Spareinlagen eine Bank hat, desto mehr Kredite muss sie also vergeben, um nicht zu sagen, loswerden, wenn sie nicht pleite gehen will – oder sie

14 Ob die Banken Einlagen brauchen, um Kredite vergeben zu können, hat die MMT zu ihrer Kernfrage gemacht. Dabei ist diese Frage unwichtig. Eine Bank braucht in der Tat keine Einlagen, um einen Kredit zu vergeben, aber in der Gesamtwirtschaft wird dennoch die Gesamtsumme der Einlagen mit der Gesamtsumme der Kredite in einem bestimmten Verhältnis stehen, weil das Geschäftsmodell der Banken (Gewinn entsteht aus der Differenz von Soll- und Habenzins) nur Erfolg haben kann, wenn sie etwa in der Größenordnung der Einlagen Kredite vergeben. Dass das möglich ist, dafür sorgt in jeder Volkswirtschaft der unumgängliche Ausgleich der Finanzierungssalden, wie in Kapitel 3 gezeigt.

senkt ihre Sparzinsen. Wie weit sie dabei gehen kann, hängt allerdings vom Wettbewerb im Bankensektor ab.

Die Zentralbank gibt, wie oben bereits erklärt, mit den Leitzinsen den Takt am kurzfristigen Ende des Zinsspektrums vor, der sich dann in die länger- und langfristigen Zinsen übersetzt. Der längere Zeithorizont ist der teurere, weil er mehr Risiken beinhaltet, er kann sich aber bei einem funktionierenden Bankensystem niemals vollständig oder auch nur weitgehend über längere Zeit von dem Wert entfernen, den die Zentralbank vorgegeben hat.

5.3.3 Die Lehren für die Welt

Wenn man für große und bedeutende Entwicklungsländer, für die entsprechende Zahlen vorliegen, die Daten so aufbereitet, wie das in Abschnitt 1.13 für die wichtigen Industrieländer geschehen ist, kann man unschwer erkennen, dass in den meisten Staaten außerhalb Asiens selten die makroökonomischen Bedingungen geherrscht haben, die man unbedingt braucht, um wirtschaftlich erfolgreich zu sein und aufzuholen.

Wir haben die Daten auf zwei verschiedene Weisen aufbereitet, einmal nur nominal und einmal als Vergleich des realen Bruttoinlandsprodukts (und des BIP pro Kopf) mit den nominalen Zinsen unter Einbezug der Inflationsrate, aber das Ergebnis ist in jedem Fall eindeutig. Überblick 7a bis 7c zeigt in den verfügbaren Zeiträumen die Ergebnisse für neun Entwicklungsländer.

Die Volksrepublik China ist in vielerlei Hinsicht der Maßstab, also das Land, das in fast jeder Hinsicht wirtschaftlich erfolgreich war. In China haben von 1980 bis heute praktisch immer günstige monetäre Bedingungen geherrscht. Die nominalen Zinsen (wir haben hier eine mittlere Lending Rate gewählt), lagen stets weit unterhalb der Zuwachsraten des nominalen Bruttoninlandsprodukts. Auch die reale Betrachtung illustriert dies in aller Klarheit.

So bewegt sich die reale Wachstumsrate seit Mitte der 1990er-Jahre oberhalb des Zinsniveaus. Der von der Zentralbank erhobene Zins liegt deutlich unter dem Bankenzins; deshalb muss man für China in den letzten Jahrzehnten konstatieren, dass die Zentralbank bei stabilen Inflationsraten und niedrigen Zinsen für eine hohe Profitabilität der privaten Investitionstätigkeit gesorgt hat.

Bei einer sehr stabilen Inflationsrate ist es der chinesischen Notenbank insbesondere seit Mitte der 1990er-Jahre möglich gewesen, günstige monetäre Bedingungen zu schaffen. Nimmt man hinzu, dass sich der Wechselkurs des chinesischen Yuan gegenüber dem US-Dollar seit 1993 auf einem niedrigen Niveau stabilisiert hat, stellt China in diesen drei Jahrzehnten das Paradebeispiel dafür dar, wie man es »richtig« macht.

Betrachtet man dagegen die gleichen Zeitreihen für Brasilien, ist offensichtlich, dass es hier praktisch niemals monetäre Bedingungen gegeben hat, die Aufholen und eine befriedigende wirtschaftliche Entwicklung erlaubt hätten. Von kurzen Phasen abgesehen, lag der nominale Zins immer über der nominalen Wachstumsrate, von der realen Entwicklung ganz zu schweigen. Trotz keineswegs überbordender Inflation ist es Brasilien in den beobachteten drei Jahrzehnten niemals gelungen, den privaten Investoren stabile und günstige Bedingungen zu bieten.

Schwenken wir wieder zurück nach Asien, findet sich mit der Republik Korea ein Land, das ohne jeden Zweifel zu den langfristigen Erfolgsgeschichten in Sachen wirtschaftlicher Entwicklung gehört. Auch hier ist mit Ausnahme der großen Asienkrise in den Jahren 1997 und 1998 durchweg schon bei den nominalen Werten die »richtige« Konstellation zu beobachten: Der Zins befand sich nahezu immer unterhalb der nominalen Wachstumsrate, und auch das reale Wachstum des Bruttoinlandsprodukts lag in der Republik Korea fast immer über dem kurzfristigen Zins. Wie in China war die Inflationsrate einige Jahrzehnte lang sehr stabil und erlaubte es der Geldpolitik gute Investitionsbedingungen herzustellen.

In Indonesien sind die Verhältnisse weniger klar als in anderen asiatischen Ländern. Zinssatz und nominales Wachstum halten sich in etwa die Waage. Die Betrachtung der realen Größen offenbart allerdings, dass die Position der Lending Rate weit von chinesischen Verhältnissen entfernt ist. Dieses Land zeigt besonders, mit welcher Brutalität die Asienkrise einschlug. Die Zinsen wurden auf astronomische Werte angehoben, um den Verfall der eigenen Währung zu stoppen. Gleichzeitig kam es durch die Abwertung zu enormen Preiseffekten.

Eine Zweiteilung ist in Indien zu erkennen. In der ersten Phase bis zur Jahrhundertwende etwa waren die Zinsen relativ hoch, weil sich die Inflationsrate immer im Zehn-Prozent-Bereich bewegte. Danach sanken die Inflationsrate und die Zinsen und die Wachstum-Zins-Relation verbesserte sich. In den letzten Jahren hat sich in realer Betrachtung die Zinskurve der realen Wachstumskurve durchaus in beachtlicher Weise angenähert. Für Indien laufen allerdings die absoluten und die Pro-Kopf-Wachstumsraten merklich auseinander.

Es zeigt sich bei den bisher betrachteten Bildern schon ein Muster, das darauf hinausläuft, dass Länder mit hohen Inflationsraten kaum in der Lage sind, günstige monetäre Bedingungen herzustellen. Dafür ist Mexiko ein schlagendes Beispiel. Dort waren noch bis zur Jahrhundertwende hohe Inflationsraten die Regel, die von hohen nominalen Zinsen begleitet wurden. In den vergangenen zwanzig Jahren ist es eindeutig besser geworden, aber bei weitem nicht so, wie es in einem Entwicklungsland sein müsste.

Afrika hat unter einer langanhaltenden Wachstumsschwäche zu leiden, insbesondere dort, wo Rohstoffeinnahmen nicht vorhanden oder nicht groß genug sind,

1980 bis 2023

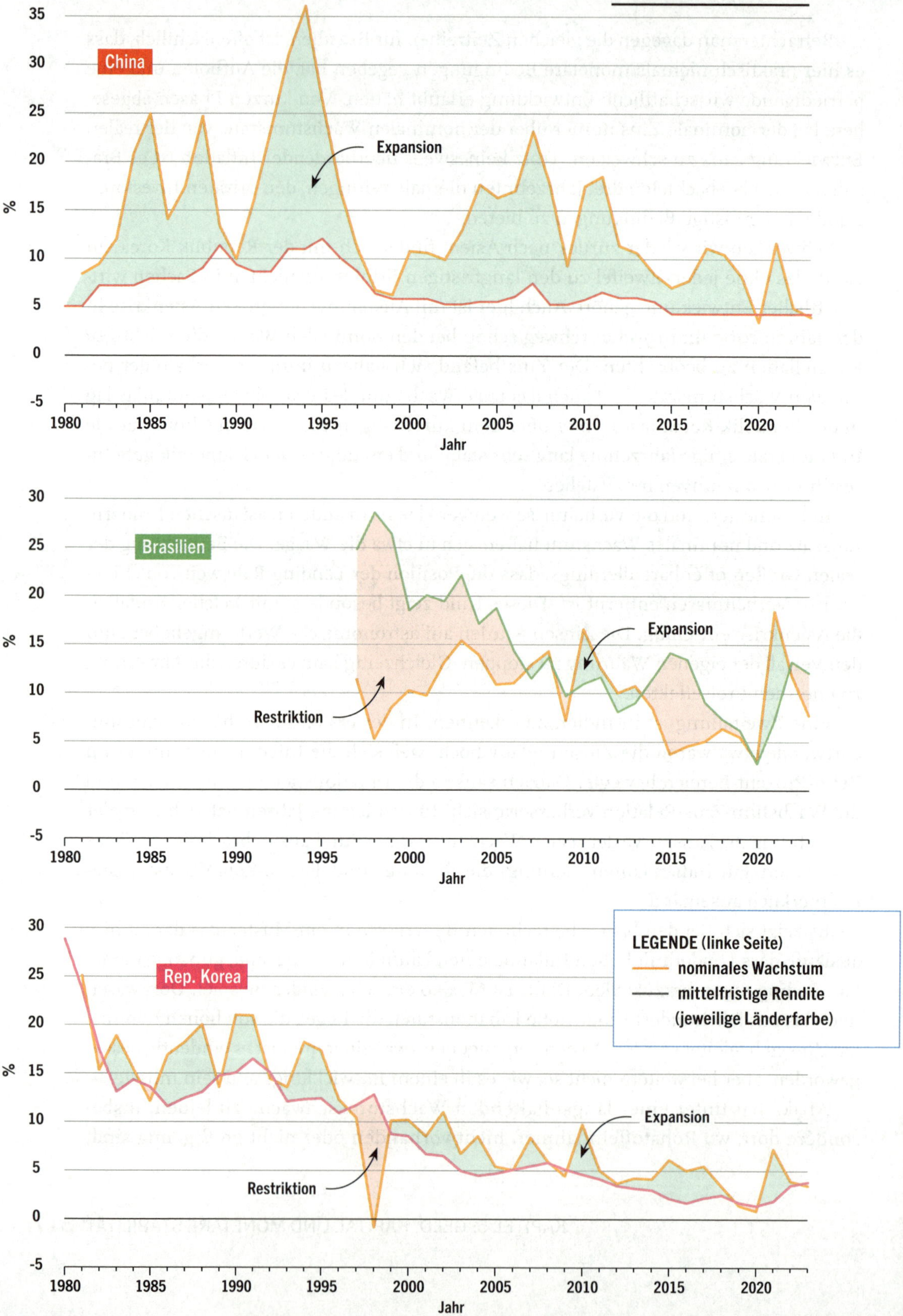

MONETÄRE BINNENWIRTSCHAFTLICHE BEDINGUNGEN

1980 bis 2023

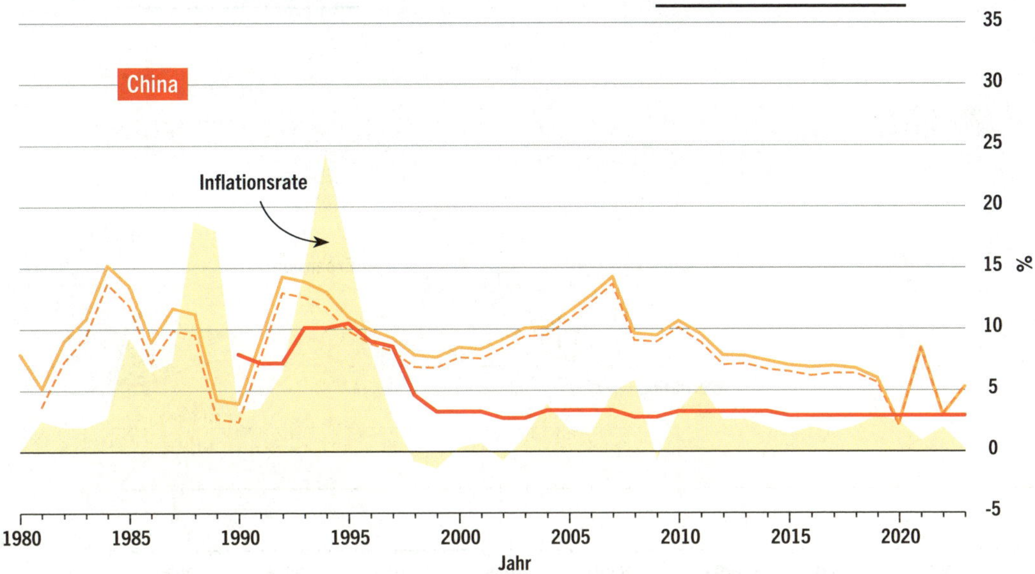

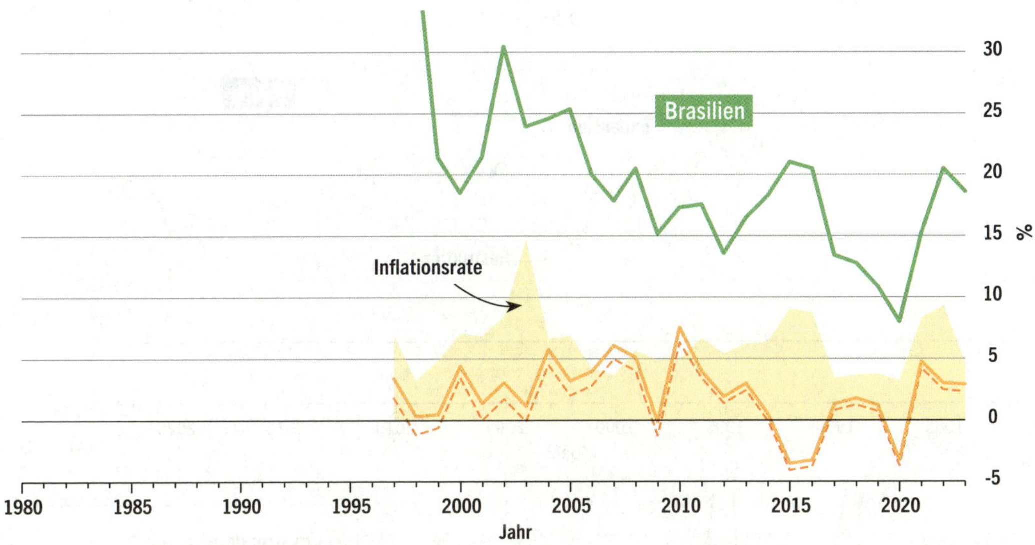

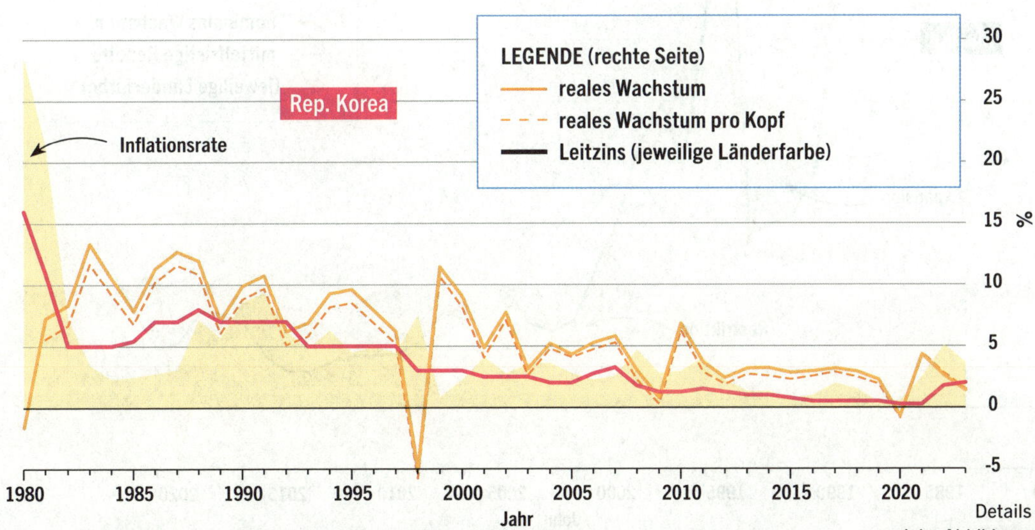

Details und Quellen
siehe Abbildungsverzeichnis.

1980 bis 2023

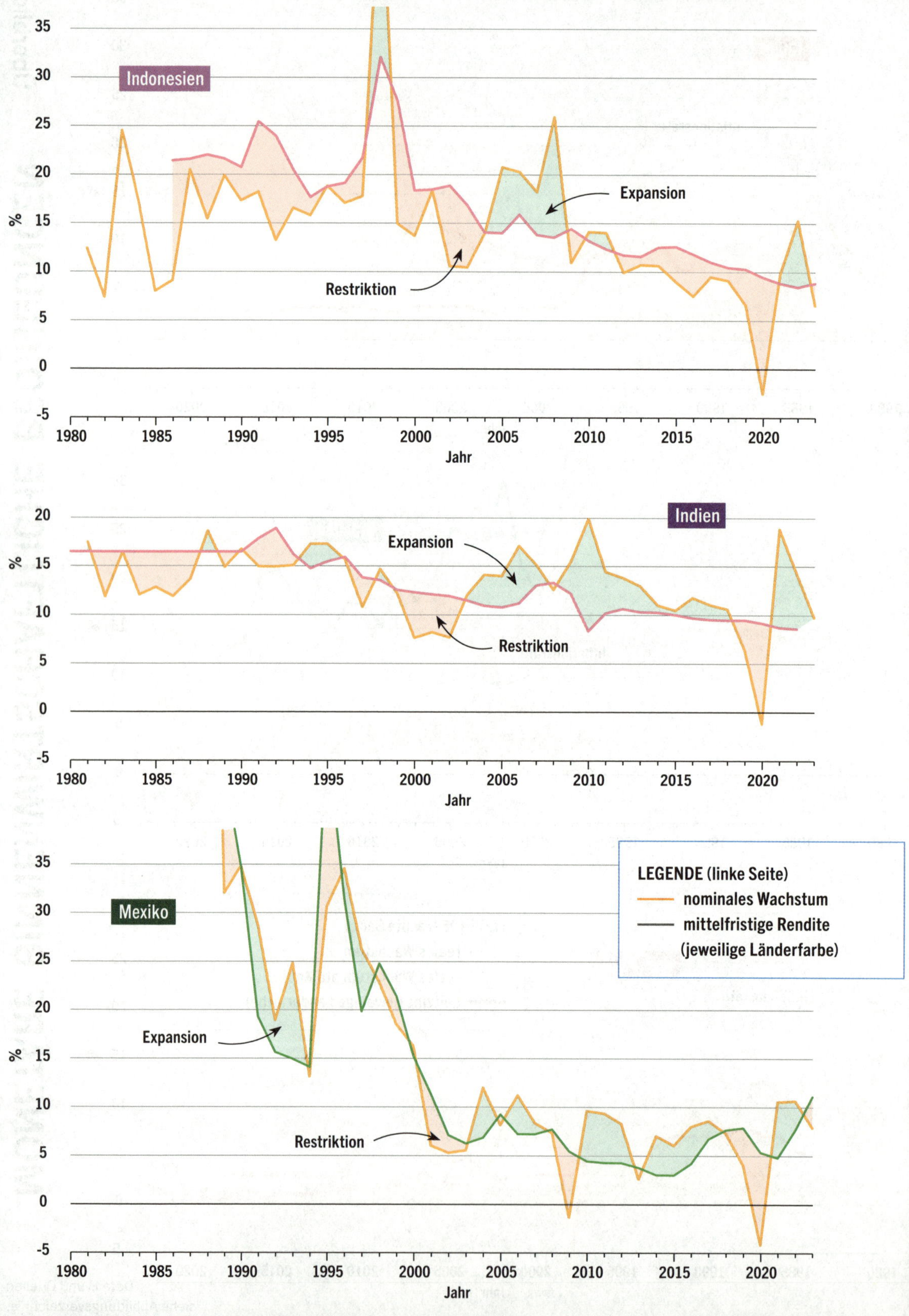

MONETÄRE BINNENWIRTSCHAFTLICHE BEDINGUNGEN

1980 bis 2023

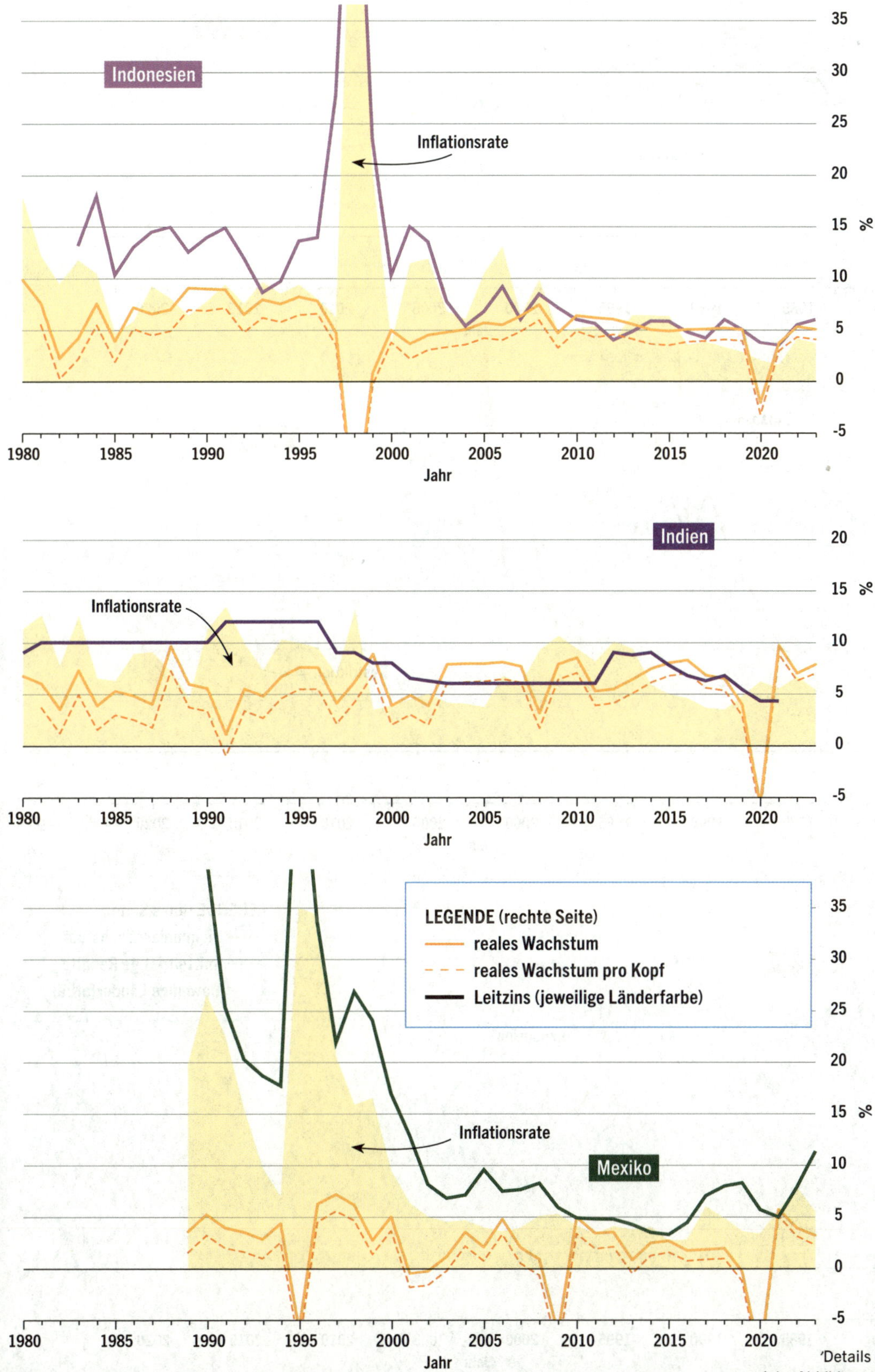

'Details und Quellen siehe Abbildungsverzeichnis.

1980 bis 2023

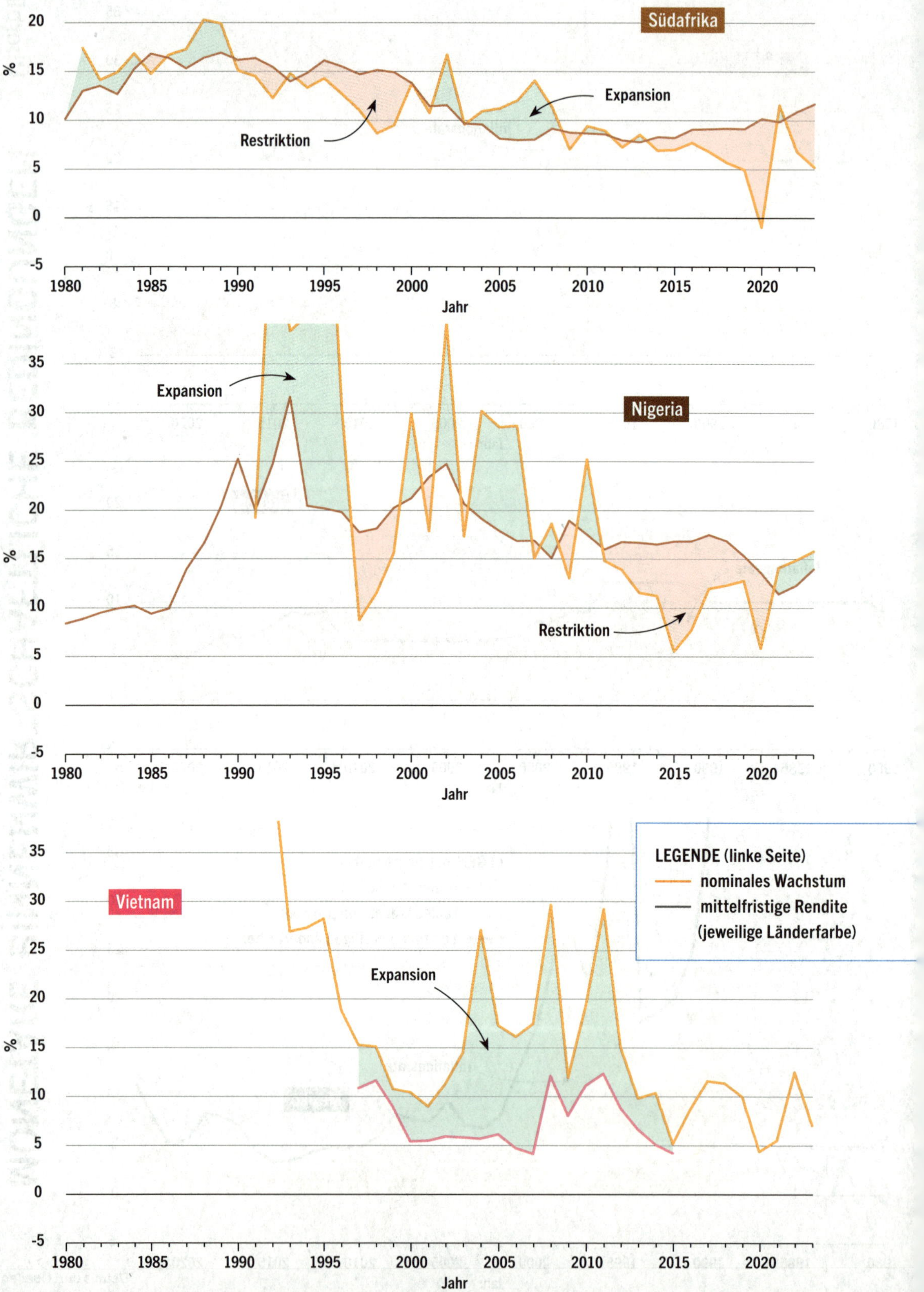

MONETÄRE BINNENWIRTSCHAFTLICHE BEDINGUNGEN

Überblick 7c

1980 bis 2023

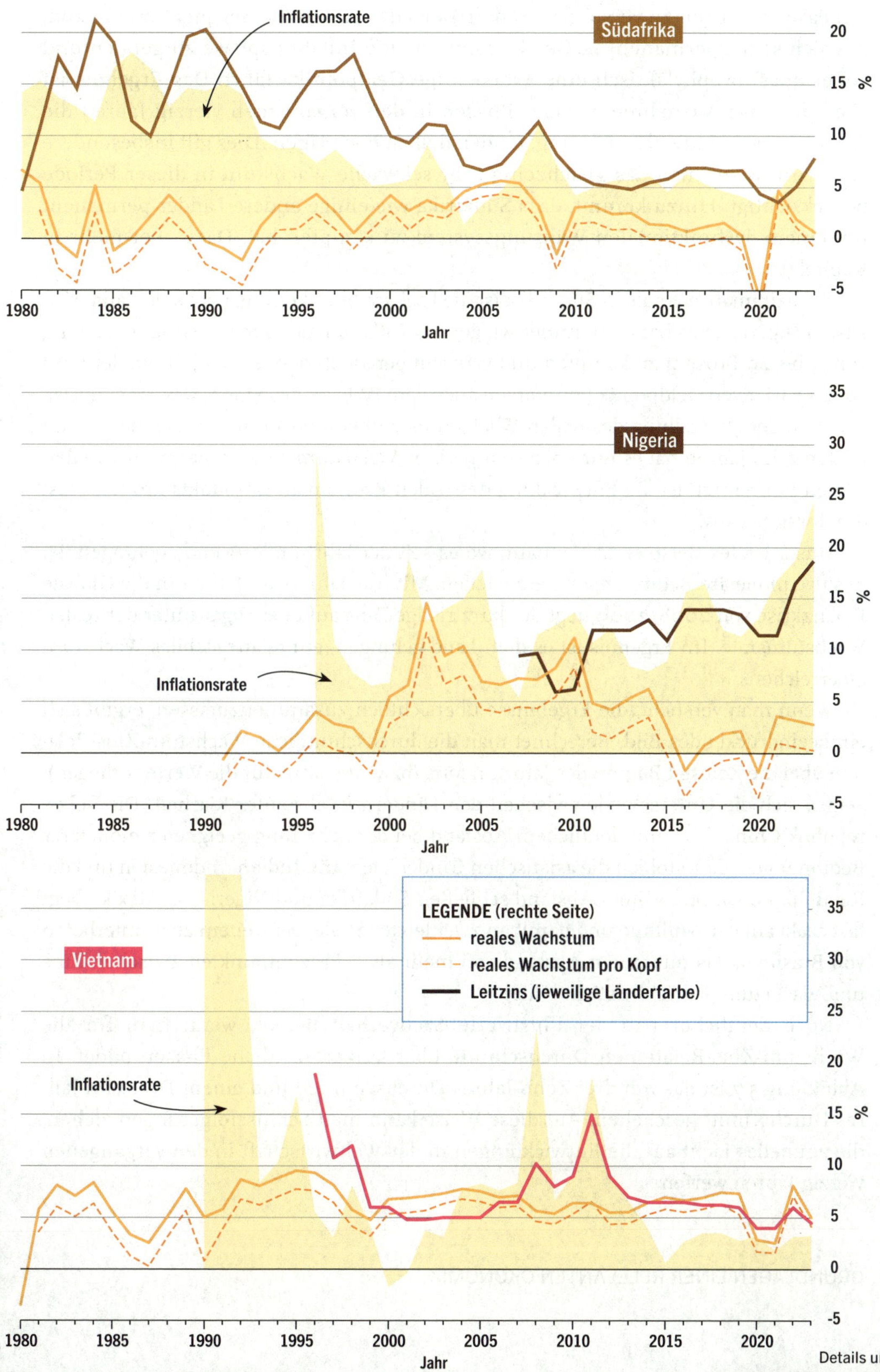

Details und Quellen siehe Abbildungsverzeichnis.

um das ganze Land zu versorgen. Südafrika ist das klassische Beispiel für ein Land, das sich selbst permanent in Gefahr sieht, in eine Inflationsphase zu geraten und daher quasi prophylaktisch eine »vorsichtige Geldpolitik« fährt. Das Ergebnis ist aber, dass mit Ausnahme weniger Phasen in den vergangenen vierzig Jahren die Zinsen, sowohl kurz als auch lang, tendenziell zu hoch lagen. Dies gilt insbesondere seit 2010, wenn man das gleichzeitig sehr schwache Wachstum in dieser Periode berücksichtigt. Hinzu kommt, dass Südafrika wie einige andere Länder permanent mit einem dysfunktionalen Währungssystem zu kämpfen hat. Dazu aber mehr in Kapitel 7.

Noch dramatischer als in Südafrika ist die Lage im bevölkerungsreichsten Land Afrikas, in Nigeria. Dort hat man immer wieder mit Inflationsraten in der Größenordnung von 15 bis 20 Prozent zu kämpfen und versucht gerade in den letzten Jahren, dem mit einer restriktiven Geldpolitik (empfohlen auch vom IWF) zu begegnen. Das Ergebnis ist, wie man der Darstellung des realen Wachstums entnehmen kann, verheerend. In den letzten zehn Jahren hat es nur noch sehr geringe Wachstumsraten gegeben und in den letzten fünf Jahren ist die Entwicklung des realen Bruttoinlandsprodukts pro Kopf fast durchweg negativ.

Unser letztes Beispiel ist Vietnam, wo es seit der Jahrhundertwende gelungen ist, positive monetäre Bedingungen herzustellen. Mit Ausnahme der Jahre um die Globale Finanzkrise von 2008/2009 liegt der kurzfristige Zins auf oder sogar unter der realen Wachstumsrate. Im Ergebnis ist es dem Land gelungen, ein relativ stabiles Wachstum zu erreichen.

Wenn man versucht, die Ergebnisse übersichtlich zusammenzufassen, ergibt sich ein beeindruckendes Bild. Berechnet man die durchschnittliche Wachstum-Zins-Relation über die Zeit seit Beginn des Jahrhunderts (bzw. die Jahre, für die Werte vorliegen), zeigen sich die Unterschiede zwischen den Ländern in absoluter Klarheit. Die Volksrepublik China führt mit deutlichem Abstand bei der Schaffung geeigneter monetärer Bedingungen, dann folgen die asiatischen Länder Vietnam, Indien, Indonesien und die Republik Korea. Mit weitem Abstand schließen Südafrika und Nigeria an. Mexiko liegt fast exakt auf der Nulllinie und damit an zweitletzter Stelle, bei weitem aber unterboten von Brasilien, das mit einem Abstand von mehr als 8 Prozentpunkten zwischen Zins und Wachstum das Schlusslicht bildet.

Noch deutlicher tritt der illustrierte Sachverhalt hervor, wenn man für die Wachstum-Zins-Relationen Durchschnitte über kürzere zeitliche Phasen bildet. In Abbildung 5.7 ist das mit drei Zehn-Jahres-Durchschnitten und einem Dreizehn-Jahres-Durchschnitt geschehen. Auf diese Weise kann man Schlussfolgerungen ziehen, die ein helles Licht auf die Entwicklungen in der Weltwirtschaft in den vergangenen vierzig Jahren werfen.

Abb. 5.7 **Wachstum-Zins-Relation**[1] **1981 bis 2023**

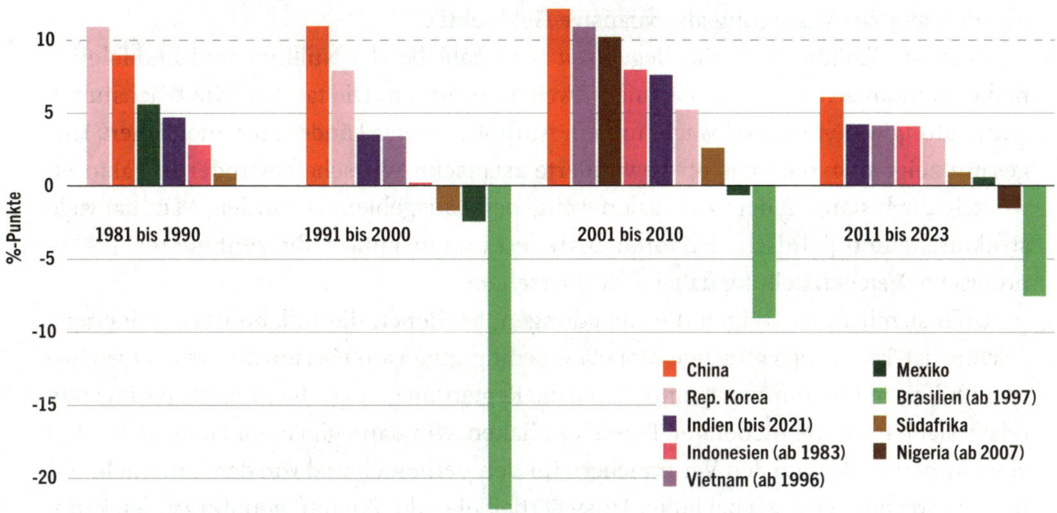

[1] Differenz zwischen jährlicher Änderungsrate des nominalen Bruttoinlandsprodukts und kurzfristigem Zins; arithmetisches Mittel über jeweiligen Zeitraum.

In der Abbildung bedeutet eine hohe Zahl der Relation, dass die Wachstumsbedingungen in diesem Zeitfenster gut waren. Wer dagegen unter der Nulllinie liegt, hat fundamentale Fehler bei der Makrosteuerung begangen, die kaum noch durch andere Maßnahmen zu korrigieren gewesen sein dürften. Offenkundig ist es den drei asiatischen Ländern, China, Korea und Vietnam über den ganzen betrachteten Zeitraum gelungen, die Relation in einer für die wirtschaftliche Entwicklung extrem günstigen Region zu halten.

Mit Werten zwischen 5 und 10 Prozent in den dreißig Jahren von 1980 bis zum Jahr 2010 haben diese Länder gezeigt, wie wirtschaftliches Aufholen von der makroökonomischen Seite bewerkstelligt werden muss. Nur Indien und Indonesien konnten in den ersten zehn Jahren des Jahrhunderts ähnlich günstige Bedingungen schaffen. Dagegen liegen Brasilien, Mexiko und Südafrika seit Beginn unserer Beobachtungsreihe deutlich unter den asiatischen Ländern, und Brasilien ist gar seit der Jahrhundertwende total zurückgefallen.

Nach der großen Globalen Finanzkrise von 2008/2009 haben sich zwar für alle Volkswirtschaften die Bedingungen etwas verschlechtert, es sind aber dennoch die gleichen Länder, die oben und die unten liegen. Einen besonders tragischen Fall stellt Nigeria dar, das in den wenigen Jahren, für die uns aus dem ersten Jahrzehnt des Jahrhunderts Daten zur Verfügung stehen, einen sehr guten Wert aufwies. Inzwischen ist das Land aber in den negativen Bereich getaucht, was unweigerlich bedeutet, dass man nur mit dem massiven Einsatz von expansiver Finanzpolitik das Ruder herumreißen könnte. Doch dieses Mittel steht Nigeria und vergleichbaren Ländern in noch viel geringerem Maße zur Verfügung als expansive Geldpolitik.

Auch Mexiko und Südafrika liegen seit 2010 nahe bei der Nulllinie und sind folglich makroökonomisch auf keinen grünen Zweig gekommen. Die tatsächliche Wachstumsentwicklung war viel zu schwach, um ein Aufholen dieser Länder zu ermöglichen. Insgesamt zeigt sich, dass das oft bewunderte asiatische Wirtschaftswunder in Faktoren wurzelt, die bislang in der Diskussion weitgehend ausgeblendet wurden. Man hat viele strukturelle und politische Faktoren analysiert und diskutiert, die zentrale makroökonomische Weichenstellung dabei aber übersehen.

Offensichtlich, das zeigen die Abbildungen, bei denen die Inflationsrate mit eingezeichnet ist, lassen sich günstige monetäre Bedingungen am ehesten dort realisieren, wo es mithilfe von Einkommenspolitik durch die Regierung gelingt, die Preissteigerungsrate relativ stabil in einem moderaten Bereich zu halten. Nur dann gibt es einen Reallohn und einen Realzins, der von den Verbrauchern für den Verbrauch und von den Unternehmen für die Investitionen auch bei hoher Unsicherheit über die Zukunft genutzt werden kann.

5.3.4 Geldwertstabilität im Raum

Wenn eine Volkswirtschaft über lange Fristen in der Lage ist, einen positiven Zins zu zahlen, weil sie einen nachhaltigen Produktivitätszuwachs realisiert, kann sie eine Währung emittieren, die sich relativ frei mit anderen tauschen lässt. Das bedeutet, dass nur auf diese Weise funktionierende geographische Regionen funktionierende Währungen hervorbringen können. Versuche, Währungen zu schaffen, hintern denen keine Region steht, wie beispielsweise die sogenannten Stablecoins, sind von vorneherein zum Scheitern verurteilt, weil dahinter keine funktionierende Volkswirtschaft mit der Fähigkeit steht, Produktivität und damit einen Zins zu generieren.

Währungen müssen international so getauscht werden, dass für alle beteiligten Länder im Inland genauso wie bei Geschäften mit dem Ausland schumpeterianische Bedingungen herrschen. Das impliziert, dass die Wechselkurse jederzeit und überall strikt der Kaufkraftparität folgen. Zins- und Gewinndifferenzen als Ergebnis unterschiedlicher Produktivitätsentwicklungen zwischen den beteiligten Ländern müssen genauso hingenommen werden wie unterschiedliche Entwicklungen innerhalb eines Landes.

Es gibt bei einer globalen Betrachtung folglich nur eine vernünftige Variante für die Festlegung der Währungsrelationen: konstante reale Wechselkurse. Diese müsste man eigentlich global anstreben, scheitert aber bereits an einer Realisierung auf dem europäischen Binnenmarkt. Dazu mehr in Kapitel 7.

KAPITEL 6

ABSOLUTE VORTEILE BESTIMMEN DIE HANDELSSTRÖME

Wir haben bisher die Ökonomik einer geschlossenen Volkswirtschaft behandelt. Das war Ökonomik für die Welt als Ganzes. Nun müssen wir die Analyse öffnen für die Behandlung der internationalen Beziehungen. Alle Volkwirtschaften der Welt sind mehr oder weniger offen, was nichts anderes heißt, als dass ein Teil dessen, was sie produzieren, nicht im Inland verbraucht wird, sondern im Ausland, und dass sie bei ihrem Verbrauch und bei ihren Investitionen auf Güter und Dienstleistungen zurückgreifen, die im Ausland erzeugt worden sind.

Das wirft die Frage auf, ob es nicht angemessen ist, die Verhältnisse zwischen den Ländern mit den gleichen Theorien zu erklären wie die Verhältnisse zwischen den Regionen eines Landes. Das klingt auf den ersten Blick einleuchtend. Warum sollten die Verhältnisse zwischen den verschiedenen Ländern grundverschieden von denen sein, die zwischen den verschiedenen Regionen eines Landes herrschen? Ist nicht die gesamte globalisierte Wirtschaft ein großer Binnenmarkt?[15] Die Antwort könnte kaum eindeutiger sein: Nein.

Nicht einmal in der Europäischen Union und nicht einmal innerhalb der EWU ist es trotz massiver Bemühungen über viele Jahrzehnte gelungen, einen wirklichen Binnenmarkt zu installieren. Selbst wenn man alle institutionellen Hürden aus dem Weg räumen würde, bliebe noch die Tatsache bestehen, dass die Nationalstaaten unterschiedlich wohlhabend sind. Weil der in der Vergangenheit aufgebaute Kapitalstock in zwei Volkswirtschaften nie gleich ist, sind die Lohnniveaus unterschiedlich und das hat enorme Implikationen für die Fähigkeit, freien internationalen Handel mit anderen Ländern zu betreiben.

---

15 Ein bedeutendes früheres Werk über den internationalen Handel setzt sogar schon im Titel auf den Vergleich und die Gemeinsamkeiten von interregionalem zu internationalem Handel: *Interregional and International Trade* von Bertil Ohlin aus dem Jahr 1933.

Wir müssen uns folglich intensiv mit der Frage befassen, wie eine ökonomische Theorie aussehen muss, die nicht auf der allgemeinen Gleichgewichtstheorie aufbaut, sondern auf den Prinzipien eines sich dynamisch entwickelnden Systems, wie wir sie oben skizziert haben. Gibt es überhaupt eine theoretische Grundlage für ein internationales Regelwerk bei relativ freiem Handels- und Kapitalverkehr, auf das sich die Nationen der Welt in rationaler Weise einigen könnten?

6.1 Alter und neuer Merkantilismus

Im öffentlichen Diskurs wird oft die Idee vertreten, dass das Prinzip des Wettbewerbs zwischen Unternehmen auch auf Staaten übertragbar ist: Genauso wie Firmen gezwungen sind, sich an einem Markt zu behaupten, sollen auch Länder untereinander im Wettbewerb stehen. Unternehmen können dadurch erfolgreich agieren, dass sie ihre Konkurrenten im gleichen Marktsegment unterbieten. Wer eine bestimmte Qualität bei einem bestimmten Produkt zu niedrigeren Preisen als die Konkurrenten auf den Markt bringt, hat die Chance, den Wettbewerbern Marktanteile abzunehmen. So kann ein Unternehmen seine Produktion samt Arbeitsplätzen und seinen Gewinn erhöhen. Warum sollten nicht Staaten genau das Gleiche tun?

Um seine eigene Position zu verbessern, könnte jeder Staat durch geeignete politische Maßnahmen seine nationalen Unternehmen unterstützen, um schließlich das Land als solches in seiner internationalen Position zu stärken. In Form des »Standortwettbewerbs« hat dieser Gedanke in Deutschland und in anderen europäischen Ländern in den 1980er- und 1990er-Jahren des vergangenen Jahrhunderts eine unerwartete Renaissance erlebt. Auch heute noch wird in den Sonntagsreden der Politiker kaum ein Wort häufiger gebraucht als »Wettbewerbsfähigkeit«. Das Land, das erfolgreich ist, so die Idee, zwingt die anderen Länder dazu, sich anzupassen, so dass am Ende alle effizienter wirtschaften.

Die entscheidende Frage – nämlich unter welchen Umständen unternehmerischer Wettbewerb tatsächlich zu einer Verbesserung der Situation der gesamten Gesellschaft führt und ob sich das ohne weiteres auf den Wettbewerb von Staaten übertragen lässt – wurde in den Diskussionen um den Standortwettbewerb allerdings niemals ernsthaft gestellt. Man betrachtete Wettbewerb per se als gut und wertvoll, so dass sich jede Relativierung und jede Abwägung von vorneherein verbot. Die Bedeutung der schumpeterianischen Dimension des unternehmerischen Wettbewerbs um neue Produktionsverfahren und neue Produkte, die wir in Kapitel 3 schon ausführlich diskutiert haben, wurde nicht einmal im Ansatz gewürdigt.

Solange es keine anerkannte Doktrin gab, die die Vorteile des Außenhandels erklären konnte, ohne auf absolute Vorteile eines Landes zurückzugreifen, und man folglich auch keine Außenhandelsüberschüsse brauchte, um die Sinnhaftigkeit des internationalen Handels für alle beteiligten Länder zu beschreiben, war es naheliegend, dass man den internationalen Austausch nicht anders behandelte als den Austausch zwischen Unternehmen auf nationaler Ebene. Unternehmen versuchen, Gewinn zu machen, also mehr einzunehmen als sie ausgeben. Auch für Länder musste deshalb gelten, dass diejenigen »erfolgreich« im internationalen Austausch sind, denen es gelingt, mehr einzunehmen als auszugeben. Der Saldo des Außenhandels wurde daher zum entscheidenden Maßstab für die Vorteilhaftigkeit des Handels erklärt; nur dasjenige Land, das Überschüsse aufzuweisen hatte, konnte von sich sagen, es habe erfolgreich gewirtschaftet.

Im Merkantilismus, der Hochphase jenes Gedankenguts in der Wirtschaftsgeschichte, war der Überschuss im Außenhandel auch deswegen das wichtigste wirtschaftspolitische Ziel, weil ein außenwirtschaftlicher Überschuss nicht bloß mit der Zunahme von Forderungen gegenüber dem Ausland gleichgesetzt wurde, sondern mit der Vermehrung der Gold- bzw. Edelmetallreserven. Die ausländischen Gläubiger konnten schließlich nur mit Edelmetallen ihre offenen Rechnungen begleichen. Folglich bedeutete jeder Überschuss die Vermehrung des eigenen Vermögens und der eigenen Macht, die man etwa dafür einsetzen konnte, um teure Kriege zu führen.

Überschüsse dienten auch der Förderung der Beschäftigung im eigenen Land, weil man wusste, dass Importe Arbeit im Inland verdrängen. Bemerkenswert ist, dass schon im Merkantilismus das Beschäftigungsargument mit Lohnsenkungen in Verbindung gebracht wurde. In den Hochzeiten des Merkantilismus, also zwischen dem Beginn des 16. Jahrhunderts und dem Ende des 18. Jahrhunderts, sah man es als vollkommen normal an, die Wettbewerbsfähigkeit der Volkswirtschaften durch Lohnsenkung zu erhöhen.

Auch die »natürliche« Konsequenz dieser Praxis, nämlich die Not der Arbeiter, wurde klar erkannt. In einem Standardwerk der außenwirtschaftlichen Literatur, den *Studies in the Theory of International Trade* von Jacob Viner aus dem Jahr 1937, findet man folgende bemerkenswerte Stelle:

> The dominant doctrine, in consequence, advocated low wages, as a means of stimulating the worker to greater effort and of increasing England's competitive strength in foreign trade by lowering the money costs of English products. Sir James Steuart was merely expressing in blunter fashion than was common the position implicit in much of the mercantilist treatment of the labor question when he stated that »the lowest classes of a people, in a country of trade, must be restrained to their physical necessary.«[1]

1 Viner, J. (1965 [1937]): 56.

Dies veranlasste Viner, einen der Begründer der Chicagoer Schule der Ökonomik, zu der Bemerkung, dass Arbeiter vom Merkantilismus als »a set of somewhat troublesome tools« betrachtet würden anstatt als »human beings«.[2]

Interessant ist auch, wie Viner die Positions eines der Begründer der klassischen Schule der Ökonomie, David Hume, beschreibt: »Hume conceded that high wages resulted in some disadvantage in foreign trade, but insisted that ›as foreign trade is not the most material circumstance, it is not to be put in competition with the happiness of so many millions.‹«[3] Was nichts anderes heißt, als dass die klassischen Autoren David Hume und Adam Smith, die Begründer der Volkswirtschaftslehre im modernen Sinne, schon im 18. Jahrhundert wussten, was heute wieder mühsam gelernt werden muss: Dass nämlich der Außenhandel nie zur Begründung einer systematischen Verarmung der Bevölkerung dienen darf, sondern dass man Beschäftigung auch durch vermehrte Produktion für die Nachfragekategorie schaffen kann, die das eigentliche Ziel der menschlichen Anstrengungen darstellt – den privaten Konsum.

Doch das ist in Vergessenheit geraten. Das berühmte Beispiel von Bundeskanzlerin Merkel, wonach Europa heute nur noch 7 Prozent der Weltbevölkerung ausmache (Tendenz fallend), kaum noch 25 Prozent des globalen Bruttoinlandsprodukts erwirtschafte (Tendenz fallend), aber sich damit opulente 50 Prozent der weltweiten Sozialkosten leiste, was auf Dauer nicht gut gehen könne, zeigt in letzter Klarheit, dass selbst die klassische Lehre verloren gegangen ist. Merkels weitgehend unwidersprochene Mahnung, man werde »sehr hart [...] arbeiten müssen, um diesen Wohlstand und unseren Lebensstil zu erhalten« und ihre Schlussfolgerung, dass wir alle aufhören sollten, jedes Jahr mehr auszugeben als wir einnehmen,[4] ist Merkantilismus im modernen Gewand.

Die 50 Prozent der weltweiten Sozialkosten, deren Reduktion Merkel in Europa anmahnt, sind natürlich durch die europäische Produktivität gedeckt und kein wirkliches Problem, aber sie eignen sich hervorragend als Argument für weitere allgemeine Kürzungen von Löhnen und Sozialleistungen. Wenn Europa jedoch in solchen Kategorien denkt, werden konservative Politiker überall auf der Erde Ähnliches durchzusetzen versuchen, was nichts anderes heißt, als dass es wie vom Merkantilismus erwartet, zu einem globalen Wettlauf um die niedrigsten Löhne und Sozialstandards kommt, bei dem die Arbeiter, diese »somewhat troublesome tools«, schließlich auf dem Subsistenzniveau enden. Die Angriffe der europäischen Kommission unter Ursula von der Leyen gegenüber der Volksrepublik China Mitte 2024 passen genau in dieses Schema.

---

2 Ebd.

3 Ebd.: 57.

4 Merkel, A., zitiert in Soyka, G. (2017).

Wir konstatieren aber zunächst, dass es den klassischen Autoren gelungen ist, mit einer relativ abstrakten Doktrin die naheliegende einzelwirtschaftliche Sichtweise zu überwinden, die da sagt, jedes Land könne sich – und, zumindest in der modernen Version, allen anderen Ländern auch – einen Dienst erweisen, indem es versucht, die nationale Wettbewerbsfähigkeit zu erhöhen und seine Handelspartner zwingt, es dem Vorreiter nachzutun. Das ist mehr als erstaunlich und spricht für die Fähigkeit der führenden Köpfe von vor über zweihundert Jahren, ernsthafte intellektuelle Auseinandersetzungen zu einem Ende zu bringen. Ein Wettkampf der Nationen ist verrückt, weil uns die Logik sagt, dass nicht alle Länder das Ziel eines Überschusses erreichen können. Folglich würde der Versuch, sich gegenseitig herunterzukonkurrieren, um Überschüsse zu erzielen, die Gesamtsituation der Welt ständig verschlechtern.

Was vor zweihundert Jahren noch möglich war, ist heute nicht mehr möglich. Merkels Merkantilismus-These hat kaum jemand widersprochen. Die deutschen Leistungsbilanzüberschüsse werden in der deutschen Öffentlichkeit und in der Politik inzwischen als eine großartige Errungenschaft betrachtet, die es um jeden Preis zu verteidigen gilt. Die europäische Kritik daran ist weitgehend verstummt, und die EU-Kommission versucht nicht einmal, die Bundesrepublik für diese Regelverletzung zu sanktionieren. Auch die USA, deren Finanzministerium eigentlich – in seinen jährlichen »Currency Reports« – eine weitgehend angemessene Diagnose der Lage der Überschussnationen vornimmt, sehen aus politischen Gründen davon ab, Vergeltungsmaßnahmen gegen Deutschland zu ergreifen.

Trotz des großen Tributs, den wir der klassischen Doktrin des Freihandels bei der Überwindung des Merkantilismus zollen, erläutern wir im Folgenden, dass auch die klassischen Hypothesen mit der Realität des Handels zwischen Nationen nur wenig zu tun haben. Das ist tragisch, eben weil die Überwindung des Merkantilismus ohne jeden Zweifel eine grandiose geistige Leistung war.

Doch die Überwindung einer falschen Doktrin ist etwas anderes als die Schaffung einer neuen und zugleich angemessenen Theorie. Insbesondere das Theorem der komparativen Vorteile, das seit über zweihundert Jahren die Ökonomen in seinen Bann zieht, muss vollständig verworfen werden. Es gibt für ärmere Länder keinen einfachen Weg, gegenüber den reicheren Ländern aufzuholen und sich als Teil des Welthandels auf Augenhöhe mit den reicheren Ländern zu etablieren. Das hat enorme politische Implikationen.

6.2 Die klassische und die neoklassische Theorie des internationalen Handels

Die *Wirtschaftswoche* schrieb zum zweihundertsten Todestag David Ricardos am 8. September 2023: »Ökonomen sind streitbare Zeitgenossen. In einer Sache aber sind sie sich einig: Arbeitsteilung und freier Handel schaffen Wohlstand – und zwar auch in jenen Ländern, die bei den Kosten und der Produktivität mit anderen Ländern nicht mithalten können.«[5] Wir bedauern, aber wir müssen an dieser Stelle erneut die Einigkeit der Ökonomen aufkündigen. Die Doktrin der komparativen Kosten sollte das zwar zeigen, doch sie hat Verhältnisse unterstellt, die es auf der Welt niemals geben kann. In Ländern mit niedriger Produktivität und hohen Kosten schafft der Freihandel keineswegs Wohlstand, sondern sie können nicht mithalten und fallen zurück.

Ricardos grundlegende Idee war extrem schlicht. Er postulierte absolute Unterschiede bei der Fähigkeit der Länder, bestimmte Produkte herzustellen: England war besser bei Tuch, Portugal besser bei Wein. Wobei bereits die Vokabel »besser« ein gewaltiges Problem darstellt, weil die Produkte gar nicht von derselben Art sind. Deshalb haben die von den Ländern geforderten Preise für ihre Produkte keine große Bedeutung, denn man kann sie nicht vergleichen. Man weiß nur, dass die natürlichen Gegebenheiten in Portugal eine Weinproduktion nahelegen und in England gerade nicht. Wenn die Menschen Wein und Tuch nachfragen, werden die beiden Länder beginnen, miteinander Handel zu treiben, ohne dass man sagen kann, der eine hätte einen besonderen Vorteil gegenüber dem anderen.

Ricardo stellte zudem fest, dass es unter bestimmten Umständen sinnvoll ist, auch demjenigen, der absolute Nachteile bei der Produktion eines Gutes hat, Teile der Produktion anzuvertrauen, weil sich dadurch theoretisch die Gesamtproduktion erhöhen lässt. Dann hat das unterlegene Land zwar absolute Nachteile, aber komparative Vorteile.

Sobald sich die neoklassische Theorie des internationalen Handels bemächtigte, gewann sie enorm an formaler Eleganz, verlor jedoch vollständig den Kontakt mit der Realität. Die erste große Erweiterung von Ricardos Überlegungen legten im Jahr 1933 die beiden schwedischen Ökonomen Eli Heckscher und Bertil Ohlin vor.[6] Es entstand ein neues Verständnis »komparativer« Vorteile und die große Konfusion nahm ihren Lauf.

Heckscher und Ohlin argumentierten, dass es bei komparativen Vorteilen weniger darum geht, wie viel Arbeiter für die Produktion eines Gutes benötigt werden (was bei

5 Fischer, M. (2023).
6 Ohlin, B. (1968 [1933]).

Ricardo, ohne dass er etwas über Löhne sagte, die jeweiligen Opportunitätskosten bestimmte), sondern darum, ob ein Land mit vergleichsweise viel oder wenig von einem bestimmten Inputfaktor ausgestattet ist und wie intensiv der jeweilige Faktor in der Produktion zur Anwendung kommt; wobei Inputfaktoren in der Neoklassik immer Arbeit und Kapital sind. In dieser Vorstellung bestimmt die Faktorausstattung eines Landes die komparativen Vorteile.

Da beginnt der Unfug, weil die relative Knappheit bzw. der relative Überfluss der Faktoren in der Neoklassik gerade nicht bestimmt, wie hoch die Preise der Produkte sind und wie groß damit ihre Wettbewerbsfähigkeit ist. Der gebräuchlichste Weg, das HO-Modell (für Heckscher und Ohlin) zu formalisieren, besteht in einem einfachen Zwei-Güter-und-zwei-Faktor-Modell. Kapital stellt einen zusätzlichen Inputfaktor dar und Substitution zwischen Arbeit und Kapital ist möglich. Der Anteil jedes Produktionsfaktors wird auf der Grundlage der relativen Arbeits- und Kapitalpreise bestimmt, die wiederum von der relativen Häufigkeit und des marginalen Produkts jedes Faktors abhängen. In Ländern, in denen Arbeit bzw. Kapital reichlich vorhanden und billig ist, werden Unternehmen arbeits- bzw. kapitalintensiv produzieren.

Bei einem Substitutionsmodell, wie in Kapitel 3 dargelegt, bestimmen zwar die Preise von Arbeit und Kapital die Art der Produktion, aber nicht den Preis des Produkts. Die Annahme ist schließlich gerade, dass sich mit jeder Kombination von Arbeit und Kapital jedes Produkt wettbewerbsfähig, also immer zum gleichen Preis herstellen lässt. Absolute Vorteile oder Nachteile gibt es in diesem Modell nicht, weswegen es auch nichts über komparative Vorteile sagen kann.

Nehmen wir einmal an, bei den beiden Gütern handle es sich um Autos und Textilien. Unter Autarkie, also ohne Handel, produzieren beide Länder beide Güter entsprechend ihrer Produktionsmöglichkeitskurve, die bei gegebenen Ressourcen alle möglichen Produktionskombinationen vorgibt. Wenn die Länder sich dem Freihandel öffnen, beeinflusst die relative Faktorausstattung die Zusammensetzung der Exporte und Importe. Die Theorie sagt nun, der komparative Vorteil jedes Landes liege in der Herstellung des Gutes, für das der relativ häufigere Faktor intensiv genutzt werde. So hat das Land, das reichlich mit Kapital ausgestattet ist, einen Vorteil in der Produktion kapitalintensiver Güter, hier Autos. Das Gegenteil gilt für das andere Land, das in unserem Beispiel einen Vorteil in der arbeitsintensiven Produktion von Textilien hat. Eine allgemeinere Version des HO-Modells prognostiziert somit, dass Länder dazu neigen werden, Waren zu exportieren, deren Produktion in den Faktoren, mit denen die Länder reichlich ausgestattet sind, intensiv ist.[7]

7 Krugman et al. (2018): 121.

Das ist ein wirklich tolles Ergebnis; aber es hat nichts mit komparativen Vorteilen zu tun. Man sagt nur, dass Länder womöglich unterschiedliche Dinge produzieren, wenn man Substitution voraussetzt. Da die Substitution annahmegemäß von den relativen Preisen von Arbeit und Kapital gesteuert wird und Kapital – was immer das sein mag – in ärmeren Ländern weniger verfügbar ist, entscheidet vor allem der Lohn in einem armen Land darüber, dass man dort arbeits- statt kapitalintensiv produziert. Der grundlegenden Idee der Substitution zufolge kann man aber alle Produkte mit jeder Kombination von Arbeit und Kapital zum gleichen Preis herstellen. Deshalb hat im HO-Modell auch niemand einen Vorteil – weder absolut noch komparativ.

Man folgte also bei der Erweiterung des klassischen Modells einem Pfad, der in die Irre führen musste. Wolfgang Friedrich Stolper und Paul Anthony Samuelson entwickelten das ursprüngliche HO-Framework 1941 im Rahmen der Faktorpreisausgleichstheorie weiter.[8] Sie analysierten, wie sich Preisänderungen auf die Entlohnung jedes in der Produktion eingesetzten Faktors auswirken, und fanden heraus, dass ein Anstieg des Preises für ein Gut die Entlohnung des intensiv genutzten Faktors vergrößert, während die Entlohnung für den anderen Faktor sinkt. In unserem Auto-Textil-Beispiel hieße das, dass die Kapitalrendite im kapitalreichen Land, das die Autos exportiert, und die Löhne im arbeitsreichen Land, das Textilien exportiert, beide steigen. Parallel sinken die Löhne im arbeitsarmen Land, ebenso wie die Kapitalrendite im kapitalarmen Land.

Solche Veränderungen der Faktorpreise wiederum führen laut Stolper und Samuelson zu Anpassungen der Inputfaktoren, da es bei einem neuen höheren relativen Preis des Kapitals gegenüber der Arbeit zwangsläufig zu einer relativen Substitution von Arbeit durch Kapital in jeder Produktionslinie kommen werde.[9] Faktorsubstitution und Veränderungen der relativen Faktorausstattung führen bei Freihandel schließlich zum Faktorpreisausgleich. Mit anderen Worten, die Preise für Arbeit und Kapital werden sich unter bestimmten Bedingungen, einschließlich der nationalen, aber nicht internationalen Faktormobilität, in beiden Ländern vollständig ausgleichen.

Wie dieser Mechanismus genau funktioniert, lässt sich einfach darstellen: Bleiben wir bei unserem einfachen Modell. Darin produzieren die Länder, die wir nun A und B nennen, Autos und Textilien mit zwei Inputfaktoren – Arbeit und Kapital. Bis dahin bleibt alles wie gehabt. Nehmen wir ferner an, Land A sei kapital- und Land B arbeitsreich. Vor dem Handel produzieren beide Länder sowohl Autos als auch Textilien, aber der relative Anteil der Güter wird sich aufgrund unterschiedlicher Produktionsmöglichkeitskurven unterscheiden: Da Kapital (Arbeit) in Land A (B) reichlich vorhanden ist, produziert es eine größere Menge an Autos (Textilien) im Vergleich zu Textilien (Autos).

8 Stolper, W. F., & Samuelson, P. A. (1941).

9 Ebd.: 70.

Aufgrund dieser Faktorausstattung sind die Löhne in Land A im Vergleich zu Land B höher, während die Entlohnung des Faktors Kapital in Land B höher ist. Ferner muss angenommen werden, dass die Produktionsfunktionen beider Güter konstante Skalenerträge aufweisen und die Technologien identisch sind.

Nach dem HO-Modell wird die Öffnung für den Handel dazu führen, dass beide Länder die Ware exportieren, deren Produktion in dem relativ häufigen Faktor intensiv ist. Dies wiederum verändert die Preisverhältnisse so, dass der relative Preis von Autos in Land A steigt und in Land B fällt (und umgekehrt für Textilien). Nach Stolper und Samuelson erhöht die Ausweitung der Produktion von Autos im Land A die Nachfrage nach Kapital, sodass dessen relative Knappheit zunimmt, was im Gegenzug die Kapitalrendite (bzw. den Realzins *r*) steigen lässt.[10] In Land B führt die erhöhte Produktion von Textilien zu einer erhöhten Nachfrage nach Arbeitskräften und damit zu höheren Löhnen.

Im Einklang mit der Kernaussage der Theorie steigt auf diese Weise die Entlohnung des relativ reichlich vorkommenden Faktors und die des relativ knappen Faktors sinkt: Die Produktionsverlagerung in Land A schafft ein Überangebot an Arbeit im Verhältnis zum Kapital, da die Nachfrage nach dem arbeitsintensiven Gut nun zunehmend (aber nie vollständig) durch Importe gedeckt wird, sodass die Löhne sinken. In Land B setzt der Import kapitalintensiver Güter mehr Kapital im Verhältnis zur Arbeit in der heimischen Wirtschaft frei, so dass die Entlohnung des Faktors Kapital sinkt und die Löhne steigen.

Um die Produktionskosten zu minimieren, geht die neoklassische Theorie davon aus, dass Veränderungen der Faktorpreise die Unternehmen zwingen, ihre Inputfaktoren entsprechend anzupassen. Da der Preis des Faktors Kapital steigt (sinkt) und Arbeit billiger (teurer) wird, ersetzen die Unternehmen Arbeit (Kapital) durch Kapital (Arbeit). Wenn sich der Einsatz eines Faktors in der Produktion relativ zum anderen erhöht, so verringert sich der neoklassischen Theorie zufolge auch dessen Grenzproduktivität. Da im Gleichgewicht nun die Faktorpreise dem Grenzprodukt jedes Faktors entsprechen müssen, wird das optimale Verhältnis von Kapital zu Arbeit für die Produktion des jeweiligen Gutes in beiden Ländern gleich sein – was auch bedeutet, dass die Faktorpreise in beiden Ländern gleich sein müssen. Kurzum, das Resultat des Faktorpreisausgleichs ist, dass im ehemals kapitalreichen Land nun weniger kapitalintensiv produziert wird und im ehemals arbeitsreichen Land die Produktion an Kapitalintensivität zunimmt.

Auch das gehört, wir können es nicht anders sagen, in den Bereich des Unfugs. Hier wird die Idee der Substitution allerdings konsequent zu Ende gedacht und erbringt,

10 Ebd.: 58 f.

welch Wunder, den Ausgleich von Armut und Reichtum, ohne dass man dafür etwas tun müsste und ohne dass es jemals zu einem Ungleichgewicht oder gar einer Krise käme. Auch ohne Wanderung der Faktoren – dass beispielsweise Unternehmen aus dem Land A über Direktinvestitionen in Produktionsanlagen ihr Kapital nach Land B bringen oder Arbeitnehmer aus dem Land B in das Land A abwandern –, gleichen sich die Faktorpreise durch den Handel an. Der Handel ersetzt die die Faktormobilität. Direktinvestitionen braucht es also gar nicht zu geben und wenn es sie gäbe, wäre das sicher im Sinne der Neoklassik eine falsche Lösung.

Angesichts des dramatischen Wachstums der Direktinvestitionen und der nicht zu übersehenden Migrationsströme, war allerdings die Erweiterung der bestehenden Modelle um die Faktormobilität nicht aufzuhalten. Rybczynski leistete diesbezüglich 1955 einen wichtigen Beitrag.[11] Er fand, dass die exogene Erhöhung des Angebots eines Faktors zu einem überproportionalen Anstieg der Produktion des Gutes führt, für das dieser Faktor intensiv genutzt wird: So hat ein Anstieg des Angebots an Arbeit einen überproportionalen Anstieg der Produktion arbeitsintensiver Produkte zur Folge, ein Anstieg des Kapitalangebots hingegen einen überproportionalen Anstieg der Produktion kapitalintensiver Produkte. Mit anderen Worten, eine Veränderung der Faktorausstattung übt eine ungleiche Wirkung auf die Produktion in den beiden Sektoren einer Volkswirtschaft aus, weshalb seine Ergebnisse auch als »biased expansion of production possibilities« zusammengefasst werden.[12] Die Zunahme der Faktoren erfolgt in dem Modell exogen (d.h., dass z.B. eine Erhöhung des Kapitalstocks in dem Fall vom Himmel fällt), sodass »echte« Faktormobilität, also eine Wanderung von Kapital bzw. Arbeit über die jeweiligen Landesgrenzen hinweg, damit noch nicht erfasst wird.

Eine der ersten Lockerungen der Annahmen über die Immobilität des Faktors Kapital wurde von Robert Alexander Mundell im Jahr 1957 vorgenommen, der erkannte, dass die bis dahin herrschende Annahme der Kapitalimmobilität von Heckscher und Ohlin sowie ihren Anhängern einen ernsthaften theoretischen Mangel impliziert.[13] Im Mundells Modell werden Kapitalbewegungen durch Handelsbarrieren (z.B. über Zölle) und Unterschiede im Grenzprodukt des Kapitals ausgelöst. Während das Kapital über die Grenze wandert, ändert sich das Angebot an Kapital in jedem Land, was sich folglich auf das Grenzprodukt von Kapital und Arbeit auswirkt. Dieser Prozess setzt sich fort, bis das Grenzprodukt jedes Faktors in beiden Ländern identisch und das neue Gleichgewicht erreicht ist.

---

11 Rybczynski, T.M. (1955).

12 Krugman et al. (2018): 22.

13 Mundell, R.A. (1957).

Mundell kam zu dem Schluss, dass Faktormobilität ein Ersatz für den Handel sein und zu einem Faktorpreisausgleich führen kann. Der (komparative) Vorteil in dem Modell bleibt bestehen, weil Unternehmen per Annahme verpflichtet sind, ihre Inputfaktoren auf Basis der jeweiligen Preise für Arbeit und Kapital zu wählen.

In den 1980er-Jahren wurde deutlich, dass die Annahmen der neoklassischen Handelstheorie so nicht mehr haltbar waren und modifiziert werden mussten. Die Unfähigkeit der Theorie der komparativen Vorteile, den wachsenden intraindustriellen Handel und den hohen Anteil des Handels zwischen den Industrieländern zu erklären, gehörten zu den offensichtlichsten Schwachpunkten. Daraus entstand die sogenannte Neue Handelstheorie (New Trade Theory, NTT), die sich mit »Besonderheiten« oder »Anomalien« im internationalen Handel auseinandersetzt und die Modelle etwas realistischer macht, indem sie u. a. Skaleneffekte, differenzierte Produkte und monopolistischen Wettbewerb annimmt.[14]

Doch obwohl die Annahmen etwas weniger unrealistisch ausfallen, ist die NTT-Literatur mitnichten eine kritische Auseinandersetzung mit der Theorie der komparativen Vorteile, sondern vielmehr eine Ergänzung, die bestehende Lücken ad hoc zu korrigieren versucht, ohne die Theorie selbst infrage zu stellen. Oft beschränkt sich die NTT-Literatur dabei auf gewisse Sonderfragen des internationalen Handels, wie beispielsweise der Art, wie Firmen ausländische Märkte bedienen oder wie sich unterschiedliche Marktstrukturen auf den Handel auswirken.[15] Das theoretische Grundgerüst der Literatur baut selbst häufig auf ricardianischen Modellen des komparativen Vorteils oder der Faktorproportionentheorie auf,[16] sodass Unterschiede in der Arbeitsproduktivität oder der Faktorausstattung im Mittelpunkt der wirtschaftlichen Analyse bleiben (wobei modernere Ansätze häufig den Inputfaktor Kapital durch das Niveau der Fertigkeiten, die *skill intensity*) ersetzen.[17] Auch die Annahme der Faktorimmobilität ist in der NTT ebenfalls erstaunlich oft verbreitet – und das sogar in Modellen, die transnationale Unternehmen einbeziehen.[18]

Insgesamt kann man somit nicht von einer Korrektur einer in vielerlei Hinsicht problematischen Theorie sprechen. Tatsächlich versuchen Krugman, Obstfeld und Melitz in ihrem 2018 erschienen Lehrbuch *International Trade: Theory and Policy* die Komplementarität der neoklassischen und der »neuen« Freihandelstheorie unter einen Hut zu bringen, indem sie argumentieren:

---

14 Krugman, P. (1979); Helpman, E., & Krugman P. (1985); Melitz, M. J. (2003).
15 Krugman, P. (1985); Antràs, P., & Helpman, E. (2004); Helpman, E. (2006).
16 Helpman, E., & Krugman P. (1985); Bergstrand J. H. (1989); Ricci L. A. (1997).
17 Feenstra R. C. (2016).
18 Helpman, E. (1984); Bellino, E., & Fratini, S. M. (2022).

> Multinational firms and firms that outsource parts of production to foreign countries take advantage of cost differences across production locations. This is similar to models of comparative advantage where production at the level of the industry is determined by differences in relative costs across countries.[19]

Das Urteil über diese Art der Volkswirtschaftslehre ist bereits in Kapitel 4 gesprochen worden: Es gibt keine lohninduzierte Substitution von Arbeit und Kapital. Selbst in Ländern, in denen Arbeit fast nichts kostet, würde kein Unternehmer auf die Idee kommen, statt der vorhandenen kapitalintensiven Technik eine neue arbeitsintensive Technik zu erfinden, um das gleiche Produkt herzustellen. Er müsste verrückt sein, um das zu tun, denn er gäbe seinen hohen absoluten Vorteil auf, obwohl er mit der ganzen Welt konkurriert. Der Unternehmer hat schließlich genau deswegen sein Kapital in einem Niedriglohnland investiert, um absolute Vorteile zu realisieren. Natürlich steigen in einem wirtschaftspolitisch gut geführten Land wie der Volksrepublik China die Löhne, wenn viele westliche Unternehmen dort produzieren, und natürlich kann man einen Aufholeffekt Chinas gegenüber den entwickelten Ländern konstatieren. Doch das hat mit dem Faktorpreisausgleich, wie ihn sich die neoklassische Theorie vorstellt nichts, absolut nichts zu tun.

Die Überwindung des merkantilistischen Denkens für fast zwei Jahrhunderte ist ohne Zweifel den Autoren der klassischen Freihandelslehre von Adam Smith bis David Ricardo zugute zu halten. Sie erkannten offensichtlich, wie wichtig der internationale Austausch für die wirtschaftliche Entwicklung sein kann, wussten aber auch, dass er die Quelle schwerer Auseinandersetzungen zwischen den Ländern bleiben würde, wenn es nicht gelänge, den nationalistischen Neigungen der Staaten entgegenzuwirken.

Wenn man Arbeiten aus dieser Zeit, also um die Jahrhundertwende hin zum 19. Jahrhundert würdigt, sollte man zur Kenntnis nehmen, dass es natürlich keine Theorie der wirtschaftlichen Entwicklung gab und der internationale Handel, der immer wieder neue Länder und neue Produkte »hervorbrachte« als ein bedeutsames, ja unabdingbares Element im erfolgreichen Streben der Völker nach einem höheren Lebensstandard angesehen werden musste. Das ist eine Vorstellung, die auch heute noch häufig anzutreffen ist. Man glaubt, man »brauche« den Handel, um sich überhaupt entwickeln zu können.

Einige klassischen Autoren – wie oben erwähnt gilt das insbesondere für Adam Smith und David Hume – ahnten zwar, dass Konsum im Inland ebenso gut sein könnte wie Konsum in anderen Ländern, aber sie konnten diese Erkenntnis nicht in einen systematischen Zusammenhang bringen mit der Bedeutung der Löhne als Kostenfaktor für die Produktion einerseits und als Quelle des wichtigsten Einkommens für den

19 Krugman et al. (2018): 232.

Konsum andererseits. Dass sie das nicht verstanden, ist allerdings nicht verwunderlich: Es wird heute schließlich immer noch nicht verstanden.

Wir beginnen unsere eigene Theorie zwar mit einer Kritik der Theorie der komparativen Vorteile, lösen uns dann aber vollständig von der klassischen Welt, weil diese Welt, wie im bisherigen Verlauf des Buchs gezeigt, schon in nationalen Kategorien kaum einen Ansatzpunkt dafür bietet, die dynamische Entwicklung einer Volkswirtschaft im Ablauf der realen Zeit zu erfassen. Die Antagonie von Kapital und Arbeit, die Bedeutung der Faktorpreise und die völlige Abstinenz monetärer Phänomene verbieten es, die herrschende Lehre als Ausgangspunkt für eine Erklärung des internationalen Handels und der Kapitalbewegungen zu benutzen. Schon der Ausgangspunkt ist unangemessen und jeder Weg, der von dort weiterführt, kann nur in die Irre gehen.

6.3 Gibt es eine Theorie der komparativen Vorteile?

Die Theorie der komparativen Vorteile, die in erster Linie auf Ricardo zurückgeht, ist in der Tat ein nahezu genialer Ausweg aus dem Dilemma, das der Merkantilismus implizit geschaffen hat. Einerseits würde man als politisch Verantwortlicher eines Landes gerne Handel treiben, aber man möchte andererseits natürlich, so wie jedes Unternehmen und jede Privatperson, gerne in einer Weise Handel treiben, dass das Land selbst und nicht nur einige Unternehmen oder Privatpersonen einen Vorteil davon haben. Während sich Unternehmen und Privatpersonen die Partner jedoch an den jeweiligen Märkten suchen können, bei denen sie einen gewinnbringenden Handel erwarten, gestaltet sich der Suchprozess bei Staaten weit schwieriger.

Die Märkte sind nämlich länderübergreifende Phänomene, auf denen sich nicht Länder oder Ländervertreter, sondern Unternehmen und Konsumenten aus verschiedenen Ländern treffen und austauschen. Spezialisierung findet zwischen den Marktteilnehmern statt, ohne dass man vorhersagen könnte, wie die beteiligten Staaten dabei abschneiden. Jedes Unternehmen produziert das, wozu es am besten in der Lage ist. Zu einem Teil werden die Produktionsergebnisse davon bestimmt, welche natürlichen Voraussetzungen das Land oder eine Region hat: Verfügt eine Region über Rohstoffe, werden sich vermutlich Unternehmen finden, die sich auf deren Export konzentrieren, wenn eine entsprechende Nachfrage auf dem Weltmarkt herrscht; andere Unternehmen mögen sich auf die Produktion von Maschinen und Ausrüstungen verlegen, weil sie, aus welchen Gründen auch immer, in diesem Bereich über erfahrene und hoch spezialisierte Arbeitskräfte verfügen.

Ganz gleich, ob beide Gruppen aus unterschiedlichen Ländern oder aus einem Land kommen, werden sie sich vermutlich leicht auf einen Austausch einigen, weil der jeweils andere das produziert, was sein Partner braucht. Gibt es einen funktionierenden überregionalen oder internationalen Markt für beide Produkte, kann der Austausch sowohl bilateral als auch als anonyme Markttransaktion mit Hilfe von international akzeptiertem Geld stattfinden. Dabei bleibt völlig offen, welche Region oder welches Land davon profitiert. Geht es um unterschiedliche Produkte, die regional spezifische Eigenschaften haben, ist Kooperation immer leicht zu erreichen. Man einigt sich u. a. auch darauf, in solchen Fällen zu kooperieren, in denen das eine Unternehmen zwar beide für den Austausch in Frage kommenden Produkte absolut besser oder billiger produzieren kann, der überlegene Partner aber Kapazitätsengpässe hat und dem anderen den Teil der Produktion überlässt, wo seine absoluten Vorteile geringer sind.

Das ist ein Mechanismus, den fast jeder aus seinem alltäglichen Leben kennt. Der Chef einer Firma ist überlastet und freut sich, einen Angestellten zu finden, der ihm einen Teil der Arbeit abnimmt. Auch wenn der Angestellte seinen Teil der Arbeit weniger gut macht, als ihn der Chef selbst gemacht hätte, ist der Vorteil für beide Seiten offensichtlich: Der Chef konzentriert sich angesichts begrenzter Zeit auf die Dinge, die er besonders gut kann, der Angestellte übernimmt das, was für ihn möglich ist. Weil beide einen Vorteil haben, wird nicht lange gefragt, wie gut der andere die ihm übertragenen Aufgaben wirklich abliefert. Nur wenn die Qualität der abgelieferten Arbeit des Angestellten ungenügend ausfällt, kommt man auf die Idee, die Arbeitsteilung wieder in Frage zu stellen.

Diese Trivialität ist das Prinzip der komparativen Vorteile. Ricardo gelang es, aus jenem schlichten alltäglichen Zusammenhang eine Theorie zu bauen, die vermutlich mehr als irgendeine andere Doktrin das ökonomische Denken im Bereich des internationalen Handels geprägt hat. Möglich war das vermutlich überhaupt erst aufgrund einer besonderen Konstellation der Argumente, die der Merkantilismus geschaffen hatte.

Einerseits ließ sich die merkantilistische Vermutung, nur derjenige profitiere vom Handel, der Überschüsse aufweise, nicht leicht von der Hand weisen. Andererseits war für jeden vernünftigen Menschen klar, dass nicht alle Länder Überschüsse aufweisen können und alle Versuche der Staaten, mit protektionistischen Eingriffen für ihr eigenes Land Überschüsse zu erreichen, letztlich nichts als Schaden anrichten werden. Der Staat vermag nur direkt in den Handel einzugreifen und allen Unternehmen aus seinem Land einen absoluten Vorteil zu verschaffen, indem er den anderen (den Defizitländern) einen absoluten Nachteil zumutet. Auf dieser Basis ist Handel von vorneherein fragwürdig.

Um freien Handel überhaupt zu rechtfertigen und der merkantilistischen Vermutung entgegenzutreten, Handel sei nur bei absoluten Vorteilen und der Akkumulation von Überschüssen sinnvoll, musste man argumentieren, dass auch Handel, der nicht auf absoluten Vorteilen (und Überschüssen) beruht, sinnvoll sein kann. Genau das leistete das Prinzip der komparativen Vorteile. Die ihm inhärente Logik ist zwingend, was die üblicherweise zu seiner Verteidigung verwendeten Zahlenbeispiele glasklar zeigen und was die Alltagserfahrung ohnehin jedem Menschen nahelegt. Folglich konnte man von nun an eine scheinbar lückenlose Argumentation für den Freihandel aufbauen, die auf die Behauptung hinauslief, vorteilhafter Handel, dessen Vorteilhaftigkeit sich nicht an Überschüssen und Defiziten ablesen lasse, sei für beide Seiten möglich.

Ob allerdings das Prinzip der komparativen Vorteile in der realen Welt Anwendung findet, ist eine völlig andere Frage. Wieder erreichen wir einen Punkt, wo die herrschende Lehre in der Ökonomik ein Problem »löst« und die »Lösung« unmittelbar auf die Wirklichkeit überträgt, indem »geeignete« Annahmen getroffen werden. Ob diese Annahmen realistisch sind, wird kaum geprüft. Die Ökonomik begnügt sich mit der Aussage, dass die Welt so sein könne, verweigert sich aber der Frage, ob sie wirklich so ist. Das hat mit Wissenschaft nichts zu tun. Wenn man keine praktischen Experimente machen und damit überprüfen kann, unter welchen Bedingungen der erwartete Effekt tatsächlich auftritt, muss man in systematischer Weise Gedankenexperimente anstellen, die sich den realistischen Bedingungen Schritt für Schritt annähern. Doch einer solchen wissenschaftlichen Methodik hat sich die Ökonomik in den vergangenen zweihundert Jahren nicht um einen Millimeter angenähert.

In diesem Fall gestaltet sich das Gedankenexperiment recht einfach. Wie gesagt, der Zusammenhang als solcher ist so trivial wie unbestreitbar, was heißt, dass die Theorie der komparativen Vorteile nicht per se danebenliegt. Es ist allerdings fraglich, ob es sich hierbei um einen Zusammenhang handelt, den man »Theorie« nennen darf. Der Begriff bedeutet nach allgemeinem Verständnis, Vorgänge, die in der Wirklichkeit ablaufen, zu verstehen und zu erklären. Vieles spricht dafür, dass die »Theorie« der komparativen Vorteile in diesem Sinne keine Theorie ist, sondern nur ein intellektuelles Spiel, mit dem man mögliche Konstellationen der Arbeitsteilung zwischen zwei Menschen diskutiert, das man aber nicht auf seine Anwendbarkeit für die Verhältnisse zwischen Ländern überprüft hat.

Um die Verhältnisse zwischen marktwirtschaftlich orientierten Staaten zu erfassen, die Handel miteinander treiben, muss man fragen, welche Signale auf welchem Wege dafür sorgen, dass die Unternehmen in den beteiligten Ländern sich so verhalten wie der Chef und sein Angestellter im obigen Beispiel. Das Besondere an diesem Beispiel ist schließlich, dass die beiden sich explizit absprechen: Der Chef hat zu viel Arbeit und verzichtet, indem er dem Angestellten einen Teil seiner bisherigen Aufgaben überträgt, freiwillig auf die Nutzung seiner absoluten Vorteile.

Für Unternehmen in einer Marktwirtschaft unterstellen wir in der Regel nicht, dass es solche Absprachen gibt. Deshalb werden sie in der Wettbewerbstheorie sogar explizit ausgeschlossen und in der Wettbewerbspolitik gar verboten. In der Praxis real existierender Marktwirtschaften geht es nicht um das begrenzte Potenzial von zwei Personen und zwei Ländern und um die Grenzen, die deren Produktionsmöglichkeiten gesetzt sind, sondern um offene Prozesse, bei denen immer wieder neue Akteure auftreten, die sich Produktionsmöglichkeiten sichern, und bei denen alle Unternehmen ständig versuchen, ihre Produktionskapazitäten zu erweitern.

Nehmen wir zur Vereinfachung zunächst das Beispiel zweier Länder mit einer Vielzahl von Unternehmen, die sich an einer Vielzahl von Märkten behaupten müssen und an einigen Märkten miteinander im Wettbewerb stehen. Nehmen wir weiter an, dass verschiedene Unternehmen in Land A absolute Vorteile bei der Produktion eines Produkts, sagen wir Stahl, im Verhältnis zu einer Reihe von Unternehmen in Land B hat, das ein Entwicklungsland ist. Andere Unternehmen aus Land A besitzen absolute Vorteile bei einem anderen Produkt, sagen wir Maschinen. Da wird die Sache offenbar kompliziert. Einige Unternehmen im Entwicklungsland B hätten u. U. komparative Vorteile bei Stahl, aber wie sollen sie diese umsetzen?

Welcher Mechanismus führt bei einer solchen Konstellation dazu, die Stahlhersteller in Land A zum Verzicht darauf zu bewegen, ihre absoluten Vorteile zu nutzen und die Konkurrenten aus Land B aus dem Markt zu verdrängen? Es gibt in diesem Beispiel immerhin keinen regelnden Staat, der alle an einen Tisch ruft und die Frage nach möglichen komparativen Vorteilen diskutiert und untersucht. Die Antwort ist einfach: Solch ein Mechanismus existiert nicht. Jedes Unternehmen in Land A, das über absolute Vorteile verfügt, wird diese mit Zähnen und Klauen verteidigen (alle Unternehmen wollen schließlich gerne »Weltmarktführer sein«) und denkt nicht im Traum daran, zugunsten eines Unternehmens in Land B auf eigene Produktionsmöglichkeiten zu verzichten.

Ist ein Unternehmen in Land A nicht mehr in der Lage, aus Kapazitätsgründen die globale Nachfrage zu bedienen, wird es selbst oder einer seiner Konkurrenten zuhause massiv investieren, um jeder Nachfrageausweitung gerecht werden zu können. Das Gleiche gilt für die Produzenten von Maschinen in Land A. Wo aber bleiben die Produzenten für beide Produkte in Land B? Können die nicht mit den Unternehmen in Land A in Kontakt treten und darauf verweisen, dass es effizient wäre, sich die Arbeit zu teilen, so wie der Chef und sein Angestellter?

Die Antwort ist wiederum einfach: Bei dem Chef und dem Angestellten gelingt das nur, weil sie sich explizit abgesprochen haben und weil insbesondere beim Chef ein Interesse daran besteht, nicht mehr, als für einen Menschen verkraftbar ist, zu arbeiten. Für Unternehmen auf Wettbewerbsmärkten, die keiner quantitativen Beschränkung ihrer Produktion unterliegen, gibt es keinerlei Anreiz, einen solchen Deal einzugehen oder auch nur in Erwägung zu ziehen.

Daraus folgt, dass die einzige Möglichkeit, die These von den komparativen Vorteilen zu retten, die Einführung einer vollkommen unrealistischen Annahme ist. Man muss unterstellen, dass die Unternehmen in Land A ständig voll ausgelastet sind und auch keine Möglichkeit haben, ihre Produktion auszudehnen. Damit führt man praktisch die Restriktion ein, die sich der Chef in unserem Beispiel selbst gegeben hat, nämlich nur eine begrenzte Zeit zu arbeiten. Lediglich unter einer solchen vollkommen weltfremden Annahme kann es sein, dass steigende Nachfrage nach Stahl und Maschinen auch den Unternehmen in Land B zugutekommt, die absolute Nachteile haben.

Wenn aber die Entwicklungsländer und generell die schwächeren Länder keine systemimmanente Chance haben, gleichwertig am internationalen Handel teilzuhaben, wie kommt es dann zu der erfolgreichen Teilhabe einiger Länder wie der Volksrepublik China, und wie vollzieht sich dann das Aufholen, das man immerhin in einer Reihe von Entwicklungsländern beobachten kann? Um diese Frage befriedigend zu beantworten, müssen wir etwas weiter ausholen, weil es dazu einer völligen Dekonstruktion der Neoklassik bedarf.

6.4 Arbeit, Kapital und Handel

Nicht anders als bei der Theorie der geschlossenen Volkswirtschaft, basiert auch die internationale neoklassische Theorie im Kern auf der Theorie von Arbeit und Kapital als Produktionsfaktoren und deren Preisen als entscheidendem Steuerungsinstrument. In ärmeren Ländern ist Kapital knapp und teuer, aber Arbeit ist reichlich vorhanden und entsprechend billig, in den reicheren Ländern ist es umgekehrt. Folglich werden sich die ärmeren Länder auf die Produktion solcher Güter spezialisieren, die arbeitsintensiv hergestellt werden; die reicheren Länder hingegen auf solche, die kapitalintensiv produzieren werden.

Diese Vorstellung ist falsch. Auch bei den internationalen wirtschaftlichen Beziehungen gibt es keine klar definierten Faktorpreise, die über die von den Unternehmen eingesetzte Produktionstechnik entscheiden. Nehmen wir Kapital. Der Preis für liquides Kapital wird auf einem globalen Markt bestimmt und gilt – mit gewissen Ab- und Aufschlägen wegen des Währungsrisikos – für alle Länder. Genauso wenig wie sich beobachten lässt, dass in den Industrieländern die Unternehmen die Kapitalintensität beschleunigen, weil der Preis für Kapital am Kapitalmarkt schon seit vielen Jahren nahe null liegt, lässt sich beobachten, dass weltmarktfähige Produkte in den Entwicklungsländern, die diese hervorbringen können, arbeitsintensiver als in den Industrieländern hergestellt werden.

Auch den realen Preis für Arbeit kennen die Unternehmen weder im armen noch im reichen Land, weil sie, wie in Kapitel 4 ausführlich erläutert, die Preise nicht kennen, die sich bei einem bestimmten Lohnniveau früher oder später einstellen. Insofern existiert auch keiner der Mechanismen, die in den verschiedenen Varianten der neoklassischen Theorie einen Ausgleich der Faktorpreise in Erwartung stellen. Weil sich die Spezialisierung der beteiligten Länder niemals auf der Basis der relativen Faktorpreise vollzogen hat, gibt es auch keinen Faktorpreisausgleich, obwohl wir eine gewisse Angleichung der Lebensstandards zwischen einigen Regionen in der sich entwickelnden Welt und der industrialisierten Welt beobachten können. Dieses Aufholen der Entwicklungsländer hat aber vollkommen andere Gründe, die wir im Folgenden darlegen werden.

6.5 Absolute Vorteile sind entscheidend

Das Verhalten der Unternehmen über Grenzen hinweg unterscheidet sich prinzipiell nicht von dem innerhalb nationaler Grenzen. Unternehmen versuchen, unter den für sie gegebenen Bedingungen bei den Preisen für Vorleistungen, Kapital und Arbeit, einen Gewinn zu erzielen, der ausreicht, um Kredite zu bedienen und die von den Eigenkapitalgebern erwartete Verzinsung des eingesetzten Kapitals unter Berücksichtigung der spezifischen Risiken des Geschäfts abzudecken. Der Hebel für die Unternehmen, um sich von ihren Konkurrenten abzusetzen, das haben wir in Kapitel 3 erläutert, ist unter den Bedingungen eines vernünftig organisierten Wettbewerbs allein die Steigerung der Arbeitsproduktivität des eigenen Betriebes. Das gilt für ärmere Länder mit geringer Produktivität ebenso wie für reichere Länder mit hoher Produktivität.

Offensichtlich muss es in allen Staaten einen engen Zusammenhang zwischen dem Niveau der Arbeitsproduktivität und dem Lohnniveau geben. Die Löhne und Gehälter können schließlich nur aus dem bezahlt werden, was als Einkommen der gesamtwirtschaftlichen Produktion entspricht, also der Produktivität. Würden die Einkommen der Arbeitnehmer ständig schneller steigen als die Zuwachsrate der Arbeitsproduktivität, müssten die Unternehmen die Preise erhöhen, so dass das Ergebnis lediglich eine höhere Inflation wäre, aber nicht ein höheres Lohnniveau.

Zwar ist der Kapitalstock im ärmeren Land geringer, was die Menge der Produkte, die man für den Weltmarkt produzieren kann, sicher einschränkt, aber immerhin vermag es bei einigen Produkten auch jenseits zufälliger natürlicher Vorteile zu konkurrieren, wenn die oben genannten einfachen Bedingungen gegeben sind. Ein Gleichschritt in der wirtschaftlichen Dynamik sowie ein reales Aufholen des Entwicklungslandes lässt sich ebenfalls anhand dieser Größen grob beschreiben.

Wenn beide Länder ähnliche Inflationsziele haben, können die Lohnstückkosten unabhängig von dem Tempo der Produktivitätszunahme in beiden Ländern in Übereinstimmung mit dem Inflationsziel expandieren. Steigt dann etwa die Produktivität im Entwicklungsland stärker als im Industrieland, ist es möglich, dass auch die Reallöhne dort schneller steigen, ohne die gleichartige Entwicklung der Wettbewerbsfähigkeit, mithin eine Konstanz des realen Wechselkurses, insgesamt zu gefährden. Dann gäbe es zugleich nominale Konvergenz, also eine einheitliche Entwicklung der Inflationsrate, und reale Konvergenz, also eine Annäherung des Lebensstandards und ein Aufholen des Entwicklungslandes.

Die Ablehnung der Idee der komparativen Vorteile als Theorie bedeutet angesichts dieser Zusammenhänge nicht zwingend, auch den Handel zwischen Ländern grundsätzlich abzulehnen. Immerhin ist es auf der makroökonomischen Ebene möglich, zwischen allen Ländern eine ausgeglichene Situation in Sachen Wettbewerbsfähigkeit zu erreichen.

Die Frage, ob man erwarten kann, dass es in den ärmeren Ländern zu einer solchen Konstellation von gleich hohen absoluten Kosten kommt und was dies unterhalb der makroökonomischen Ebene bedeutet, gilt es allerdings im Detail zu beantworten. Hinzu kommt, dass geklärt werden muss, was diese Konstellation auf der Seite der Währungsrelationen (wir haben unzulässigerweise eine Einheitswährung unterstellt) für Konsequenzen hat. Wie wir sehen werden, sind die Voraussetzungen und die Folgen keineswegs leicht darzustellen.

Handel zwischen Nationalstaaten darf niemals zur Einbahnstraße werden. Das gilt für die globalen Salden von Export und Import, muss aber auch für die Unternehmensstrukturen gelten, mit denen sich jedes Land dem internationalen Handel stellt. Funktionierende industrielle und technologische Strukturen sollten von keinem Land der internationalen Arbeitsteilung geopfert werden müssen. Sie sind entscheidend für die Zukunftsaussichten der Bevölkerung, weil sie die einzige Quelle des materiellen Wohlstandes darstellen, nämlich des Produktivitätsfortschritts. Um nicht missverstanden zu werden: Es geht nicht um plattes »Wachstum«, sondern um eine positive technologische Entwicklung, die auch und gerade in Hinblick auf den Schutz unseres Planeten erforderlich ist.

Jedes Land muss innerhalb internationaler Regeln die Möglichkeit haben, Schlüsselindustrien aufzubauen und zu bewahren. Alle erfolgreichen asiatischen Entwicklungsmodelle haben gezeigt, dass nur mit Hilfe des Staates und der Regulierung des internationalen Austauschs wirkliches Aufholen möglich ist. Öffnung ohne den Staat und ohne Schutzregeln für die aufholenden Länder bedeutet nichts weiter, als dass die Mächtigen noch mächtiger und die Reichen noch reicher werden.

Das Lehrbuchkonstrukt der Mainstream-Ökonomik von den komparativen Vorteilen im internationalen Handel mit seinen Schlussfolgerungen hinsichtlich Freihandel und Kapitalverkehrsfreiheit muss entlarvt werden – es ist das wissenschaftliche Feigenblatt für Wirtschaftskolonialismus. Wie ehrlich es der Westen mit den wirtschaftlichen Aufholprozessen, der Entwicklung von Demokratie und dem Schutz von Freiheitsrechten in Ländern wie der Ukraine, der Türkei, aber auch in Polen und Ungarn und anderen mittel-, ost- und südosteuropäischen Ländern bis hin zu Russland selbst und den armen Ländern des Globalen Südens wirklich meint, entscheidet sich auf diesem Feld.

Ein zukünftiger Frieden kann nur mit neuen Konzepten dauerhaft gesichert werden. Der Westen, insbesondere aber Europa, muss jetzt endlich lernen, dass man dafür viel mehr bieten muss als offene Märkte. Nach über dreißig verlorenen Jahren haben die ehemaligen Transformationsländer Anspruch darauf, nicht weiter als Anhängsel des Westens betrachtet zu werden – was übrigens für die Entwicklungsländer in gleicher Weise gilt. Wer glaubt, es reiche aus, ihnen nur das Angebot zu machen, sich dem Westen anzuschließen, sich also dessen bisherigen Konzepten ohne Wenn und Aber unterzuordnen, hat schon zu Zeiten der Wiedervereinigung falsch gelegen. Darüber kann der momentan so großzügig verwendete Freiheitsbegriff ebenfalls nicht hinwegtäuschen, hinter dem sich im engeren ökonomischen Sinne in erster Linie das Dogma des Freihandels und der Kapitalverkehrsfreiheit verbirgt. Dass die Migrationsfolgen, die diese Ideologie zeitigt, zu erheblichen politischen Spannungen auch im Westen führen, lässt sich gut am Zulauf populistischer Strömungen mit nationalistischem, oft fremdenfeindlichen Anstrich erkennen. Ob Brexit oder Mauerbauversuche zwischen den USA und Mexiko – der Westen sägt mit der Verteidigung des Neoliberalismus an dem Ast, auf dem er sich noch mit Mühe und Not hält.

Vernünftiger Handel zwischen Staaten ist ohne ein vernünftiges Währungssystem nicht möglich. Währungsfragen dem Markt zu überlassen, zählt zu den entscheidenden wirtschaftspolitischen Fehlern nach dem Fall des Eisernen Vorhangs. Russland war das größte und wichtigste Land, dessen naive politische Führung man in den 1990er-Jahren in das eiskalte Wasser der internationalen Kapitalmärkte geworfen hat. Ohne die russische Währungskrise und das Versagen der Regierung Jelzin wäre Wladimir Putin vermutlich nicht so leicht an die Macht gekommen.

6.6 Entwicklungsländer brauchen Schutz

Die herrschende Ökonomik hat diesem Komplex bisher keinerlei Aufmerksamkeit gewidmet und trotz der eindeutigen Evidenz im Fall der Volksrepublik China an der Fiktion festgehalten, dass es durch Kostenunterschiede motivierte Produktionsverlagerungen und daraus resultierende langfristige Monopolrenten entweder überhaupt nicht oder jedenfalls nicht in einer relevanten Größenordnung gibt.[20] Man hat damit natürlich auch ignoriert, dass die Verlagerung hochproduktiver Anlagen in Niedriglohnländer

20 Kaczmarczyk, P. (2022).

und ihr Betrieb mit Hilfe von billiger Arbeit unmittelbar und unbestreitbar die neoklassische These von der Substitution von Arbeit und Kapital entsprechend der Faktorpreise widerlegt.

Die Produktion weltmarktgängiger Güter zu niedrigen Preisen mit Hilfe westlicher Hochtechnologie und günstigen Arbeitskräften in Entwicklungsländern zeigt eindeutig, dass Substitution und damit die von der Neoklassik unterstellten »Preise von Arbeit und Kapital« im Kalkül der Unternehmen keine Rolle spielen. Die Unternehmen orientieren sich an ihrer Kostensituation und den Preisen, die auf den Märkten für ihre Produkte und Dienstleistungen zu erzielen sind.

Es zeigt auch, wie in Kapitel 3 bereits dargelegt, dass Unternehmen, die von der kostengünstigsten Linie abweichen, indem sie auf Produktivität bzw. Produktivitätsgewinne verzichten, unmittelbar im Wettbewerb zurückfallen, weil sie damit rechnen müssen, dass nicht jedes Unternehmen die gleiche Einschätzung hinsichtlich der Entwicklung der Preise und der relevanten Löhne hat. Ein gewinnmaximierendes Unternehmen im neoklassischen Sinne gibt es nicht, denn die Unternehmen kennen die Preise nicht, die für die Neoklassik entscheidend sind. Sie handeln unter hoher Unsicherheit, da sie das Verhalten ihrer Konkurrenten und das Ergebnis, das sich für ihre Produktpreise daraus ergibt, möglichst korrekt einschätzen müssen.

Rückschritte in der Technik kann sich in einem solchen Umfeld kein Unternehmen leisten, weil dabei schnell Verluste drohen, die zu seinem Ausscheiden aus dem Markt führen. An dieser Stelle zeigt sich wiederum ein fundamentaler methodischer Fehler der Neoklassik. Man unterstellt, es gäbe auch in einem solchen Fall, wie wir ihn hier behandelt haben, eindeutige Preissignale für alle Unternehmen im In- und Ausland. Denn nur unter dieser Voraussetzung kann jedes einzelne Unternehmen erwarten, dass sich sein Konkurrent an die Signale hält und ähnlich reagiert bzw. nur dann ist dies sinnvoll. Solche Preissignale gibt es jedoch aus verschiedenen Gründen nicht.

Ein westliches Unternehmen, das in einem Entwicklungsland investieren will, weiß, dass dort die Löhne niedrig sind, weil die von den meisten heimischen Unternehmen angewandte Technik wesentlich einfacher als seine eigene ist. Das eröffnet ihm die Chance auf einen großen Kostenvorsprung, weil es eine weit überlegene Technik einführt. Auf diese Technik zu verzichten, wäre in seinen Augen absurd, denn damit würde er auf die Möglichkeit verzichten, einen Vorsprung zu realisieren.

Dass die Neoklassik hier in ihrer Diagnose vollständig an der Realität vorbeigeht, liegt an ihrem Kapitalbegriff, den wir schon in Kapitel 5 ausführlich kritisiert haben. Die herrschende Lehre nimmt an, dass Arbeit im Entwicklungsland billig und reichlich vorhanden, Kapital hingegen knapp und teuer sei. Die Vermutung lautet, dass das ärmere Land einfach eine schlechtere Ausstattung hinsichtlich der beiden Produktionsfaktoren aufweise. Doch das ist fundamental falsch. Ärmere Länder sind nicht arm, weil es akut zu wenig vorhandenes Kapital gibt, sondern weil sie, aus welchen Gründen auch immer, nicht genug Zeit hatten, in einem erfolgreichen Prozess der wirtschaftlichen Entwicklung Kapital (im Sinne eines physisch vorhandenen Kapitalstocks) in einem Maße zu bilden, dass es ihnen erlaubt hätte, ein höheres Einkommensniveau zu erwirtschaften.

Damit entfällt die Wirkungskette, die laut Neoklassik von einem knappen und teuren Kapitalbestand im Entwicklungsland ausgeht, zur Gänze. Für das westliche Unternehmen wäre sie sowieso nicht relevant gewesen, weil es sich auf dem globalen Kapitalmarkt refinanziert. Aber auch die im Entwicklungsland heimischen Unternehmen versuchen alles, um ihre Produktion zu rationalisieren, also genau dahin zu kommen, wo der westliche Konkurrent schon ist. Gerade weil dieser sich mit dem Versuch der heimischen Unternehmen, ihn zu imitieren und dadurch aufzuholen, konfrontiert sieht, wird er versuchen, seinen ursprünglichen Vorsprung durch die Wahl der besten verfügbaren Technologie so groß wie möglich zu machen, um möglichst lange einen Monopolgewinn realisieren zu können.

Was die Unternehmen im Entwicklungsland daran hindert, den Zustand des westlichen Unternehmens sofort zu realisieren, ist leicht zu verstehen: Sie brauchen Zeit. Wenn sie genau das nicht tun können, was ihr westlicher Konkurrent tut, nämlich – quasi über Nacht – westliche Technologie einzuführen, brauchen sie Zeit, um sich zu einer Technologie vorzuarbeiten, die schließlich auch in den Industrieländern in einem historischen, also langwierigen Prozess entstanden ist. Wäre man in der Lage, den Prozess der Entwicklung zeitlich so zu verkürzen, dass die modernste Technologie sofort verfügbar ist, bräuchte man keine westlichen Unternehmen und für die westlichen Unternehmen eröffneten sich von vorneherein keine Chancen in Niedriglohnländern.

Um es klar zu sagen: Zeitlose Ökonomik ist sinnlose Ökonomik. Niedriglohn und technologischer Rückstand sind ein Faktum der Geschichte, dem man mit zeitlosen Modellen nicht beikommen kann; sie sind »pfadabhängig« in der Sprache der modernen Modell-Ökonomik. Es hat sich auch hier ein Vorgehen bewährt, bei dem man zunächst versucht, die Sichtweise der handelnden Akteure einzunehmen und zu verstehen, welche Informationen ihnen zur Verfügung stehen, wenn sie auf eine bestimmte Konstellation der Daten zu reagieren versuchen. Erst danach geht man über zu einer Analyse, die ihr Verhalten einbettet in einen bestimmten Kontext, wie hier z. B. den der wirtschaftlichen Entwicklung. Diese Vorgehensweise wird uns auch im nächsten Abschnitt leiten.

6.7 Wettbewerb der Nationen und die WTO

Eine der interessantesten Diskussionen der letzten Jahrzehnte drehte sich um den Wettbewerb zwischen den Nationen – oder den »Kampf der Nationen« – auf dem Gebiet des Handels, manchmal auch Standortwettbewerb genannt. Das Zeitalter der Globalisierung wurde mehr als jedes andere so interpretiert, dass es die Staaten zu einem ähnlichen Wettbewerb zwingt wie kapitalistische Unternehmen. Der Reichtum der Nationen galt plötzlich wieder als abhängig von ihrer Fähigkeit, sich wirkungsvoll an die Herausforderungen anzupassen, vor die sie durch die offenen Güter- und Kapitalmärkte gestellt werden. Länder mit hoher Kapitalausstattung, so die Erwartung, würden unter den Wettbewerbsdruck von Handelspartnern mit niedrigen Löhnen und Arbeitsmarktstandards geraten. Insbesondere die Verfügbarkeit riesiger Mengen freier Arbeitskraft in großen Entwicklungsländern wie der Volksrepublik China und Indien verschiebe das Verhältnis von Kapital zu Arbeit für die gesamte Welt grundlegend zugunsten des Kapitals und führe so zu einem neuen globalen Lohngleichgewicht.

Die Realität hat diese Erwartung offenbar bestätigt. In vielen Hochlohnländern des Nordens sind die Löhne unter Druck gekommen, und die Arbeit hat sich nicht mehr denselben Anteil am Produktivitätswachstum aneignen können wie das Kapital, was vorher viele Jahrzehnte lang der Fall war – das Kapital hat offenbar temporär gesiegt. Die Lohnanteile am Bruttoinlandsprodukt sind gefallen, und das Vertrauen in die Fähigkeit der Marktwirtschaftsländer, allen Menschen die volle Teilhabe am Fortschritt der Gesellschaft als Ganzes zu garantieren, ist geschwunden.

Wettbewerb zwischen Volkswirtschaften, wir haben zu Beginn dieses Kapitels bereits darauf hingewiesen, funktioniert nicht wie der Wettbewerb zwischen Unternehmen. Das Modell, das den Wettbewerb zwischen Unternehmen beschreibt, lässt sich nicht auf Länder übertragen, besonders nicht auf solche mit unabhängigen Währungen. Im dynamischen Umfeld einer Marktökonomie konkurrieren Unternehmen miteinander, indem sie die Produktivität ihrer Arbeit erhöhen. Angebotsseitige Bedingungen – insbesondere die Preise von Zwischengütern, Arbeit und Kapital – sind für Unternehmen innerhalb eines Landes normalerweise ähnlich und für alle gegeben. Entsprechend hängt der Erfolg oder das Scheitern eines einzelnen Unternehmens von dem spezifischen Wert ab, der auf der Ebene des Unternehmens den allgemein gehandelten Gütern und Dienstleistungen hinzugefügt wird.

Unternehmen als Preisnehmer müssen im Allgemeinen die bestehenden Preise der Arbeit für unterschiedliche Qualifikationen hinnehmen und den Preis des Kapitals akzeptieren. Diejenigen unter ihnen, die durch Innovationen und neue Produkte eine höhere Produktivität generieren können, operieren mit niedrigeren Lohnstückkosten als ihre Konkurrenten. Deshalb sind sie in der Lage, ihre Produkte zu niedrigeren Preisen anzubieten oder bei gegebenen Preisen höhere Gewinne zu erzielen. Ersteres bedeutet, einen größeren Marktanteil zu gewinnen, letzteres kann langfristige strategische Vorteile über höhere Investitionsquoten verheißen. Solange die Preise für Arbeit und Zwischenprodukte gegeben sind, passen sich die Konkurrenten an, indem sie dieselbe oder eine ähnliche Technologie einsetzen; die Alternative wäre, aus dem Markt auszuscheiden, weil ihre Produktion nicht mehr rentabel ist.

Dieser fundamentale Wettbewerbsmechanismus gilt auf der Länderebene nicht, weil die Lohntarife normalerweise auf nationaler Ebene festgesetzt werden. Anders als Unternehmen sind Länder diejenigen, die Löhne festsetzen, nicht diejenigen, die Löhne akzeptieren müssen, ob dies nun an der Mobilität der Arbeit innerhalb eines Landes oder über Lohnverhandlungen auf nationaler Ebene erreicht wird. Wenn Löhne auf nationaler Ebene ausgehandelt werden oder wenn die Arbeit geografisch mobil ist, sollte das Law of One Price angewandt werden, d. h. »gleicher Lohn für gleiche Arbeit«, und das bedeutet wiederum, dass alle Firmen unabhängig von ihrer Rentabilität oder Effizienz denselben Lohn zahlen müssen. Folglich erhöht ein stärkeres Produktivitätswachstum auf der Ebene einer ganzen Volkswirtschaft nicht die Wettbewerbsfähigkeit all ihrer Unternehmen gegenüber dem Rest der Welt. Ein gesamtwirtschaftlicher Produktivitätsfortschritt schlägt sich normalerweise in höheren Nominallöhnen (und Reallöhnen) und unverändertem Wachstum der Lohnstückkosten nieder.

Doch selbst wenn dieser Mechanismus – aus welchen Gründen auch immer – nicht greifen sollte, würde ein Land mit hoher Produktivität, aber niedrigen Löhnen und geringen Lohnstückkosten, nicht automatisch seine internationale Wettbewerbsfähigkeit bzw. die seiner Unternehmen steigern. In internationaler Währung ausgedrückt wären die Preise in einem Land, das konsequentes Lohndumping betreibt, um seine Wettbewerbsfähigkeit zu erhöhen, nicht notwendigerweise niedriger als im Rest der Welt. Unter der Prämisse nationaler Währungen und nationaler Währungspolitik würde ein Land, das seine Güter zu deutlich niedrigeren Preisen anbietet, Marktanteile gewinnen sowie riesige Handels- und Leistungsbilanzüberschüsse anhäufen; gleichzeitig aber würde der politische Druck, die Löhne und Preise in internationaler Währung anzupassen, steigen. Früher oder später wäre das Land gezwungen, dem nachzukommen und seine Währung aufzuwerten.

Nationen können ihre Grenzen für Handels- und Kapitalströme öffnen, wenn sichergestellt ist, dass ihre Unternehmen in der internationalen Arbeitsteilung eine faire Chance haben und nicht Gefahr laufen, ständig gegenüber dem Rest der Welt den Kürzeren zu ziehen.

Nur das kann die Idee sein, die internationalen Handelsvereinbarungen in der Welthandelsorganisation (WTO) und anderen Organisationen zugrunde liegt. Große Hoffnungen hat man lange Zeit mit der WTO verbunden. Würde man diese Institution wiederbeleben, könnte der Marsch in den Protektionismus gestoppt werden, glauben auch heute noch viele. Doch das ist ein Irrtum. Nicht die WTO ist das Problem, sondern der Glaube etlicher Regierungen, Freihandel könne es heutzutage ohne weit umfassendere multilaterale oder bilaterale Regeln geben.

Es ist nicht zu bestreiten, dass die WTO in Genf zusehends an politischer Bedeutung verliert. Nicht nur, dass Donald Trump sie ignorierte und boykottierte, immer häufiger treten bilaterale Abkommen an die Stelle eines umfassenden Rahmenwerks. Die Organisation hat offenbar keine »natürlichen« Aufgaben mehr, seit die Zölle, mit denen die Länder früher ihre Märkte schützten, weitgehend abgebaut wurden. Aber es gibt doch, wenden an dieser Stelle die Advokaten des freien Handels ein, jede Menge nicht-tarifäre Handelsbeschränkungen, mit deren Abbau sie sich beschäftigen könne. Dabei handelt es sich jedoch um ein Missverständnis.

Die WTO war nur so lange ein geeignetes Forum für Verhandlungen, wie es darum ging, Zölle, die von vielen Seiten erhoben wurden, in gegenseitigem Einvernehmen abzubauen. Mit dem Verschwinden der Zölle hat auch die Organisation ausgedient. Das ist eigentlich leicht zu verstehen, die dahinterstehende Logik wird aber sowohl von den Freihandelsaposteln wie von den Gegnern multilateraler Abkommen geflissentlich ignoriert. So glaubte Boris Johnson, Großbritannien könne sich nach der Mitgliedschaft in der EU einfach auf die Mitgliedschaft in der WTO stützen, um weiterhin den Freihandel in vollen Zügen zu genießen – und war damit unglaublich naiv.

Ein multilaterales Forum wie die WTO, dessen Existenz durch einen einzigen einfachen Vertrag (das frühere GATT) abgesichert ist, kann genau dann hilfreich sein, wenn es, um seine Ziele zu erreichen, nicht in die politischen Verhältnisse der Mitgliedsländer hineinregieren muss. Das war bei den Zöllen der Fall, weil der Abbau einer Zollschranke keine weiteren Implikationen hatte als die Auswirkungen auf eine in der Regel überschaubare Gruppe von Unternehmen und auf den Staatshaushalt. Konnte eine Regierung argumentieren, dass die Belastungen für eine Gruppe von Produzenten durch Entlastungen für eine andere Gruppe zumindest ausgeglichen wurden, ließen sich die Zollreduktionen in der Regel gut verkaufen.

Völlig anders ist das bei den meisten nicht-tarifären Hemmnissen. Gibt eine Regierung, um ein berühmtes Beispiel zu benutzen, einem großen heimischen Unternehmen, das auch exportiert, aus »regionalpolitischen Gründen« eine Subvention in Form eines stark verbilligten Grundstücks, hat die WTO keinerlei Handhabe, um dagegen vorzugehen, weil ihr Vertrag das einfach nicht hergibt. Aber selbst falls sie das wollen würde, hätte sie niemals die Kapazitäten, um für jedes einzelne Land zu prüfen, ob eine solche Subvention eine Verzerrung der Handelsströme nach sich zieht oder nicht.

Das ist obendrein noch ein einfacher Fall. Viel schwieriger wird es bei nationalen Normen, die ausländische Konkurrenten behindern, etwa bei gesundheits- oder umweltpolitischen Vorschriften, die national gut begründbar sind, ausländischen Unternehmen aber das Eindringen in einen bestimmten Markt erheblich erschweren. Die Möglichkeiten, einem Wettbewerber Knüppel zwischen die Beine zu werfen, sind nahezu unendlich, wenn man für sich, also die eigene Nation, möglichst viel aus dem »Freihandel« im Sinne von Überschussnachfrage aus dem Ausland herausholen will, ohne jemals eine Klage vor der WTO fürchten zu müssen.

Was nichts anderes bedeutet, als dass die gesamte Freihandelsidee auf der Basis der Regeln der WTO eine Schimäre ist. Eine Ausweitung und Vertiefung des Handels zwischen Nationen jenseits der Organisation kann es nur noch geben, wenn sich die betroffenen Nationen zusammensetzen und in äußerst mühseligen und langwierigen Verhandlungen Gut für Gut abklopfen, ob weitere Liberalisierungen möglich sind. Sie müssen nationale Regelungen, die einer Marktöffnung potenziell im Wege stehen, Stück für Stück ausräumen. Das ist die schöne neue Welt der bilateralen Handelsvereinbarungen, die nicht wie Souveränitätsverzicht aussehen, aber genau das in viel höherem Maße sind als die Mitgliedschaft in der WTO und die Anerkennung ihrer Regeln.

Solche Verträge mögen noch akzeptabel sein, wenn sie zwischen gleich starken Partnern geschlossen werden, laufen aber systematisch auf ein Diktat des Stärkeren hinaus, wenn z. B. die Europäische Kommission oder die USA mit afrikanischen Entwicklungsländern am Tisch sitzen. Bei den inzwischen berühmt-berüchtigten Europäischen Partnerschaftsabkommen werden die ärmeren Staaten mit Bedingungen konfrontiert, die regelmäßig massiv zu ihren Lasten gehen. Man vertröstet sie jedoch – unterstützt von 90 Prozent der Ökonomengemeinde – mit den wundersamen Wirkungen des Freihandels, die früher oder später in jedem Land zu den sprichwörtlichen blühenden Landschaften führen sollen.

Wer an diesen Zuständen etwas ändern will, muss sich zunächst entscheiden. Wer wie Johnson und seine Nachfolger wenigstens formal nach Souveränität strebt, wird einfach darauf warten, dass ihm die Vorteile des Freihandels vor die Füße fallen. Er denkt gar nicht daran, sich in komplizierte und langwierige Verhandlungen mit den unterschiedlichsten Partnern einzulassen. Dieses Warten kann allerdings bis zum Sankt-Nimmerleins-Tag dauern, während sich die Partner unterdessen mit allen möglichen Tricks jeden erdenklichen Vorteil verschaffen.

Man kann auch darauf hoffen, dass man eine große Machete hat, mit der man all das Gestrüpp des Protektionismus wegschlägt, wenn es einem zu viel wird. Diese Machete heißt Wechselkurs. Wäre man in der Lage, souverän über den Wechselkurs der eigenen Währung zu verfügen, könnte man sich mit einer Abwertung schnell aus einer protektionistischen Zwangslage befreien, die einem Leistungsbilanzdefizite aufzwingt. Dumm nur, dass es sich auch hier mit der Souveränität nicht so leicht gestaltet, weil der Wechselkurs der eigenen Währung logischerweise zugleich der Wechselkurs einer anderen Währung ist, über die man nicht verfügt.

Wer wirklich Freihandel will, muss sich auf einen Deal einlassen, der weit über den hinausgeht, den man mit dem Eintritt in die WTO abschließt. Diesen Deal könnte man »Binnenmarkt« nennen und in jedem Land ähnliche Bedingungen schaffen. Doch dann wäre man plötzlich wieder in einem Konstrukt wie der EU. Nur eine von den nationalen Regierungen mit allen Möglichkeiten und aller notwendigen Macht versehene Institution wie die EU-Kommission kann (und darf) prüfen, ob der Verkauf eines Grundstückes eine verbotene Subvention ist oder nicht. Auf diesem Wege lassen sich in der schönen neuen Welt ohne Zölle Bedingungen herstellen, die von allen Handelspartnern als fair empfunden werden. Freihandel gibt es nur mit genau dem Verzicht auf Souveränität, den Johnson nicht wollte.

Aber auch das EU-Regelwerk leidet unter einer gewaltigen Lücke, die Deutschland schamlos ausgenutzt hat: Es enthält keine Regeln zur Entwicklung der Löhne und der Lohnstückkosten, obwohl mit dem Beginn der EWU exakt das notwendig gewesen wäre. Weil Länder über politischen Druck auf die nationale Lohnentwicklung und damit die nationalen Lohnstückkosten die Wettbewerbsfähigkeit aller ihrer Unternehmen erhöhen und sich so absolute Vorteile im internationalen Handel verschaffen können, gibt es faire Bedingungen für den Handel im Fall einer gemeinsamen Währung sogar nur dann, wenn den Mitgliedstaaten die Souveränität bei der Lohnfindung teilweise genommen wird.

Trumps Zollpolitik schien vielen wie ein Relikt aus einer anderen, einer alten Welt. Sie war aber konsequent. Wo nicht mehr über Zollsenkungen verhandelt wird, muss man die Zollerhöhungen als Instrument wiederentdecken, wenn man Merkantilisten wie Deutschland, die auf Leistungsbilanzüberschüsse aus sind und sich zudem hinter einer Währungsunion verstecken können, in die Schranken verweisen will. Dass man als Protektionist beschimpft wird, wenn man seine Handelsdefizite verringern will und gegen Merkantilisten vorgeht, zeigt allerdings, auf welch unterirdischem Niveau die ganze Diskussion geführt wird.

Obwohl er Deutschland in der EWU nicht direkt treffen konnte, wäre es dennoch ratsam gewesen, Trump hätte seine Dollarmachete eingesetzt, um Europa zu zeigen, dass die USA nicht willens sind, für alle Zeiten Defizite hinzunehmen. Das Land ist eine der wenigen Nationen der Welt, die groß genug sind, um der Bewertung ihrer Währung die »richtige Richtung« zu geben. Ein deutlich abgewerteter US-Dollar hätte vielleicht die hasenfüßigen europäischen Regierungen dazu gebracht, den großen Elefanten im europäischen Binnenmarkt, nämlich Deutschland, offen an den Pranger zu stellen.

KAPITEL 7
DER INTERNATIONALE MONETÄRE RAHMEN

Wir haben in Kapitel 6 gezeigt, dass internationaler Handel, bei dem kein Land über absolute Vorteile verfügt und kein Land absolute Nachteile hinnehmen muss, möglich ist – aber eben nur das, eine Möglichkeit. Denn unsere Vorgehensweise dabei hat sich der klassischen Übung angeschlossen, so zu tun, als gäbe es keinen monetären Rahmen, der zu berücksichtigen wäre, bzw. als gäbe es eine globale monetäre Infrastruktur und Politik, die bei der Analyse bilateraler Beziehungen ausgeblendet werden könnte. Beides ist unangemessen. Nichts hat in der Vergangenheit mehr die internationalen Handelsbeziehungen berührt als monetäre Störungen im weitesten Sinne und das Fehlen eines rationalen monetären Rahmens für die gesamte Welt.

Bleiben wir aber, um einen Ausgangspunkt für die Analyse festzulegen, in unserem obigen Beispiel und führen nationale Währungen ein. Auch bei nationalen Währungen können das Hochlohnland und das Niedriglohnland relativ ungestörten Handel miteinander treiben, wenn sie in der Lage sind, die zeitliche Dynamik ihres Lohnstückkostenniveaus und ihrer Inflationsraten zu kontrollieren und zu koordinieren. Das ist in einem Gedankenexperiment problemlos möglich. Haben das Niedriglohnland und das Hochlohnland jeweils ein Inflationsziel von 2 Prozent und steigen die Nominallöhne regelmäßig um 2 Prozent stärker als der nationale Produktivitätsfortschritt, bleiben die Wettbewerbspositionen der Länder untereinander auch im Zeitablauf unverändert. In dem Fall können die beiden ohne Weiteres einen festen Wechselkurs zwischen ihren Währungen vereinbaren oder sich im gegenseitigen Austausch sogar auf eine Währung einigen. Änderungen des Wechselkurses zwischen den Währungen haben einfach keine Funktion und sind entbehrlich. Der Handel verläuft im Prinzip wie in einem Binnenmarkt.

In dem oben beschriebenen Fall gibt es außerdem sowohl nominale als auch reale Konvergenz zwischen den beteiligten Ländern; d.h., sie können unterschiedliche Lebensstandards im Ausgangspunkt haben, sind aber dennoch in der Position, ohne größere Störungen durch absolute Vor- und Nachteile Handel miteinander zu treiben.

Zudem vermag das ärmere Land seinen Lebensstandard dem des reicheren Landes anzunähern, wenn es ihm gelingt, durch Technologieimport die Arbeitsproduktivität stärker zu erhöhen als das reichere Land. Dann steigen auch die Reallöhne im Niedriglohnland systematisch stärker, obwohl sich die Lohnstückkosten exakt im gleichen Tempo erhöhen. Folglich ist die häufig vertretene Position, die EWU könne schon deswegen nicht funktionieren, weil die Mitgliedsstaaten unterschiedliche Entwicklungsstufen aufweisen, falsch.

Eine solche Harmonie ist jedoch keineswegs die Regel; und es erstaunt in der Tat, was für eine kleine Modifikation wir nur in den Ausgangsfall einführen müssen, um das ganze System ins Wanken zu bringen. Wir haben bisher die Abwesenheit monetärer Störungen der Art unterstellt, dass sich die nominalen Entwicklungen von dem Zustand entfernen, der eine gemeinsame Währung beider Länder ermöglichen würde. Doch es gibt außerhalb der EWU, die wir in Abschnitt 7.7 behandeln werden, kaum gemeinsame Währungen zwischen Ländern unterschiedlicher Entwicklungsstufen. In der Regel weisen Länder mit eigenen Währungen unterschiedliche Inflationsraten auf. Genau deswegen, könnte man sagen, haben sie eigene Währungen. Das ist aber ein Fehlschluss, weil mit den unterschiedlichen Inflationsraten das ganze Dilemma beginnt.

Diese Aussage ist schwer zu verstehen, wo es doch offensichtlich ist, dass man für den Ausgleich unterschiedlicher Inflationsraten nur die entsprechenden Ab- und Aufwertungen der nationalen Währungen braucht, um die Harmonie zu erhalten. Schließen wir makroökonomische Störungen, die vom Geldsystem kommen, aus, müsste offenbar die Währung des Landes mit der höheren Inflationsrate exakt um die Differenz zwischen den beiden Inflationsraten abwerten; wobei Abwerten heißt, dass der (inländische) Halter der heimischen Währung mehr eigene Währung benötigt, um eine Einheit der Währung des anderen Landes zu kaufen.

Steigt die Inflationsrate im Entwicklungsland um 5 Prozent und im Industrieland um 3 Prozent in einem Jahr, muss die Währung des Entwicklungslandes um 2 Prozent abwerten, um die Inflationsdifferenz, die nach einem Jahr zu einer absoluten Preisdifferenz von 2 Prozent geworden ist, auszugleichen. Die Halter der Währung des Entwicklungslandes müssen von ihrer Währung 2 Prozent mehr aufwenden, um eine Einheit der Währung des Industrielandes zu kaufen. Das verteuert die Güter des Industrielandes, die um 2 Prozent billiger geworden sind, um 2 Prozent – und die Harmonie ist wieder hergestellt. Umgekehrtes gilt für die Halter der Währung des Industrielandes.

7.1 Kapitalbewegungen und Finanzmärkte

Obwohl die Dinge in Wirklichkeit nicht so einfach sind, sieht die große Mehrheit der Ökonomen, wie so häufig, diese unkomplizierte, naheliegende Lösung als optimales Marktergebnis an. Folglich hat man, in der gleichen Methodik, wie wir es schon bei Sparen und Investieren gesehen haben, einen Marktprozess um sie herum konstruiert, der natürlich genau diese Lösung als Ergebnis hervorbringt. Das ist jedoch ein zutiefst unwissenschaftliches Vorgehen, weil man vorgibt, was man erwartet. Wiederum hat man nicht gefragt, ob die Annahmen, die man braucht, um die Lösung zu konstruieren, etwas mit der Wirklichkeit zu tun haben. Weil das, wie wir zeigen werden, nicht der Fall ist, muss man an dieser Stelle erneut ein massives wissenschaftliches Versagen der Mainstream-Ökonomik konstatieren: Die Verteidigung des Dogmas wurde über die Erklärung der Wirklichkeit gestellt.

Zunächst hat man sich eine Welt ausgedacht, in der es nur solche Transaktionen am Devisenmarkt gibt, die unmittelbar mit den Handelsströmen verbunden sind. Verlieren alle Unternehmen eines Landes durch eine höhere Inflationsrate an Wettbewerbsfähigkeit, werden die Kunden zunehmend die Produkte dieses Landes meiden und zu Substituten aus anderen Ländern greifen. Zugleich fragen die Inländer vermehrt ausländische Produkte nach, weil die günstiger als die heimischen sind. Beides führt in der Tat dazu, dass die Nachfrage nach ausländischer Währung steigt und die nach inländischer sinkt. Gibt es keine anderen Transaktionen, kann man eine Abwertung der Währung des Hochlohnlandes erwarten. In welcher Größenordnung sie sich bewegt, ist allerdings eine offene Frage.

Es ist jedoch müßig, über diese »Lösung« nachzudenken, weil sie absolut nichts mit den realen Verhältnissen zu tun hat. Devisen werden für viele Zwecke nachgefragt und angeboten. Den Markt für Währungen ausschließlich an Handelstransaktionen zu binden, ist von vorneherein sinnlos und damit falsch. Da man Letzteres kaum bestreiten kann, fand die Neoklassik eine neue »Lösung«, bei der man den quantitativ bedeutsamen Devisenmarktteilnehmern, die dem Kapitalmarkt zuzurechnen sind, die »richtige Lösung« quasi implantiert. In der sogenannten Theorie der rationalen Erwartungen, einem, wie in Kapitel 2 beschrieben, besonders abwegigen Versuch, die Neoklassik zu retten, unterstellt man, die Marktteilnehmer würden sich jederzeit an der »richtigen Theorie« orientieren, in diesem Fall also an der Vorstellung, die der Kaufkraftparitätentheorie zugrunde liegt, bzw. genau dem, was wir oben als notwendig für eine harmonische Lösung angesehen haben.

In der Tat spricht über sehr lange Zeiträume manches dafür, dass die Inflationsdifferenz entscheidend für die Wechselkursbewegungen ist, weil, wie wir im Verlauf des Kapitels noch sehen werden, ein normales Land eine Überbewertung kaum über zwei

Jahrzehnte oder mehr verkraften kann. Aber warum sollte dieses Wissen einen Teilnehmer am Devisenmarkt dazu verleiten, sich in den viel kürzeren Fristen, in denen er über Devisen als Anlageobjekte oder als Zahlungsmittel verfügt, daran zu orientieren?

Weil die Theorie der rationalen Erwartungen allzu leicht von Kritikern als Versuch entlarvt wurde, die herrschende Lehre gegen jede empirische Evidenz zu immunisieren, flüchtete sie sich in ein Paradigma, das nicht weniger normativ motiviert war, aber weniger leicht zu durchschauen ist. Man entwickelte eine spezielle Theorie, die nachweisen soll, dass Kapitalmärkte effizient sind, die Effizienzmarkthypothese. Das ist ein mehr als erstaunliches Vorgehen, weil die gesamte neoklassische Theorie auf der Annahme von Markteffizienz beruht. Warum sollte man das für den Kapitalmarkt separat beweisen wollen?

7.2 Ist der Devisenmarkt effizient?

Wir haben schon mehrfach darauf hingewiesen, dass ein Problem wie das des Inflationsausgleichs durch Wechselkursveränderungen von einer positiven Wissenschaft vollkommen anders angegangen werden muss. Um zu verstehen, was bei einer bestimmten Konstellation der Daten passiert, ist es nötig, sich in die Position des typischen und damit quantitativ bedeutsamen Marktteilnehmers zu versetzen und zu fragen, welche Informationen ihm zur Verfügung stehen und wie er darauf reagiert, um Gewinnmöglichkeiten zu nutzen. Ohne Zweifel ist der wichtigste Marktteilnehmer an fast allen Finanzmärkten heutzutage der anlagesuchende »Investor«, also derjenige, der via Bank oder Hedgefonds versucht, auf der Basis einer bei ihm vorhandenen Menge an Geldkapital eine möglichst hohe Rendite zu erzielen.

In unserem obigen Beispiel des reichen und des armen Landes, bei dem zwar reale Konvergenz stattfindet, die beiden Länder aber unterschiedliche Inflationsraten aufweisen, ist die Konstellation für den typischen Investor, der Anlageobjekte (in den Emerging Markets) sucht, leicht zu überschauen. Das Entwicklungsland mit der höheren Inflationsrate weist in der Regel auch einen höheren Zins auf, weil bei einer höheren Inflationsrate die Zentralbank einen höheren Nominalzins setzt. Wir können sogar ohne weiteres annehmen, dass in beiden Ländern der gleiche Realzins gegeben ist oder ein Realzins, der in einer bestimmten relativ festen Relation zur Wachstumsrate des jeweiligen Landes steht (also etwa ein Realzins, der immer um einen oder zwei Prozentpunkte unter der Wachstumsrate liegt).

Allen diesen Konstellationen ist gemeinsam, dass sie eine Zinsdifferenz (in der langen und in der kurzen Frist) »zugunsten« des Entwicklungslandes aufweisen. Für den anlagesuchenden Investor ist das ein klares Signal. Da die Zinsen sowohl im Industrieland wie im Entwicklungsland von der Zentralbank gesetzt bzw. weitgehend bestimmt werden, gibt es sogar eine gewisse Stabilität der Differenz, so dass er mit relativ stabilen Erwartungen bezüglich der Dauer der einmal vorhandenen Zinsdifferenz arbeiten kann, da die Notenbanken die Zinsen – gemessen an den Möglichkeiten, kurzfristig zu »investieren« – nicht sehr häufig anpassen. Folglich ist das einfachste und absolut naheliegende Geschäft, das ein »Investor« tätigen kann, die simple Operation, bei der er sich Geld in einem Niedrigzinsland leiht (also vermutlich einem Industrieland) und es in einem Hochzinsland (vermutlich einem Entwicklungsland) anlegt. Vorher muss er lediglich seine Finanzierungswährung (die *funding currency*) in die Währung des Landes, in das er investieren möchte (die *asset currency*), umtauschen.

Das ist der Vorgang, den man an den Finanzmärkten »Carry Trade« nennt: Man bewegt Geldkapital von einem Niedrigzins- in ein Hochzinsland. Dieses Geschäft lässt sich offenbar für nahezu beliebige Perioden durchführen. Von einer Minute bis zu drei Monaten ist jeder Anlagezeitraum möglich, wenn das Hochzinsland über einen halbwegs entwickelten Finanzmarkt verfügt, bei dem professionelle Geschäfte ohne allzu große Transaktionskosten auch über sehr kurze Fristen möglich sind. Längere Fristen sind dabei meist risikoreicher, weil die Notenbanken die Grundkonstellation ändern können.

Bei dieser Ausgangsposition müssten wissenschaftlich arbeitende Ökonomen hellhörig werden. Wenn es möglich ist, dass in großen Mengen Kapital von den Niedrigzins- in die Hochzinsländer fließt (also in die Währung des Hochzinslandes umgetauscht wird und damit die Nachfrage nach ihr stärkt), wo soll dann die Abwertung der Währung herkommen, die das Hochzinsland doch braucht, um wettbewerbsfähig zu bleiben, also keine absoluten Kostennachteile zu erleiden? Diese einfache Frage wird bis heute in der Ökonomik weltweit praktisch niemals gestellt, geschweige denn beantwortet. Der Grund dafür ist wohl, dass es keine wirklich gute Antwort gibt.

Statt die Frage konsequent zu untersuchen, hat die herrschende Ökonomik allerlei Nebenkriegsschauplätze geschaffen, mit denen man den Eindruck erweckt, die Materie wissenschaftlich durchdrungen zu haben. So wird z. B. konstatiert, dass die Märkte auf effiziente Weise für eine sogenannte Zinsarbitrage sorgen, also dafür, dass ein zum heutigen Zeitpunkt vereinbarter Kauf oder Verkauf einer Währung zu einem späteren Zeitpunkt keine risikolosen Gewinne ermöglicht. Man kann an allen Devisenmärkten eine bestimmte Währung, sagen wir US-Dollar, auf Termin kaufen, was heißt, heute eine Dollarsumme zu bestellen, die dann in sechs Monaten vom Vertragspartner zu einem festgelegten Kurs (dem Terminkurs oder Futurepreis) geliefert werden muss. Das Verhältnis von Terminkurs zu heutigem Kurs (dem Kassakurs oder Spotpreis) entspricht immer exakt der Zinsdifferenz zwischen den beiden Währungsgebieten über die gleiche Periode. Wäre das nicht so, also könnte man z. B. heute brasilianische Real für Dollar kaufen, deren Terminkurs so wenig gegenüber dem Kassakurs abgewertet ist, dass man mit der Anlage von Dollar im Hochzinsland Brasilien einen risikolosen Zinsgewinn erzielen könnte, fände man keinen Partner für dieses Geschäft, weil der mit Sicherheit Verluste machen würde.

Folglich entspricht die Differenz zwischen Kassa- und Terminkurs immer genau der Zinsdifferenz über die Frist, die zwischen Kassa- und Terminkurs liegt. Das ist die sogenannte gedeckte Zinsparitätentheorie (*covered interest rate parity*), die aber eine Trivialität darstellt. Diese Differenz zwischen Future und Spot ist beispielsweise beim Wechselkurs von brasilianischem Real und US-Dollar recht stabil: Der Real wird fast immer mit einem Abschlag gehandelt (der Future- liegt unter dem Spotpreis), weil Brasilien stets höhere Zinsen als die USA aufweist.

Der Terminkurs hat allerdings keinerlei Bezug zur Zukunft. Deswegen ist die Zinsparitätentheorie in der gedeckten Form ohne jede Bedeutung für die Erklärung des Wechselkurses. Man kann sich zwar auf sechs Monate absichern bzw. das Risiko hedgen – was heißt, einen brasilianischen Real zur Ablieferung in sechs Monaten zu kaufen, aber man sichert sich dabei nur gegen Verluste aus der Zinsdifferenz ab. Die eigentlichen Bewegungen des Real zum US-Dollar, z. B. mit der unglaublichen Aufwertung des Real zwischen 2004 und 2008, haben mit dem Verhältnis des Kassakurses zum Terminkurs überhaupt nichts zu tun. Beide werteten in dieser Zeit auf, obwohl der Futurepreis für sich genommen dauernd eine Abwertung anzeigte. Konkret heißt das, dass die relevante Bewegung des Wechselkurses (genauer, des Komplexes von Future und Spot) von der Zinsdifferenz bestimmt sein mag. Doch dadurch, dass die Investoren (Spekulanten) ins Risiko gehen und ihre Geschäfte nicht absichern, gibt es Bewegungen beider Kurse, die nicht eindeutig vorhersehbar, aber von Carry-Trade-Operationen geprägt sind.

Die herrschende Ökonomik hat neben der gedeckten Zinsparitätentheorie auch eine Theorie zur Erklärung der Wechselkurse mithilfe der Zinsdifferenzen aufgestellt, die zwar Risiko enthält, jedoch insgesamt gesehen nicht weniger problematisch als die gedeckte Form ist. Bei der ungedeckten Zinsparitätentheorie (*uncovered interest rate parity*) unterstellt man, dass die Zinsdifferenzen zwar eine Rolle spielen, die Marktteilnehmer aber eine Erwartung bezüglich des zukünftigen Kurses der Währungsrelationen haben, die der Kaufkraftparitätentheorie entspricht. Sieht der Investor bzw. Spekulant also, dass die brasilianischen Zinsen höher sind als die amerikanischen, antizipiert er, dass der Real über kurz oder lang abwertet, was bedeutet, dass der Zinsgewinn aus einer Anlage in Brasilien durch die Abwertung ausgelöscht wird.

Diese Theorie ist falsch. Sie ist – wieder einmal – reines Wunschdenken der Neoklassik und das Ergebnis einer Suche nach Stabilität, wo es in der Realität keine Stabilität geben kann. Wie bei der Theorie der rationalen Erwartungen baut man eine Erwartung in die Köpfe der Marktteilnehmer ein, die mit der Wirklichkeit nichts zu tun hat. Selbst wenn der Carry-Trade-Spekulant ahnt, dass die gesamte Konstellation, die von ihm und den anderen »Investoren« geschaffen wird, nicht dauerhaft Bestand haben kann, hat das praktisch keine Bedeutung für seine Dispositionen.

Entscheidend ist auch hier wieder die Zeit. Der typische Carry-Trade-Spekulant macht seine Geschäfte innerhalb eines Zeithorizonts, der von wenigen Minuten (im Hochfrequenzhandel u. U. von Sekunden) bis zu drei Wochen oder drei Monaten reicht. Er »investiert« kurz, lässt das erste Geschäft auslaufen und beginnt sofort ein neues, wenn die Bedingungen weiter stabil erscheinen. Ihn interessiert die Inflationsrate im Zielland ebenso wenig wie die Investitionsbedingungen dort. Selbst wenn er im Zielland Aktien kauft, geht es nur darum, sein Geld unterzubringen, aber nicht darum, Güter zu erwerben oder in Sachanlagen zu investieren. Dass die Kaufkraftparitäten über zwanzig Jahre oder länger durchaus eine Bedeutung für die Währungsrelationen haben, interessiert ihn nicht, weil sein Zeithorizont ein völlig anderer ist.

Das Risiko kommt für den Carry-Trade-Spekulanten dadurch in sein Geschäft, dass eine Krise eintreten könnte, in der die Zielwährung abwertet. Für ihn bedeutet das, dass er bei einem seiner vielen laufenden Geschäfte nach dem Rücktausch der Zielwährung in die eigene Währung am Ende der Anlageperiode weniger zurückbekommt als er ursprünglich eingesetzt hat. Nach zwanzig oder hundert erfolgreichen Geschäften wird es ihn jedoch kaum interessieren, wenn eines davon mal mit einem Verlust endet.

Theoretisch können Carry Trades selbst dann erfolgreich sein, wenn die Zielwährung abwertet, aber weniger als der Zinsdifferenz in der Anlageperiode entspricht. Auch wenn die Zinsdifferenz negativ, also der Zins im Zielland niedriger ist, lassen sich Gewinne erzielen, wenn nur die Währung des Ziellandes stark genug aufwertet. Es gilt aber zudem: Wenn die Zielwährung aufwertet, obwohl die Zinsdifferenz »normal« ist, bekommt der Spekulant den Ertrag aus der Zinsdifferenz plus eine »Aufwertungsprämie«, weil beim Rücktausch in die eigene Währung noch ein positiver Betrag zur Zinsdifferenz dazukommt. Genau dieser Fall war vielfach in den vergangenen zwanzig Jahren zu beobachten.

Am Beispiel Brasiliens lässt sich der verheerende Teufelskreis zwischen einer auf übermäßigen Lohnsteigerungen beruhenden Inflation und Wechselkursverzerrungen studieren. Die empirische Datenbasis für das Land ist in Bezug auf Angaben zu Beschäftigtenzahlen und Arbeitsstunden sowie entsprechenden Arbeitseinkommen lückenhaft – es stehen nur Jahresdaten zwischen 2011 und 2019 zur Verfügung. Die Daten zur Arbeitsproduktivität reichen hingegen wesentlich weiter zurück und sind bis immerhin 2000 vorhanden. Die Preisstatistik ist weitgehend vollständig: Es liegen neben jährlichen auch monatliche Angaben vor.

Aus Abbildung 7.1 lässt sich entnehmen, dass das Produktivitätswachstum in Brasilien seit Jahren sehr gering ist, während zugleich eine jahresdurchschnittliche Inflationsrate herrscht, die meist im oberen einstelligen Bereich liegt. Anhand der wenigen Jahre, für die Daten zur Lohnentwicklung statistisch erfasst sind, zeigt sich ein relativ enger Zusammenhang zwischen Lohnstückkosten und Inflation. Es steht zu vermuten, dass die Korrelation in den übrigen Jahren ähnlich hoch war, da die theoretische Erklärung fundiert ist.

Abb. 7.1 **Produktivitäts-, Lohnstückkosten- und Inflationsrate in Brasilien** **2000 bis 2022**

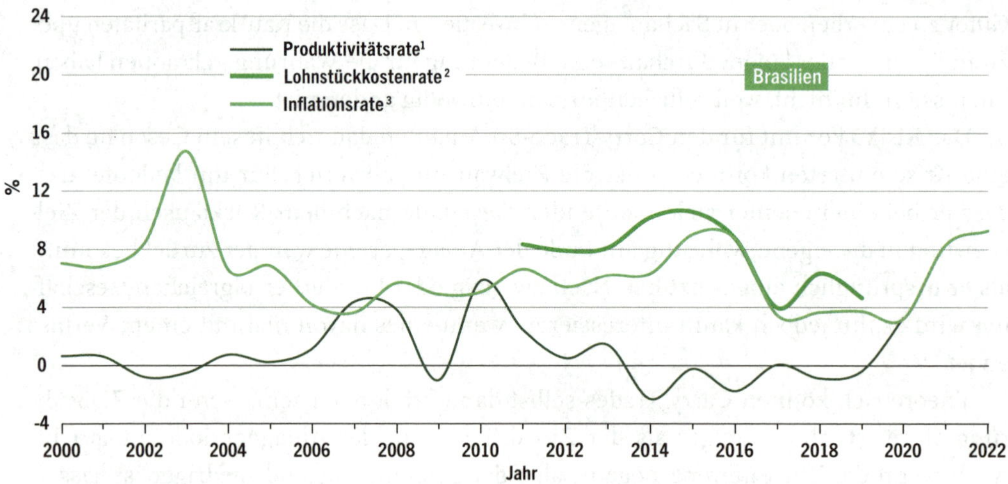

[1] Jährliche Veränderungsrate des preisbereinigten Bruttoinlandsprodukts je Erwerbstätigen. [2] Jährliche Veränderungsrate der Lohnstückkosten auf Kopf-Basis. [3] Jährliche Veränderungsrate des Verbraucherpreisindex.

Interessant ist, wie sich die Geldpolitik angesichts der Inflation verhalten hat (Abbildung 7.2). An dieser Stelle ist es wichtig, die Monatswerte anstelle der durchschnittlichen Jahreswerte zu betrachten, weil so der direkte zeitliche Zusammenhang zwischen der Inflationsentwicklung und der Zinspolitik der Zentralbank sichtbar wird.

Die Abbildung zeigt, dass der Leitzinssatz fast immer kurz nach einem Anstieg der Inflationsrate angehoben wurde; Ausnahmen sind lediglich einige Monate im Sommer 2013. Die Geldpolitik versucht also in der Regel, eine Inflationsbeschleunigung durch eine Verteuerung des Geldes zu bekämpfen. Der nach der Volksrepublik China wichtigste Handelspartner des Landes, die USA, verzeichnet seit Jahrzehnten eine deutlich geringere Inflationsrate (Abbildung 7.3) und ein wesentlich niedrigeres Zinsniveau (Abbildung 7.4).

Abb. 7.2 | **Leitzins und Inflationsrate in Brasilien** | **2000 bis 2023**

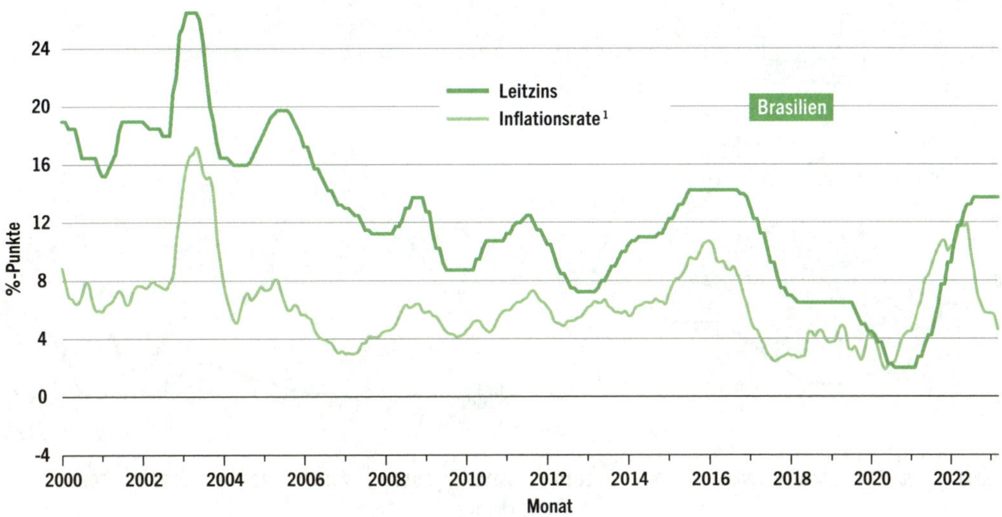

[1] Veränderungsrate des Verbraucherpreisindex gegenüber Vorjahresmonat.

Abb. 7.3 | **Inflationsrate[1] in Brasilien und den USA** | **2000 bis 2023**

[1] Veränderungsrate des Verbraucherpreisindex gegenüber Vorjahresmonat.

Abb. 7.4 **Leitzins in Brasilien und den USA** **2000 bis 2023**

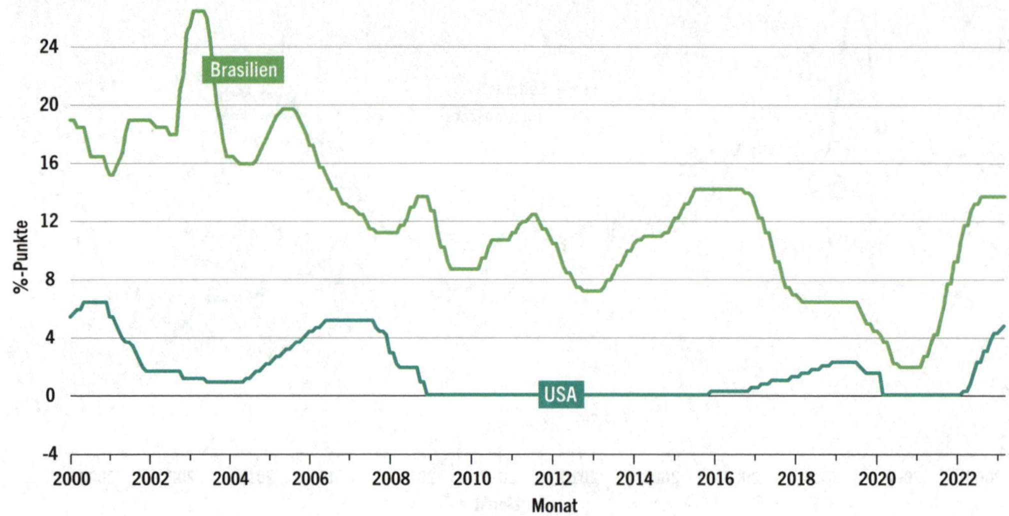

Abb. 7.5 **Inflationsdifferenz und nominaler Wechselkurs zwischen Brasilien und den USA** **2000 bis 2023**

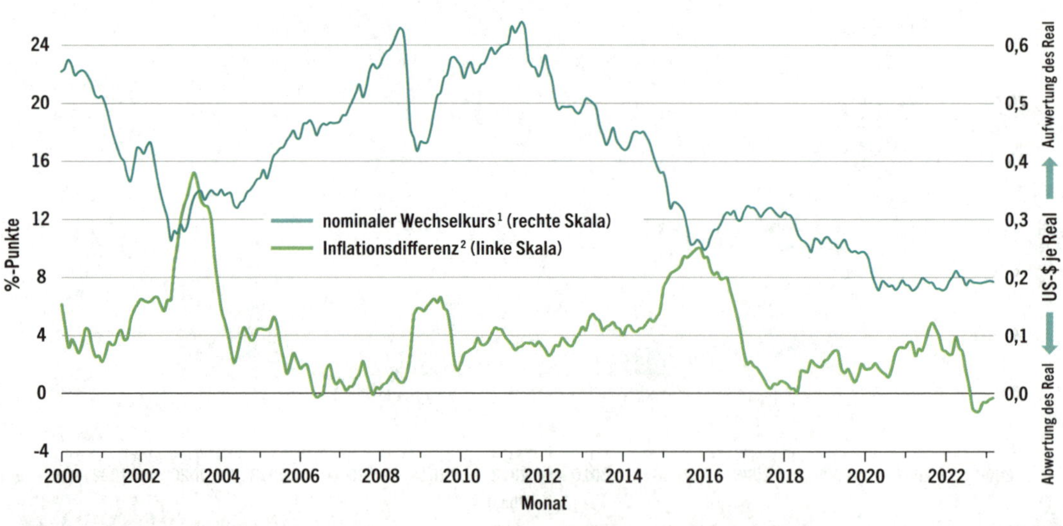

[1] US-Dollar je brasilianischem Real. [2] Differenz der Inflationsraten zwischen Brasilien und den USA.

Daraus ergibt sich ein Zinsgefälle, das Finanzmarktakteure zu den oben beschriebenen Carry Trades anregt, die auf eine Spekulation gegen die brasilianische Währung hinauslaufen. Direkt sichtbar wird diese, wenn der Real relativ zum US-Dollar oder auch anderen Währungen nominal aufwertet in Zeiten, in denen die Inflationsrate des Landes über der der USA bzw. anderer Länder liegt (Abbildung 7.5).

Die Währung des Landes mit der höheren Inflationsrate sollte gegenüber der Währung des preisstabileren Landes abwerten, weil sie im Zeitablauf relativ schneller an Wert verliert. Die konträre Entwicklung des nominalen Wechselkurses, eine nominale Aufwertung, zeigt, dass die instabilere Währung offenbar nur deshalb gefragt ist, weil Finanzmarktakteure an der Zinsdifferenz verdienen wollen. Diese Konstellation ergab sich vor allem in den Jahren 2002 bis in den Sommer 2008 und dann nach einem Kurseinbruch um ein Drittel im Zusammenhang mit der Finanzkrise erneut bis in den Sommer 2011 hinein.

Doch es kann auch bei nominaler Abwertung ein verzerrter Wechselkurs vorliegen, nämlich dann, wenn die Veränderung des nominalen Kurses nicht der Inflationsdifferenz entspricht. Ist die nominale Abwertung z. B. geringer als die Inflationsdifferenz, wertet die Währung dennoch auf, und zwar real betrachtet.

Um diese Situation zu erfassen, berechnet man den inflationsbereinigten (oder realen) Wechselkurs einer Währung. Zudem spielen die Wechselkurse gegenüber den Währungen aller wichtigen Handelspartner des Landes gleichzeitig eine Rolle bei der Bestimmung des Wertes der Währung. Um diesen sogenannten effektiven Wechselkurs zu erhalten, gewichtet man die einzelnen Wechselkurse gegenüber den Partnerländern mit dem jeweiligen Handelsvolumen und zieht sie dann in einem einzigen Index zusammen. Vom realen effektiven Wechselkurs (Real Effective Exchange Rate, REER) spricht man, wenn man parallel zur Handelsgewichtung die einzelnen Wechselkurse auch noch um die Inflationsdifferenz zum betrachteten Land bereinigt. Der Kurs wird als Index, in einem Basisjahr normiert auf 100, angegeben.

In Abbildung 7.6 ist die REER des brasilianischen Real zusammen mit dem nominalen Wechselkurs gegenüber dem US-Dollar zu sehen. Letzterer ist hier ebenfalls als Index, auf 100 normiert für das Jahr 2020, wiedergegeben, um das Ausmaß seiner Veränderung in einem mit der REER vergleichbaren Maßstab darzustellen.

Brasiliens Währung wertete demnach nicht nur gegenüber den USA gut zehn Jahre lang nominal auf, sondern real im Schnitt auch gegenüber allen seinen Handelspartnern und zwar – mit einer kurzen Unterbrechung während der Finanzkrise von 2008/2009 – von 70 Indexpunkten im Oktober 2002 auf 180 im August 2011; das ist gut das 2,5-Fache des Tiefpunktes. Mit anderen Worten: Brasilianische Produkte verteuerten sich in diesem Zeitraum auf den internationalen Märkten im Durchschnitt aufgrund der Währungsverhältnisse um das 2,5-Fache gegenüber den Produkten der ausländischen Konkurrenz.

Abb. 7.6 **Wert des brasilianischen Real gegenüber anderen Währungen** **2000 bis 2023**

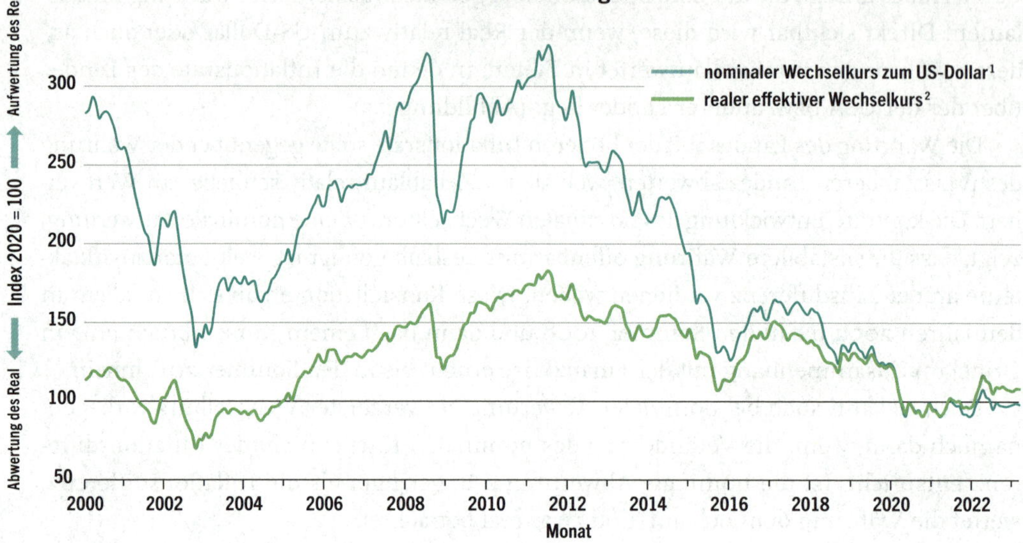

¹ US-Dollar je brasilianischem Real, Index 2020 = 100. ² Gegenüber 64 Ländern auf Verbraucherpreisbasis.

Abb. 7.7 **Außenbeitrag und Leistungsbilanzsaldo Brasiliens** **2000 bis 2022**

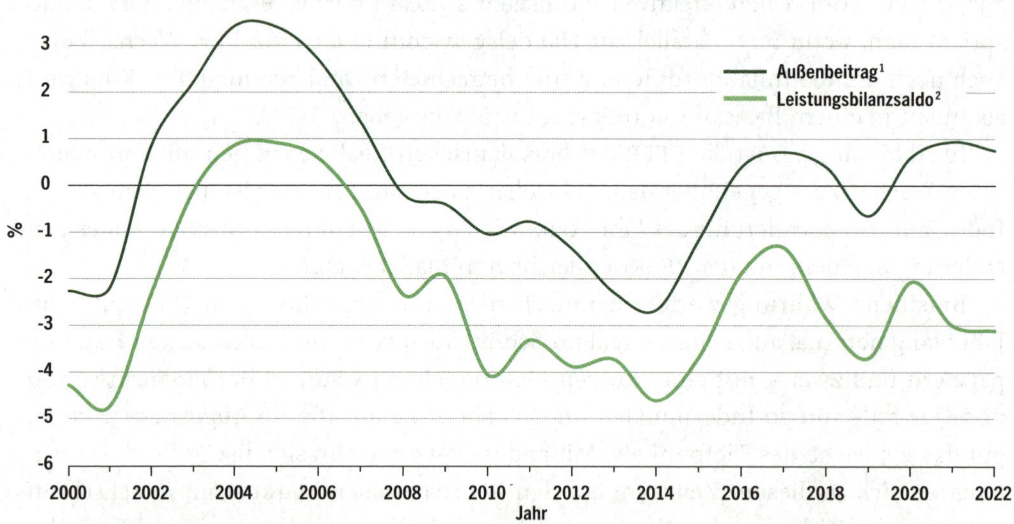

¹ In % des nominalen Bruttoinlandsprodukts; negative Werte: Handelsdefizit.

² In % des nominalen Bruttoinlandsprodukts; negative Werte: Zunahme der Verschuldung Brasiliens im Ausland.

In den folgenden Jahren ging die REER zwar wieder zurück, aber keineswegs gleichmäßig, sondern in Wellen, die kürzere Aufwertungsphasen enthielten. Die nach 2011 größte davon erlebte Brasilien zwischen Oktober 2015 und Dezember 2016.

Deutliche Spuren haben diese Währungsverhältnisse im Außenhandel des Landes und seiner Verschuldungssituation hinterlassen. Bevor die reale Aufwertung an Fahrt aufnahm, konnte Brasilien beachtliche Überschüsse im Außenhandel erzielen: In der Spitze lag der Außenbeitrag, also die Differenz zwischen Exporten und Importen von Waren und Dienstleistungen, 2005 bei fast 3,5 Prozent des Bruttoinlandsprodukts (Abbildung 7.7). Auch der Saldo der Leistungsbilanz, der neben dem Außenbeitrag die Salden der Erwerbs- und Vermögenseinkommen sowie der Transfers mit dem Rest der Welt beinhaltet, kletterte zwischen 2004 und 2006 in den positiven Bereich.

Mit der immer stärkeren Verzerrung der Währungsverhältnisse jedoch sackte der Außenbeitrag ab und nahm ab 2009 für sieben Jahre negative Werte an. Dass diese nicht unter minus 3 Prozent des Bruttoinlandsprodukts absanken, dürfte auf den Rohstoffreichtum des Landes und den Bedarf der rohstoffarmen Industrieländer zurückzuführen sein. Die Leistungsbilanz geriet in deutlich größere Defizite – ein Hinweis auf die Vermögenseinkommen, sprich, die enormen Zinszahlungen, die das Land an ausländische Finanzanleger zu leisten hat.

Als die REER 2012 zu sinken begann und sich dadurch Brasiliens internationale Wettbewerbsfähigkeit verbesserte, geriet der Außenhandel noch bis 2014 tiefer ins Defizit, bevor er sich erholte. Das spricht dafür, dass die industriellen Strukturen unter der langanhaltenden Überbewertungsphase so gelitten hatten, dass sie nicht rasch wieder-aufgebaut werden konnten, als sich die Währungsverhältnisse zu korrigieren begannen.

Die nationale Geldpolitik kann mit dem Zinssatz als Instrument zur Inflationsbekämpfung umso weniger erreichen, je größer die Inflationsdifferenz relativ zu den Handelspartnerländern ist. Denn dann erzeugt sie eine Zinsdifferenz, die zu Spekulationen gegen ihre Währung einlädt. Letztere äußern sich in Wechselkursentwicklungen, die den Inflationsdifferenzen kurz- bis mittelfristig nicht Rechnung tragen bzw., schlimmer noch, ihnen zuwiderlaufen (Abbildung 7.8).

Wie bei anderen Preisblasen auch leidet die Realwirtschaft in der Zeit, in der sich die Überbewertung einer Währung aufbaut. Ebenso nimmt sie Schaden beim Platzen der Blase, also dem abrupten Einbrechen des Wechselkurses, das oft mit einer unterschießenden Wechselkursentwicklung verbunden ist, so dass die Währung zeitweise unterbewertet ist.

Wertet eine Währung schlagartig stark ab, verteuern sich die Importgüter abrupt. Da sie meist nicht kurzfristig substituierbar sind, entsteht daraus ein Inflationsschub im Inland. Wird dieser mit Lohnsteigerungen von Seiten der Arbeitnehmer zu kompensieren versucht, dreht sich die Inflationsschraube noch schneller, so dass eine am

Abb. 7.8 **Leitzinsdifferenz zwischen Brasilien und den USA sowie realer effektiver Wechselkurs des brasilianischen Real** 2000 bis 2023

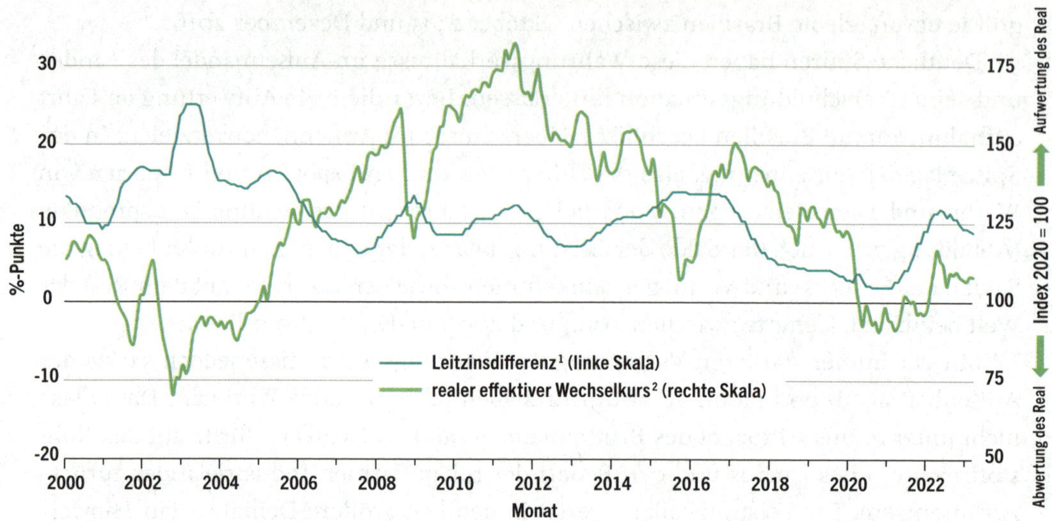

[1] Differenz zwischen brasilianischem und US-amerikanischem Leitzinssatz. [2] Gegenüber 64 Ländern auf Verbraucherpreisbasis.

ökonomischen Mainstream orientierte Geldpolitik die nächste – fruchtlose und realwirtschaftlich desaströse – Runde der Zinserhöhung startet.

Aus dem Teufelskreis unerwünscht hoher und sich beschleunigender Inflation führt keine auf sich allein gestellte nationale Geldpolitik hinaus. Sie ist darauf angewiesen, den monetären Anker der inländischen Wirtschaft, die Entwicklung der Lohnstückkosten, gemeinsam mit der Lohnpolitik in den Griff zu bekommen. Ohne die Unterstützung von Seiten der Lohnpolitik in Form einer Einhaltung der Goldenen Lohnregel ist die Geldpolitik machtlos. Sie vermag durch extreme Zinsanhebung allenfalls eine Art ökonomischer Friedhofsruhe zustande bringen, bei der zwar die inländische Inflationsrate irgendwann sinkt und die Spekulanten von der Währung des »ausgesaugten« Landes ablassen, dafür aber auch die Investitionstätigkeit vollständig zum Erliegen kommt, weil Sachinvestoren nicht in der Lage sind, das Zinsniveau zu erwirtschaften.

Extrem hohe Zinsen zum Durchsetzen von Preisstabilität bedeuten auch, dass das Land kaum noch am internationalen Handel teilnehmen kann. Mangels modernem Kapitalstock aufgrund fehlender Investitionen stellt seine Volkswirtschaft nämlich kein für die Nachfrage auf den Weltmärkten ausreichend attraktives Güterangebot mehr her, selbst wenn ihr Preisniveau vergleichsweise niedrig ist. Allenfalls Rohstoffe sind dann eine international noch gefragte Handelsware.

Doch deren Ausbeutung, einschließlich der Abschöpfung von Gewinnen, vollzieht sich meist unter der Regie ausländischer Firmen, weil inländische Unternehmen dank des extremen Zinsniveaus eben über keine bezahlbaren Investitionsmittel verfügen. Die Wertschöpfung, die mit der Weiterverarbeitung der Rohstoffe verbunden ist, findet aus dem gleichen Grund großenteils im Ausland statt. Zudem hängt die Wirtschaft des sich auf Rohstoffexporte konzentrierenden Landes von deren volatilen Weltmarktpreisen ab. Da auch auf diesen Märkten Finanzspekulation an der Tagesordnung ist, gerät das Land zusätzlich in Abhängigkeiten, die seiner nationalen Wirtschaftspolitik entzogen sind.

Im Ergebnis bedeutet das, dass langfristig an einer Lohnpolitik, die makroökonomische Verantwortung übernimmt, kein Weg vorbeiführt. Strukturen zu etablieren, die das ermöglichen, ist politisch nicht einfach und benötigt Zeit. Damit ein Land sich diesem Prozess stellen kann, bedarf es der Unterstützung durch die Zentralbanken der Handelspartnerländer, deren Währungen preisstabiler sind. Sie können helfen, die Währung des gebeutelten Landes in der Übergangsphase bis zum Aufbau einer vernünftig funktionierenden Lohnpolitik gegen Spekulation zu schützen.

Die reale Aufwertung des Real über lange Phasen zeigt auch, dass es hier gerade nicht um das berühmte »Überschießen« der marktbestimmten Wechselkurse geht, das in der Literatur der 1980er-Jahre ausführlich diskutiert wurde. Das bedeutet nämlich, dass der reale Wechselkurs aufwertet, obwohl er eigentlich konstant hätte bleiben sollen; dann hätte der nominale Wechselkurs zwar abgewertet, aber nicht in hinreichendem Maße, um die Inflationsdifferenz zulasten Brasiliens auszugleichen. Hier geht es jedoch um die falsche Richtung: Der nominale Wechselkurs wertet auf, obwohl er abwerten müsste. Im Gefolge wertet der reale Wechselkurs stärker auf als der nominale, weil sich die Inflationsdifferenz und die nominale Aufwertung in ihrer fatalen Wirkung auf die brasilianische Volkwirtschaft verstärken.

So lässt sich die Effizienz der Finanzmärkte ganz einfach am Devisenmarkt beurteilen. Effizienz am Devisenmarkt ist die Fähigkeit, das zu tun, was ein Devisenmarkt tun soll, nämlich die Inflationsdifferenzen auszugleichen, so dass die Preise aller Länder in internationaler Währung gerechnet, durch Inflationsratendifferenzen nicht verzerrt werden. Gemessen daran erweisen sich die internationalen Devisenmärkte als extrem ineffizient. Statt zu stabilisieren, haben sie die internationalen Wirtschaftsbeziehungen destabilisiert und den internationalen Handel massiv verzerrt.

Diesen Befund angemessen zu würdigen, ist von größter Bedeutung. Wir haben es beim Devisenmarkt mit einem Markt zu tun, wo es immerhin eine Leitlinie für die Wechselkursentwicklung in Form der Inflationsdifferenzen bzw. Kaufkraftparitäten gibt. Trotz dieser Vorgabe weichen die Märkte über sehr lange Fristen dramatisch weit von den Werten ab, die für die Stabilität der beteiligten Volkswirtschaften wie für die Effizienz des internationalen Handels entscheidend sind.

7.3 Eine allgemeine Kritik der Effizienzmarkthypothese

An den Aktienmärkten, mit denen sich die Theorie der effizienten Märkte vorwiegend auseinandergesetzt hat, ist eine objektiv richtige oder sinnvolle Bewertung viel weniger leicht zu finden und von außen zu beurteilen, weil es keine volkswirtschaftliche Richtschnur gibt.[1] Folglich hat man sich damit beholfen, den Durchschnitt des Marktes sozusagen als Benchmark für das zu setzen, was effizient ist. Die Effizienzmarkthypothese (EMH) behauptet, der Markt nutze alle vorhandenen Informationen und sei deshalb effizient. Die vor allem von Eugene Fama entwickelte Hypothese lässt sich auch mit der Erwartung ausdrücken, dass langfristig niemand den Markt schlagen kann, weil niemand mehr als die vorhandenen Informationen nutzen kann. Doch was bringt das Wissen, dass die vorhandenen Informationen genutzt wurden, wenn man gleichzeitig nicht weiß, welche Informationen von den Marktteilnehmern auf welche Weise genutzt wurden?

Mit der EMH ist es der Neoklassik allerdings gelungen, sich auf eine Art und Weise zu immunisieren, die auf den ersten Blick einleuchtend und schwer widerlegbar erscheint. Doch eine gründliche Analyse zeigt, wie wenig Relevanz diese These an allen Finanzmärkten hat und warum sie am Devisenmarkt so klar widerlegt wurde. Man muss im Lichte unserer Überlegungen feststellen, EMH könnte bestenfalls eine Tautologie sein, wenn in der Regel die Bedingungen gegeben wären, die der Aussage, die Marktteilnehmer würden alle vorhandenen Informationen nutzen, zugrunde liegen. Diese Bedingungen aber gibt es in der Wirklichkeit nicht.

Der Kern der Problematik der EMH erschließt sich erst, wenn man deren philosophische Grundlage kritisch betrachtet. Die Idee der effizienten Nutzung aller Informationen durch einen Markt geht auf Friedrich August von Hayek zurück, der schon in den 1940er-Jahren des vorigen Jahrhunderts argumentierte,[2] dass nur Märkte in der Lage seien, die unendlich vielen Informationen, die den einzelnen Marktteilnehmer in der Summe zur Verfügung stehen, in intelligenter Weise zu bündeln und daraus wiederum konsistente Signale für alle Marktteilnehmer zu produzieren – und das ist für alle auf der Mikroebene angesiedelten Märkte in der Tat eine bestechende Idee. John Cochrane, einer der großen Verteidiger der Neoklassik, hat dazu gesagt:

1 Fama, E. F. (1965); Fama, E. F., & French, K. R. (1992)
2 Hayek, F. A. (1967).

> This difficulty is no surprise. It's the central prediction of free-market economics, as crystallized by Hayek, that no academic, bureaucrat or regulator will ever be able to fully explain market price movements. Nobody knows what »fundamental« value is. If anyone could tell what the price of tomatoes should be, let alone the price of Microsoft stock, communism and central planning would have worked.[3]

Jeder Marktteilnehmer kommt folglich mit den Informationen an den Markt, die er aus seiner unmittelbaren Umgebung, aus der Kommunikation mit seinen Kunden und mit seinen Lieferanten gesammelt hat. Diese Informationen sind voneinander unabhängig, was heißt, sie werden auf der Mikroebene generiert. Das Besondere an ihnen ist ihre Individualität, ihr Entstehen auf der Ebene des einzelnen Haushalts oder Unternehmens. Aus der Verarbeitung der enormen Menge an Informationen entsteht eine Vielzahl von Marktpreisen, die wiederum alle Marktteilnehmer informieren. Diesen komplexen Prozess, da hat Hayek vollkommen Recht, kann ein planender Staat weder kopieren noch einfach ersetzen. Das ist auch die Grundlage des walrasianischen Idealmarktes, den wir in Kapitel 2 behandelt haben.

Der Versuch jedoch, den Gedanken auf die Kapital- und Finanzmärkte zu übertragen, ist grundlegend fehlgeleitet. Die gleiche mikroökonomische Informationseffizienz gibt es an den Finanzmärkten gerade nicht – was Hayek auch in den 1930er-Jahren selbst konstatierte.[4] Die Informationen, die dort gehandelt werden, bestehen eben nicht aus individuell generiertem Wissen, das sich zu einem nicht vorhersagbaren makroökonomischen Bild zusammensetzt. Stattdessen wird an den Finanzmärkten auf der Basis makroökonomischer Informationen, die jedem Marktteilnehmer in fast gleicher Weise zur Verfügung stehen, gehandelt und disponiert.

Besonders deutlich wird das an der Publikationspflicht der sogenannten Publikumsgesellschaften, also in erster Linie der Aktiengesellschaften. Die strengen Vorgaben zur Veröffentlichung aller für das Geschäft relevanten Informationen zum exakt gleichen Zeitpunkt sollen alle Marktteilnehmer auf den gleichen Stand bringen, so dass es nur noch die Interpretation der vorhandenen Daten ist, bei der sie sich unterscheiden. Was aber geschieht, wenn viele von ihnen die Daten in gleicher oder zumindest ähnlicher Weise interpretieren? Dann kommt es offenbar zu einem Verhalten vieler Marktteilnehmer, das in krassem Gegensatz zur EMH steht.

Zunächst führt eine gleichartige Interpretation zu einem gleichartigen Verhalten und erbringt damit ein Marktergebnis, das sich vermutlich durch starke Ausschläge der Preise auszeichnet. Hinzu kommt aber, dass es nun vollkommen rational ist, darauf zu

3 Cochrane, J. (2009).
4 Hayek, F. A. (2011 [1937]): 45–119.

spekulieren, welche Interpretation der Daten die Mehrzahl der Marktteilnehmer übernehmen wird. Es kommt für den Preis, den der Markt ermittelt, schließlich nicht darauf an, ob er mit den objektiven Gegebenheiten korrespondiert, sondern darauf, was die Mehrheit der Marktteilnehmer für eine angemessene Interpretation der Daten hält. Wer in dem Sinne gewinnen will, dass er den Marktpreis besonders gut vorhersieht, muss seine Einschätzung darüber einfließen lassen, wie die Mehrheit die Daten interpretiert statt darüber, wo aufgrund der objektiven Gegebenheiten bei Angebot und Nachfrage der Preis liegen sollte.

An den Märkten kommt es folglich wegen der oben beschriebenen Informationslage zu Herdenbildungen, also weitgehend gleichartigem Verhalten vieler »Investoren«, was massive Preisverzerrungen und eindeutig falsche Preise zum Normalfall macht. Herdenbildung ist exakt das Gegenteil der Hayek'schen Idee von den zahllosen individuell generierten Informationen, die der Markt bündelt. In der Herde folgen die »Investoren« in der Regel volkswirtschaftlichen und von der Politik zur Verfügung gestellten Informationen, ganz gleich, ob sie angemessen oder unangemessen interpretiert werden.

Der kritische Punkt ist, dass die Herde gewinnt, so lange sie rennt. Eine einmal in Gang gekommene Aufwärtsbewegung bei dem Preis eines Assets, sei es eine Währung, eine Aktie, ein Hypotheken- oder ein Rohstoffderivat, macht alle Spekulanten reicher und fordert neue »Investoren« geradezu zum Einsteigen auf. Anders als am walrasianischen Markt, wo viele Marktteilnehmer aufgrund ihrer individuellen Information ein gutes Gefühl für einen fairen Preis und massive Verzerrungen entwickeln und dagegenhalten können, gibt es hier nur makroökonomische Informationen, bei deren Interpretation sich bestimmte Muster herausbilden, ganz gleich, ob sie richtig oder falsch in einem volkswirtschaftlichen Sinne sind.

Die oben gezeigte und erklärte Aufwertung des brasilianischen Real in den ersten zehn Jahren des Jahrhunderts, war im volkswirtschaftlichen Sinne eindeutig falsch, weil das Land relativ hohe Inflationsraten aufwies. Das mag zwar mancher individuelle »Investor« geahnt haben, aber er hätte bei einer zu frühzeitigen Wette auf eine Abwertung des Reals über einige Jahre Verluste gemacht. Wer zum richtigen Zeitpunkt mit der Herde lief, konnte dagegen viel Geld verdienen. Die Schwierigkeit war nur, an dem Punkt, an dem eine Krise in Brasilien am Horizont erschien, rechtzeitig auszusteigen. Wer entsprechend kurzfristig angelegt hatte, konnte das jedoch und vermied damit u. U. jeden Verlust.

Die neoklassische Vorstellung, an den Finanzmärkten gäbe es regelmäßig eine Gegenbewegung, wenn sich eine Spekulationswelle in Gang setzt, die für eine angemessene Bewertung sorgt, ist naiv. Finanzmärkte erfüllen keine der informationellen Voraussetzungen, die man bräuchte, um eine angemessene Preisbildung erwarten zu können. Dass die herrschende Theorie der Ökonomik das ignoriert und selbst den eklatanten Fall der destabilisierenden Währungsspekulation nahezu vollständig ausblendet, ist durch nichts zu rechtfertigen. Ein Fach, wir müssen es auch an dieser Stelle sagen, das derart selektiv vorgeht, wenn es um die Auseinandersetzung mit der Wirklichkeit geht, kann nicht als Wissenschaft bezeichnet werden.

7.4 Rohstoffspekulation

»Rohstoffinvestment«, das ebenfalls meist unter die »Geldanlagen in Emerging Markets« fällt, gilt in vielen Kreisen als eine besonders heikle Form der Spekulation, weil dabei die Lebensbedingungen zahlreicher Menschen in den ärmeren Ländern unmittelbar betroffen sind. Das ist aber in dieser Pauschalität nicht richtig, weil eine Währungsspekulation wie im Falle Brasiliens für den ärmeren Teil der Welt mindestens ebenso gravierendere Folgen haben kann. Dennoch hat die Frage, ob und in welcher Weise auch Rohstoffe an den Finanzmärkten gehandelt und verschoben werden dürfen, viel mehr öffentliche Aufmerksamkeit erregt als die Währungsspekulation.

An den Rohstoffmärkten gibt es genau wie an den Devisenmärkten im Grunde drei Variablen, mit deren Veränderung man Geld verdienen kann.[5] Die drei Variablen, um die es geht, sind der heutige Preis des Rohstoffs (der Spotpreis), der zukünftig zu erwartende Preis (der Preis der Futures, also von Kontrakten, die nicht heute, sondern z. B. in drei Monaten bedient werden müssen) und, oft übersehen, die Entwicklung des Gesamtmarktes, also die Richtung, in die sich Future- und Spotpreise gemeinsam entwickeln.

Für Öl beispielsweise besteht normalerweise eine Differenz zwischen Future und Spot: Manchmal liegt der Future- über, manchmal unter dem Spotpreis. Daneben gibt es die Bewegung beider Preise, unabhängig von der Differenz. Der große Unterschied zum Devisenmarkt ist, dass hier die Differenz zwischen Future und Spot nicht stabil bleibt, sondern stark schwankt. Erschwerend für den »Investor« kommt hinzu, dass diese Differenz bei den Rohstoffen von Markt zu Markt unterschiedlich ausfällt und in der Tat erheblich von vielen Einzelereignissen an den verschiedenen Märkten beeinflusst wird.

Hedging bzw. Absicherungsgeschäfte vollziehen sich zwischen Future- und Spotpreis. Erwarten einige Marktteilnehmer, dass die Preise – z. B. wegen ungünstiger Ernteaussichten – in sechs Monaten höher als heute sein werden, versuchen die Kunden der Rohstoffproduzenten (in dem Fall der Bauern) Future-Kontrakte zu kaufen, die ihnen Schutz vor den u. U. steigenden Preisen bieten. Sind die Bauern oder andere Marktteil-

5 Flassbeck, H. (2014).

nehmer anderer Meinung hinsichtlich der Preisentwicklung, erwarten also fallende, konstante oder nur wenig steigende Preise, verkaufen sie gerne solche Kontrakte, weil sie dann schon heute wissen, was sie bei einer bestimmten, von ihnen erwarteten Erntemenge in der Kasse haben werden. Von Geschäften dieser Art ist in der Öffentlichkeit und in der Wissenschaft zumeist die Rede, wenn »Rohstoffspekulation« diskutiert wird, dabei sind solche Absicherungen (oder Hedging) jedoch vollkommen unproblematisch.

Wenn die Bauern das Risiko wesentlich höherer Preise gering einschätzen, ist mit einem solchen Vertrag beiden Seiten gedient, obwohl am Ende eine Seite »verloren« hat. Sind die Preise nach sechs Monaten nämlich wirklich hoch, haben die Bauern verloren, weil sie ohne Future-Kontrakte höhere Erträge erzielt hätten, aber das können sie wegen des geringeren Risikos, dem sie über die gesamte Laufzeit ausgesetzt waren, vermutlich akzeptieren.

Werden viele Future-Kontrakte nachgefragt, steigt deren Preis, d.h., die Differenz zwischen Future und Spot ist positiv (Future liegt über Spot, man sagt, der Markt ist dann in Contango). Fragt dagegen kaum jemand Future-Kontrakte nach, kann es auch umgekehrt sein, dass die Differenz zwischen Future und Spot negativ ist (Future liegt unter Spot, man sagt, der Markt ist dann in Backwardation). Die Differenzen zwischen Future und Spot bleiben jedoch in der Regel relativ gering, weil bei Unsicherheit über die Zukunft keine Seite eine große Abweichung wagt.

Was aber passiert an einem solchen Markt, wenn plötzlich große Mengen von »Investoren« auftreten, die gar keine Ahnung von den konkreten Marktverhältnissen haben, sondern nur in der Erwartung vereint sind, mit dem Kauf von Derivaten, hier Future-Kontrakten (die sie halten wollen, in die sie also long gehen) Erträge dadurch zu erzielen, dass sie diese Finanzinstrumente (nicht die Rohstoffe) günstig kaufen und bei höheren Preisen (vor der Fälligkeit) verkaufen? Solche Spekulanten sind offenbar von der Erwartung getrieben, dass die Rohstoffpreise generell – unabhängig von der Differenz zwischen Future und Spot – steigen, so wie das für den Ölmarkt zwischen 2002 und 2008 fast durchgängig der Fall war. Dabei befand sich der Markt in dieser Phase teilweise in Contango und teilweise in Backwardation.

Die »Investoren« ließen sich zu Beginn des Jahrhunderts von der Erwartung treiben, die Volksrepublik China werde so viele Rohstoffe verbrauchen und so wenige produzieren, dass die Rohstoffpreise über Jahre nur eine Richtung kennen würden, nämlich nach oben; und weil das viele Akteure unter Einsatz großer Geldsummen erwarteten, geschah genau das, was sich die Spekulanten erhofft hatten. Eine sich selbst treibende Entwicklung bzw. eine selbsterfüllende Prophezeiung sorgte dafür, dass die Preise – angetrieben von der Herde der »Investoren« – weit über den Wert hinaus stiegen, den sie ohne die Finanzialisierung bzw. ohne die Spekulanten an den Finanzmärkten erreicht hätten.

An solchen Rohstoffmärkten passiert, genau wie am Devisenmarkt, das, was im Rahmen der neoklassischen Theorie nicht passieren dürfte. Wenn Finanzinvestoren sich beteiligen, steigt der Futurepreis so stark, dass auch der Spotpreis mit nach oben gezogen wird. Denn jeder Produzent sagt sich dann, dass er bei einer halbwegs normalen Differenz zwischen Future- und Spotkurs heute schon seine Preise erhöhen kann. Auf diese Weise ist es möglich, wie 2008 in klassischer Weise geschehen, dass sich das ganze System der Future- und Spotpreise nach oben verschiebt, obwohl damals der Ölmarkt in Backwardation war, die Future- also unter den Spotpreisen lagen. Nach der Finanzkrise war der Ölmarkt dann in Contango und wiederum ging es allgemein nach oben.

In diesen Phasen allgemein steigender Preise kann man Gewinne mit Future-Kontrakten machen, auch wenn man hinsichtlich der Differenz von Future und Spot falsch liegt. Man muss schließlich nur jemand finden, der bereit ist, den Kontrakt zu einem höheren Preis als man ihn selbst gekauft hat, zu kaufen, weil der Kontrahent erwartet, dass die Preise weiter steigen. Selbst wenn der Kontrakt an sich Verluste generieren würde, weil z. B. der Futurepreis anders als erwartet unter dem Spotpreis zum Zeitpunkt der Fälligkeit liegt, kann man noch einen Gewinn verbuchen, wenn die allgemeine Erwartung herrscht, dass die Rohstoffpreise weiter anziehen und genau das eintritt.

Je länger eine solche Hausse aber geht, umso größer wird die Wahrscheinlichkeit, dass sie zusammenbricht und Verluste auf breiter Front verursacht. Ein Ölpreis von 150 US-Dollar je Barrel scheint unrealistisch, wenn man mehr und mehr erkennt, dass die Lager voll stehen und die Produktion auf vollen Touren läuft, wie das etwa in den Jahren nach der Krise der Fall war. Eine sterbende Hausse aber bedeutet für die passiven Investoren wie die Indexfonds und die Money Manager, die in der Erwartung weiter steigender Preise long gegangen sind, dass sie mehr und mehr Verluste einfahren. Folglich scheiden sie mangels positiver Renditeerwartung aus dem Markt aus. Das geschah nach 2010, weil einfach zu viele konkrete Indikatoren zeigten, dass der erwartete Superzyklus nicht eingetreten war oder schon sein Ende erreicht hatte.

Das Ergebnis all dessen ist dennoch eindeutig: Über einige Jahre waren die Preise für Rohstoffe einschließlich vieler Nahrungsmittel massiv nach oben verzerrt – und das ist mehr als bedenklich, weil Menschen, die auf diese Nahrungsmittel angewiesen sind, nicht warten können bis die lange Frist der Ökonomen eintritt und sich die Preise normalisieren. Man ist nämlich nicht erst langfristig tot, sondern schon kurzfristig, wenn nicht genug bezahlbare Nahrungsmittel zur Verfügung stehen.

Das alles wurde und wird in der herrschenden Ökonomik nicht im Detail diskutiert, weil viele Ökonomen sofort und ohne großes Nachdenken alles, was an Märkten geschieht, verteidigen. Damit verteidigen sie zugleich ihr Dogma des effizienten Marktes und, wie sie jedenfalls glauben, die Dominanz des Marktes über den Staat. Das ist das eigentlich Schlimme auch an dieser Entwicklung: Man ist wissenschaftlich unfähig, solche komplexen Phänomene sachlich zu diskutieren, weil sich in der Fachwissenschaft zu viele sofort und ohne weitere Prüfung auf die Seite des Marktes schlagen.

In der Diskussion um die Effizienz der Finanzmärkte haben David Bicchetti und Nicolas Maystre von der UNCTAD absolut überzeugende Evidenz vorgelegt.[6] Sie zeigen, dass vor allem im Hochfrequenzhandel nach der Finanzkrise eine fundamentale Veränderung stattfand. Die Korrelationen der fünfminütigen Erträge zwischen einem Ölpreis (hier WTI) und dem Standard-&-Poor-Aktienindex (S&P) gingen systematisch nach oben und blieben – mit einer kurzen Ausnahme während der Libyenkrise – bis Mitte 2012 relativ stabil. Danach bewegten sich die Korrelationen wieder nach unten, was klar auf einen abnehmenden Einfluss der Finanzmärkte, also eine nachlassende Finanzialisierung dieser Märkte hindeutet.

Das gilt in gleicher Weise, wenn man wichtige Lebensmittel betrachtet. Für Mais, Zucker, Sojabohnen, Rindfleisch und Weizen lässt sich zeigen, dass die Korrelation der dort erzielten fünfminütigen Erträge mit dem gleichen Aktienindex einen Bruch im Jahr 2008 aufwies, dann bis Mitte 2012 recht hoch war und nach der Krise ebenfalls zurückging. Der Rückgang der Finanzialisierung für die Rohstoffpreise nach 2012 – und der Erträge aus dem Rohstoffgeschäft, wobei Ertrag der Unterschied ist zwischen dem Einkaufspreis und dem Verkaufspreis fünf Minuten später – geht einher mit Berichten von Regulierungsbehörden wie der britischen Financial Conduct Authority (FCA),[7] dass danach weit geringere Mengen an Kapital in die Rohstoffmärkte flossen als vorher. Dieser Zusammenhang zwischen rückläufiger Korrelation der Preise und dem Rückgang der Ströme beweist, dass die Behauptung, die Finanzialisierung, also die zunehmenden Investments in Rohstoffpapiere, habe die Preise für einige Jahre massiv verzerrt, vollkommen richtig war und ist.

Über die Gründe für den Rückzug der »Investoren«, deren Präsenz den Verteidigern der Finanzialisierung vorher als absolut galt, kann man im wahrsten Sinne des Wortes nur spekulieren. Vermutlich war es schlicht so, dass sinkende Profite und geringere Risikodiversifizierung angesichts der engen Korrelation der Rohstoffpreisentwicklung mit anderen Finanzmarktprodukten die Spekulation unattraktiv gemacht hat. Hinzu kommt sicherlich auch, dass viele Teilnehmer aus der »Finanzindustrie« die öffentliche Aufmerksamkeit und die größere Aufmerksamkeit der Regulierer scheuen, die mit der Diskussion um Rohstoffspekulation verbunden ist. Entscheidend dürfte aber sein, dass die Vermutung, es gäbe einen »neuen Superzyklus« für Rohstoffe, also eine Knappheit für viele Jahrzehnte, sich schlicht nicht erfüllt hat.

---

6 Bicchetti, D., & Maystre, N. (2012); Flassbeck, H. (2014).

7 FCA (2014).

7.5 Der Finanzmarkt als Richter über staatliche Politik?

Nicht anders als bei den Währungs- und Rohstoffmärkten vermutet die herrschende Lehre auch beim Markt für langfristiges Kapital, dass dieser in der Lage sei, den Staaten und den Unternehmen den angemessenen Zins vorzugeben. Ja, vielfach sieht man die Bondmärkte, also die Märkte, auf denen vorwiegend staatliche Anleihen gehandelt werden, als objektiven Richter über die Möglichkeiten der Staaten, Schulden aufzunehmen. Selbst da, wo es nicht um die Wechselkurse von nationalen Währungen untereinander geht, wie etwa in der EWU, glaubt man dennoch, dass die Kapitalmärkte letztendlich den Preis bestimmen, zu dem sich souveräne Staaten, mit denen man kein spezifisches Wechselkursrisiko verbindet, verschulden können. Tatsächlich gibt es Phasen anhaltender Spekulation, wo auch in einer Währungsunion die langfristigen Zinsen weit auseinanderlaufen bzw. hohe Spreads, also Zinsabstände, entstehen, wie dieser Vorgang üblicherweise genannt wird.

In dem Fall ist es keineswegs offensichtlich, dass die Notenbanken die langfristigen Zinsen noch in einer Weise kontrollieren, wie das in normalen Zeiten der Fall ist, wenn sie nicht besondere Anstrengungen unternehmen. Wie aber kann »der Markt« eine volkswirtschaftliche Analyse zustande bringen, wie sie nun einmal unumgänglich ist bei der Beantwortung der Frage, mit welchem Risiko der Halter einer Staatsanleihe rechnen muss?

Nehmen wir das Beispiel der EWU und Italiens. Um die italienische Staatschuld wirklich beurteilen zu können, muss man ziemlich weit in der Geschichte zurückschauen. Denn das Erste, was auffällt, ist die Tatsache, dass die hohen Schulden des italienischen Staates keineswegs kontinuierlich entstanden sind, sondern vor allem in den 1980er-Jahren. Die Gründe dafür liegen bei Verwendung eines gesamtwirtschaftlich konsistenten Ansatzes zwar auf der Hand, aber bisher hat man keinen »Markt« gesehen, der eine solche differenzierte Analyse geleistet hätte.

»Der Markt«, was konkret heißt, die Volkswirte einiger wichtiger Banken und Hedgefonds, kann sich vielleicht auf einige Grundzüge einer extrem schlichten neoklassischen Theorie einigen – aber woher soll eine zumindest ausgewogene Mischung aus Meinungen bei diesen Marktteilnehmern herkommen, so dass am Ende eine faire Analyse steht, die die unterschiedlichen Aspekte verschiedener Theorien in angemessener Weise mischt? Marktteilnehmer, die ohne eigene volkswirtschaftliche Beratung agieren, sind vollends darauf angewiesen, sich den einfachsten ökonomischen Vorurteilen anzuvertrauen.

Die Abbildung 7.9 zeigt den Verlauf der Staatsschuldenquote (in Relation zum Bruttoinlandsprodukt) ab 1980 für Italien, Frankreich, Deutschland und die EWU insgesamt.

Abb. 7.9 Staatsschuldenquote[1] in großen EWU-Ländern 1960 bis 2023

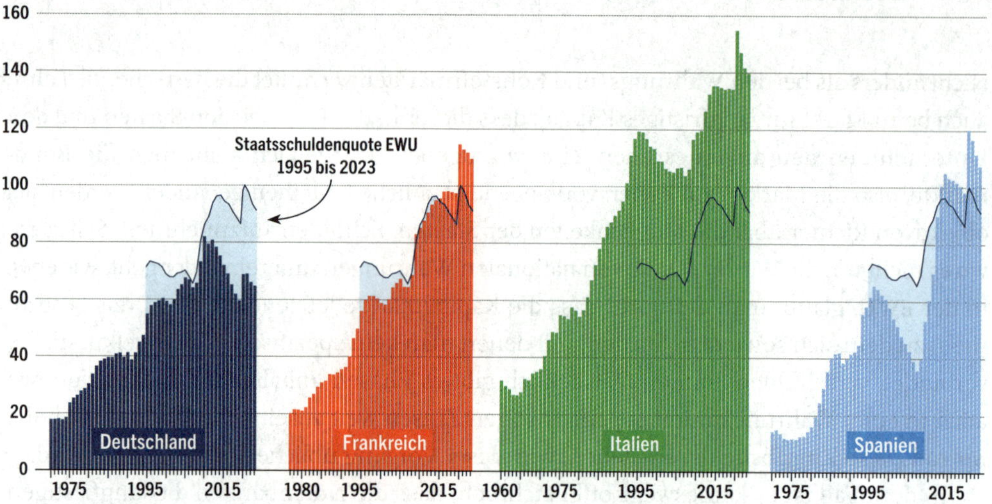

[1] In % des nominalen Bruttoinlandsprodukts.

Erstaunlicherweise erhöhte sich die italienische Quote der Staatsschulden in Relation zum BIP im Verlauf der 1980er-Jahre im Vergleich zu den hier aufgeführten Regionen extrem: Von einem Niveau von etwa 55 Prozent 1980 stiegt sie zum Jahr 1995 auf 120 Prozent. Danach konnte Italien die Schuldenquote über mehr als zehn Jahre deutlich zurückführen bis es, nicht anders als die meisten anderen europäischen Länder, nach der Globalen Finanzkrise wieder per staatlicher Ausgabenpolitik die Wirtschaft stabilisieren musste. Nur Deutschland mit seinen anhaltenden Leistungsbilanzüberschüssen, das also die für sein Wachstum notwendige Verschuldung ins Ausland verlagerte, schaffte es, seine Staatsverschuldung nach 2010 in Relation zum Bruttoinlandsprodukt zu verringern.

In Überblick 6 haben wir die Finanzierungssalden der einzelnen Sektoren der italienischen Volkswirtschaft von 1980 bis zum Jahr 2000 gezeigt. Das Ergebnis war verblüffend. Die dramatische Erhöhung des staatlichen Schuldenstandes entpuppte sich als unmittelbare Folge eines – gerade in neoklassischen Augen – äußerst tugendhaften Verhaltens der Masse der Italiener, nämlich ihrer hohen Sparneigung.

Der »Sparwahn« der italienischen Privathaushalte war es, der den »Schuldenwahn« des Staates schuf. Nach der Rezession Anfang der 1980er-Jahre blieb dem Staat nichts anderes übrig, als die Wirtschaft mit eigener Verschuldung am Laufen zu halten; und das, obwohl die italienischen Unternehmen zuvor noch eine konstruktive Rolle gespielt hatten, weil sie durchgängig den Staat in der Schuldnerrolle unterstützten. Auf diese Weise gelang es trotz des enormen Sparens der Haushalte, einigermaßen vernünftige Wachstumsraten zu erzielen. Erst zum Ende des Jahrzehnts, als Italien in ein Leistungsbilanzdefizit geriet, kam es erneut zu einer Rezession.

Danach änderte sich in Italien alles fundamental. Die Sparquote der privaten Haushalte normalisierte sich. Allerdings stieg – auch ausgelöst vom deutschen Lohndumping – das Leistungsbilanzdefizit in den ersten zehn Jahren des Jahrhunderts kontinuierlich an, was es, zusammen mit immer stärker sparenden Unternehmen, dem Staat trotz geringer Sparquote der privaten Haushalte unmöglich machte, seine Defizite deutlich zu verringern. Gleichwohl erzielte Italien in allen Jahren seit Beginn der Währungsunion einen Primärüberschuss, also einen Überschuss der staatlichen Einnahmen über die Ausgaben, wenn man die Zinszahlungen herausrechnet.

Nach der Globalen Finanzkrise weist Italien zwar einen Leistungsbilanzüberschuss auf, doch der ist viel mehr der gesamtwirtschaftlichen Schwäche und einer darauffolgenden Importschwäche zuzuschreiben als steigenden Exporten. Bemerkenswert ist auch, dass die privaten Haushalte in Italien von 2010 bis 2012 praktisch keine Ersparnisse mehr bildeten und der Staat trotzdem sein Defizit nicht verringern konnte, weil damals die Leistungsbilanz tief im Defizit war und die Unternehmen sich in einer Nettobetrachtung nicht mehr verschuldeten. Zuletzt hat die Nettoersparnis der Unternehmen mit über 3 Prozent des Bruttoinlandsprodukts ein enormes Ausmaß erreicht, während die privaten Haushalte nur noch wenig sparen.

Vergleicht man Italien etwa mit Frankreich, zeigt sich, wie gewaltig die Aufgabe des italienischen Staates in den 1980er-Jahren war (siehe ebenfalls Überblick 6). Frankreich hatte in der gleichen Periode damit zu kämpfen, dass es ein hohes Leistungsbilanzdefizit aufwies, die Ersparnis der privaten Haushalte allerdings moderat ausfiel. Auch hier gilt: Nur weil der Staat permanent die wirtschaftliche Entwicklung kontrollierte und mit eigener Nachfrage einsprang, wenn die private Wirtschaft ausfiel, konnte eine halbwegs vernünftige Wachstumsrate erzielt werden.

Die Gründe für die extreme Sparneigung der italienischen Privathaushalte in den 1980er-Jahren sind sicher vielfältig. Es spricht aber einiges dafür, dass sie mit der äußerst hohen Verzinsung zusammenhing, die zu Beginn der Dekade auf der gesamten Welt im Zuge der Inflationsbekämpfung nach dem zweiten Ölpreisschock üblich geworden war (siehe Überblick 4).

Da man sich unschwer ausrechnen konnte, dass auch in Italien im Zuge der restriktiven Geldpolitik und der damit verbundenen extrem hohen Zinsen die Inflationsrate fallen würde, erwartete man damals eine hohe Realverzinsung. Die Folge war eine unglaublich hohe Ersparnisbildung der privaten Haushalte, denen nur mit drastischer staatlicher Verschuldung begegnet werden konnte. Mit der Normalisierung der Zinsen spätestens seit dem Eintritt Italiens in die EWU hat sich auch die Sparneigung der privaten Haushalte normalisiert.

Somit kommt eine umfassende Analyse zu einer völlig anderen Beurteilung der Wirtschafts- und Finanzpolitik in Italien, als sie im Mainstream üblich ist. Da sich »der Markt« auf die üblichen Vorurteile stützt, die darauf hinauslaufen, Italien über Jahrzehnte eine schlampige Finanzpolitik vorzuwerfen, produziert er systematisch einen falschen Preis. Nichts außer einem weltweit zu beobachteten Tatbestand in Form hoher Zinsen zu Beginn der 1980er-Jahre des vorigen Jahrhunderts und einer vollkommen rationalen Reaktion der italienischen Privathaushalte darauf ist für die hohe italienische Staatsschuld verantwortlich zu machen.

Insgesamt gesehen, muss folglich konstatiert werden, dass die Finanzmärkte nicht nur in keiner Weise effizient sind, sondern systematisch dazu neigen, falsche Preise zu erzeugen. Sie destabilisieren die Bereiche, an denen sie die entscheidenden Signale für die Marktteilnehmer geben sollten. Das ist ein schwerwiegender Vorwurf, der, nicht anders als die destabilisierende Wirkung, die wir den Arbeitsmärkten in Kapitel 4 bescheinigt haben, die neoklassische Theorie vollständig diskreditiert – und in der Tat, der gesamte Kanon der herrschenden Ökonomik, der die Geldpolitik, die Kapitalmärkte und den »Arbeitsmarkt« betrifft, ist unter wissenschaftlichen Maßstäben irrelevant.

Finanzströme können nur da stabilisierend wirken, wo die Schwankungsmargen und der zu stabilisierende Preis strikt vorgegeben sind. Das war etwa beim Goldstandard der Fall, weil der zu stabilisierende Preis und die Bandbreiten, in deren Rahmen er schwanken durfte, die Goldpunkte (siehe Abschnitt 2.10), von der Staatengemeinschaft den Märkten eindeutig vorgegeben wurden. Jede Freiheit, die man den »Märkten« darüber hinaus zuspricht, führt in die Irre. Es gibt weder Gleichgewichtspreise noch atomistische Märkte mit unabhängigen Informationen für die Marktteilnehmer.

Volkswirtschaftliche Lösungen können nur auf dem Wege einer umfassenden volkswirtschaftlichen Analyse gewonnen werden. Das ist und bleibt die Domäne des Staates und der globalen Staatengemeinschaft. In besonderem Maße gilt das für die Währungsrelationen. So wenig sich die meisten Staaten darin beirren lassen, den Märkten die Stabilität des Geldwertes in der Zeit vorzuschreiben, so wenig dürfen sie sich scheuen, Geldwertstabilität im Raum anzustreben und mit einem geeigneten Rahmenwerk überall dort vorzusehen, wo die Nationen miteinander Handel treiben.

7.6 Gibt es monetäre Autonomie?

Das Scheitern der unterschiedlichsten Währungssysteme wirft allerdings die Frage auf, ob es überhaupt so etwas wie monetäre Autonomie in einer hoch verflochtenen Weltwirtschaft geben kann. Die eindeutige Antwort lautet: Nein. Jenseits der trivialen Tatsache, dass ein Land mit einer eigenen Währung formal das Hoheitsrecht besitzt, Geld zu emittieren und damit eine Staatspleite in eigener Währung zu verhindern, existiert keine Autonomie.

Alle Versuche der herrschenden Ökonomik, Bedingungen für geld- und währungspolitische Autonomie von Nationalstaaten zu definieren, sind an der Logik und an der Realität gescheitert. Zunächst muss man die einfache logische Restriktion zur Kenntnis nehmen, die sagt, dass n Länder nur über n -1 Währungsrelationen verfügen. Zumindest ein Land kann den Wechselkurs seiner Währung nicht frei wählen. Mit anderen Worten, es gibt keinen nationalen Wechselkurs, sondern immer nur den Wechselkurs, auf den sich zwei Länder einigen.

Das alleine schon macht internationale Koordination in irgendeiner Form absolut zwingend. Da, wie oben gezeigt, keine Marktlösung in dem Sinne existiert, dass die Währungsrelationen die Inflationsdifferenzen zwischen den Nationen perfekt widerspiegeln, bedeutet Koordination immer politische Koordination bzw. Absprache in Bezug auf politische Reaktionen oder eine Einigung auf bestimmte Formen der automatischen Wechselkursanpassung.

Gleichwohl gestaltet sich eine internationale Einigung schwierig, weil sich hinsichtlich der Frage, wie der Geldwert in der Zeit (also die Preisstabilität im herkömmlichen Sinne) zu sichern ist, keine einheitliche Antwort findet. Weil es eine valide und weitgehend anerkannte makroökonomische Theorie, auf deren Basis kleine offene Volkswirtschaften verlässlich arbeiten könnten, nicht gibt, kann es auch keine Vereinbarungen geben, die zuverlässig für die Stabilität des Geldwertes im Raum sorgen. Beides gehört unverbrüchlich zusammen.

Wenn sich die miteinander Handel treibenden Länder einig wären, dass Preisstabilität durch die Lohnentwicklung gesichert werden muss, könnten sie konsistente Regeln entwickeln, auf deren Basis entweder die Lohnentwicklung koordiniert oder divergierende Lohnentwicklungen zum Ausgangspunkt von Änderungen der Währungsrelationen gemacht werden. Ohne eine Lohnpolitik in diesem Sinne kann es keine erfolgreiche Währungszusammenarbeit geben. So lange Lohnpolitik als Tabu gilt, ist eine rationale Währungs- und Geldpolitik überhaupt nicht möglich.

Währungszusammenarbeit verlangt Kooperation und die Versicherung durch alle Teilnehmer, die lohnpolitischen Regeln strikt einzuhalten. Weil bei der Gründung der EWU der Monetarismus die ökonomische Theorie dominierte und die Illusion vorherrschte, es genüge die Kraft einer gemeinsamen und unabhängigen Notenbank, um Preisstabilität und eine gute Wirtschaftsentwicklung für alle Mitglieder durchzusetzen, ist, wie wir am Ende dieses Abschnitts zeigen werden, die gemeinsame europäische Währung in schweres Fahrwasser geraten.

Versucht man in einem lateinamerikanischen Land vorwiegend mit Hilfe der Geldpolitik die Inflationsrate zu stabilisieren, ohne dass eine stabile Lohnentwicklung und die institutionellen Voraussetzungen dafür gegeben sind, scheitert man ungeheuer schnell. Man rennt in eine lohninduzierte Inflation und weiß nicht, was man dagegen tun soll, weil man nur die Wirtschaft abwürgen kann, was man aber politisch auf jeden Fall verhindern möchte.

Wird die Währung eines Landes mit lohninduzierter Inflation vom »Markt« noch aufgewertet, ist es sicher, dass sie nach einiger Zeit ohne Gnade unter Abwertungsdruck gerät. Will man verhindern, dass aus einer sich beschleunigenden Abwertung wieder neue Inflation entsteht (und die Rohstoffe sowie andere wichtige Importe unbezahlbar werden), muss man intervenieren – oder den Kapitalverkehr einschränken, was aber meistens nicht funktioniert, weil auch dazu die institutionellen Voraussetzungen fehlen. Intervenieren kann man jedoch nicht lange und schon gar nicht überzeugend, weil man nicht über unbegrenzte, sondern nur über eng begrenzte Devisenreserven verfügt. Erneut braucht man internationale Hilfe.

Es bedarf folglich einer Feuerwehr, deren Zuständigkeit nicht an nationalen Grenzen Halt macht. Diese Rolle hat nach dem Zweiten Weltkrieg der IWF übernommen. Immer wieder wurde der Fonds von den betroffenen Ländern gebeten, wenn auch zähneknirschend, bei ihnen aktiv zu werden, weil sie ohne seine Hilfe ihre Währung nicht stabilisieren konnten. Zudem gibt es viele Länder, die vollkommen freiwillig auf geldpolitische Souveränität verzichtet haben, Österreich ist der klassische Fall. Offensichtlich wirken in diesem Bereich ökonomische Zwänge, die man zur Kenntnis nehmen muss, wenn man die politischen Zusammenhänge verstehen will.

Es gibt Staaten, die »freiwillig« eine Währung, die sie selbst herstellen können, durch eine andere ersetzen, deren Geldscheine mit Koffern in den USA geholt (u.a. als Bezahlung von Öl) und im wahrsten Sinne des Wortes ins eigene Land getragen werden müssen. Dollarisierung bedeutet nichts anderes, als sich in sklavische Abhängigkeit von der Geldpolitik der USA zu begeben – dennoch tun sich Länder so etwas an.

Warum gibt man so viel nationale Macht einfach auf? Weil das, was in unseren Breitengraden für normal und selbstverständlich gehalten wird, in etlichen Ländern die mit Abstand schwerste (und manchmal schlicht unlösbare) Aufgabe der Wirtschaftspolitik darstellt, nämlich den inneren und zugleich den äußeren Wert der Währung so zu stabilisieren, dass die Bevölkerung bereit ist, sich für ihre Arbeit in dieser Währung bezahlen zu lassen und nicht fünf Minuten nach der Auszahlung der Löhne alles (bis auf das, was man für die Steuern braucht) in US-Dollar umzutauschen. In Österreich, wo man niemals versucht hat, eine eigenständige Währungs- und Geldpolitik zu betreiben, wurde dieser Ansatz als »das Binden der eigenen Hände« ausführlich und über viele Jahre mit dem Ergebnis diskutiert, dass genau das absolut vernünftig sein kann.

Das ist der klassische Fall, wo die internationale Feuerwehr, die IWF heißt, unabdingbar ist, denn sie allein verfügt über das Löschmittel in Form von US-Dollar. Das Zwang oder Unfreiwilligkeit von Seiten der betroffenen Länder zu nennen, ist sicher falsch, weil nur die internationale Aktion zum Erfolg führen kann. Der oben geschilderte Zusammenhang stellt eine bedeutsame Asymmetrie dar (Aufwertung kann man mit eigenen Mitteln verhindern, Abwertung nicht), die man niemals ausblenden darf, wenn man über nationale Selbstbestimmung und internationale Zusammenarbeit redet. In diesen Fällen hilft nur eine internationale Feuerwehr, weil die nationale Feuerwehr in den Ländern, in denen es zu brennen droht oder bereits brennt, systematisch nicht über genügend Löschmittel verfügt. Die Asymmetrie ist eng verbunden mit dem Unmöglichkeitstheorem, dem zufolge nicht alle Länder Leistungsbilanzüberschüsse aufweisen können: Wer Überschüsse erreicht, muss Abwertung kaum fürchten, wer Defizite aufweist, muss permanent damit rechnen.

Diese Prinzipien haben nichts mit dem konkreten Verhalten der Institutionen zu tun, die internationale Macht ausüben. Dass die Feuerwehr namens IWF in der Regel gleich die Regierung übernimmt und der betroffenen Nation – Demokratie hin, Demokratie her – sagt, wie man aus ihrer Sicht das nächste Feuer verhindert, kann man durchaus kritisieren. Dazu mag man die konkreten Therapien des IWF und sein Auftreten seit dem Fall des Eisernen Vorhangs für fundamental falsch halten. Kaum für falsch halten kann man jedoch, dass eine immer wieder angeforderte Feuerwehr auch demokratischen Ländern Ratschläge gibt, wie man generell Feuer verhindert. Die Tatsache, dass die Truppe viel zu oft ausrücken muss, weil die Theorien zur Erklärung der Brandherde falsch sind, sollte man ebenfalls nicht der Feuerwehr zum Vorwurf machen.

Länder, die mehrfach durch solche Währungseruptionen gegangen sind, tendieren so wie Ecuador dazu, an ihrer Aufgabe zu verzweifeln und Irrsinnslösungen nicht auszuschließen. Das ist alles kein Wunder, wenn man bedenkt, wie beharrlich sich fast die gesamte ökonomische Theorie weigert, der empirisch eindeutig bestätigten Lohntheorie der Inflation zu folgen. Die neoklassische Theorie weigert sich, die Fakten anzuerkennen, weil sonst ihr gesamtes theoretisches Gebäude zusammenkracht; und die MMT weigert sich, weil man sonst zugeben müsste, dass man hin und wieder doch eine restriktive Geldpolitik mit hohen Zinsen braucht, um die Inflation zu bekämpfen.

Genau das Gleiche gilt für das Eingreifen der Geldpolitik in der EWU. Nur weil die Geldpolitik über den nationalen Entscheidungsträgern steht, kann sie glaubwürdig eingreifen, wenn es um die Spreads zwischen den Ländern der EWU geht. Italien sähe sich allein gegenüber den »Märkten« in genau der gleichen Situation wie ein Entwicklungsland. Die meisten europäischen Länder (einschließlich Österreichs) sind der EWU beigetreten, weil sie genau diese nationale Ohnmacht verhindern wollten.

Manche argumentieren, die EZB dürfe genau das nicht tun, was alle von ihr erwarten, weil sie nicht über eine ausreichende demokratische Legitimation verfügt. Das ist allerdings absurd, denn die Länder haben zwar formal auf Macht zugunsten der EZB verzichtet, de facto besaßen die meisten diese Macht aber zuvor gar nicht. Durch die bloße Existenz der EZB ist tatsächlich etwas Neues (nämlich Macht gegenüber den Märkten) entstanden, was es ohne sie nicht gegeben hätte.

In der Tat ist das einzige Land, das bei der Gründung der EWU auf geldpolitische Macht verzichtet hat, Deutschland. Dieser Machtverzicht erfolgte jedoch zugunsten unserer europäischen Nachbarn und zulasten der Deutschen Bundesbank, nicht aber in erster Linie zulasten des Bundestags.

Wer sich mit den internationalen Beziehungen beschäftigt, kommt nicht umhin, sich intensiver mit einer für die Wirklichkeit relevanten Ökonomik auseinanderzusetzen. Es genügt nicht, das neoklassische Dogma zum Maßstab dessen zu machen, was man von ökonomischer Seite als Erklärung erwarten kann und das in irgendeiner Weise in die eigenen Erklärungen einzubauen. Die Neoklassik baut schließlich nicht nur auf der Fiktion vom neutralen Geld auf, sondern sie unterstellt auch, Geld lasse sich international dadurch neutralisieren, dass man den Finanzmärkten die Bestimmung der Währungsrelationen überlässt. In dieser schönen neuen Welt kann man in der Tat darauf setzen, der Geldpolitik einen rein technokratischen und nationalen Auftrag zu geben und den IWF nur auf der Basis von Freiwilligkeit zu rufen. Mit der Wirklichkeit, deren Erklärung man von Wissenschaftlern allerdings erwarten sollte, hat das absolut nichts zu tun.

Jeder Versuch, internationale oder gar globale Ziele zu erreichen, deren Erfolg zwingend von einem angemessenen Verhalten aller beteiligten Nationen abhängt, ist darauf anwiesen, internationale Institutionen zu schaffen, die das Verhalten beobachten, bei Fehlentwicklungen einschreiten und die in der Lage sind, die nationalen Entscheidungsträger vor einem internationalen Gericht zur Verantwortung zu ziehen. Jede Art der internationalen Zusammenarbeit, bei der es um angemessenes und faires Verhalten aller Beteiligten geht, benötigt, um erfolgreich zu sein, supranationale Institutionen, die mehr sind als nur die Beobachter der Beteiligten. Man braucht Schiedsrichter und Feuerwehren und beide brauchen Macht, weil sie sonst ihre Rolle nicht erfolgreich spielen können.

Die Geschichte der Diskussion um geldpolitischen Autonomie oder Währungssouveränität reicht weit zurück bis in die 1950er- und 1960er-Jahre, wo man versuchte, Alternativen zu einem System fester Wechselkurse zu finden. Es ging dabei immer um die substanzielle Frage, ob Bedingungen möglich sind, unter denen ein Land bei relativ freiem Kapitalverkehr und offenen Grenzen für den Handel frei ist, eine andere Inflationsrate zu wählen als seine Handelspartner und folglich eine andere Wirtschafts- und Geldpolitik ohne große Friktionen und Krisen durchzuführen.

Lange Zeit glaubte man, es seien die festen Wechselkurse, die verhindern würden, dass Länder frei und souverän ihre wirtschaftspolitischen Ziele bestimmen und umsetzen können. Diese Theorie ist unter dem Namen der »impossible trinity« als prominentes Trilemma in die Dogmengeschichte eingegangen (siehe Abschnitt 2.12). Doch das war eine zu enge Sicht, weil sie nicht über eine valide Theorie flexibler Wechselkurse verfügte.

Wer für stabile Inflationsraten eintritt, muss es auch für richtig halten, dass Wechselkursveränderungen entlang der KKP ein internationales wirtschaftspolitisches Ziel sein sollten. Weil das mit flexiblen Wechselkursen nicht erreichbar ist, sollte Floating a priori von der wirtschaftspolitischen Agenda ausgeschlossen werden. Die in Schwellenländern weit verbreitete Angst vor diesem System ist absolut berechtigt.[8]

Jede Änderung des Wechselkurses zwischen Ländern mit divergierender Inflationsentwicklung ohne Floating bedeutet jedoch wirtschaftspolitische Kooperation. Da der Wechselkurs eines Landes mit freiem Handel und offenem Kapitalmarkt per Definition ein multilaterales Phänomen ist, kann er nicht der unilateralen Entscheidung eines Landes überlassen werden. Das muss jeder verständige Mensch zur Kenntnis nehmen und entsprechend würdigen.

Die Fixierung des Wechselkurses beseitigt nicht die geldpolitische Autonomie in einem System relativ freier Kapital- und Warenströme, sondern zeigt ihre Nicht-Existenz nur auf andere Weise. Der Verlust der nationalen geldpolitischen Autonomie ist nicht abhängig vom Wechselkursregime. Zinsdifferenzen, die nicht strikt durch die Dominanz der KKP abgedeckt und sterilisiert werden, verzerren zwangsläufig jeden Versuch, erfolgreich nationale monetäre Ziele zu erreichen. Dies gilt sowohl für kleine offene Volkswirtschaften als auch für große geschlossene Volkswirtschaften. Letztere sind nur groß und geschlossen genug, um das Ergebnis ihrer Außenwirtschaftsbilanz zu ignorieren.

Deshalb war es auch ein schwerwiegender Irrtum der Wirtschaftswissenschaften im 20. Jahrhundert, den Politikern weiszumachen, dass es so etwas wie nationale Souveränität in der Wirtschaftspolitik geben könne, sofern man nur ein Geldsystem installiere, das »flexibel« genug sei, um externe Schocks abzufedern. Die MMT wiederholt diesen Fehler – ohne eine valide Theorie flexibler Wechselkurse zu haben – mit dem lapidaren Hinweis auf die Möglichkeit, nationales Geld zu drucken. Das führt fundamental in die Irre.

---

8 Calvo, G. A., & Reinhart, C. M. (2002).

Die derzeitigen Währungssysteme sind außerstande, monetäre Störungen friktionsfrei auszugleichen, ganz zu schweigen von realen Schocks. Die häufigen weltweiten Krisen zwischen 1980 und 2010 haben gezeigt, dass nationale Souveränität im Sinne einer effektiven Isolierung von solchen Ereignissen nicht existiert. Jeder Staat auf der Welt ist in irgendeiner Weise betroffen. Der Verlust der nationalen Souveränität, die »unmögliche Dualität«, resultiert unmittelbar aus der Öffnung der Güter- und Kapitalmärkte, nicht etwa aus einer unangemessenen Währungsordnung. Daher gibt es keine Alternative zur internationalen Kooperation in der Währungspolitik, wenn relativ freier Handel und weitgehend freier Kapitalverkehr gewährleistet werden sollen.

Die Idee eines kooperativen globalen Währungssystems ist es, auf multilateraler Basis gleiche Bedingungen für alle Beteiligten zu schaffen – ähnlich wie multilaterale Handelsregeln für alle Beteiligten in gleicher Weise gelten müssen, will man ein Minimum an Effizienz erreichen. Deshalb war der Hauptgedanke bei der Gründung des IWF in den 1940er-Jahren, konkurrierende Abwertungen in einer Welt, die sich nicht auf eine fest institutionalisierte multilaterale Lösung des Währungsproblems einigen konnte, trotzdem zu vermeiden. In einem gut durchdachten, globalen Währungssystem müssen die Notwendigkeit und die Vorteile der Abwertung der Währung eines Landes immer gegen die Nachteile abgewogen werden, die anderen Ländern entstehen.

Da sich Änderungen des von der KKP abweichenden Wechselkurses auf den internationalen Handel genauso auswirken wie Änderungen von Zöllen und Exportprämien, müssen sie Gegenstand multilateraler Verhandlungen sein. Die Gründe für die reale Abwertung und das notwendige Ausmaß sind in multilateralen Verhandlungen zu ermitteln. Werden solche Regeln angewandt, bleiben die realen Wechselkurse aller Beteiligten mehr oder weniger konstant, da sich zumindest unter den Industrieländern kaum starke Argumente zur Schaffung von Wettbewerbsvorteilen auf der Ebene des Nationalstaates finden. Reale Aufwertungen, die in einem Land durch überschießende Löhne entstanden sind, müssen immer durch eine angemessene Abwertung der Währung kompensiert werden und umgekehrt. Ungerechtfertigte und einseitige nationale Maßnahmen sollten die Handelspartner mit Vergeltungsmaßnahmen beantworten dürfen.

Weit jenseits der *fear of floating* hat es in den vergangenen vierzig Jahren sogar eine einseitige, dauerhafte Fixierung von Wechselkursen gegeben, bei denen das Ankerland keinerlei Verpflichtung zur Aufrechterhaltung der Stabilität übernimmt. Currency-Board-Regime oder Dollarisierung wurden eingesetzt, um einen stabilen monetären Rahmen für Länder mit per se instabilen Institutionen zu schaffen. Das bedeutet unmittelbar den Verzicht auf jede nationale monetäre Aktionsmöglichkeit. Man muss die eigenen Zinssätze gegenüber einer großen und florierenden Volkswirtschaft wie den USA stabil halten. Das zu erreichen, ohne die eigenen Beschäftigungsmöglichkeiten massiv zu beeinträchtigen, ist eine äußerst anspruchsvolle und in vielen Fällen vollkommen unlösbare Aufgabe. In Westeuropa gelang es nur den sehr hoch entwickelten Staaten, ihre Wechselkurse ohne größere Ausschläge gegen die D-Mark als Anker zu fixieren. Aber selbst diese Länder hatten einzig deswegen Erfolg, weil sie Teil eines viel größeren multilateralen institutionellen Arrangements waren (das EWS und die EU), in dem sie im Falle einer Krise eine geordnete Abwertung anstreben konnten, was bei unilateralen Ansätzen wie Currency Boards nicht möglich ist.

Einen gewissen Ausweg für hochinflationäre oder wachstumsstarke Länder, die nicht Mitglied einer Währungsunion sind, bietet der Versuch der Kontrolle der kurzfristigen Kapitalströme. Wenn man in der Lage ist, destabilisierende Zu- und Abflüsse entweder durch Besteuerung oder durch direkte quantitative Begrenzungen zu vermeiden, lassen sich die schwierigsten Entscheidungen und Fehlallokationen, die durch erratische Wechselkursänderungen verursacht werden, vermeiden. Der Rückgriff auf Kontrollen ersetzt jedoch nicht die Suche nach einem geeigneten Wechselkurssystem. Wenn sich ein hochinflationäres oder wachstumsstarkes Land – trotz Kapitalverkehrskontrollen – für den freien Warenhandel mit seinen Nachbarn entscheidet, muss es Wege finden, seine Wettbewerbsposition zu erhalten, d. h. seine Währung abzuwerten oder jedenfalls nicht aufzuwerten.

Dies bedeutet auf globaler Ebene eine Rückkehr – wie im Bretton-Woods-System – zu einem Mix aus anpassungsfähigen Wechselkursen in Kombination mit Kontrollen im Krisenfall. Da der mit Abstand problematischste Sektor des Finanzmarktkasinos der Devisenmarkt ist, sollte ein Überwachungs- und Frühwarnsystem von den großen Industrieländern in Zusammenarbeit mit den Schwellenländern entwickelt werden. Eine zeitnahe Anpassung der nominalen Wechselkurse kann große Ungleichgewichte im Außenhandel und einen kumulativen Aufbau von Auslandsverbindlichkeiten verhindern. Auch in einem solchen System lassen sich destabilisierende Kapitalbewegungen nicht gänzlich ausschließen, aber sie sind weniger wahrscheinlich, weil den Märkten klare Vorgaben gemacht und unhaltbare Zinskonstellationen sowie massive reale Unter- oder Überbewertungen vermieden werden.

Regionale Kooperationen können eine temporäre Antwort auf die im Zuge der Globalisierung und Liberalisierung aufkommenden Herausforderungen darstellen, wenn globale Lösungen nicht erreichbar sind. Aber auch regionale Währungssysteme verhindern Krisen und Turbulenzen auf dem Kapitalmarkt nicht zuverlässig. Angesichts der unlösbaren Konflikte in einer Welt unterschiedlicher Nationalstaaten waren in jedem Währungssystem, das seit dem Zweiten Weltkrieg, dem Bretton-Woods-System und dann dem EWS in den 1980er- und frühen 1990er-Jahren auf dem Prüfstand stand, wiederkehrende krisenhafte Erscheinungen, die Regierungen und Zentralbanken zum Eingreifen zwangen, unvermeidlich.

Erst mit der Schaffung der EWU sind die europäischen Länder einen Schritt weiter gegangen als in den festen Wechselkurssystemen der Vergangenheit und haben damit der Spekulation um Wechselkurse endgültig ein Ende gesetzt. Das ist eine Errungenschaft für die Weltwirtschaft. Sie kann aber nicht ohne Weiteres von anderen Ländern kopiert werden, da deren politische Rahmenbedingungen möglicherweise nicht so günstig sind wie in Europa. Dennoch sind multilaterale Bemühungen, die Entwicklungsländer zu regionalen Arrangements zu führen, unumgänglich, solange globaler Fortschritt unerreichbar scheint.

Für Länder wie die Türkei oder Brasilien mit einer eigenständigen Währung ist es bei freien Devisenmärkten wegen der Zins- und Währungsspekulation nahezu unmöglich, eine andere Inflationsrate zu realisieren als die großen Länder. Dem Dilemma, dass ein kleineres, preisinstabileres Land seine Währung an freien Devisenmärkten nicht beliebig gegen realwirtschaftlich ungerechtfertigte Aufwertung und schon gar nicht gegen realwirtschaftlich ungerechtfertigte Abwertung zu schützen vermag, ohne seine Binnenwirtschaft in Mitleidenschaft zu ziehen, kann nur durch internationale währungspolitische Kooperation begegnet werden.

Das Optimum, dass sich alle Länder auf ein einheitliches vernünftiges Inflationsziel verständigen und dieses auch freiwillig einhalten, würde zwar eine direkte Wechselkurskooperation weitgehend überflüssig machen, nicht aber eine Kooperation bei der Geldpolitik. Es ist dann zu entscheiden, ob man ein Ankersystem wählt wie Bretton Woods (wo der US-Dollar der Anker war) oder wie das EWS (wo die D-Mark der Anker war). Niemals kommt man an der Tatsache vorbei, dass die Geldpolitik zwar im Ankerland relativ unabhängig ist (und damit auch prinzipiell dem nationalen Parlament verantwortlich sein kann), dass sich daraus jedoch offensichtlich ein gewaltiges Problem für alle anderen Länder ergibt, die keine eigene Geldpolitik mehr haben und folglich jede Möglichkeit einer parlamentarischen Kontrolle verlieren. Denn die Geldpolitik des Ankerlandes muss keineswegs automatisch richtig und effektiv für die übrigen Länder sein.

Einigt man sich hingegen auf eine multilaterale Institution, die wirklich Geldpolitik für das gesamte Währungsgebiet macht und nicht nur für einen Teil davon, ist eine nationale parlamentarische Kontrolle logischerweise nicht mehr möglich. Im System von Bretton Woods hätte der IWF diese Rolle spielen können, obwohl das System weit von einer Währungsunion entfernt war. In einer Währungsunion wie der EWU, die nicht gleichzeitig auch eine Staatenunion ist, lässt es sich ebenso aus logischen Gründen nicht vermeiden, dass sich die Institution der gemeinsamen Zentralbank jedweder nationalen Kontrolle entzieht.

Das mag man für falsch halten. Man kann es aber nicht mit dem Hinweis auf eine mögliche Souveränität in Währungsfragen für falsch erklären, wenn man nicht parallel zeigt, wie genau ein Land jenseits des formalen Gelddruckens vorgehen muss, um ein wirklich eigenständiges monetäres Modell mit einer Inflationsrate und Zinssätzen zu realisieren, die deutlich von denen der großen Länder abweichen.

7.7 Was der EWU geschehen ist

Die gemeinsame europäische Währung war folglich die richtige Antwort auf das oben beschriebene Währungsdilemma, doch sie hat nicht so funktioniert, wie man sich das erhofft hatte. Das lag an Konstruktionsfehlern, die schon bei der Gründung der Währungsunion gemacht wurden, vor allem aber an einem miserablen Management. Von Anfang an hat man die Grundbedingungen für eine funktionierende Währungsunion, der enge Nexus von Löhnen und Preisen und die sich daraus ergebende implizite Verpflichtung aller Staaten, missachtet. Das Management der Währungsunion, ausgerichtet vor allem auf fiskalische Solidität, war vollkommen unangemessen.

Auch bei dem Versuch, der Spaltung der EWU während der Eurokrise Herr zu werden, verhinderte die falsche Fokussierung auf fiskalische Fragen (»Staatsschuldenkrise«) eine umfassende und zielgerichtete Therapie. Darüber hinaus hat die einseitige und ungerechtfertigte Schuldzuweisung an die Schuldnerländer und die von ihnen verlangte Austeritätspolitik eine Wirtschaftskrise in Gang gesetzt, deren negative Folgen für die Lebensverhältnisse der Menschen die demokratischen Systeme als solche in Frage stellt und das friedliche Zusammenleben der Bürger in Europa für Jahrzehnte belasten wird.

Es fällt nicht schwer, die Geschichte der Währungsunion so zu erzählen, dass jeder verständige Beobachter versteht, was warum schiefgelaufen ist; und diese Geschichte ist in weiten Teilen vor allem eine Geschichte Deutschlands – nicht Griechenlands. Das klingt nur deswegen revolutionär, weil man sich hierzulande beharrlich weigert, den eigenen Anteil am Zustandekommen der Eurokrise zu akzeptieren. Noch immer wird nach sehr simplen Mustern argumentiert: »Wer erfolgreich ist, kann ja nichts falsch gemacht haben«, oder »Der starke Partner ist nicht daran schuld, wenn die anderen schwach sind«.

Das Kernproblem, mit dem die EWU zu kämpfen hatte, lag einerseits im mangelnden Verständnis der herrschenden Lehre für die Bedingungen und Funktionsweisen einer Währungsunion, andererseits daran, dass die Ökonomik weltweit glaubt, die Arbeitsbeziehungen zwischen Unternehmen und Arbeitnehmern als durchaus funktionierenden Markt beschreiben zu können.

Auf dieser Basis überrascht es kaum, dass sich fast alle Ökonomen in Deutschland eine einfache Argumentation zu eigen gemacht haben, um die deutsche Politik seit

Beginn der Währungsunion zu verteidigen. Sie sehen, dass eine (relative) Lohnsenkung (gegenüber dem Ausland) am Ende zu mehr Beschäftigung und weniger Arbeitslosen führt, deshalb, so die Schlussfolgerung, kann die deutsche Politik doch nicht falsch gewesen sein. Das ist ausgemachter Unsinn, weil man die Ergebnisse der Schaffung einer Währungsunion selbstverständlich vor dem Hintergrund der Erfahrungen aller Länder beurteilen muss. Dennoch kann man (in Deutschland) eine solche Position vertreten, ohne von vorneherein der Unwissenschaftlichkeit bezichtigt zu werden.

Die meisten Ökonomen sind heute nicht mehr in der Lage, differenziert und kritisch an diese Frage heranzugehen. Um ernst genommen zu werden, macht man ökonometrische Tests, und wenn dabei das erwartete Ergebnis herauskommt (Lohnsenkung führt zu mehr Beschäftigung), kann es gar keine Zweifel mehr an der Richtigkeit der Theorie geben. Ein umfassender, ein systemischer Blick, der weit mehr einbeziehen muss als einen solch trivialen Zusammenhang in einer offenen Volkswirtschaft, ist nicht gefordert.

Was war die entscheidende Größe, bei der sich Deutschland zu Beginn der 2000er-Jahre massiv von anderen vergleichbaren Ländern unterschied? Nun, das waren eindeutig die Löhne. Deutschland hat in den Jahren nach 1999 unter massivstem Druck aus der Regierung radikal mit seiner eigenen Tradition gebrochen, nach der die Nominallöhne der Produktivitätsentwicklung und der Zielinflationsrate folgen sollten. In der Konsequenz sind die Reallöhne weit weniger stark gestiegen als die Produktivität, es gab eine Umverteilung zugunsten der Unternehmen. Deutschland war zu Beginn dieses »Experiments in neoklassischer Ökonomie« eine *relativ* offene Volkswirtschaft und ist im Laufe der Jahre – als Ergebnis der Lohnmoderation – zu einer *extrem* offenen Volkswirtschaft und zugleich zum Mitglied einer großen Währungsunion geworden.

Die ausführliche Geschichte muss man an dieser Stelle nicht noch einmal Revue passieren lassen, dafür gibt es andere Quellen.[9] Der grundlegende Zusammenhang ist dennoch wichtig: Deutschland betrieb eine Politik des Lohnkostendrucks, der dazu führte, die anderen Länder in der Währungsunion zu unterbieten und damit auf der Basis absoluter Vorteile die anderen auf den heimischen Märkten und auf den Weltmärkten zu verdrängen. Die Entwicklung der Lohnstückkosten in Deutschland, Frankreich und Italien in den ersten zehn Jahren der Währungsunion belegt dies auf eindrückliche Art und Weise (Abbildung 7.10).

Der politische Druck auf die Löhne in Deutschland schlug sich zunächst bei den Zuwächsen der Nominallöhne nieder und ließ die Lohnstückkosten weit unterhalb der Linie bleiben, die von der EZB als Ziel vorgezeichnet war, nämlich die 2 Prozent des Inflationsziels.

---

9 Flassbeck, H., & Lapavitsas, C. (2015).

Abb. 7.10 **Lohnstückkosten[1] in den drei großen EWU-Ländern** **1999 bis 2010**

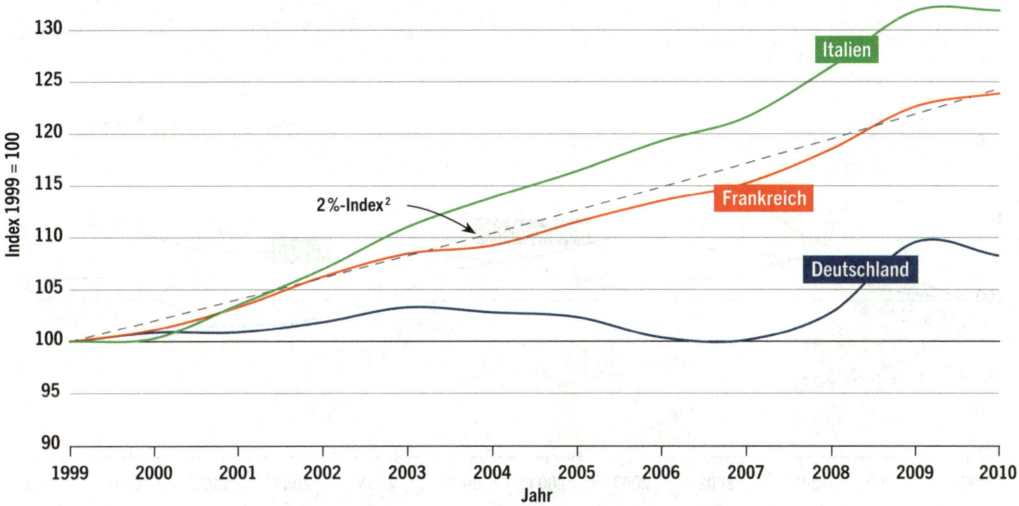

[1] Durchschnittlicher gesamtwirtschaftlicher Stundenlohn in nationaler Währung in Relation zur Stundenproduktivität.
[2] Fiktive Lohnstückkosten bei Einhaltung einer Zielrate von 2 %.

Doch die Preise reagierten weit weniger schnell als die Nominallöhne (sie sanken also geringfügiger), so dass auch die Reallöhne in Deutschland in erheblichem Maße weniger stiegen, als es sonst der Fall gewesen wäre. Hier nun beginnt die neoklassische Konfusion, weil diese Theorie, wie in Kapitel 4 gezeigt, einen engen negativen Zusammenhang zwischen Reallöhnen und Beschäftigung vermutet (sinken die Reallöhne im Verhältnis zur Produktivität, steigt die Beschäftigung). Die Tatsache, dass die Reallöhne sinken oder weniger steigen, schließt aber keineswegs aus, dass ein Zusammenhang zwischen Reallöhnen und Beschäftigung besteht, doch aus völlig anderen Gründen, als es die neoklassische Theorie glaubt.

Beginnen wir also mit der Entwicklung der Reallöhne pro Stunde im ersten Jahrzehnt der Währungsunion (Abbildung 7.11), in denen sich Deutschland in Sachen Arbeitslosigkeit von den Ländern der EWU deutlich absetzen konnte. Im Vergleich der drei großen Länder in der EWU fällt die deutsche Lohnentwicklung klar aus dem Rahmen. In Deutschland stiegen die Reallöhne über zehn lange Jahre (von 2000 bis 2010) fast gar nicht, während sie in Frankreich stark und in Italien immerhin ein wenig zulegten.

Abb. 7.11 **Reallöhne[1] in den drei großen EWU-Ländern** **1999 bis 2010**

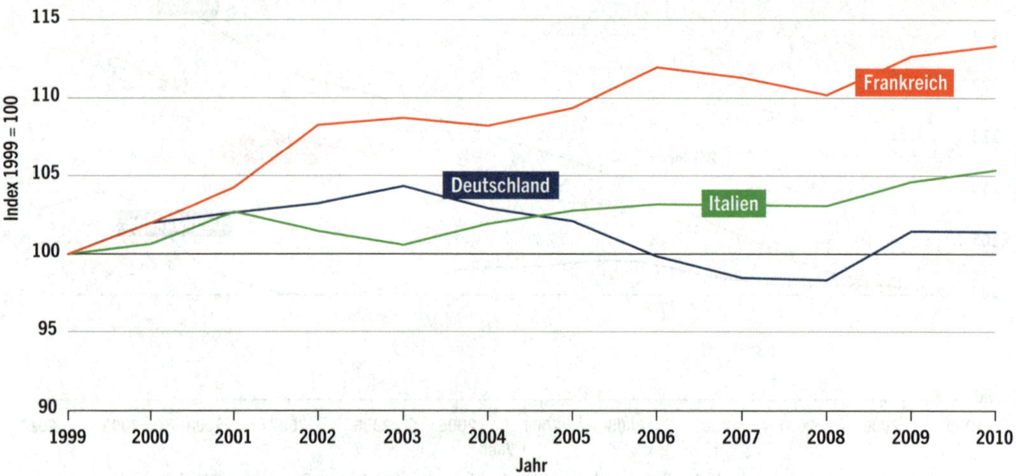

[1] Durchschnittlicher gesamtwirtschaftlicher Stundenlohn in nationaler Währung preisbereinigt mit dem Verbraucherpreisindex.

Um die ökonomischen Grundbedingungen, mit denen die Länder in diesem Zeitraum konfrontiert waren, zu charakterisieren, ist es durchaus sinnvoll, die Produktivitätsentwicklung pro Stunde mit der Reallohnentwicklung zu vergleichen (Abbildung 7.12). Das Ergebnis ist eindeutig: Gemessen an der Entwicklung der Arbeitsproduktivität pro Stunde liegt Deutschland gleichauf mit Frankreich, hier ist Italien der Ausreißer nach unten. Das relativiert einerseits die italienische Reallohnentwicklung, macht andererseits aber unmissverständlich klar, dass Deutschland ab 1999 einen Sonderweg mit enormen Auswirkungen eingeschlagen hatte.

Beides zusammen, die – gemessen an den übrigen Ländern ohne Italien – »normale« Produktivitätsentwicklung und der verschwindend geringe Anstieg der Reallöhne bedeutet, dass sich durch die bewusste und politisch orchestrierte Lohnzurückhaltung in Deutschland ein Spielraum für die deutschen Unternehmen ergab, den die anderen Länder weder innerhalb noch außerhalb der Währungsunion hatten.

Diese »Reallohnlücke« erlaubte es den deutschen Unternehmen offenbar, im Außenhandel über Preissenkung den anderen Handelspartnern Marktanteile abzujagen. Bei unveränderten Preisen hätten sie erheblich größere Gewinne erzielen können als die Unternehmen in den Ländern mit einer »normalen« Lohnentwicklung, wo die Reallöhne weitgehend im Einklang mit der Arbeitsproduktivität steigen.

Abb. 7.12 **Arbeitsproduktivität[1] in den drei großen EWU-Ländern** 1999 bis 2010

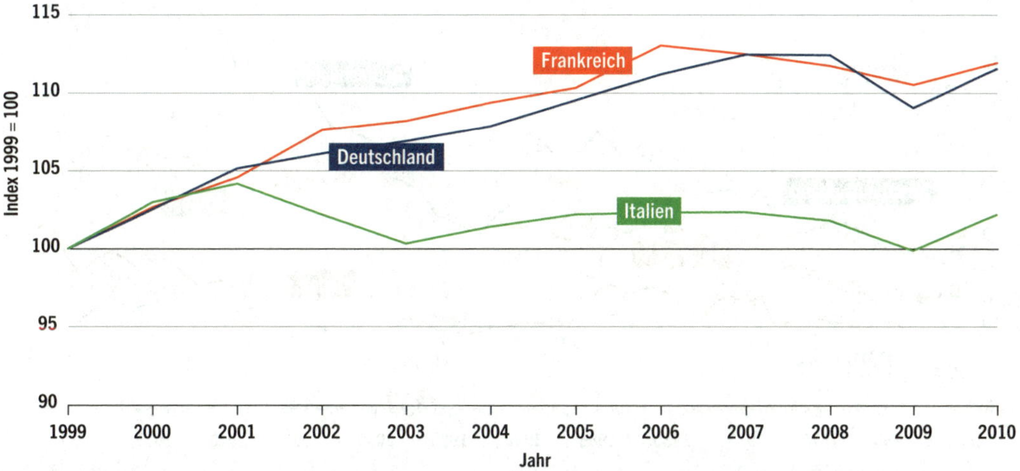

[1] Je Arbeitsstunde in nationaler Währung.

Alternativ, in der neoklassischen Deutung, hätten die Unternehmen unmittelbar mit Beginn der Reallohnzurückhaltung beginnen müssen, ihre Produktionsstruktur in Richtung Arbeitsintensivierung umzubauen. Dann wäre der Kostenvorteil aber gerade nicht zum Tragen gekommen, weil die Unternehmen ihre Produktivität verringert und mehr Arbeitskräfte eingestellt hätten. Folglich wäre es ihnen nicht möglich gewesen, sich mit verbesserter Wettbewerbsfähigkeit auf den internationalen Märkten Vorteile zu verschaffen. Doch genau das geschah.

Die meisten deutschen Unternehmen »entschieden sich« (vermutlich unter dem Druck der Wettbewerbsverhältnisse) für die Preissenkung, und das kann man unmittelbar an der Entwicklung der Exporte ablesen (Abbildung 7.13). Hier schlug Deutschland alle anderen weit aus dem Feld. Von 2000 bis 2023 stieg der Anteil der Exporte am Bruttoinlandsprodukt von etwas über 30 Prozent auf über 50 Prozent. Die deutschen Exporte explodierten förmlich in den Jahren 2006 und 2007 sowie nach der Finanzkrise. Deutschland konnte seine globalen Marktanteile trotz der aufkommenden Konkurrenz durch die Volksrepublik China behaupten, während die übrigen Industrieländer weit zurückfielen.

An dieser Stelle ist es schon unmittelbar ersichtlich, dass der deutsche »Erfolg« in Sachen Außenhandel keineswegs ausschließlich mit dem Leistungsbilanzüberschuss zusammenhängt. Folglich sind auch alle Versuche, den Saldo der Waren- und Dienst-

Abb. 7.13 **Exportquoten[1] in verschiedenen Industrieländern** **1960 bis 2023**

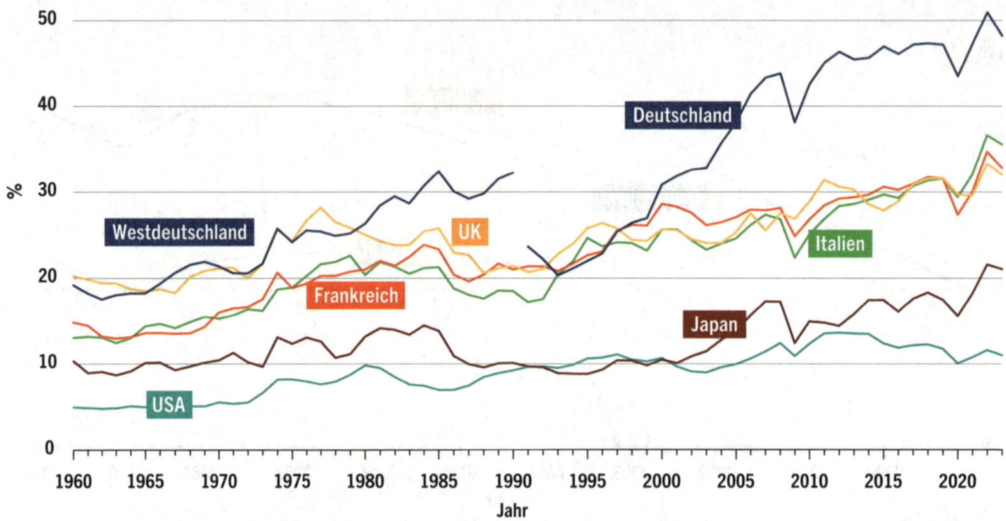

[1] Nominale Exporte in % des nominalen Bruttoinlandsprodukts. [2] Bis 1990 Westdeutschland, ab 1991 Deutschland.

leistungsbilanz mit dem buchungsbedingt gleich großen Kapitalverkehrssaldo zu erklären, von vorneherein sinnlos, wie in Kapitel 5 bereits erklärt. Der deutsche Export ist kein Leistungsbilanzphänomen, sondern die Leistungsbilanz ist ein Exportphänomen.

Der Preis für die »Entscheidung« der Unternehmen, ihre Marktanteile auszuweiten, statt ihre Produktionsstruktur umzubauen, war allerdings eine schwache Binnennachfrage. Die privaten Haushalte in Deutschland reagierten erwartungsgemäß auf ihre dramatisch verschlechterten Einkommensperspektiven mit einer Einschränkung ihres Konsums. Der private Verbrauch war bis zuletzt extrem schwach und passte sich der Stagnation der Reallöhne pro Stunde fast perfekt an. Daraus ergab sich eine in der Geschichte nur selten gesehene gespaltene Wirtschaftsentwicklung: Während die Exporte abhoben, blieb die deutsche Binnennachfrage über all die Jahre am Boden.

Damit ist das Rätsel des deutschen Exporterfolges vollständig gelöst. Es gab nicht einen Kanal, über den die Lohnsenkung auf die Güter- und Arbeitsmärkte wirkte, sondern zwei vollkommen unterschiedliche Kanäle: den Binnenmarktkanal und den Exportkanal. Der erste war ein Desaster für die herrschende Lehre, der zweite begründete die scheinbare Erfolgsstory Deutschlands.

Dass es die erwarteten binnenwirtschaftlichen Wirkungen nicht gegeben hat, kann man einfach daran erkennen, dass die binnenwirtschaftliche Nachfrage nicht gestiegen ist. Die neoklassische Idee zur Beseitigung von Arbeitslosigkeit durch Lohnsenkung oder Lohnmoderation beruht, wie schon in Kapitel 4 erläutert, darauf, dass im Falle einer Lohnsenkung – oder auch eines Zurückbleibens der Reallöhne hinter der Produktivität – die Unternehmen beginnen, ihre Produktionsprozesse umzustrukturieren, indem sie das relativ teurere Kapital (dessen Preis sich nicht geändert hat) durch die nun relativ billigere Arbeit ersetzen. Diese Substitution von Kapital durch Arbeit wird, so die »Hoffnung«, tendenziell die Produktivität, die schließlich Arbeitsproduktivität ist, absenken, so dass keine rationalisierungsbedingten Entlassungen mehr erfolgen.

Die Substitution hat zwei wichtige Aspekte, die empirisch überprüft werden können: Erstens sollte sich zumindest im Zeitablauf erkennen lassen, dass die Produktivität weniger steigt als in vergleichbaren Ländern, die keine Lohnzurückhaltung betrieben haben. Das ist in unserem Fünf-Länder-Vergleich nur bei einem Land der Fall: Italien weist eine schwache Produktivitätsdynamik sowie eine schwache Reallohnentwicklung auf und die Binnennachfrage ist flach. In Deutschland steigt die Produktivität jedoch weiter in einem Tempo, das dem Tempo vor dem Lohnbruch und dem Frankreichs, das keine Lohnmoderation begonnen hat, ähnelt.

Wenn aber die Produktivität wie in Deutschland weiter steigt, müsste der neoklassische Ökonom eigentlich zeigen, woher der Zuwachs der Binnennachfrage (oder wenigstens ihr ausbleibender Rückgang) kommen soll, der den von der steigenden Produktivität ausgehenden negativen Arbeitsplatzeffekt (den Rationalisierungseffekt) ausgleicht. Man müsste annehmen, dass die Lohnsenkung sofort von positiven Beschäftigungseffekten voll ausgeglichen wird: Wenn also die Reallöhne pro Stunde bei einem Produktivitätszuwachs von 2 Prozent stagnieren (statt um 2 Prozent zu steigen), müsste die Beschäftigung (die Zahl der Stunden) unmittelbar um 2 Prozent zulegen. Nur in dem Fall bliebe die reale Lohnsumme gleich und folglich wäre ein negativer Nachfrageeffekt auszuschließen. Allerdings, und hier beißt sich die Katze in den Schwanz, käme es dann wiederum nicht zu dem Produktivitätsanstieg.

Kommt es aber zu einem negativen Nachfrageeffekt, wirft dieser den gesamten von den neoklassischen Ökonomen erwarteten Beschäftigungseffekt über den Haufen, weil die Unternehmen natürlich anders als von der Neoklassik erwartet disponieren, wenn fast zeitgleich mit dem Lohnrückgang auch ihre Nachfrage sinkt. Wir haben in Kapitel 3 gezeigt, dass genau das zu erwarten ist: Die Arbeitnehmer richten sich bei einer Lohnkürzung sofort auf ihre neue Situation ein, passen also ihre Nachfrage den gekürzten Einkommensperspektiven an. Das Unternehmen zahlt dann zwar niedrigere Löhne, als es sonst der Fall gewesen wäre, hat aber dafür eine weniger gute Auslastung seiner Kapazitäten.

Angesichts dessen spricht alles dafür, dass auch in Italien der Prozess nicht von den Löhnen zur Produktivität, sondern von der Produktivität zu den Löhnen lief: Weil die Produktivität – egal aus welchem Grunde – schwach war, zogen die Unternehmen bei normal steigenden Nominallöhnen die Güterpreise so stark nach oben, dass die Reallöhne nicht stiegen. Das bedeutet, dass in einer Wirtschaft wie der deutschen, wo sich die Produktivität trotz Lohnmoderation weiter erhöht hat, der neoklassische Effekt definitiv nicht eingetreten ist.

Es kann gar keinen Zweifel daran geben, dass ein ohnehin schon offenes Land, dem es in einer Währungsunion gelingt, seine Nachbarn massiv zu unterbieten, früher oder später daraus Vorteile in Form von Exporterfolgen zieht, wenn die Nachbarn nicht rechtzeitig dagegenhalten. Diese Erfolge sind allerdings nicht von Dauer. Weil die Nachbarn irgendwann den Offenbarungseid leisten oder sich in gleicher Weise verhalten müssen, ist mit der Lohnsenkungsstrategie langfristig nichts zu gewinnen. Im Gegenteil, es ist zu erwarten, dass der Lohndruck des einen zu Lohndruck bei den anderen führt und auf diesem Wege die Binnennachfrage in der gesamten Währungsunion weit schwächer bleibt, als es notwendig gewesen wäre, um einen hohen Beschäftigungsstand aufrechtzuerhalten.

Die Grundentscheidung für den Euro war mit guten wirtschaftlichen Argumenten zu rechtfertigen, doch hat die dominierende ökonomische Theorie diese von Anfang an ignoriert und politisch desavouiert. Aufgebaut auf monetaristischen Vorstellungen in der EZB sowie kruden Ideen zum Wettbewerb von Nationen im größten Mitgliedsland konnte die Währungsunion nicht funktionieren. Alle, die Europa als politische Idee retten wollen, müssen nun erkennen, dass das nur mit einer anderen Wirtschaftstheorie zu schaffen ist. Nur wenn die Teilhabe aller Menschen am wirtschaftlichen Fortschritt unter allen Umständen gewährleistet und dem Wettkampf der Nationen abgeschworen wird, kann auf den Trümmern des alten Gebäudes neues europäisches Leben entstehen.

7.8 Die Ecklösungen des IWF und Dollarisierung

Außerhalb Europas gibt es eine Reihe prominenter Beispiele für den Versuch einer monetären Stabilisierung mit Hilfe eines externen Ankers, also der Fixierung des eigenen Wechselkurses zu der Währung eines Landes mit hoher Preisstabilität. Brasilien und Argentinien sind in Lateinamerika die herausragenden Fälle. Nach der Einführung des Plano Real im Juli 1994 und der weitgehenden Fixierung des Real gegenüber dem US-Dollar sank die brasilianische Inflationsrate von einem vierstelligen Wert im Jahr 1993 auf einen einstelligen Wert nach 1997. Gemessen an der reinen Senkung der Inflationsrate ist das eine außergewöhnliche Leistung.

Die Behauptung, dass die brasilianischen Behörden dies ohne den Druck durch billige Importe nicht hätten erreichen können, liegt nahe. Doch die interne Stabilisierung mithilfe externen Drucks hatte einen hohen Preis, der sich erst nach einigen Jahren bemerkbar machte. Obwohl die Inflationsrate während des Desinflationsprozesses schnell zurückging, verschlechterte sich die externe Wettbewerbssituation. Trotz mehrerer leichter Abwertungen des Nominalwerts kam es zu einer tatsächlichen realen Aufwertung der Währung. Nach Berechnungen der nationalen Behörden und internationaler Organisationen war der Real am Ende des Desinflationsprozesses um 20 bis 30 Prozent überbewertet.

Eine Überbewertung der Währung ist ein durchaus zu erwartendes Ergebnis, wenn der Ankeransatz effektiv sein soll. Gerade der Druck, der von der Überbewertung ausgeht – d.h. von den niedrigen Importpreisen und dem harten Wettbewerb auf den Exportmärkten – wirkt wie eine Sanktion gegen »ungerechtfertigte« Forderungen der Arbeitnehmer und anderer gesellschaftlicher Gruppen. Mit einem überbewerteten Wechselkurs wird der Anpassungsdruck des Weltmarktes (der »Globalisierung«) künstlich, aber freiwillig erhöht.

Allerdings schenkten die wichtigen internationalen Institutionen und Berater bei der Umsetzung des Ankeransatzes der notwendigen Überbewertung der Währung des Ankerlandes nicht genügend Aufmerksamkeit. Folglich waren die politischen Entscheidungsträger nicht auf die unvermeidliche Abwertung vorbereitet, d.h., niemand hatte eine tragfähige Ausstiegsstrategie vorbereitet. Es ist klar, dass man eine Überbewertung mit einer nominalen Abwertung gegenüber dem Ankerland schnell beheben kann, indem man die akkumulierte Überbewertung aus der Desinflationsphase ausgleicht. Im Falle Brasiliens war es, wie oben erwähnt, während der Krise ziemlich offensichtlich, dass der Real um etwa 20 bis 30 Prozent abwerten musste, um dem Land aus der Zahlungsbilanzfalle zu helfen.

Obwohl die Wiederherstellung der internationalen Wettbewerbsfähigkeit rein ökonomisch gesehen einfach ist, gestaltet sich die politische Ökonomie dieser Operation sehr kompliziert. Das Tempo, mit dem sich eine Lösung finden lässt, wurde allgemein unterschätzt. Die Regierungen warfen nämlich ihre gesamte politische Glaubwürdigkeit in die Waagschale, um die Menschen davon zu überzeugen, dass der feste Wechselkurs mehr Nutzen als Schaden bringt. Darüber hinaus befürchteten sie ein Wiederaufleben des Inflationsdrucks und die Rückkehr inflationsfördernder Institutionen, wie der berühmten rückwärtsgerichteten Indexierungssysteme für Löhne und Renten, sobald ein von einer Abwertung ausgehender Inflationsimpuls die Tür öffnet. Zudem waren die Regierungen in der Phase der Desinflation stolz darauf, das »Vertrauen« der internationalen Märkte in Form eines Zuflusses von kurzfristigem Kapital und einer Zunahme der internationalen Reserven gewonnen zu haben. Eine Abwertung barg für sie die Gefahr, alle diese Errungenschaften in Frage zu stellen.

Viele der Befürchtungen im ankernden Land waren allerdings übertrieben. Die Abwertung löste nur einen kleinen neuen Inflationsschock aus (je nach dem Anteil der

Importe an der Gesamtwertschöpfung), verglichen mit der Desinflation, die das Land vorher erfolgreich bewältigen konnte. Wichtig ist, dass starke Zweitrundeneffekte auf die Inflation über die Löhne vermieden werden. Entscheidend für den Erfolg der Operation zur Wiederherstellung der internationalen Wettbewerbsfähigkeit ist es zudem, die Abwertung auf das absolut notwendige Minimum zu beschränken. In dieser Phase bedarf es der aktiven Unterstützung des Ankerlandes. Es kann dem ankernden Land helfen, das mühsam erworbene Vertrauen der Märkte zu bewahren, indem es sich auf das notwendige Ausmaß der Abwertung festlegt und im Falle starker Spekulationen direkt auf dem Devisenmarkt interveniert.

Die Währung eines Landes, das sich in einer Überbewertungskrise befindet, floaten zu lassen, geht völlig in die Irre. Der Sprung von halbfesten zu völlig flexiblen Kursen, wie sie der IWF bei der Bewältigung der Asienkrise und in Brasilien befürwortete, ist gefährlich und unnötig, da eine solche Politik in der Regel zu einem Überschießen der Abwertung führt, mit katastrophalen Auswirkungen auf das Finanzsystem der betroffenen und auf die Wettbewerbsposition der noch nicht von der Krise betroffenen Länder.

In dieser Hinsicht kann die europäische Erfahrung als Vorbild dienen. In Europa trugen die institutionellen Vorkehrungen des EWS häufig dazu bei, den notwendigen Abwertungssatz zu bestimmen und den Maßnahmen des abwertenden Landes Glaubwürdigkeit zu verleihen. Wann immer der Druck der Märkte eine gerechtfertigte Abwertung erzwang oder die Behörden entschieden, dass sich eine solche nicht vermeiden ließ, vermochte man sie ohne die Gefahr eines Überschießens durch die Märkte durchzuführen. »Geordnete Abwertungen« der überbewerteten Währungen von Hochinflationsländern waren lange Jahre das Markenzeichen des EWS.

Die externe und interne Stabilität des Preisniveaus ist nur ein Instrument, um die relevanten Ziele der Wirtschaftspolitik, nämlich mehr Beschäftigung und höhere Wachstumsraten der Realeinkommen, besser zu erreichen. Ein ankerndes Land gibt ausdrücklich wichtige Instrumente zur Erreichung dieser Ziele aus der Hand. Sein wirtschaftspolitischer Gesamterfolg hängt also unmittelbar vom Erfolg des Ankerlandes selbst ab. Dessen Politik mag zwar unter den im Land herrschenden Bedingungen ideal sein, aber das bedeutet nicht, dass sie für die Gruppe, die das Ankerland zusammen mit den umliegenden Satellitenstaaten bildet, die richtige Politik ist.

Dies war eines der Hauptprobleme des Systems von Bretton Woods in den ersten beiden Jahrzehnten nach dem Zweiten Weltkrieg. Die amerikanische Geldpolitik mag für die USA angemessen gewesen sein. Das Gesetz verpflichtete die Fed, bei ihren Entscheidungen das wirtschaftliche Umfeld in den USA zu berücksichtigen – obwohl der US-Dollar die Hegemonialwährung des globalen Wechselkurssystems war. Das Gleiche galt für Deutschland als Anker des EWS. Für das Land mit der Hegemonialwährung kann diese Politik unbegrenzt fortgesetzt werden, aber für das System als Ganzes ist ein solcher Ansatz offensichtlich nicht angemessen, da die monetären Bedingungen in anderen Volkswirtschaften einen völlig anderen Ansatz erfordern können.

Offensichtlich müssen andere politische Optionen in Betracht gezogen werden. Der Übergang zu einem multilateralen Währungssystem, in dem alle Länder am Entscheidungsprozess beteiligt sind, ist der einzige konsequente Ausweg. Nur eine Währungsunion kann helfen, eine permanente Fehlsteuerung der globalen Geldpolitik zu vermeiden. In Europa war der Schritt zur Schaffung der EWU also nicht allein das Ergebnis des Versuchs der französischen Regierung, eine anhaltende politische Vorherrschaft Deutschlands zu vermeiden, wie viele behauptet haben; auch aus wirtschaftspolitischer Sicht war er vollkommen gerechtfertigt.

Für sehr kleine und offene Volkswirtschaften, die nur Satelliten des Ankerlandes sind, mag der Ankeransatz für einen recht langen Zeitraum erfolgreich sein, wenn die Wirtschaftspolitik des Ankerlandes im Großen und Ganzen vernünftigen Grundsätzen folgt und die Existenz der Satelliten mit Wohlwollen hinnimmt. Aber für jede größere Gruppe und für Länder gleicher Größe oder Wirtschaftskraft kann der Ankeransatz bloß ein Übergangsstadium auf dem Weg zur Währungsunion darstellen. Eine kohärente Geldpolitik ist nur für die Gruppe als Ganzes möglich und muss daher von einer vereinigten Zentralbank wahrgenommen werden.

Die Übergangsphase kann allerdings lange dauern. Von den ersten Schritten bis zu den letzten hat Europa dreißig Jahre gebraucht. Aber der Gang der verschiedenen Schritte in Richtung Währungsunion und der politische Wille, sich weiter in die richtige Richtung zu bewegen, verleiht solchen Ländergruppierungen potenziell ein enormes Maß an Unabhängigkeit, um gegenüber dem Rest der Welt zu handeln sowie die Einmischung internationaler Finanzorganisationen in innere Angelegenheiten zu minimieren.

Anders verhält es sich mit unilateralen Lösungen wie Currency Boards oder gar einer einseitigen Dollarisierung. Diese Systeme haben ausdrücklich nicht die Vorteile einer Währungsunion, sondern viele Nachteile, da sie weder Übergangsstadien darstellen noch ausreichend von den sie umgebenden Systemen mit variablen Wechselkursen isoliert sind. Argentinien ist in die gleiche Falle wie Brasilien geraten, weil die Anpassungsphase in einer massiven Überbewertung endete.

Viele Beobachter glaubten lange Zeit, dass Argentinien eine Chance habe, die anhaltende Wirtschaftsflaute durch »strukturelle Anpassungen« wie Privatisierungen oder eine weitere Reduzierung des öffentlichen Defizits zu überwinden. Auch erhielt das Land großzügige einseitige Hilfen, da die Geber von seiner Fähigkeit und Bereitschaft zur Anpassung überzeugt waren. Schon Jahre vor der Krise ergriff die argentinische Regierung drakonische Maßnahmen zur Senkung der öffentlichen Ausgaben, z. B. durch eine drastische Kürzung der absoluten Gehälter der öffentlichen Bediensteten. Der Anteil der öffentlichen Ausgaben am Bruttoinlandsprodukt in Argentinien war zu dieser Zeit niedriger als in jedem anderen südamerikanischen Land.

Es bestand bei den politisch Verantwortlichen ein grundlegendes Missverständnis über die mögliche Rolle von »Strukturanpassungen« und der Fiskalpolitik im Falle eines Trapped Currency Board, wie es in Argentinien der Fall war. Diese Fehleinschätzung ist der Dominanz der neoklassischen Theorie geschuldet, die nun einmal auf der Fiktion einer reibungslosen Anpassung »flexibler Preise« in einer Marktwirtschaft beruht. Die Aufgabe der Fiktion führte jedoch zu bitteren Ergebnissen. Wenn ein Currency-Board-Regime einmal mit einer starken Überbewertung konfrontiert ist, hat es praktisch keine andere Möglichkeit, dieser Falle zu entkommen als durch eine Abwertung und damit durch die Aufgabe des gesamten Systems.

Einem Land mit einem absolut festen Wechselkurs bleibt nur das Instrument der allgemeinen Lohnsenkung, um sich an eine starke Aufwertung seines realen Wechselkurses anzupassen. Die Lohnstückkosten müssen in absoluten Zahlen sinken; vor allem diejenigen Bereiche, die dem internationalen Wettbewerb am stärksten ausgesetzt sind, haben die Löhne zu senken. Doch selbst, wenn dies durch politischen Druck auf Gewerkschaften und Arbeitgeber erreicht werden kann, gibt es keinen einfachen Ausweg. Eine generelle Senkung der Löhne kann zwar in der Regel die Wettbewerbsfähigkeit wiederherstellen, bietet aber keine Lösung für die Gesamtwirtschaft. Auf kurze Sicht führt dies nicht zu einem Rückgang des allgemeinen Preisniveaus, sondern zu einem Rückgang der Reallöhne. Wenn die Reallöhne sinken, wird auch die Nachfrage der privaten Haushalte zurückgehen, da die Beschäftigung sofort auf die niedrigeren Reallöhne reagiert.

Lohnkürzungen sind besonders problematisch für relativ geschlossene Volkswirtschaft wie Argentinien. Dort fallen ihre Konsequenzen katastrophal aus, da sie sich auf die eine oder andere Weise schnell in einem Rückgang der Binnennachfrage und steigender Arbeitslosigkeit niederschlagen. Selbst wenn die positiven Auswirkungen einer Verbesserung der internationalen Wettbewerbsfähigkeit eintreten, überwiegen die negativen Auswirkungen auf die Inlandsnachfrage diese bei weitem.

Vor der großen Krise scheint es für die politischen Entscheidungsträger schwierig zu sein, sich ein realistisches Bild von der Lage der Wirtschaft zu machen. Es fließt immer noch Kapital zur Finanzierung des Leistungsbilanzdefizits ohne quantitative Beschränkung. Aber die meisten Currency-Board-Länder müssen trotz der Stabilität im Inland hohe Zinsen zahlen. Der argentinische Aufschlag auf US-Treasury-Bills lag kaum jemals unter 500 Basispunkten, zeitweise sogar bei 1300 Basispunkten. Wenn aber Geld nur zu Zinssätzen fließt, die die Wirtschaft abwürgen – Argentiniens Kurzfristzins lag im Frühjahr 2001 bei 18 Prozent, bei einer Inflation von null –, ist das keine Lösung.

Currency Boards oder Dollarisierung funktionieren genau dann, wenn das ankernde Land eine viel höhere Wachstumsrate des Realeinkommens als das Ankerland hat und es sich daher leisten kann, höhere Zinssätze in einer harten Währung zu zahlen, oder wenn die Zinssätze stabil bleiben, wie im Ankerland. Andernfalls werden die harten Wechselkursanbindungen internationale Investoren in kurzfristige Anlagen in diesen Ländern anziehen, da die notwendige Verbindung zwischen höheren Zinsen und dem Risiko einer Abwertung aufgegeben wird und die Wahrscheinlichkeit eines Bail-outs hoch ist. In diesem Fall sind die wirtschaftlichen Fundamentaldaten des Ankerlandes auf die eine oder andere Weise definitiv im Ungleichgewicht, und das Currency Board kann auf Dauer nur zu einem unglaublich hohen Preis aufrechterhalten werden.

7.9 Die Lösung: Feste reale Wechselkurse

Die finale Lösung der Währungsfrage ist extrem einfach, wird allerdings von den Vorurteilen blockiert, die uns die herrschende Lehre der Ökonomik seit Jahrhunderten aufzwingt. Deswegen waren auch die in der Vergangenheit erprobten Währungssysteme nur schwache Versuche, der Lösung des globalen Währungsproblems den entscheidenden Schritt näherzukommen. Der Goldstandard (soweit man ihn ein Währungssystem nennen kann), Bretton Woods und das EWS wiesen alle den gleichen Grundfehler auf: Die Systeme waren darauf ausgerichtet, einmal – aus welchen Gründen auch immer – eingetretene außenwirtschaftliche Fehlentwicklungen durch Anpassung der nominalen Währungsrelationen zu korrigieren.

Doch warum sollte man auf das Entstehen solcher Fehlentwicklungen warten? Warum sollte man nicht ein System konstruieren, in dem die gravierendsten Varianten gar nicht erst auftreten? Offensichtlich werden die meisten Fehlentwicklungen dadurch verursacht, dass es auf die eine oder andere Art und Weise zu realen Auf- und Abwertungen kommt, die von den betroffenen Ländern nicht mehr zu vernünftigen Kosten getragen werden können. Was hindert die Weltgemeinschaft daran, ein System zu installieren, wo es von vorneherein keine realen Wechselkursänderungen gibt? Anders gefragt: Wozu braucht man reale Wechselkursänderungen? Die Antwort ist einfach: Man braucht sie nicht.

Das Einzige, was man von nominalen Änderungen der Wechselkurse realistischer- und sinnvollerweise zu erwarten hat, ist der Ausgleich der Inflationsdifferenzen zwischen den Ländern. Fragt sich nur, ob und wie man das bewerkstelligen kann. Aber auch hier liegt eine Lösung unmittelbar nahe: Die internationale Gemeinschaft sollte jedem Land garantieren, dass sein nominaler Wechselkurs sich »jederzeit« gegenüber jedem anderen Land genau so verändert wie seine Inflationsdifferenz – bleibt allein zu klären, was »jederzeit« in einer Welt bedeutet, in der man in Millisekunden mit einer nahezu beliebigen Währung spekulieren kann.

Ein kleines Problem tritt lediglich dadurch auf, dass die Inflationsraten nicht in jeder Millisekunde aktuell vorliegen, sondern immer nur mit einer Verzögerung von ein bis zwei Monaten. Dieses Problem ist jedoch ebenfalls lösbar, weil die Zinsdifferenzen der kurzen Zinsen, die über sehr kurze Fristen weitgehend den Inflationsdifferenzen entsprechen, jederzeit gegeben sind.[10] Folglich könnten die Notenbanken der Welt oder eine Institution, die sie vertritt, jederzeit dafür sorgen, dass die Änderungen der Wechselkurse in Übereinstimmung mit den Änderungen der Zinsen bleibt: Jede Erhöhung der Zinsen führt zu einer Abwertung und jede Senkung zu einer Aufwertung – und zwar in jeder denkbaren Periode.

Dann sind Carry Trades ebenso unmöglich (bzw. sinnlos) wie Veränderungen der realen Wechselkurse, die reale Störungen mit sich bringen können. Freilich lassen sich in diesem Fall nominale Wechselkurse nicht mehr als Anker zur Preisstabilisierung nutzen, aber das sollte nach den schlechten Erfahrungen, die viele Länder damit gemacht haben, kein allzu großes Hindernis für ein solches institutionelles Arrangement sein.

Die einzige Antwort, die die Wirtschaftstheorie auf die Frage der Festlegung realer Wechselkursänderungen geben kann, ist folglich denkbar einfach: Da es bei den internationalen Beziehungen keine »Wünsche« gibt, die ein Land gegenüber anderen einfach durchsetzt bzw. keine Forderungen, die ein Land gegenüber anderen mit irgendeiner Legitimation stellt, ist die einzige Regel, auf die sich voneinander unabhängige und gleichberechtigte Staaten einigen können, die, dass sich die realen Wechselkurse und damit die generellen Wettbewerbsverhältnisse zwischen ihnen überhaupt nicht ändern sollten. Internationaler Handel wäre dann keineswegs simpel und perfekt, aber eine der größten Störungen immerhin beseitigt.

7.10 Das Dilemma der Strom- und Bestandswerte

Zu Beginn jeder Währungskrise wird viel Energie darauf verwandt, sich mit den Bestandswerten zu befassen, ob in Form fauler Kredite, einer scheinbar untragbaren Schuldenlast oder der Bilanzen angeschlagener Banken. Weit weniger Enthusiasmus wird dagegen in die Umkehr von Stromwerten investiert, insbesondere (das Wachstum von) Einkommen, Investitionen und Konsum. Eine Krise vorrangig über die Bestandswerte zu bekämpfen, ist jedoch die falsche Vorgehensweise, denn künftige Bestandssind das Ergebnis heutiger Stromwerte. Um die Entstehung neuer problematischer Be-

10 UNCTAD (2011).

standswerte zu vermeiden, muss der Wiederherstellung von Stromwerten Vorrang eingeräumt werden, selbst wenn das bedeutet, den Eigentümern aktueller Bestandswerte Schaden zuzufügen.

Bei einer Volkswirtschaft, die unter untragbaren Auslandsschulden leidet, über viele Jahre hinweg angehäuft durch mangelnde Wettbewerbsfähigkeit und sinkende Marktanteile, erscheint die Schuldenlast auf den ersten Blick als das drängendste Problem. Wenn z. B. die Importfinanzierung durch den Kapitalmarkt bedroht ist oder äußerst kostspielig wird und die Devisenreserven fast aufgezehrt sind, benötigt ein Land Nothilfe, weil sich die Export- und Importströme nicht über Nacht anpassen lassen.

Bei vergangenen Währungskrisen wie jenen in Lateinamerika und Asien in den 1980er- und 1990er-Jahren musste der IWF eingreifen, da die Krisenländer nicht in der Lage waren, dem Kapitalabfluss und dem Zusammenbruch ihrer Währungen Einhalt zu gebieten. Sobald der Fonds einschritt – wenngleich mit unnötigen und sogar nutzlosen Auflagen, seiner »Konditionalität« –, bestand die Hauptwirkung in der kurzfristigen Importfinanzierung. Da die Abwertung der nationalen Währung mit der Zeit die Wettbewerbsfähigkeit eines Landes verbessert, haben vermehrte Exporte und verminderte Importe einen wirtschaftlichen Umschwung zur Folge. Der Ausgleich der Bilanz wird zumeist möglich, weil höhere Importpreise zur Substitution vieler Importe durch heimische Güter führen, sodass sich die Notwendigkeit der Importfinanzierung verringert. Sobald die Leistungsbilanz ins Positive kippt, verschwindet der Finanzierungsbedarf und damit die Notwendigkeit einer Stützung durch den IWF.

Die Eurokrise hatte, sieht man einmal von der Existenz der gemeinsamen Währung und der sie stützenden Institutionen ab, große Ähnlichkeit mit einer Wechselkurskrise. Schon eine flüchtige Überlegung zeigt, dass die Bereitstellung von Finanzmitteln für Länder mit Leistungsbilanzdefiziten viel leichter sein sollte, während sich der Wechsel von Import- zu heimischen Produkten und die Stimulierung der Exporte weit schwieriger gestalten wird. In einer ordnungsgemäß funktionierenden Währungsunion darf kein Land Schwierigkeiten haben, seine Importe zu finanzieren; außerdem würden solche Schwierigkeiten in keinem Fall in derselben Form auftreten wie in einem System frei flottierender Wechselkurse. In einer Währungsunion sanktionieren die Finanzmärkte Leistungsbilanzdefizite, die offenbar unhaltbar geworden sind, vor allem dadurch, dass sie viel höhere Zinsen für die Bonds des betreffenden Landes verlangen. Dies selbst in solchen Situationen, wo die Staatsverschuldung nicht das Hauptproblem ist, einfach weil der Staat den Märkten als das einzige Gebilde entgegentritt, das sie eindeutig als »national« identifizieren können. Der Staat wird daher als Übeltäter für die Schwierigkeiten in Haftung genommen, in die seine Volkswirtschaft als Ganze geraten ist.

Doch Staaten gehen nicht in ähnlicher Weise Bankrott wie Unternehmen. In einer Welt nationaler Währungen besteht im Verlauf einer Krise die traditionelle Sanktion der Märkte darin, höhere Zinsen »nachzufragen«, um das wachsende Risiko einer Abwertung auszugleichen – das größte Risiko für Anleger, die Bonds ausländischer Staaten halten. Als die Krise der Eurozone ausbrach, war zu beobachten, dass die Zinsen auf Staatsanleihen der peripheren und anderen Länder rasch stiegen, obwohl gar kein Risiko einer Abwertung bestand. Für Länder mit einem niedrigen Staatsschuldenbestand wie Irland und Spanien galt dieselbe Logik wie für Griechenland mit seiner hohen Staatsverschuldung. Im Fall Spaniens bestand keine Gefahr einer Pleite; das Risiko eines Staatsbankrotts wurde erst später durch die Entscheidung der Troika in das System eingeführt, den Ausfall eines Teils der griechischen Staatsschulden zu erlauben. So verwechselten Beobachter der Krise häufig die Notlage des Landes mit jener des Staats. Die darauffolgende politische Reaktion war sofort, das Problem der öffentlichen Verschuldung anzugehen und lange Zeit das Problem der Einkommensströme des Landes zu ignorieren – ein völlig falscher Ansatz.

Selbst bei frei beweglichen Wechselkursen gibt es häufig einen harten Konflikt zwischen der Anpassung der Bestandswerte und der Einkommensströme. Man kann den Ernst der Schwierigkeiten, denen Private und Institutionen mit offenen Positionen oder Auslandsschulden in einem Land gegenüberstehen, dem eine Abwertung droht, gar nicht überschätzen. Im Vorfeld der argentinischen Krise 2001 waren z. B. viele Private ebenso wie die Regierung in US-Dollar verschuldet. Daher fürchteten sie eine starke Abwertung des Pesos (der damals seit zehn Jahren 1:1 fest an den Dollar gebunden war), denn das hätte umgehend zu einer Explosion der Privat- und Staatsschulden geführt, wenn diese in der nationalen Währung ausgedrückt worden wären. Folglich versuchte die argentinische Regierung, die Parität des Pesos mit dem Dollar mit allen Mitteln zu verteidigen, und das für lange Zeit. Aber ein Land in einer tiefen Rezession und mit einer überbewerteten Währung braucht einen Nachfragestimulus, und einen solchen kann eine Abwertung der Währung liefern, was immer dies für die Bestandswerte bedeutet. Am Ende ließ sich der völlige Zusammenbruch des argentinischen Currency-Board-Systems (mit einem festen Wechselkurs zum Dollar) nicht mehr verhindern.

In der EWU sind die Dinge komplizierter, aber die zugrunde liegende Logik verhält sich ähnlich. Ist ein Land zu einer »inneren Abwertung« gezwungen, d. h. zu Lohnkürzungen, um seine internationale Wettbewerbsfähigkeit zu stärken, wird die deflationäre Wirkung dieser Politik den realen Wert sowohl der inländischen wie der ausländischen Schulden erhöhen, weil ihr Nominalwert unverändert bleibt, während die Einkommensströme schrumpfen. Ist ein Land zum Verlassen der Währungsunion und zur Abwertung seiner neuen Währung gezwungen, greift dieselbe Logik wie im Fall frei beweglicher Wechselkurse. Gleichzeitig kommen Überschussländer in den Genuss niedrigerer Zinsen auf Bonds. Außerdem fällt dort der reale Wert aller Schulden, darunter auch jener des Staates, wenn die Anpassung die Form einer »inneren Aufwertung« annimmt, d. h. höhere Löhne, höhere Lohnstückkosten und mit der Zeit eine höhere Inflation.

Die Notwendigkeit, sich vordringlich mit den Einkommensströmen zu befassen, wird aus einer anderen Perspektive noch offenkundiger. Versucht man, einer untragbaren Schuldenlast nur durch Anpassung der Bestandswerte zu begegnen, ohne Einfluss auf die Einkommensströme zu nehmen, führt dies schlicht zum Scheitern: In Griechenland gab es z. B. 2011/2012 einen Schuldenschnitt, der komplett darin versagte, die allgemeine Wirtschaftslage zu verbessern und die Staatsschulden mit der Zeit zu reduzieren, weil die Wirtschaft des Landes aufgrund der Sparpolitik und Lohnkürzungen abstürzte.

Darüber hinaus kommt es wesentlich darauf an, zu verstehen, dass bei einem Land, das seine Staatsverschuldung dadurch beträchtlich vermindert, dass es seinen Bankrott erklärt, die Gläubiger einen Wertverlust erleiden, der exakt den Wertgewinn der Regierung spiegelt. Handelt es sich bei den Leidtragenden um inländische Anleger, im Fall Griechenlands 2011/2012 die überwältigende Mehrheit, leidet darunter auch die Binnennachfrage. Die privaten Ausgaben sinken und eine kontraktive Wirkung auf die Wirtschaft insgesamt kann dann lediglich vermieden werden, wenn aus irgendeinem Grund die Konsumneigung steigt oder die Investitionen beträchtlich zunehmen. Doch selbst wenn die Gläubiger der Staatsschulden hauptsächlich im Ausland säßen, wäre es nur schwer vorstellbar, dass eine Regierung, die so drastische Maßnahmen ergreift, ihre eigene Wirtschaft sofort und nachdrücklich stimulieren könnte (z. B. durch höhere Defizite), ohne neuerliche Sanktionen der Finanzmärkte befürchten zu müssen. Kurz, gegen eine untragbare Schuldenlast anzukämpfen, indem man sich vorrangig oder gar ausschließlich auf die Bestandsschulden konzentriert, ist eine brutale und problematische Option.

Man beachte, dass sich die meisten der oben erörterten Effekte symmetrisch ebenso auf das Defizit- wie auf das Überschussland auswirken bzw. auf das abwertende ebenso wie auf das aufwertende Land. Eine Währungsaufwertung ereignet sich in der Regel binnen einer kurzen Zeitspanne und ist üblicherweise das Ergebnis einer erzwungenen und chaotischen Anpassung. Das aufwertende Land wird eine höhere Bewertung seiner Bestandswerte, aber parallel eine Schwächung seiner Einkommensströme verzeichnen, da sich die Exporte in internationaler Währung verteuern und die Importe in nationaler Währung verbilligen. So bereitet auch im Überschussland die Anpassung erhebliche Schmerzen.

Der Punkt ist, dass in einer Währungsunion die Beseitigung einer Wettbewerbskluft durch höhere Lohnzuwächse in den Überschussländern und geringeres (oder gar kein) Lohnwachstum in den Defizitländern über einen langen Zeitraum gestreckt werden kann und dadurch den Volkswirtschaften weniger schadet. Das Schlüsselland für eine solche Politik ist in der EWU Deutschland. Wäre die Bundesrepublik bereit, einen Plan für eine koordinierte Lohnanpassung anzunehmen, würde der damit verbundene strukturelle Wandel nicht notwendigerweise die Anpassungsfähigkeit der privaten Haushalte und Unternehmen überfordern. Genauer gesagt sollte das Lohnwachstum in Deutschland bis zu einem Punkt beschleunigt werden, an dem sich die Reallöhne parallel zur Produktivität entwickeln, während die Inflation im Einklang mit dem EZB-Ziel steht. Das Wachstum der Reallöhne wäre der Kaufkraft der Verbraucher in Deutschland zuträglich, auch für Importe. Darüber hinausgehende Nominallohnzuwächse – die das Produktivitätswachstum plus das gemeinsame Inflationsziel übertreffen – würden die benötigte Zeit für eine gesamteuropäische Anpassung sogar noch verkürzen.

Eine so geartete Politik zielt auf die Einkommensströme und erreicht eine langsame, aber stetige Lösung des Problems der stark unterschiedlichen Wettbewerbsfähigkeit der Mitgliedsländer; außerdem gibt sie durch die wachsende deutsche Nachfrage anderen Volkswirtschaften einen Schub. Selbst eine solche Lösung würde beträchtliche Zeit in Anspruch nehmen, um die Ungleichgewichte zu heilen, die sich in den 2000er-Jahren in der EWU aufgetan haben. Die Erwartung ist nicht abwegig, dass es zehn oder zwanzig Jahre bräuchte, um eine Situation zu erreichen, in der alle Länder ein Einkommenswachstum erzielen, das ihrer wirtschaftlichen Stärke entspricht und nicht von den Zwängen der Importfinanzierung beeinträchtigt wird. Leider existieren die gesellschaftlichen und politischen Allianzen für eine solche Politikwende in Deutschland und dem Rest Europas zum gegenwärtigen Zeitpunkt nicht.

Der entscheidende Punkt liegt im Wesen einer Währungsunion selbst begründet. Die Vereinheitlichung von Geld in einem Fiatgeldsystem beruht letztlich auf dem Vertrauen in die Institutionen, die das Papiergeld kontrollieren und verpflichtet sind, seinen Wert zu garantieren. Vertrauen lässt sich nicht regional aufspalten, und in einer Währungsunion kann es auch keine unterschiedlichen Grade des Vertrauens geben, denn Vertrauen ist entweder überall oder nirgendwo. In einer ordnungsgemäß funktionierenden Währungsunion gründet Vertrauen in die Behörden allein auf ihrem Versprechen, den Wert des Geldes stabil zu halten. Zudem hängt das Vertrauen sowohl von der Fähigkeit der Union ab, Ungleichgewichte unter den Mitgliedsstaaten, die aus Divergenzen der Wettbewerbsfähigkeit erwachsen, zu verhindern, als auch von der Bereitschaft der Behörden, stabiles Wachstum und eine hohe Beschäftigung zu sichern und jeder beteiligten Volkswirtschaft zu erlauben, »auf den eigenen Beinen zu stehen«. Die EWU hat bei all diesen Tests versagt und ist durch Befolgung eines verfehlten theoretischen Ansatzes stattdessen zu einem Vehikel der wirtschaftlichen und politischen Vorherrschaft Deutschlands über Europa geworden.

KAPITEL 8

WIRTSCHAFTSPOLITIK

Wir kommen nun zu den zentralen politischen Schlussfolgerungen, die aus diesem Buch gezogen werden können. Dabei geht es nicht darum, jedes Detail, das sich aus unserer neuen Theorie ergibt, in einem Kapitel auszubreiten. Einige Beispiele, die aufzeigen, an welchen Prinzipien die Politik sich unter realistischen Bedingungen ausrichten muss, sollten genügen.

Preise sind absolut zentral bei der Steuerung der Marktwirtschaft und der Märkte. Diesen Satz könnte zwar jeder gute Neoklassiker blind unterschreiben, aber er müsste sich daraufhin fragen lassen, um welche Preise es dabei eigentlich geht. Wir haben schon in Kapitel 2 gezeigt, dass es Preise gibt, die aus sich heraus, so wie der Markt sie findet, für die handelnden Akteure aussagekräftig sind; etwa solche auf Einzelmärkten, deren Änderungen absolut verständliche Signale an Verbraucher und Produzenten senden. Steigt der Preis für ein Gut, wissen beide Seiten des Marktes, ob und wie sie darauf reagieren sollten.

Es gibt aber noch eine andere Klasse von Preisen, nämlich die, die eine andere Dimension des marktwirtschaftlichen Systems, die Gesamtwirtschaft, abdecken. Nennen wir sie die makroökonomischen Preise: Zins, Lohn und Wechselkurs steuern nicht einen Markt, sondern viele Märkte zur gleichen Zeit. Ihnen ist gemeinsam, dass sie nur dann von den Marktteilnehmern sinnvoll interpretiert werden können, wenn diese die heutigen und die zu erwartenden Inflationsraten kennen. Zins, Lohn und Wechselkurs sind einzig als reale Größen überhaupt sinnvoll interpretierbar, aber sie sind dann nicht mehr Preise im ursprünglichen Sinne, weil sie schon das *Ergebnis* der Preisbildung auf allen Mikromärkten darstellen. Sie hängen vollkommen vom gesamten Prozess der Entwicklung und der gleichzeitig realisierten Politik ab und können daher gar nicht als Preise angesehen werden, die zur Steuerung von Märkten geeignet sind. Folglich ist es von vorneherein unmöglich, ihnen eine Leitfunktion im System zuzugestehen.

Das System steuern vermag nur, wer mit dem Wissen um die Funktionsweise des Systems die Inflationsrate so beeinflussen kann, dass sie zu den parallel von der Politik gesetzten nominalen Werten von Zins, Lohn und Wechselkurs passt. Erstaunlicherweise würden die meisten Mainstream-Ökonomen dieser Aussage als solcher zustimmen. Sie sind aber der festen Überzeugung, dass man eine (unabhängige) Zentralbank braucht, um ein Inflationsziel mit minimalem Eingriff der Politik erreichen zu können.

Die Geldpolitik und damit der Zins sind jedoch nicht der geeignete Anker für die von der Wirtschaftspolitik angestrebte Geldwertstabilität. Hier scheiden sich die Geister, weil die neoklassisch-monetaristische Lehre nicht zur Kenntnis nehmen will, dass der Zins vollkommen dem Marktgeschehen entzogen werden muss. Die Geldpolitik wurde von der Mehrheit der Ökonomen für die Wahrung der Geldwertstabilität ausgewählt, weil man glaubte, die Geldversorgung ließe sich auf technokratische Weise »objektivieren«. Nachdem sich das als Illusion entpuppt hat und die Idee von einem »Arbeitsmarkt« endgültig zu Grabe getragen worden ist, spricht alles dafür, die Geldwertstabilität der Lohn- und Einkommenspolitik zu überlassen.

Im Lichte dieser Abwägungen lassen sich einfache und sinnvolle Regeln für die Wirtschaftspolitik aufstellen. Die traditionelle, vom Marktmodell inspirierte Rollenverteilung wird dabei vollständig zurückgewiesen. Für die internationale Zusammenarbeit haben wir in Kapitel 7 schon die leitenden Prinzipien entwickelt.

Darüber hinaus ist Makropolitik und Strukturpolitik deutlich zu trennen. Makropolitik zielt, unabhängig von den konkreten Vorhaben einer Volkswirtschaft, auf Geldwertstabilität als Voraussetzung für eine befriedigende Produktivitätsentwicklung und einen hohen Beschäftigungsstand; Strukturpolitik zielt dagegen auf das Erreichen bestimmter materieller oder immaterieller Ziele, die mit Hilfe einzelner Märkte erreicht werden können.

8.1 Makropolitik

Der Geldpolitik kommt ohne Zweifel eine Schlüsselrolle bei der Schaffung günstiger Voraussetzungen für eine dynamische Wirtschaftsentwicklung zu. Der Zins ist, wie an vielen Stellen im Buch gezeigt, die Schlüsselgröße, die mehr als alle anderen über Erfolg oder Misserfolg wirtschaftlicher Entwicklung entscheidet. Die einzige lange Phase einer wirklichen Prosperität war, wie Kapitel 1 verdeutlicht hat, die Phase nach dem Zweiten Weltkrieg, in der die ultralockere amerikanische Geldpolitik mit niedrigen Zinsen weltweit wachstumsfreundliche Bedingungen ermöglichte.

8.1.1 Geldpolitik und die Rollenverteilung in der Wirtschaftspolitik

Alle Versuche, der Geldpolitik eine Sonderrolle zuzuweisen, weil man Geld für neutral oder ihre Aufgabe für eine rein technokratische hält, sind zum Scheitern verurteilt. Die Geldpolitik ist immer und jederzeit Teil der wirtschaftlichen Entwicklung. Es gibt keinen ohne die Geldpolitik definierbaren Trend oder ein vom Himmel fallendes Wachstum, für das sie lediglich einen Rahmen schaffen würde. Das sind Hirngespinste derjenigen, die versuchen, die Geldpolitik von der Politik zu trennen, um sie damit vor ihrer Verantwortung für die Realwirtschaft zu bewahren.

Weil sie ein untrennbarer Teil der Entwicklung ist, muss die Geldpolitik mehr als jeder andere Politikbereich die gesamtwirtschaftliche Entwicklung zeitnah beobachten und analysieren. Gleichgewichtsmodelle, wie sie sich seit einigen Jahren als Instrument der Analyse gerade bei den Zentralbanken eingebürgert haben, sind dafür vollkommen ungeeignet. Gesamtwirtschaftlich relevant kann nur eine Analyse sein, die sich auf das Verständnis dynamischer Prozesse unter Beachtung gesamtwirtschaftlicher Zusammenhänge stützt. Dabei geht es vor allem um die Logik der Finanzierungssalden, die wir in Kapitel 3 ausführlich beschrieben haben.

Ideologische Vorbehalte und theoretische Einseitigkeit sind für die Notenbank noch viel schädlicher als für die übrigen Politikbereiche. Dass etwa die Deutsche Bundesbank, die seit den 1950er-Jahren das Analyseinstrument der Finanzierungssalden für Deutschland entwickelt und regelmäßig veröffentlicht, selbst diese Erkenntnisse niemals genutzt hat, um alle Beteiligten über die relevanten Zusammenhänge aufzuklären, sondern die staatlichen Defizite stets aus dem Blickwinkel der Mikroökonomie betrachtet und so Vorurteile schürt und vergrößert, ist einer der großen Skandale unserer Zeit.

Eine gute Kommunikation auf der Basis einer unparteiischen Analyse bestimmt den Erfolg der Geldpolitik entscheidend. Weil regelmäßig große Unsicherheit bei gesamtwirtschaftlichen Prozessen einschließlich der Preisentwicklung herrscht, ist es insbesondere für die Lohnpolitik und die Finanzpolitik kritisch, einerseits von der Geldpolitik informiert zu sein und andererseits selbst Stellung zu ihren Analysen zu beziehen. Doch vor der offenen Diskussion geldpolitischer Maßnahmen scheuen die Politiker zurück, weil sie selbst nichts davon wissen und weil man ihnen erfolgreich eingeredet hat, eine formal unabhängige Institution dürfe auch nicht kritisiert werden. Es ist aber genau umgekehrt: Je unabhängiger die Notenbank, umso mehr müssen Politik und Wissenschaft sie intellektuell herausfordern.

Die Hauptschuld an der ungeklärten Rolle der Notenbanken bei der Rollenverteilung der Wirtschaftspolitik tragen die Mainstream-Ökonomen. Sie haben jahrzehntelang dem Monetarismus gehuldigt und damit dem naiven Glauben, man könne via Geldmenge eine technokratische Lösung des Problems Geldwertstabilität finden; und seit einigen Jahren stimmen sie ohne weiter nachzudenken in den Chor der Notenbanken ein, der da lautet, die Inflationserwartungen in der Gesellschaft und auf den Märkten müssten »verankert« werden.

»Verankerte« Inflationserwartungen sind letztlich ein Konzept, das, wie in Kapitel 2 gezeigt, Bedingungen annimmt, die es in Wirklichkeit nicht gibt. Die reale Welt ist auch in dieser Hinsicht viel komplizierter, als es die Neoklassik unterstellt.

8.1.2 Muss die Geldpolitik unabhängig und auf ein Ziel ausgerichtet sein?

Eine ständig vor allem in Deutschland vorgebrachte These besagt, nur eine von der Politik unabhängige Zentralbank könne die Politik davon abhalten, immer wieder Inflation als Mittel der Wirtschaftspolitik einzusetzen, etwa um die Last der Staatsschulden zu reduzieren. Das ist allerdings nicht mehr als eine unbelegte Behauptung. Sie wird schon dadurch massiv in Frage gestellt, dass es Fälle gibt, wo die Notenbank formal unabhängig, aber zugleich auch für die Beschäftigung zuständig ist. Der klassische Fall dafür sind die USA.

In Europa wird Geldpolitik üblicherweise so diskutiert, als gäbe es zu der institutionell-politischen Ausgestaltung der Geldpolitik mit unabhängiger Zentralbank und ihrer Fokussierung auf Preisstabilität keine Alternative. Alle europäischen Länder haben sich der alten deutschen Maxime angeschlossen, wonach die Notenbank nicht nur politisch unabhängig, sondern auch nahezu ausschließlich dem Ziel der Preisstabilität verpflichtet sein muss.

Was politische Unabhängigkeit genau bedeutet und wie unabhängig eine Zentralbank im täglichen politischen Geschäft wirklich ist, darüber mag man lange streiten. Kaum zu bestreiten ist aber die Tatsache, dass sich die Welt für eine Zentralbank – weit jenseits der Frage nach der formalen Unabhängigkeit – fundamental ändert, wenn sie nicht mehr nur Preisstabilität als Ziel zu verfolgen hat.

Würde man in Europa und insbesondere in Deutschland gar vorschlagen, die Zentralbank in gleicher Weise für Beschäftigung wie für Preisstabilität verantwortlich zu machen, käme es zu einem Aufschrei der Empörung bei 95 Prozent der Ökonomen und bei allen konservativ-liberalen Kräften. Das sei das Ende der Unabhängigkeit der Notenbank, hieße es dann, und der Anfang einer Inflationswelle, weil die Notenbank schließlich immer in Gefahr schwebe, mehr Beschäftigung durch ein wenig mehr Inflation zu erkaufen.

Kluge Monetaristen würden argumentieren, ein solcher Auftrag stelle die Notenbank schon theoretisch vor eine vollkommen unlösbare Aufgabe, weil schließlich nur zwischen der Geldmenge und der Inflation eine besonders enge Beziehung existiere, nicht aber zwischen irgendeinem geldpolitischen Instrument und der Beschäftigung.

Die Arbeitgeber (und die Gewerkschaften) würden auf die Tarifautonomie pochen mit dem Argument, dass es ihre Aufgabe sei, für einen hohen Beschäftigungsstand zu sorgen, schließlich seien sie es, die den Preis am Arbeitsmarkt festlegten, der über Beschäftigung oder Arbeitslosigkeit entscheide.

Doch siehe da, in der Hochburg des Kapitalismus hat man die Notenbank genau in diese »Zwickmühle« getrieben. Der Auftrag der Fed in den USA ist unmissverständlich:

> Conducting the nation's monetary policy by influencing money and credit conditions in the economy in pursuit of full employment and stable prices.[1]

Vollbeschäftigung *und* stabile Preise, das ist der äußerst ambitionierte Auftrag der Fed. Dagegen liest sich das »Mission Statement« der EZB wie ein Kinderspiel:

> The main objective of the Eurosystem is to maintain price stability: safeguarding the value of the euro.[2]

Das amerikanische Modell könne niemals gutgehen, behauptet man in Europa aus ganz verschiedenen Ecken, weil die Notenbank bei der Herstellung von Vollbeschäftigung systematisch überfordert sei. Im Ergebnis zeigt sich aber, dass die Arbeitslosigkeit in den USA sich weit günstiger entwickelt hat als in Europa (siehe Abbildung 1.30). Auch wenn sich die Raten wegen unterschiedlicher Erhebungsmethoden zwischen den beiden Regionen nicht direkt vergleichen lassen, ist doch offensichtlich, dass die USA mehrfach in den vergangenen zwanzig Jahren auf Arbeitslosenquoten zurückgekehrt sind, wie sie in den 1960er-Jahren erreicht wurden. Damals herrschte in den Industrieländern generell Vollbeschäftigung, und auch in Europa lagen die Raten unter 4 Prozent.

Heutzutage kann von einem Wiedererreichen dieses Beschäftigungsniveaus in Europa nicht mehr die Rede sein. Vor dem ersten Ölpreisschock lag die Arbeitslosigkeit diesseits des Atlantiks in der Größenordnung von 3 Prozent. Über 10 Prozent Mitte der 1990er-Jahre und fast 12 Prozent nach der großen Finanzkrise sind Ausweis eines eklatanten Versagens der europäischen Wirtschaftspolitik. Daran ändert auch die Tatsache nichts, dass die Rate in den letzten Jahren deutlich nach unten gegangen ist. Über 12 Millionen Menschen bzw. über 6 Prozent Arbeitslose sind keineswegs Werte, die für eine ausreichende Fokussierung der Politik auf das Ziel der Vollbeschäftigung oder für eine effiziente Rollenverteilung in der Wirtschaftspolitik sprechen.

---

1 Fed (2016).
2 EZB (o. J.).

Dieses Problem spiegelt sich auch in der Entwicklung der Wirtschaftskraft Europas im Vergleich zu den USA wider. Jenseits des Atlantiks waren die Phasen einer positiven Wirtschaftsentwicklung seit dem Jahr 2000 ausgeprägter und hielten länger an als in Europa, die Krisen hingegen verliefen milder.

War Europa wenigstens bei der Preisstabilität besser? Kaum. Zwar schwankten die Inflationsraten in den USA seit Mitte der 2000er-Jahre etwas stärker (siehe Abbildung 1.31), im Durchschnitt war die Fed aber in der Lage, ihr Inflationsziel von etwa 2 Prozent durchzusetzen: Im Mittel der Jahre 2007 bis 2023 lag die realisierte Rate bei 2,4 Prozent. Auch die jüngsten Preissteigerungen waren in den USA nicht größer als etwa in Deutschland. Die amerikanische (nicht harmonisierte) Preissteigerungsrate bewegte sich im Juni 2023 mit 3 Prozent schon wieder nahe bei der Zielrate der Fed.

Bei den Zinserhöhungen Anfang 2023 ging die Fed nicht wesentlich aggressiver vor als die EZB, obwohl in den USA nahezu Vollbeschäftigung herrschte und in Europa nicht. Außerdem begann sie mit ihren Zinserhöhungen gemessen an der Entwicklung der Verbraucherpreise ein gutes Stück *später* als die EZB, nämlich erst, als die Preissteigerungsrate bereits fast ein Jahr lang oberhalb von 5 Prozent gelegen hatte; im Gegensatz zu Europa, wo die EZB schon nach einem halben Jahr oberhalb der Fünf-Prozent-Marke die Zinsen anhob. Zudem hatten die USA einen veritablen Grund für die Straffung ihrer Geldpolitik: Die Löhne waren, wie Abbildung 8.1 zeigt, in den letzten Jahren deutlich stärker gestiegen als in Europa.

Abb. 8.1 **Lohnentwicklung[1] in Europa und den USA** **2015 bis 2023**

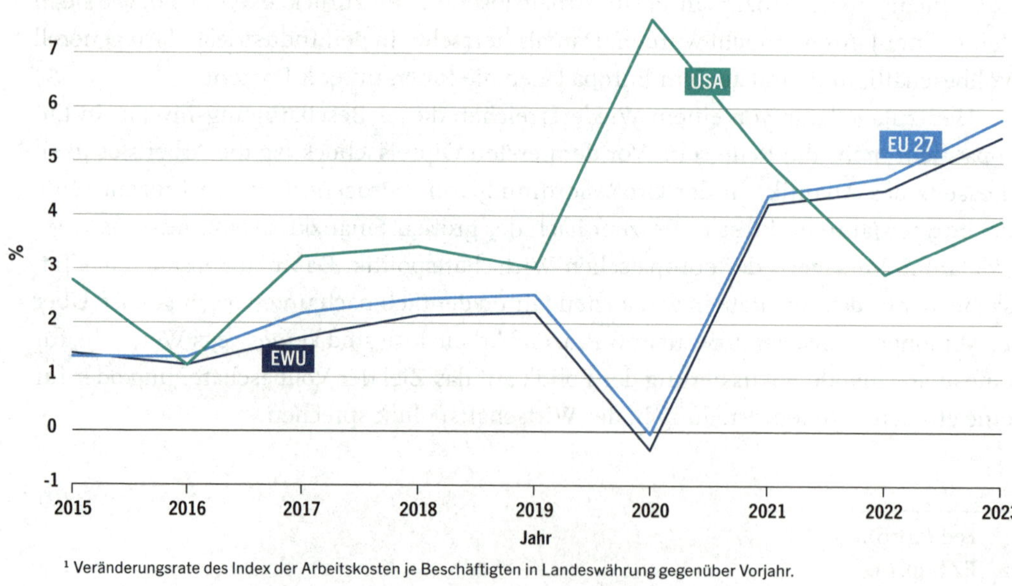

[1] Veränderungsrate des Index der Arbeitskosten je Beschäftigten in Landeswährung gegenüber Vorjahr.

Ebenso hatten die für die Inflationsentwicklung entscheidenden Lohnstückkosten stärker zugelegt als hierzulande (Abbildung 8.2). In Europa basierte der kräftige Anstieg der Verbraucherpreise ab Mitte 2021 hingegen eindeutig auf den Folgen des Coronaschocks und der Energie- und Lebensmittelpreiskrise aufgrund des Ukrainekriegs, nicht aber auf einer übermäßigen Lohnentwicklung.

Abb. 8.2 **Lohnstückkosten[1] in Europa und den USA** **2015 bis 2023**

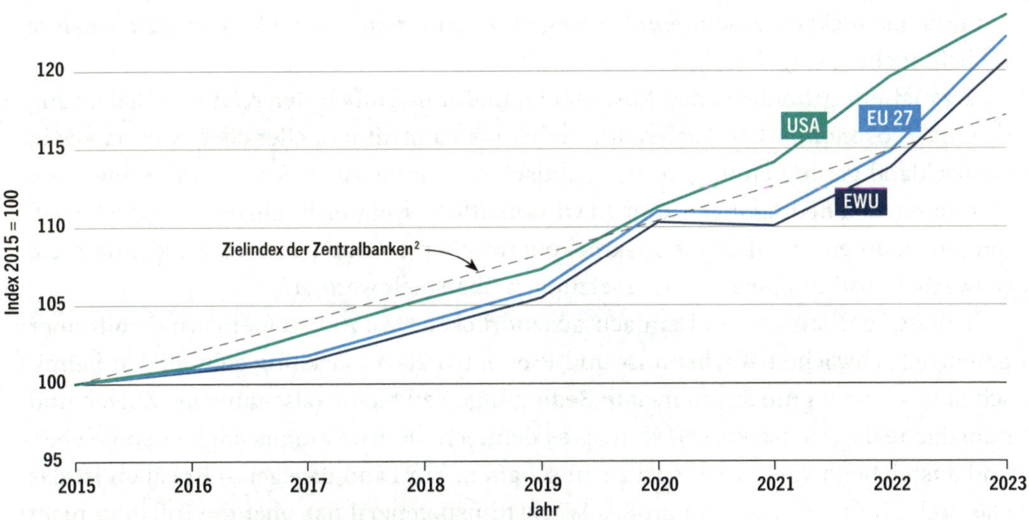

[1] Bruttoeinkommen aus unselbständiger Arbeit je Beschäftigten im Verhältnis zum preisbereinigten Bruttoinlandsprodukt je Erwerbstätigen; in Landeswährung. [2] Fiktive Preisniveauentwicklung bei Einhaltung der Zielrate von 2 %.

Was also bringt den Mainstream zu der Auffassung, dass wir in Europa die einzig sinnvolle Lösung für die institutionelle Verankerung der Geldpolitik gefunden haben? Dafür zeichnet wohl vor allem das gerade in Deutschland weit verbreitete Vorurteil verantwortlich, eine Geldpolitik, die sich direkt in die Wirtschaftspolitik einmischt, werde letztlich dem Staat bei der Finanzierung der Staatsausgaben so sehr unter die Arme greifen, dass dauernd inflationäre Gefahren drohen. Die USA zeigen, dass das keineswegs zwingend ist.

Die Verschuldung des amerikanischen Staates hat in den vergangenen zehn Jahren zwar deutlich zugenommen, aber das ist, wie in vielen Ländern der Welt, Ausdruck der Tatsache, dass die Unternehmen nicht mehr die Rolle des Schuldners übernehmen, wie in Kapitel 3 gezeigt. Genau diese ökonomische »Zeitenwende« will Europa nicht zur Kenntnis nehmen.

8.1.3 Mikro oder Makro: Was ist wichtiger?

Immer wieder, gerade wenn es um Entwicklungsländer geht, hört man die Frage, warum in ökonomischen Analysen strukturelle Fragen nicht behandelt werden und etwa das Wort »Korruption« nicht einmal auftaucht, obwohl man doch wisse, dass viele Länder auf keinen grünen Zweig kämen, weil sie durch und durch »korrumpiert« seien. Aber auch jenseits der Korruption hätten diese Länder – so die immer wieder zu hörende Einschätzung – einfach nicht die institutionellen Voraussetzungen, um sich dynamisch entwickeln zu können. Deswegen sei eine rein makroökonomische Analyse schlicht nicht aussagekräftig.

Das ist ein grundlegendes Missverständnis hinsichtlich der relativen Bedeutung von makroökonomischer Analyse im Verhältnis zu institutioneller oder, wie man es in Deutschland gerne nennt, ordnungspolitischer Analyse. Auch Staaten mit schwachen institutionellen Bedingungen können wirtschaftlich erfolgreich sein, sofern sie es schaffen, die anderen, nämlich die makroökonomischen Parameter so zu setzen, dass die schwachen institutionellen Voraussetzungen überspielt werden.

Um es mechanisch und einfach auszudrücken: Wenn es einem Land mit einer potenziell schwachen Wachstums- und Produktivitätsentwicklung gelingt, den heimischen Investoren günstige monetäre Bedingungen zu bieten (also günstige Zinsen und günstige reale Wechselkurse), vermag es dennoch die Investitionstätigkeit zu beleben und ausreichend viele Arbeitsplätze zu schaffen. Ein Land dagegen – Brasilien ist das klassische Beispiel –, das ein großes Wachstumspotenzial hat, aber die Inflation nicht in den Griff bekommt, deshalb permanent ein exorbitant hohes Zinsniveau aufweist und dessen Währung immer wieder real aufwertet, kann sein Potenzial nicht nutzen.

Strukturelle Probleme und Korruption in tausenden verschiedenen Formen gab und gibt es in allen Ländern der Erde (Deutschland bildet hier übrigens keine Ausnahme) – wenngleich in unterschiedlichem Ausmaß. Niemand ist auch nur annähernd in der Lage, die Bedeutung zu quantifizieren, die von ihnen auf die wirtschaftliche Entwicklung ausgeht. Doch obwohl diese Probleme schon lange existieren, waren etliche Länder in der Vergangenheit erfolgreich, wenn sie sich günstigen makroökonomischen Bedingungen gegenübersahen. Ein italienischer Kollege hat es einmal so ausgedrückt: »In meinem Land gibt es nachweislich seit zweitausend Jahren Korruption, aber erst seit zwanzig Jahren ist die wirtschaftliche Entwicklung viel schlechter als in den vergleichbaren europäischen Ländern. An der Korruption liegt das offensichtlich nicht, denn die hat sich nicht geändert.«

Man kann es auch umgekehrt formulieren: Wenn bereits die westlichen Länder mit ihren (definitionsgemäß!) perfekten institutionellen Voraussetzungen ein äußerst niedriges Zinsniveau oder eine reale Abwertung brauchen, um sich dynamisch zu entwickeln, dann darf ein sich entwickelndes Land oder ein Transformationsland, um erfolgreich zu sein, auf keinen Fall schlechtere makroökonomische Bedingungen aufweisen. Ist letzteres der Fall, muss man wirtschaftspolitisch genau da ansetzen, weil sich das Land gegeben seiner institutionellen Probleme niemals mit schlechteren makroökonomischen Bedingungen, als sie in den Industrieländern herrschen, vernünftig entwickeln kann.

8.1.4 Lohn- und Einkommenspolitik

Lohnpolitik, manchmal auch Einkommenspolitik genannt, spielt eine entscheidende Rolle einerseits bei der Stabilisierung des Geldwertes, andererseits bei der Aufrechterhaltung der Nachfragedynamik einer Volkswirtschaft. Nur Arbeiter, die genau das verdienen, was sie wertmäßig produzieren, halten die Wirtschaft am Laufen, sind also im ureigensten Interesse der Arbeitgeber.

Weil der Lohn keinen Markt ausgleichen kann, gehört er in die Hände von Akteuren, die genau das wissen. Sind die Tarifpartner aufgeklärt, spricht nichts dagegen, ihnen die Lohnfindung zu überlassen. Gibt es aber in einem solchen Gremium rein mikroökonomische Ansätze von einer der beiden Seiten, muss der Staat einschreiten.

Nicht anders als der Zins ist der Lohnzuwachs ein Instrument zur Stabilisierung von Entwicklung. Ihm kommt aber die zusätzliche Bedeutung zu, dass nur über Lohnzuwächse, die der Goldenen Lohnregel folgen, Geldwertstabilität gesichert werden kann. Analytisch entscheidend, jedoch vollständig unverstanden, ist die Verbindung zwischen der Entwicklung der Produktivität und den Reallöhnen. Die ist durch die enge Korrelation von Lohnstückkosten und Inflationsraten zwar absolut zwingend, wird aber durchweg ignoriert. Auf diese Weise entledigt sich ein Fach, das gerne eine Wissenschaft sein möchte, jeder Möglichkeit, zu einem logisch zwingenden und empirisch gesicherten Verständnis des Systems Marktwirtschaft und zu geeigneten wirtschaftspolitischen Empfehlungen vorzudringen.

Wie schwer es für neoklassische Ökonomen offenbar ist, im gesamtwirtschaftlichen Zusammenhang und zugleich logisch zu denken, zeigen in einem Grundsatzpapier zur Finanz- und Wirtschaftspolitik Christian Lindner und Lars Feld. Sie stellen fest: »Insbesondere Maßnahmen, welche die Arbeitsproduktivität erhöhen und den Lohn- und Preisauftrieb senken, tragen dazu bei, das Risiko einer Lohn-Preis-Spirale und einer Entankerung der Inflationserwartungen zu reduzieren.«[3]

---

3 BMF (2023).

Auch in der EZB gibt es erhebliche Missverständnisse, was die Bedeutung der Löhne für die wirtschaftliche Entwicklung, die Produktivität und die Preise angeht. Isabel Schnabel, Mitglied im Direktorium der EZB, vermutet gar, bei höherer Produktivität sei es leichter, das Inflationsziel zu erreichen: »Measures that help firms boost productivity growth directly support monetary policy in achieving its objective of securing price stability over the medium term.«[4]

Einem ähnlichen Irrtum unterliegt die Europäische Kommission in einem anderen Zusammenhang. Sie schreibt in einem Papier über die Lage in Frankreich: »Das Wachstum der Arbeitsproduktivität bleibt jedoch sowohl unter den langfristigen Trends als auch unter dem Durchschnitt des Eurogebiets, was eine schnellere Erholung der Kostenwettbewerbsfähigkeit verhindert.«[5]

All diese Positionen sind unhaltbar, weil sie unterstellen, die Lohnabschlüsse kämen unabhängig von der zu erwartenden gesamtwirtschaftlichen Produktivitätsentwicklung zustande. In den Tarifverhandlungen der großen Branchen orientiert man sich aber genau daran. Steigt die Produktivität weniger stark, werden weniger stark steigende Tariflöhne vereinbart. Das gilt auch umgekehrt: Steigt die Produktivität stärker, werden stärker steigende Tariflöhne vereinbart.

Man verwechselt die mikroökonomische Sicht mit der makroökonomischen: Ist ein einzelnes Unternehmen überdurchschnittlich innovativ und hat daher eine vergleichsweise höhere Produktivitätssteigerung als die Konkurrenz, kann es sich durch Senkung seiner Angebotspreise Marktanteile verschaffen. Denn es muss seinen Produktivitätsvorteil keineswegs vollständig an die Entlohnung seiner Arbeitskräfte weiterreichen. Das Unternehmen zahlt nämlich nur die Tariflohnentwicklung, die sich eben am Durchschnitt der Wirtschaft oder zumindest seiner Branche orientiert.

Für die Wirtschaft insgesamt funktioniert das aber nicht, weil die Summe der Marktanteile gleichbleibt, egal wie die Anteile auf die verschiedenen Marktteilnehmer auf der Angebotsseite verteilt sind. Versuchen die Arbeitgeber nichtsdestotrotz, die durchschnittliche Produktivitätsentwicklung (plus die Zielrate der Zentralbank) nicht vollständig in der durchschnittlichen Lohnentwicklung weiterzugeben und sie stattdessen für Preissenkungen bzw. Preismindersteigerungen zu nutzen, kommt ein deflationärer Prozess in Gang. Der aber bremst die gesamte Produktivitätsentwicklung, weil die Gesamtnachfrage hinter den Kapazitäten hinterherhinkt und potenzielle Sachinvestoren im Schnitt weniger Anreize zum Investieren haben. Genau das war das Problem der 2010er-Jahre in der EWU. Dass die Gesamtentwicklung einzelner Länder wie die Deutschlands oder der Niederlande eine Weile von den Deflationsfolgen verschont ge-

4 Schnabel, I. (2024).

5 EU-Kommission zitiert in Flassbeck, H. (2022).

blieben ist, weil sie ihren Mangel an Binnennachfrage durch Außenhandelsüberschüsse überdeckt, widerlegt diese Analyse keineswegs, sondern bestätigt sie vielmehr.

Es ist offensichtlich, dass eine solche Rollenverteilung der Wirtschaftspolitik unter Einschluss der Lohnpolitik am ehesten Erfolg hat, wenn man sich von vorneherein auf die Position einigt, dass jede Erhöhung der Produktivität letztlich den Reallöhnen via steigende Nominallöhne zugutekommen sollte. Damit vermeidet man Friktionen bei der Anpassung der Preise mit den verbundenen Nachfrage- und Arbeitsmarktproblemen und erreicht das Inflationsziel auf längere Sicht mit großer Sicherheit.

Allerdings gibt es auch auf der Seite der Gewerkschaften große Illusionen. Um ihre Rolle angemessen zu spielen, müssen sie sich darüber im Klaren sein, was sie politisch durchzusetzen in der Lage sind und was nicht. Die Gewerkschaften könnten beispielsweise versuchen, mit einem Abschluss weit über der Goldenen Lohnregel Umverteilung zu ihren Gunsten zu erwirken. Dann aber könnten die Arbeitgeber, das zeigt die Evidenz von Lohnstückkosten und Inflationsrate, die steigenden Lohnkosten sofort voll an die Kunden weitergeben. Die Folge wäre eine Inflationsrate weit über dem Inflationsziel der Notenbank. Das würde diese mit Zinserhöhungen beantworten, und zwar so lange, bis eine Rezession und steigende Arbeitslosigkeit unvermeidlich ist.

Wer erfolgreich Lohnpolitik betreiben will, braucht eine klare Strategie, gegründet auf Fakten und gesicherten Zusammenhängen. Dem Zusammenhang von Lohnstückkosten und Preisen, der offensichtlich nahezu global gilt, können die Gewerkschaften kaum ausweichen. Sie haben keine Möglichkeit, um die rasche Überwälzung von Lohnsteigerungen (und/oder die restriktive Reaktion der Notenbank) zu verhindern. Noch weniger Möglichkeit haben sie, das Verhalten der Notenbank zu beeinflussen. Deswegen nützt es nichts, den eigenen Mitgliedern einzureden, man sei in der Lage, die Reallöhne zu erhöhen (oder im Fall von negativen exogenen Schocks zu halten), ohne jeden Folgeeffekt von der einen oder der anderen Seite befürchten zu müssen. Man sollte in der internen Kommunikation ehrlich sein und sagen, dass die Goldene Lohnregel das Ergebnis ist, das man auf kurze und auf mittlere Frist unbedingt erreichen will und auch kann.

8.1.5 Staatliche Politik und Finanzpolitik

Während Geldpolitik automatisch rein makroökonomisch ausgerichtet ist, hat der Staat als der größte wirtschaftliche Akteur vielfältige Möglichkeiten, seine Vorstellungen von Wirtschaft und sozialer Entwicklung durchzusetzen. Wir wollen nicht versuchen, die verschiedenen Aufgaben des Staates aufzuzählen oder ihnen gar durch eine sorgfältige Analyse gerecht zu werden. Hier geht es nur um die makroökonomische Rolle des Staates, also primär um seine Aufgabe, eine potenziell instabile private Wirtschaftsentwicklung zu stabilisieren, Rahmenbedingungen für eine dynamische Investitionstätigkeit zu schaffen und der Wirtschaft in wenigen bestimmten Bereichen auch eine Richtung zu geben.

Die Finanz- oder Fiskalpolitik hat die vordringliche Aufgabe, für die Stabilisierung der Nachfragedynamik zu sorgen, wenn das mithilfe der Geldpolitik und der Lohnpolitik nicht in ausreichendem Maße gelingt. Viele glauben, diese Rolle des Staates als »Nachfrage-Ausputzer« für die übrigen Bereiche komme einer Unterforderung gleich, weil dieser doch auch lenkend in die Wirtschaft eingreifen müsse. In der Tat muss er das tun, aber zunächst dadurch, dass er für eine angemessene Entwicklung der drei makroökonomischen Preise sorgt.

Darüber hinaus ist es unabdingbar, dass der Staat alle fundamentalen Belange wie die grundlegenden Versorgungsleistungen mit Strom, Wasser, Infrastruktur und den Schutz der Umwelt einschließlich des Klimas als seine genuine Aufgabe beansprucht. Auch den Gesundheitsbereich darf er niemals dem Markt allein überlassen. Den klassischen Sozialstaat braucht man, um die Bürger gegen Armut abzusichern und angemessene Renten zu zahlen. Zudem gehören die klassischen Aufgaben der Überwachung der Märkte durch Kartellämter und Finanzaufsicht in das Portfolio eines modernen Staates.

In Sachen Strukturwandel ist er außerhalb dieser Bereiche üblicherweise schwach, weil Beamte für gewöhnlich nicht zu denen gehören, die neue Trends und Moden erahnen oder bereit sind, dem Bürger über Werbemaßnahmen neue »Bedürfnisse« anzutrainieren. Wer den Staat für allzuständig erklärt, überfordert ihn, frustriert den Erfindergeist der Bürger und gefährdet damit ein großes Innovationspotenzial.

Das größte Hindernis für eine effektive Fiskalpolitik stellt das mangelnde Verständnis der gesamtwirtschaftlichen Zusammenhänge dar, in die das staatliche Handeln jederzeit eingebettet ist. Hier haben in den vergangenen vierzig Jahren praktisch alle Regierungen versagt. Aus der großen geistigen Emanzipation, die einigen wenigen Ökonomen nach der Weltwirtschaftskrise gelungen ist, sind seitens der Politik praktisch keine Lehren gezogen worden.

Man kann sich quer durch unterschiedliche Denkschulen der Ökonomik leicht auf eine antizyklische Rolle des Staates einigen. Neoklassiker und Keynesianer sind sich zumeist einig darin, dass er in der Krise oder in der Rezession antizyklisch agieren muss, dass das Gleiche aber auch für den Aufschwung gilt. Da muss der Staat sparen und mit Hilfe von Überschüssen seine Schulden sogar absolut verringern, um zu verhindern, dass er dauernd steigende Schuldenstände verbucht, die auf lange Sicht untragbare Zinslasten mit sich bringen.

Über viele Jahrzehnte hat man nur darum gestritten, ob der Staat im Aufschwung wirklich Überschüsse bildet. Die Keynesianer waren hier voller Vertrauen in die Rationalität der Regierungen, die Neoliberalen dagegen höchst misstrauisch, weil sie generell dem Staat nicht zutrauen, sich vernünftig zu verhalten. Immerhin hat in den 2010er-Jahren ein deutscher Finanzminister bewiesen, dass die Keynesianer Recht hatten und der Staat sehr wohl in der Lage ist, sich symmetrisch zu verhalten, also in den guten Zeiten vorzusorgen.

Diese Geschichte leuchtet vielen ein. Leider treffen solche Geschichten in der Wirklichkeit mit ihrer ganzen Komplexität nicht den Kern der Dinge. Was bis heute nicht begriffen wird, ist die Tatsache, dass es die Marktwirtschaft, von der sowohl die Neoliberalen als auch die traditionellen Keynesianer träumen, schon lange Zeit nicht mehr gibt. Das war eine Welt, in der die Unternehmen ihre wichtigste Aufgabe, nämlich sich zu verschulden und zu investieren, noch wahrgenommen haben. Diese alte Welt existiert aber nicht mehr.

Man muss in der neuen Welt nicht mehr darüber philosophieren, ob und wie schnell der Staat »die guten Zeiten« nutzen sollte, um seine Verschuldung in Grenzen zu halten. Es gibt die guten Zeiten schlicht nicht mehr, weil die Unternehmen so mächtig geworden sind, dass man sie nicht mehr in die Rolle des Schuldners drängen kann. Die Stärke der Unternehmen ist die unmittelbare Folge der neoliberalen Revolution; was nichts anderes bedeutet, als dass die Neoliberalen mit ihrem Kurs hin zur »Angebotspolitik« die unmittelbare Verantwortung für das Ansteigen der staatlichen Schulden ins Unermessliche tragen.

Richard Koo, einer der wenigen Ökonomen, die diese Problematik immer wieder betonen und den Staat an seine Rolle als Schuldner erinnern, glaubt, dass die veränderte Rolle der Unternehmen mit Bilanzrezessionen zu tun hat.[6] Seine These lautet, dass die Betriebe nach einer Rezession erst einmal versuchen, in die Gewinnzone zu geraten, um ihre Bilanzen in Ordnung zu bringen. Das war vielleicht unmittelbar nach der globalen Krise noch eine angemessene Erklärung, heute ist sie das aber nicht mehr. Was wir sehen, hat vielmehr mit der säkularen Machtverschiebung zugunsten der Unternehmen am Arbeitsmarkt und zulasten des Staates zu tun, die von etlichen Regierungen seit den 1970er-Jahren direkt gefördert und befördert wurde.

Box 15: Wachstum, Zins und die Staatsschulden

Nach Ansicht vieler Finanzwissenschaftler sind Fiskalregeln, darunter die deutsche Schuldenbremse, dazu da, um zu verhindern, dass Regierungen zur Finanzierung ihrer Ausgabenwünsche immer mehr Staatsschulden zulasten zukünftiger Steuerzahler anhäufen. Die Tragfähigkeit von Staatsschulden sei umso weniger gewährleistet, je höher die Staatsschuldenquote, also das Verhältnis von Staatsschulden zu Wirtschaftskraft eines Landes, liege. Denn wenn die (nominale) Wachstumsrate

6 Koo, R.C. (2009).

einer Volkswirtschaft geringer ausfällt als der (nominale) Zinssatz auf die Staatsschulden, wachsen die Steuereinnahmen bei gleichbleibenden Steuersätzen langsamer als die Zinslast. Dann nehme der Anteil der Staatseinnahmen, der zur Finanzierung der Zinslast aufgewendet werden müsse, zu und der fiskalische Gestaltungsspielraum entsprechend ab.

Um fiskalpolitisch dennoch handlungsfähig zu bleiben, müssten irgendwann die Steuern erhöht werden. Mit anderen Worten: Zusätzliche Staatsschulden von heute bergen nach dieser Lesart die Gefahr höherer Steuerlasten von morgen. Höhere Steuerlasten bringen jedoch Ineffizienzen und Fehlanreize mit sich und legen sich wie Mehltau über die Privatwirtschaft, deren Innovativkraft dann nachlässt. Das dämpfe auf Dauer das Wachstum, so dass die Konstellation »Zinssatz höher als Wachstumsrate« noch wahrscheinlicher oder gar zementiert wird. Diese Zwickmühle gelte es zu vermeiden, indem man dem Ausgabeverhalten von Regierungen durch Fiskalregeln Grenzen setzt.

So oder so ungefähr lauten die Warnungen vor hohen Staatsschuldenquoten und die Begründungen für Fiskalregeln. Sie kranken allerdings daran, dass sie nicht die inhaltlichen Abhängigkeiten von gesamtwirtschaftlicher Wachstumsrate, Zinsniveau und Staatsausgaben zum Gegenstand haben, sondern nur rechentechnische Zusammenhänge. Es werden empirische Korrelationen herangezogen und Aussagen wie »Liegt der Zinssatz über der Wachstumsrate, dann …« getroffen, ohne die Frage zu klären, wann und warum eine solche Konstellation eingetreten ist und wie lang sie angehalten hat. Das wirkt sich aber entscheidend auf die Beurteilung aus, wie relevant die getroffene Aussage ist und welche wirtschaftspolitischen Schlussfolgerungen aus ihr abgeleitet werden können.

Seit zwanzig Jahren besteht in Deutschland und vielen anderen Ländern der Beitrag der Unternehmen zur wirtschaftlichen Entwicklung nicht in einer Entlastung, sondern in einer Belastung. Trotz (oder wegen) massiver Steuersenkungen zu Beginn der 2000er-Jahre (die gesamte Steuerbelastung der Unternehmen wurde unter Rot-Grün halbiert) haben die Unternehmen nicht mehr zur Schließung der Lücke zwischen Einnahmen und Ausgaben beigetragen, sondern diese Lücke durch eigenes Sparen in fast allen Jahren vergrößert. Deutschland hat sich nur durch Merkantilismus überhaupt retten können. Vollkommen abwegig ist folglich, was laut der *Frankfurter Allgemeinen Zeitung* in einer Umfrage die »Wirtschaft« selbst zu dieser Frage denkt:

> Interessant ist die Haltung der Fachleute aus der Wirtschaft zu Steuersenkungen. Nur 3 Prozent der Befragten wünschen sich diese, wenn das mehr Staatsschulden bedeuten würde. Ein knappes Drittel will Steuersenkungen mit Ausgabenkürzungen finanziert sehen. 17 Prozent sind für einen Mix aus Ausgabenkürzungen und neuen Schulden. Dagegen spricht sich knapp die Hälfte dafür aus, zur Not auf Steuersenkungen zu verzichten. »Im Ergebnis findet eine rein schuldenfinanzierte Steuersenkung so gut wie keine Anhänger«, resümiert [Ernst & Young].[7]

7 Schäfers, M. (2021).

Steuersenkungen unter der Schuldenregel sind sinnlos. Wenn der Staat das Geld, das er für die Steuersenkung braucht, durch Ausgabesenkungen an anderer Stelle hereinholen muss, ist eine Steuersenkung in Sachen Wachstum und Entwicklung sinnlos, ganz gleich, wem sie zugutekommt. Die Effizienzsteigerungen, die manche sich von einer Umverteilung von unten nach oben erhoffen, werden in Zukunft so wenig eintreten wie in der Vergangenheit. Folglich bleibt z. B. ein »Abspecken« des Sozialhaushalts zugunsten von Steuersenkungen bestenfalls ein Nullsummenspiel, das die Ungleichheit vergrößert, voraussichtlich aber ist es ein Negativsummenspiel, das auch der Wirtschaft schadet.

8.1.6 Steuerpolitik

Das Thema Steuern ist hier aus Platzgründen nicht umfassend zu behandeln. Die Grundprinzipien einer rationalen Steuerpolitik sollen dennoch skizziert werden. Das Hauptproblem, vor dem viele Volkswirtschaften nach vierzig Jahren Neoliberalismus stehen, ist die Zunahme der Lohnspreizung. Der Abstand zwischen den bestverdienenden 10 Prozent der Bevölkerung und dem unteren Einkommensdrittel wird immer größer. Folglich arten regelmäßig Diskussionen über Maßnahmen, die aus strukturellen Gründen sinnvoll wären – das Klima sei an erster Stelle genannt – in solche über Verteilungsfragen aus. Eine globale Makrosteuerung des Preises für fossile Energie, die für den Strukturwandel eine absolute Voraussetzung ist, scheitert politisch an der Spreizung der Einkommen zu dem Punkt, dass jede neue Belastung im unteren Einkommensdrittel sofort massiven Widerstand hervorruft.

Das naheliegende Mittel, um die Verteilungssituation zu entspannen, ist die Einkommensteuer. Der Spitzensteuersatz (nicht zu verwechseln mit dem auf das zu versteuernde Einkommen zu zahlenden durchschnittlichen Steuersatz), greift in Deutschland sehr früh. Das sorgt dafür, dass sich das Gros der Politiker nicht mehr daran wagt, über dessen Erhöhung auch nur nachzudenken. Dieser Abschnitt beschränkt sich auf einen Vorschlag zur Besteuerung der Arbeitseinkommen, die von den sozialversicherungspflichtig Beschäftigten entrichtet werden. Sie stellen für die Masse der arbeitenden Bevölkerung die Haupteinkommensquelle dar.

Das durchschnittliche Einkommen der Bevölkerung wird in der Regel entweder als Median oder als arithmetisches Mittel ausgedrückt. Reiht man die Einkommen aller Erwerbstätigen der Höhe nach auf, teilt der Median die Bevölkerung in zwei Hälften: Die untere Hälfte hat weniger als das Medianeinkommen zur Verfügung; die obere Hälfte mehr.

Der Gehaltsreport von StepStone weist für 2024 ein Bruttomediangehalt in Höhe von 43750 Euro für Deutschland aus. Nach Abzug aller Steuern und Sozialversicherungsbeiträgen bleiben davon 28 926 Euro pro Jahr (2410 Euro pro Monat). Das eigene Haus, die eigene Wohnung, am besten zum Rentenalter schuldenfrei, rückt so für weite Teile der Bevölkerung in weite Ferne. Deswegen muss die Einkommensteuer umgebaut und radikal vereinfacht werden.

Bei einem angenommenen Mindestlohn von 15 Euro pro Stunde, 160 Arbeitsstunden im Monat und 12 Arbeitsmonaten ergibt sich ein Jahresbruttogehalt von 28 800 Euro. Bei diesem soll ein Steuersatz von null Prozent gelten. Dagegen soll der maximale Grenzsteuersatz bei einem Jahresbruttogehalt von 200 000 Euro liegen und 56 Prozent betragen. Dann kann man zwischen den 28 800 Euro und den 200 000 Euro den Grenzsteuersatz linear von null Prozent auf 56 Prozent ansteigen lassen (Abbildung 8.3).

Abb. 8.3 **Verlauf des Grenzsteuersatzes**

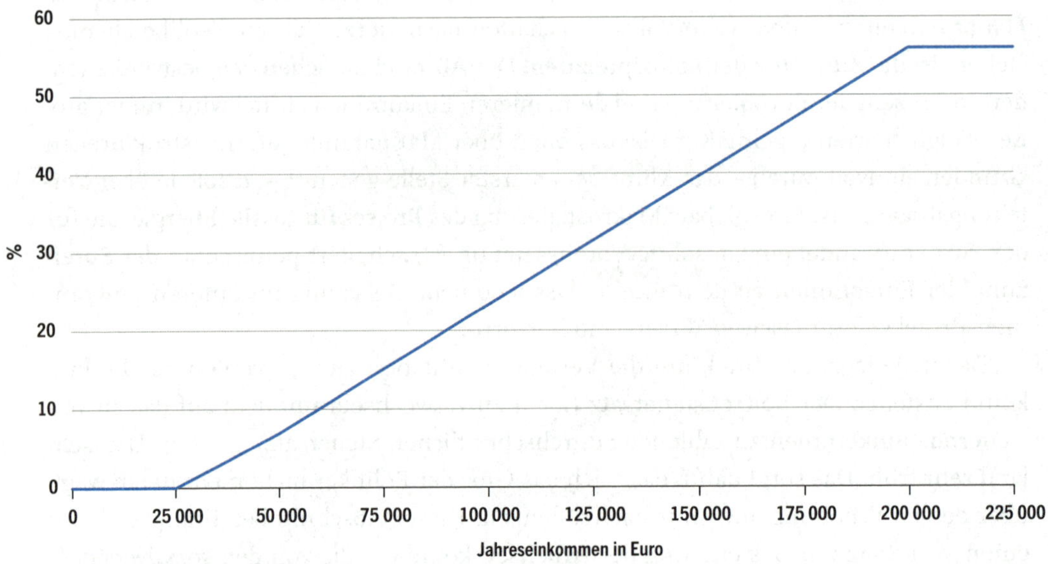

In diesem Steuersystem greift der Spitzensteuersatz erst bei einem Einkommen, das siebenmal so groß ist wie das Mindestlohneinkommen. Abbildung 8.4 zeigt, dass die tatsächliche Steuerlast (vor allem für den Mittelstand) durch eine solche Reform gewaltig sinken würde.

Die Kurve verdeutlicht, dass für große Teile der sozialversicherungspflichtig Beschäftigten die Belastung durch die Einkommensteuer bei einer solchen Umstellung praktisch keine Rolle mehr spielt. Das Intervall ist bewusst so gewählt, dass sich die meisten Menschen darin wiederfinden können.

Abb. 8.4 **Verlauf der Steuerlast**

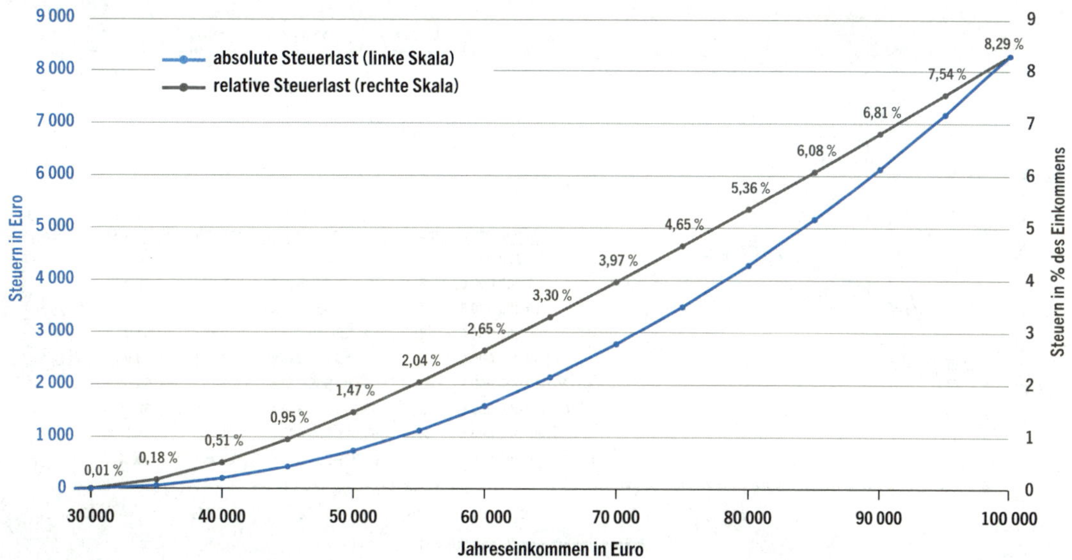

Für die reichsten Mitglieder der Gesellschaft lässt sich die Belastung ebenfalls grafisch darstellen (Abbildung 8.5). Aufgrund der hohen Werte sind die Jahreseinkommen auf der waagerechten Achse in logarithmierten Werten angegeben. Das bedeutet, dass die »5« für eine Eins mit fünf Nullen steht, die »6« für eine Eins mit sechs Nullen (folglich eine Million Euro) usw.

Ab 200 000 Euro bleibt der Grenzsteuersatz bei 56 Prozent konstant, das heißt jeder weitere Euro würde zu 56 Prozent besteuert. Bei einem Einkommen von 1 000 000 Euro sind daher die ersten 200 000 Euro mit einer relativen Steuerlast von 23,97 Prozent behaftet (47 936 Euro) und die restlichen 800 000 Euro mit 56 Prozent (448 000 Euro). Das resultiert in einer Gesamtsteuerlast von 495 936 Euro und folglich 49,59 Prozent effektiver Steuerlast. Die relative Steuerlast konvergiert somit bei steigenden Einkommen gegen 56 Prozent, da die ersten 200 000 Euro bei immer größerem Bruttojahresverdienst eine immer geringere Rolle spielen.

Besonderes Augenmerk verdient die Frage, ab wann sich durch die Anpassung des Einkommensteuersystems eine Mehrbelastung im Vergleich zum gegenwärtigen System ergibt. Dieser Wert liegt bei einem Jahreseinkommen von ungefähr 450 000 Euro (Annahme: Steuerklasse 1, nicht verheiratet und keine Kinder). In Abbildung 8.6 ist das der Punkt, in dem sich die vier Kurven kreuzen.

Abb. 8.5 Belastung für Spitzenverdiener

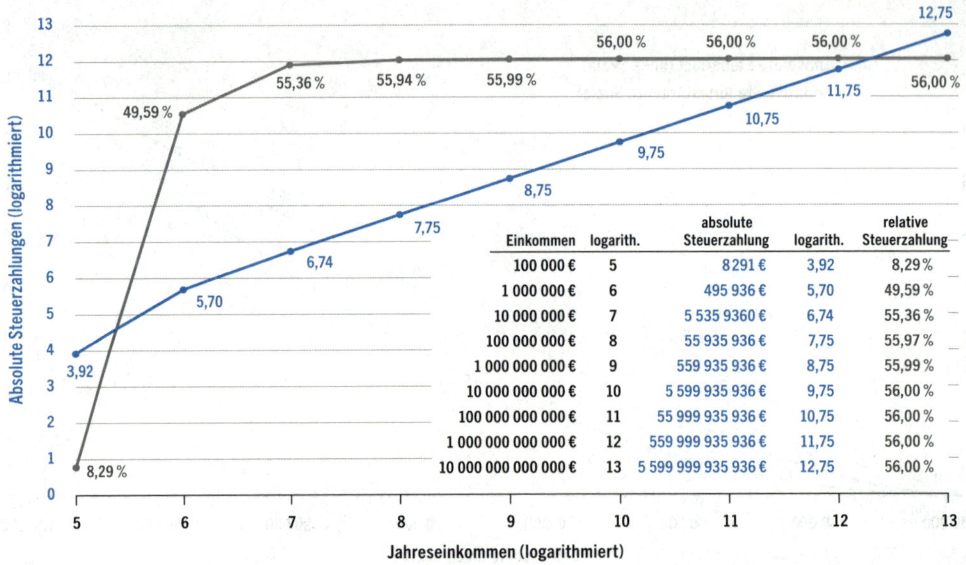

Einkommen	logarith.	absolute Steuerzahlung	logarith.	relative Steuerzahlung
100 000 €	5	8 291 €	3,92	8,29 %
1 000 000 €	6	495 936 €	5,70	49,59 %
10 000 000 €	7	5 535 9360 €	6,74	55,36 %
100 000 000 €	8	55 935 936 €	7,75	55,97 %
1 000 000 000 €	9	559 935 936 €	8,75	55,99 %
10 000 000 000 €	10	5 599 935 936 €	9,75	56,00 %
100 000 000 000 €	11	55 999 935 936 €	10,75	56,00 %
1 000 000 000 000 €	12	559 999 935 936 €	11,75	56,00 %
10 000 000 000 000 €	13	5 599 999 935 936 €	12,75	56,00 %

Abb. 8.6 Vergleich des aktuellen und neuen Steuersystems

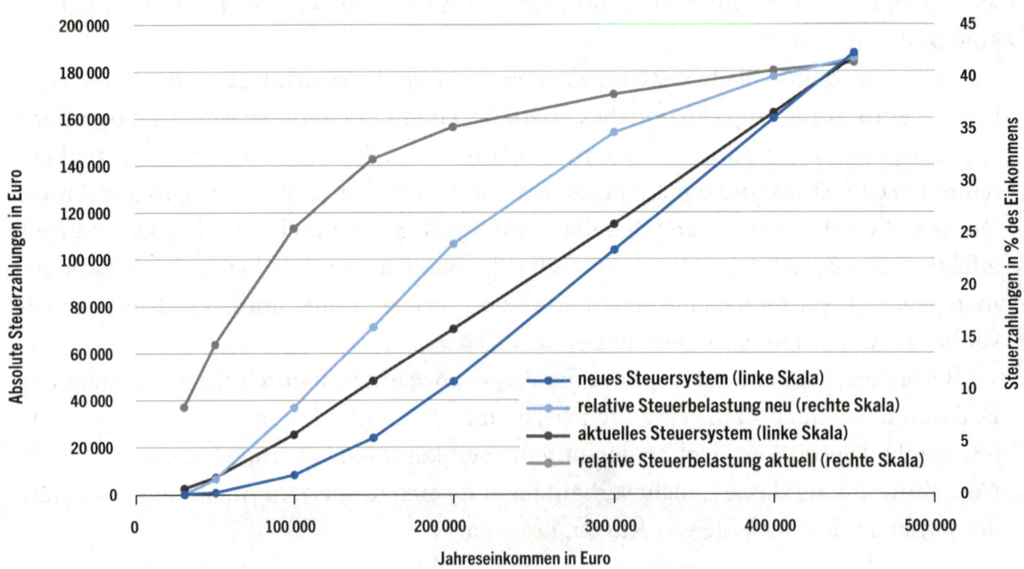

Abbildung 8.7 stellt die Unterschiede zwischen dem neuen und dem aktuellen Steuersystem noch einmal tabellarisch dar.

Abb. 8.7 **Absolute und relative Steuerbelastung nach Jahreseinkommen** **Tabelle**

	Neues Steuersystem		Aktuelles Steuersystem		
Jahreseinkommen	absolute Steuerbelastung	relative Steuerbelastung	absolute Steuerbelastung	relative Steuerbelastung	absolute Differenz
30 000 €	2,36 €	0,01 %	2 500,92 €	8,34 %	2 498,56 €
50 000 €	735,07 €	1,47 %	7 176,96 €	14,35 %	6 441,89 €
100 000 €	8 291,14 €	8,29 %	25 458,24 €	25,46 %	17 167,10 €
150 000 €	24 024,79 €	16,02 %	48 191,28 €	32,13 %	24 166,49 €
200 000 €	47 936,00 €	23,97 %	70 346,28 €	35,17 %	22 410,28 €
300 000 €	103 936,00 €	34,65 %	114 852,48 €	38,28 %	10 916,48 €
400 000 €	159 936,00 €	39,98 %	162 327,48 €	40,58 %	2 391,48 €
450 000 €	187 936,00 €	41,76 %	186 064,92 €	41,35 %	-1 871,08 €

Die Zahlen belegen deutlich, welches Potenzial in dieser Reform schlummert. Ein solches Unterfangen könnte die Kosten der Transformationsprozesse erträglich machen, ohne dass ständig Rettungsprogramme geschnürt werden müssten. Es gäbe wieder einen spürbaren Unterschied zwischen der Mittelschicht und dem Spitzensteuersatz, der wirklich erst bei Spitzeneinkommen greifen würde.

Dieser Wandel der Einkommensteuer ist lediglich als erster Schritt zu verstehen, der komplementär zu anderen Schritten erfolgen muss. Die Fragen nach der Möglichkeit und Umsetzbarkeit sollten im Kontext einer Gesamtbetrachtung gestellt und beantwortet werden. Bei einer solchen grundlegenden Reform müssen gleichzeitig auch alle anderen Steuern auf den Prüfstand. Deutlich zu erhöhen sind die Vermögens- und die Erbschaftssteuer, um diejenigen an den allgemeinen Lasten zu beteiligen, die durch das Raster der Einkommensteuer fallen. Das Nicht-Besteuern von Erbschaften beispielsweise ist leistungsfeindlich. Es fördert eine neue Adelsklasse, welche sich politischen Einfluss erkaufen kann, um ihre Privilegien zu sichern.

Das alles verblasst allerdings vor der in diesem Buch aufgezeigten makroökonomischen Schieflage, in die Deutschland seit Anfang der 2000er-Jahre geraten ist. Der Leistungsbilanzüberschuss von weit über 200 Milliarden Euro kann nicht einfach für zehn oder zwanzig Jahre fortgeschrieben werden. Damit stellt sich für den deutschen Staat, wie wir in Kapitel 3 gezeigt haben, die gewaltige Aufgabe, dafür zu sorgen, dass in der gleichen Größenordnung binnenwirtschaftliche Nachfrage geschaffen wird, sei es von den deutschen Unternehmen oder unmittelbar vom Staat selbst. Bei einer gesamtwirtschaftlich ausgerichteten Strategie der Wirtschafts- und Finanzpolitik darf dieser Gesichtspunkt nicht fehlen.

Ein anderer Punkt ist von noch größerer Bedeutung. Der Schutz öffentlicher Güter, wie Wasser, Boden, Luft, Klima oder Artenvielfalt, wird zunehmend wichtiger, weil die bisherige Wirtschaftsweise nicht gewährleistet hat, dass die Probleme, die in und durch die Privatwirtschaft entstanden sind, auch von der Privatwirtschaft behoben werden. Folglich gibt es gute Gründe, auf Dauer mehr Ressourcen für den öffentlichen Sektor bereit zu stellen. Der immer wieder herangezogene Vergleich mit zurückliegenden Zeiten, wo man möglicherweise mit weniger Staat auskam, nimmt die Erosion des natürlichen Kapitalstocks nicht mit ins Bild und ist deswegen von vorneherein als Maßstab ungeeignet.[8]

8.1.7 Internationale monetäre Politik

Nach dem Ende des Währungssystems von Bretton Woods hat es außerhalb der Europäischen Union keinen ernsthaften Versuch gegeben, ein Währungssystem zu schaffen, das, wie in Kapitel 7 erklärt, den Bedürfnissen offener Volkswirtschaften nach Stabilität und der Möglichkeit zu einer reibungslosen Anpassung der Paritäten nachgekommen wäre. Die Geschichte der verschiedenen Versuche, Wechselkurssysteme zu installieren, ist aus nationaler und internationaler Sicht eine Reihe von Misserfolgen.

Die Vorstellung nationaler monetärer Souveränität bei offenen Grenzen für Waren und Kapital ist eine Illusion. Solange der Handel die Nationen der Welt miteinander verbindet, darf der Wechselkurs zwischen den Währungen nicht als Instrument der nationalen Wirtschaftspolitik betrachtet werden. Nicht nur greift, wie in den Kapiteln 2 und 7 diskutiert, ein Trilemma zwischen geldpolitischer Autonomie, offenen Kapitalmärkten und festen Wechselkursen, sondern sogar ein Dilemma: Bei offenen Kapitalmärkten ist die nationale Geldpolitik niemals autonom, da es kein Wechselkurssystem gibt, das für eine Abkoppelung von den internationalen Rückwirkungen sorgen könnte. Daher sind multilaterale oder globale Wechselkursvereinbarungen notwendig, um einerseits

8 Für eine Diskussion siehe Flassbeck, H. (2020).

weltweite Währungs- und Finanzstabilität zu schaffen und um andererseits die größtmögliche Effizienz des Handelssystems zu gewährleisten.

Die einseitige, dauerhafte Festsetzung von Wechselkursen, wie sie in verschiedenen Currency-Board-Systemen in der ganzen Welt oder bei der Dollarisierung praktiziert wird, mag ihre Vorteile haben, wenn es darum geht, einen stabilen geldpolitischen Rahmen für Länder mit an sich instabilen Institutionen zu schaffen. Für große und stabile sowie florierende Volkswirtschaften sind feste Zinssätze jedoch ein gemischter Segen. Die Zinssätze stabil zu halten, ohne das Produktionspotenzial und die Beschäftigungsmöglichkeiten in diesen Ländern zu zerstören, ist eine äußerst anspruchsvolle und in vielen Fällen unlösbare Aufgabe.

Der einzige Ausweg für Länder mit hoher Inflation oder hohem Wachstum, die nicht Mitglied einer Währungsunion sind, besteht in der Kontrolle der kurzfristigen Kapitalströme. Wenn sie in der Lage sind, destabilisierende Zu- und Abflüsse entweder durch Besteuerung oder durch direkte Begrenzung ihres Umfangs zu vermeiden, können die schwierigsten Entscheidungen und Fehlallokationen, die durch erratische Wechselkursänderungen verursacht werden, vermieden werden. Der Rückgriff auf Kontrollen ersetzt jedoch nicht die Suche nach einem geeigneten Wechselkurssystem. Wenn sich ein Land mit hoher Inflation oder hohem Wachstum – trotz Kapitalverkehrskontrollen – für den freien Warenverkehr mit seinen Nachbarn entscheidet, muss es Wege finden, seine Wettbewerbsposition zu erhalten, d. h. seine Währung abzuwerten oder nicht aufzuwerten.

In jeder Hinsicht bedeutet dies eine Rückkehr – wie im Bretton-Woods-System – zu einer Mischung aus anpassungsfähigen Wechselkursen in Kombination mit Kontrollen im Krisenfall. Da der mit Abstand problematischste Sektor des Finanzmarktkasinos der Devisenmarkt ist, müssen die großen Industrieländer in Zusammenarbeit mit den Schwellenländern ein »Überwachungs-« und »Frühwarnsystem« entwickeln. Eine zeitnahe Anpassung der nominalen Wechselkurse sollte große Ungleichgewichte im Außenhandel und einen kumulativen Aufbau von Auslandsverbindlichkeiten verhindern.

8.1.8 Entwicklungspolitik

Entwicklungspolitik oder Entwicklungshilfe, wie es manchmal genannt wird, braucht man nicht. Wenn man alles andere, und hier geht es vor allem um die Makroökonomik, richtig macht, erübrigt es sich, spezielle Maßnahmen für Entwicklung oder Hilfe in Angriff zu nehmen. Das sind Sätze, die selbst von gutwilligen Beobachtern sicher scharf kritisiert werden: Warum sollte man ärmeren Ländern nicht auch dann auf vielfältige Weise helfen, wenn sie makroökonomisch erfolgreich sind? Die Antwort ist einfach: Weil sie das weder wollen noch brauchen.

Ein grandioses Beispiel dafür ist die Volksrepublik China. Vermutlich hat es auch im Falle Chinas Versuche des Westens gegeben, dem Land »in vielfältiger Weise« zu helfen. Sicher ist aber, dass diese Hilfe niemals eine bedeutende Rolle bei der rasanten chinesischen Entwicklung gespielt hat. China war in den ersten beiden Jahrzehnten seines Aufholprozesses noch ein weitgehend abgeschottetes Land. Niemand hätte überhaupt substantielle Entwicklungshilfe leisten können, weil das Regime einfach nicht wollte, dass sich andere Länder in seine inneren Angelegenheiten einmischen. Ähnliches gilt für die beiden anderen erfolgreichen Aufholer in Asien: Japan und die Republik Korea.

Wenn Länder mit einem weniger großen Kapitalstock in der Lage sind, die Bedingungen zu schaffen, die man braucht, um diesen rasch auszuweiten, dann erübrigt sich jede Hilfe von außen, weil in kurzer Zeit so viele Ressourcen bereitgestellt werden können, dass das Land aus eigener Kraft all die Dinge zu tun vermag, die die willigen Helfer von außen gerne übernehmen würden, wie Brunnen bohren oder Schulen bauen. Umgekehrt gilt: Wenn es mit der Makroökonomik nicht funktioniert, dann schafft es die klassische Entwicklungspolitik ebenfalls nicht, dem Land den Weg aus der Armut zu ebnen.

Was auch die erfolgreichen Entwicklungsländer brauchen und brauchten, ist eine Einbettung in das weltweite Handels- und Finanzsystem, die es möglich macht, dass es selbst Staaten mit einem kleinen Kapitalstock ohne große Krisen gelingt, die eigenen Unternehmen an den Weltmarkt heranzuführen. Genau hier, wie schon in Kapitel 7 gezeigt, hat der Westen in den vergangenen fünfzig Jahren in einer Weise versagt, die man nur unglaublich nennen kann. Warum hoffen so viele Politiker der sich entwickelnden Welt darauf, dass sich mit China und Indien endlich die großen Entwicklungsländer dazu aufraffen, eine Alternative zum Washington Consensus und dem Neoliberalismus des IWF zu schaffen?

Niemand spricht beispielsweise im Zusammenhang mit Afrika über die jahrzehntelangen frustrierenden Erfahrungen des Kontinents mit den Washingtoner Institutionen, von ihren »Verbesserungsvorschlägen« ganz zu schweigen. Glaubt ernsthaft jemand im Westen, man könne makroökonomisch diesen widersinnigen Kurs weiterfahren und gleichzeitig mit kleinen Pflästerchen die Länder davon abhalten, sich nach anderen Freunden umzusehen?

Viel zu hohe Zinsniveaus und volatile Währungen, die immer wieder zu Überbewertungen und schweren Zahlungsbilanzkrisen führen, stehen in Afrika an der Tagesordnung. Es gibt dort kein einziges Land, dem man geholfen hätte, sich dauerhaft aus der Abhängigkeit von den internationalen Kapitalmärkten zu befreien. Dagegen gibt es reichlich Fälle, wo unter Anleitung des Westens Geld- und Banksysteme aufgebaut wurden, die zu nichts geführt haben als zu einer Blockade jeder wirtschaftlichen Entwicklung durch prohibitiv hohe Zinsniveaus. Selbst vermeintlich die hochgelobten Mikrokredite waren in der Regel an extrem hohe Zinsforderungen gekoppelt.

Die EU hatte in der Vergangenheit viele Gelegenheiten, um zu zeigen, dass sie bereit wäre, auch unkonventionelle Wege zu gehen, wenn Länder sich von diktatorischen Regimes lösen und die Abhängigkeit von westlichen Geldgebern wie dem IWF verringern wollen. Der sogenannte Arabische Frühling ist das herausragendste Beispiel. Doch man hat Ägypten lieber wieder in die Diktatur zurückfallen lassen, weil man sich ansonsten mit den USA hätte anlegen müssen; denn die USA halten – Demokratie hin, Demokratie her – an der Diktatur des Washington Consensus fest, weil er ihre eigene Vormachtstellung festigt.

Erfolgreiche Entwicklungsstrategien liegen auch deswegen im globalen Interesse, weil sich ohne wirtschaftliches Aufholen der ärmeren Länder kein Konsens beim Kampf gegen den Klimawandel erreichen lässt. Die Zeit drängt, die Entwicklungspolitik wenigstens in Europa in ein Gesamtkonzept der Wirtschafts- und Klimapolitik einzubinden. Mit leeren Versprechungen ist es nicht getan, sondern es bedarf vorurteilsfreien Denkens und einer Auseinandersetzung mit den eigenen schwerwiegenden Fehlern in der Vergangenheit.

8.2 Strukturpolitik

Strukturpolitik hat so viele Facetten, dass wir hier nicht versuchen wollen, sie alle anzusprechen, geschweige denn, sie zu analysieren und zu bewerten. Das ist auch nicht Aufgabe dieses Buches, das sich zum Ziel gesetzt hat, fundamentale Fehlentwicklungen der Makroökonomik zu identifizieren und durch realistische Theorien zu ersetzen. Wichtig ist es jedoch, die Rolle der jeweiligen Politiken im Entwicklungsprozess zu verstehen. Makropolitik hat die Aufgabe, für eine ausreichende Dynamik der Wirtschaft zu sorgen – und zwar unabhängig davon, welche Richtung diese einschlägt, welche Güter und Dienstleistungen sie also produzieren wird; und auch unabhängig davon, wer sie in eine bestimmte Richtung lenkt, ob also der Staat oder der Markt die Führungsrolle einnimmt.

Eine Marktwirtschaft ist grundsätzlich in fast jede Entwicklungsrichtung steuerbar. Das gilt auch im Kontext von Dekarbonisierung und der Transformation in eine umweltfreundliche Produktionsweise. Der Marktwirtschaft am besten angepasst ist eine Steuerung über Preise. Diese setzen nämlich, wie in Kapitel 5 gezeigt, Anreize für die privaten Unternehmen und Haushalte, bestimmte Wege in der Produktion zu wählen und andere zu ignorieren.

Grundsätzlich kann der Staat auch Verbote aussprechen, die einen bestimmten Entwicklungspfad verschließen. Das ist noch lange kein Bruch marktwirtschaftlicher Prinzipien. Verbote erzwingen zwar das Abrücken von einer bestimmten Produktionsart oder Technologie, schaffen aber grundsätzlich auch Investitionssicherheit in den alternativen Bereichen. Vor allem bei großen, umfassenden Maßnahmen kann der Staat selbst einen Markt schaffen. Gibt es diesen einmal, können die Unternehmen dem schumpeterianischen Wettbewerb nachgehen und ihn daraufhin mit Leben füllen. Große neue Märkte entstehen heute praktisch nicht mehr ohne den Staat.

Welches Automobilunternehmen wird im Alleingang ein Netz an Ladestationen und Wasserstofftankstellen etablieren oder eine Energieinfrastruktur aufbauen, ohne zu wissen, dass seine Investitionen nicht durch ein abruptes politisches Umschwenken wertlos gemacht werden können? Rechts- und Planungssicherheit spielen an dieser Stelle eine enorme Rolle – und treten manchmal eben auch über Verbote in Erscheinung. Real existierende Knappheiten können dann im demokratischen Ringen um den besten Weg Eingang in einen Gesetzesentwurf finden.

Die Rolle der Ungewissheit lastet schwer auf jedem Investitionsprojekt, wohingegen sich die Wahloptionen bei bedeutenden Technologien der Zukunft meist auf einige wenige beschränken. Das bedeutet einerseits, dass viel Unsicherheit mit einem Verbot abgeschafft werden kann, andererseits aber auch, dass bei jeder hinzukommenden technischen Option für ein gegebenes Problem die Unsicherheit stark und überproportional zunimmt.

Bei der Diskussion um die Zukunft des Autos z. B. würde ein fairer Wettbewerb zwischen Wasserstoffautos und Elektroautos erfordern, dass für beide eine ausreichend ausgebaute Infrastruktur besteht; ohne Infrastruktur entsteht keine Nachfrageerwartung auf Seiten der Unternehmen nach den Autos. Fehlt diese, werden aber auch nicht die Investitionsvolumina investiert, die notwendig sind, um beide Möglichkeiten auf ein wettbewerbsfähiges Niveau zu heben. Soll der Staat nun also zwei Infrastrukturen bauen und dann abwarten, welche Alternative sich durchsetzt? Dies würde enorme Startinvestitionen erfordern, Summen, die in anderen Bereichen vielleicht besser investiert wären.

Verbote sind nicht grundsätzlich Teufelszeug; vielmehr sind sie (bei entsprechender Vorlaufzeit) auch mögliche Innovationstreiber. Durch Erlasse und Verordnungen fallen die Preise mancher Güter auf null, einfach weil sie nicht mehr verwendet werden dürfen. Alternativ halten neue Knappheiten Einzug in den Markt (bei der Preisbildung werden z. B. reale Schäden einer Produktion voll mitberücksichtigt), was zu Preissteigerungen führen kann.

Dennoch sind Verbote oder andere ordnungspolitische Maßnahmen des Staates letztlich kein Ersatz für Preissteuerung, sondern bestenfalls eine Ergänzung. Offensichtlich ist das bei der Bekämpfung des Klimawandels. Wo es darum geht, weltweit die Produktion von fossiler Energie und deren Verbrauch herunterzufahren, kann man mit Ordnungspolitik auf der nationalen Ebene nichts ausrichten.

8.2.1 Sozialpolitik

Ohne Sozialpolitik ist eine funktionierende Marktwirtschaft nicht möglich und nicht sinnvoll. Immer wird es Menschen geben, die aus allen erdenklichen Gründen nicht in der Lage sind, am Markt ein ausreichendes Einkommen zu erzielen. Diesen Menschen, und ihren Kindern, vorübergehend oder auch dauerhaft zu helfen, ist Aufgabe der Sozialpolitik.

Wie viel Sozialpolitik ein Staat braucht, hängt in erster Linie vom Erfolg seiner Makropolitik ab. In einem Land, in dem alle Arbeitenden jederzeit in vollem Ausmaß am Produktivitätsfortschritt beteiligt sind und das sich nahe an der Vollbeschäftigung bewegt, ist der Bedarf an staatlicher Unterstützung sicher geringer als unter den gegenteiligen Bedingungen. Sozialpolitik muss aber auch heißen, mit oder ohne Hilfe des Steuersystems dafür zu sorgen, dass die Ungleichheit nicht ein Ausmaß erreicht, das die soziale Kohärenz der Gesellschaft in Frage stellt und große Unzufriedenheit bei den unteren Einkommensschichten mit sich bringt.

Der moderne Staat hat vielfältige Möglichkeiten und einen weiten Ermessensspielraum, um einen sozialen Ausgleich zu schaffen, ohne dass dabei die Fähigkeit einer Marktwirtschaft, für eine dynamische Entwicklung zu sorgen, in Frage gestellt würde. Natürlich finden sich immer Lobbyisten, die behaupten, der nächste Schritt zum sozialen Ausgleich werde das System zum Kippen bringen, aber das muss ein kompetenter Staat nicht einmal zur Kenntnis nehmen.

Prinzipiell passt zum marktwirtschaftlichen System am besten eine Art der Umverteilung, die den Begünstigten die Möglichkeit gibt, die ihnen zur Verfügung gestellten Mittel nach ihren eigenen Wünschen zu verwenden. Der Staat fördert dann allgemein das Subjekt, steuert aber nicht bestimmte Ziele (Objekte) an, die er unmittelbar verbilligt oder verteuert. Auf diese Weise kann er bestimmte Verhaltensweisen stärken und andere schwächen, ohne dass seine Fähigkeit, dem System eine bestimmte Richtung zu geben beeinträchtigt wird, weil die Verteilungswirkungen der Richtungsänderungen als inakzeptabel empfunden werden.

In der Diskussion um die Bekämpfung des Klimawandels ist das eine entscheidende Frage. Würde es der Staatengemeinschaft mit einer globalen Strategie gelingen, fossile Energieträger zu verknappen und systematisch zu verteuern, müsste man einen sozialen Ausgleich dafür schaffen, dass die unteren Einkommensschichten davon (relativ) stärker belastet werden als die oberen. Den könnte der Staat durch Steuersenkungen oder direkte Zahlungen bewerkstelligen, ohne dass der Anreiz, weniger fossile Energie einzusetzen gemindert würde. Die *Subjektförderung* ist in einem solchen Fall der *Objektförderung*, also etwa der direkten Förderung der Windenergie überlegen, weil sie offen bleibt für andere Wege, auf denen die Marktteilnehmer die Verteuerung der fossilen Energieträger in Vermeidungsstrategien umsetzen.

Nehmen wir an, jeder Haushalt unter einer bestimmten Einkommensgrenze bekäme einen monatlichen Betrag auf sein Konto überwiesen, weil der Staat gleichzeitig bestimmte Güter verteuert. Ein Haushalt hat nun die freie Wahl, ob er das Geld ausschließlich für das Abfangen der Mehrkosten aufwenden möchte oder ob er es spart und einen Überschuss realisiert. Somit gibt es einen Anreiz, sparsam mit dem teureren Gut umzugehen, ohne dass der Haushalt finanziell an seine Grenzen gerät. Damit setzt auch der von der staatlichen Zahlung begünstigte Haushalt einen Strukturwandel in Gang, der Investitionen vorantreibt, die langfristig helfen, die fossile Energie zu ersetzen.

Unter marktwirtschaftlichen Gesichtspunkten ist eine Subjektförderung der Objektförderung immer vorzuziehen, da erstere das Weiterverarbeiten der Information in die gewünschten Investitionsentscheidungen begünstigt. Die Subjektförderung spielt die Stärken einer Marktwirtschaft aus, nämlich durch die Knappheitssituation intelligente Menschen dazu zu animieren, sinnvolle Lösungen zu entwickeln. Ist mit einem längerfristigen Steigen eines Preises zu rechnen, so werden nun Investitionsmühen darauf gerichtet, die knappen Güter auch langfristig und endgültig einzusparen.

Box 16: Über das Erwirtschaften und das Verteilen

Immer wieder hört man in der Politik die Forderung, vor dem Verteilen an das Erwirtschaften zu denken. So sagte Bundesfinanzminister Lindner im Jahr 2022:

> Wir sind ein freies Land, da darf jeder Ideen äußern. Ich muss mich aber den Realitäten stellen. Wir haben eine gefährliche Inflation, die gebremst werden muss. Menschen haben Angst, ihr Leben nicht mehr bezahlen zu können. Die Bereitschaft zu unternehmerischem Risiko könnte sinken. Daraus darf keine Wirtschaftskrise werden. Zur Bekämpfung der Inflation muss der Staat die Politik auf Pump beenden. Ab jetzt muss das Erwirtschaften des Wohlstands wieder wichtiger sein als das Verteilen.[9]

Dabei handelt es sich um einen Irrtum. In Wirklichkeit ist das Versprechen am Anfang des Prozesses, am Ende fair zu teilen, eine entscheidende Voraussetzung für erfolgreiches Wirtschaften. Man glaubt in vielen politischen Kreisen offenbar immer noch, es gäbe einen Gegensatz zwischen einer vernünftigen Verteilung des gesamtwirtschaftlichen Einkommens und dessen Erwirtschaftung.

Das scheint auf die Vorstellung hinauszulaufen, man müsse – wie zu Beginn des Industriezeitalters – erst mit Hungerlöhnen etwas erwirtschaften und könne dann später noch korrigierend eingreifen. Es ist jedoch genau umgekehrt: Ohne eine vernünftige Verteilung gibt es auch kein vernünftiges Erwirtschaften. Die Menschen müssen von vorneherein wissen, dass sie am Ende voll beteiligt werden,

9 Lindner, C. (2022).

damit der Produktivitätsfortschritt nicht zu unausgelasteten Kapazitäten und Arbeitslosigkeit führt. Alles andere kommt dem erneuten Versuch gleich, mit Lohndumping die Handelspartner »durch Verbesserung der eigenen Wettbewerbsfähigkeit« an die Wand zu drängen. Das ist Merkantilismus pur und der ist, wie uns die letzten dreihundert Jahre gezeigt haben, zum Scheitern verdammt.

8.2.2 Arbeit und Migration

Eines der schwierigsten Themen, mit denen sich die deutsche Politik seit Jahrzehnten herumschlägt, ist die Frage, ob die Bundesrepublik Arbeitskräfte braucht oder zu viele davon hat. Auf der einen Seite konstatiert man einen »Fachkräftemangel«, aus dem gefolgert wird, man müsse um nahezu jeden Preis talentierte ausländische Arbeitskräfte anwerben, um in »ausreichendem Maße« wachsen zu können. Auf der anderen Seite stehen, wie schon seit vielen Jahrzehnten, einige Millionen Menschen (zuletzt fast 6 Millionen, wenn man die sogenannte Stille Reserve mit einbezieht), die im Inland leben, ohne Arbeit sind und dennoch weitgehend ignoriert werden.[10]

Diese Konstellation mutet seltsam an. Was ist das Wachstum, das man als »ausreichend« ansieht, und was ist der Grund dafür, dass man nicht alle Anstrengungen unternimmt, die heimischen Arbeitskräfte einzusetzen oder die Migranten selbst auszubilden? Ein Grund für die Konfusion ist Geschichtsvergessenheit. Man kann sich einfach nicht mehr vorstellen, wie eine Arbeitskräfteknappheit wirklich aussieht und zu welchen Anstrengungen die Arbeitgeber in einer solchen Situation gezwungen sind, um Arbeitskräfte im Betrieb zu qualifizieren.

In den Augen eines Unternehmers, der die 1970er-Jahre miterlebt hat, muss die Aussage, es gebe heutzutage einen Arbeitskräftemangel, wie ein schlechter Witz klingen. Vor dem ersten Ölpreisschock im Jahre 1973 hatten Deutschland und die halbe Welt zwanzig Jahre eines Superbooms hinter sich, der zu Beginn der Dekade noch einmal Fahrt aufnahm. Die Lage am Arbeitsmarkt war übersichtlich: In Deutschland gab es grob 100 000 Arbeitslose und etwa eine Million offener Stellen, also ein Verhältnis von 1:10. Es ließ sich praktisch keine Arbeitskraft finden, weil ein Großteil der arbeitslos gemeldeten Personen nur kurzfristig vor Antritt einer neuen Stelle beim Arbeitsamt registriert war.

Heute gibt es etwa 2,5 Millionen offiziell gezählte Arbeitslose und rund 800 000 (ebenfalls offiziell gezählte) offene Stellen, dazu eine Stille Reserve von rund 3 Millionen. Das ist ein Verhältnis von 3:1, selbst wenn man letztere ignoriert. Wer ein Verhältnis von 1:10 mit einem Verhältnis von 3:1 vergleicht und zu dem Ergebnis kommt, im

10 Statistisches Bundesamt (2023).

zweiten Fall herrsche eine »historische« Arbeitskräfteknappheit und die Arbeitnehmer hätten deswegen heute mehr Verhandlungsmacht, liegt fundamental falsch.

Man fragt sich, wie die Wirtschaft zu Beginn der 1970er-Jahre überhaupt kräftig wachsen konnte, wo es doch im Vergleich zu heute viel weniger Möglichkeiten gab (der italienische »Gastarbeiter« war ein neues Phänomen), von außen Arbeitskräfte zu rekrutieren. Die Antwort ist einfach: Die Unternehmen kamen nicht umhin, im eigenen Betrieb alle verfügbaren Arbeitskräfte mithilfe intensiver Ausbildung zu Fachkräften zu machen. Wer keine Mitarbeiter fand, musste sich mit den Möglichkeiten zur Erweiterung des Geschäfts abfinden, die mit den vorhandenen Kräften zu bewerkstelligen waren. Zudem hatte man allen Anlass in Sachanlagen zu investieren, und zwar mehr in produktivitätssteigernde als kapazitätserweiternde.

Die Klagen der Arbeitgeber über Fachkräftemangel, die alle paar Monate in die Öffentlichkeit lanciert werden, sind Ausdruck einer durch nichts zu rechtfertigenden Versorgungsmentalität, die in den vergangenen Jahrzehnten entstehen konnte, weil die Arbeitslosigkeit durchweg hoch war. Diejenigen, die in ihren Sonntagsreden die Selbstheilung durch die Marktkräfte beschwören, verwandeln sich sofort in Anhänger des Staatsinterventionismus, wenn es um die Verfügbarkeit von Arbeitskräften geht. Der Staat hat jedoch keineswegs die Verpflichtung, dahingehend für einen reibungslosen Nachschub zu sorgen. Besonders krass ist die Versorgungsmentalität der Arbeitgeber, wenn sie auch noch glauben, dieser Nachschub müsse zu immer den gleichen Lohnkonditionen erfolgen.

Wer dringend Arbeitskräfte braucht, muss das tun, was man stets tun muss, wenn man ein knappes Gut nicht leicht erwerben kann: mehr Geld ausgeben. Nur dadurch kann man Potenziale am Arbeitsmarkt erschließen, die anders nicht zur Verfügung stehen. Doch wenn es um höhere Löhne geht, vergessen die Arbeitgeber immer gerne, dass sie sich in einer Marktwirtschaft befinden und nicht in einer Versorgungsanstalt des Staates.

Doch im Grunde ist die Politik an der Misere schuld. Bundesminister reisen um die halbe Welt, um in Entwicklungsländern Arbeitskräfte anzuwerben. Dabei ist der Versuch, einen Fachkräftemangel durch Einwanderung lösen zu wollen in einer Gesellschaft, die alles daran setzt, auch unter Missachtung der Menschenrechte die eigenen Grenzen für Zuwanderung aus Armut möglichst perfekt zu schließen, an Zynismus nicht mehr zu überbieten.

Selbstverständlich dürfen wir aus *unseren* wirtschaftlichen Gründen den Entwicklungsländern ihre vor Ort ebenfalls dringend benötigten Fachkräfte abwerben, während wir gleichzeitig alles dafür tun, um Einwanderung aus wirtschaftlichen Gründen – den wirtschaftlichen Gründen der Migranten nämlich – zu verhindern. Diese Haltung wirkt geradezu schizophren. Migranten kann man auch hierzulande ausbilden, aber das kostet natürlich mehr, als sie erst herzuholen, nachdem die Steuerzahler in den Herkunftsländern bereits für ihre Ausbildung aufgekommen sind.

Die Lösung des Problems ist einfach: Es gibt so viele Arbeitskräfte in einem Land, wie es nun einmal gibt. Arbeitskräfte, zumal Fachkräfte, sind in keiner Volkswirtschaft beliebig vermehrbar. Wenn wir nicht wollen, dass ärmere Länder die Zahl ihrer Arbeitskräfte durch Abwanderung verringern, sollten wir ihnen nicht ihre besten Fachkräfte abwerben, deren Ausbildung sie viel Geld gekostet hat.

Niemand kann stärker wachsen, als er es mit den heimischen Arbeitern kann. Wenn die Gesellschaft in der Lage ist, ihren Wohlstand durch steigende Produktivität zu erhöhen, schön und gut. Wenn ihr das nicht gelingt, muss sie sich an das anpassen, was sie hat. Es sollte ein absolutes Tabu sein, sich am Arbeitskräftepotenzial anderer Länder zu vergreifen.

Was uns in Wahrheit interessiert, ist die Aufrechterhaltung unserer Gehaltshierarchien. Wo kämen wir hin, würde ein angestellter Dachdecker ein Viertel dessen verdienen, was der Personalchef eines Autokonzerns nach Hause trägt? Oder eine Zugbegleiterin die Hälfte des Einkommens eines Sparkassendirektors? Oder eine Pflegefachkraft Dreiviertel eines Lehrergehalts? Das wäre unerträglich – so weit wollen wir es mit der Marktwirtschaft nun wirklich nicht treiben. Fachkräfte müssen einfach reichlich und billig verfügbar sein, damit das oberste Fünftel in der Einkommenshierarchie weiterhin nicht nur absolut, sondern auch relativ im Luxus leben kann.

8.2.3 Rentenpolitik

Es ist über 125 Jahre her, dass in Deutschland mit einer revolutionären sozialen Neuerung, der Einführung einer Rentenversicherung unter Reichskanzler Bismarck, der Mehrzahl der Menschen die Sicherheit gegeben wurde, im Alter nicht hungern oder betteln zu müssen. Doch diese Neuerung wollte niemand wirklich verstehen. Zwar hatte sie über zwei Weltkriege hinweg Bestand; dennoch wurde in der Nachkriegszeit ernsthaft überlegt, ob man das Umlageverfahren nicht durch ein Verfahren ablösen sollte, das besser zum System der Marktwirtschaft passt, nämlich durch eines, bei dem der Einzelne die Beträge anspart, aus deren Erträgen (und der Rückzahlung) später seine Rente bezahlt wird.

In den 1950er-Jahren des vergangenen Jahrhunderts entschied man sich zwar für das Umlageverfahren. Aber, und das ist fatal, die meisten Politiker, die Bürger und viele »Experten« haben seine Bedeutung bis heute nicht wirklich begriffen. Auch 125 Jahre nach Einführung der allgemeinen Rentenversicherung rätselt man weiter darüber, wie dieses System funktioniert und warum es anderen Systemen überlegen sein soll. Im

Lichte unserer Abwägungen sowie einiger simpler makroökonomischer Zusammenhänge ist das recht einfach, doch die Neoklassik hat auch hier mit ihrer Umkehrung der Verhältnisse von Sparen und Investieren große Verwirrung darüber gestiftet, wie eine Gesellschaft für die Zukunft vorsorgen kann.

Wie absurd die Argumentation pro Kapitaldeckung ist, lässt sich schon daran ablesen, dass man in den 1950er-Jahren das Umlageverfahren brauchte, weil es keinen Kapitalstock gab, aus dem man die Rente hätte bezahlen können. Was aber wäre gewesen, wenn es in den 1950er-Jahren Ansprüche aus einem Kapitaldeckungsverfahren aus den Jahrzehnten vorher gegeben hätte? Wie wären Arbeitnehmer und Politik damit umgegangen? Nun, sie hätten entscheiden müssen, ob sie die Ansprüche anerkennen, bedienen und folglich die Rente aus ihrem Einkommen zahlen, oder ob sie die Rentner betteln und hungern lassen.

Hätten sie die Rentner gemäß der angehäuften Ansprüche bezahlt (auch wenn es kein entsprechendes physisches Kapital mehr gab), wäre es exakt so gewesen wie beim Umlageverfahren: Die Arbeitenden hätten die Rente für die Rentner aufbringen müssen. So war es übrigens auch beim Untergang der DDR: Hätten die DDR-Bürger Papiere besessen, auf denen ihnen eine Rente via Kapitaldeckung versprochen gewesen wäre, hätte die westdeutsche Gesellschaft ebenfalls darüber entscheiden müssen, ob sie den Rentnern, deren Kapitalstock nun wirtschaftlich weitgehend verschwunden war, eine angemessene Rente zahlt oder nicht.

Offensichtlich ändert die demographische Entwicklung an diesen Zusammenhängen nichts. Auch in einer alternden Gesellschaft nützen in dreißig Jahren die Papiere nichts, die diejenigen in den Händen halten, die zu diesem Zeitpunkt aus dem Arbeitsprozess ausscheiden. Wieder müssen die dann Arbeitenden entscheiden, ob sie wirklich die Zinsen bedienen, die auf den Papieren versprochen sind oder ob sie die Rentner betteln und hungern lassen. Gäbe es nur ein Umlageverfahren bis dahin, wäre es wieder genauso: Die dann Arbeitenden zahlen die Rente, und wenn sie nicht zahlen, zahlt sie niemand.

»Zahlen« heißt nämlich einfach »Güter erwirtschaften und den Anspruch an sie teilweise abtreten«. In welcher Form die Ansprüche der Alten »verbrieft« sind, ob in einem Umlageverfahren über die Zusage, dass die Jungen ihre Rentenansprüche bedienen, oder in einem Kapitaldeckungsverfahren über die Zusage, dass die Jungen Zins und Tilgung für ihre Wertpapiere bedienen, spielt für die Gültigkeit der Ansprüche keine große Rolle. Lediglich die Störenfriede beider Systeme (also die Leute, die versuchen, die Verteilungsergebnisse beider Systeme zu beeinflussen) sind in unterschiedlichen Lagern zu finden: In die »Rendite« des Umlageverfahrens und deren Verteilung greifen gern Politiker ein, in die Rendite des Kapitaldeckungsverfahrens und deren Verteilung dagegen eher die Finanzmarktakteure und die tatsächliche wirtschaftliche Entwicklung.

Aber im Durchschnitt sind beide Systeme von demographischen Verschiebungen in gleicher Weise betroffen, ebenso wie sie unter der Zerstörung des Kapitalstocks (durch Krieg oder Naturkatastrophen) in gleicher Weise leiden. Aus einem kümmerlichen Kapitalstock – das sollte man gerade in Ostdeutschland wissen – können auch in einem Umlageverfahren die Jungen die Alten nur minimal versorgen, weil sie selbst schließlich kaum etwas haben und erst wieder neu aufbauen müssen, was zerstört wurde.

Die Papiere, die heute im Kapitaldeckungsverfahren ausgestellt werden, garantieren nicht, dass es in dreißig Jahren einen physisch großen und wirtschaftlich effizienten Kapitalstock gibt, der eine angemessene Rente finanzieren kann. Ist das – aus welchen Gründen auch immer – nicht der Fall, gibt es keine Zinsen. Dann muss man die Rentner wiederum betteln und hungern lassen oder entscheiden, dass man ihnen eine Rente zahlt, obwohl sie niemals etwas (oder viel zu wenig) in die öffentliche Rentenkasse eingezahlt haben.

Dieses Phänomen konnte man im Gefolge der Globalen Finanzkrise beobachten. Zu dem Zeitpunkt, als in Deutschland und anderen Ländern Kapitaldeckung eingeführt wurde, glaubte jeder, vor allem jeder Bank- und Versicherungsberater, die Zinsen auf private und öffentliche Anlagen würden dauerhaft weit über der (impliziten) Verzinsung des Umlageverfahrens liegen. Tatsächlich lagen sie jedoch lange bei null und folglich gab es keine Rendite auf angelegtes Geld. Auch ist nicht gewährleistet, dass man die absolute Summe des angelegten Geldes zurückerhält. Wenn viele gleichzeitig versuchen, ihre Papiere loszuschlagen, kann schnell ein Großteil des ursprünglichen Wertes verloren sein. Wieder müssen die Kinder von heute entscheiden, ob sie – unabhängig von irgendeinem Rentenverfahren – den Alten etwas von ihrem Einkommen abgeben oder nicht.

Allerdings, und das ist der fast immer übersehene, aber gleichwohl entscheidende Punkt in der ganzen Debatte: Ein Kapitaldeckungsverfahren *verschlechtert* die Aussichten auf einen großen und effizienten Kapitalstock in der Zukunft: Weil mehr heutiges Sparen (im Sinne einer größeren Lücke zwischen Einnahmen und Ausgaben der privaten Haushalte) das Investieren behindert, wie in Kapitel 3 ausführlich erklärt, führt eine Kapitaldeckung genau dann, wenn sie im Sinne ihrer Erfinder funktioniert – was offensichtlich bedeutet, dass die Sparquote der privaten Haushalte steigt –, zu geringeren Investitionen und damit zu einem geringeren Kapitalstock in der Zukunft.

Wer Sorge vor einer zu großen Belastung der zukünftigen Generationen hat, muss alles tun, um die Investitionstätigkeit und damit die Bildung eines effizienten Kapitalstocks zu fördern. Steigt die Arbeitsproduktivität Jahr für Jahr, sagen wir um 2 Prozent, und mit ihr die Reallöhne, wird sich auch die Belastung durch steigende Beitragssätze tragen lassen, die unweigerlich entsteht, wenn die Gesellschaft altert. Sollten in vierzig Jahren die Beitragssätze nicht mehr bei 20, sondern bei 25 oder 30 Prozent der Einkommen liegen, ist das ohne weiteres tragbar, weil dann die nach der Rentenbeitragszahlung verfügbaren Einkommen immer noch viel höher sind als heute.

Es gibt keine objektive Grenze, die von den Rentenbeiträgen nicht überschritten werden darf. Die 20 Prozent, die in Deutschland als sakrosankt gelten, sind reine Ideologie. Ein kleines Problem ergibt sich lediglich daraus, dass nicht alle in die Sozialversicherungen einzahlen und die absoluten Topverdiener durch die Beitragsbemessungsgrenze eben nicht mehr 20 Prozent ihres Einkommens aufwenden müssen, sondern prozentual deutlich weniger. Der folgerichtige Schritt wäre es daher, die gesetzliche umlagefinanzierte Rente auf eine breitere Basis zu stellen. Jeder zahlt von allem, was er verdient, den gleichen Prozentsatz in die Rentenkasse ein.

8.2.4 Klima- und Umweltpolitik

Wie schon in der Einführung klargestellt: Klimapolitik ist Strukturpolitik. Strukturveränderungen und makroökonomisch determinierte Abläufe überlagern sich wechselseitig. Denn jede Transformation der Produktionsweise und der Produkte, die eine Volkswirtschaft erzeugt, bringt Anpassungszwänge mit sich, die mit temporärer Arbeitslosigkeit und mit höherer Unsicherheit der Unternehmen einhergehen. Entscheidend für den Erfolg von Strukturpolitik ist daher die Frage, ob gleichzeitig eine Wirtschaftspolitik umgesetzt wird, die dazu beiträgt, die Folgen der Anpassung zu verstärken oder zu lindern. Je erfolgreicher die makroökonomischen Maßnahmen, umso mehr kann man den Menschen abverlangen. Nur wer raschen Strukturwandel mit einer erfolgversprechenden Wirtschaftspolitik verbindet, hat die Chance, eine Wirtschaftsweise zu realisieren, die auf lange Sicht im Einklang steht mit den natürlichen Voraussetzungen des Planeten.[11]

Strukturelle Veränderungen fallen allerdings nicht vom Himmel. Sollen sie wirklich alle auf der Erde lebenden Menschen betreffen und zu Verhaltensänderungen anregen, gibt es nur ein einziges global wirkendes effektives Instrument: die systematische Reduktion der Produktion fossiler Energieträger. Ein Schritt für Schritt fallendes Angebot an Öl, Gas und Kohle würde zu dauerhaft steigenden Preisen für diese Energieträger führen und die Umlenkung der Nachfrage unumgänglich machen. Wobei zu bedenken ist, dass die Zuwachsrate der Preise der Energieträger über der des weltweiten Einkommens liegen muss. Alles andere wäre Augenwischerei.

Doch genau das passiert nicht, wie die sogenannten »Production Gap Reports« zeigen.[12] Dort wird die tatsächliche Förderung der fossilen Rohstoffe verglichen mit dem, was an Kürzung der Förderung notwendig wäre, wenn man die Klimaziele von 1,5 Grad

11 Flassbeck, H. (2020).
12 SEI (2023).

oder 2 Grad Celsius einhalten will. Das Ergebnis ist ernüchternd: Die Produzenten der fossilen Energieträger denken bisher nicht daran, die Förderung herunterzufahren. So lange das aber nicht geschieht, ist es müßig, sich auf nationaler Ebene mit den unterschiedlichsten kleinen und kleinsten Maßnahmen abzurackern. Alles an Öl, Gas und Kohle, das gefördert wird, wird auch verbraucht. Den Preis regelt im Prinzip der Markt. Wobei es allerdings zu bedenken gilt, dass (wie in Kapitel 7 gezeigt) der Markt für Öl hoch finanzialisiert ist, was bedeutet, dass Spekulation die eigentlichen Angebots-Nachfrage-Bedingungen überlagern und die Preise über Monate und Jahre massiv verzerren können.

Diesen einfachen Zusammenhang (den Hans-Werner-Sinn das »Grüne Paradoxon« nennt) wollen engagierte Klimaschützer aber nicht wahrhaben.[13] Stattdessen beharren sie darauf, dass jeder einzelne Bürger und jedes einzelne Land sein eigenes Engagement zu zeigen und dadurch seinen Beitrag zu leisten habe. Man ist sich einig, dass etwas geschehen muss, und man ist sich auch einig, dass genau diese Einsicht reichen muss, um die Welt zu bewegen. Dabei handelt es sich aber um ein grandioses Missverständnis.

Das lässt sich an den Berichten des Intergovernmental Panel on Climate Change (IPCC) zum Stand der Wissenschaft in Sachen Klimawandel genau verfolgen: »Wir«, sagt man allenthalben, müssen agieren. Doch wer »wir« sind, in einer Welt ohne Weltregierung, das fragt keiner. Man will nicht wahrhaben, dass »wir« im Sinne der Welt ein Problem haben, aber niemanden, der es stellvertretend für uns lösen könnte. Die Welt hat schlicht keinen Problemlöser.

Jeder neue IPCC-Report erregt erhebliche mediale Aufmerksamkeit, weil er eine Art Zeugnis darstellt, das die Fachwelt der Politik etwa alle fünf bis sechs Jahre vorlegt, obgleich die Politik an der Abfassung des Reports beteiligt ist. Vor diesem Hintergrund erstaunt es jedoch, dass ein Report, der unter Mitarbeit der Regierungen zustande kommt und die Menschheit aufrütteln will, nichts dazu sagt, was die Menschheit genau tun soll. Sie soll zwar *etwas* tun, aber der IPCC sagt den Politikern ausdrücklich nicht, um was es sich dabei handelt:

> The assessments are policy-relevant but not policy-prescriptive: they may present projections of future climate change based on different scenarios and the risks that climate change poses and discuss the implications of response options, but they do not tell policymakers what actions to take.[14]

13 Sinn, H.-W. (2012).
14 IPCC (2024).

Woran liegt das? Möglicherweise handelt es sich dabei um eine Manifestation des alten Glaubens, jeder könne etwas anderes tun und dennoch könne am Ende das Richtige herauskommen. Hat sich nicht jeder verpflichtet, in der einen oder anderen Weise tätig zu werden, um das einzuhalten, was 2015 in Paris abgesprochen wurde? Ist es nicht sogar besser, wenn man viele verschiedene Wege einschlägt, um die Verbrennung fossiler Energieträger zu stoppen? Können nicht all die verschiedenen Ideen, die Menschen rund um den Erdball haben, dazu beitragen, das gemeinsam beschlossene Ziel zu erreichen?

Das ist ein schöner Wunsch, aber er führt an der Lösung des Problems glatt vorbei. Nur wenn sich die Regierungen der Welt auf eine gemeinsame Strategie einigen und konsequent handeln, gibt es überhaupt einen Weg, der aus der Abhängigkeit von der fossilen Energie herausführt.[15]

Diese offenkundige Lücke in der Diskussion über die Klimafrage ist vor einigen Jahren sogar dem Generalsekretär der Vereinten Nationen, António Guterres, aufgefallen, der in seinem Pressstatement zum Report des Jahres 2021 immerhin den mutigen Satz sagt:

> This report must sound a death knell for coal and fossil fuels, before they destroy our planet [...]. Countries should also end all new fossil fuel exploration and production, and shift fossil fuel subsidies into renewable energy. By 2030, solar and wind capacity should quadruple and renewable energy investments should triple to maintain a net zero trajectory by mid-century.[16]

Der Report soll laut Guterres eine Totenglocke für die fossilen Rohstoffe läuten. Doch das tut er gerade nicht. Die Totenglocke kann in dieser Metapher schließlich nur derjenige läuten, der konkrete Schritte vorschlägt, um der fossilen Industrie den Garaus zu machen. Der Report schlägt nichts vor und der Generalsekretär genauso wenig. Auch die meisten Medien und die Politiker sind enthusiastisch dafür, die Verbrennung der fossilen Brennstoffe zu beenden; wenn es allerdings um die Frage geht, wie das konkret auf der globalen Ebene umgesetzt werden soll, kommen keine konstruktiven Vorschläge.

Weder der UN-Generalsekretär noch die handelnden Politiker der großen Staaten haben verstanden (oder sie wollen es nicht verstehen), dass ein »Aus« für die fossile Energie voraussetzt, dass die Produzenten dieser Rohstoffe nicht nur keine neuen Explorationen mehr vornehmen, sondern nach und nach die Förderung einschränken

15 Flassbeck, H. (2020).
16 UN (2021).

und schließlich beenden. Das muss selbstverständlich von einem weltweiten Verbot begleitet sein, bei steigenden Preisen für die fossilen Energieträger neue Techniken zur Förderung wie Fracking einzusetzen.

So lange die fossile Energie so billig bleibt, wie sie gegenwärtig ist, wird ohne Restriktion gefördert, weil sich irgendwo auf der Welt immer eine Nachfrage dafür findet. Der reale Preis für Öl, Gas und Kohle liegt heute weit niedriger als etwa in den 1960er-Jahren. Zu glauben, man könne bei günstigen Preisen für fossile Energie mit kleinen und kleinsten Maßnahmen eine globale Wende im Verbrauch herbeiführen, ist vollkommen naiv.

Für eine globale Strategie, die alle Produzenten systematisch einbezieht, gibt es nicht einmal eine Initiative. Hier müsste der Generalsekretär der UN vorangehen und sich folglich mit den Produzenten explizit anlegen. Solange er das nicht tut und sich auch die Spitzenpolitiker der großen Nationen weigern, den klaren Zusammenhang zwischen niedrigen Preisen und dem hohen globalen Verbrauch anzuerkennen und ihren Wählern zu erklären, ist alles andere Symbolpolitik, die das Gewissen beruhigen soll, mit einer Lösung aber nichts zu tun hat.

Hohe und steigende Preise für die fossilen Energieträger müssen von der Staatengemeinschaft durchgesetzt werden. Das ist allerdings politisch – zumindest in den demokratisch geführten Staaten – nur mittels einer massiven Umverteilung der Einkommen und/oder der Vermögen möglich; und genau die traut sich kein Politiker und keine Partei zu. Dennoch sind hohe Preise mit Umverteilung eindeutig die einzige Lösung, die sich mit dem gegenwärtigen Mischsystem von Staat und Markt in Einklang bringen lässt und ausreichend große Effizienz verspricht. Alles andere, das ernsthaft zur Reduktion des Verbrauchs von fossiler Energie beitragen könnte, käme einer globalen Systemänderung gleich, die vollkommen illusionär anmutet, weil schon die systemkonforme Lösung nahezu unendlich schwer umzusetzen ist.

Ohne hohe Preise verbunden mit einer Umverteilung müsste man auf irgendeine Form der staatlichen Rationierung der fossilen Energieträger zurückgreifen. Solche Maßnahmen funktionieren aber nur, wenn das, was rationiert werden soll, tatsächlich knapp ist und bleibt. Jeder Versuch einzelner nationaler Regierungen, einen weltweit leicht verfügbaren und noch immer reichlich vorhandenen Stoff zu rationieren bzw. in gewissen Verwendungen zu limitieren oder zu verbieten, wird ohne jeden Zweifel politisch scheitern, wenn keine verbindliche internationale Vereinbarung zustande kommt.

Doch selbst wenn generell Knappheit an fossilen Energieträgern herrschen würde, wäre Rationierung wesentlich schwieriger zu bewerkstelligen als allgemeine Preiserhöhung mit Umverteilung. Sie ist ein Systembruch, der unvorstellbare politische Probleme mit sich bringt. Bei Rationierung stellt sich nämlich immer zuallererst die »einfache« Frage nach der Legitimität eines bestimmten individuellen Verbrauchs. Man muss dann klar sagen können, wer aus welchen Gründen wie viel CO2 ausstoßen und wer davon abweichen darf, und außerdem, wer das kontrollieren soll.

Wer rationieren will, kommt an der Berechnung eines individuellen ökologischen Fußabdrucks und an der Frage nicht vorbei, ob es einen Grund dafür geben kann, dass ein Mensch mehr als ein anderer den Planten belastet (bzw. in der Vergangenheit schon belastet hat). Die Antwort ist unseres Erachtens eindeutig: Das gleiche Recht muss für alle gelten, und diejenigen (etwa in den Entwicklungsländern), die in der Vergangenheit weniger gesündigt haben, besitzen einen Anspruch darauf, von den bisher größeren Sündern entschädigt zu werden. Wer heute mehr verbrauchen will als ihm zusteht, muss das Recht denjenigen abkaufen, die bereit und in der Lage sind, den Planeten weniger als erlaubt zu belasten.

In diesem Rationierungsmodell haben wir dann eine schöne neue Welt geschaffen, in der jeder Mensch und jedes Unternehmen auf der gesamten Welt akribisch alle seine Tätigkeiten einem statistischen Zentralamt melden muss, das ihm noch am gleichen Tag mitteilt, ob er über oder unter der Norm gelegen hat, so dass er sein Verhalten an den folgenden Tagen entsprechend anpassen kann. Wer die Norm nicht schafft, dem wird vom Zentralamt der Zugang zu fossiler Energie so lange gesperrt bis er sie wieder erreicht. Gleichzeitig beginnt das große Geschachere, bei dem die Reichen den Armen die Verschmutzungsrechte abkaufen, um ihr gewohntes Leben möglichst wenig ändern zu müssen. Das Ganze ist so absurd, dass man es nicht weiter kommentieren muss.

Wer nun glaubt, angesichts solch einfacher Logik müsste sich die Staatengemeinschaft doch endlich zusammensetzen, um eine realistische politische Strategie zum Ausstieg aus der fossilen Energie zu diskutieren, hat unser politisches System nicht verstanden. Da sich an die große Frage einer wirklichen Verteuerung und Verknappung der fossilen Energieträger auf der globalen Ebene niemand herantraut, von der dazu gehörenden Einkommensumverteilung ganz zu schweigen, behilft man sich mit hektischer Aktivität auf Nebenkriegsschauplätzen.

Ohne dass irgendjemand das globale Gesamtbild vor Augen hat, wird von der nationalen Politik immer dort etwas gemacht, wo es gerade politisch opportun erscheint, weil es wenig Wählerstimmen kostet. Einmal schaffen wir den Verbrenner ab, ein anderes Mal verbieten wir Inlandsflüge oder werben für regionale Produkte. Da niemand genau weiß, was der Beitrag dieser Symbolpolitik auf der globalen Ebene ist, kann man sich bis zum nächsten Bericht des IPCC durchmogeln, dessen erneute und noch schärfere Warnungen man dann mit noch größerer Hektik bei der Symbolpolitik beantworten wird.

Die Täuschung und Mogelei, denen sich die Politik der Industriestaaten verschrieben hat, bringt enorme wirtschaftliche und soziale Verwerfungen mit sich. Weil nichts mehr sicher und für einige Jahre klar absehbar ist, unterbleiben viele Aktivitäten und Investitionen, die Arbeitsplätze sichern würden. Damit sinkt die Chance der Politik weiter, den Strukturwandel, der mit einem langfristigen ökologischen Umbau (auch jenseits der Klimafrage) einhergehen muss, politisch durchsetzen zu können. Hohe Arbeitslosigkeit, das sollte inzwischen verstanden sein, ist das größte Hindernis für jede Art von Umbau der Wirtschaft, der vom Staat angestoßen werden muss.

Nur mit einer konsequenten Strategie der globalen Verknappung der fossilen Energieträger und einer daran angepassten Wirtschaftspolitik lässt sich der Kreis aus Symbolpolitik und unterlassenem Handeln verhindern. Es ist auch für das gesellschaftliche Klima auf Dauer unerträglich, wenn das Hickhack um die Klimafrage in der jetzigen Art und Weise mit täglich neuen Schuldzuweisungen und moralisch anklagenden Appellen weitergeht. Das stumpft die Menschen ab und bereitet den Boden für Parteien, die versprechen, einfach nichts zu tun. Notwendig ist daher gerade jetzt eine große politische Initiative der EU mit dem Ziel, der globalen Politik einen Anschub in Richtung Verknappung fossiler Energieträger zu geben. Gelingt das nicht, kann man sich das Klein-Klein auch sparen und sich darauf konzentrieren, die Anpassung an weit höhere Temperaturen in den am stärksten betroffenen Regionen der Welt in Angriff zu nehmen.

Immerhin, fast zehn Jahre nach dem Abkommen von Paris versteht der größte Teil der Welt endlich, dass es ein Problem mit den Produzenten von fossilen Energieträgern gibt. Die COP28 genannte Konferenz, die 2023 in Dubai stattfand, einem Land, das wie kaum ein anders von der Öl-und Gasproduktion profitiert, hat sich zum ersten Mal auf eine Sprachregelung zu den fossilen Energieträgern geeinigt. Besser als tausend Erklärungen zeigt jedoch diese »Einigung«, warum die Welt keinen Millimeter in Sachen Klimawandel vorankommt. Das Ziel wird darin folgendermaßen definiert:

> [...] transitioning away from fossil fuels in energy systems, in a just, orderly and equitable manner, accelerating action in this critical decade, so as to achieve net zero by 2050 in keeping with the science.[17]

Das klingt gut, ist aber vollkommen bedeutungslos. Selbst wenn man es geschafft hätte, das von Europa gewünschte Auslaufen (*phase-out*) der fossilen Energie in die Erklärung aufzunehmen, wäre der Unterschied allenfalls marginal. Man will in diesen Konferenzen nicht wahrhaben, was offensichtlich ist: Wenn die Welt sich beim Ausstieg aus der fossilen Energie nicht konkret auf die »gerechte, geordnete und ausgewogene Weise« einigt, sondern das nur so hinschreibt, hat man sich auf gar nichts geeinigt. Das Problem, das schon auf der Pariser Konferenz wie ein weißer Elefant im Raum stand, wurde nicht angegangen, ja nicht einmal klar angesprochen: Es muss um Instrumente gehen, die tatsächlich greifen – die Diskussion von Zielen ist müßig.

---

17 IISD (2023).

Welcher der etwa zwanzig wichtigen Produzenten fossiler Energieträger wird jetzt vorangehen und beschließen, dass er von nun an die Förderung von Öl, Gas oder Kohle herunterschraubt, weil die Welt das von ihm erwartet? Jeder von ihnen wird fragen: »Was ist mit den anderen Produzenten? Warum soll ich vorangehen und in einer Welt, in der Öl, Kohle und Gas wie nie zuvor nachgefragt werden, auf Einkommen verzichten, während andere einfach nichts tun?« Es gibt keine »gerechte, geordnete und ausgewogene Weise«, es sei denn, man einigt sich in einem für alle geltenden Abkommen darauf, wer genau wann und um wie viel seine Produktion herunterfährt. Von einem solchen Vertrag ist die Welt aber nach einer Klimakonferenz genauso weit entfernt wie davor.

Man stelle sich nur einmal die USA vor, der derzeit größte Ölproduzent der Welt: Der Präsident tritt vor sein Volk und erklärt, ihr Land, im Verein mit den anderen Ölproduzenten, werde von nun an aus der Produktion aller fossilen Rohstoffe aussteigen und deren Förderung jedes Jahr um 5 Prozent herunterfahren, weil man diese spätestens 2050 vollständig beenden wolle. Das bedeute natürlich, sagt der amerikanische Präsident im nächsten Atemzug und ohne Umschweife, dass auch Benzin »at the pump« von Jahr zu Jahr teurer werde, und zwar dahingehend, dass die Benzinpreise jedes Jahr stärker steigen als die Löhne. Denn der sogenannte reale, also in Kaufkraft gerechnete Ölpreis müsse steigen, nicht nur der »at the pump« gezahlte. Weil das, so der Präsident weiter, unzumutbare Härten zulasten des ärmeren Teils der Bevölkerung mit sich bringe, werde er mit einer groß angelegten Steuerreform den Reichen massiv auf die Füße treten und das Geld den Armen zukommen lassen, um einen »gerechten« Ausgleich zu schaffen.

Oder stellen wir uns ein Entwicklungsland in Afrika vor, wo in den Küstengewässern gerade große Öl- und Gasvorkommen entdeckt worden sind. Dem sagt jetzt das durch gnadenlosen Ölverkauf reich gewordene Norwegen (das, wie Deutschland, zur Gruppe der »besonders ambitionierten Länder« gehört), das Entwicklungsland habe leider Pech gehabt: Ölförderung sei ein Auslaufmodell und man solle sich etwas anderes suchen, was man exportieren könne. Der Freihandel biete schließlich jedem Land der Welt die Möglichkeit, seine spezifischen Vorteile auszuspielen, auch wenn es mit dem Ölverkauf nichts mehr werde.

Man sieht, nicht weiter konkretisiert ist »Abkehr von den fossilen Energieträgern« zwar leicht gesagt, aber in der Umsetzung praktisch unmöglich. Ohne ein unmittelbar in die Förderung eingreifendes Abkommen, bei dem sich alle Produzenten bindend verpflichten, einen einmal vereinbarten Ausstieg Tag für Tag und Jahr für Jahr umzusetzen, lässt sich nichts machen. Doch selbst ein solches Abkommen wäre noch keine Garantie für Sicherheit. Jederzeit ist es möglich, dass Politiker wie Donald Trump an die Macht kommen, die behaupten, den menschengemachten Klimawandel gebe es nicht.

Diese könnten nach Belieben aus dem globalen Vertrag aussteigen, und damit wäre er auf einmal das Papier nicht wert, auf dem er steht.

Es ist nicht zielführend, wenn sich 70 000 wohlmeinende Menschen für 14 Tage treffen und nach einer Sprachregelung für die Welt suchen, die letztlich unverbindlich bleiben muss, weil sie an den unterschiedlichen Interessen der Länder vorbeigeht. Wer, wie die Grünen hier in Deutschland, mit einem Stimmenanteil von 15 Prozent glaubt, man könne die Welt bewegen, täuscht sich gewaltig. Man muss den Bürgern auf der ganzen Welt reinen Wein einschenken in Sachen der Anpassungsleistung, die sie beim Ausstieg aus der fossilen Energie zu erbringen haben. Wenn man dann noch gewählt wird und den ärmeren Ländern der Welt in einem Ausmaß unter die Arme greift, das wir uns heute nicht vorstellen können und nicht wollen, besteht eine Chance auf wirklichen Wandel.

Würde etwa Norwegen erklären, alle Erträge seines mit dem Verkauf von Öl aufgebauten Staatsfonds (der über eine Billion Euro wert sein soll) von nun an auf unbestimmte Zeit einem ärmeren Land zur Verfügung zu stellen, das im Gegenzug auf die Nutzung fossiler Energie verzichtet, das wäre ein wirklich vorbildliches Vorgehen. Würden die westlichen und östlichen Industrieländer unisono den ärmeren Ländern der Welt zusagen, die für die Umstellung auf erneuerbare Energieträger notwendigen Technologien für die nächsten vierzig Jahre kostenlos zu liefern, würde man erheblich an Glaubwürdigkeit gewinnen. Wer aber glaubt, er könne mit der Umstellung der ärmeren Länder auch noch schöne Geschäfte machen, weil er über die notwendige Technologie verfügt, liegt vollkommen daneben.

Allmählich beginnt man in unseren Breiten zu verstehen, welche Interessenkonflikte bei der Bewältigung des globalen Ausstiegs aus der fossilen Energie zu überwinden sind. Hinsichtlich der Dimension der Anpassung, die dieser Ausstieg von uns und den anderen verlangt, herrscht jedoch blankes Wunschdenken. Wir sind schon nicht bereit, unserer Bevölkerung klar zu sagen, dass sich die fossilen Energieträger rasant und langfristig verteuern müssen, und dass die damit einhergehende Umverteilung im Inland einschneiend sein wird. Auch haben wir uns noch nicht klar gemacht, welch gewaltige Kompensation die Länder, deren Wohlstand direkt oder indirekt auf billiger fossiler Energie fußt, zu erbringen haben, um diejenigen, denen dieser Entwicklungsprozess jetzt nicht mehr erlaubt sein soll, zu entschädigen. Erst wenn Realismus und Offenheit bei diesen Themen an der Tagesordnung stehen, besteht eine Chance auf Besserung. Um das umzusetzen, bedarf es keiner überdimensionierten Konferenz, sondern einer klaren Analyse und einer ehrlichen Information für die Masse der Bürger.

Was am Ende bleibt

Zweihundert Jahre neoklassischer Irrungen und Wirrungen sind genug: Die Ökonomik muss endlich vom Kopf auf die Füße gestellt werden. Eine relevante Wissenschaft von der Wirtschaft sollte nicht nur ihren starren Fokus auf den Markt als Lösungsinstrument aufgeben, sondern, empirisch geleitet, zu einer Sozialwissenschaft werden, die sich die Erklärung der wirtschaftlichen und gesellschaftlichen Dynamik zur Aufgabe macht. Nur eine solche Ökonomik kann der Politik in allen Ländern der Welt Hilfestellung leisten bei der Bewältigung der vielfältigen sozialen und ökologischen Herausforderungen unserer Zeit.

In den acht Kapiteln dieses Buches haben wir die Grundprinzipien einer relevanten Ökonomik dargelegt. In Kurzform die zentralen Botschaften:

- Kapitel 1: Die Große Depression ist auch nach hundert Jahren noch unverstanden,
- Kapitel 2: Schumpeter ist wichtiger als Keynes,
- Kapitel 3: Es gibt keine durch den Lohn gesteuerte Substitution zwischen Arbeit und Kapital,
- Kapitel 4: Es gibt keine durch einen Marktzins gesteuerte Umwandlung von Sparen in Investieren,
- Kapitel 5: Geld ist wichtig, aber Inflation ist immer und überall ein Lohnphänomen,
- Kapitel 6: Der internationale Handel wird von absoluten Vor- und Nachteilen bestimmt; es gibt keine komparativen Vorteile, die von den Entwicklungsländern genutzt werden könnten,
- Kapitel 7: Kapitalmärkte, einschließlich der grenzüberschreitenden Finanzmärkte, sind niemals effizient, sondern destabilisierend,
- Kapitel 8: Der Staat muss die drei makroökonomischen Preise, Zins, Lohn und Wechselkurse, unter Kooperation der Länder steuern; gleichzeitig sollte der Preis für fossile Energie in Übereinstimmung mit einem sinkenden Angebot von der Staatengemeinschaft systematisch nach oben geschleust werden.

Literaturverzeichnis

Antràs, P., & Helpman, E. (2004). Global Sourcing. *The Journal of Political Economy, 112*(3), 552–580. https://doi.org/10.1086/383099.

Baumol, W. J. (2002). Entrepreneurship, Innovation and Growth: The David-Goliath Symbiosis. *The Journal of Entrepreneurial Finance, 7*(2), 1–10. https://doi.org/10.57229/2373-1761.1087.

Bellino, E., & Fratini, S. M. (2022). Absolute Advantages and Capital Mobility in International Trade Theory. *The European Journal of the History of Economic Thought, 29*(2), 271–293. https://doi.org/10.1080/09672567.2021.1967418.

Bergstrand, J. H. (1989). The Generalized Gravity Equation, Monopolistic Competition, and the Factor-Proportions Theory in International Trade. *The Review of Economics and Statistics, 71*(1), 143. https://doi.org/10.2307/1928061.

Bicchetti, D., & Maystre, N. (2012). *The Synchronized and Long-Lasting Structural Change on Commodity Markets: Evidence from High Frequency Data.* https://mpra.ub.uni-muenchen.de/37486/, abgerufen am 28.05.2024.

Binswanger, H. C., Huber, J., & Mastronardi, P. (2012). *Die Vollgeld-Reform: Wie Staatsschulden abgebaut und Finanzkrisen verhindert werden können* (3. Aufl.). Zeitpunkt.

Boocker, S., Ng, M., & Wessel, D. (2023). *What is the Neutral Rate of Interest?* https://www.brookings.edu/articles/the-hutchins-center-explains-the-neutral-rate-of-interest/, abgerufen am 28.05.2024.

Federal Reserve System, Fed (2016). *What Is the Purpose of the Federal Reserve System?* https://www.federalreserve.gov/faqs/about_12594.htm, abgerufen am 28.05.2024.

Fehr, E., & Sinn, H.-W. (2018). *Hans-Werner Sinn und Ernst Fehr: Wenn Ökonomen sich einmischen (ECO Talk).* SRF. https://www.youtube.com/watch?v=OnCNUoMgvC4, abgerufen am 28.05.2024.

Bundesministerium der Finanzen, BMF (2023). *Finanzpolitik in der Zeitenwende – Wachstum stärken, inflationäre Impulse vermeiden.* https://www.bundesfinanzministerium.de/Content/DE/Downloads/Oeffentliche-Finanzen/finanzpolitik-in-der-zeitenwende.pdf?__blob=publicationFile&v=2, abgerufen am 28.05.2024.

Calvo, G. A., & Reinhart, C. M. (2002). Fear of Floating. *The Quarterly Journal of Economics, 117*(2), 379–408. https://doi.org/10.1162/003355302753650274.

Cochrane, J. H. (2009). *How Did Paul Krugman Get It so Wrong?* https://www.johnhcochrane.com/news-op-eds-all/how-did-paulkrugmanget-it-so-wrong, abgerufen am 28.05.2024.

Deutsche Bundesbank (2020). *Der deutsche Leistungsbilanzüberschuss aus der Sicht makroökonomischer Modelle.* https://www.bundesbank.de/resource/blob/837914/827a94aa4de003eaa03417c42e80583f/mL/2020-07-leistungsbilanz-data.pdf, abgerufen am 28.05.2024.

Domar, E. D. (1946). Capital Expansion, Rate of Growth, and Employment. *Econometrica: Journal of the Econometric Society, 14*(2), 137. https://doi.org/10.2307/1905364.

Eichengreen, B. (2017). *Is Germany Unbalanced or Unhinged?* https://www.socialeurope.eu/germany-unbalanced-unhinged, abgerufen am 28.05.2024.

Eichengreen, B., & Hausmann, R. (1999). *Exchange Rates and Financial Fragility.* National Bureau of Economic Research. https://doi.org/10.3386/w7418.

Elhanan, H., & Krugman, P. (1985). *Market Structure and Foreign Trade.* MIT Press.

Europäische Zentralbank, EZB (2007). *Monatsbericht Juni 2007.* https://www.bundesbank.de/resource/blob/689790/dd812d627800e6d8f31156e574f3700d/mL/2007-06-ezb-mb-data.pdf, abgerufen am 28.05.2024.

Europäische Zentralbank, EZB (o. J.). *ECB Mission.* https://www.ecb.europa.eu/ecb/orga/escb/ecb-mission/html/index.en.html, abgerufen am 28.05.2024.

Fama, E. F. (1965). The Behavior of Stock-Market Prices. *The Journal of Business, 38*(1), 34. https://doi.org/10.1086/294743.

Fama, E. F., & French, K. R. (1992). The Cross-Section of Expected Stock Returns. *The Journal of Finance, 47*(2), 427–465.

Feenstra, R. C. (2016). *Advanced International Trade: Theory and Evidence.* Princeton University Press.

Financial Conduct Authority, FCA (2014). *Thematic Review of Annuities February 2014.* https://www.fca.org.uk/publication/thematic-reviews/tr14-02.pdf, abgerufen am 28.05.2024.

Fischer, M. (2023). David Riccardos Aktualität: Freier Handel als Motor für Wohlstand. *Wirtschaftswoche.* https://www.wiwo.de/my/politik/konjunktur/david-ricardo-freiheit-fuer-den-handel/29376980.html, abgerufen am 28.05.2024.

Flassbeck, H. (1982). Was ist Angebotspolitik? *Konjunkturpolitik, 28*(2). Duncker & Humblot, Berlin.

Flassbeck, H., Horn, G. A., & Zwiener, R. (1992). *Rigide Preise, flexible Mengen: Ansätze zu einer dynamischen Analyse von Angebots- und Nachfrageschocks* (1. Aufl.). Duncker & Humblot.

Flassbeck, H. (1995). Die deutsche Vereinigung – ein Transferproblem. *Vierteljahrshefte Zur Wirtschaftsforschung, 64*(3), 404–414.

Flassbeck, H. (2000). Lohnzurückhaltung für mehr Beschäftigung? Über eine zentrale Inkonsistenz im jüngsten SVR-Gutachten. *Wirtschaftsdienst, 80*(2), 84–89.

Flassbeck, H. (2001). The Exchange Rate: Economic Policy Tool or Market Price? United Nations Conference on Trade and Development, UNCTAD, *Discussion Paper 157.*

Flassbeck, H., & Spiecker, F. (2007). *Das Ende der Massenarbeitslosigkeit: Mit richtiger Wirtschaftspolitik die Zukunft gewinnen* (1. Aufl.). Westend.

Flassbeck, H. (2012). *Zehn Mythen der Krise.* Suhrkamp.

Flassbeck, H. (2013). *Hat Paul Krugman recht oder hat er unrecht?* https://makroskop.eu/hat-paul-krugman-recht-oder-hat-er-unrecht-auf-jeden-fall-ist-er-inkonsistent-wenn-es-um-buchhalterische-zusammenhange-geht/, abgerufen am 28.05.2024.

Flassbeck, H., Davidson, P., Galbraith, J. K., Koo, R., & Ghosh, J. (2013). *Handelt jetzt! Das globale Manifest zur Rettung der Wirtschaft* (1. Aufl.). Westend.

Flassbeck H. (2014). *Rohstoffspekulation – der Stand der Dinge.* https://makroskop.eu/rohstoffspekulation-der-stand-der-dinge/, abgerufen am 28.05.2024.
Flassbeck, H., & Lapavitsas, C. (2015). *Nur Deutschland kann den Euro retten: Der letzte Akt beginnt.* Westend.
Flassbeck, H. (2016). *Macht oder ökonomisches Gesetz? – 1.* https://makroskop.eu/macht-oder-oekonomisches-gesetz-1/, abgerufen am 28.05.2024.
Flassbeck, H. (2018). *Leistungsbilanzsalden – Die große Konfusion – 1.* https://makroskop.eu/leistungsbilanzsalden-die-grosse-konfusion-1/, abgerufen am 28.05.2024.
Flassbeck, H., & Bibow, J. (2018). *Das Euro-Desaster: Wie deutsche Wirtschaftspolitik die Eurozone in den Abgrund treibt* (1. Aufl.). Westend.
Flassbeck, H., & Steinhardt, P. (2018). *Gescheiterte Globalisierung: Ungleichheit, Geld und die Renaissance des Staates.* Suhrkamp.
Flassbeck, H. (2019). *Preise, Zins und Wechselkurse: Warum offene Volkswirtschaften untrennbar miteinander verbunden sind.* Westend.
Flassbeck, H. (2020). *Der begrenzte Planet und die unbegrenzte Wirtschaft: Lassen sich Ökonomie und Ökologie versöhnen?* Westend.
Flassbeck, H. (2022). *Frankreich hat gewählt – doch das Fanal dieser Wahl wird ignoriert.* https://www.relevante-oekonomik.com/2022/04/14/frankreich-hat-gewaehlt-doch-das-fanal-dieser-wahl-wird-ignoriert/, abgerufen am 28.05.2024.
Flassbeck, H., Spiecker, F., & Heidegger, C. (2022). *Atlas der Weltwirtschaft 2022/23.* Westend.
Fleming, S., Arnold, M., & Jones, C. (2024). How Low Will Rates Go? The Hunt for the Elusive »Neutral« Level. *Financial Times.* https://www.ft.com/content/e0f27da0-b735-4b73-b5a9-06dbc186842f, abgerufen am 28.05.2024.
Friedman, M. (1953). *Essays in Positive Economics.* University of Chicago Press.
Friedman, M., & Schwartz, A. J. (2008 [1963]). *Monetary History of the United States, 1867–1960.* Princeton University Press.
Haffner, S. (1987). *Von Bismarck zu Hitler: Ein Rückblick.* Rowohlt Kindler.
Harrod, R. F. (1939). An Essay in Dynamic Theory. *Economic Journal, 49*(193), 14. https://doi.org/10.2307/2225181.
Hayek, F. A. (1967). The Theory of Complex Phenomena: A Precocious Play on the Epistemology of Complexity. *Studies in Philosophy Politics and Economics*, 22–42.
Hayek, F. A. (1969). *Freiburger Studien.* Mohr Siebeck.
Hayek, F. A. (2011 [1937]). *Entnationalisierung des Geldes. Schriften zur Währungspolitik und Währungsordnung.* Mohr Siebeck.
Helpman, E. (1984). A Simple Theory of International Trade with Multinational Corporations. *The Journal of Political Economy, 92*(3), 451–471. https://doi.org/10.1086/261236.
Helpman, E. (2006). Trade, FDI, and the Organization of Firms. *Journal of Economic Literature, 44*(3), 589–630. https://doi.org/10.1257/jel.44.3.589.
Helpman, E., & Krugman P. (1985). *Market Structure and Foreign Trade.* MIT Press.
Hicks, J. R. (1937). Mr. Keynes and the »Classics«; A Suggested Interpretation. *Econometrica*, 5(2), 147–159.
Hicks, J.R. (1939). *Value and Capital: An Inquiry into Some Fundamental Principles of Economic Theory.* Clarendon Press.
Hicks, J. R. (1979 [1967]). *Critical Essays in Monetary Theory.* Oxford University Press.

Huber, J. (2018). *Der Euro.* Springer Fachmedien.

International Institute for Sustainable Development, IISD (2023). *Inside COP 28.* https://www.iisd.org/inside-cop-28, abgerufen am 28.05.2024.

Intergovernmental Panel on Climate Change, IPCC (2024). *What is the IPCC?* https://www.ipcc.ch/site/assets/uploads/2024/04/IPCCFactSheet_WhatisIPCC.pdf, abgerufen am 28.05.2024.

Internationaler Währungsfonds, IWF (2013). *2013 Article IV Consultation with Spain – Concluding Statement of the Mission.* https://www.imf.org/en/News/Articles/2015/09/28/04/52/mcs061813, abgerufen am 28.05.2024.

Kaczmarczyk, P. (2022). *Kampf der Nationen: Wie der wirtschaftliche Wettbewerb unsere Zukunft zerstört.* Westend.

Kahn, R. F. (1984). *Raffaele Mattioli Lectures: The Making of Keynes' General Theory.* Cambridge University Press.

Kalecki, M. (1987). *Krise und Prosperität im Kapitalismus: Ausgewählte Essays 1933–1971.* Metropolis.

Keynes, J. M. (1930). *The Collected Writings of John Maynard Keynes, Volume 5, A Treatise on Money: The Pure Theory of Money.* Cambridge University Press.

Keynes, J. M. (1978). *The Collected Writings of John Maynard Keynes, 30 Volume Paperback Set, Volume 9: Essays in Persuasion* (E. Johnson & D. Moggridge, Hrsg.). Cambridge University Press.

Keynes, J. M. (1980). *The Collected Writings of John Maynard Keynes, Vol. XVI Activities: 1941–1946* (D. Moggridge, Hrsg.). Cambridge University Press.

Keynes, J. M. (1991). *Essays in Persuasion.* W. W. Norton & Company.

Keynes, J. M. (2008 [1936]). *The General Theory of Employment, Interest, and Money.* https://www.files.ethz.ch/isn/125515/1366_keynestheoryofemployment.pdf.

Kindleberger, C. P. (2013 [1973]). *The World in Depression, 1929–1939* (40. Aufl.). University of California Press.

Knight, F. H. (2006). *Risk, Uncertainty and Profit.* Cosimo Classics.

Koo, R. C. (2009). *The Holy Grail of Macroeconomics: Lessons from Japan's Great Recession.* John Wiley & Sons.

Krugman, P. (1979). A Model of Innovation, Technology Transfer, and the World Distribution of Income. *The Journal of Political Economy, 87*(2), 253–266. https://doi.org/10.1086/260755.

Krugman, P. (1985). Increasing Returns and the Theory of International Trade. National Bureau of Economic Research, *Working Paper 1752.*

Krugman, P. (2019). Tariff Man Has Become Deficit Man. *The New York Times.* https://www.nytimes.com/2019/03/07/opinion/trump-deficit.html, abgerufen am 28.05.2024.

Krugman, P., Obstfeld, M., & Melitz, M. J. (2018). *International Trade: Theory and Policy.* Pearson Education Limited.

Lagarde, C. (2023). *Policymaking in an Age of Shifts and Breaks.* https://www.ecb.europa.eu/press/key/date/2023/html/ecb.sp230825~77711105fe.en.html, abgerufen am 28.05.2024.

Lancaster, K. (1980). Intra-Industry Trade under Perfect Monopolistic Competition. *Journal of International Economics, 10*(2), 151–175. https://doi.org/10.1016/0022-1996(80)90052-5.

Lautenbach, W. (1952). *Zins, Kredit und Produktion.* J. C. B. Mohr (Pauk Siebeck).

Lindner, C. (2022). *Erwirtschaften muss wichtiger sein als verteilen – ab jetzt!* https://www.christian-lindner.de/interviews/erwirtschaften-muss-wichtiger-sein-als-verteilen-ab-jetzt, abgerufen am 28.05.2024.

Marshall, A. (2013 [1890]). *Principles of Economics.* Palgrave Macmillan.

Masson, P., Bayoumi, T., & Samiei, H. (1995). Saving Behavior in Industrial and Developing Economies. *Staff Studies for the World Economic Outlook*, 1–27.

Melitz, M. J. (2003). The Impact of Trade on Intra-Industry Reallocations and Aggregate Industry Productivity. *Econometrica: Journal of the Econometric Society*, *71*(6), 1695–1725. https://doi.org/10.1111/1468-0262.00467.

Mundell, R. A. (1957). International Trade and Factor Mobility. *American Economic Review*, *47*(3), 321–335.

Nanninga, J. (2022). *Der Stolperstein der Zahlungsbilanz: Kapitalexport oder Kapitalimport – das ist hier die Frage!* https://www.relevante-oekonomik.com/2022/03/02/der-stolperstein-der-zahlungsbilanz-kapitalexport-oder-kapitalimport-das-ist-hier-die-frage/, abgerufen am 28.05.2024.

Nölke, A. (2021). *Die kulturelle Hegemonie des Exportismus.* https://makroskop.eu/spotlight/export-nicht-nur-unser-bier/die-kulturelle-hegemonie-des-exportismus/, abgerufen am 28.05.2024.

Ohlin, B. (1968 [1933]). *Interregional and International Trade.* Harvard University Press.

Paulsen, A. (2019 [1965]). *Allgemeine Volkswirtschaftslehre: Haushalte, Unternehmungen, Marktformen* (6. Aufl.). De Gruyter. https://doi.org/10.1515/9783111375267.

Pesek, B. P., & Hicks, J. R. (1968). Critical Essays in Monetary Theory. *The Journal of Finance*, *23*(5), 901. https://doi.org/10.2307/2325926.

Piketty, T. (2014). *Das Kapital im 21. Jahrhundert* (I. Utz & S. Lorenzer, Übers.). C. H. Beck.

Piketty, T., & Zucman, G. (2014). Capital is Back: Wealth-Income Ratios in Rich Countries 1700–2010. *The Quarterly Journal of Economics*, *129*(3), 1255–1310. https://doi.org/10.1093/qje/qju018.

Ricci, L. A. (1997). A Ricardian Model of New Trade and Location Theory. *Journal of Economic Integration*, *12*(1), 47–61. https://doi.org/10.11130/jei.1997.12.1.47.

Rybczynski, T. M. (1955). Factor Endowment and Relative Commodity Prices. *Economica*, *22*(88), 336. https://doi.org/10.2307/2551188.

Schäfers, M. (2021). Investieren mit Schuldenbremse in Klima, Digitalisierung, Demographie. *Frankfurter Allgemeine Zeitung.* https://www.faz.net/aktuell/wirtschaft/investieren-mit-schuldenbremse-in-klima-digitalisierung-demographie-17567540.html, abgerufen am 28.05.2024.

Schnabel, I. (2024). *From Laggard to Leader? Closing the Euro Area's Technology Gap.* https://www.ecb.europa.eu/press/key/date/2024/html/ecb.sp240216~df6f8d9c31.de.html, abgerufen am 28.05.2024.

Schumpeter, J. A. (1964 [1911]). *Theorie der wirtschaftlichen Entwicklung* (Nachdruck der 4. Aufl. 1934). Duncker & Humblot.

Schumpeter, J. A. (1966 [1954]). *History of Economic Analysis.* Oxford University Press.

Schumpeter, J. A. (1970). *Das Wesen und der Hauptinhalt der theoretischen Nationalökonomie* (2. Aufl.). Duncker & Humblot.

Scriba, A. (2007). *Die Arbeitslosenversicherung.* https://www.dhm.de/lemo/kapitel/weimarer-republik/innenpolitik/arbeitslosenversicherung-1927.html, abgerufen am 28.05.2024.

Sinn, H.-W. (2012). *Das grüne Paradoxon: Plädoyer für eine illusionsfreie Klimapolitik.* Ullstein Taschenbuch.

Sinn, H.-W. (2015). *Der Euro: Von der Friedensidee zum Zankapfel.* Hanser.

Skidelsky, R. (1994 [1983]). *John Maynard Keynes: The Economist as Saviour, 1920–1937.* Papermac.

Soyka, G. (2017). *Warum Europa? Warum nicht irgendwas anderes?* https://www.kas-boccia.de/2017-08-ehrenamt-soyka-jef/, abgerufen am 28.05.2024.

Statistisches Bundesamt (2023). *Stille Reserve am Arbeitsmarkt im Jahr 2022 bei 3,0 Millionen Menschen.* https://www.destatis.de/DE/Presse/Pressemitteilungen/2023/09/PD23_350_13.html, abgerufen am 28.05.2024.

Stockhammer, E., Constantine, C., & Reissl, S. (2019). Explaining the Euro Crisis: Current Account Imbalances, Credit Booms and Economic Policy in Different Economic Paradigms. *Journal of Post Keynesian Economics, 43*(2), 231–266. https://doi.org/10.1080/01603477.2020.1734464.

Stockholm Environment Institute, SEI (2023). *The Production Gap: Phasing Down or Phasing Up? Top Fossil Fuel Producers Plan Even More Extraction Despite Climate Promises.* https://www.sei.org/publications/production-gap-report-2023/, abgerufen am 28.05.2024.

Stolper, W. F., & Samuelson, P. A. (1941). Protection and Real Wages. *The Review of Economic Studies, 9*(1), 58–73. https://doi.org/10.2307/2967638.

Sraffa, P. (1976 [1960]). *Warenproduktion mittels Waren: Einleitung zu einer Kritik der ökonomischen Theorie.* Suhrkamp.

United Nations Conference on Trade and Development, UNCTAD (2004). *Trade and Development Report, 2004.*

United Nations Conference on Trade and Development, UNCTAD (2011). *Trade and Development Report, 2011.*

Vereinte Nationen, UN (2021). *Guterres: The IPCC Report is a Code Red for Humanity.* https://unric.org/en/guterres-the-ipcc-report-is-a-code-red-for-humanity/, abgerufen am 28.05.2024.

Viner, J. (1965 [1937]). *Studies in the Theory of International Trade.* Harper and Brothers.

Wicksell, K. (1977 [1934]). *Lectures on Political Economy. Volume I: General Theory* (E. Classen, Übers.; L. Robbins, Hrsg.). Augustus M. Kelley.

Widmaier, W. W. (2004). The Social Construction of the »Impossible Trinity«: The Intersubjective Bases of Monetary Cooperation. *International Studies Quarterly: A Publication of the International Studies Association, 48*(2), 433–453. https://doi.org/10.1111/j.0020-8833.2004.00308.

Williamson, J. (2001). The Case for a Basket, Band and Crawl (BBC) Regime for East Asia. *Future Directions for Monetary Policies in East Asia* (D. Gruen & J. Simon, Hrsg.) 97–111. Reserve Bank of Australia.

Wolf, M. (2017). Dealing with America's Trade Follies. *Financial Times.* https://www.ft.com/content/fca7e9a4-2366-11e7-a34a-538b4cb30025, abgerufen am 28.05.2024.

Woodford, M. (2011). *Interest and Prices: Foundations of a Theory of Monetary Policy.* Princeton University Press. https://doi.org/10.2307/j.ctv30pnvmf.

Abbildungsverzeichnis

Kapitel 1: Einhundert Jahre ökonomischer Irrungen und Wirrungen

Inflationsrate: Veränderungsrate des Preisindex für die Lebenshaltung aller privaten Haushalte.
Quellen: Ameco, eigene Berechnungen.

Abb. 1.19 Lohnstückkostenrate in verschiedenen Industrieländern 1970 bis 1990, S. 51
Lohnstückkostenrate auf Stundenbasis (siehe Definition bei **Abb.** 1.18) in Landeswährung.
Quellen: Ameco, eigene Berechnungen.

Abb. 1.20 Inflationsrate und Zinsen in Westdeutschland 1960 bis 1991, S. 52
Inflationsrate: Veränderungsrate des Preisindex für die Lebenshaltung aller privaten Haushalte. Leitzins: Diskontsatz.
Langfristige Rendite: Rendite 10-jähriger Staatsanleihen.
Quellen: Statistisches Bundesamt, Deutsche Bundesbank, OECD.

Abb. 1.21 Investitionen und Leitzins in Westdeutschland 1960 bis 1990, S. 53
Nominale private Bruttoanlageinvestitionen in % des nominalen Bruttoinlandsprodukts.
Leitzins: Diskontsatz.
Quellen: Ameco, Deutsche Bundesbank.

Abb. 1.22 Staatsschulden und Staatsdefizite in den USA und UK 1950 bis 2023, S. 57
Quellen: U.S. Office of Management and Budget and Federal Reserve Bank of St. Louis, Ameco.

Abb. 1.23 Westdeutscher Leistungsbilanzsaldo und Wechselkurs US-Dollar zu D-Mark 1960 bis 1991, S. 58
Quellen: Ameco, Deutsche Bundesbank.

Abb. 1.24 Langfristiger Realzins in Westdeutschland, UK und den USA 1960 bis 1991, S. 59
Quellen: Statistisches Bundesamt, OECD, U.S. Bureau of Labor Statistics, Bank of England.

Abb. 1.25 Lohnstückkosten in vier großen westeuropäischen Volkswirtschaften 1985 bis 1995, S. 63
Lohnstückkosten auf Kopf-Basis (Arbeitseinkommen je Beschäftigten in Relation zum preisbereinigten Bruttoinlandsprodukt je Erwerbstätigen) in Landeswährung.
Quelle: Ameco.

Abb. 1.26 Zinsen in den USA 1990 bis 2024, S. 78
Rendite 10-jähriger Staatsanleihen; Leitzinssatz der Fed gemäß BIZ.
Quellen: Eurostat, BIZ.

Abb. 1.27 Zinsen in der EWU 1990 bis 2024, S. 79
Rendite 10-jähriger Staatsanleihen; Leitzinssatz der EZB gemäß BIZ.
Quellen: Eurostat, BIZ.

Abb. 1.28 Staatsschulden in den USA und der EWU 2000 bis 2023, S. 80
USA: Staatsschulden in % des nominalen Bruttoinlandsprodukts gemäß nationaler Definition.
EWU: konsolidierte Staatsschulden in % des nominalen Bruttoinlandsprodukts gemäß ESA 2010 bzw. früherer Definitionen.
Quellen: Ameco, U.S. Office of Management and Budget and Federal Reserve Bank of St. Louis.

Abb. 1.29 Wirtschaftsentwicklung in den USA und der EWU 2000 bis 2023, S. 81
Quelle: Ameco.

Abb. 1.30 Arbeitslosigkeit in Europa und den USA 1960 bis 2023, S. 82
Europa: 1960 bis 1990 Belgien, Dänemark, Frankreich, Griechenland, Irland, Italien, Luxemburg, Niederlande, Portugal, Spanien, UK, Westdeutschland; 1991 bis 1996 wie zuvor, statt Westdeutschland jedoch Deutschland; 1997 bis 2008 19 EWU-Mitgliedstaaten; ab 2009 20 EWU-Mitgliedstaaten.
Quelle: Ameco, Definition gemäß Eurostat.

Abb. 1.38 Wirtschaftstrend in den USA, UK und Japan 1950 bis 2023, S. 95
Quellen: U.S. Bureau of Economic Analysis, University of Groningen, University of California, Deutsche Bundesbank, Ameco.
Abb. 1.39 Wirtschaftstrend in (West-)Deutschland, Frankreich und Italien 1950 bis 2023, S. 95
1950 bis 1991 Westdeutschland, ab 1992 Deutschland.
Quellen: Statistisches Bundesamt, IWF, University of Groningen, University of California, Ameco.
Überblick 5 Monetäre binnenwirtschaftliche Bedingungen 1950 bis 2023, S. 98–99
Nominales Wachstum: Veränderungsrate des nominalen Bruttoinlandsprodukts gegenüber Vorjahr.
Langfristige Rendite: Rendite 10-jähriger Staatsanleihen; Ausnahmen siehe Angaben zu Überblick 4, dortige Monatswerte umgerechnet in Jahresdurchschnitte.
Expansion: nominales Wachstum größer als langfristige Rendite.
Restriktion: nominales Wachstum kleiner als langfristige Rendite
Quellen: IWF, Ameco, OECD, Bank of England, Institute of Economic Research Hitotsubashi University, Eurostat, BIZ, Statistisches Bundesamt, Deutsche Bundesbank.
Abb. 1.40 Staatsschulden und Staatsdefizit in den USA 1950 bis 2023, S. 100
Quellen: U.S. Office of Management and Budget and Federal Reserve Bank of St. Louis, Ameco.

Kapitel 2: Statik und Dynamik in der Geschichte des ökonomischen Denkens

Abb. 2.1 Infografik zu Nachfrage und Einkommen, S. 145
Quelle: eigene Darstellung.
Abb. 2.2 Infografik zur IS-Kurve, S. 147
Quelle: eigene Darstellung.
Abb. 2.3 Infografik zur LM-Kurve, S. 150
Quelle: eigene Darstellung.
Abb. 2.4 Infografik zu Zins und Einkommen, S. 153
Quelle: eigene Darstellung.

Kapitel 3: Wirtschaftliche Entwicklung in Zeit und Raum

Abb. 3.1 Sektorale Finanzierungssalden in Westdeutschland 1950 bis 1980, S. 210
Werte 1953 bei den Sektoren Staat und Ausland geglättet.
Quellen: Statistisches Bundesamt, Ameco.
Abb. 3.2 Sektorale Finanzierungssalden in Frankreich 1960 bis 1980, S. 211
Quelle: Ameco.
Überblick 6 Sektorale Finanzierungssalden 1980 bis 2023, S. 214–215
Sektor private Haushalte: einschließlich Organisationen ohne Erwerbszweck.
Sektor Staat: gesamter Staatshaushalt einschließlich Sozialversicherungen.
Sektor Ausland: positive Werte bedeuten Verschuldung des betrachteten Landes im Ausland; negative Werte bedeuten Verschuldung des Auslands im betrachteten Land.
Saldenkorrektur: Gegenwert zur Saldensumme, die theoretisch null ist; Abweichungen aufgrund der Berechnung des Staatsdefizits (z.B. Maastricht-Kriterium mit Konjunkturkomponente der Neuverschuldung) sowie statistischer Unschärfen in der Leistungsbilanz.

USA: Staatsdefizit gemäß nationaler Definition (Board of Governors of the Federal Reserve System).
Deutschland: 1995 Umbuchung von geschätzten 100 Mrd. Euro Treuhandschulden vom Staats- auf den Unternehmenssektor; 2000 Umbuchung von 50,8 Mrd. Euro UMTS-Lizenzeinnahmen des Staates auf den Unternehmenssektor.
Frankreich: Staatsdefizit 2023 laut aktuellen Pressemeldungen.
Quellen: Statistisches Bundesamt, Deutsche Bundesbank, Ameco, IWF, Board of Governors of the Federal Reserve System.

Quelle: Ameco.

Quelle: Ameco.

Salden der Sektoren private Haushalte und Unternehmen einzeln sehr volatil wegen statistischer Abgrenzungsprobleme, daher zu einem Sektor zusammengefasst; keine Werte verfügbar ab 2018.
Saldenkorrektur: Gegenwert zur Saldensumme, die theoretisch null ist; starke Abweichungen mutmaßlich bedingt durch den Neuaufbau der VGR nach dem Fall des Eisernen Vorhangs.
Quelle: Ameco.

Quelle: Ameco.

Ausland: Brutto-Summe der Auslandssalden der drei baltischen Staaten, also nicht saldiert zwischen den drei Staaten.
Saldenkorrektur: Gegenwert zur Saldensumme, die theoretisch null ist; leichte Abweichungen aufgrund statistischer Unschärfen im Zusammenhang mit dem Neuaufbau der VGR nach dem Fall des Eisernen Vorhangs.
Quelle: Ameco.

Konsolidierte Staatsschulden gemäß ESA 2010 bzw. früherer Definitionen in % des nominalen Bruttoinlandsprodukts.
Quelle: Ameco.

Konsolidierte Staatsschulden gemäß ESA 2010 bzw. früherer Definitionen in % des nominalen Bruttoinlandsprodukts.
Quelle: Ameco.

Konsolidierte Staatsschulden gemäß ESA 2010 bzw. früherer Definitionen in % des nominalen Bruttoinlandsprodukts.
Quelle: Ameco.

Kasachstan: erster Wert 2002.
Bangladesch: erster Wert 2003.
EU: konsolidierte Staatsschulden gemäß ESA 2010 bzw. früherer Definitionen.

USA: gemäß Fed.
Quellen: IWF, Eurostat, U.S. Office of Management and Budget and Federal Reserve Bank of St. Louis.

Kapitel 5: Geld, Kapital und monetäre Stabilität

Abb. 5.1 Zinsstrukturkurve der USA 1982 bis 2024, S. 272
Rezessionsphasen nach Angaben des NBER.
Quellen: Federal Reserve Bank of St. Louis, NBER Business Cycle Dating Committee Announcements.
Abb. 5.2 Erzeugerpreisinflation in Deutschland 2018 bis 2024, S. 309
Quelle: Statistisches Bundesamt.
Abb. 5.3 Inflationsrate in Deutschland 2018 bis 2024, S. 309
Quelle: Statistisches Bundesamt.
Abb. 5.4 Inflations- und Lohnstückkostenrate in Deutschland und weiteren Industrieländern 1961 bis 2019, S. 310
Veränderungsrate der Lohnstückkosten auf Kopf-Basis (Arbeitseinkommen je Beschäftigten in Relation zum preisbereinigten Bruttoinlandsprodukt je Erwerbstätigen) in Landeswährung gegenüber Vorjahr.
Veränderungsrate der Verbraucherpreise gegenüber Vorjahr.
10-Jahresdurchschnitte: geometrisches Mittel im jeweiligen Zeitraum.
Quellen: Ameco, OECD, Eurostat, eigene Berechnungen.
Abb. 5.5 Inflations- und Lohnstückkostenrate in Deutschland und weiteren Industrieländern 1961 bis 1990, S. 311
10-Jahresdurchschnitte: geometrisches Mittel im jeweiligen Zeitraum.
Quellen: Ameco, OECD, Eurostat, eigene Berechnungen.
Abb. 5.6 Inflations- und Lohnstückkostenrate in Deutschland und weiteren Industrieländern 1990 bis 2019, S. 311
10-Jahresdurchschnitte: geometrisches Mittel im jeweiligen Zeitraum.
Quellen: Ameco, OECD, Eurostat, eigene Berechnungen.
Überblick 7 Monetäre binnenwirtschaftliche Bedingungen 1980 bis 2023, S. 318–323
Nominales Wachstum: Veränderungsrate des nominalen Bruttoinlandsprodukts gegenüber Vorjahr.
Mittelfristige Rendite: länderspezifisch je nach verfügbaren Daten.
China: Bankenzinssatz.
Brasilien: Zinssatz auf Staatsanleihen.
Republik Korea: Zinssatz auf Staatsanleihen.
Indonesien: Bankenzinssatz.
Indien: Bankenzinssatz.
Mexiko: Zinssatz auf Staatsanleihen.
Südafrika: Zinssatz auf Staatsanleihen.
Nigeria: Bankenzinssatz.
Vietnam: Zinssatz auf Staatsanleihen.
Expansion: nominales Wachstum größer als mittelfristige Rendite.

Kapitel 7: Der internationale monetäre Rahmen

Kapitel 8: Wirtschaftspolitik

Heiner Flassbeck studierte Volkswirtschaft in Saarbrücken und wurde 1987 an der FU Berlin promoviert. Er arbeitete im Stab des Sachverständigenrates zur Begutachtung der gesamtwirtschaftlichen Entwicklung und danach im Bundesministerium für Wirtschaft. Im Deutschen Institut für Wirtschaftsforschung in Berlin war er von 1988 bis 1998 Leiter der Abteilung Konjunktur. Im Jahr 1998 wurde Heiner Flassbeck zum beamteten Staatssekretär im Bundesministerium der Finanzen ernannt. Von August 2003 bis Dezember 2012 war er bei UNCTAD in Genf Direktor der Abteilung für Globalisierung und Entwicklungsstrategien. Mit Friederike Spiecker zusammen hat er in den Jahren 2020 und 2022 einen „Atlas der Weltwirtschaft" herausgebracht, der bei Westend erschienen ist.